U0888219

上海研究院现代慈善研究中心
现 代 慈 善 前 沿 丛 书

编委会主任　李培林

郑秉文　施德容　傅昌波　主编

Common Prosperity and Philanthropy

共同富裕与慈善公益

社会科学文献出版社
SOCIAL SCIENCES ACADEMIC PRESS (CHINA)

上海研究院现代慈善研究中心
现代慈善前沿丛书

编委会主任　李培林

郑秉文　施德容　傅昌波　主编

Common Prosperity and Philanthropy

共同富裕与慈善公益

社会科学文献出版社
SOCIAL SCIENCES ACADEMIC PRESS (CHINA)

上海研究院现代慈善研究中心
现代慈善前沿丛书
编委会

顾　问　王伟光　冯国勤

主　任　李培林　钟燕群

副主任　李友梅　赵克斌

主　编　郑秉文　施德容　傅昌波

副主编　谢玲丽　文学国

编委会　杨　团　房连泉　杨　雄　徐家良　郑乐平
张恒龙　李春光　陈　晨　徐　静

目 录
CONTENTS

丛书序一

慈善博爱促和谐、创新联合显优势

从全球范围来看，慈善的作用日益凸显。慈善组织是提供公益物品的力量，它们支持非营利组织的运作，让弱势群体获得有效的支持和帮助，解决歧视问题，确保公平机会，提供政府和市场不能或不会提供的物品。慈善界成为全球可持续发展的重要力量，在消除贫困、生物多样性保护等方面发挥着日益重要的作用。

慈善发展的全球趋势，中国社会发展的新常态，对中国慈善界提出了新的要求、新的挑战，我们不能固守原有的思维惯性和传统的慈善模式，而需要在观念层面、创新层面、实践层面和结果层面有一个新的突破。

首先，在观念层面，要寻求新思维、新理念。慈善领域的新思维、新理念包括创新、协同和精准战略等。中华民族历史上一直有乐善好施的优良传统，而现代慈善更能凝聚社会道德、弘扬核心价值、提升精神文明。所以，我们要积极研究倡导现代慈善文化，寻求公益与商业、经济与社会、义与利、社会效益与经济效益之间的有机结合或融合。我们既要坚持原则，又要善于学习，善于分析和把握中国社会的基础条件和发展方向。以“他山之石，可以攻玉”的精神，学习和借鉴别国、别人的经验，扎实推进我国现代慈善事业的发展。

其次，在创新层面，慈善创新作为社会创新的一个方面，或社会创新在慈善领域的延伸，其目的是通过各种形式的创新，如理念创新、模式创新、组织创新、运作方式创新，创造性地应对和解决那些没有得到解决的问题，或满足那些未被满足的需求，譬如，如何加强“授人以鱼”转向“授人以渔”、“解困济难”转向“助引人生之路”以及“济困与净化心灵相结合”等研究，以慈善创新的精神使慈善组织本身的运作变得更有成效、更具有社会影响力。

再次，在实践层面，我们要勇于尝试、不断创新，积极开展跨界合作，整合各界、各部门的比较优势。合作与协同是我们基金会取得成功的关键，也是我们基金会走向未来，迈向新高度的必由之路。单个慈善组织，无论机构有多大，能力有多强，如果单打独斗，其资源、能力、影响力总是有限的，而且总会有其不足和短板。只有合作与协同才能取各家之长、补各家之短，发挥各自的比较优势，形成 1+1>2 的联合协同优势效应。当然，合作与协同并非简单组合，它需要有良好的协调机制，有卓越的顶层设计，有科学的评价指标。

最后，在结果层面，寻求结果的可测量、发展的可持续、社会影响力的广度和深度；精准而有效地化解棘手的社会问题，促使社会的和谐稳定。我国的慈善事业已呈现出健康发展的趋势。我们要动员更多的人群，以奉献、宽容的精神参与到慈善事业发展中来，以慈善立言、慈善立德、慈善立行的创新创业精神，聚集、聚焦于当代中国的慈善事业之中，从而为那些资源最缺乏的贫困者、弱势者提供帮助，既扶智又扶志，增加贫困者和弱势者社会融入的机会；更关注解决方案，以其目标的治本性来推动我国慈善事业走向更健康、更完善。

近年来，随着我国慈善事业的蓬勃快速发展，尤其是 2016 年《中华人民共和国慈善法》颁布及实施以来，亟须加强对现代慈善发展规律和支持政策的理论及实践进行研究，成立新型的现代慈善事业研究智库。上海研究院现代慈善研究中心，作为由政府、科研机构和社会组织共同创建的研究机构，将遵循慈善事业发展规律，致力于中国特色社会主义慈善理论研究和学科体系建设，运用国际视野和发展经验，开展对现代慈善发展实践和前瞻性的研究，积极开展各类学术交流，为上海地区乃至全国的慈善事业发展提供多种形式的咨询、教育和培训服务。

我们要充分发挥现代慈善研究中心的平台和桥梁作用，通过慈善论坛、专题研究、人才和实务培训，联合、凝聚和整合慈善界、学术界、企业界、政界、志愿者、媒体及社会各界人士，以合作共赢为目标，促进中国慈善事业的发展。

我相信，上海研究院现代慈善研究中心组织出版的“现代慈善前沿丛书”系列在上述诸多方面将会发挥应有的作用，并会带给大家以启发和思考。现代社会是一个知识社会，以知识、理论为基础的慈善实践，以现实问题为源头活水的研究，会给慈善界增添新的动能，必将推动中国的慈善事业向着更高的境界迈进。

上海市慈善基金会理事长

馮國勤

2018 年 6 月 30 日

丛书序二

新时代呼唤深化和推进慈善研究

乐善好施是中华优秀传统文化的重要内容，慈善事业是我国社会保障和社会福利体系的重要组成部分。随着我国经济社会发展和人民生活水平的普遍提高，消除贫困和帮扶脆弱群体的问题更加凸显，慈善事业涉及的领域也更加广阔。根据国际比较，我国目前慈善事业的发展，还有很大差距和发展空间，亟须深化和推进慈善研究，促进慈善事业的大发展。

2015 年 6 月 5 日，中国社会科学院和上海市人民政府共同创办的“中国社会科学院—上海市人民政府上海研究院”（简称上海研究院）正式挂牌成立，地点设在上海大学。上海研究院以习近平新时代中国特色社会主义思想为指导，依托中国社会科学院在科学研究和政策咨询等方面的优势，服务于上海的创新进步和国家的改革发展，并将其打造成高水平、国际化的现代思想智库。作为一个综合性研究智库，上海研究院同时也为研究中国和国际问题提供智力支持。在具体工作中，上海研究院依托下属各个研究中心开展科学研究、人才培养和国际合作等工作，目前已成立 9 个研究中心。

2017 年 5 月 3 日，在中国社会科学院院长王伟光同志和第十一届上海市政协主席、上海市慈善基金会理事长冯国勤同志的共同倡导下，在上海市慈善基金会的努力和鼎力相助下，上海研究院现代慈善研究中心（简称慈善中心）正式挂牌成立，这是上海研究院的第 9 个研究中心。在成立仪式上，上海市政协主席、中共上海市委常委、宣传部部长董云虎同志到会祝贺并发表致辞，中国社会科学院院长王伟光同志、上海市慈善基金会理事长冯国勤同志到会并讲话。慈善中心成立一年来，紧紧围绕社会主义核心价值体系，致力于中国特色社会主义慈善理论和实践研究，以慈善事业发展中的实际问题为导向，借鉴国际发展经验，不断创新慈善理念，持续提升慈善组织的服务协调能力，为上海乃至全国的慈善事业发展提供咨询、教育和培训服务。慈善中心还以传播现代慈善文化为内在要求，深入研究慈善爱心的培养和传播机制，重视慈善在塑造社会主义核心价值观中的积极意义和作用。同时，慈善中心还推动慈善事业与社会保障事业、公共服务体系和市场化服务的协同发展，从而有助于构建具有中国特色的“大保障”体系。

2004 年党的十六届四中全会将慈善事业纳入社会保障体系范畴之内，这就意味着我国正式将慈善事业作为增进社会福祉和促进社会公平的有力手段。不仅如此，在我国供给侧结构性改革大背景下，以慈善为代表的社会服务亦成为政府公共服务和市场化服务的有力配合者。近年来，随着社会的向前发展，我国慈善事业关注的领域已经从传统的扶危济困扩展到环境保护、卫生研究、科技发展等全新领域，但开展慈善的技术和手段仍有待改进和创新，慈善传播的理念和文化仍有待强化，慈善事业和慈善组织面临的政策环境亦需要持续优化。从国际对比来看，我国与其他传统慈善大国还存在一定差距，2016 年，美国慈善捐赠总额为 25706. 6 亿元，占 GDP 的比重为 2. 1%，我国慈善捐赠总额为 1392. 94 亿元，占 GDP 的比重不到 0. 2%，这意味着我国慈善事业要走的路还很长，需要研究的问题还很多。从这一角度来看，上海研究院建立专门的慈善研究中心是非常必要的。

2016 年我国颁布了《中华人民共和国慈善法》（简称《慈善法》），这既是我国法制史上的一件大事，也是慈善领域一个划时代的标志，意味着我国扶危济困慈善活动从此将走上法治轨道，即从传统意义上私德主导下的“扶危济困、扶老助残”的“小慈善”时代，步入政府主导下，将诸多公共和社会领域融会贯通、同向发力的“大慈善”时代，中华民族乐善好施、守望相助的优良传统将在法律的规范与保障下发扬光大。《慈善法》对慈善组织、慈善募捐、慈善捐赠、慈善信托等方面做出了全面规定，为我国慈善研究事业指明了方向。

正是在这个大背景下，上海研究院成立了现代慈善研究中心。现代慈善研究中心成立之后很快行动起来，在《慈善法》的框架下对慈善研究项目做了长期部署，决定创设三个系列学术活动，以实际行动推动我国现代慈善事业的研究。第一个系列学术活动是组织出版“现代慈善前沿丛书”，旨在介绍中国慈善研究的最新成果和前沿动态，每年以发布研究项目的形式吸引社会各界人士广泛参与慈善研究，课题成果最终结集出版。第二个系列学术活动是组织翻译出版“世界慈善名著译丛”，目的是将国外最新的慈善研究成果译介到国内，让国内的慈善研究学者可以看到最新的国外慈善研究成果，开阔研究视野，追踪国际动态。首期书目已经确定，包括三本重要名著，目前正在翻译过程中。第三个系列学术活动是每年 9 月举办年度“上海慈善论坛”，首届论坛“2017 年上海慈善论坛：现代慈善与社会转型”于 2017 年 9 月成功举办，200 多位学者参加了会议，相关媒体做了密集报道。慈善中心的这些学术活动安排是长期性的、前瞻性的、系列性的，是值得肯定的，应该坚持下去。

“现代慈善前沿丛书”立足研究我国慈善事业发展面临的亟须解决的问题，从国际视野出发，结合最新研究方法，对我国和国际上最新慈善研究进行概括和总结，综合反映现代慈善事业的发展趋势，这对我国未来慈善事业的发展具有重要借鉴意义。

新时代呼唤新的慈善事业，慈善研究任重道远，让我们携起手来，为中国现代慈善事业和慈善研究贡献力量。

是为序。

中国社会科学院副院长、学部委员

上海研究院院长

2018 年 5 月 30 日

共同富裕与三次分配

郑秉文*

中共中央总书记、国家主席、中央军委主席、中央财经委员会主任习近平主持召开的中央财经委员会第十次会议指出，在高质量发展中促进共同富裕。党的十八大以来，党中央把逐步实现全体人民共同富裕摆在更加重要的位置上，采取有力措施保障和改善民生，打赢脱贫攻坚战，全面建成小康社会，为促进共同富裕创造了良好条件。

这次重要会议还提出三次分配的问题，指出要坚持以人民为中心的发展思想，在高质量发展中促进共同富裕，正确处理效率和公平的关系，构建初次分配、再分配、第三次分配协调配套的基础性制度安排，加大税收、社保、转移支付等调节力度并提高精准性，扩大中等收入群体比重，增加低收入群体收入，合理调节高收入，取缔非法收入，形成“中间大、两头小”的橄榄型分配结构，促进社会公平正义，促进人的全面发展，使全体人民朝着共同富裕目标扎实迈进。

共同富裕的本质内涵

根据中央财经委员会第十次会议精神，实现共同富裕的内涵具有如下一些本质特征。

---

* 郑秉文，全国政协委员，中国社会科学院社会保障实验室首席专家，中国社会科学院世界社保研究中心主任，中国社会科学院政府管理学院教授，博士生导师。

第一，实现共同富裕是指人民群众物质生活和精神生活都要富裕。物质生活和精神生活是人民群众提高生活水平的两个侧面。随着经济的增长，人民群众的物质生活水平不断提高，例如，人均 GDP 水平、城乡居民人均可支配收入水平以及人均住房水平、家庭耐用消费品的指标等。另外，随着物质生活水平的提高，人民群众的精神生活水平也应随之同步提高，后者的基础是前者，二者相互促进，反映的是相应的物质文明与精神文明，其中，精神文明日益成为巩固和发展物质文明的条件，对物质文明的发展方向具有很大的影响作用。比如，对 24 字社会主义核心价值观所表达内涵的认识和理解越深刻，自主践行这 24 字的方向就越坚定，对物质文明的发展追求就越有方向感。

第二，实现共同富裕不是指整齐划一的平均主义“大锅饭”。理解这段话的关键在于，在实现共同富裕的目标时一定要注意这样三个问题：一是实现共同富裕不可能一口吃成胖子，要分阶段促进共同富裕，不可能一蹴而就。实现共同富裕是一个循序渐进的过程，这个过程具有长期性、艰巨性、复杂性，对此要有充分的估计和心理准备。二是实现共同富裕不可能让所有人同时富起来，要允许一部分人先富起来，这是符合市场经济原则的发展规律，所以要提倡先富带后富、帮后富，要鼓励那些合法经营和敢于创业的致富带头人。三是要给更多人创造致富机会，人人参与发展的机会，在机会面前人人是平等的，要创造这样一个机会平等的环境。

第三，实现共同富裕要坚持尽力而为、量力而行。共同富裕是社会主义的本质要求，也是中国共产党的奋斗理想，更是广大人民群众的热切期盼。共同富裕要尽力而为，要全心全意、不遗余力，2020 年在现行标准下全国农村贫困人口全部脱贫，为逐渐实现共同富裕创造了良好条件。量力而行意味着共同富裕与经济发展同步，把保障和改善民生建立在经济发展及财力可持续的基础之上，而不是无原则地做出承诺，吊起全社会的胃口。

第四，实现共同富裕要加强普惠性、基础性、兜底性民生建设。党的十九届四中全会提出注重加强普惠性、基础性、兜底性民生建设；中央财经委第十次会议再次提出“重点加强基础性、普惠性、兜底性民生保障建设”，目的是让发展成果更多更公平惠及全体人民，既体现了尽力而为，也体现了量力而行。在社会主义初级阶段，加强普惠性、基础性、兜底性民生建设是逐渐实现共同富裕的基本要求。

广义的社会保障包括作为三次分配的慈善公益

社会保障在实现共同富裕的过程中责无旁贷，应该发挥积极作用，有所作为，这既是实现共同富裕对社会保障提出的要求，也是建立社会保障的题中应有之义。那么，如何看待社会保障在实现共同富裕中的作用，首先要全面、正确理解共同富裕和社会保障这两个概念。

社会保障这个概念有狭义与广义之分。狭义的社会保障专指社会保险，在我国是指五项社会保险。社会保险制度遵循的是权利与义务对等的原则，基金运行与人口结构变化的匹配，精算平衡原则与再分配目标的协调，效率与公平的结合。广义的社会保障除社会保险以外，不仅包括来自一般税收的社会救助，还包括教育和住房政策与三次分配的慈善公益。社会救助体现的是社会正义，强调的是对那些由于种种原因而动态产生的低收入特殊群体作为救助对象的精准瞄准，而不是“撒芝麻盐”。教育政策强调的是公共服务的均等化，体现的是社会公平和正义。住房政策的重点是多层次住房供给体系建设，满足不同群体多样性的社会需求，为低收入群体提供保障性住房或廉租房等，以确保住有所居。因此，“社会保障均等化”的提法也好，“社保公共服务均等化”的提法也罢，“大社保”概念下（即广义的社会保障概念）的具体子项目要具体分析，它们的运行规律和具体要求各异，难以用整齐划一的平均主义对待所有子项目。

在搞清楚社会保障的内涵与外延之后，我们就会对社会保障在实现共同富裕的目标时应发挥的作用和功能有了深入了解。就狭义的社会保障即社会保险而言，如果加大它的比重就需提高社会保险费的征缴水平，会给企业带来更大的压力，进而不利于实现“六稳”和“六保”，就会挤压初次分配中的要素分配比重，并提高个人的缴费负担，不利于当期的消费。就广义的社会保障即社会救助、教育和住房来说，社会救助还有一定的上升空间，但关键在于提高精准度；教育的投入还有一定的提升空间，但同时也要发挥社会力量办学的积极性；住房政策的调整还有空间，但住房货币化改革的大方向需要坚持。总之，完善社会保障制度建设是实现共同富裕的重要基础，但它只是收入再分配的手段之一，对矫正初次分配的作用是有边界的，难以包打天下。

构建初次分配、再分配、三次分配协调配套的基础性制度安排。完善收入分配制度是实现共同富裕的关键。如前所述，实现共同富裕的目标是一个长期的复杂过程，不同历史阶段再分配制度改革的重点不尽一致。例如，多年来在我国劳动、土地、资本、技术等生产要素的初次分配中，劳动要素分配占比始终偏低。因此，现阶段初次分配的改革重点应是提高劳动要素报酬比重，缩小劳动和资本要素报酬的差距，这是缩小社会两极分化的重要手段。在再分配的基础性制度中，税收制度的改革占重要地位。财税制度是治国理政的基础，是矫正初次分配的首要手段，是实现共同富裕的重要基础性制度安排，加大财税改革力度和完善税收体系建设是实现共同富裕的重要制度保证。三次分配的杠杆是来自二次分配的税收制度的撬动，而不是来自强制性的行政手段。

慈善公益是指自然人、法人和其他组织以捐赠财产或者提供服务等方式，自愿开展的公益活动，包括扶贫、济困；扶老、救孤、恤病、助残、优抚；救助自然灾害、事故灾难和公共卫生事件等突发事件造成的损害；促进教育、科学、文化、卫生、体育等事业的发展；防治污染和其他公害，保护和改善生态环境等。慈善募捐是慈善公益的主要活动之一，指慈善组织基于慈善宗旨募集财产的活动，包括面向社会公众的公开募捐和面向特定对象的定向募捐。2019年党的十九届四中全会开创性地把“发展慈善等社会公益事业”作为实现第三次分配的主要形式，提升到战略地位高度。2020 年党的十九届五中全会再次强调第三次分配和慈善事业可优化收入分配方面的重要功能，这是对第三次分配和慈善事业认识的进一步深化。

改革开放以来，我国经济持续高速增长，我国经济总量已跃升到全球第二，人均国民收入在 2021 年就已超 12551 美元，国民财富积累规模逐年提高。但相比之下，第三次分配所需要的慈善资源存在严重的结构性差距，在社会捐赠总量、人均捐赠额、志愿服务等领域都相差甚远。自 2017 年以来，我国内地每年接收的捐赠款物总额停留在 1500 亿元左右，2020 年共接收境内外慈善捐赠 2253 亿元，其中，内地接收款物捐赠共计 2086 亿元，首次超过 2000 亿元，同比增长 38%。即便如此，人均捐赠额以及慈善捐赠总额占 GDP 的比重均和发达国家差距很大。以 2019 年为例，我国内地接收的款物捐赠总额约 1510 亿元，在同年 GDP 中占比为 0. 15%，人均捐赠额仅约 108 元；同年美国的慈善捐赠额共计近 4500 亿美元，在其当年 GDP 中占比为 2.1%，人均捐赠额超 1000 美元。我国慈善事业整体发展仍存在巨大差距，慈善事业的应有功能发挥存在巨大空间。

慈善信托在第三次分配中的作用

中共中央、国务院在关于支持浙江高质量发展建设共同富裕示范区的意见中强调"充分发挥第三次分配作用，发展慈善事业"；明确指出"鼓励设立慈善信托"。随后，浙江高质量发展建设共同富裕示范区实施方案（2021～2025年）明确要求"大力发展慈善信托"。按照我国《慈善法》第 44 条规定，慈善信托即以慈善为目的开展的信托行为。它是我国开展慈善活动的法定形式，是推动共同富裕的新型慈善工具。慈善信托具有"造血"功能，财产具有独立性和"可永续性"，因此，慈善信托有利于推动和促进共同富裕。

在第三次分配中，慈善信托作为推动和促进共同富裕的一个新型工具在很多发达国家被广泛应用。我国目前保障慈善信托的法律包括《信托法》（2001年）和《慈善法》（2016 年）、《慈善信托管理办法》（2017 年）、《中国银监会办公厅关于鼓励信托公司开展公益信托业务支持灾后重建工作的通知》、《中国银行业监督管理委员会关于做好慈善信托备案有关工作的通知》等，这些法律法规和政策文件使慈善信托的相关规定更具体、更具可行性，具体可归纳为以下六条。第一，备案制：设立便捷灵活。《慈善法》突破了《信托法》的制度障碍，规定我国慈善信托的设立实行备案制，不需要任何政府主管部门的批准。第二，资产隔离：慈善信托财产安全。能实现有效的风险隔离，受到法律的隔离保护，有助于保障家族慈善信托中资产的安全。第三，专业组织运作：慈善活动专业化。慈善信托的制度优势之一，在于其实现了金融与慈善的结合，慈善信托财产可以按照约定进行投资，从而实现财富的保值增值。第四，政府监管：责任明确。《信托法》并未明确具体的监管部门。《慈善法》的出台弥补了这一缺陷。2017 年《慈善信托管理办法》的出台，解决了统一备案、统一监管尺度等问题，明确了监管部门的分工协作机制。第五，社会监督：委托人、监察人、信息披露。慈善信托充分尊重委托人意愿，对委托人权利的充分保障。监察人的制度设计、严格的信息披露制度，有助于实现对慈善信托的及时、有效监督，确保慈善信托的规范运行。第六，政府鼓励导向：税收优惠的原则性规定。税收优惠政策是最受关注的政策工具。《慈善法》加大了对企业慈善捐赠的税收优惠力度。

慈善信托的设立和运作能够保障家族控制财富使用权，约束家族成员行为，培养家族成员能力，传承家族精神财富，提升家族社会资本，实现家族慈善事业永续。第一，家族控制财富使用权。在设立慈善信托之后，慈善资产的所有权发生变化，但是委托人依法控制着慈善信托财产的使用权，家族依然可以持续影响慈善信托。第二，约束家族成员行为。慈善信托为财富人士介入管理慈善信托提供了具体的制度设计。家族成员在管理和参与慈善信托事务的过程中，约束自身行为，提升个人品质，实现高质量的家族传承。第三，传承家族精神财富。家族精神财富传承比物质财富传承更重要，基于家族财富的慈善信托事业，是表达家族慈善价值观的重要载体，是家族行善的新兴方式，是实现家族精神财富传承的重要途径。第四，提升家族社会资本。财富只有在共享中才会实现其价值的最大化。慈善信托有助于向社会公众展示良好的家族形象，为家族事业发展创造安全稳定的社会基础，有助于形成家族与政府之间的良性互动，使家族的社会影响力得以扩大，社会资本得以增进。第五，实现家族慈善事业永续。信托制度拥有持久运作的先天优势，委托人设立的慈善信托构架，可以实现长时间运作，家族慈善事业不会因委托人去世而终止，有助于确保家族慈善事业世代相传。

慈善信托实现家族财富传承的作用

慈善信托在我国属于新生事物，社会认知度低，加上配套政策不健全，尤其是有针对性的税收优惠政策缺失，在一定程度了制约了慈善信托在我国的快速发展，阻碍了慈善信托在家族财富传承中作用的有效发挥。一是慈善信托的社会认知度低。绝大多数高净值人士并不了解慈善信托这一新兴的慈善方式。二是慈善信托税收优惠政策不具体。有关慈善信托的税收优惠政策还停留在原则性规定上，不具体，缺少可操作性。三是信托财产登记制度尚未建立。有关中央主管部门既未获明确授权，对信托制度又缺乏深入了解，对信托业界面临的信托登记困境也缺乏深刻理解。四是非货币财产捐赠政策不健全。个人进行股权捐赠、不动产捐赠，没有明确的税收优惠政策。五是慈善信托监管权配置不合理。在慈善信托的业务监管上，民政部门负责慈善信托的备案管理和慈善组织作为受托人的业务监管，银监机构负责信托公司作为受托人的业务监管，实际上导致对慈善信托的监管不力，制约了慈善目标的实现。

我国虽然制定了《信托法》《慈善法》《慈善信托管理办法》等政策，但在现实操作中仍有“空白点”。为此，民政、银监、财政、税务等政府部门亟须合力完善慈善信托的配套政策，通过政策创新，帮助财富人士形成稳定的行为预期，以激发更多财富人士投入慈善信托事业，实现我国慈善信托事业的健康快速发展。比如，完善我国的信托立法。建立信托财产的转移制度，建立信托财产登记制度，完善针对民事信托的规范，强化对受托人责任的规范。又如，完善慈善信托税收优惠政策，完善非货币财产捐赠相关政策和个人股权捐赠的税收优惠政策。明确按历史成本确定其转让额进行纳税申报，并以历史成本为依据确定捐赠额进行税前抵扣。完善不动产、艺术品等动产捐赠的税收优惠政策。再如，加强民政部门在慈善信托监管中的统筹作用。由民政部门统筹协调银监部门、税务部门等对慈善信托实施监管。银监机构可以保留对信托公司的审慎监管和商业银行慈善信托账户资金保管业务的监管。

在政策完善的基础上，家族财富传承中慈善信托路径的范围扩展，还需要不断优化管理，提升慈善信托的运行效率和效果，以提升慈善信托的公信力，使更多财富人士愿意通过慈善信托实现家族传承的目的。第一，提升慈善信托社会认知度，丰富慈善信托设立的来源渠道。激发更多财富人士通过慈善信托实现家族财富传承。鼓励家族企业、家族信托、家族基金会设立慈善信托，以丰富慈善信托的来源渠道。第二，推动慈善信托与家族信托相结合，引导慈善信托增加家族信托功能。通过家族基金会，实现家族信托与慈善信托相结合。委托人同时设立家族信托和家族慈善基金会，并使二者互相独立，各负其责。家族信托残值成立慈善信托。第三，引入慈善组织，解决税收和项目运作困境，引入慈善组织作为项目执行人，将慈善信托财产通过慈善组织分配给受益人；引入慈善组织作为委托人，先是捐赠行为，捐赠人实现税收优惠；然后是信托行为，受托人依信托合同要求进行管理；引入慈善组织作为共同受托人。

双受托人模式中，慈善组织与信托公司共同负责。第四，完善慈善信托的内部治理，提升慈善信托运行效率和公信力。首先，要明确委托人、受托人、监察人、内设机构等各主体的权利、义务和具体职责，并在信托合同中予以明确规定。其次，健全内部治理。可设立慈善信托管理委员会，作为慈善信托的决策机构。将委托人纳入慈善信托管理委员会。第五，重视社会信用体系建设，保障慈善信托规范运行。社会信用体系建设，要充分发挥公民个人、企业、政府、信用中介机构、行业协会等多元主体的作用，既重视他律，也重视自律；既推动制度建设，也完善文化建设。信用体系的完善，有助于推动慈善信托的规范运行和健康发展，不断提升社会公信力和社会影响力，推动更多财富净值人士通过慈善信托实现家族财富传承目标。

“十四五”时期促进共同富裕与发展慈善公益

“十四五规划纲要”提出，到 2035 年让全体人民共同富裕取得更为明显的实质性进展，并支持浙江高质量发展建设共同富裕示范区，自觉主动缩小地区、城乡和收入差距，发展成果由人民共享，促进社会公平。“十四五规划纲要”提出了六个经济社会发展主要目标，其中第五个“民生福祉达到新水平”就是促进共同富裕的阶段性政策目标。作为一个重要的经济社会发展目标，“民生福祉达到水平”内容丰富，是阶段性促进共同富裕的行动指南，归纳起来，其主要内容可概括为四个方面。

第一，就业。就业是第一民生，促进就业是促进第一民生，没有就业就没有民生，强调就业就是鼓励勤劳致富，就是提高收入来源，做大蛋糕。“十四五规划纲要”提出实施就业优先战略，扩大就业容量，缓解结构性就业矛盾。就业优先在我国宏观经济政策目标中始终占首要位置，尤其近几年来，“六稳”和“六保”中首要“稳”的和“保”的是就业。“十四五规划纲要”提出就业要达到新高度，调查失业率控制在 5.5% 以内。为此，“十四五”期间应继续健全有利于更充分更高质量的就业促进机制和就业公共服务体系，尤其是加强基层公共就业创业服务平台建设，探索建立新业态从业人员劳动权益保障机制。

第二，收入。“十四五规划纲要”提出劳动要素报酬提高和劳动生产力提高应基本同步、提高低收入群体收入、扩大中等收入群体和更加积极有为地促进共同富裕。保持居民收入增长与经济增长要基本同步，否则，无论是居民收入跟不上经济增长，还是超过经济增长，都是不可持续的。中央财经委员会第十次会议提出“扩大中等收入群体比重”。提高低收入群体收入与扩大中等收入群体是一个事情的两个方面，就是要把低收入群体尽量扩大到中等收入群体之中，减少前者比重，提高后者比重。为此，“十四五规划纲要”提出要“实施扩大中等收入群体行动计划”，并明确提出重点是院校毕业生、技能型劳动者、农民工等群体。

第三，教育。“十四五规划纲要”提出的提升全民受教育程度的目标是劳动年龄人口平均受教育年限再增加 0.6 年，即从 2019 年的 10.7 年提高到 11.3 年。“十四五规划纲要”还提出了从幼儿园到基础教育、职业教育，再到高等教育和产教融合等一系列量化改革指标，例如，新建、改扩建 2 万所幼儿园，增加普惠学位 400 万个以上；新建、改扩建中小学校 4000 所以上；支持建设 200 所以上高水平高职学校和 600 个以上高水平专业；提升 100 所中西部本科高校办学条件，高等教育毛入学率提高到 60%；建设 100 个高水平、专业化、开放型产教融合实训基地。

第四，社保。“十四五规划纲要”对社会保险提出了新要求：在可持续性方面，要促进养老保险基金长期平衡，实现全国统筹，优化做强全国社保基金，发展多层次、多支柱养老保险体系，失业和工伤保险要实现省级统筹等；在公平性方面，养老保险参保率要从 2020 年的 91%提高到 95%，完善养老金合理调整机制，逐步提高城乡居民养老金标准，提高企业年金覆盖率，推进转移接续和完善全国统一的社会保险公共服务平台。“十四五规划纲要”对社会救助也提出了新要求：将城乡低保对象、特困人员、低收入家庭这三个群体实施分层分类管理，综合救助，健全各专项救助制度，加强城乡救助体系建设，促进慈善事业发展，完善退役军人保障制度，提升服务保障水平，保障妇女未成年人和残疾人的基本权益。

第五，慈善公益。“十四五规划纲要”第四十九章是“健全多层次社会保障体系”，其中，第二节“优化社会救助和慈善制度”专门提出“促进慈善事业发展，完善财税等激励政策。规范发展网络慈善平台，加强彩票和公益金管理”，提出“培育规范化行业协会商会、公益慈善组织”；此外，“十四五规划纲要”还提出要“加大税收、社会保障、转移支付等调节力度和精准性，发挥慈善等第三次分配作用，改善收入和财富分配格局”，“推动民营企业守法合规经营，鼓励民营企业积极履行社会责任、参与社会公益和慈善事业。”

“十四五”时期慈善公益的工作重点主要应着重关注相对薄弱的几个领域。一是积极培育发展慈善组织，优先发展扶贫济困慈善组织，鼓励发展新兴慈善组织，通过孵化培育、购买服务、公益创投等方式，重点培育枢纽型、平台型慈善组织。二是不断优化慈善政策规范体系，完善慈善事业发展的政策规范体系，依法规范慈善行为，引导慈善组织建立健全内部管理制度，优化慈善事业发展制度环境，构建起依法、理性、有序的慈善生态。三是不断增强慈善组织发展能力，完善慈善组织现代法人治理结构，建立健全内部管理制度，增强自我管理、自主发展能力，加强内部控制和内部审计，确保人员、财产、慈善活动按照组织章程有序运作。四是不断加强慈善事业人才队伍建设，依托高等院校、科研机构和大型慈善组织，培养促进慈善事业发展的理论研究、资金劝募、专业服务等慈善专业人才，引导社会组织使用慈善人才，鼓励社会组织提高人才待遇。

“十四五”时期是我国经济社会发展的重要时期，在这个历史时期，要充分发挥慈善事业作为第三次分配作用，建立完善慈善救助体制机制，创新慈善活动载体，推动“互联网+慈善”“微信+慈善”“社工+慈善”融合高效发展；同时，要积极鼓励企事业单位、社会组织和个人发起成立慈善组织，构建形成多领域覆盖的慈善组织和慈善力量，更好地发挥慈善组织救济救困救难的社会救助服务功能，形成现代慈善事业组织化、专业化、多元化、社会化发展格局；针对慈善公益某些领域发展相对滞后的情况，要加强慈善信息平台建设，推动慈善信息共享和数据互联互通，加强慈善活动数据监测和信息公开监管，规范慈善组织慈善行为，促进慈善事业健康发展。

第一章　新时代中国慈善事业功能定位研究

傅昌波　董培　魏璞祯 等*

一　导论

（一）研究背景与选题意义

2012 年党的第十八次全国代表大会报告中将“支持慈善事业发展”与健全完善社会救助和社会福利制度体系连在一起，这是对发挥慈善事业补充社会保障这一思想的集中体现。2016 年《慈善法》正式颁行，慈善事业发展迎来依法兴善的新时期。2019 年党的十九届四中全会开创性地把“发展慈善等社会公益事业”作为实现第三次分配的主要形式，提升到战略地位高度。紧接着，党的十九届五中全会对第三次分配和慈善事业再次做出强调，进一步提及其在优化收入分配方面的重要功能，这是对第三次分配和慈善事业认识的进一步深化，并将其纳入基本经济制度中。2021 年 8 月，习近平总书记在中央财经委员会会议上重点提到三次分配协调推进的问题，促进共同富裕要做好基础性制度安排。可见，在顶层设计上，国家对慈善事业在我国社会经济发展中重要地位的认识程度不断加深。

与此同时，根据全国人大关于慈善法实施情况的报告，党的十八大以来，

* 课题负责人：傅昌波，北京师范大学社会学院教授、博士生导师；课题组成员：董培、魏璞祯、游海霞、陈凯、赵宇红。

我国慈善事业在平衡地区差异、减少贫富差距、补充社会保障体系等方面发挥了积极作用，但还存在一些突出问题，慈善事业的发展现状与人民群众期待存在差距，与社会财富量级不相匹配。2016年《慈善法》颁行以来，我国慈善事业发展并没有取得预期的“雨后春笋”般蓬勃发展局面，反而在社会捐赠总量、慈善组织认定数量等一些关键指标上出现了停滞甚至下滑的情况。究其原因，表面看是因为慈善事业发展晚、底子薄，深层次原因是思想认识不到位，对现代慈善事业的定位和功能认知模糊。在建党百年之际，习近平总书记发表重要讲话，做出关于中国式现代化新道路和人类文明新形态两个创造的重要论述。这些都是以实现全体人民共同富裕为指向的，改善收入和财富分配格局，重视发挥第三次分配作用，发展慈善事业是其中的重大部署，既有长远战略意义，又有重大实践价值。

慈善事业虽然在脱贫攻坚和新冠肺炎疫情防控等重大公共事务中做出了巨大贡献，但发展总体滞后的局面与党和国家对慈善事业的要求不匹配。要将慈善事业纳入全面建设社会主义现代化国家、推进全体人民共同富裕的进程中，我们迫切需要深刻认识慈善事业对于促进共同富裕、实现分配正义的重要意义，明确慈善事业所处的独特地位和发挥的多重功能作用，走出适合中国国情的中国特色社会主义慈善事业发展之路。

那么，发展什么样的慈善事业更能够促进公平正义，更能够助力实现共同富裕？跳出简单比较初次分配、再次分配与第三次分配资金比重的误区，如何准确认识慈善事业对物质层面、精神层面和权利实现层面等多个维度的价值及其多重社会功能？如何构建既遵循规律又结合国情的慈善事业发展框架？这些问题需要做出系统回答。本课题旨在从中国式现代化新道路的内在要求出发，锚定慈善事业在新时代新阶段的新定位，阐述慈善事业在政治经济社会文化等方面的多重社会功能，从顶层设计上明确新时代中国慈善事业的“应然”功能定位，为实践中国慈善事业“实然”功能强化指引方向。从这个层面上讲，本课题具有重要的现实意义。

第一，研究新时代我国公益慈善事业的功能定位有助于形成支撑慈善事业高质量发展的本土理论体系，丰富相关理论研究成果。由于多方面原因，我国慈善事业发展深受西方慈善理论及话语体系的影响，尽管我国有历史悠久的慈善实践传统和丰富深厚的慈善文化思想，但至今未能形成支撑慈善事业健康发展的本土理论体系。理论支撑薄弱造成我国近年来慈善事业发展政策出现左右摇摆，慈善事业现状与新发展理念不契合、与人民群众期待有差距。本文侧重对高质量发展时期慈善事业的功能定位进行提炼和论证，在本土理论开拓方面具有一定的意义。

第二，强化顶层设计，重新定位慈善事业多重功能，有利于更好地界定未来慈善事业的发力点，推动未来慈善事业发展与“应然”功能相匹配。经过多年发展，我国社会财富总量激增，但我国慈善捐赠及慈善参与距离应有规模和质量都相去甚远，我国持续增长的国民财富与第三次分配所需要的慈善资源存在巨大的结构性差距，慈善资源亟待被进一步激发。特别是在新发展阶段，慈善事业被提升到推进中国式现代化新道路的高度，需要在功能定位上进行调整和适应。

第三，慈善事业发展的关键是如何正确处理政府和社会二者之间的关系，促进政府、社会和居民三方良性互动。在满足人民对美好生活向往、建设社会主义现代化国家的新阶段，慈善事业不单是促进共同富裕、补充社会保障的重要内容，更是激发社会活力、保障民主权利、构建社会治理共同体、实现全过程人民民主的重要途径。正确认识新时代慈善事业的功能定位，是构建良好的政社关系必须面对的研究议题。

（二）文献回顾

我们以“慈善事业”为主题进行检索，可获得相关期刊文献 12326 篇（访问日期：2021 年 12 月 8 日），年度文献发表量详见图 1。可见，自 2004 年开始，慈善研究相关文献增长较快，这与党的十六届四中全会首次提及慈善事业补充社会保障的重要地位有关；在 2008 年汶川地震中，慈善展现出巨大力量，相关研究成果数量持续攀升；2011 年因“郭美美事件”，慈善公信力广受社会关注，这也使得 2012 年慈善研究相关文献数量登顶；2016 年《慈善法》颁行成为慈善领域的标志性事件，慈善研究成果数量达到新高度；2016 年至今，慈善事业研究热度呈下降趋势。

为保证研究的精确性，将书评、专访、学术研讨会综述、会议纪要、征稿函等文献剔除出去，利用 VOSviewer 文献计量软件分析高频词汇，可以看到，慈善事业、公益慈善事业、慈善组织、公益慈善、慈善捐赠、慈善信托、税收

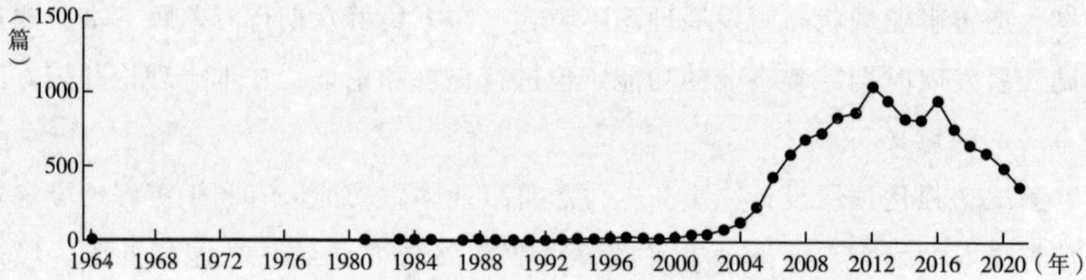

图 1　“慈善事业”主题词年度文献发表量

优惠、基金会等为高频研究主题。

围绕研究的核心议题慈善事业，课题组对既有成果进行了回顾和梳理。一般认为，我国慈善事业的发展历程可分为：新中国成立到 1956 年之前的改造和整顿阶段，1956~1981 年的停滞阶段，1981~1994 年的起步复苏阶段，以及 1994 年之后的常态发展阶段。因此，课题组将梳理研究成果的时间确定为 1994 年至今，依托研究议题的内在逻辑，从基础概念界定，到覆盖范围，再到功能定位三个方面逐层展开。

1. 关于慈善与慈善事业的界定研究

对慈善概念的界定以及慈善本质的理解，是认识慈善事业和开展慈善活动的出发点。不同学科视角对慈善的内涵有不同的阐释。经济学对慈善的研究关注的是社会财富的转移和再分配，政治学从公民权利、公平正义的视角研究慈善，社会学将慈善看作社会保障的有益补充和社会治理的重要力量。此外，慈善还有大慈善和小慈善之分，有法定意义上的慈善和广义上的慈善之分。广义上的慈善，包含“生活中的慈善”，特别是在现代社会中仍然广泛存在的“前现代慈善”的一些形式，如个人对个人的直接捐赠，虽不能获得税收减免，不属于“法律上的慈善”，但是在增进个人福祉和促进社会和谐方面发挥着重要的积极作用①。

慈善事业可以理解为定期的、大规模的、有组织的、制度化的慈善活动和慈善行为，有广义和狭义之分。从广义上讲，历史上的慈善活动均包含在内，如张奇林从历史视角去考察慈善事业的本质，作为一种救济行为，慈善行为的

① 康晓光、韩恒：《分类控制：当前中国大陆国家与社会关系研究》，《开放时代》2008 年第 2 期，第 30~41 页。

两个主体即慈善行为实施者和慈善行为受益者是其基本要素。从狭义上讲，慈善事业特指市场经济条件下的现代慈善事业，如郑功成对慈善事业的道德基础、社会基础、经济基础、组织基础、实施基础和发展基础做了全面的界定；陶海洋从慈善活动的实施主体和主要内容等方面，将慈善事业理解为以社会道德为基础的经常性活动，实施主体主要是民间和政府专门机构，主要内容是救助与教化。

2. 关于慈善事业覆盖范围研究

慈善作为一种古老而弥新的社会活动，在当前发展中更多地呈现出广泛性、多样性、开放性、专业化等特点，成为管理学、心理学、社会学等众多学科的重要研究内容。

无论是从广义上还是从狭义上来理解慈善概念，都决定了慈善事业的覆盖范围。1999 年的《公益事业捐赠法》更强调的是公益，为的是不特定多数人的利益，例如救助救灾、防治环境污染等。而 2016 年的《慈善法》对慈善定义的是“大慈善”，是对传统慈善理念和覆盖范围的升华。长期以来，从解决温饱到实现小康，慈善更多被固化为解决贫困问题的重要手段，作为国家救助政策的补充。如果慈善的范围突破小慈善的界限，扩大到科教文卫等公共事业和社会服务中，慈善自然会与社会发展相结合。当人们投身慈善事业时，他们可以助力各种公共事业的发展。

《慈善法》对慈善事业的理解，不再是狭义的小慈善事业，而是广义的“大慈善”事业，慈善事业的覆盖范围从传统的社会救助扩展到现代慈善中重要的公共事务和公益事业领域，参与主体和覆盖领域方面更加广泛。陈国庆曾对慈善法界定的“大慈善”应当具备的大格局做出阐释，即慈善既要有其宽度、高度和厚度，同时还要包括慈善组织的气度和力度。这有利于促进社会各界通过善行善举更广泛地参与到社会发展和公共事务中，激发社会活力，共同推进社会公益事业的开展。

3. 关于慈善事业定位和主要功能研究

定位指引方向，功能决定价值，行动承载功能，对慈善事业的准确定位和主要功能界定，事关慈善事业的发展方向和承载价值。经典马克思主义从阶级斗争的角度对资本主义慈善进行了无情的抨击，揭露资产阶级的假同情真压迫、假安抚真剥削、假慈善真买卖，实则是将慈善用作麻痹无产阶级斗志、巩固资产阶级统治地位的工具。新中国成立初期我国慈善事业的发展明显受到此种阶级斗争批判色彩的影响。直到改革开放以后，随着意识形态领域的解放，慈善事业慢慢复苏，逐渐获得了应有的社会地位。

早在20世纪90年代，经济学家厉以宁明确提出，“第三次分配是由社会力量自愿通过慈善捐赠、志愿服务等慈善行为增加公共利益，依靠的是道德信念的力量”，将慈善事业纳入第三次分配的视域中。2005年，全国人大常委会副委员长成思危在财富论坛上提出，财富分配可以区分为三次，即追求效率、多劳多得的初次分配，追求公平、依靠政府提供社会保障的再次分配，以及追求社会责任、先富带后富的第三次分配。2019年，国务院副总理刘鹤在党的十九届四中全会召开后撰文对第三次分配做出具体阐释，明确了第三次分配的推动力量以及第三次分配的主体是社会力量。由此可见，慈善事业与第三次分配紧密相连，第三次分配以慈善为主要手段，慈善组织是重要载体。《慈善法》实施以来首个执法检查报告对慈善事业发展与第三次分配二者之间的关系做了明确阐述，有助于我们更好地把握慈善事业的发展现状以及更深刻地理解第三次分配的地位和作用。

在以往研究中，学者对慈善事业在社会分配、社会保障、社会建设与社会治理以及社会文明和道德建设中发挥的积极作用，已成为共识。徐麟从财富分配、社会稳定、思想教化等方面将慈善事业的功能定位进行了五个方面的概括。在赵永忠看来，慈善事业补充社会保障、促进社会和谐、凝聚阶层共识、推动社会文明。习近平总书记在《在慈善中积累道德》中突出了慈善对于完善社会个体的道德人格和提升社会整体的道德水平的重要价值。就慈善事业能够发挥的社会功能来看，王振耀认为现代慈善事业可以发挥社会稳定器的作用，起到促进社会文明、凝聚道德和社会价值的积极作用。在很多国家，慈善事业不仅对正式社会保障制度进行补缺，还在调节社会矛盾、提升社会公德等方面发挥重要的社会价值。此外，慈善事业在发展民间外交方面具有独特价值。英国政府更加重视慈善服务的国际化以及民间社会倡导在促进软实力发展中的重要性，有力地促进了致力于海外活动的慈善组织发展，这对于慈善组织发挥积极的外交功能至关重要。

党的十九届四中全会以来，学者们对慈善事业的功能定位研究更加深入。宫蒲光从社会保障体系的重要构成、实现第三次分配的关键要素、社会主义核心价值观的重要体现、国家治理体系和治理能力现代化的重要力量等方面来认识慈善事业的重要作用。郑功成对比国外慈善事业发展的经验，认为慈善事业在捐款捐物之外更要突出其在社会公共服务领域的表现，发挥其在构建共建共治共享社会治理格局及实现全体人民共同富裕方面的作用。此外，还有学者关注慈善本身的道德属性和文化价值，如马昕基于第三次分配的道德属性来认识慈善的功能和作用，认为除了从资源配置、调整收入的角度来评价慈善事业的作用，更需要重视慈善活动所产出的精神产品。王名指出，慈善事业在补充和改善公共服务方面发挥着越来越积极的作用，并助推社会创新。而傅昌波认为，新时代慈善事业具有促进社会正义、补充社会保障、协同社会治理、涵养核心价值、保持社会创新、提升家庭文明、促进人的全面发展等多重功能，对慈善事业的功能定位应进行高维思考和重新审定。

综上，已有对中国慈善事业发展定位的研究和讨论，基本还是局限在经济制度、社会保障制度、社会治理制度的组成部分等固有认识，或者受到民政部门管理事务所对应的传统慈善领域限制，又或者因为受到西方理念的干扰，当前研究对慈善事业社会价值的认识存在定位偏低、功能狭窄等问题，存在进一步探讨或突破的空间：一是提高思想认识，站在坚持和完善人类文明新形态的高度和构建政府与社会新型关系的角度，重新思考和确定慈善事业的新定位；二是根植中华文化，要在尊重客观规律的基础上，立足中国国情，充分挖掘中国传统文化丰富深厚的慈善思想和慈善形式，构筑本土慈善理论体系；三是突破固有思维，完整认识慈善事业在个人道德塑造、家庭文明建设、社会风气涵养、商业文明改造、国际民间交往等方面的独特价值，拓展对新时代慈善事业功能的认知。

（三）研究理论视角

本课题旨在重新锚定作为第三次分配主要实现形式的慈善事业的定位，充分阐释慈善事业的社会功能，注重从全人类文化价值、社会文明提升、人的全面发展、政治权利实现、社会创新渠道、商业向善等新角度丰富对慈善事业多重社会价值的认识，为制定符合新发展格局的慈善事业发展政策和管理制度奠定基础。因此，既要有宏观的高维视角整体指导基础理论和定位研究，又要借鉴重要的成熟理论或体系思考慈善事业发展架构。具体研究过程中，课题总体借鉴和运用的研究视角如下。

1. 中国式现代化新道路和人类文明新形态理论视角

从中国式现代化新道路的研究视角出发，一是要明确中国共产党领导是中国式现代化最本质的特征，也是最大优势，在研究过程中，要始终注重中国共产党领导的核心地位；二是要明确中国式现代化道路坚持马克思主义基本原理与中国实际、中华优秀传统文化相结合，走中国特色社会主义道路；三是要明确中国式现代化是坚持以人民为中心，追求人的全面发展全体人民共同富裕的现代化。而从人类文明新形态的理论视角，要明确人类文明新形态是物质、政治、精神、社会、生态五个文明协调发展的形态，是谋求全球可持续发展，主张共同建设人类命运共同体、人与自然生命共同体的新形态。

借鉴和运用这两个理论视角，可以从系统思维上扩展课题的研究思路，把握课题研究价值。开展新时代中国慈善事业功能定位研究，需要注重理论研究的普遍性和特殊性相结合，契合中国式现代化发展的内在要求。

2. 人的全面发展理论视角

马克思主义人的全面发展理论认为，人的全面发展是全面的发展人的潜力和才能，包括人的社会关系的全面发展，就是人的社会交往的普遍性和人对社会关系的控制程度的发展，与社会发展二者之间相互制约。人的全面发展不是简单的体力和智力的发展，还包括道德的发展以及志趣的发展，是个人发展与社会发展的有机统一，是社会发展的根本价值目标。中国式现代化是始终坚持以人民为主体的现代化，成果由人民共享，人民得到全面发展。

本课题在此研究视角的基础上，强调促进人民全方面素质的提高，积极鼓励投身慈善事业，推动第三次分配实践发展，不仅关注第三次分配和慈善事业在物质方面的有形器物，也同步关注权利实现和精神满足。

3. 全体人民共同富裕理论视角

新中国成立以来，共同富裕的实践探索在我国不断深化。在现代化国家建设的新征程上，我们必须更加重视推进全体人民共同富裕，努力实现人民看得见、摸得着的共同富裕。按照社会主义的本质特征，党中央已经部署逐步实现共同富裕，在 2021 年上半年出台了支持浙江共同富裕示范区的相关意见，从生活、精神、环境、社会、公共服务五个维度对共同富裕的内涵进行丰富和拓展。共同富裕意味着社会主义建设和发展的成果应当惠及绝大多数人，全体社会成员都能共享社会经济发展的成果并能过上比较体面和幸福的生活。

在三次分配的制度安排以及扎实推进共同富裕的重要部署中，大力发展慈善事业是重要一环。本课题研究将从全面、系统的共同富裕理论视角，思考慈善事业的内涵和功能。

（四）研究方法

课题组在讨论提出新发展阶段慈善事业新定位的基础上，将全面考量慈善事业传统功能之外的涵养核心价值、保持社会创新、提升家庭文明、促进人的全面发展等重要社会功能，拟采用如下研究方法。

1. 资料收集方法

（1）文献法：一是查阅和收集与慈善事业研究和发展相关的文献资料，包括中央领导同志论述、中央有关部门文件、中外政治家及著名学者的著述、中外媒体报道的案例、图书专著、期刊文件、调查报告等，旨在全面掌握本课题研究领域内的重要信息、研究成果及主要观点；二是研读并分析整理收集到的文献资料，提炼有价值的观点，借鉴目前研究的已有成果，对主要关键词进行清晰的界定，针对现有研究中尚未充分展开的部分进行深入探讨和拓展，打下坚实的文献基础。通过大量文献分析与制度检视，对慈善事业的重新定位和功能发挥进行全面分析研判。

（2）实地调查法：通过对政府相关职能部门、不同类型社会组织进行实地访谈调研，汇总各方看法、评价和意见等，对我国慈善事业发展阶段和特征进行现状评估，了解利益相关方对慈善事业功能定位的认识。同时，采用专家调查法，与慈善领域专家、学者进行头脑风暴，借鉴吸收专家学者在慈善领域的深厚学养和深刻见解，为深化理解慈善事业发展方向及功能发挥提供广阔视野，更好地实现理论科学指导实践。

2. 资料分析方法

（1）比较分析法：慈善事业发展既具有国际范围内的普遍规律，同时也具有基于不同国别的特色的发展模式。通过开展比较研究，借鉴西方国家、儒家文化圈国家非政府组织与政府的关系，以及总结分析国际慈善事业发展的经验，重点讨论慈善事业在构建中国特色新型政府和社会关系中的定位，以及实事求是的比较慈善事业发挥的功能作用等，促进其应有的多重社会功能的发挥。

（2）案例分析法：案例分析的目标在于“形成一个宝贵而深刻的理解，即对案例有独特见地，希望理解现实世界的行为及其含义”。慈善组织是从事慈善活动、推动慈善事业发展的重要参与者和实践者。慈善组织高质量发展遵循一定的客观规律，但同时也具有鲜明的个案特征。不同类型的慈善组织，处于不同生命周期的慈善组织之间，也会呈现出具有差异性的慈善组织发展特点与路径。本课题选定具有典型性的若干社会组织作为经验案例进行实地调研。通过对现实情境中的案例进行实证研究，回答描述性问题（即正在发生什么或发生了什么）和探索性问题（即怎么发生的或为什么发生）。

（五）研究的创新性

突破固有观念，丰富慈善事业功能定位的相关研究理论，建设性地提出具有前瞻性的功能定位框架。新时代慈善事业的功能仅从扶贫济困、辅助社会保障、促进社会公平已远远不够，应突破行业思维和静态思维的局限，不受传统认识所束缚，从发展满足人民对美好生活向往、完善和发展人类文明新形态的高度考察和定位慈善事业的应有功能，而不是受限于民政工作立场。

慈善事业作为中国式现代化新道路下政府和社会新型关系的主要载体，集中呈现政社互动关系和过程，通过深入挖掘慈善实践领域政社互动过程中的因果关系和互动影响，构建对完善政社新型关系更有力的理论框架。

慈善文化是慈善事业生命力的延续和再现，新时代中国特色慈善事业根植于中华优秀传统文化，本课题通过系统梳理和深入挖掘中华优秀传统文化中的慈善思想，同时结合中国国情和社会发展实际，构建以优秀传统文化为重要基础的中国特色社会主义慈善文化体系。

二　我国慈善事业的发展脉络和思想溯源

（一）相关概念界定

在古代汉语里，“慈”和“善”最初是分别以单字出现的，并且各有不同的含义。“慈”的意思原本是指父母的爱，是长辈对晚辈的爱。而“善”与

“恶”相对，本义为“吉”。后来两字经过演变，词义进一步延伸，并越发接近，“慈”延伸出仁慈、怜爱的含义，“善”延伸出友好、善良、高尚之意。到南北朝时期常见“慈善”一词连在一起使用，表达仁慈善良之意。而在英语中则对应 charity 和 philanthropy 两个词。在《大英百科全书》中，前者是基督教的概念，是爱的最高形式，象征着上帝和人的互爱，通过对同胞无私的爱而表现出来；后者指为达成有益于社会的目的而进行的自愿的、有组织的行为。也有观点认为，charity 更强调扶贫济困，philanthropy 则不限于此，更为广义，有改善和提高社会福利水平之意。尽管这两个词的概念阐释不尽相同，但基本可以看作处于不同发展阶段的慈善，并不影响对慈善本质的理解。

目前达成较多共识的观点是，慈善是一种自愿的利他行为，公众以金钱、物品捐赠和志愿服务等形式关心他人和对社会做出贡献，这种援助包括财物、资本、劳动力、商品和服务等。而慈善事业是一种促进私人资源用于公共目的的社会事业，自愿性、利他性、民间性等是其典型特征。慈善事业的服务领域在扩大，并不局限于传统的扶贫济弱，也延伸至教育、医疗、科技、生态等领域。我国《慈善法》对慈善活动在其主体、方式、特征等方面做出明确界定，更以列举的方式列出六类公益活动，对慈善活动的内涵给出框定，慈善事业的发展围绕扶贫济困、助老扶幼、残障保护、应急救助、生态建设等公共议题而展开。

而需要打破传统观念的是，慈善并不仅仅存在于第三次分配领域。通俗地讲，初次分配、再次分配和第三次分配通常被形象地称为“看不见的手”、“看得见的手”和“温柔的手”，初次分配虽在客观上达成财富分配的目的，但主要关注的是生产、分配、消费和再生产过程中不断创造财富；再次分配通过公权力介入财富的分配，偏重于消除贫困、兜底弱势群体和保障人们基本的生存发展权；第三次分配则关注财富的用途并致力于其优化和升维，不仅解围纾困，更要提升社会总体福利和人类生活的层次。在人类文明新形态下，发挥市场在资源配置中的决定性作用，但需要约束资本贪婪和调控市场无序；更好地发挥政府作用，但要时刻警醒政府僵化和权力寻租；构建良好的政社关系，实现与居民自治的良性互动，要发展慈善事业，但也要防止慈善失灵或低效。因此，三只手都要具备向善向上的“心”。

（二）中国慈善事业发展脉络

新中国慈善事业的发展历经整顿、停滞、复苏和蓬勃发展四个阶段。随着《为慈善正名》的发表及中华慈善总会的成立，中国慈善事业开始从起步进入蓬勃发展时期，特别是历经十年磨砺于 2016 年正式颁行《慈善法》，慈善事业发展进一步法治化。

学界中不乏学者对中国慈善事业发展阶段定位进行分析和判断。房珊认为我国现代慈善事业已经告别了 20 世纪 90 年代以来的“蹒跚学步期”，正在步入“快速成长期”；董红亚认为我国目前处于传统慈善与现代慈善雏形并存阶段。王振耀关注捐赠数额这一核心指标，并据此为慈善事业划分发展阶段，认为全国捐赠额度低于 100 亿元为发动阶段，100 亿～500 亿元为普及阶段，超过 500 亿元为提高质量阶段。按此标准，自 2008 年以来我国慈善事业即进入提高质量阶段。

根据《中国慈善捐助报告》统计的结果，2020 年我国内地共接收款物捐赠超 2000 亿元（见图 2）。还有学者关注新技术的发展将对公益慈善领域带来的变革，如王名等认为我国公益慈善历经四个阶段，在公益 1.0 阶段，典型特征是由政府背书慈善组织，发展到 2.0 阶段企业支持慈善组织，随着互联网慈善突飞猛进的发展进入了公益 3.0 阶段，下一步是区块链慈善发展的公益 4.0 阶段。

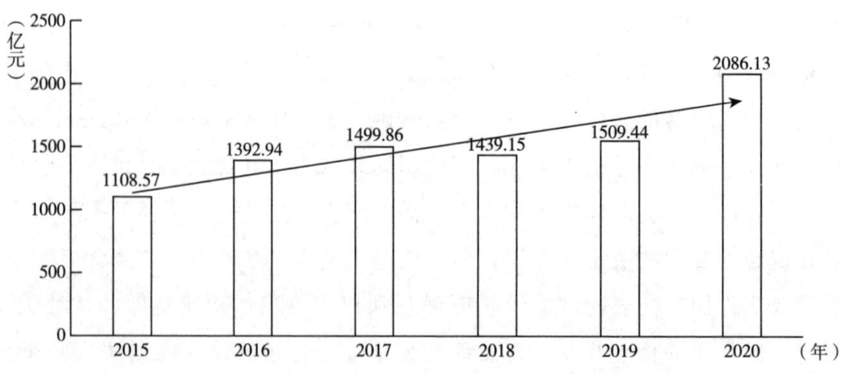

图 2　2015～2020 年中国内地接收款物捐赠额发展趋势

然而，无论是纵向的历史数据，还是横向的国际数据，都反映出我国持续增长的国民财富与第三次分配所需要的慈善资源存在严重的结构性差距。经历40余年的改革开放，我国经济总量已跃升到全球第二位，人均国民收入在2019年就已超1万美元，企业和个人财富总量激增。但是，从社会捐赠总量、人均捐赠额、志愿服务现状来看，我国慈善事业距离应有的规模和质量都相去甚远。自2017年以来我国内地每年接收的捐赠款物总额停留在1500亿元左右，2020年因新冠肺炎疫情等影响，首次突破2000亿元，即便如此，人均捐赠额以及慈善捐赠总额占GDP的比重均和发达国家差距很大。以2019年为例，我国内地接收的款物捐赠总额约1510亿元，在同年GDP中占比为0.15%，人均捐赠额仅约108元；同年美国的慈善捐赠额共计近4500亿美元，在其当年GDP中占比为2.1%，人均捐赠额超1000美元。我国慈善事业整体发展仍存在巨大差距，慈善事业的应有功能发挥存在巨大空间。

（三）中国慈善事业发展的思想渊源

从历史的视角看影响中国慈善发展的慈善思想，主要可以从三个方面展开：中华优秀传统文化中的慈善思想、西方现代慈善思想、马克思主义中国化慈善思想。

1. 中华优秀传统文化中的慈善思想

中华民族具有五千年的文明，蕴藏着丰富的慈善道德思想，奠定了慈善事业发展重要的文化根基，成为慈善精神的基础来源。

儒家的仁义思想。儒家学说在其发展历程中，形成了以“仁爱”为中心的慈善伦理思想，主要表现为以孝悌、忠恕为始的仁爱利他，包括人与人之间“仁者爱人”的慈善情感等。孟子的“性善论”强调“恻隐之心”“善恶之心”等，人性向善皆发于此。

道家慈善思想以“道”为核心而铺展，倡导“无为”而善、赏善罚恶、善恶报应，认为“体道”的一个重要途径便是进行公益慈善活动，得道之法，是要做善事。

墨家的兼爱说。墨家学派的代表墨子，主张“兼相爱，交相利”。他基于自身乐善好施的特点，倾向于认为慈爱之心要突破小范围的限制，是社会范围内每个人的互相帮助、互敬互爱。

佛教的慈悲理念。佛教讲究慈悲精神，而展现慈悲之心的具体举措被称为“布施”，即急人所急、难人所难，以自身之财力、体力、脑力惠助众生，随时为人排忧解难。根据佛教教义，布施要完全出于人们的同情、关爱和怜悯之心，绝不能带有任何功利或私欲的目的。

2. 西方现代慈善思想及其反思

综观全球慈善事业的发展，西方现代慈善事业已发展百年。西方工商文明中的现代慈善，是科技革命、工业化、城市化、全球化的产物，慈善领域也在向着专业化、组织化、中介化和职业化发展，第三部门的发展突飞猛进，公益组织将捐赠者和受捐者连接起来，将捐赠者的资源用于公共利益，立足于利他性，成为一种非营利性的组织机构，其运作遵循理性化、专业化原则。

美国慈善家安德鲁·卡耐基1889年发表的《财富的福音》①，堪称现代慈善事业的思想宪章。文章分析了贫富差距的社会根源和解决之道，在认可个人主义是社会文明进步的前提下看到贫富差距扩大问题，认为这是文明进步不可避免的代价，因此不是去改变现有制度，而是更好地利用巨大的剩余财富；富人的剩余财富的最好处理方式是（特别是在生前）捐出来用于慈善事业；将财富更好地用于公共目的，需要高超的经营能力，而不是简单的平均分配，反对滥行布施。这些基本原则仍支撑着美国的慈善捐赠事业，并在很大程度上影响全球的慈善事业。

中国慈善事业的发展不可避免地受到西方现代慈善的影响。现代慈善发展至今，面临更多质疑和反思。美国福特基金会总裁吕德伦先生在《从慷慨到正义：新财富福音》中指出，“在不平等日益加剧的今天，对《财富的福音》中提出的慈善原则进行反思”，认为“19世纪慈善基础理论的解释已经走到了尽头”，或许是时候该重新构建一套新的捐赠原则。一方面公益慈善事业旨在解决不平等问题以及改进造成不平等的经济结构；另一方面现行体制又强化了不同阶层之间的差异，让特权阶层继续承担改善这个体制的责任。探究不平等的根源和人类苦难的原因，真正地发挥慈善事业应有的作用，才是回归慈善和财富本质的关键。

① Garfinkle N：“The American Dream vs. The Gospel of Wealth：The Fight for a Productive Middle-Class Economy”, Yale University Press, 2017.

3. 马克思主义中国化慈善思想

马克思、恩格斯慈善思想形成于特定的历史背景之下，从阶级斗争的角度批判资产阶级伪慈善，即资产阶级的假同情真压迫、资产阶级的假安抚真剥削、资产阶级的假慈善真买卖；肯定无产阶级慈善，关注无产阶级的现实境遇，实现无产阶级的自由解放。马克思、恩格斯慈善思想，并不是简单对慈善的否定性论述，而是关注全人类的自由和解放，慈善正是着眼于人类的自由解放；而对于共产主义慈善，马克思、恩格斯做了深刻论述，一是肯定慈善理念，且在未来社会发扬；二是肯定慈善事业的重要作用，促进社会公平正义。

马克思、恩格斯慈善思想的中国化经历了一个不断发展优化的过程，并呈现出明显的中国特色。毛泽东否定资产阶级和地主阶级的伪慈善，关注劳动群众的现实生活，提出一系列扶贫济困政策，不断使人民平等地参与社会生活；邓小平提出先富带动后富，在“带动”过程中，可采取的方式有先富之人“自愿拿出钱来办教育、修路”；江泽民建立社会保障制度的相关理论和贫困地区、贫困人口脱贫致富的相关理论；胡锦涛正式将慈善事业写入党中央文件，并将其提升到社会保障体系的组成部分的高度。

先富共富论。以邓小平为核心的党的第二代领导集体提出了“以先富带动后富”，最终达到共同富裕的理念。邓小平认为，以公有制为主体、共同富裕，是社会主义的两个基本原则。“先富带动后富，达到共同富裕”的理念，充分反映了邓小平理论中慈善友爱互助的思想内涵。

以人为本的思想。马克思主义学说的宗旨是追求全人类的自由和解放。中国共产党始终为实现这一宗旨不懈奋斗，在探索人类自由和解放的道路上，从我国国情出发，摒弃“只见物不见人”以物为本的发展观念，提出科学发展观，将以人为本作为发展的最高价值取向。

和谐社会构想。构建社会主义和谐社会的概念是在党的十六届四中全会上首次正式提出，党的十六届六中全会对这一构想从性质和定位、指导思想、目标任务等方面进行了系统阐释，并将“促进社会公平正义”作为其中一个着力点，将社会和谐提高到社会主义本质属性的高度。要实现社会阶层之间的和谐，就要协调好社会阶层关系，形成理想的社会阶层结构。

（四）新时代中国慈善事业发展的主要遵循

新时代中国慈善事业发展，要与促进共同富裕和人的全面发展紧密相连，以优秀传统文化为根基，构建中国特色社会主义慈善事业理论，做到如下遵循。

1. 坚定文化自信，根植于中华优秀传统文化

在道路自信、理论自信、制度自信之外，文化自信是更加基础和持久的力量。慈善事业的发展要以对慈善文化的高度认同为根基，充分肯定慈善文化理念和价值体系，并内化为精神力量积极主动地落实在慈善行动中。慈善本身就是一种文化，它传递着一种价值观。新时代中国特色慈善事业，应根植于中华优秀传统文化，通过系统梳理和深入挖掘中华优秀传统文化中的慈善思想，为慈善事业的高质量发展筑牢慈善文化自信。

2. 共建共治共享，完善新时代社会治理格局

共建共治共享作为新时代社会治理的发展方向，是国家、人民以及社会组织通过结构性地结合成为一个“共同体”来共同参与建设、治理、分享，新时代中国特色慈善事业是多元主体共同参与社会治理的重要途径。要让更多的主体参与社会治理，党的十九届五中全会特别提到的市场主体、新社会阶层、社会工作者和志愿者参与社会治理，都是通过慈善事业参与社会治理的重要力量。

3. 在慈善中积累道德

提到中华优秀传统文化的主体，无外乎儒释道三家，虽分属不同学派，但共同崇尚道德修养，德是做人的基础，也是对个人进行社会评价的依据。中国人自古以来就讲究积德行善，体现为慈善意义上的扶贫济困、乐善好施。习近平总书记在《在慈善中积累道德》一文中就具体阐释了个人或组织支持和参与慈善事业，进行道德积累，对于个人、组织和社会的重要性。慈善作为一种道德实践活动，对完善社会个体的道德人格和提升社会整体的道德水平具有重要价值。

4. 弘扬企业家精神，积极履行新时代企业家社会责任

企业家群体在国家和社会发展中发挥着重要作用，习近平总书记多次强调，弘扬企业家精神，满足时代发展的需要，履行企业家社会责任，鼓励投身公益慈善事业，向上向善，回报社会。任何企业都是社会的企业，新时代企业

家在创造就业机会、促进经济发展的同时，更应该履行社会公共责任，真正得到社会认可，促进企业可持续发展，成为建设未来美好社会、实现共同富裕道路上的重要力量。

三　新时代中国慈善事业的重新定位

（一）中国慈善事业面临的新时代

1. 全球视野下的社会发展范式反思

对冲基金公司桥水创始人瑞·达利欧（Ray Dalio）曾在 2019 年撰写的《为什么资本主义需要改革以及如何改革》（*Why and How Capitalism Needs to Be Reformed*）一文中提到，这些年来资本主义之所以以一种对大多数人不利的方式发展，是因为它正在产生一种自我强化的螺旋，富人上升，穷人下降。财富金字塔最顶端 1%的人口的财富不仅仅是最底层 90%的人口的总和，排在前 40%的人拥有的财富在 20 世纪 80 年代是后 60%的人的 6 倍多，而目前拉大到 10 倍多。他用数据指出了美国收入差距不断拉大这一明显趋势，认为根源在于美国资本主义社会没有弄清怎么分蛋糕——资本主义经济快速发展的同时没有共享给穷人。

不仅仅在美国，综观全球，无论是法国的“黄马甲运动”，还是智利的全局骚乱，贫富差距增大和社会流动性下降都是造成社会动荡的重要原因之一。工业革命近 400 年带来了经济、科技、社会的巨大发展，同时也带来了影响可持续发展的大量社会问题。西方国家探索通过影响力投资、商业向善等来实现社会公平和正义，许多学者公开表示质疑。与此同时，持续深入走马克思主义中国化道路的中国，不仅实现了绝大多数人摆脱绝对贫困，还开启了符合社会主义本质的、逐步实现全体人民共同富裕的新征程。从世界范围内来看，人类社会发展正在面临发展范式转化的关键时期，反思和改造传统发展模式已逐渐成为全球思潮。在这样的大背景下，做大蛋糕的同时更要分好蛋糕，需要不断地破旧立新，创新适应时代要求的发展模式，慈善事业就要助一臂之力，要走自己的路，植根本土道德文化传统，激发社会组织和个人行善的使命感与内生动力，才能真正具备长远发展的生命力。

2. 可持续发展面临的严峻挑战

瑞·达利欧在《过去五百年的大周期》（*The Big Cycles Over The Last* 500 *Years*）一文中将中、美、英、荷兰、西班牙等国家自1500年以来放在历史长河中进行了综合国力兴衰趋势的对比，从教育、竞争力、技术水平、经济产出、贸易份额、军事实力、金融中心实力和储备货币八个方面构建综合国力指数，目前我国综合国力位居全球第二，且正处于快速发展的上升期。与一个人的生命周期类似，一个国家的生命周期也是有迹可循的。在认识规律的基础上，怎样能够前瞻性地规避风险，促进更持久的繁荣，即如何实现长期可持续发展是人类社会共同的追求。

当前全球化、科技化发展异常迅猛，不同国家和地区的人民面临共同命运和共同挑战，彼此变得越发唇齿相依。人们对于“蝴蝶效应”有了更切身的体会，就如新冠肺炎疫情在全球范围内大流行，各个国家和地区休戚与共，想独善其身根本不可能，更不是一个国家和地区可以独立解决的。可持续发展观的基本原则，即在发展机会和发展能力上对公平的追求，体现在国家层面，同样面临严峻挑战。发达国家的现代化道路并非尽善尽美，带来的负面问题也日益明显。而先期发展的发达国家已经消耗了大量的资源，从某种意义上来说，发展中国家在发展机会上已经处于劣势，为了加速自身发展，不得不付出更大的环境代价，这对整个生态系统的可持续发展造成更大的威胁。

世界正处于发展范式重设的重大时刻，人类文明发展到生态文明这一新阶段，超越了工业文明，注重的是人、自然和社会之间的和谐全面发展、良性循环和持续繁荣。中国处在建设社会主义国家的新阶段，已经拥有雄厚的物质文化基础，小康社会的全面建成，绝对贫困的彻底消除，这些具有里程碑式意义的成就为新的发展阶段奠定了坚实的物质基础。在新征程走中国式现代化新道路，扎实推进共同富裕，被提升到更加重要的战略位置。共同富裕的实现，还能为全球解决贫富悬殊、促进分配正义贡献中国方案。

（二）新时代中国慈善事业的定位

要对新时代中国特色公益慈善事业进行准确定位，就要将慈善事业纳入全面建设社会主义现代化国家、推进全体人民共同富裕的进程中去考察。发展慈善事业，让积极因素充分涌流，团结可以团结的最大力量，实现共建共治共享。这里具体从三个方面论述新时代中国特色社会主义慈善事业的新定位。

1. 慈善事业是共建的重要载体

发展党的领导、人民当家做主、依法治国三者有机统一，是社会主义民主政治的首要任务，慈善事业提供了实现人民当家做主的重要渠道，它是人民共同建设社会主义民主国家的重要载体，不但调动了一切可以团结的主体力量，而且依托慈善事业为行使中国特色社会主义公民政治、社会、文化权利提供重要的实现途径。我国的民主是全过程人民民主。人民当家做主是实现中国特色公民政治、经济、文化、社会权利的表现形式。

中国慈善事业是在坚持党的领导下，人民当家做主的集中体现，公民基于自愿原则依法将更多私有资源用于公共目的，体现核心的公共性特征，慈善事业为中国特色公民政治、社会、文化权利的行使提供了重要的实现通道。慈善事业通过捐赠善款、成立社会组织、开展志愿服务等形式参与社会建设和社会治理，是保障中国公民结社自由，实现政治、社会、文化权利的重要方式。慈善事业正在成为基层群众自治的重要组成部分，群众在党的领导下实现自我组织、自我教育、自我服务，真正体现中国人民当家做主。

当前我国慈善资源贡献者已逐步从企业家拓展到广大社会群体，共建的力量不断壮大，公益慈善内容方式也呈现多元化状态。在富人慈善方兴未艾的同时，我国大众慈善也正在蓬勃发展，普罗大众参与的热情与程度不断增加。信息技术的发展使得慈善活动的成本不断降低，不仅方便了大众的参与，也让更大规模的群众能够从中获益。这些无不印证了我国慈善事业正在成为中国特色公民政治、经济、文化、社会权利的重要实现途径，正在成为中国人民当家做主的集中体现形式之一，正在成为共建社会主义民主国家的重要载体。

2. 慈善事业是共治的重要力量

党的十八大以来，我国逐步构建了以党委领导、政府负责、社会协同为特征的社会治理新格局，其目的是团结多元主体的力量，让各方积极因素充分涌流，共同参与社会治理，建设充满活力的社会。发展慈善事业，就是要团结共治的重要力量，慈善事业的资源主要来自社会力量基于道德的自愿奉献，也包含来自税收减免、政府支持等公共资金，其本质是政府和社会对于公共议题的合作治理。

推进中国式现代化新道路，如何构建新型政社关系，是必须回答的重要课题。当前慈善领域的政社关系存在诸多与现实发展要求不匹配的情况。慈善事业作为具有广泛群众基础的社会事业，是构建中国新时代政府和社会新型关系的重要呈现载体。在新型政社关系中，在党委领导、政府负责前提下，坚持以人民为中心，各类社会组织协同参与社会治理，最大限度发挥社会调节和居民自治的优势，激发社会活力，推进社会和谐有序。

党政主导是新型政府与社会关系的前提特征，以人民为中心是新型政府与社会关系的本质核心，体现在慈善领域，政府和社会组织作为推进公共事务的两大最重要主体，既是监督和管理的关系，又是协调和配合的关系。政府作为公权力的代表，对社会组织的发展具有重要的决定性影响。政府主导不仅仅要对慈善组织进行监督和管理，更重要的是引导和培育，引导慈善组织对社会资源进行动员，同时通过政策工具赋能和服务慈善组织，使社会组织在数量和质量上不断增长，促进慈善事业健康发展。

3. 慈善事业是共享的重要途径

改革开放以来，一部分人和地区在法律及政策许可下先富起来，并且通过先富带动后富，极大地促进了生产力发展和人民群众生活质量的提高。在现代化国家建设的新征程上，扎实推进共同富裕，被提升到更重要的位置。党中央已经部署逐步实现共同富裕，在 2021 年出台的支持浙江共同富裕示范区建设的相关意见中，对共同富裕的内涵做出完整的阐释，共同富裕并不仅仅体现在经济建设这一个维度，而是从生活、精神、环境、社会、公共服务五个维度进行丰富和拓展，同时体现出鲜明的中国特色。

慈善事业是促进全体人民共享改革发展成果、实现共同富裕的重要事业。一方面，促进共同富裕，需要更好地发挥第三次分配的重要作用，慈善事业是发挥第三次分配作用、实现共同富裕的有力抓手；另一方面，慈善事业是突出呈现社会主义制度优越性的重要载体，社会主义国家就是要以人民为中心，提升人民群众的安全感、获得感、幸福感，让人民生活得更美好。

我们要不断探索如何将共同富裕的需求持续转化为对发展中国特色慈善事业的指导和要求，新时代中国特色慈善事业正是要契合社会主义本质要求，从救助型慈善过渡到更多的发展型慈善，从帮助全体人民实现生活富足，发展到广泛推动医疗卫生、生态环保、公共服务、社会事务等领域的进步，契合共同富裕的内涵需求，发挥慈善事业的独特作用。

四　新时代中国慈善事业的多重功能

在新时代，慈善事业应突破局限认知，站在人类文明新形态的高度思考，全面认识慈善事业的多重社会功能。

（一）促进社会正义

党的十九届四中全会对我国基本经济制度的内涵进行了扩展，在分配制度和经济运行机制两个层面将“按劳分配为主体、多种分配方式并存的”分配制度和“社会主义市场经济体制”纳入基本经济机制框架内。在分配制度方面，初次分配、再分配和第三次分配发挥各自机制与作用，核心是解决好效率与公平的问题。早在 2014 年《关于深化收入分配制度改革的若干意见》，就认识到收入分配制度改革的重要性和难度，并把慈善事业作为收入分配制度改革的重要组成部分。

第三次分配也可称为矫正性分配，是中国特色社会主义基本经济制度的重要部分。慈善事业立足于第三次分配基础，是第三次分配的主要形式，承载着第三次分配的本质属性，可以弥补初次分配、再分配的缺陷和缝隙。国家统计局数据显示，自 2008 年以来，我国的基尼系数虽呈下降趋势，但仍在 0.46~0.47，而国际社会普遍认为 0.4 是贫富差距的警戒线。李克强总理在 2020 年 5 月 28 日回答中外记者提问时提到 6 亿人、1000 元两个触目惊心的数字，我们的人口中还有 6 亿人月均收入在 1000 元上下。在贫富差距挑战依然严峻的当下，慈善事业对于缩小区域、城乡、居民收入差距，推进共同富裕，促进社会公平正义发挥着不可替代的作用。

（二）补充社会保障

慈善事业在健全社会保障体系方面发挥着重要作用。从分配制度的角度，法定社会保障制度属于再分配的过程，而公益慈善事业更多属于第三次分配的内容，二者的区别关键在于法定社会保障制度是一种强制性保障制度，而公益慈善事业是一种自愿性安排，通过自愿性的社会机制，与现代社会保障制度在功能上存在一致性和互补性。

慈善在补充社会保障方面发挥的作用，可以看看美国医保的例子。美国有三种医疗保险制度。第一种是医疗保险，是美国的基本保险制度，带有强制性。人们年轻时参加医疗保险，每月缴纳保险费。第二种是贫困医疗救助制度，向符合条件的穷人提供援助，即低收入者和没有医疗保险的穷人，由联邦和地方财政资助。第三种是儿童健康保险计划，是以 19 岁以下儿童为救助对象的救助制度，由财政拨款。三者总共覆盖大约 1 亿人，约占美国总人口的 1/3。其余 2 亿人中，有 1.5 亿劳动人口完全由单位购买商业保险计划覆盖，另外还有 5000 万人，大多是个体户或失业人员，既不享受三种国家保障，也不享受商业保险。2009 年奥巴马政府医改的目标，就是将这 5000 万人覆盖，他们没有任何医疗保障，让慈善在一定程度上成为社保的重要补充，弥补这个空白。

我国《慈善法》对慈善活动做出明确界定，并列出六类公益活动，这一界定明确了慈善活动的主体、方式以及慈善活动自愿性的特点，以列举的方式对慈善活动的内涵给出框定。慈善事业的发展围绕扶贫济困、助老扶幼、残障保护、应急救助、生态建设等公共议题，与我国社会保障制度体系，特别是社会救助、社会优抚和社会福利等制度有机统一，给予我国社会保障体系以独特的补充作用。

（三）协同社会治理

党的十九届五中全会通过的“十四五”规划和 2035 年远景目标纲要，特别提到群团组织和社会组织，指出要发挥它们在社会治理中的作用，明确提出参与社会治理的主体，如市场主体、新的社会阶层、社会工作者、志愿者，并且对畅通和规范参与社会治理的途径做出明确要求。这些社会主体力量通过公益慈善事业参与到社会治理中，可以协同党和政府打造人人参与、人人负责、人人享有的社会治理共同体，实现共建共治共享。慈善依靠独特的社会机制，激发的是社会活力，通过人与人之间、群体与群体之间的互动和公益联结，提高社会成员参与社会治理的程度和水平。

社会治理不只是党和政府的责任，而是要依靠社会多元主体的力量，各主体按照自己的角色定位发挥各自的职责，实现社会治理的共建共治共享。慈善活动为社会力量参与社会治理、构建社会治理共同体提供重要桥梁和实现通道。在2020年的脱贫攻坚和新冠肺炎疫情防控中，公益慈善事业做出重大贡献，公益慈善事业在传统的扶贫济困、突发事件救助领域继续发挥突出作用。此外，实践证明，慈善事业在完善社会治理结构也发挥着重要作用，慈善事业进一步延伸到社会治理领域，特别是在新时代，公益慈善将更大地丰富其社会治理功能。

（四）塑造核心价值

早在2006年，任浙江省委书记的习近平同志在浙江慈善大会上就强调了慈善事业对于社会文明和谐及树立社会主义荣辱观的重要意义。慈善本身就带有明确的价值取向，价值观是慈善事业发展的价值支撑。中国特色社会主义公益慈善是社会主义先进文化的重要组成部分，是培育和践行中国社会主义核心价值观的重要载体。社会主义核心价值观集中体现了当代中国精神，是全体人民共同价值观的体现，也决定了中国特色社会主义慈善坚持什么样的价值立场以及按照什么样的价值取向发展。

2011年发布的《中国慈善事业发展指导纲要》明确了我国慈善事业的宗旨，在社会主义核心价值体系引领下，加强慈善文化的普及和慈善理念的传播，使慈善逐渐成为一种社会风尚和人民生活方式。2018年，民政部明确要求各地民政部门在社会组织登记管理工作中及时在其章程中增加社会主义核心价值观有关内容，以社会主义核心价值观来引导慈善事业的健康发展。慈善事业与社会主义核心价值观的文明、和谐、平等、公正、诚信、友善等要素紧密关联，对于塑造社会风气、促进社会和谐、提升社会文明程度发挥着重要作用。

（五）培育责任公民

公众的慈善行为是慈善事业发展壮大的根基，而慈善行为的背后首先是在态度上对慈善的接纳，在理念上对慈善的认同，这些都离不开公民公益素养的培育和公民责任的提升。以往的研究似乎局限在对大学生群体公益素养和公民责任的培养，因为他们是未来社会的主要建设者和公益行为的重要主体，但是普通公众的公益素养和公民责任意识更应该引起广泛重视。当慈善真正激发起全民行善的使命感和内驱力，人人慈善变得普及，慈善成为生活方式时，慈善事业才能真正具备长远发展的生命力。

公民作为社会共同体成员，参与公共生活，与之相伴的就有公民权利、义务与责任，而公民责任具有公共性的典型特征，承担社会公共责任，体现公共情怀，更好地实现权责平等与均衡，才能促进社会共同体的发展和进步。与慈善分不开的是爱心、责任和担当，发展慈善事业的同时就是在培养和提升公民的公益素养和社会责任。我国在卫生事业发展规划中，将居民健康素养作为综合评价卫生事业发展状况的重要指标，有鉴于此，慈善事业发展可将公民的公益素养作为评价慈善事业发展状况和水平的评价指标之一，考量公民对公益的态度、认知、意志、能力、习惯等的发展情况。公众的慈善意识和慈善认知水平，在很大程度上代表整体公益慈善事业的发展水平。

《2020 年度中国慈善捐赠报告》显示，我国慈善捐赠的主要力量仍然是企业，捐赠额占比为 58. 4%，而个人捐赠仅占 25. 1%。这与美国以个人捐赠为最重要的慈善来源形成鲜明对比，虽然美国个人捐赠占比在近几年呈现下降趋势，但仍接近 70%。

慈善事业的发展，要激发普通公众参与慈善的热情和动力。公民参与是公民责任得以实现的前提，公民不但对自己和家人承担责任，对他人、社会和国家同样也承担公共责任。通过参与慈善事业，唤醒公民的公共责任意识，培养公民的公益素养，才能不断提升公民履行社会公共责任的能力和水平，并在客观上推动公民责任体系在内容和形式等方面不断完善，保证公民责任的有效实现。

（六）推动商业进化

北京师范大学中国公益研究院院长王振耀在 2021 年 9 月接受《21 世纪》采访时曾提到，我国人均国民收入超 1 万美元，经济发展的目标不再是单纯的经济价值上“求多”，而是社会价值上“求善”，我国已经从之前的经济价值引领社会价值，转变为社会价值开始引领经济价值，客观上进入“善经济”时代。当前慈善与商业之间的关系呈现出更多的相互交织特点，慈善事业越来越成为企业发展的必选项，商业活动具有更多的社会价值，承担更多的社会责任，而慈善领域也在运用商业领域的思维、理念和工具来完成资源的配置，评估慈善的效能。

慈善领域的创新也在催生公益创投、社会影响力投资、社会企业等不同创新形态的发展。以社会企业为例，社会企业是慈善创新的一种组织形式，它是指慈善组织通过创新的项目开发和专业设计，从社会问题中找到以商业模式为主的可持续性模式，形成慈善组织不仅可以完成慈善目标，进而也完成自身增值和发展的长期战略模式。中国目前的社会企业发展进入了蓬勃发展阶段。在一份公开的中国社会企业相关调研报告中提及，到 2018 年为止，中国慈展会共认证了 234 家社会企业，考虑到很多社会企业并不了解或者不认同中国慈展会的社企认证，这一统计数据相对保守，大大低估了中国社会企业的实际数量。社会企业的发展，为不断丰富慈善资源的创新运作能力提供更多可能，是运用商业的力量助力社会向好，推动企业的企业家向社会的企业家转变，实现慈善与商业互相成就，慈善推动商业进化。

（七）保持社会创新

如果以一种形象的说法来区分公益慈善的层次，知名学者资中筠在 2006 年就做出概括：第一个层次是“授人以鱼”，以救济的形式直接给饥饿的人三餐之需，类似于“输血式”扶贫；第二个层次是“授人以渔”，教给饥饿的人捕鱼的技能方法，注重的是培养其独立性和自立能力，类似于“造血式”脱贫；第三个层次是“改变渔业生态”，就是为受助者创造更好的发展环境。这就是后来业界俗称的公益 1.0 版本、2.0 版本和 3.0 版本，阿里曾经把 3.0 版本“改变渔业生态”更通俗地改成“为大家造鱼塘”。

从百年前的西方到现在的中国，都涌现出一批勇于试错、敢于探索的慈善家。美国洛克菲勒家族在文化艺术领域方面的捐助可以看作慈善领域的“造鱼塘”，不仅捐助芝加哥大学，资助大量古典艺术研究，鼓励艺术创新和培养杰出人才，还主持修建现代艺术博物馆，并进一步鼓励家族第三代成员投身到艺术领域的公益活动中，包括建立各自的艺术机构，捐赠林肯艺术表演中心，建立原始艺术学部和原始艺术博物馆，帮助阿肯色艺术中心成功转型为现代艺术中心，促进了艺术在美国乡村的普及，在全美以座谈小组方式调研如何将艺术融于教育。

中国的现代慈善起源晚于西方社会，但随着改革开放成长起来的第一批企业家也逐步承担起社会创新的责任。如陈天桥雒芊芊研究院，由夫妻二人出资10亿美元成立，其首家投入使用的脑科学前沿实验室包括脑机接口、数字医学、认知评估等，重点是促进全球脑科学研究。西湖大学由施一公、陈十一等人创办，集中诸多企业家的资助，定位就是高起点、研究型和小而精，是社会力量举办新型高校的代表，宗旨是为国家科教兴国战略贡献力量。

伴随着社会财富的增加、互联网等技术的迅猛发展，公益慈善领域的社会创新实践层出不穷，科技赋能公益的理念正在变成事实，从而助推社会创新的发展进程。一些地方政府出台相关政策鼓励和支持公益慈善领域的社会创新，公益慈善正在成为一个运用现代理念进行社会创新的平台，在公益形式、公益机制、公益文化等方面进行自主探索。友成企业家扶贫基金会理事长王平认为，公益慈善既不是简单的财富搬家，也不是简单地对社会保障进行补充。公益慈善的本质是社会创新，创造社会价值，通过模式创新更加公平、更有效率、更可持续地解决社会问题。

现代慈善事业的重要价值之一，就是运用社会力量，探索政府和市场解决不了或解决不好的社会问题，促进系统变革。慈善活动的特质，就是探索运用新的技术、新的组合、新的流程寻找公共议题新的解决方案，构建政府、企业和社会的良性合作机制，持续推动社会创新。

（八）发展民间外交

公益慈善事业是一个现代文明国家的基本特征，也是国家软实力的重要体现。现代慈善活动往往具有属地化、专业化等特征，对于良好国家形象的塑造和展示具有重要意义。公益慈善事业承载的是国家的责任担当，展示的是国家对外形象。慈善作为中华民族传承不息的天然血脉基因，使得我国开展公益慈善事业具有了悠久的慈善传统和深厚的历史积淀。超越国界的公益慈善事业，是我国承担大国责任、展现大国担当、贡献中国力量的集中体现。

近些年来，以慈善组织为代表的民间救援在建设民间外交方面发挥着特殊价值，特别是随着社会财富的快速增加，慈善组织在对外自主方面也加快了步伐。在全球新冠肺炎疫情防控应对中，中国慈善组织的角色和功能快速积极地呈现。来自深圳国际公益学院的统计显示，截至2020年3月31日，全球109个国家（中国未包含在内）得到或正要得到中国内地社会组织提供的全球抗疫行动支持。除此之外，中国发展研究基金会联合国际公益学院等开展“支援意大利抗疫联合行动”，内蒙古老牛慈善基金会、北京老牛兄妹公益基金会、荣程集团及荣程普济基金会等家族企业和家族基金会捐赠大量医用物资及现金。天津市荣程普济公益基金会与阿里巴巴公益基金会，向国内外 140 多个国家和地区捐献近亿件防疫物资，并开发全球新冠肺炎实战共享平台。由此可见，中国民间针对本次疫情自发形成的对外支援，范围广泛，表现抢眼，具有显著的开创意义。

公益慈善事业的发展程度直观反映了一个国家的文明程度、道德水平和软实力。由我国多家公益慈善机构发起的驰援尼泊尔地震灾区、“湄公河光明行”等项目，传递了广大中国人民的爱心，扩大了我们的国际影响力，充分印证了公益慈善事业是国家重要软实力的科学命题。

公益慈善事业本质上是为实现人类的共同幸福而努力的，是人性光辉的突出体现，以此作为价值认同的公益慈善事业，对民间外交的促进作用明显。公益慈善事业为民间外交提供重要的实现路径，国之相交在于民。在国际范围内推进公益慈善事业的发展，极易得到受助国国民的情感认同，拉近我国与他国之间民众的关系，呈现负责任大国的良好形象，能够为开展民间外交创造良好的机遇和条件。

（九）提升家庭文明

习近平总书记关于注重家庭、家教、家风建设的重要论述，对于在全社会范围内广泛动员社会成员参与家风建设和提升家庭文明具有重要意义。家庭作为基本细胞，连接国家、民族和社会，构成建设社会主义强国的基础力量和动力源泉，家庭文明是国家和民族发展进步、社会和谐安定的重要保障。而家风作为家庭的精神内核，还映射着社会价值，注重家风建设、提升家庭文明，具有重大的社会意义。

中国有悠久的家族慈善实践传统，900 多年前范仲淹创办的范氏义庄就是典型代表。至明清时期，以义庄为代表的家族慈善遍及全国各地，很多渡口、桥梁、公路、善堂、医院、收容安置所等，都是由当地名门望族出资建立。以江苏省无锡市为例，仅荡口古镇就有十多家义庄。义庄依托义田等家族公共财产，由族人轮流管理，按照差序格局，义庄的慈善财产用途优先辅助族人，其次惠及社区，与今日美国之“社区基金会”有相似性。公益慈善事业有利于促进建设新时代良好家风，如果一个家庭或整个家族将参与慈善事业作为生活常态，将慈善理念融入点滴生活，就会在家庭或家族内部形成一种以善为美、以善为荣的良好风尚，从而促进良好家风的形成。

公益慈善为人与人之间提供情感投入和沟通的纽带，不仅有利于家庭成员，更有利于家族成员之间形成独立于财富之外的情感和道德认知，有助于代际成员之间更加和谐地相处，进而有助于改进家族治理、提升家庭文明、实现良性传承。家族参与公益慈善事业，可以防止财富被挥霍、提升家族成员精神境界、实现社会资本积累、塑造家族良好形象等，这些都有助于家族传承目的的实现。

（十）实现自我价值

我国的现代化坚持以人民为中心，是既依靠人民又为了人民的现代化过程，人民发挥着决定性作用。实现社会主义现代化，就要实现人的全面发展。人的全面发展既是现代化的目标，也是现代化的手段和动力。实现每个人的自由全面发展是社会主义的最高价值追求。

马斯洛需求层次理论对人的需求进行了从低到高的分层，从生理需求到自我成就需求共五种。自我成就需求的实现要落地必须基于道德层面的高度自我认同。自古以来，中华民族就有与人为善、助人为乐的优良传统，参与慈善事业是最容易实现自我价值认同的优选途径。人的自我认同包括感性认同、理性认同、审美认同、价值认同等，其中价值认同是最高层次的自我认同形式。助人为乐最符合中国人的传统道德价值，慈善事业能够为个体带来高度的自我道德认同的同时，全面提升人的精神层次，从而满足更高的自我成就需求，实现自我价值的目标。

新时代公益慈善事业发展的一个明显特征：供给方在不断丰富和扩大。企业家层面，已经或准备接棒的企业家充分意识到参与公益慈善事业是家族财富传承的重要途径，在参与公益慈善事业方面有较高的自觉自主意识，并且其中很多年轻企业家接受过慈善理念的熏陶，参与公益慈善事业的主动意愿较强。一些具有社会责任感的企业家积极履行社会责任，投身公益慈善事业。如燕宝慈善基金会，它是由宝丰集团董事长党彦宝和夫人边海燕成立的，每年企业利润中的一成利润都会被拿出来用于慈善事业。创业者党彦宝与普通商人最大的区别在于其承担社会责任、追求社会价值。企业家创造经济价值无可厚非，但在新时代更应自发追求社会价值。卓尔控股有限公司董事长阎志，同时也是卓尔公益基金会创始人，他提到，“投身公益慈善是企业家内心的需要，满足内心的平衡”。

社会普通大众受到各类慈善宣传的耳濡目染，慈善价值、公益理念也慢慢深入人心，尤其是当前各类互联网平台的产生，为公众对慈善事业和理念加深认同提供了相当便利的条件。无论是企业家慈善，还是人人慈善，都反向强化了社会对慈善事业的价值认同，更容易在社会层面形成通过参与公益慈善事业成就个体自我实现的深厚氛围。

五　慈善事业高质量发展的底层逻辑与对策建议

（一）慈善事业高质量发展的底层逻辑

推动慈善事业高质量发展，既要尊重慈善事业发展的客观规律，又要尊重中国的国情和现实条件，将二者有机结合，既不能违逆规律，也不能背离国情，做到科学性与自主性的有机统一。而自主性就是要脚踏中华大地，根植中华传统文化，构建本土慈善理论，深入理解中国慈善事业发展依托的社会土壤，才能为结出高质量发展的果实，真正发挥出新时代慈善事业的多重功能作用。

西方国家慈善的底层逻辑主要是宗教的救赎观念和个人主义理论等，其基于基督教的教会善业源远流长。以美国为例，其每年捐赠总量中约三分之一是捐给教会的。但这样的逻辑在中国基本不能适用，这些年引进的不少基于西方逻辑的慈善理论在中国水土不服。中国慈善的底层逻辑不能离开三个本土要素：儒家文化、集体主义和社会差序格局。

1. 儒家文化

回望中华历史长河，儒家文化始终保持旺盛的生命力，在传统文化中占据主导地位，至今仍作为影响最为广泛和深远的文化符号，在塑造国民心性和社会规范方面发挥着重要作用。以孔孟为代表的儒家文化以“仁”作为儒家思想道德体系的根本原则，强调“仁者爱人”“恻隐之心”“性本善”“天下为公”“见利思义”，这些思想内容丰富，源远流长，为中国社会经济发展带来深远影响，直接关系到我国发展慈善事业所依托的道德价值和文化底色。

以“仁爱”为核心推己及人。仁者人也，人何谓人的根本在于“仁”，仁者爱人，仁何谓仁体现在爱人，即为他人着想、宽怀容人，是仁者应有的品质。儒家强调人的自律，先注重自身修为，成为仁爱之人，才能推己及人，这也是修身齐家治国平天下的推演逻辑。“泛爱众而亲仁”，以博大的胸怀来爱护民众，不仅是自我认知的升华，也是自我精神状况的反映。

性善论，强调“恻隐之心”。“仁，人心也”，仁的本源来自人性深处的人心，仁爱之行源自人的内心深处，人性本善，人性固有的恻隐之心是仁爱之行、扬善抑恶的发端，由仁趋善，即仁的内在精神是求善。与西方基督教文化中“原罪说”认为人生来有罪，一生赎罪来寻求宽恕这一逻辑完全不同，儒家人性本善的思想认为恻隐之心是人性中固有的同情心，是人们内心中最真实感情的自然流露，恻隐之心为善行提供情感支撑和驱动力，使善端成为可能，发端于恻隐之心的道德感情通过善举善行，积善成德，即积累善行养成高尚的品德。

求大同的社会理想。“大道之行也，天下为公。……故外户而不闭，是谓大同。”儒家的大同思想，强调天下为公、对老幼鳏寡孤独者等弱势群体的援助和保障，以及爱一切人的博爱思想，是最高的社会理想，虽具有空想性，但寄托了人类对未来社会的美好愿望。在天下为公的大同社会，财富共有，人人都具备很高的道德标准，夜不闭户、路不拾遗，人与人和平相处，社会秩序井然。

先义后利的义利观。孔子主张“见利思义”，君子在义与利之间做出正确的选择，重义轻利。孟子提到舍生取义、去利怀义，在道义与私利之间权衡之后选择的是道义。荀子在吸收和继承孔孟义利思想，并在人性论的基础上，肯定义和利的客观存在，进而提出先义后利、义利并举的思想。

儒家文化中“仁者爱人”的利他精神、人性本善的慈悲观念、由仁趋善的道德和善行追求，为慈善事业的发展提供深厚的思想根基和精神动力；儒家大同社会理想中天下为公、资源共享、人人平等的理念，代表着一种人类共同利益观，体现的是全人类共同价值，这与我们今天的人类命运共同体理念一脉相承。

2. 集体主义

与西方个人主义价值取向完全不同，中国社会价值观的典型特征是集体主义取向。这种集体主义价值观在全社会范围内得到进一步弘扬和升华。而中西方应对新冠肺炎疫情的不同表现，在很大程度上也是受到中西方深层次价值观差异的影响，从中也显示出集体主义的时代价值。

无论是以儒家为代表的中华传统文化，还是经典马克思主义理论，对于个人与集体、公与私、家与国的关系认知具有共通性，共同塑造了当代中国人的家国情怀和集体主义价值底色。

儒家将“修身、齐家、治国、平天下”作为理想信条，呈现了从个人到家庭，再到国家乃至天下的逻辑链条和于家为国的家国情怀观，“修身”是起点，“齐家”是“治国、平天下”的前提条件。而爱国如家、爱民如子，都是对“家是最小国，国是最大家”理念的演绎和延伸，体现的是治国与治家相通、家国同构的逻辑模式，家庭和家族连接着个体与国家，家国共生，相互依存。在对待公与私的关系上，儒家强调“公而忘私”“天下为公”，当公、私不同利益主体之间的利益发生冲突时，应取公弃私，追求公义，假公济私、以权谋私等作为人性之恶遭到社会谴责和唾弃。

马克思主义强调个人利益与集体利益之间的辩证统一关系，认为集体利益处于优先位序，是保障个人利益实现的前提，追求集体主义是社会主义本质属性在价值观上的体现。

慈善事业的发展，要充分认识到家国同构的集体主义价值取向和“个体—家庭/单位—国家”的逻辑链条，对于正确理解政府和社会之间的关系具有非常重要的意义。回顾我国政府主导的慈善事业的发展历程，在根源上都能看到这种集体主义影响。而善心的激发是以个体的道德自律为起点，从家庭到社会的扩展，要重视家庭和社区作为发展慈善事业的重要组织载体，才能更好地调动民间广泛而强大的慈善能量，回归慈善的本质属性。

3. 社会差序格局

儒家的仁爱思想讲究推己及人，是一种存在亲疏差等的爱，由“爱亲缘”推至“爱人”，最后达到“泛爱众”的境界，是以血缘关系的亲疏渐次推广的爱。这种传统思想直接影响着中国社会结构的格局，费孝通先生称之为“差序格局”，影响着大众慈善文化和中国民间的慈善生态。

“差序格局”是费孝通先生在对中国社会进行深入观察的基础上，创设的具有中国本土特色的社会学经典概念。与西方社会的团体格局中团体的各个分子犹如田间一捆捆扎得很清楚、次序分明的柴火不同，中国社会关系呈现出以“己”为中心，好像把一块石子投进水里所发生的一圈圈推出去的波纹，且越推越远，也越推越薄。尽管后来的研究人员对差序格局的相关理论做了进一步的阐释，但中国社会中“差序”和“格局”共存共容的特征达成基本共识，即行动主体以自身为中心，依据亲缘关系的亲疏远近，有差序地安排处理人际关系和社会事务，进而构建整体社会的秩序和结构。

具体到慈善领域，差序格局同样具有解释力，社会结构中的差序格局与由己推人、由近及远的行善顺序一致，行善助人的行为首先局限在最亲近的有血缘关系的人之间，民间的慈善文化具有显著的家庭/家族主义和乡土主义特征。早在900多年前范仲淹创办的范氏义庄就是将庇护家庭成员扩大至造福宗族的慈善模式代表。至明清时期，家族慈善进一步发展壮大，全国各地均可见到由当地名门望族出资兴建的义庄、渡口、公路、桥梁、医院等。以义庄为例，由同族成员轮流打理，家族公共的慈善财产优先受益族人，进而惠及社区，体现出差序格局特征。

时至今日，在我们的日常生活中仍随处可见这种传统慈善活动，基于血缘关系的亲戚之间、宗族内部的互助，基于地缘关系的乡邻之间的互助，基于业缘关系的同事之间的互助，以及校友之间、战友之间等依托熟人关系网络的救助活动普遍存在。不仅仅包括钱财物等有形资源方面的资助，还包括无形的在生活上的关爱和在心灵上的抚慰；不但直接帮助受助人解决了实际困难，也让受助人切实体会到温柔之手带来的人情温度。民间广泛存在的慈善行为，虽属于法律之外的善，也没有税收优惠等激励，但作为传统慈善的典型形式，形塑着民间慈善的结构和生态。

中国慈善事业的发展，要植根于我国本土的社会文化土壤之上，尊重推己及人的亲疏远近习俗，才能不断激发内生动力，促进慈善事业可持续发展。我们看到，企业家投身公益事业，履行社会责任时，也往往以血缘、地缘为关系本位，对族人亲戚和同乡照顾较多，具有浓厚的爱家爱乡情怀，成为促进地方公益事业发展的重要力量。我们还看到，随着互联网的发展，传统慈善借助互联网手段焕发新的生机，这从水滴筹的快速壮大可见一斑。水滴筹虽然借用的是现代化的互联网手段，但实质依托的还是熟人圈子，通过求助者个人及亲友的朋友圈、微信群等私人社交关系链的传播，推出更大更远的波纹，相比面对面传统慈善，传播面更广、传播速度更快，在监管得当的前提下发挥更大的慈善效果。

（二）推动慈善事业高质量发展的对策建议

本章在充分认识新时代慈善事业的功能定位及慈善事业发展的底层逻辑基础上，针对当前影响慈善事业发展的不利方面，提出如下对策建议。

1. 完善政策法规，促进善能释放

慈善领域的税收制度关系着捐赠人、慈善组织、受益人等各类主体的切实利益。就目前已有的税收优惠政策来看，虽然政策端正在努力释放政策动能，但还存在诸多改进空间，激发慈善潜能。在扩大捐赠资产类别方面，亟须完善股权等非现金财产捐赠的税收优惠政策；慈善信托作为财富慈善化的一种重要工具，应加快完善相关配套制度和税收优惠政策，促进慈善信托快速发展；要抓紧研究建立遗产税、赠与税、房产税制度，通过开展试点，逐步完善相关税收法规体系，形成激励和倒逼效应。

除税收优惠外，还要配合落实综合激励政策，才能更好地促进慈善能量释放。就广大的企业主体而言，要制定企业社会责任引导政策，推动企业履行社会责任，投身慈善事业；在激发专业人士投身志愿服务方面，通过建立专业人士志愿服务制度，引导律师、医生、工程师、会计师、金融机构从业人员、职业经理人等各类新社会阶层专业人士运用专业技能服务公益事业；促进人人慈善，落实和完善表彰制度和嘉许政策，完善志愿服务回馈制度，激发更多力量投身慈善事业。

2. 注重分类培育，吸引广泛参与

及时修订目前仍在实行的基金会、社会团体、民办非企业单位管理条例中不适应现实发展需要的内容，加快统一的社会组织管理条例立法进程，分类设定社会组织注册条件；鉴于当前双重管理体制尚存在不利于社会组织开展慈善活动的环节，建议与慈善活动密切相关的各职能部门主动开列所辖公共事务允许社会组织进入的领域清单及准入条件，改变当前社会组织四处寻找主管部门的被动局面；同时，积极探索社会组织直接登记，试点探索将部分社会组织从登记制改为备案制，健全和强化备案社会组织信息公开制度，创新监管手段，实施严格的处罚措施。

注重分类培育，加快发展枢纽型、社区性、资助型、行业性社会组织。一是大力发展枢纽型社会组织，充分发挥其在信息传递、资源匹配、专业发展、平台支持、统筹协调等方面的桥梁纽带作用。二是降低准入标准，加快发展社区慈善基金会和社区慈善信托，将多方慈善主体和资源有机整合，共同助力社区公共问题的解决。三是引导和培育更多的资助型基金会，发挥行业赋能作用，推动行业生态建设。四是探索多样的慈善领域的组织形式，条件成熟的地方可以设立省级、市级、县区级慈善行业组织网络，优化布局结构，促进慈善资源的高效配置。

3. 坚持党建引领，改进监管工作

加强社会组织党建与慈善活动监管深度融合，按照同步建设、应建尽建原则，在社会组织中推进党建工作全覆盖，以党建引领慈善事业正确方向。区分不同组建条件的社会组织，暂不具备组建条件的，选择合适方式开展党的工作，条件一旦具备及时组建党的组织。同时，从完善党建与业务同步推进的机制设计、拓展党组织和党员发挥作用的途径、加强社会组织党务工作者队伍建设、建立多元化投入的党建经费保障机制等方面完善对策和措施。

进一步梳理相关职能部门的法定职责，抓住社会组织政治方向、募捐行为、善款使用、信息公开等关键环节优化监管流程，简化日常运行过程的监管，提升监管效率。此外，完善监管执法方式，强化“双随机一公开”执法方式，在随机抽查基础上，灵活采用专项整治、清理规范、联合执法、专项检查、执法约谈等多种监管方式；试点探索社会组织年检改年报制度，提高信息公开要求，建立宽严相济的慈善监管体系。

一些社会组织的代表在接受课题组访谈时提及，当前政府部门对社会组织的监管还是以管制为主，“基本逻辑还是第三部门这套东西，因此对社会组织更多的是限制。一开始就担心社会组织会干坏事，于是限制前置审批。发起人起码已经有贡献资源用于公共目的的发心，管制逻辑很大程度上打击了潜在善能。而应该设立退出机制，对违法违规的组织给予坚决取缔，形成威慑，而不是一开始就限制准入”。

4. 加强行业自律，强化社会监督

探索以建立社会组织行业联盟的方式促进行业自律。不同领域的行业组织通过成立行业联盟，进行行业自律倡导，建立行业性奖惩机制，引导和激励社会组织注重行业诚信，规范慈善行为。在充分发挥第三方评估对社会组织的监督方面，要进一步完善相关评估机制，改进对第三方评估机构的遴选和监管方式，激发高等院校、科研单位、社会智库、会计师事务所、律师事务所、非政府组织等各方力量参与慈善事业发展评估的积极性，确保第三方评估产生应有的促进效果。

重视媒体和社会公众两类外部监督主体，特别是随着以实时性、大众性、开放性等为特征的新媒体的快速发展，舆论监督的威慑作用被放大，支持媒体曝光慈善领域的违法违规行为和不良现象，通过客观真实的报道和正向的引导，能更好地发挥媒体的社会监督作用；畅通社会公众投诉举报渠道，对公众提供的投诉举报线索，要及时调查，严肃查处。

参考文献

《〈中国慈善事业发展指导纲要（2011～2015年）〉发布》，http：//www.gov.cn/gzdt/2011-07/15/content_1907330.htm，2011-07-15。

Benjamin Kirkman Gray：A History of English Philanthropy. Kessinger Legacy Reprints，2010.

Charles T. Clotfelter. Charitable Giving and Tax Policy in the U. S. . The Center for Economic Policy Research，2012（5）.

David Roodman，Scott Standley. Tax Policies to Promote Private Charitable Giving in DAC Countries. working paper. The Center for Global Development，2006（1）.

Guerrier，Daniel. Social Justice versus Western Justice. The Independent Review，2019，p25-36.

HADFIELD A：Commune Consensu：A Soft Power Comparison of the Commonwealth and the European Union. The Round Table. 104（4），2015.

Jane Lewis：“Reviewing the Relationship Between the Voluntary Sector and the State in Britain in the 1990s”，International Journal of Voluntary and Nonprofit Organizations，1999，10

(3)：255.

Micael Ruston：“Charitable Giving and the Personal Income Tax”. School of Public and Environmental Affairs. 2010，p11.

SIMON，BETH：“Philanthropy. Southwest Review”，2008，第 93 卷第 4 章，第 586～592 页。

Sir Ronald Cohen. 2020. Impact：Reshaping Capitalism to Drive Real Change. Ebury Press.

Soichiro Fukutake：With Art As My Weapon：Revitalizing Rural Communities and Introducing Public Interest Capitalism，Long River Press，2020。

艾尔·巴比：《社会研究方法》，华夏出版社，2018。

白光昭：《第三次分配：背景、内涵及治理路径》，《中国行政管理》2020 年第 12 期，第 120～124 页。

毕素华：《慈善事业中的政府、慈善组织与公众——公众微观认知的视角》，《学术研究》2020 年第 4 期，第 64～68 页。

陈为雷、毕宪顺：《美国慈善事业监管体制及其对中国的启示》，《东岳论丛》2015 年第 7 期，第 29～33 页。

陈文瑶：《以共享发展理念推动慈善事业发展的路径研究》，《新西部》2018 年第 32 期，第 20～21、10 页。

陈雪峰、于哲：《美国收入分配机制运行经验及对中国的启示》，《河南大学学报》（社会科学版）2015 年第 2 期，第 20～25 页。

陈云鹏：《监管 NGO 的理论分析——以社会管理创新为背景》，《中共山西省委党校学报》2011 年第 4 期，第 93～95 页。

程壮飞：《先秦儒家的贫富论》，《魅力中国》2011 年第 17 期，第 275、251 页。

邓国胜：《慈善组织培育与发展的政策思考》，《社会科学研究》2006 年第 5 期，第 119～123 页。

《邓小平文选（第三卷）》，人民出版社，1993，第 110～111 页。

邓志平：《社会财富分配的三个层次及其逻辑统一》，《理论与现代化》2010 年第 1 期，第 27～31 页。

董红亚：《从运行过程看中国现代慈善制度的构建》，《中州学刊》2012 年第 4 期，第 96～100 页。

房珊：《2006 年中国慈善事业研究综述》，《学海》2007 年第 3 期，第 78～81 页。

费孝通：《乡土中国》，上海人民出版社，2013。

冯仕政：《当代中国的社会治理与政治秩序》，中国人民大学出版社，2013。

冯仕政：《中等收入陷阱本质是社会治理问题》，《社会科学报》2020 年第 3 期。

傅昌波：《慈善法已把公益领域拓展至科教文体卫》，凤凰公益，2016。

傅昌波：《捐赠誓言吹起财富向善之风》，《美好家园》，2018，第 26～29 页。

傅昌波：《全面推进智慧治理开创善治新时代》，《领导科学》2018 年第 16 期。

傅昌波：《完善关键制度改革工作机制充分发挥新时代慈善事业多重社会功能》，《社会治理研究与建议》2021 年第 88 期。

傅丽红、张国清：《马克思、罗尔斯和社会正义》，《浙江社会科学》2021 年第 2 期，第 95～103、158 页。

傅小随：《论社会志愿机制及其承载的第三次分配》，《特区实践与理论》2017 年第 6 期，第 67～72 页。

高志宏：《再论我国慈善组织公信力的法律重塑》，《政法论丛》2020 年第 2 期，第 59～68 页。

葛宇宁：《现代社会正义理论的三种基本进路》，《学术交流》2017 年第 10 期，第 49～55 页。

公益时报：《2020 中国公益年会 党彦宝：弘扬企业家精神 践行新时代使命》，https：//baijiahao. baidu. com/s? id = 1686864201641106461&wfr = spider&for = pc。

宫蒲光：《社会治理现代化大格局下推进慈善事业高质量发展》，《中国行政管理》2021 年第 2 期，第 6～13 页。

龚维斌：《扎实推动全体人民共同富裕》，《学习时报》2021 年第 1 期。

龚维斌：《坚定不移走中国式现代化新道路》，《学习时报》2021 年第 2 期。

关信平：《社会公益事业与政府社会政策的相互促进与衔接》，《福建论坛》（人文社会科学版）2020 年第 7 期，第 171～179 页。

国际公益学院：《阎志：崇尚公益价值是企业家精神的重要表达》，https：//gongyi. ifeng. com/c/7yY7PVnmHQ0。

何忠国：《重视发挥第三次分配的作用》，《学习时报》2019 年 12 月 18 日。

贺善侃：《全面财富观视野中的社会公平正义》，《中国地质大学学报》（社会科学版）2019 年第 4 期，第 1～8 页。

贺婷、郑秉文：《坚持在发展中保障和改善民生》，《宏观经济管理》2018 年第 3 期，第 16～20 页。

胡运森：《陈国庆：“大慈善”要有大格局》，《清风》2018 年第 2 期，第 43～45 页。

贾康：《推进共同富裕，要啃“硬骨头”》，《环球时报》2020 年第 7 期。

贾明、向翼等：《政商关系的重构：商业腐败还是慈善献金》，《南开管理评论》2015 年第 5 期，第 4～17 页。

贾西津：《公共治理中的伙伴关系：英国 COMPACT 的实例》，《社团管理研究》2007 年第 1 期，第 50～56 页。

金锦萍：《非营利组织营利性收入税收政策比较研究》，《社会保障评论》2019 年第 4 期，第 118～132 页。

靳环宇：《论慈善事业对收入分配关系的调整》，《求索》2012 年第 9 期，第 32～34 页。

康晓光：《中国财富分配三大差距的演变及其控制（上篇）》，《云南民族学院学报》（哲学社会科学版）2000 年第 3 期，第 5~13 页。

康晓光：《非营利组织管理》，中国人民大学出版社，2011。

康晓光：《古典儒家慈善文化体系概说》，《社会保障评论》2018 年第 2 期，第 99~110 页。

黎昕：《发展我国慈善事业的若干思考》，《福建论坛》（人文社会科学版）2006 年第 10 期，第 162~165 页。

李飞星：《慈善事业的分配功能研究》，《社科纵横》2009 年第 10 期，第 64~68 页。

李坚、李月娥等：《政府主导的慈善事业发展模式及其转型》，《党政干部学刊》2010 年第 2 期，第 61~62 页。

李楠、张凯：《分配制度上升为基本经济制度的重大意义与现实进路》，《思想理论教育导刊》2020 年第 5 期，第 93~97 页。

李培林、徐崇温等：《当代西方社会的非营利组织——美国、加拿大非营利组织考察报告》，《河北学刊》2006 年第 2 期，第 71~80 页。

李实：《中国特色社会主义收入分配问题》，《政治经济学评论》2020 年第 1 期，第 116~129 页。

李水金、赵新峰：《第三次分配的正义基础》，《山东工商学院学报》2021 年第 1 期，第 103~113 页。

李迎生：《慈善公益事业的公信力建设论析》，《中共中央党校学报》2015 年第 6 期，第 85~92 页。

李长春：《论中国慈善组织的监管》，《暨南学报》（哲学社会科学版）2013 年第 6 期，第 58~63 页。

李贞、莫松奇等：《我国慈善捐赠税收政策体系的完善研究》，《税务研究》2021 年第 2 期，第 127~132 页。

厉以宁：《股份制与现代市场经济》，江苏人民出版社，1994。

栗燕杰：《中国慈善税收减免制度的评估与展望——以慈善立法为背景的研究》，《北京航空航天大学学报》（社会科学版）2016 年第 1 期，第 66~75 页。

林育川：《分配平等与社会平等的关系——兼及马克思主义平等观的特质》，《山东社会科学》2020 年第 6 期，第 38~44 页。

刘佳：《我国慈善信托登记：现实困境与制度变革》，《南方金融》2017 年第 4 期，第 84~89 页。

刘鹏：《从分类控制走向嵌入型监管：地方政府社会组织管理政策创新》，《中国人民大学学报》2011 年第 5 期，第 91~99 页。

刘荣双：《慈善事业促进收入分配公平性研究》，福建师范大学博士学位论文，2015，第 3 页。

刘文：《论第三次分配的本质——基于他在性视角的阐发》，《山东工商学院学报》2021 年第 1 期，第 91~102 页。

刘渝琳、王志珏：《收入分配理论的拓展：福利性第三次收入分配的研究述评》，《经济问题探索》2014 年第 1 期，第 161~167 页。

刘长明、周明珠：《共同富裕思想探源》，《当代经济研究》2020 年第 5 期，第 37~47、113 页。

柳平生：《当代分配正义理论的三重超越》，《伦理学研究》2021 年第 3 期，第 22~27 页。

柳长浩：《论我国慈善信托法律制度的变迁逻辑与完善路径》，《齐鲁学刊》2020 年第 6 期，第 119~131 页。

罗尔斯：《正义论》，何怀宏等译，中国社会科学出版社，1988。

罗明霞：《分配正义——从伦理的维度论证第三次分配的合理性》，《经济与社会发展》2006 年第 8 期，第 97~99 页。

马贵侠、潘琳：《慈善法治下慈善组织信息公开的合作监管探析》，《中国第三部门研究》2020 年第 2 期，第 52~68、199 页。

马红军：《关于探索建立社会组织年报制度的思考》，《中国社会组织》2017 年第 4 期，第 40~41 页。

马庆钰：《国家治理视角下社会资源配置的优化》，《云南行政学院学报》2020 年第 5 期，第 61~66 页。

马昕：《慈善——从道德实践到文化自信》，《中国非营利评论》2020 年第 2 期，第 1~13 页。

南方都市报：《中国社会组织的海外抗疫：跨界抱团，覆盖六大洲上百个国家》，https://mp.weixin.qq.com/s/7pr-m-87b-_F2lYI-w_DTA，2020-03-31。

宁玉梅、林卡：《中国慈善研究发展的阶段性及其解释——基于文献的关键词分析》，《浙江大学学报》（人文社会科学版）2021 年第 3 期，第 196~207 页。

潘旦、徐永祥：《国际比较视野下的慈善组织监管机制研究》，《华东理工大学学报》（社会科学版）2015 年第 1 期，第 94~101 页。

彭柏林、陈东利：《中国特色社会主义慈善治理的经验与展望》，《伦理学研究》2021 年第 2 期，第 30~37 页。

深圳国际公益学院家族传承研究课题组：《中国家族慈善指南》，北京时代华文书局出版社，2021。

石国亮、廖鸿：《慈善组织诚信建设的战略思考》，《党政研究》2015 年第 6 期，第 96~101 页。

苏京春：《上中等收入阶段我国第三次分配的全方位考量》，《地方财政研究》2017 年第 3 期，第 37~44、68 页。

陶传进：《消除公益慈善事业认识误区的三点思考》，《国家治理》2017 年第 8 期，第 46~48 页。

陶海洋：《慈善事业及其社会功能》，《社会科学家》2008 年第 2 期，第 146~149、

153 页。

腾讯新闻：《陈天桥雒芊芊研究院首个脑科学前沿实验室在上海落成！》，https://new.qq.com/omn/20201024/20201024A02BXF00.html，2020-10-24。

王爱平：《中国慈善联合会 以党建引领社会组织发展》，《中国社会组织》2017 年第 4 期，第 26~27 页。

王名、蓝煜昕等：《第三次分配：理论、实践与政策建议》，《中国行政管理》2020 年第 3 期，第 101~105、116 页。

王名：《社会组织与社会治理》，社会科学文献出版社，2014。

王思斌：《发挥社会工作在建设社会治理共同体中的积极作用》，《中国社会工作》2019 年第 33 期，第 1 页。

王玉：《我国三次分配的缺陷及其制度化的经济法进路初探》，《智富时代》2016 年第 9 期，第 66~67 页。

王振耀、田小红：《现代慈善与国家治理现代化》，《社会治理》2015 年第 1 期，第 41~48 页。

王振耀：《慈善事业应成社会稳定器》，《人民日报》2013 年 7 月 3 日，第 5 版。

王振耀：《以法促善：中国慈善立法现状、挑战及路径选择》，社会科学文献出版社，2014。

王振耀：《拓宽财富向善的社会机制》，《人民日报》2017 年 6 月 22 日，第 5 版。

王振耀：《可持续发展格局下的慈善事业趋势》，《可持续发展经济导刊》2019 年第 Z2 期，第 58 页。

魏俊：《“第三次分配”的概念及特征述评》，《山东工商学院学报》2008 年第 4 期，第 18~21 页。

习近平：《齐心协力发展慈善事业 同心同德建设和谐社会》，《浙江日报》2016 年，第 1 版。

谢琼：《立体监管：我国慈善事业发展的理性选择》，《国家行政学院学报》2015 年第 4 期，第 73~77 页。

熊焱：《全国人大副委员长成思危：财富分配应有三层次》，《思想工作》2005 年第 6 期，第 24 页。

徐家良：《共建共治共享格局下推进慈善事业可持续发展》，《中国社会报》2019 年第 2 期。

徐家良：《慈善事业高质量发展需要的法律环境、制度环境、行业环境》，《中国社会报》2021 年第 2 期。

徐麟：《中国慈善事业发展研究》，中国社会出版社，2005。

徐永光：《公益向右，商业向左：社会企业与社会影响力投资》，中信出版社，2017。

杨斌：《第三次分配：内涵、特点及政策体系》，《学习时报》2020 年 1 月 1 日。

杨卫：《中国特色社会主义分配制度体系的三个层次》，《上海经济研究》2020年第2期，第36~42页。

杨文森：《共同富裕视角下的第三次分配探析》，《赤峰学院学报》（汉文哲学社会科学版）2011年第9期，第68~70页。

姚俭建、黄丹：《关于构筑中国特色慈善事业监督体系的思考》，《社会科学》2004年第10期，第58~63页。

俞可平：《重新思考平等、公平和正义》，《学术月刊》2017年第4期，第5~14页。

郁建兴、刘涛：《共同富裕方略：中国对全球治理的重大贡献》，《学习时报》2021年第2期。

元晋秋：《坚持和完善我国基本分配制度要重视发挥第三次分配作用》，《现代经济探讨》2020年第9期，第9~14页。

赵永忠：《慈善事业：建设社会主义和谐社会的重要方面》，《道德与文明》2006年第2期，第9~11页。

郑功成：《中国慈善事业发展：成效、问题与制度完善》，《中共中央党校（国家行政学院）学报》2020年第6期，第52~61页。

郑功成：《我国慈善事业发展需要有成熟的理论支撑》，《中国社会报》2021年第4期。

郑功成：《让慈善成为共享发展的长久稳定机制》，《中国社会报》2021年第4期。

郑功成：《完善民生保障 促进共同富裕》，《中国劳动保障报》2021年第3期。

中国公益研究院：《世界第一慈善家族：洛克菲勒家族慈善百年》，http://www.bnu1.org/show_949.html。

周秋光、李华文：《中国慈善的传统与现代转型》，《思想战线》2020年第2期，第61~74页。

周秋光：《中国慈善事业简史》，人民出版社，2005。

周秋光：《中华慈善文化及其传承与创新》，《史学月刊》2020年第8期，第105~113页。

朱光明：《慈善市场化的意涵、局限及行为选择》，《社会保障评论》2020年第3期，第129~140页。

朱恒顺：《慈善组织分类规制的基本思路——兼论慈善法相关配套法规的修改完善》，《中国行政管理》2016年第10期，第33~39页。

朱晓婷、王欢欢等：《慈善组织的准入制度探讨》，《法制博览》2017年第12期，第116~117页。

资中筠：《财富的责任与资本主义演变：美国百年公益发展的启示》，上海三联书店，2015。

第二章　慈善组织网络联动机制研究：分类框架与多案例比较

李　健等*

一　前言

在突发公共危机面前，任何组织都不是一座孤岛。然而，“非典”时期，中国自组织能力薄弱，“社群缺位”成为一个突出问题。中国政府陷入了单打独斗的局面，几乎没有社群组织参与救灾行动①。灾害治理议题的当量之大，应对危机所需的专业知识、能力和资源远超单个慈善组织所能驾驭的范畴，因此联合各方力量成为慈善组织应对突发公共危机的共识和策略性选择。联合行动可以促进资源、专业技能、信息在组织间的分享②。从长期来看，联合行动为社会组织提供了潜在利益，如增加相互接触的机会，扩大机构影响力，巩固机构的公信力和合法性，与此同时减少组织的孤立性③。所幸，与“非典危机”不同，在抗击新冠肺炎疫情这场无硝烟的拉锯战中，慈善组织多方协作，形成了一个个“圈子”或“网络”。

---

* 李健，中央民族大学管理学院教授，博士生导师，中央民族大学基金会研究中心执行主任；徐彩云，中央民族大学管理学院博士研究生。

① 张超：《“自组织”社会整合的三重机制——基于 COVID-19 疫情治理中志愿组织的“抗疫”考察》，《杭州师范大学学报》（社会科学版）2020 年第 4 期，第 104~112 页。

② Henry L., Mohan G., Yanacopulos H. *Networks as Transnational Agents of Development*. *Third World Quarterly*, 2004, 25 (5): 839-855.

③ Meadows D. H., Meadows D. L., Randers J. *Beyond the Limits: Global Collapse or a Sustainable Future*. London: Earthscan Publications Ltd., 1992.

许多理论解释了组织产出联合行动的现象。从社会学看，一百多年前，涂尔干在《社会分工论》中提出两种类型的社会团结：机械团结和有机团结。他还指出集体意识是机械团结的精神基础，社会分工是有机团结的物质基础。集体意识是一般社会成员共有的信仰和情感总和。有机团结源于社会成员在活动层面的分工合作（互补性）和意识层面的共生性，因为分工使交换成为必然，交换使行动者在功能上互补，在意象上共生[①]。从组织学来看，“社会分工论”的交换思想与资源依赖理论所阐释的核心思想有异曲同工之妙。资源依赖理论萌芽于20世纪40年代，在1978年Pfeffer和Salancik出版其重要著作《组织的外部控制》后被广泛应用于组织关系的研究。组织最重要的是关心生存，为了生存，组织必须与它所依赖的环境中的因素互动和交换[②]。然而，从集体的行动逻辑来看，奥尔森认为，这种集体行动不一定能够达成。因为，每个独立个体都是“经济人”，个体在参与集体行动时会进行成本—收益分析，并且集体行动所产生的集体物品是由大家所共有的，排他性很低。集团成员即使不付出任何代价，也不会被排除在集体物品的使用之外。所以，每个独立的个体缺乏动力提供集体物品，导致集体行动难以达成[③]。

事实上，新冠肺炎疫情刚发生时，社会上迅速涌现了一批规模不一、功能迥异的慈善组织抗疫网络，呈现有机团结和机械团结交织的现象。这些网络在此次阻击疫情的过程中发挥了至关重要的作用。我们看到，许多慈善组织网络产生了有效的集体行动。这不禁让人思考以下两个问题。一是在同一个突发公共危机事件中，为何存在不同结构的慈善组织网络？有的以某个支持性机构为核心，形成对其他草根救灾组织的行动资源支持；有的以松散的网络关系形式，在救灾过程中进行相互鼓励和信息分享；有的慈善组织则形成相对正式的、内部有分工、行动上密切配合的慈善组织联盟[④]。二是在此次疫情中，慈善组织的集体行动为何能取得成功？上述问题已成为关心慈善组织参与危机治

① 〔法〕埃米尔·涂尔干：《社会分工论》，渠东译，生活·读书·新知三联书店，2000。

② Pfeffer J., Salancik G. R. *The External Control of Organizations: A Resource Dependence Perspective* [J]. New York: Harper and Row, 1978.

③ 〔美〕曼瑟尔·奥尔森：《集体行动的逻辑》，陈郁、郭宇峰、李崇新译，格致出版社，2019。

④ 朱健刚、赖伟军：《“不完全合作”：NGO联合行动策略——以“512”汶川地震NGO联合救灾为例》，《社会》2014年第4期，第187~209页。

理中必须回答的问题。以往针对中国慈善组织联合行动，研究者往往专注于某个类型或笼统地论述慈善组织联合行动何以成功的因素，而对不同类型的慈善组织网络性质上的差异分析不足。尽管实践和理论都强调慈善组织联合行动，但研究者在相关概念使用、分类标准等方面尚未形成共识，不同类型的慈善组织网络的侧重点、联动机制、利弊得失等亟须进一步的探讨。本章试图构建网络结构与网络联动机制之间机理关系理论模型，进而对 4 个不同的慈善组织联合行动的案例进行比较分析。

二　文献回顾与理论框架

（一）文献回顾

在实践层面，慈善组织联合行动还有着其他不同的表述，如“行动网络”“平台”“联盟”等。学术研究倾向于使用“联盟”一词表示慈善组织的联合行动。慈善组织联盟是指由彼此相对独立的慈善组织或个人，基于共同的目标或利益，自发、自愿形成的具有一定基本秩序和结构的网络[①]。相比其他合作形式，慈善组织联盟更强调合作组织的契约精神、战略共识和合作发展[②]。国外学者对社会组织网络联合行动和 NGO 联盟的研究较早。Guo 和 Acar 提出，社会组织联盟是指不同的非营利组织为了解决某些特定的问题，协同工作、共同利用资源、共同协作、共享成果[③]。Egan 从 NGO 联盟应当具备的基本要素出发，指出 NGO 联盟是成员共同贡献资源，接受彼此目标，共同分担环境压力和风险的组织[④]。

---

① 裘丽、韩肖：《我国草根 NGO 联盟组织间的资源共享模式探讨——基于华夏公益联盟案例分析》，《行政论坛》2017 年第 2 期，第 97~102 页。

② 陆奇斌、张强：《社会组织稳态联盟的形成机制研究》，《中国行政管理》2016 年第 12 期，第 36~42 页。

③ Guo，C. Acar，M. Understanding Collaboration Among Nonprofit Organizations：Combing Resource Dependency，Institutional，and Network Perspectives［J］. *Nonprofit and Voluntary Sector Quarterly*，2005，34（3）：340-361.

④ Egan C. *Creating Organizational Advantage*［M］. Oxford：Butterworth-Heinemann，1995.

1. 慈善组织联合行动的类型

Berry 根据成员的参与程度和联盟形成时间的长短阐述了三种类型的联盟，分别为依赖型、参与型与独立型①。我国学者徐宇珊将慈善组织合作的形式分为伞状结构和网状结构两种类型：前者是指以作为核心的支持型组织支撑起其他基层组织的结构；后者则不设固定的焦点组织，而是通过在各机构之间形成的松散平等合作关系将单个组织孤立的行为演变成群体的行动，从而使组织的力量呈几何倍数的增长②。王瑾将慈善组织联盟分为议题联盟、网络结构和伞状结构三种类型。不过，王瑾提出的伞状结构区别于徐宇珊的概念，其认为伞状结构是建立了制度化的联合管理机构（如联合理事会）而非由一家支持型组织支撑③。任雯将社会慈善组织网络划分为垂直网络、市场网络和机会网络。其中垂直网络强调上游、中游、下游慈善组织之间组成纵向网络，市场网络则强调不同组织通过明确的角色定位联合形成横向网络，而机会网络则基于共同的慈善目标建立临时性的联合体④。杨宝等则依据“行动者网络理论”，通过观察将慈善组织抗疫联合行动网络划分为松散型合作网络、垂直型合作网络和去中心化网络三种类型⑤。

2. 慈善组织联合行动何以形成

已有研究探究了慈善组织联合行动形成的影响因素，大致可以分为个人、组织、环境三个层面。就个人层面而言，正如 Norris 和 Cable 所说，“只要有运动组织，它总是由社会精英所主导”。联合行动的形成离不开一个或者一批先锋人士，他们的道德情怀、所拥有的资源⑥、组织负责人的领导和价值观⑦、

① Berry J M. *Lobbying for the People* [M]. New Jersey: Princeton University Press, 2015.

② 徐宇珊：《中国草根组织发展的几大趋势》，《学会》2008 年第 1 期，第 5~9 页。

③ 王瑾：《“伞状结构化”及其基础上的专业化——法国第三部门经验对中国 NGO 发展路径的启示》，《行政论坛》2012 年第 2 期，第 63~66 页。

④ 任雯：《中国民间慈善事业：萌芽、发展与复兴》，《学术探索》2021 年第 2 期，第 69~75 页。

⑤ 杨宝、肖鹿俊、陈堃：《合作的阶梯——社会组织抗击新冠疫情的联合行动研究》，载王名主编《中国非营利评论》（第二十六卷），社会科学文献出版社，2020。

⑥ Taschereau S, Bolger J. *Networks and Capacity* [R]. Maastricht: European Centre for Development Policy Management, 2006.

⑦ Snavely, K. Tracy, M. B. Collaboration among Rural Nonprofit Organizations [J]. *Nonprofit Management and Leadership*, 2000, 11 (2): 145-165.

人际网络关系、组织负责人之间的信息交换与合作[①]等，使他们能在联盟形成过程中充分调动参与者的积极性。就组织层面，联盟成员的相互信任、广泛共识的制度、资源供给和扁平化组织运行机制等因素都得到满足时，NGO 才会形成有效联盟[②]。朱健刚与赖伟军则提出合作者行动目标的自我约束、志愿者形式的有限参与和去等级化的弹性组织形式使得中国的慈善组织联盟得以形成，但受外部政治机会空间有限、组织关系网络的非正式性，以及受组织合作意愿不完全因素的影响，慈善组织联盟又处于一种不完全合作的状态[③]。就环境层面而言，公益捐赠资源的减少[④]、信息技术的普及[⑤]、政治机会空间的增加[⑥]是导致慈善组织联盟产生的重要原因。总体来说，个人和组织层面更多地从行动者网络理论出发，强调慈善组织联合行动过程中的自身“能动性”和“建构性”，环境层面则遵循组织制度学派所采用的“制度—行动”分析框架，强调制度环境对组织行为的塑造机制。

3. 慈善组织联合行动何以失败

一是看似影响不大的地域因素也会导致联盟失能甚至解体，例如政治机会空间的有限性、乡村地区的服务对象分散化、交通困难、社区本土资源有限等地区因素[⑦]。二是从选择理论出发，由于资源的稀缺性和因此诱发的联盟内组织间竞争，成员基于成本与收益的理性考量，无法从联盟中获得所期望的资源

---

① Keck M E, Sikkink K. Transnational Advocacy Networks in International and Regional Politics [J]. *International Social Science Journal*, 1999, 51 (159): 89-101; 童志锋:《动员结构与自然保育运动的发展——以怒江反坝运动为例》,《开放时代》2009 年第 9 期，第 116~132 页。

② 杨柯:《社会组织间自合作成功的关键因素探讨——以“5·12”汶川地震陕西 NGO 赈灾联盟为例》,《中国行政管理》2015 年第 8 期，第 66~70 页。

③ 朱健刚、赖伟军:《“不完全合作”: NGO 联合行动策略——以“512”汶川地震 NGO 联合救灾为例》,《社会》2014 年第 4 期，第 187~209 页。

④ Yanacopulos H. The Strategies that Bind: NGO Coalitions and Their Influence [J]. *Global Networks*, 2005, 5 (1): 93-110.

⑤ Henry L, Mohan G, Yanacopulos H. Networks as Transnational Agents of Development [J]. *Third World Quarterly*, 2004, 25 (5): 839-855.

⑥ Tarrow S G. *Power in Movement: Social Movements and Contentious Politics* [M]. New York: Cambridge University Press, 2011.

⑦ Snavely, K. Tracy, M. B. Collaboration Among Rural Nonprofit Organizations [J]. *Nonprofit Management and Leadership*, 2000, 11 (2): 145-165.

和激励，则会触发联盟的不稳定性，联盟最终将黯然消失①。换言之，在自我提升型价值观主导下的 NGO 倾向于对权力、社会声望以及项目资金等资源的占有和控制，容易产生消极互动生态关系，不利于 NGO 联合体维持②。三是网络运作机制的缺陷。合作网络中的“治理结构低效”、“领导能力不足”和“成员目标冲突”是合作网络趋向破裂的原因③。此外，联盟中的社会选择机制的失灵，即联盟和成员无法相互选择，也是造成联合体陷入集体行动难题的重要根源④。

4. 研究评述

通过梳理文献不难发现，现有研究至少存在以下三点不足。一是在慈善组织联合行动的类型学方面，现有分类普遍采用单一维度，无法全面刻画慈善组织联合行动类型的多样化特征。尤其是现有研究已经注意到慈善组织联合行动具有正式和非正式的区别，但类型学划分的重点放在正式联合行动或长期联盟上，对于非正式联合行动存在的细分类型关注不够；并且已有研究尚未解释为何实践中出现不同类型的慈善组织联盟，因此亟待根据具有中国特色的慈善组织实际情况进行重新建构。二是在慈善组织联合行动为何失败方面，现有研究倾向于将联盟的解散归于消极因素产生的“悲观结果”。究其原因，主要在于已有研究没有区分危机下不同形态的慈善组织网络联合行动。疫情条件下，有的慈善组织建立的临时性、非常态化的联合行动平台，随着危机进入消退期，其存在的意义自然瓦解。尽管此时的慈善组织网络对该灾情的关注度会下降，但哪怕是转瞬即逝的火花都可能留下制度遗产，对下一次的慈善组织联盟产生长期影响。因此，相对于研究联盟可持续化的议题而言，对慈善组织非常态化的不同类型的联合行动的运作机制进行研究显然更加具有实际价值。三是在联

---

① Botetzagias I, Robinson P, Venizelos L. Accounting for Difficulties Faced in Materializing A Transnational ENGO Conservation Network: A Case-Study from the Mediterranean [J]. *Global Environmental Politics*, 2010, 10 (1): 115-151.

② 赵小平、王乐实：《NGO 的生态关系研究——以自我提升型价值观为视角》，《社会学研究》2013 年第 1 期，第 1～20 页。

③ Hu M, Guo C, Bies A. Termination of Nonprofit Alliances: Evidence from China [J]. *Voluntas: International Journal of Voluntary and Nonprofit Organizations*, 2016, 27 (5): 2490-2513.

④ 赵小平、赵荣、卢玮静：《非政府组织联合体建设中的集体行动难题分析——以中国 FA 草根联盟为例》，载王名主编《中国非营利评论》（第九卷），社会科学文献出版社，2012。

合行动机制方面，现有研究重点关注慈善组织联合行动形成的“支持”和“约束”条件，但是这些研究较少关注不同慈善网络的联合行动机制及功能。借助汽车的机械运作原理来理解，机制中的每个部分犹如一个齿轮，多个齿轮的协作构成汽车的传动轴及轮子，发动机（原因）透过传动轴和车轮（机制）产生汽车运动（结果）①。为此，本研究将探讨疫情下慈善组织为何产生不同类型的网络联合行动，这些慈善组织网络的联合行动机制是怎样的，联动将产生什么样的结果。

（二）理论框架

在公益慈善领域参与公共突发危机治理的组织类型非常广泛。因此，在本章中，慈善组织不只是登记注册的慈善组织，即不仅包括以面向社会开展慈善活动为宗旨的基金会、社会团体和社会服务机构，还包括草根组织、志愿服务组织以及临时组建的义工团队。此外，灾难面前涌现了一批网络“类民间组织”。这类组织是存在于互联网上的、由具有普遍行动能力的网民自愿组成的非营利性的网民联合体②。

在本研究中，笔者构建了一个理论模式来解释慈善组织在疫情防控中的联合行动机制。我们借鉴了社会网络学派的研究。社会网络的研究建立在“社会人”的假设之上。Granovetter 对威廉姆森的交易成本理论进行批判，认为经济学观点对人的假设是低度社会化的，并提出嵌入性的概念。嵌入性可分为关系嵌入性（Relational Embeddedness）和结构嵌入性（Structural Embeddedness）。前者关注网络关系之间的强弱联结，后者则关注行动者在网络中的位置③。因此，我们基于社会网络学派的研究，分别从关系主义视角和结构主义视角提取出慈善组织行动网络的两个关键属性“成员合作程度”和“网络治理能力”。

---

① Beach, D., Pedersen, R. B. *Process-tracing Methods: Foundations and Guidelines* [M]. Ann Arbor: University of Michigan Press, 2013.

② 王冬梅：《网络“类民间组织”的理想类型及意义探析》，《江海学刊》2012 年第 3 期，第 122~126 页。

③ Granovetter, M. Economic Action and Social Structure: The Problem of Embeddedness [J]. *American Journal of Sociology*, 1985, 91 (3): 481-510.

1. 成员合作程度

我们将从关系嵌入性的视角分析网络成员的合作程度。该视角关注慈善组织网络关系的紧密程度。Granovetter 提出了连接强度的概念，并将“连接”定义为人或组织之间交流和接触时存在的纽带。他从互动频率、情感强调、亲密程度、相互交流程度等方面衡量联系的强度[①]。边燕杰立足于中国关系型社会的现实，发现强联结比弱联结更加能发挥个体之间的资源桥接的作用。强联结作为获得信息和重要资源的主要载体，具有可信赖、合作和稳定的性质，可以让行动者更容易从合作伙伴关系中获得精神和物质上的支持[②]。本文认为，资源互惠、利益相容度和信任程度影响了成员之间的关系强度。

首先，资源互惠来源于成员具备资源和专业性，保证了双方能够进行资源交换的资格。资源互惠成为维系联合关系的重要黏合剂。林德伯格（Lindenberg）对消除贫困和应急响应领域的 NGO 国际联盟的观察[③]，以及波特扎吉斯（Botetzagias）等对地中海区域保护海龟的国际环保组织联盟的研究，都发现如果联盟无法让成员在为联盟付出的同时，形成互惠或者获得期望的资源回报，联盟就会最终解体[④]。因此，成员之间形成的相互依存的状态会促进联合行动的发展。

其次，利益相容度指的是成员追求的目标有助于联合行动总体目标实现的程度。奥尔森区分了两种集体利益，即相容性利益和排他性利益。前者的利益主体之间是一种正和博弈，行为主体在追求利益时是相互包容的。而后者指的是利益主义在追求利益时是相互排斥的[⑤]。在排他利益主导下，每个主体都希望凌驾于对方之上，很难形成互惠合作的友好氛围，从而呈现诸如寄生、偏

① Granovetter, M. Economic Action and Social Structure: The Problem of Embeddedness [J]. *American Journal of Sociology*, 1985, 91 (3): 481-510.

② 边燕杰：《城市居民社会资本的来源及作用：网络观点与调查发现》，《中国社会科学》2004 年第 5 期，第 136~146 页。

③ Lindenberg, M. Reaching beyond the Family: New Nongovernmental Organization Alliances for Global Poverty Alleviation and Emergency Response [J]. *Nonprofit and Voluntary Sector Quarterly*, 2001, 30 (3): 603-615.

④ Botetzagias I, Robinson P, Venizelos L. Accounting for Difficulties Faced in Materializing A Transnational ENGO Conservation Network: A Case-Study from the Mediterranean [J]. *Global Environmental Politics*, 2010, 10 (1): 115-151.

⑤ 〔美〕曼瑟尔·奥尔森：《集体行动的逻辑》，陈郁、郭宇峰、李崇新译，格致出版社，2019。

害、互害、兼并以及偏利等对一方或者双方均有害的生态关系，即“消极型生态关系”，不利于 NGO 联合体维持[①]。所以，当慈善组织联合行动存在相容性利益时，其成员的合作程度更高。

最后，信任程度。信任程度被认为是关系强度最主要的指标，网络成员对发起方的信任程度越高，网络的信息和资源流通就更加通畅[②]。联盟成员以往的关系纽带和情感基础能有效地促进他们开展联合行动。相对临时成立的慈善组织网络，在原有合作基础上建立的慈善组织网络的成员合作程度更高。

总之，网络内部成员之间的资源互利程度、利益相容度及信任强度等因素决定了网络成员的合作程度，而成员的合作程度又影响了网络的联合行动机制。“弱稳定合作”的网络不太可能表现出高度的协作和集成，因此，需要建立层级化、制度化的管理架构，才能使行动网络形成有效的互动机制。而对于“强稳定合作”的网络，组织系统具有更高程度的交互，各个慈善组织之间在突发危机之前已经具有共同的交流平台，不以制度性、强制性的方式开展联合行动。

2. 网络治理能力

网络治理能力针对的是联合行动的发起者，涉及网络整合和协调的问题。对于慈善组织的联合行动网络来说，结构嵌入性反映了发起方所处的组织位置将影响网络治理的机制和效率等。结构嵌入性越强的发起者，其网络治理能力也越强。

网络治理能力强的发起者能够占据有利位置，从而掌握信息和资源的控制优势[③]。Burt 提出了“结构洞”的概念。结构嵌入性强的发起者善于对原本之间缺乏联系的主体进行桥接，占据网络中其他节点相互连接的关键路径，从而形成对各种关键资源和资源流向的控制权。通过对这些差异化的信息和资源控

---

① 赵小平、王乐实：《NGO 的生态关系研究——以自我提升型价值观为视角》，《社会学研究》2013 年第 1 期，第 1～20 页。

② 李靖华、黄继生：《网络嵌入、创新合法性与突破性创新的资源获取》，《科研管理》2017 年第 4 期，第 10～18 页。

③ Koka, B., Prescott, J. Designing Alliance Networks: The Influence of Network Position, Environmental Change, and Strategy on Firm Performance [J]. *Strategic Management Journal*, 2008, 29 (6): 639-661.

制权来获得合作过程中的支配地位①。相比服务型组织，那些占据“结构洞”位置的支持型组织的网络治理能力更强，在发起联合行动方面具有相当大的比较优势②。支持型组织定位为支持社会组织成长、提高社会组织自身可持续能力建设，在资金、信息和知识（包括专业研究）、团队建设、专业化管理方面都有一定的优势③。因此，在慈善组织联合行动网络中，他们可以与网络的不同组织建立关键的联系，并且将这些联系集成起来形成一个完整的系统。作为组织之间的沟通渠道，支持型组织通过将信息、人力资源、资金或其他资源从网络的一端转移到有资源需求的一端，基于他人对自己的依赖指导其他组织活动。此外，对于中国的突发公共危机的应对而言，政府毫无疑问地扮演主导者的角色④。因此，同时撬动政府和社会组织力量的发起者会比仅能撬动其中一方力量的发起者的结构嵌入性更强。当发起方的网络治理能力较强时，发起者在开展联合行动之前往往与网络成员存在正式或非正式的合作关系，其缔造的慈善组织网络以长期战略共赢作为行为导向，并擅于协调不同的利益主体，注重成员的自主性。当网络治理能力较弱时，发起者则难以平衡成员之间的利益。

3. 分析框架构建

综合上述慈善组织网络的两个属性和相关假设，我们可以将所有慈善组织联合行动归纳为 4 种“理想类型”。在每一种联合行动的类型中，慈善组织网络采用的行动模式也会有相应的不同。图 1 中的两个维度分别代表成员合作程度的高低和网络治理能力的强弱。这两个变量都是连续的。我们将它们垂直相交所形成的 4 个象限分别代表 4 种类型的慈善组织的联合行动模式。

---

① Burt, R. S. *Structural Holes: The Social Structure of Competition* [M]. Cambridge, MA: Harvard University Press, 1992.

② Yang, A., Cheong, P. H. Building a Cross-Sectoral Interorganizational Network to Advance Nonprofits: NGO Incubators as Relationship Brokers in China [J]. *Nonprofit and Voluntary Sector Quarterly*, 2021, 48 (4): 784-813.

③ 裘丽、韩肖：《我国草根 NGO 联盟组织间的资源共享模式探讨——基于华夏公益联盟案例分析》，《行政论坛》2017 年第 2 期，第 97~102 页。

④ 时立荣、常亮、周芹：《应急救援社会组织联动协同关系研究》，《江淮论坛》2017 年第 6 期，第 90~94 页。

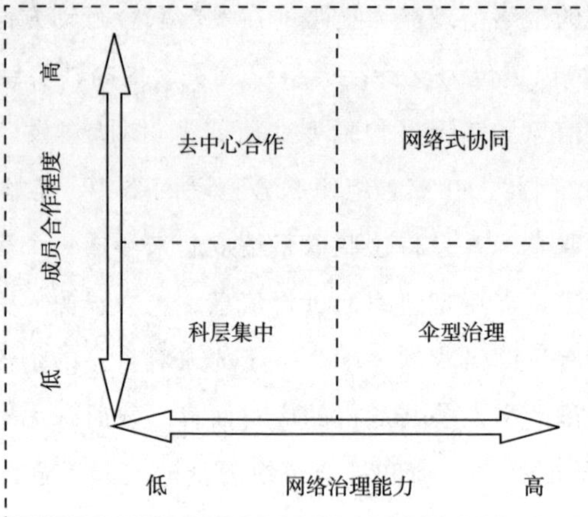

图 1　慈善组织联合行动的四种模式

（1）去中心合作模式

成员合作程度很高，但是网络发起人的治理能力不足。成员之间属于熟人关系网络，拥有较强的信任基础和过往的协作经验，加之发起人的结构嵌入性较低，因此，这种联合行动容易形成松散平等的合作关系。从网络内部来看，组织结构倾向于扁平化，不存在绝对的领导权威。决策过程并非自上而下、层级控制的形式，而是建立在成员广泛参与的对话之上，集体目标的实现是通过集体努力和协作而产生的。从网络外部来看，由于网络发起者调动资源的能力有限，不擅于与不同利益主体建立联系，他们往往通过提升其专业化服务的水平，与各方利益联合起来，以便实现预期的目标。

（2）科层集中模式

当网络成员合作程度较低，发起者的网络治理能力较弱时，往往很难达到集体行动。这类联合行动在初始阶段，缺乏明确共识、行动秩序混乱、执行效率低下、退出机制松散。这时，网络发起者倾向于采用科层集中管理的方式运作，实现了类组织管理和内部控制，将合作程度低的群体联系起来。网络运作的机制是基于层级节制、权威机制与命令控制链条。在集体行动过程中，该模式容易形成具有一定承诺性、协议式的工作制度，这为协调自组织内部的分工与合作，以及网络的组织化行为提供了可供参考的行动依据。

（3）网络式协同模式

当网络成员合作程度较高，且发起者的网络治理能力较强时，该联合行动适合采用“网络式协同”模式，该模式强调行动者平等的合作地位与整合的治理行为。网络发起者所处的位置以及拥有的资源使其很容易形成权力中心，但是网络成员的相互信任、协调和沟通的合作关系取代了科层集中的指令关系。因此，网络发起者适宜扮演协调者的角色。通过嵌套的关系网络、平等的行动主体和整合的集体行为来构建自组织间与多元治理主体间的双重网络。其中，自组织间的网络整合了社会组织与行动者个人的丰富形态，而这一复杂构成又在整个环境治理网络中参与协同，促成治理目标的达成，最终实现了分散自治与联合共治的统一①。从网络结构来看，网络由地位平等的行动者经由分散的多中心构建而成，呈现出平等协作的多中心格局。这些分散的中心具有很强的自主性。这种模式的形成需要长期稳定和运行的社会组织联盟来支撑。

（4）伞形治理模式

当联合行动发起者的网络治理很强，但网络成员的合作程度不高时，适宜采用伞形治理模式。在该网络中，一般在资源贡献和决策制定方面都由一个组织主导，而其他成员组织处于一种从属地位。网络呈现“核心—放射型”的垂直结构，一家组织作为核心与节点，即支持型组织，来支撑起其他更为基层的组织。由于成员合作程度较低，发起者会通过建立制度化的联结，以加强网络合作的稳定性。系统结构趋于秩序化，价值链不同环节的慈善组织相互合作，上游、中游、下游慈善组织之间组成纵向网络，带动慈善资源的转移供应，促进慈善服务的高效生产和慈善渠道的拓宽完善，实现民间慈善组织网络间的双向垂直沟通②。发起者尽管处于网络的中心位置，但不会对成员运作进行过多干涉，并希望成员能实现一定程度的自治，在必要时给予成员必要的支持。

---

① 易承志、张开羽：《结构、机制与功能：中国环境网络式协同治理的三维分析——以零盟为例》，《行政论坛》2019 年第 3 期，第 129～137 页。

② 任雯：《中国民间慈善事业：萌芽、发展与复兴》，《学术探索》2021 年第 2 期，第 69～75 页。

三　研究方法

（一）方法选择

本研究旨在探讨疫情防控中的慈善组织网络的联动机制，故结合本研究的研究对象和研究内容，我们选择了多案例研究方法对研究框架进行论证。具体有以下几个理由。第一，案例研究通常是基于多途径数据来源，对某种现象的具体表现进行丰富的、实证性的描述①，因此采用多案例研究可以对我们的研究主题和内容进行丰富、形象的刻画。第二，当研究内容拥有一些动态的、复杂的和多维度特质时，可以采用多案例定性研究②。而我们所要探讨的慈善组织网络的联动机制，特别是在疫情防控这样一个特殊的语境下具有以上的复合特征。第三，通过使用多案例对比的研究方法，能够更好地把握事物的内在机理并理顺其运作与影响机制，从而在此基础上实现理论的建立和拓展③。第四，我们认为，多案例研究作为一种质性研究方法，能够很好地阐释事物产生的本质和原因，有利于对疫情中不同慈善组织联盟的形成与运作机制进行清晰的呈现，并点出其具体存在的问题和识别其中的因果关系。最终，通过反复的验证来增加本次探索性案例研究的有效性。

（二）案例选择

有学者认为，在案例研究中，对目标案例的筛选需要遵循规范性原则、典型性原则以及目标抽样原则④。其中，规范性原则要求所选案例能够为文章提

---

① Yin，R. K. *Case Study Research*：*Design and Methods*［M］. Thousand Oaks：Sage Publications，2009.

② Sinkovics R. R. Penzpervez E.，Ghauri N. Enhancing the Trustwhorthiness of Qualitative Research in International Business［J］. *Management International Review*，2008（6）：689-714.

③ Yin，R. K. *Case Study Research*：*Design and Methods*［M］. Thousand Oaks：Sage Publications，2009.

④ 张霞、毛基业：《国内企业管理案例研究的进展回顾与改进步骤》，《管理世界》2012 年第 2 期，第 105~111 页。

供所研究的问题和研究结论之间的有效链接[①]，本研究在经过初步筛选和信息收集后，锁定了北京、深圳、浙江与武汉 4 个地区。探索发现，这 4 个地区社会组织与疫情防控之间的链接较为密切，且当地社会组织网络式协同发展较为成熟，故选择这 4 个地区作为我们探究的主要地区。典型性原则强调所选案例应当对所要研究的问题具有良好的代表性，而经过我们的研究发现，这 4 个地区的慈善组织网络已经初具规模，且最重要的是，它们均在疫情防控网络中发挥了颇为“浓墨重彩”的一笔，因此研究价值较高。而目标抽样原则则要求选择的案例能够有效推动理论的建构与发展。本文的核心主旨在于揭开在疫情防控这一特殊的场景下，慈善组织网络联动机制的神秘面纱。因此通过检索，我们最终确定了最为符合本研究的案例，同时又根据便利性原则，排除了几家信息数据收集难度较大的案例。

结合 Eisenhardt 与 Yin 关于案例数量的论述并根据研究问题和所涉及的理论领域[②]，本文选择了 4 个典型的慈善组织网络式协同案例来进行多案例分析，并将我们选定的 4 个案例分别命名为案例 A、案例 B、案例 C、案例 D，通过与组织关键负责人进行访谈和收集二手资料来完善我们的案例研究。其中案例 A 为京鄂“iWill”志愿者联合行动网络，主要采访的对象为北京博能志愿公益基金会理事长、北京惠泽人公益发展中心创始人翟雁。案例 B 为壹家人抗疫行动网络，主要采访的对象为深圳壹基金公益基金会备灾救灾部主任沙磊。案例 C 为浙江省慈善组织疫情防控联合行动，主要采访的对象为时任浙江省慈善联合总会副秘书长陈媚和郑壹零。案例 D 为武汉银杏在行动网络，主要采访的对象为时任银杏基金会秘书长林红以及银杏伙伴、卓明灾害信息服务中心创始人郝南（见表 1、表 2）。

① 苏敬勤、刘静：《案例研究规范性视角下二手数据可靠性研究》，《管理学报》2013 年第 10 期，第 1405~1409 页。

② Eisenhardt, K. M. Building Theories from Case Study Research [J]. *Academy of Management Review*, 1989, 14 (4): 532-550; Yin, R. K. *Case Study Research: Design and Methods* [M]. Thousand Oaks: Sage Publications, 2009.

表 1　访谈一手资料

访谈日期	访谈地点	受访人员	时长	字数	文件编号
2021. 10. 16	北京	京鄂“IWill”志愿者联合行动网络发起人	3 小时	58000 字	20211016zy
2021. 10. 14	线上访谈	壹家人抗疫行动网络负责人	1. 4 小时	22703 字	20211014sl
2021. 10. 15	北京	浙江省慈善组织疫情防控联合行动负责人	1. 7 小时	26073 字	20211015cm
2021. 10. 16	线上访谈	浙江省慈善组织疫情防控联合行动负责人	1. 5 小时	25547 字	20211016zyl
2021. 10. 20	线上访谈	武汉银杏在行动网络发起人	1. 8 小时	21078 字	20211020lh
		合计	9. 4 小时	153401 字	

表 2　收集的二手资料

	具体来源
行业研究报告	《社区战疫快报》第 4 卷
	《社会力量参与重大公共卫生事件的行动策略报告》
	《团结的力量：专业志愿者自组织的崛起与未来》
	《抗疫贡献与可持续发展——全市社会组织抗击疫情表现与需求调研报告》
	《社会组织如何开展公共卫生事件》
	《壹基金抗击新冠肺炎疫情行动报告》
	《壹基金抗疫情行动项目介绍》
	《壹基金新冠疫情防控行动总结》
	《社会力量参与抗疫救灾行动研究报告》
	《我们在行动》

四　比较案例研究

（一）去中心合作模式：武汉银杏在行动

1. 案例背景

2020 年 1 月 22 日，卓明灾害信息服务中心创始人郝南搭建了 NCP 生命支援网络平台，组织医务志愿者为居家隔离的患者提供线上咨询服务。几天后，新冠肺炎重症患者的数量陡然上升。如果他们得不到及时的救治将有生命危险。从医学角度看，在无抗病毒特效药的情况下，氧疗可以提升患者的免疫力。制氧机提供高浓度氧气，有助于纠正呼吸衰竭，缓解呼吸困难的症状。因此，有医生提出可以给呼吸困难的患者提供制氧机。

随着患者对制氧机的需求变得更加紧迫，得知情况后，当晚郝南和一公斤盒子负责人陈丹立即在 130 位银杏伙伴的交流群里发出募集制氧机的求助信息。一些银杏伙伴看到消息后迅速响应。陈丹立马建立微信群，用于募集设备和资金。最初刘尚文、蔺兆星和孙海燕几位银杏伙伴入群，后该群成为武汉银杏在行动的沟通群。武汉银杏在行动成立了需求调研小组、筹款小组、采购小组、物流小组、仓库小组、落地执行小组、制氧机信息平台工作群。该联合行动募集了 2321 台制氧机，其中为 NCP 生命支援网络提供了 94 台，用于支持居家重症患者；另外 2227 台用于支持湖北省的 14 个城市、62 个区县、158 个医疗点。

需求调研小组。武汉银杏在行动前期主要由 NCP 生命支援网络收集居家隔离的患者对制氧机的需求，后期则开展了医疗点的制氧机需求调研。调研方式有以下四种：一是借助社区协调员收集各区隔离点的需求；二是通过与黄冈、孝感的防疫指挥部联系，了解区县医院对制氧机的需求；三是借助其他银杏伙伴已有的网络开展需求调研；四是开展线上公开征集，通过社交媒体、关键人/机构协助转发，主动收集湖北地区医疗机构对制氧机的需求。

筹款小组。该小组由蔺兆星和孙海燕来推动。在与死神赛跑的路上，筹款小组将筹款对象定位在决策机制快、申请流程较为简单的潜在资方。同时，筹款小组根据前方的灾情变动情况做出相应的筹款策略的调整。北京春苗慈善基金会（简称：春苗基金会）一方面建立起专项基金，为筹款组募集的资金提供服务，保证项目资金使用的合规性，以及与资方进行有效对接；另一方面，帮助项目筹集资金。从2020年1月底至2月中旬，武汉银杏在行动共筹集了820万元，主要来自跨国公司、民营企业、互联网公司公益平台、国内外基金会以及个人捐助。

采购小组。刘尚文负责采购小组，该小组快速高效地完成了大部分制氧机采购工作。借助NCP医疗组志愿医生的力量，确认采购的型号和品牌。孙海燕通过朋友圈的力量联系上了鱼跃制氧机的管理层，搭建了货源渠道。采购组成员刘尚文、王海、闻华晶根据需求调研组确认的采购计划，按照春苗基金会对采购的相关要求，有序地推进采购工作。

物流小组。物流小组一方面利用顺丰、京东等企业在疫情期间开通的绿色通道运送物资；另一方面积极与防疫指挥部合作支持在地自提和跨省自提，减少了寻找物流和申请通行证的时间，大大加快了制氧机到达有需求的医院及患者手上的速度。

仓库小组。除了点对点直达的批次外，其他都需要经过卸货、入库、仓储、出库、再流通等环节，方可到达医院或者患者手中。武汉银杏在行动主要涉及的仓库有3个。行动伙伴们称它们为“黄陂（大地）仓库”、“森林仓库”和“珍珠仓库”。

落地执行小组。该小组由陈丹带领，通过对接仓库、司机、患者，让制氧机尽早到达病人手中。NCP生命支援网络负责居家病患的制氧机发放。对于医疗点的物资发放，该小组每天都会收到“需求调研组”提供的运送名单，据此协调有市内通行证许可的志愿者车队进行运送，比如蓝天救援队、W大武汉紧急救援小组的车队、可乐车队等。由于落地执行涉及较多的工作，该小组内部又细分成不同的小组，如整理信息资料、联络车队、设计表格等小组。

制氧机信息平台工作群。武汉银杏在行动在筹资、采购、运输、发放制氧机的同时，也持续收集着灾区中制氧机的需求数据，让制氧机的捐助更加透明，流向真正需要制氧机的地方。联合其他制氧机捐赠方所提供的数据，对5571台公益捐赠的制氧机进行流向调查，绘制出湖北省的民间制氧机捐赠地图，从而为有制氧机需求的医院，以及希望进行制氧机捐赠的社会组织、企业和个人提供公益信息支持服务。

2. 案例分析

武汉银杏在行动是2020年1月30日发起的，该行动网络在初始阶段表现出“成员合作程度高”“网络治理能力低”的特点。武汉银杏在行动的成员合作程度高表现在以下两方面。

一方面，该联合行动的大部分成员是南都公益基金会培育的“银杏伙伴”。南都公益基金会于2010年发起了银杏伙伴成长计划（简称“银杏计划”），资助“胸怀天下、脚踏实地、富有潜力”的公益年轻人，帮助他们突破成长上的瓶颈，助推其成为某一领域的领袖型人才。培育过程中，组织银杏伙伴参与社群活动，比如境外考察，支持银杏伙伴社群自我成长。因此，银杏伙伴也逐渐形成了一个多元的、相互信任、富有活力、相互协作的公益网络。

> 这一波骨干一起去北欧参访过，他们自己安排在北欧十天的行程，从缴费报名、办理签证、住宿、参访地点都需要由他们自己解决。他们当时在北欧遇到两件特别奇葩的事。要去机场的路上，突然发现公共汽车停运，换坐地铁，又发现地铁出了故障。而时间又特别赶，好不容易又找了另外一辆公共汽车，他们就开始分工，英语好的去跟司机沟通，力气大的去托运行李。他们下了车后使劲儿跑，最后赶上了飞机。某种意义上这是促进他们磨合和协作的小训练。我印象里，在2010年我们有一次也是20多个银杏伙伴聚在一块儿，那简直谁也不服谁，吵翻了天，什么事儿也干不了。经过长时间的交流，我们之间建立了信任，实现了很好的协作。（访谈记录：20211020lh）

另一方面，成员之间形成了解决特定社会问题的共同议程。自郝南和陈丹提出制氧机诉求，20多位银杏伙伴自发联合到一起采取抗疫行动，每个人在网络中都有核心工作，共同支持一个总体目标的行动——为新冠病毒感染者提供制氧机的快速解决方案。武汉银杏在行动的成员始终瞄准制氧机这一需求点，建立“制氧机紧急供应链”的解决方案，从筹款、采购、运输、发放到医疗点，将各方力量汇聚在一起，形成良性循环的系统。当某些活动必须完成于另一些活动之前，就形成了“接序性互倚”[①]。每一个环节都不能缺失，如果缺失了，联合行动响应功能就不会完整，每一个种类都需要同其他种类的组织互动。因此，面临不确定性的应急任务环境，银杏伙伴之间围绕着共同利益轴心形成了相互影响的应急救援体系。

然而，武汉银杏在行动在建立之初，其网络治理能力较弱。发起人是卓明灾害信息服务中心创始人郝南，其曾为执业医师，擅于灾害信息的处理和提供线上医疗咨询服务。他富有敏感的应急需求判断，能及时发现患者对制氧机的需求，但是在筹款、物资采购等方面不具备优势，而这些却是武汉银杏在行动的核心工作。因此，武汉银杏在行动在该领域不具有关键资源的控制权。此外，该行动网络在建立之初不存在占据中心位置的主体。

基于此，武汉银杏在行动采用的是去中心化合作的管理模式。该网络属于临时性的联合行动。首先，“去中心化”并不意味着“无中心”。“无中心”容易导致成员的权责归属和决策方式存在模糊性和交叉性，因此，网络需要一个决策小组协同行动网络。但是，他们只负责重大事项的决策，大多数事情由各个小组独立开展工作。以采购小组为例，他们自行决定制氧机型号、供货渠道、采购数量，不需要由决策小组来控制。这种松散的网络结构有着较强的韧性，如果一个节点被破坏，这个网络能迅速复原。正如 Simon 所指出的，紧密联系的网络是“偏差放大”（deviation amplifying）的，因为系统中一个部分的变化会波及整个网络[②]。Pfeffer 和 Salancik 也指出环境变化所带来的不确定性可能会在相互依存的组织中产生反响，其方式是有着不可预测的后果[③]。解决这一问题的方案是保持松散的联系，抑或 Simon 所称的“几乎可分解的系统”[④]。此外，林红也参与到武汉银杏在行动中，但她并不承担具体的分工，而是对整个行动起到了“润滑剂”的作用。比如，林红熟悉银杏伙伴的每个

---

① 时立荣、常亮、周芹：《应急救援社会组织联动协同关系研究》，《江淮论坛》2017 年第 6 期，第 90~94 页。

② Simon, H. A. *The Architecture of Complexity* [C]. Proceedings of the American Philosophical Society, 1962, 106 (6): 467-482.

③ Pfeffer J, Salancik G. R. *The External Control of Organizations: A Resource Dependence Perspective* [J]. New York: Harper and Row, 1978.

④ Simon, H. A. *The Architecture of Complexity* [C]. Proceedings of the American Philosophical Society, 1962, 106 (6): 467-482.

人和整体的行动计划。当她看到哪位银杏伙伴快支撑不住时，便会动员网络的其他银杏伙伴协助或接替他，同时也借助银杏基金会的网络帮助联合行动调度资源。

其次，在疫情紧急防控过程中，武汉银杏在行动展示出适应性领导力的特征。这种领导力并不是被指定的，也不是固定的，而是自发的、流动的。当领导者所具备的能力与情境不匹配时，领导者可迅速更换。由于该网络成员之间具有较强的信任关系，成员认可这种方式。这种管理方式不同于一般的组织管理，一般的组织领导者较为固定。然而，武汉银杏在行动的网络趋向于松散结构，不存在由组织职位赋予的法定权力，因此，领导的更换较为容易。比如，该行动网络开始由郝南及其团队领导的，但是由于他们并不擅于筹款和采购物资并且无足够的时间协调该行动，领导小组就换为具有基金会背景或者与跨国公司较多工作交往的人。这些人的社会网络有利于筹集资金，并占据网络中的关键路径。

再次，武汉银杏在行动关注成员参与，采用协商的方式进行沟通。他们开会运用弹性的罗伯特议事规则。银杏伙伴之间的立场具有较强的信任基础，立场和诉求趋于一致，因此，他们一方面保留原则性的内容，比如轮流发言，保证成员都是平等的主体，各方面的意见得到充分表达；另一方面银杏伙伴希望以协商的方式达成共识，而不是形式上采取“少数服从多数”的投票原则。

> 这些原则已经成为一个成员合作中很自然的反应，所以我们并没有说用哪一套规则本身。比如说，我们发现有问题，干活儿出现困难或不对劲的地方，会有人发起说咱们得开大会，这就是一种本能反应。而不是张三和李四一言不合，俩人就掰了，其中一人退出。在这个会上首先有一个受过训练的主持人，大家轮流发言，包括不断地回顾咱们的目标和原则，先把这个分歧搁一下，然后再说这个决策。不是因为我提的 a，你提的 b，所以咱们就得 battle，然后咱们就得少数服从多数，举手表决。银杏伙伴这个网络，其实大家都有比较深刻的理解，大家享受的是协商的过程，在这个协商过程中最好的方式是不需要投票，就达成共识。（访谈记录：20211020lh）

最后，在缺乏政府背书的情况下，该网络非常注重其服务的专业性。

第一，每个小组都体现出专业性。比如，郝南通过自己的医学背景，预判了医疗资源挤兑现象和公共医疗服务系统的压力，同时敏锐地观察到社会需求，提出的制氧机行动方案切中了社会的关键需求。筹资小组建立了专业化的筹款策略，一方面制定紧急救灾的标准流程，在透明合规的前提下，简化捐赠流程；另一方面及时咨询专业的医生，梳理出制氧机相关的医学问题，证明制氧机为有效的医疗救助项目，并将项目执行流程清晰地表达出来，以此来提升项目的可信度。总之，合作的达成除了需要有个人之间的信任，还需要专业服务的加持。

> 郝南一直在做救灾的事情，自己又是医生，他动员了很多线上的具备社会工作、临床与心理咨询专业背景的志愿者，这些志愿者对一线的需求有特别深入和敏感的洞察。我看到一个志愿者组织努力去贴近需求和迅速地找到解决方法。后来，很多医院向我们申请这个制氧机，在这种情况下，我们又组织了志愿者的资源，迅速通过一些数据处理搭建了制氧机信息平台，结合其他制氧机捐赠方所提供的数据，对制氧机进行流向调查，绘制民间制氧机的捐赠地图。这个就非常专业了，所以说其实志愿者也是需要专业化的。（访谈记录：20211020lh）

第二，武汉银杏在行动的专业化促使其确立民间制氧机捐赠项目的价值和行动准则。武汉银杏在行动将其救援行动中的一手经验翻译制作成适合国际传播的手册，传递给各国有需要的专业组织和个人，为身处疫区的人们提供救援支持。手册内容包含了氧疗篇和制氧机紧急供应链。陆续推出 8 种语言版本，分别为：中文、英语、德语、法语、意大利语、西班牙语、瑞典语、波斯语。

第三，武汉银杏网络的专业性有利于其与其他主体对话。武汉银杏在行动在物流（长途/当地）、中转仓储等方面需要政府机构的一些资源支持。落地执行组的马彦伟表示，在和当地防疫指挥部合作时，执行组与指挥部出现了行动分歧。防疫指挥部按照医院提交的需求信息直接发放制氧机，而不是按照武汉银杏在行动确认的数量分配。后者往往会在医院需求的基础上，根据“倾斜疫情严重地区”和“重症患者比例”原则并结合实际情况，对最终支援到各医院的实际制氧机数量做一定的调整。发现这一情况后，马彦伟与指挥部商量，必须按照行动组确认的数量配送。最后，指挥部也配合了行动组的要求。

3. 案例小结

武汉银杏在行动成员的共同称号叫“银杏伙伴”，他们之间有着深厚的信任感。在突发公共危机面前，这群有着共同愿景的银杏伙伴发起的行动网络存在内在驱动力。熟人网络、信任关系和协作经验使网络成员更容易在行动目标和团队认同上达成共识，这有助于联合行动的应急响应、行动目标的确立和任务的执行。然而，该组织的网络嵌入性较弱，因此该联合行动主要基于平等对话和信任关系采用了去中心化合作模式。一是行动网络不存在绝对权威的控制中心，每个小组有较大的决策权。同时，该网络需要有一个决策小组负责协调工作。二是去中心化的合作模式的网络趋向于松散结构，这种结构保障了网络对环境的适应性。在不确定的事态情境下，依事件变化而趋于行动的自我调适。三是该模式重视成员的平等对话和达成共识。四是在缺乏政府背书的情况下，更多地依赖服务的专业性，创造和推行应急救援领域的价值意义和行动准则，以此为权力资本，控制本领域的规则。总之，在去中心合作模式的网络中，不同小组定位明确，彼此之间联合起来形成横向网络，带动多元主体的相互依存、工作内容的相互关联和社会风险的相互承担，实现价值生产链的全新构建。价值创造离不开其生产链上各个环节的相互配合，各小组之间通过协同作用，发挥聚合效应，使整个价值生产链高效运转，创造出比单一元素更大的协同效应。

（二）网络式协同模式：浙江防疫应急协作网络

1. 案例背景

2020 年 1 月 23 日，浙江省启动了重大突发公共卫生事件一级响应抗击疫情。这与浙江省常年应对台风灾害有关。每一年的台风应急，使得浙江省在应急方面颇具实战经验，应对灾害的响应较为迅速。此外，台风灾害促使当地形成了一批从事紧急救援的社会组织。一旦发生台风，居民会找到当地社会组织寻求救援，比如苍南地区的老百姓会拨打壹加壹救援队的电话。

1 月 24 日晚，当人们在吃年夜饭、观看春节联欢晚会之时，浙江省慈善联合总会秘书处正在紧急开会，并决定立即启动抗击新冠肺炎疫情的相关工作。浙江省慈善联合总会牵头，迅速联合基金会、社会组织共同组成“浙江防疫应急协作小组”。协作小组充分发挥社会组织在物资采购和应急响应方面的经验和优势。凌晨近一点，由社会志愿者组成的“2020浙江新冠抗疫群”正式开始投入工作，微信群源源不断地涌入基金会、民间社会组织、侨联、企业、高校等机构。群员初步达成一致意见，由浙江者慈善联合总会和公募基金会负责筹款，各专业团队协助采购，社会组织负责执行。

1月25日，浙江省慈善联合总会联合杭州市下城区云集公益基金会、苍南县壹加壹公益联合会启动了第一个项目——在腾讯公益平台共同发起“爱心驰援　共抗疫情”募捐活动。此前，云集公益基金会借助其跨境电商的优势，通过多方渠道调配口罩等医疗物资，供应医疗健康产品。身为苍南县壹加壹应急救援中心理事长兼主任的张炳钩更是紧急组织苍南县壹加壹公益联合会、苍南县壹加壹应急救援中心队员、志愿者参与疫情防控志愿服务，对接物资供需情况，采购和发放物资。浙江省慈善联合总会基于前期对两家机构的了解和信任，共同发起了线上募捐。项目计划筹款2000万元，所筹善款将全部用于向湖北省、浙江省等疫情重灾区医务人员、防控人员及普通民众提供防护物资。经过不到一天时间，项目在平台的筹款量突破1000万元。在项目执行方杭州市下城区云集公益基金会、苍南县壹加壹公益联合会的努力下，首批10万个N99精密级医用口罩于1月26日抵达武汉，供给抗疫一线的医护人员和部分高危社工和救援队。

每当出现突发公共危机，浙江省政府第一时间成立的是指挥中心。省政府在防控应急物资保障组下专门设立应急物资捐赠接收小组，由省民政厅牵头，协同省慈善联合总会、省经信厅、省药监局、省工商联、省侨联、省红十字会、杭州海关、宁波海关等政府部门，落实浙江省新冠肺炎疫情防控工作领导小组布置的任务。由于省慈善联合总会是半官方机构，在物资发放方面需要遵循政府指令，省慈善联合总会需要优先将物资调配到政府指定的地方，但是省慈善联合总会为了发挥民间的力量，搭建了以民间为主导的服务中心，保证社会组织以一线需求为出发点发放物资。浙江省慈善联合总会副秘书长郑壹零说：“两者的区别在于，指挥中心是以政府为主导，自上而下指挥其他组织执行，而服务中心更多的是由民间力量主导，社会组织利用自身的专业优势开展不同的服务。”自浙江防疫应急协作小组建立以后，在政府相关部门、社会组织志愿者共同努力下建立了 9 个快速响应的专项服务小组。

（1）全球物资采购小组。新冠肺炎疫情发生之初，物资采购比资金筹集更为重要。因此，浙江防疫应急协作小组将“物资采购”放在首位，筹建了全球物资采购小组。通过省侨联、浙商总会、义乌国际电商获取境外采购医疗和防疫物资的渠道。3 天内，该小组在 28 个国家搭建了国际物资采购渠道。

（2）筹款小组。省慈善联合总会联合大型公募基金会、私募基金会、爱心企业共同构成筹款小组。源源不断的资金保障了物资采购。公募基金会具有较强的公信力，提升了筹款小组的影响力，但政府对其有着严格的审批管理制度。因此，在公共危机面前，公募基金会在采购物品方面面临诸多限制，譬如物品单价的限制、财务拨款速度较慢等，而在应对突发公共危机时，私募基金会、爱心企业的资金使用较为便捷。

（3）医疗器械鉴别小组。由于医护物资专业性强，海外采买涉及不同语种、不同型号和标准，需要仔细甄别。对于较难判断的口罩、防护服，还需要咨询医院或药监局相关工作人员。因此，浙江防疫应急协作小组发动浙江医院的医务人员组建医疗器械鉴别小组，专门协助物资采购小组鉴别物资是否合格，防止采购假冒伪劣产品。

（4）全球翻译小组。考虑到物资的主要采购渠道在境外，涉及语言沟通问题，浙江防疫应急协作小组联系了温州肯恩大学教育基金会，组建了全球翻译小组。该基金会是省慈善联合总会的会员，因此省慈善联合总会联系到了基金会的秘书长孟骏教授商量招募志愿者事宜。该基金会在 3 天内从温州肯恩大学、北京语言大学等招募了 1400 名翻译志愿者，可为全球华人、企业、商会、侨胞提供 32 种语言的在线翻译服务。翻译内容包括：各国医疗产品的标准对照表、生产日期对照表、产品使用说明、各国物资进出口的相关规定等。

（5）清关小组。浙江省开放了 14 家公募基金会来接收境外物资的捐赠，他们与慈善联合总会组成“清关小组”，共同负责境外物资的通关，使海外的捐赠物资能尽快办理通关清关手续，发放到一线人员的手里。

（6）国际国内物流小组。联合南方航空、东方航空、南非航空、卡塔尔航空公司、顺丰快递、菜鸟国际等机构组成国际国内物流小组，该小组负责空中接力，以最快的时间将国外物资运送到浙江的仓储基地。

我当时在杭州亚组会的微信群里看到有好多航空公司的人，就在群里问，有没有航空公司的朋友愿意出来帮忙，组建一个国际国内物流小组。当时长安公司的刘总就出来了，说你有什么事儿，吩咐我们干就行。（访谈记录：20211016zyl）

（7）非公援医疗团队—物资保障小组。浙江省慈善联合总会发现很多浙江非公援医疗团队前往武汉前没有准备充足的防护物资，因此，协作小组紧急成立该小组给他们提供物资保障。

（8）物资分配小组。协作小组在浙北、浙中、浙南、荆门建立了四个物流分中心，保证物资能以最快的速度分发下去。同时，浙江省慈善联合总会联合 11 家地级市的慈善总会，分发物资。

（9）疫情防控宣传小组。浙江省慈善联合总会动员一批具有医疗背景的志愿者组建团队，负责编辑志愿者指导手册、疫情防控手册等。

2. 案例分析

新冠肺炎疫情发生之后，浙江省内的慈善组织破除“思维壁垒”，建立防御应急协作小组，采取了联合行动。该行动网络表现出“网络治理能力强”“成员合作程度高”的属性。浙江省慈善联合总会具有极强的网络治理能力。具体体现在以下几方面。

第一，慈善联合总会特殊的官民二重性是行动网络得以构成的关键。慈善联合总会接受浙江省民政厅的管理，在一定程度上成为公权力的“代言”①。在政府机关和行政领导的“背书”之下，总会具有较高权威性为协同功能的发挥带来有力支撑。

第二，原省慈善总会与原省慈善联合会进行改革重组，成立省慈善联合总会后，其行业枢纽的功能更加凸显。重组后的慈善联合总会既有慈善组织募捐善款资格、救助服务功能，又有行业组织促进发展的功能。原慈善总会原有的项目部更名为慈善发展部，义工部改成会员发展部，省慈善联合会的行业发展合并成一个部门——行业发展部门，专门做行业推动。联合总会吸收了来自政

① 陈媚：《慈善组织协同参与公共危机治理研究——以浙江省慈善联合总会抗击新冠肺炎疫情为例》，浙江工商大学硕士论文，2021。

界、群团组织、学术界、慈善界、媒体界、文艺界、宗教界等 415 名会员。这些机构与总会互动频繁，并以总会的信息作为他们的指导方向。疫情初期，有些组织不知如何参与疫情防控。慈善总会根据其掌握的信息和资源引导社会组织有序开展资金募捐、物资购买转拨等活动。

从原来的慈善总会变更到慈善联合总会，我觉得它的力量的增长是量级式的。原来慈善总会是一个非常封闭的系统，我基本上接触的是慈善系统内的人，重组以后会员这个格局打开以后，整个状态就不一样了。（访谈记录：20211015cm）

第三，重组合并之前，浙江省慈善总会参与过汶川地震、舟曲泥石流等重大自然灾害救助的工作，在推动各地慈善总会的建立与工作的开展方面在省内具有较好口碑。同时，省慈善联合总会的许多协调员曾是华夏救灾网络的协调员，在 2008 年汶川地震后一直从事社会组织救灾协调工作，他们对应对大型公共卫生事件和协调救灾拥有丰富经验。

总之，大型的联合行动需要开发者具有较强的网络协调和资源动员能力，以及具有专业的人或团队运作，而浙江省慈善联合总会具备这些条件。

类似于将这种公共卫生事件、地震等看成是一种病，那么协调人和团队好比医生和医疗团队，各方资源好比不同的中药材。如果光有看病的医生，没有足够的药材，是解决不了问题的；但是如果光有药材，没有会看病的医生，那也就是土郎中。因此，这个医生要专业，药材要足够多，自然可以更有效地去解决问题，还可以服务更多的人。（访谈记录：20211016zyl）

同时，浙江“新冠抗疫网络”的成员合作程度表现在以下几点。

第一，浙江省慈善联合总会与区域内社会组织的竞争关系较弱。在很多地区，慈善总会与基金会是竞争关系，两者争相筹集更多的善款。自 2018 年年底，浙江省慈善联合会与 1994 年注册登记的浙江省慈善总会合并重组，成立浙江省慈善联合总会，该机构既继承了慈善行业组织功能，在原来的慈善总会的系统上，又吸纳了社会组织、基金会成为总会的会员。因此，基金会筹集更多的资源，同样属于慈善联会总会的政绩。两家机构的重组在某种程度上弱化了慈善总会与基金会或其他社会组织之间的竞争关系。彼此之间追求利益相容性，成员的行动有助于联合行动总体目标的实现。

第二，联合行动的成员之间的相互依存度较高。在浙江抗疫协作网络当中，成员都具备一定的资源和专业性，增强彼此的互惠性。此外，尽管成员也包含了政府官员，但正如浙江省慈善联合总会副秘书长郑壹零所说，当社会力量足够强大且凝聚在一起时，就形成了与政府平等对话的地位。联合行动壮大了社会组织的声势，有效地扩大单个 NGO 的能力边界，取得单个组织单打独斗所不能够取得的效果。

> 大家通过不同的联合活动，产生一个协作共赢的理念。社会组织之间合作，资源互利。社会组织干活，基金会负责出钱，政府负责站台、负责协调沟通，平时已经形成了一种机制，相当于价值共创和价值共享。（访谈记录：20211016zyl）

第三，浙江省慈善联合总会开展常态化的关系维护，建立起与会员之间的信任。一方面通过论坛、沙龙、培训、走访等活动，增加联合总会与会员之间的互动。尤其是浙江省的四套班子（党委、人大、政府、政协）的领导都会出席联合总会举办的慈善大会，激励会员保持与联合总会的互动。另一方面省慈善联合总会下设很多专委会，其中之一为应急专业委员会。每年省慈善联合总会要求专委会举办联合活动，邀请社会组织和基金会参加。该举措增加了联合总会与公益组织之间的黏性。

当“网络治理能力强”“成员参与程度高”时，浙江省慈善总会采取了“网络式协同”的管理模式，亦可称为网络式协同治理，即围绕某一问题，角色差异、地位平等的行动者经由分散的多中心构建的共同体网络，来应对不确定的环境。

首先，网络式协同既是治理主体的分散化，又是治理主体的集中化。浙江省慈善联合总会以需求为导向成立 9 个不同的服务小组：全球物资采购小组、筹款小组、医疗器械鉴别小组、全球翻译小组、清关小组、国际国内物流小组、非公援鄂医疗团队—物资保障小组、物资分配小组、疫情防控宣传小组。小组各自拥有不同的任务，彼此保持独立运作。同时，他们共同形成了浙江省疫情防控网络。对内是众多组织的联合，尤其强调自组织间的协同，对外这一联合体又作为大环境中的一个治理主体，在平等、自治的基础上建立合作伙伴关系，由此形成自主自治与合作共治的统一安排。

其次，通过中层动员（mesomoblization）来构建网络。浙江省慈善联合总会发起了多种多样的活动，比如物资采购、空中接力、翻译等活动，使每一个群体都有机会加强其特殊利益，而不会在一大堆人群中不知所措。简单来说，中层动员就是协调与整合其他组织的动员，共同从事一项议题的活动①。不过，需要注意的是，中层动员需要有两个条件。第一是牵头部门需要有影响力。浙江省慈善联合总会具有官方背景，形成具有高度权威性的行政化形象，加之成立时间早形成了其他慈善组织无法比拟的公信力，因此，联合总会的动员能力极强。第二是在某种社会运动领域中，存在着较为浓密的组织网络，不同的团体可以招募到不同的支持者，并且愿意汇集成共同的力量②。如果完全搭建一个全新的行动网络，就涉及磨合问题。浙江省慈善联合总会则在常态化疫情防控背景下把民间力量聚集起来，当发生重大灾害事件时，可以迅速开展联合行动，形成一个共同体。此外，省慈善联合总会与省政府、基金会等组织一起开展应急救灾、精准扶贫等联合活动。

再次，实行柔性的管理制度。9个服务小组实行组长与副组长双人制的管理制度。浙江省慈善联合总会专门派具有应急救灾经验的人担任组长，负责协调工作。同时，建立协调小组，统筹联合行动网络。成员包括每个服务小组的两个组长、省慈善联合总会副秘书长郑壹零、民政厅慈善处处长陈小德。但协调小组与服务小组之间并非上下级关系，服务小组具有很强的自主性，内部可做决策。前期沟通依赖于协调小组的统筹，后期各服务中心相对独立后，则由其自行与其他服务中心进行协调。郑壹零说：“我们只是给他建立这么一个小组，我们做立交桥的工作，就相当于是不同的道路之间搭建了一座立交桥。”

① Gerhards, J., Rucht D. *Meso-mobilization: Organizing and Framing in Two Protest Campaigns in West Germany* [J]. *American Journal of Sociology*, 1992, 98 (3): 555-596.

② 童志锋：《动员结构与自然保育运动的发展——以怒江反坝运动为例》，《开放时代》2009年第9期，第116~132页。

最后，采用“选择性激励”激发成员参与集体行动的动力。在一个集团范围内，集团收益是公共性的，即无论个体是否为之付出成本，集团中的每个成员都能共同且均等地分享它。这种集团收益的性质导致每个成员都想“搭便车”。而如果由于某个个人活动使整个集团状况有所改善，但付出成本的个人却只能获得其行动收益的一个极小的份额，那么这将极大地挫伤个体的积极性。因此，省慈善联合总会在向省政府汇报工作时，一方面将联合行动的成果作为一个总体；另一方面也会列出成员具体的贡献。

3. 案例小结

通过上面的分析可知，浙江防疫应急协作网络采用了网络式协同的管理模式。这种模式适用于网络发起者的治理能力很强，同时网络成员的合作程度很高的情况。其发起者的网络治理能力强表现在：一是慈善联合总会借助了官方背景的优势，能更好地协调民间和政府的资源，比如急需地方仓储物资时，能暂用省里的浙江医药集团的仓库，帮助境外物资快速通关清关，运往一线。二是慈善联合总会作为浙江省慈善的行业组织，具备平台性协同功能。三是慈善联合总会在应对大型公共卫生事件和协调救灾方面拥有丰富经验。网络成员的合作程度表现在：网络成员之间、成员与发起者之间具有相容性利益，成员的相互依存度高，前期积累了丰厚的社会资源。

网络式协同强调行动者平等的合作地位与治理行为的整合。从网络内部来看，成员因目标诉求达成一致、能力上形成互补而形成一个自组织之间的网络，主体结构呈现平等协作的多中心格局。在浙江防疫应急协作网络中，为了实现共同的慈善目标，民间慈善组织与政府组织、企业、公民个人等，暂时组成一个联合体，每个连接的网络节点都高度自治，目标实现之后随之解体。这种网络关系带动慈善作用的平等发挥，慈善信息的开放共享，容错能力的优化提升，实现民间慈善组织外部的整合化①。从外部来看，政府、社会与市场组织共同作为行动者被纳入治理网络中。浙江慈善联合总会通过嵌套的关系网络、平等的行动主体和整合的集体行为构建了多元治理主体间的网络，促成治理目标的达成。慈善组织通过联合行动形成合力，壮大声势，扩大单个慈善组

① 任雯：《中国民间慈善事业：萌芽、发展与复兴》，《学术探索》2021 年第 2 期，第 69～75 页。

织的能力边界，形成一种社会推动力或压力，促使政府、利益集团与之对话。

（三）科层集中模式：京鄂 IWill 志愿者联合行动网络

1. 案例背景

2020 年 1 月 22 日晚，具有近 25 年志愿者管理经验的北京博能志愿公益基金会理事长、北京惠泽人公益发展中心创始人翟雁与卓明灾害信息服务中心郝南商量组建微信群，邀请有意向参与抗击疫情行动的人入群。开始成员仅有 5 个，除了翟雁和郝南外，还包括专家学者杨团和金锦萍、互联网技术的昂达。后边许多成员自愿报名参与，成员之间互不认识。同时，翟雁向北京社会心理联合会会长张青之提出，组织志愿者对武汉提供援助服务。张青之听到翟雁的提议后立即回应，给予博能基金会授权，并携北京社会心理联合会加入。

1 月 23 日凌晨两点，在紧急疫情防控的情况下，京鄂 IWill 志愿者联合行动网络（以下简称“IWill 行动”）正式启动。微信群的成员也成为联合行动的指挥部。IWill 行动成立之初，尚未确定服务对象和服务方式。由于成员有着不同的出发点和价值偏好，他们针对 IWill 联合行动的方向产生了分歧。当时杨团联合武汉和湖北公益伙伴开展了需求调研。她发现人们缺乏对新冠病毒的认知，与日俱增的确诊病例造成社会心理恐慌。作为社会政策学者，杨团敏锐地感到武汉防控的关键在社区，社区是医院的上游，上游发洪水，下游就会被冲垮。

因此，1 月 23 日下午，IWill 成员和武汉社会组织就 IWill 行动的定位开展了紧急讨论。讨论决定不做筹款、物资捐赠、救灾信息管理等线下服务，只做志愿者服务。杨团负责服务人群和服务领域的决策，翟雁主导志愿服务及管理。翟雁对杨团说：“我们志愿者是为了回应你的需求，你定好目标，我们志愿者来做后续工作。”经过此次紧急会议后，很多发起成员陆续离开，比如专注于救灾信息管理的郝南以及一批想做物资捐赠和筹款的人也退出了行动网络。

2021 年 1 月 23 日，杨团设计了 IWill 行动网络的功能及运作模式，即建立一个线上与线下共同协作、支援社区排查病人的联合行动机制（见表 3）。杨团将该思路传达给 IWill 行动指挥部，并与武汉逸飞社工中心负责人陈兰兰取得联系。陈兰兰开始通过组建微信群的方式调查居家隔离的情况，微信群人数很快从几十人猛增到几百人，调研群演变成居家隔离指导群。

表 3　IWill 行动网络的功能

群名称/特征	定位	线上支持功能	入群社工专业资质	入群方式	社区线下支持单位	线下单位支持功能	技术支持
居民群—大群/单元内开放	村居或业主小区为单元	社区预防 健康教育 信息告知 政策宣导 心理辅导 回答疑问 检出疑似	社区社工 心理咨询员 医生助理 医助督导	社区网格群 业主群 入户扫码 电话访问	街居委办 街道民政 街道社工 社区医院 物业公司 业主委员会	组织动员 信息链接 疫情排查 人员管理 物质调配消毒 社区统筹	街居平台 网格支持
疑似微群—中群/出入动态严控	疑似或不确定人群	疑似分类 居家指导 心理抚慰 群体互助	小组社工 心理咨询师 医生助理 专业医生	大群 电话检出 居民提供	同上 市区防疫指挥部	即时沟通 精准巡回 居家隔离 动态统计	街居平台+线上管理后台
高度疑似微群—小群/严格封闭	高度疑似个案	患者转运 医学支持 家属抚慰 统计上报	个案社工 心理咨询师 专业医生	中群检出 居民提供	同上 重点医院	在地转运 社区医疗 分级诊治 到户慰问	与市防疫指挥部联网

资料来源：《社区战疫行动》，2020 年 3 月 23 日，第 4 卷。

IWill 快速组织社工师、心理咨询师和医师线上进入社区的 3 个群，即在社区建立微信大群（居民群），为疫区广泛的人群提供基础的咨询服务，上限 500 人；中群（疑似群），为疑似病例和出现一定心理问题的人员提供心理辅导，上限 100 人；小群（高度疑似群），为发病或重度疑似患者、有特殊咨询需求的人员，进行一对一的个案辅导与医疗服务转介。该建议得到了 IWill 专家组的同意，并命名为“三师联合行动”和“三群联合行动”模式。IWill 用线上“三师联合行动”的方式支持线下的社区工作者，帮助他们筛出有症状者，由线下社区工作人员将有症状者送至医院。同时社区工作人员尽可能将居民拉入微信群，形成线上线下共治的工作机制。

联合行动将疫区社区作为需求端，这些社区既包括当地政府、基层主管部门，也包括当地的社会组织及其所属的志愿者。然而，在当时线上线下共治筛查患者的机制根本无法实现。陈兰兰难以联系上社区，其中一个重要原因是缺乏政府部门的支持。

最终，IWill 定位为做线上志愿服务，依托互联网信息平台，发挥专业志愿者的优势，为疫区前线社会组织和志愿者远程提供建制化专业志愿援助。IWill 派遣来自全国的志愿者进驻微信群，开展社会心理科普、新型冠状病毒防疫知识讲座，以及开展情绪疏导和心理应激干预。

2. 案例分析

IWill 联合行动成员的合作程度和发起方的网络治理能力都较低。IWill 联合行动是由具有一定行动能力和专业背景的网民自愿组成的网民联合体。网络成员主要来源于全国各地的志愿者，开始以松散的网络形式呈现，行动主体之间具有较强的异质性，人员流动性大，志愿者可轻易退出联合行动。

> 前线需要什么？一线的东西我都很清楚，但是志愿者并不清楚，而我们的培训根本不可能让每一个人都清楚地知道管理架构、服务模式和整个的管理体系。一线的志愿者彼此之间都不认识，全部在线上，而且各自的专业不同，话语体系不同，服务的对象不明确，我们这种志愿服务运作方式没有一个人事先知道。项目管理成了巨大的挑战。（访谈记录：20211016zy）

一方面，志愿者更多的是基于“英雄主义情绪”“实现自我价值的愿望”“志愿者精神”等加入联合行动。志愿者的志愿精神和知识技能是 IWill 联合行动最宝贵的资源。尽管他们具备了各自的专业能力，但是彼此之间关系联结较为松散，资源交换能力较弱。这就导致成员之间的资源互惠程度较低。

> 京鄂抗疫头两周，IWill 遇到非常多的问题。几千名报名参战的志愿者来自全国各地，怎么协调一致各就各位，是很大的难题。尤其时间紧迫，平时几个月才能理顺的工作，都必须在短短几天内做出来。而大家彼此不认识，当各种问题倾泻而下时，网上争吵得不可开交，多人一起干仗，相互听不见在说什么，结果有人拍桌子、有人大声号，有的说不过别人，一个男性，应该岁数不小了，当场就急哭了，听到哽咽的声音，大家平静了。（访谈记录：20211016zy）

另一方面，IWill 联合行动成立之初，尚未明确其行动方向，导致进入管理群的成员有着不同的利益诉求。作为发起人的翟雁在志愿者服务领域深耕了30余载，她更希望联合行动可以将志愿服务结合起来，但是其他成员的诉求有筹款、物资捐赠、灾害信息管理、新闻传播等。这两个原因共同导致了IWill网络成员的合作程度低。行动之初，网络成员的高度异质性使得志愿者管理出现混乱，志愿者流失率很高，协调难度大。

在最早的时候志愿者也没少流失，我估计至少流失了一半，3000多名报名志愿者，其实还有1000多人没有用上。有些人都进来了，但是进来了没留住，因为他一来就乱乎乎的。我们当时处理不了这么多志愿者，一天就报名100多人，根本应接不过来。报名进群的人，待个两三天没人搭理他，他就走了。（访谈记录：20211016zy）

表4　三线志愿者的来源

专业志愿者	来源
一线志愿者	社会工作师、医师、心理咨询师、护理师、健康师、教师、社区工作者
二线志愿者	企事业单位高管、社会组织管理者、项目经理、人力资源经理、信息技术工程师、互联网运营人员、政府公职干部、高校教师和研究生、媒体传播人员
三线志愿者	高校和科研院所教授、社会学和心理学专家学者、救灾专家、有关部委领导和管理者

资料来源：杨团：《团结抗疫，2020专业志愿者的公益元年》，https://www.sohu.com/a/393956279_99912680，2020-05-09。

随着治理过程的复杂性、不确定性以及风险系数等问题的日益突出，联合行动更加要求发起者具有强大的跨界协同的能力。翟雁是IWill行动的主要牵头人，其跨界动员和跨界协同的能力较弱，具体体现在以下几方面。一是当网络成员存在不同的利益诉求时，发起者无法协调成员间冲突的利益。在这种情况下，IWill倾向于将联合行动定位在与自身专业背景相结合的服务内容。二是IWill联合行动面临资金和资源短缺的制约，无法让成员在网络中实现自身的目标。由于IWill决定不做筹款，这就导致联合行动没有充足的资金开展成员想做的项目。三是动员政府能力不足。不可否认，IWill联合行动指挥部通过北京市社会心理联合会这个社团，得到张青之的直接领导和支持。由于张青之的政府身份，IWill 联合行动指挥部相当于得到了北京市民政局的直接领导，使得整体行动的开展较为顺利，但其影响力和辐射能力仍然有限。IWill 联合行动在启动之初缺乏湖北政府部门的支持，导致其设想的“线上线下共治”模式无法实现。该模式不仅需要获得政府高层（湖北省民政厅、武汉市民政局、武汉市区防疫指挥部）的准许，还需要动员当地街道、社区居委会的参与。然而 IWill 在动员政府的力量方面并不理想，由于没有在地政府的支持和背书，IWill 联合行动只能定位为“线上志愿服务”，线下疫情排查、社区人员管理、物资调配消毒等功能均无法实现。

面对这种成员合作程度低和网络治理能力低的情况，IWill 联合行动采用“科层集中”的管理模式。首先，建立一个以社会需求为导向的服务体系。前期，翟雁主要从志愿者管理角度，开发了群规、群管、志愿者协议、数据日报等多种工具包，将杨团的思路标准化和规范化。然而，这些举措的出发点是管理志愿者，而不是回应社区需求。因此，宗思语以社会需求为导向，采用企业管理的专业思路梳理工作流程，设计了一套一、二、三线的支持体系。一线志愿者主要是由社会工作师、医师和心理咨询师这三师构成，线上志愿服务内容包括咨讯提供、社区防疫及健康教育、心理疏导、异常情况筛查、群体互助。二线志愿者负责群管理，包括志愿服务项目管理、技术支援、志愿者招募与培训、传播等，二线直接为一线服务。三线志愿者包括指挥部、顾问、专家组等，指挥部负责疫情研判和联合行动的规划，专家组和顾问给予指导意见和解决方案。

> 思雨跟我讲，你这个组织架构出来的第一步是需要考虑解决的是谁的问题，你现在更多的是解决志愿者管理的问题，但是你不能很好地回应社区问题，不能很好地回应一线。所以，我们应该考虑如何建立以社会问题、社会需求为导向的组织管理架构。我原来的管理架构更多还是从志愿者的角度来设计的，从供方的角度，而没有从需方的角度来考虑。（访谈记录：20211016zy）

其次，设计建制式的网络管理系统。管理系统由上至下设置了总指挥、副总指挥、七大工作部门。总指挥是决策机构，领导联合行动，副总指挥是执行机构。下设的七大部门分别是社区项目部、技术部、培训部、传播部、项目管

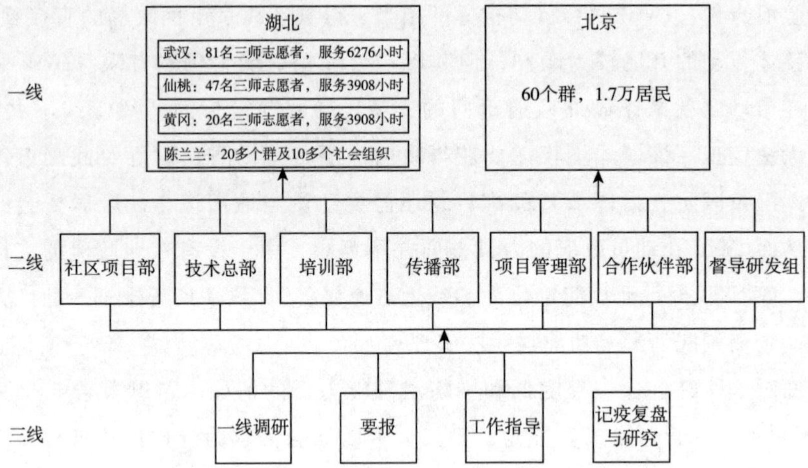

图 2　IWill 一、二、三线志愿者联合行动模式

资料来源：《社区战疫行动》，2020 年 3 月 23 日，第 4 卷。

理部、合作伙伴部和督导研发组。督导研发组是在运作过程中发现志愿者管理存在漏洞和风险才成立的。七大工作部门主要由二线志愿者组成的管理团队，约 200 人，主要职责是协助总指挥进行内部人员、资源等协调工作。七大部门又细分很多岗位，岗位之间层级关系有相应的人做协调。翟雁表示："网络之所以能做大，是因为项目已经被清晰地划分成几大模块。"每一层级的工作既有纵向联系，也有横向交叉。

再次，梳理出清晰的岗位职责。通过对整个志愿者信息和服务的需求分析，对照蜗牛图中的岗位，将岗位职责、岗位顺序（步骤）、具体每个岗位的产出以及对工作表、流程表的要求梳理清晰。该举措明晰了 IWill 联合行动的运营框架，让每一个志愿者明确自己的工作内容，各司其职，实现平台的良好运营。这种方式能够及时向总指挥反馈问题，帮助总指挥调整管理模式，聚焦项目实际需求。志愿者在上岗之前与项目组签署服务协议、保密协议。一方面明确职业者的服务方式和内容，另一方面保证对服务对象信息和项目知识产权的绝对保密。

> 岗位和职责梳理清楚。志愿者进来后，也可以清楚地知道自己需要做什么事。志愿者管理是一个技术活儿。（访谈记录：20211016zy）

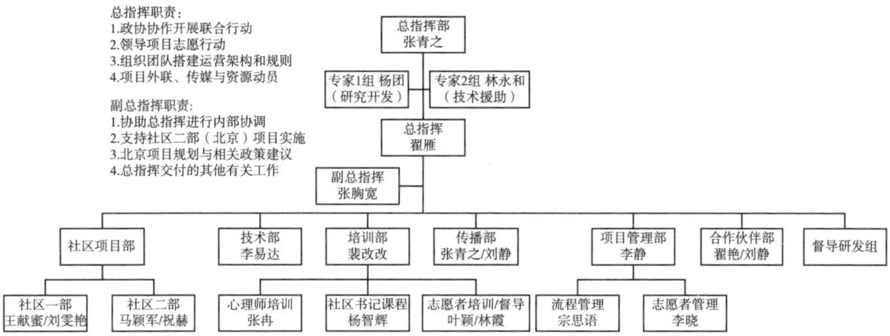

图 3 三群联合行动模式的管理流程

资料来源：《社区战疫行动》，2020 年 3 月 23 日，第 4 卷。

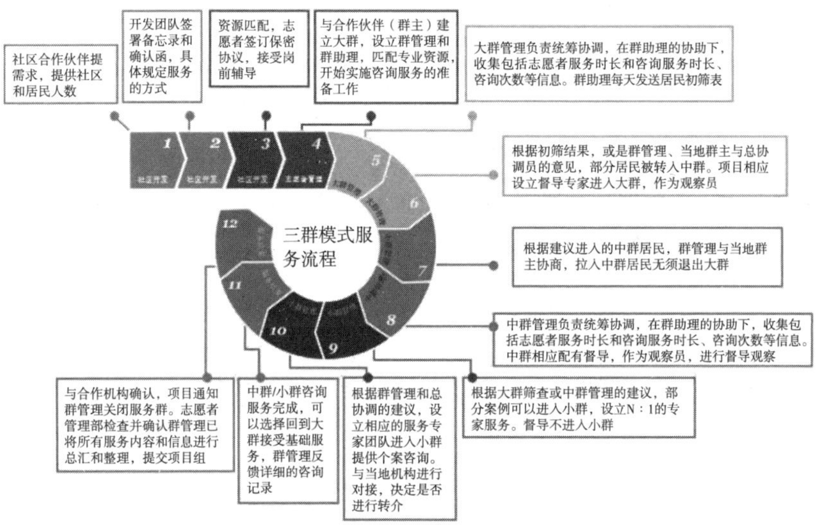

图 4 三群联合行动模式的管理流程

资料来源：中华女子学院社会工作学院：《社会力量参与重大公共卫生事件的行动策略报告》，2021。

最后，开展有力的督导工作。行动组的志愿服务实行每一小组三班倒的模式，每班次配备医师、心理咨询师、社工师各两人共六人，一天分三个班次，进行线上答疑与辅导。督导组每天都会关注项目进展情况、工作群的动态、志愿者的服务情况，并对服务工作进行复盘。

> 前线忙得要死要活的，管理后端没有数据反馈，我们就收集一线的服务数据。一个人管理好几个微信群，每个群都有记录员，记录员根据小组成员排班表统计大家的志愿时长，每天晚上记录小组汇总到群主那里，群主直接把统计表格发给志愿者管理小组。我们这块儿的志愿者管理组每天都要把所有群的信息进行一次统计。如果发现有什么问题，比如说志愿者之间有冲突的，他都要向上一级领导汇报。（访谈记录：20211016zy）

2021 年 2 月下旬到 3 月上旬，北京市民政局副局级巡视员张青之带队 20 余名党政干部加入 IWill 二线工作群，观摩学习。后来，这批干部将 IWill 的理念、做法、工具包大量用于北京市的抗疫工作。截至 4 月 17 日，IWill 抗疫全程共招募 2305 名专业志愿者，专业陪伴与咨询服务超过 24000 人次，还与 31 个中国社会团体、11 个海外华人社团建立了联系。截至 7 月 18 日，IWill 打了七场“战疫”，其模式从武汉复制到了北京、海南，甚至服务北美洲、欧洲、澳洲和亚洲十多个国家的海外侨胞和留学生。IWill 行动模式的可复制性和可推广性无疑说明了 IWill 行动的成功。

> 我们相当于智库或教练的角色，会派一个项目经理志愿者带他们运作，给他们一些可操作性的行动方案和指导，帮助他们做项目运营和管理。这套模式的可复制性很强。我们待两周的时间，他们就可以自己运作了。我们这套 IWill 的模式形成了一些小的工具包，有 7 个模块，最少要满足 3 个模块，社区志愿者、外部合作伙伴，还有宣传。指挥部一定要有一个项目经理制，这样基本上就把可运营的架构搭建出来了。当然还要保留三师。（访谈记录：20211016zy）

3. 案例小结

IWill 行动网络由一群异质性很强的志愿者组成。组织结构松散，成员之间是低限度的社会参与。紧急状态激发了人们的向心力和凝聚力。随着网络规模的扩大，彼此又缺乏合作基础，张力将大于凝聚力，仅仅依靠满腔热血的志愿者精神是远远不够的。同时，IWill 的跨界协同能力较弱，由于缺乏政府的强力支持，其发挥的功能受限。在这种情况下，采用“科层集中”的模式将一群个体组织起来，共同追求集体利益。“科层集中制”表现其生命力，以相对正式的、内部有分工、行动上形成密切配合的网络形式积极开展救灾行动。正式规则的建立实际上打破了原来组织之间松散的生态格局，取而代之的是一种等级和权力分明的科层体系。这种模式保证了它对联盟内部的决策体制形成一种刚性制约，确保了联盟关系的稳固和持久。

首先，该联合行动网络体现出纵向分层、横向分工的特点。IWill 设计了建制式的网络管理系统，将网络从上至下划分为“指挥部—管理层—服务层”的结构。从顶层到基层有一条权力线，每个层次有着不同的任务、责任和权力。整个联合行动极其依靠指挥部的首创精神和解决问题的能力。服务层依赖于管理层的指令。同时，管理层又包含不同的职能部门，每个部门又有细分的岗位。IWill 梳理出每个岗位所对应的岗位要求、职责、产出，使每个人对自身的义务有细致而明晰的认识，从而使得成员能够照章办事。不同的职能模块资源整合，让每个专业志愿者专长和能力在其中能发挥作用。这套结构使得 IWill 从松散的结构转变成相对正式的组织构架，网络成员需要遵守一定的规则。

其次，IWill 联合行动的程序化和可操作性。比如，IWill 设计了基于能力匹配的志愿者管理制度。第一，由专业的人力资源管理团队对报名的志愿者进行筛选，保证志愿者的专业质量。第二，对志愿者进行专业培训，培养志愿者的理念和行为方式、志愿态度。第三，根据志愿者的专业技能，将其分配到适合他/她的服务群，并进行排班，开展志愿者的有序管理。第四，记录志愿者的服务时长和表现。总之，IWill 依据特定制度、规则，采取一定的措施和手段，协调和引导庞大的志愿者队伍完成 IWill 联合行动的工作任务。

最后，面对跨部门网络协作能力不足时，IWill 行动在“志愿精神”的引领下，以实际需求为出发点，注重提升自身的专业能力，切实解决社会问题，以此打破民间网络与政府之间的壁垒。基于志愿精神发起的联合行动，不可避免地带有道德色彩，甚至自然而然地带上了“高尚”的标签，但仅仅靠志愿精神并不是维系联合行动成功的长久之计。因此，IWill 行动通过其专业解决问题的能力，弥补关系网络不发达的鸿沟，从而进入公共服务的提供层面，并且与政府形成一种特定的合作关系。IWill 的联合行动帮助民政局解决辖区内居民的实际困难，让政府的态度发生改变。

> 我们当时进了武汉的一个区，市民政局、区民政局、街道和居委会的人都在群里头，我们所有的服务过程他们都看到了，他们看到了居民的变化，从最开始的抱怨，逐渐变得平稳了。（访谈记录：20211016zy）

（四）伞形治理模式：壹基金联合救灾网络

1. 案例背景

新冠肺炎疫情发生后，深圳壹基金公益基金会于 2020 年 1 月 22 日启动了一级救灾应急响应机制，紧急联合行动湖北省 91 家市县的公益组织，协作开展物资的装载卸货和运输发放等工作。截至 2020 年 9 月 30 日，壹基金与湖北省内的公益组织累计在湖北省内 17 市/州、89 个县/区的 996 家医院（包括省内的妇幼保健院、乡镇卫生院以及武汉市内 60 家医院）、521 个社区发放物资 1300 余万件[①]。壹基金之所以能在湖北迅速联合大量的公益组织行动，是因为其花了 3 年多的时间致力于支持湖北社会组织联合救灾网络的发展。

2016 年暴雨侵袭湖北，全省多地灾情严重，超过 300 万人受灾。在灾情肆虐时，壹基金与在地的社会组织开展灾情评估，并为受灾群众和儿童送去紧急救援物资。当时壹基金联系上了湖北省孝感市义工联。义工联的优势在于拥有庞大的义工队伍，而劣势则是其尚未发挥出平台的作用。义工联以提供志愿服务为主，而不是扮演省级枢纽组织的角色。枢纽组织相当于社会组织支持型平台，为分散无序的社会组织提供支持和培育，帮助社会组织吸纳政府、志愿者和公众各种资源，联合众多社会组织共同承担公共项目，为社会组织提供法律、信息等各方面的支持性服务等[②]。

> 我们社会组织的行动网络早在 2016 年就建立了。那年夏天长江中下

---

① 《壹基金抗击新冠肺炎疫情行动报告》。

② 姚迈新：《“枢纽型”社会组织：目标偏离与防范》，《广东行政学院学报》2014 年第 1 期，第 5~9 页。

游发生了一次特大洪水，湖北、安徽、江西、湖南这四个省的水灾很大，我们当时去救灾就找到了武汉和孝感的社会组织，后来我们跟孝感市义工联合作。其实这一点很重要。我们第一次到湖北很需要当地人的协助，孝感市义工联有大量的志愿者带我们了解灾情，通过2016年的夏季救灾，跟当地的社会组织搭上线了，搭上线之后我们就开始做行动网络。这个行动网络就是本地的社会组织联合起来回应灾害的一种协同机制。（访谈记录：20211014sl）

壹基金当时难以找到支持型社会组织，但秉承“先干活”的理论，于2016年冬天动员湖北孝感市义工联、孝感辖区内的县区，以及周边地级市的社会组织共10多家社会组织参与到壹基金的品牌项目，并有意识建立起以湖北省孝感市义工联作为省级枢纽的救灾协作网络。为此，壹基金做了以下三件事情：一是邀请专业团队帮助湖北省孝感市义工联做战略规划、改组理事会，使其更适应于省级枢纽平台的角色。二是推动孝感市义工联联络省内更多的社会组织加入救灾协作网络。壹基金要求每个地级市至少要有一个合作伙伴，从而拓展救灾网络的版图。三是资助孝感市义工联面向社会组织开展能力建设，增加社会组织之间的黏性。四是给予这些社会组织项目支持，比如儿童类“温暖包”项目——针对受灾害影响儿童的应急生活及心理关怀需求特别设立的项目，以及救灾类项目等。品牌项目的流程涉及项目启动说明会、路演和总结会。品牌项目的支持不仅使社会组织之间变得更加熟悉，还可以提升社会组织的管理能力和协作能力。经过两年的陪伴，2018年，壹基金联合救灾网络项目正式成立了。

当时，我们联系了许多社会组织，询问其是否对救灾项目感兴趣，是否愿意形成共享信息的救灾协同网络。（访谈记录：20211014sl）

可见，壹基金在湖北已形成了救灾网络，为此次疫情防控提供了极大的便利。湖北省孝感市义工联作为壹基金在湖北省内落地协助的枢纽机构，联合了17个地市州的91家公益伙伴共同行动，抗击疫情。在物资的采购与分配方面，通过遍布湖北省内的公益组织，开展需求调研，根据需求决定援助策略。这些公益机构就像是处在湖北省的毛细血管，随时感知需求的变化，发挥属地化救援的特质，把物资运送到更深入的腹地。壹基金每日采购物资运输至孝感仓库，孝感市义工联根据各地市的疫情及需求来分配，协调湖北省公益伙伴安排车辆把物资转运回去，再按计划发放到各个县市的医疗单位和一线部门。

> 在疫情发生的时候，实际上这个网络通过做品牌项目已经形成合力，有一些基本的信任共识。比如，项目费用报销、签收单的标准格式、怎么根据花名册发放捐赠物资，这些都是通过之前的品牌项目合作形成了协作机制。（访谈记录：20211014sl）

2. 案例分析

在紧急疫情防控过程中，壹基金联合救灾网络并非由散乱的社会组织自发形成的，而是在现有救灾网络的基础上发挥抗疫功能。该网络呈现出“网络治理能力高”“相互依存度低”的特点。

壹基金的网络治理能力较强，具体体现在以下几方面。

一是壹基金投入大量的资源到省、市、县各个层面搭建社会组织联合救灾网络，支持当地支援一线行动组织应急能力提升。2016 年长江流域洪涝灾害救援后，壹基金用了 3 年多时间，投入各类资金和项目支持湖北联合救灾公益网络项目发展，帮助当地公益组织提升应急救援和减灾能力。得益于 90 余家湖北省社会组织的协助，壹基金在抗疫救援行动期间，才能快速高效发放数量庞大且种类繁多的抗疫物资到 996 家医院和 521 个社区。

> 为了保证网络的活力，我们会做网络治理的工作，比如制定开会规则、决策规则，推着社会组织承接项目，让他们能够有一定的经费养人，这样才能够活下来。通过这种议题联盟形成的信息共享的机制，促进他们在业务上做得更加专业。（访谈记录：20211014sl）

二是壹基金内部有完备的应急响应机制。灾害救助是壹基金的核心业务领域。疫情发生后，壹基金秘书处第一时间启动救灾应急响应。根据对疫情影响的评估，秘书处即刻启动壹基金Ⅰ级救灾应急响应机制，由秘书长担任总指挥组建跨部门应急工作团队，全机构 10 个部门 58 名员工共同参与到抗疫行动中。这些项目对于社会组织具有一定的号召力。

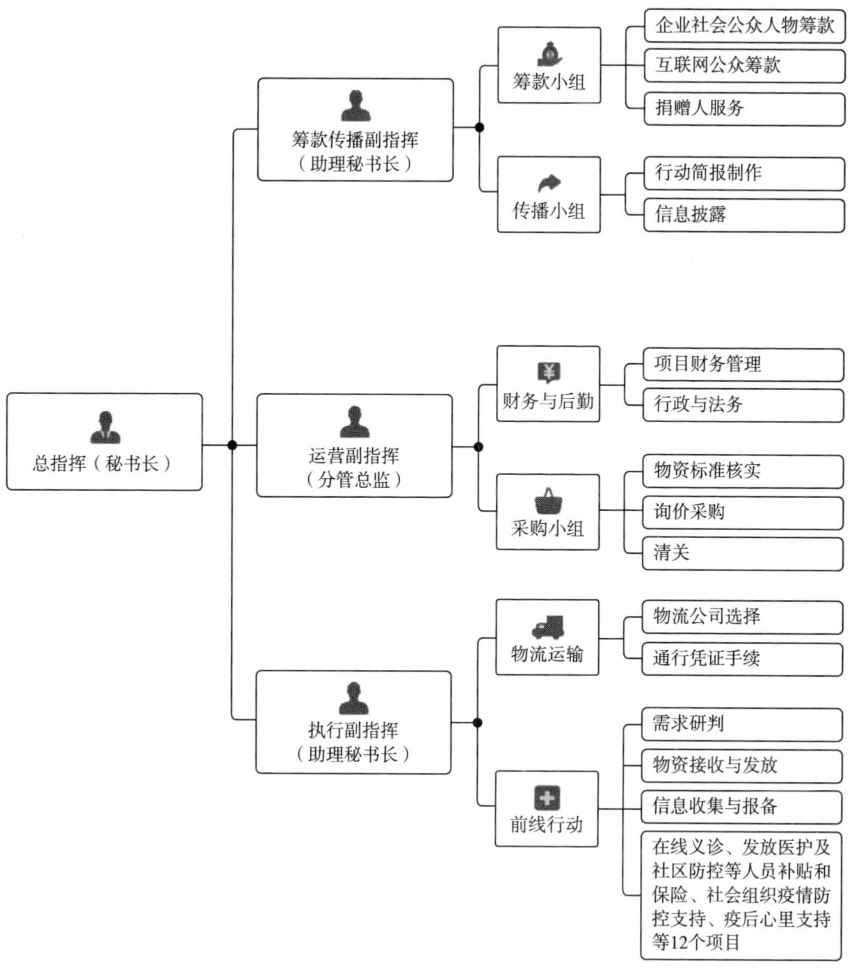

图 5　壹基金应急指挥架构

资料来源：内部资料《壹基金抗击新冠肺炎疫情行动报告》。

不发灾，没人干救灾，一发灾，人人都懂救灾，所有社会组织都在救灾，但是往往会很乱。救灾需要预案做得好，准备要充足。不发灾的时候，我们就去摸底这些社会组织，看哪些是有意愿、有执行力、有热心的社会组织，把这些社会组织摸底出来，让他们形成这种协作机制，而且大家聚集到线下开会，做推演、预案设计。我们假设一个灾害场景，相互之间应该怎么协作、怎么通报灾情。一旦发灾的时候，这个协作就很清楚了。(访谈记录：20211014sl)

三是资源筹集能力很强。疫情初期，许多公益组织面临的难点是防疫物资、医疗设备的筹集或采购。疫情防控物资供求矛盾突出、物资真伪难判断、物资标准参差不齐，需要花大量的时间、人员和精力去寻找供货渠道。尽管壹基金内部有灾害响应机制，设有专门救灾物资的采购部门，但面临严峻的采购情况，壹基金又重新组建采购小组，在短时间内完成收集物资品类的执行标准，确保采购的物资符合标准以及物资来源的可靠性。同时，迅速扩展采购渠道，联系国内200余家供应商渠道，并通过广州卓志跨境电商、普洛斯中国联系海外资源，开展海外采购工作。此外，湖北联合救灾公益网络还对接了数十家基金会和企业的捐赠物资，有效发挥了属地救援的力量，体现了壹基金支持区域社会组织联合救灾机制建设的必要性和重要性。

当时壹基金的一些好朋友、理事介绍了一些购买渠道，包括认识那些医疗设备的厂商、跨境电商在海外协助我们做采购，等等。很多机构没有采购机制和采购流程，当你遇到事情了，每一件事情你都需要单独开会决策，那你的决策成本就很高。(访谈记录：20211014sl)

壹基金的网络成员的合作程度较低，具体体现在一线的社会组织是被扶持的对象。壹基金联合救灾网络是一个以某个支持性机构为核心，形成对一线社会组织的资源支持。该网络中90%的社会组织是义工联或者是志愿者协会。这些组织基本上没有实质性的业务或项目，平时以提供志愿服务为主。壹基金的秘书长沙磊表示："我们在支持他们之前，他们连项目都没有，机构账户几乎没钱。"壹基金通过议题联盟引导他们关注灾害救助、儿童救助等议题，并给予项目支持，提升这些组织的项目运作能力。由此可见，壹基金拥有资源的分配和使用权。因此，一线组织对于壹基金有高度的资源依赖性。当一个组织的依赖性大于另外一个组织时，权力就变得不平等。

> 我们投放的资源足够大，他们（社会组织）愿意参与。我们的资源投放增加了网络的黏性。实际上，小伙伴很认可这些枢纽机构和壹基金，他对基金的认可实际上来源于我们给他的资源投放。资源投放量足够大，重大项目足够多，像我们平均在每个省每年投入大概超过1000万元，包括救灾和其他公益项目，这个就能够拴住小伙伴，因为他要衡量一下，他如果不跟我合作的话，他就失去了这些资源。”（访谈记录：20211014sl）

正如赵小平和王乐实所说，在联盟成立前，草根组织至少还可以放弃资助方的交往，但是联盟成立后，它们却不敢轻易拒绝核心组织的合理或不合理要求，因为一旦这样，它们非但得不到资源，反而可能因为得罪了权威而被“驱逐”[①]。

当成员合作程度较低和发起方治理能力强时，更适合采用“伞形治理”的管理模式。伞形结构的网络是以一个组织作为核心与节点，支撑起其他更为基层的组织。在壹基金的救灾网络中，最上面的是壹基金，其次是省级枢纽组织，最下面是一线的社会组织。其具体的运作机制如下。

首先，壹基金联合救灾网络呈现出“核心—放射型”的组织结构。壹基金是整个网络的核心部分，内部设有专职人员来综合协调整个网络。壹基金会负责筹款和筹集物资，在救灾网络的行动方向上具有较大的决定权，而一线社会组织负责需求调研和物资发放。

> 当时邀请这些社会组织进来，实际上大家还是懵的，还不知道怎么干。大家在YY语音室里面一起开会说，现在什么情况？未来缺什么物资？已经买到什么物资？物资怎么分配？怎么按捐赠人意愿捐赠物资？比如，口罩可能来自10个捐赠人，要分配到8个地方，为了让捐赠有好的反馈，我们需要提前布置，提前做匹配，我们匹配完了，就告诉前线的小伙伴，送到指定地点并拍照。（访谈记录：20211014sl）

① 赵小平、王乐实：《NGO的生态关系研究——以自我提升型价值观为视角》，《社会学研究》2013年第1期，第1~20页。

其次，壹基金通过自组织的方式管理庞大的社会组织网络。孝感市义工联是壹基金在湖北省的在地协调机构。在紧急情况下，仅靠孝感市义工联的力量，难以管理和协调91家一线社会组织。行动之初，壹基金联合救灾网络就出现了集体行动的困境。经济学家唐斯指出了集体行动困境的实质是个人理性与社会理性之间的冲突。壹基金希望将物资直接送到一线医护人员的手里，而不是交由政府的救灾指挥部统筹安排，否则壹基金将难以跟踪物资的最终去向。然而，许多社会组织声称他们直接将物资转交给救灾指挥部。经壹基金调研后发现，一线社会组织认为目前防护物资和医疗设备极度紧缺，当争取到了物资，他们更愿意发放给与他们关系交好的机构，或者是他们机构的理事单位。正如奥尔森所说，理性的个人行为一般不会导致理性的集体结果[①]。为了克服该情况，壹基金临时决定以地级市为单位形成四个区域联盟（自组织），分别为咸宁、宜昌、恩施、荆门。同时，壹基金制定了物资的发放和反馈规则。每个自组织需要根据规则，调研一线的实际情况，确定物资的接收人（一线的站岗民警、市区级医院，或是具体的乡镇卫生院等），再向壹基金上报灾情和需求。壹基金根据调研结果，再给一线社会组织发放物资，同时也会监督其物资的发放情况。壹基金秘书长提道："虽然这些社会组织存在所谓的江湖气，特别是义工联，但是我们尽量做到按照规矩规则办事情。"

> 一开始是由我们给一线公益组织下派任务，但是这种方式开始出乱子，就是他们不按指定去向发放物资，我们一两天发现有这个情况，赶紧又制定规则。我们要求每家组织在发放物资之前，去做一线调研，机构是缺口罩还是缺呼吸机、制氧机，这些物资的要求和标准是什么。你们把调研结果反馈给我，我再给你发物资。我的东西不能先给你，否则你们就随便发了。（访谈记录：20211014sl）

再次，尽管壹基金是伞形联盟下的强大成员，但是仍旧希望成员能够各自发挥主导作用，而不会对成员运作进行过多干涉。一方面，一线社会组织要接

① 〔美〕曼瑟尔·奥尔森：《集体行动的逻辑》，陈郁、郭宇峰、李崇新译，格致出版社，2019。

受壹基金的指导，体现在壹基金会根据捐赠人要求确定受益人的类型；另一方面，四个自组织拥有自主权，体现在他们内部决定物资受益人和分配额度上。伞状结构下的社会组织可以保持彼此的独立和自治，但社会组织之间会通过建立规则并在发起方的指导下运作，从而建立信息和资源分享的合作关系。壹基金会在必要时给予成员支持，大多时候像一把伞一样保护旗下成员，并起到一个促进沟通和交流的作用。

> 我们并不是说一定要捐给A医院或者B医院，而是把这个空间留给一线的社会组织。他们通过调研，实际上整个受益人的决策是一线的小伙伴在前面做，他是有自主性的，而不是一个被动的快递员的角色。因此，他们在中间拥有参与感。（访谈记录：20211014sl）

最后，壹基金通过“选择性激励”维系网络的稳定。一线社会组织之间存在一定的竞争关系。对于那些需求调研和物资发放做得很细致的自组织，壹基金会倾向于投入更多的资源，同时也会帮那些执行力强的社会组织链接更多的资源。比如，壹基金会推荐优质的一线社会组织申请南都公益基金会的小额资助项目，尽可能帮助这些社会组织链接更多的资源，实现供需双方有效对接。

> 地级市A和地级市B都需要先交需求表，壹基金根据需求表分配物资。不同自组织的调研工作和执行工作做的效果有所差异。有些自组织的工作做得很细致，跟人家的需求沟通很清楚，因此去发放物资时进行拍照记录，发放的物资也很精准。但是，还有一些调研做得比较马虎，因此发放过程，联系不上受益人，也搞不清楚状况。我们从反馈材料的质量和频次上，就可以看出差异来，那如果他做得好，可能下次给他们分配多一点的物资，如果做得不好，下次就分配少一些，通过这种机制形成一种良性竞争。（访谈记录：20211014sl）

3. 案例小结

壹基金常年参与重大和中小型灾害救援，在参与应急救灾及支持当地社会组织协同救灾方面积累了丰富的资源和经验。面对灾害应急救援的突发性、碎片化、多元性、变化性等特点，社会应急力量面临更多的困难与挑战，如何让救援更有序和有效，将分散的应急救援志愿者组织化，参与救灾应急的社会组织联合化，壹基金联合救灾网络采取了“伞形治理”的管理模式。第一，该网络呈现出“核心—放射”的伞状结构。壹基金有专职人员管理网络。指挥部门设置在壹基金内部，包括筹款、传播、财务与后勤、采购、物流运输、前线行动。整个联合行动的决策权也由壹基金决定。而一线的社会组织负责属地救援，包括需求调研和物资发放。第二，成员由于自身的实力以及各自资源的需要，在联合行动的事务上追随发起方，发起方也对其成员构成了一种保护。壹基金将原来一线社会组织联合起来，使得原本弱小的单个组织通过独特的联合机制而能够提升其专业能力和管理能力。第三，“科层集中”和“伞形治理”既有相似之处，也有不同之处。相似之处在于行动网络都是自上而下的结构，决策权在发起方。此外，两种模式都通过设置规则，促使成员有条不紊地按规办事。不同之处在于，前者更加以短期的任务为导向，而后者则以“支持伙伴成长”为导向，注重网络成员的自治能力，激发网络的内生动力，使得联盟能可持续运作。

五　疫情防控中慈善组织网络的特性与共性

社会多元主体“漂浮”在应急管理的大系统之中，当突发事件发生之时，这些“漂浮”的多元主体基于自发自愿，会“浸入”政府传统的应急管理体系之中或围绕在其周围，但在未发生突发事件之时或突发事件处置完成之后，这些多元主体又杂乱地漂浮在应急管理大系统之中①。这体现了应急管理系统中社会参与的自组织样态。在此次新冠肺炎疫情紧急救援中涌现了一批由慈善组织发起的联合行动。然而，由于网络的治理能力和成员合作程度的差异，慈善组织联合行动产生不同类型的网络管理模式，包括去中心合作模式、网络式协同模式、科层集中模式和伞形治理模式。本章将阐释这些模式存在的特性和

① 李琦：《自组织视阈下应急管理的社会参与》，《理论月刊》2016 年第 8 期，第 130~134 页。

共性。

（一）疫情防控中慈善组织网络的特性

1. 网络式协同模式

该模式实现了行政系统和社会系统互相支持和配合，是最为理想的慈善组织网络治理模式，但其前提条件是网络成员的治理能力强、成员合作程度高。浙江防疫应急协作网络并非建立在单一主体主导的治理模式，而是依赖于政府科层、企业市场和社会网络三种治理模式的混合协同，从而驱动公共价值的共同生产。浙江省慈善联合总会采取“网络式协同”的方式运作慈善组织网络，在不改变各部门属性和特征的条件下，在社会组织之间、社会组织与政府部门之间、社会组织与企业之间架起正式的桥梁和支持性社会网络。一方面，浙江省慈善联合总会借助官方背景的优势，动员行政系统内的组织调动资源，提供基本规则，拥有具有相对垄断性质的信息资源。另一方面，将社会组织联合起来改变了散兵游勇的行动状态，增强了社会组织的“专有能力”和提升了社会组织的话语权，避免被政府或企业俘获或操纵，实现了多方治理主体的合作协作。

但值得一提的是，社会力量与政府之间并不会一蹴而就地迅速建立相互对等的合作模式。政府的主导性也不可能在一夜之间就按照民间公益组织的思路或是志愿者团队的思路而发生彻底的改变。从长期来看，部门之间的协同合作往往需要相互之间进行资源交换，从而形成协同合作的良好激励。特别是在政治权威推动不到位的情况下，只有能够实现双赢或多赢的资源交换，才能形成相互依赖和相互支持的协同合作关系。

2. 去中心合作模式

相比网络式协同模式，该模式的网络治理能力较弱，不存在占据“中心位置”的组织或个人。每个成员拥有的关键性资源类似于自行车车轮的轴心一样，利用杠杆原理，带动整个联盟资源链条的运转。同时，由于成员之间拥有深厚的信任感，他们在联合行动的应急响应、行动目标确立和任务执行等方面更容易达成共识。在彼此间信任度高、目标一致性强的网络环境中，联合行动更适宜基于平等对话和信任关系采用“去中心化合作”的模式。行动网络不存在绝对权威的控制中心，试图控制或者掌握联合行动的发展方向。每个小组定位明确，拥有较大的自主权，彼此之间联合起来形成横向网络。但是，该联合行动的完成需要生产链上各个环节的相互配合，因此各小组的自主性弱于网络式协同模式，该网络仍然需要有一个决策小组负责协调工作。总之，在“去中心化合作”的模式下，慈善组织网络的各小组之间既保持相互独立，又相互依存，从而发挥聚合效应，使整个价值生产链高效运转。

3. 科层集中模式

科层集中管理实现了类组织管理和内部控制，提高了联合行动的效率。科层集中制在异质性极强、组织结构松散、结构嵌入性低的网络中也体现出生命力。该模式以相对正式的、内部有分工、行动上形成密切配合的网络形式积极开展救灾行动。正式规则的建立实际上是打破了原来组织之间松散的生态格局，取而代之的是一种等级和权力分明的科层体系。这种模式保证了它对联盟内部的决策体制形成一种刚性制约，确保了联盟关系的稳固和持久。此外，紧急时刻政府最信任的是正式行政系统，以及授权给红十字会、慈善会等具有政府背景的慈善组织。非正式的社会系统可以自发协同正式的行政系统，前提条件是中央有明确的指示精神和行政授权。在结构嵌入性低的情况下，他们往往通过提升自身的“专有能力”，发挥积极主动的协同。

4. 伞形治理模式

网络发起者所处的位置以及拥有的资源使其处于核心位置，为了增加网络成员的黏性，发起者采用资源辐射的方式，将该网络打造成“核心—放射”的伞状结构。与“科层集中”不同，“伞形治理”以“支持伙伴成长”为导向，注重网络成员的自治能力，激发网络的内生动力，使得联盟能可持续运作。科层集中模式在短期的任务中能发挥较大的效用，但不利于网络的长期发展。伞形治理则是一种更为持久的治理结构。因某个社会议题而发起的联合行动或社会运动，表现出鲜明的临时性和短暂性。而中国慈善组织的发展和多元主体协同治理的格局的形成，需要的是更为稳定和长期运行的慈善组织联盟。

（二）疫情防控中慈善组织网络的共性

1. 信息技术

在此次应急救援行动中，新冠肺炎的高传染性使得组织难以开展线下合作。信息技术的进步、互联网的普及使得慈善组织之间可以方便快捷地分享信息和资源，这为慈善组织的联合行动创造了湿润的土壤。首先，当发生公共突发事件时，大量的慈善组织之间相互关注，建立链接，产生集体行动。我们调研的四个慈善组织联合网络皆通过线上倡导而形成，彼此关注共同议题，比如，银杏伙伴发起的制氧机项目，IWill 开展的线上咨询服务等。其次，信息技术促进慈善组织联合行动中各主体利用微信或腾讯会议等互联网技术实现线上线下的有效沟通和参与。慈善组织网络借助微信群形成决策小组、协调小组，以及不同工作目标的执行组，并且不同工作群组之间实现线上合作。最后，置于公共危机的特定场景，任务的时效性和复杂性会导致跨部门之间的合作变得异常困难，互联网技术的应用有利于第三部门扩充慈善资源，扩大服务覆盖面，消除家长制作风和提升服务专业性，在一定程度上消解了志愿失灵①。

2. 清晰的行动方向

清晰的行动方向是慈善组织网络的资产之一。行动方向可以理解为“核心化的合作”，既是指能够与当地政府及社区之间建立紧密联系的具体合作项目或服务，同时也是指一个有着自己清晰目标和管理功能的核心化团队②。首先，行动方向的模糊性和不确定性，将导致网络成员无法有效分工，难以落实和细化完成目标所要做的具体流程。我们发现，在慈善组织网络成立之初，网络成员容易手足无措，不知如何应对这场突发的新冠肺炎疫情。比如，IWill 联合行动开始招募了大量志愿者，但他们刚进入网络并不清楚自己的行动方向，导致志愿者流失率很高。其次，在面临突发公共危机时，清晰的行动方向代表了联合行动对优先价值次序的判断。他们根据自身网络的情况，选择专注于特定的问题，以此赢得效率。再次，它表达出了慈善组织联合行动的价值和意义，不仅保证了合作各方朝着同一个方向努力，还能提升网络成员的归属感。最后，它是慈善组织网络持续运作的重要基础。民间公益组织热衷于搭建服务平台，但是如果平台本身缺乏核心化的合作，单纯强调平台的搭建显得有

① 李健、荣幸：《互联网何以消解志愿失灵？——基于第三部门抗击疫情的行动分析》，《河海大学学报》（哲学社会科学版）2021 年第 2 期，第 88~95 页。

② 朱健刚、羡晓曼：《冀南乡村的物物交换——地方经济的人类学研究》，《中国农业大学学报》（社会科学版）2009 年第 2 期，第 81~91 页。

些过于宽泛[①]。

3. 志愿精神

利他的志愿精神是慈善组织联合行动得以成功的重要因素。滕尼斯提出了两种人类意志：一种是本质意志，另一种是选择意志。本质意志主要基于情感动机，指的是人们在传统的和自然的感情纽带基础上的一致性和相互融洽。选择意志则主要基于思想动机，指的是人们那种尽量排除感情因素的纯理智思维、个人的目的性打算及人与人之间利益关系的考虑[②]。很多加入慈善联合行动的成员并不是基于"选择意志"上的利益计算，更多的是基于情感动机的志愿精神。突如其来的疫情激发了人们命运与共、临危互助的共同体意识。他们以解决社会问题为导向，体现出结社自由的精神，在没有激励的情况下自愿投入联合行动。

面对集体行动逻辑的困境，奥尔森教授设计出了一种动力机制——"有选择性的激励"（selective incentives）。这种激励之所以是有选择性的，是因为它要求对集团的每一个成员区别对待，"赏罚分明"。具体是：对于那些为集团利益的增加做出贡献的个人，除了使他能获得正常的集体利益一个份额之外，再给他一份额外的收益，如额外的奖金、红利或荣誉等；而惩罚就是指定出一套使个人行为应该与集体利益相一致的规章制度，一旦某个成员违背，就对之进行罚款、通报批评或开除乃至法办等。但事实上，我们发现，在紧急疫情防控的过程中，慈善组织网络的成员并非因为有选择的激励加入或退出网络，他们更多的是受志愿精神的驱使。

> IWill 的组织形式是非正式的，是专业志愿者的社区集群。平时在各自职业岗位上，战时，招之即来、来之能战、战之能胜。它灵活、高效、捧着一颗心来不带半根草去。（访谈记录：20211016zy）
>
> 孝感市义工联合会会长周文说："从 2020 年 1 月 21 日就开始参与这次抗疫行动，亲身感受到了当时湖北省疫情的严重性。连日来，体力劳累

① 朱健刚、姜晓曼：《冀南乡村的物物交换——地方经济的人类学研究》，《中国农业大学学报》（社会科学版）2009 年第 2 期，第 81~91 页。

② 〔德〕斐迪南·滕尼斯：《共同体与社会》，张巍卓译，商务印书馆，2020。

加上精神压力，每个人时刻处于紧绷状态。但大家还是义无反顾去做这么一件有意义的事情。志愿者都是很感性的人，发现有需要，只要条件允许他都愿意去做。仓库有这么大的物资周转量，像84消毒液、酒精都一桶一桶，几十公斤装，不管男女老少都毫无怨言地去做。他们会担心自己的安全，会情绪崩溃，不过大家一直都在坚持。①”

我在那段时间里，一个多月的时间里基本上没有离开过手机，睡得也很少，后来就是眼睛看东西经常重影。他们（其他成员）的（身体）消耗更大。有些志愿者极度消耗了身体，有那种透支感。但是过程中，我们不需要任何激励，完全自愿的投入。（访谈记录：20211020lh）

4. 非组织化的组织行动

志愿者在推动各联合行动的工作方面发挥了巨大作用。慈善组织联合行动的成员往往以个人名义加入联合行动，但同时又会借助个人背后组织的力量。IWill网络的杨团认为，个体的联结是IWill联合行动最大的创新。一方面，在政府未明确授权的情况下，志愿者身份这一积极的象征性意涵，以志愿者为主体的合作平台使联合行动避免了“组织联合”可能带来的政治上的敏感性②。该情况在IWill网络中得到了很好的体现。另一方面，相比登记注册的社会组织，志愿者的身份更为灵活，决策、协调、执行更为迅速。

志愿者可以做成，社会组织未必能做成，因为当时马上就大年三十了，任何组织化的行为在当时都是失灵的。放假了，你要找到组织领导人报批都不能实现，这个体系停了，所以只能用个人的方式来参与。我做的时候是一个非组织化的有组织的行动。（访谈记录：20211016zy）

借助个人背后组织的力量。以“武汉银杏在行动”为例，该网络得益于银杏伙伴崔澜馨的信任和支持，在春苗基金会设立武汉银杏专项基金。春苗基金会协助“武汉银杏在行动”动员社会资源、募集善款、签订采购协议以及

① 《壹基金抗击新冠肺炎疫情行动报告》。

② 朱健刚、赖伟军：《“不完全合作”：NGO联合行动策略——以“5·12”汶川地震NGO联合救灾为例》，《社会》2014年第4期，第187~209页。

将物资及时送达需求医院和单位，帮助银杏伙伴依法依规地做好抗击疫情的项目。此外，春苗基金会基于与银杏伙伴间的信任，采用紧急备用金制度，即先筹集了一笔紧急备用金，支持该项目快速推进到采购环节。“武汉银杏在行动”部分最早批次的制氧机的资金正是来自春苗的这笔紧急备用金。等项目筹到款之后，“武汉银杏在行动”再将相应数额的资金“退回”给春苗基金会。该方式极大地提升了抗疫项目的效率。

> 联合行动开始是个人之间的联合行动，他们都是一个组织的领导人，所以从某种角度上来说，他们也动员同事加入，利用了组织的优势。基金会的组织优势就是它能够提供一个相当完备的筹款平台。从筹款发布、开票据、拨款、审计到公示都很完备。我们通过银杏伙伴崔澜馨，设立了武汉银杏专项基金。她用了组织的力量，所以可以理解为本来是个人的联合行动，后来因情况紧急和规模的扩大，各自又把各自组织的力量发挥出来，然后联合在一起。(访谈记录：20211020lh)

5. 社会资本的积累

慈善组织网络并不是建立在组织与组织之间的直接整合之上，因突发危机而诞生出的全新事物，是建立在原有的信任关系基础上，透过联合行动逐步将信任的效果放大。翟雁在志愿者领域深耕 30 多年，具备了一定的经验和人脉，使其在提出志愿服务倡议时，能迅速招募到大量的志愿者。比如，壹基金能在短时间内动员 91 家湖北社会组织参与需求调研和物资发放，得益于前期投入资源支持湖北社会组织联合救灾网络的搭建。“武汉银杏在行动”更是如此，银杏伙伴之间基于信任的情感交互，使参与主体容易对行动方向达成共识，并快速凝聚在一起开展行动。正如银杏公益基金会的林红所说：慈善组织的联合行动来源于社会资本的变现。但需要注意的是，救灾结束后还需继续注重培育社会资本。

> 我们平时做这种志愿活动，其实都是在培育社会资本。社会资本有三个要素，信任、网络和互惠。这三样东西是通过我们平时各种各样的活动，以及依靠人际关系慢慢攒的。在灾害应援的过程中，就把它突然变现

了。为什么那么多人愿意捐款，愿意干活？这是社会资本变现了。救灾结束后，还需要把这个再补上。这个土你挖了，就不可能不管了，还得想办法利用这个机会让这个土更肥沃，那你才有下一次的联合行动。（访谈记录：20211020lh）

6. 客观条件

在新冠肺炎疫情防控中，慈善组织联合行动之所以成功还缘于客观条件的支持。新冠肺炎疫情于春节放假期间突袭而至，举国上下关注疫情动态。正如贝克在《风险社会》中所指出的那样，风险社会触发的共同焦虑激发人们产生“集体生存意识”，“焦虑型团结”逐渐形成并构成了一般政治力量①。春节后停工停学，人们无事可做，因此想做些有意义的事情。正如 IWill 的发起者翟雁所说：“如果没有这些客观条件，联合行动可能也难以成功。这些偶发因素使得大量的志愿者能够投入足够的时间，用他们的专业技术和知识服务社区居民。”

六　结论

中国慈善组织联盟始于 1995 年民间环保组织联合发起的滇金丝猴和藏羚羊保护行动，其后，2003 年民间环保组织发起的“怒江水电争鸣”和 2005 年的“26 度空调”联合行动标志着中国社会组织联盟的正式发端②。2008 年，汶川地震激发了中国社会前所未有的大量的慈善捐赠、志愿服务和网络化行动，相应的慈善组织联合行动在中国出现了大规模集体亮相。自此，中国结社出现分水岭，慈善组织孤军作战的时代已成过往，抱团取暖的趋势越发明显。经过 20 余载的发展，慈善组织突破自身的边界，以结成战略联盟的方式形成富有活力的突发公共危机网络，以过去根本不可能的速度、成本和水平跨越各

① 〔德〕乌尔里希·贝克：《风险社会：新的现代性之路》，张文杰、何博闻译，译林出版社，2018。

② 陆奇斌、张强：《社会组织稳态联盟的形成机制研究》，《中国行政管理》2016 年第 12 期，第 36~42 页。

种公共和私人组织进行信息收集、分析、转换和行动。

政府虽然已经开始更深更广地依赖于庞大而复杂的慈善组织的联合体，但它还没有找出能够妥善管理这些慈善组织网络的方式方法。本研究对如何在突发危机中管理慈善组织联合行动进行了丰富翔实的描述和经验介绍，分析了四种模式的慈善组织网络，分别是去中心合作模式、网络式协同模式、科层集中模式和伞形治理模式。前两者的网络结构趋于扁平化，网络成员拥有较强的自主性；而后两者的网络结构则趋于层级化，网络发起者拥有决策权，实现自上而下的内部控制，以提升联合行动的效率。无论是何种形式的慈善组织联合行动，他们之所以能产生有效的集体行动在于：一是信息技术帮助慈善组织网络实现线上线下的有效沟通与参与；二是清晰的行动方向促使慈善组织联合行动能有效分工，专注于特定问题，提升成员对网络的归属感；三是基于“本质意志”的志愿精神激发大量慈善组织和志愿者自愿参与到抗疫联合行动当中；四是非组织化的组织行为一方面弱化了联合行动的政治风险，促使联合行动快速决策，另一方面又借助个人背后的组织力量，夯实了联合行动的资源网络；五是前期的信任、网络和互惠减少了慈善组织网络构建的交易成本，使之得以运作更为顺利；六是突发新冠肺炎疫情激发人们的“集体生存意识”，以及停工停学保证人们有足够的时间和精力投入慈善活动等客观条件，同样是慈善组织联合行动得以成功的不容忽视的因素。

第三章　社会组织参与应急管理的机制研究

刘冰　郭成 等*

一　基本概念和研究背景

（一）基本概念

1. 社会组织

社会组织的内涵极为丰富，一般而言可以指称“非政府组织”（Non-Governmental Organization，NGO）、“非营利组织”（Non-Profit Organization，NPO）、“社会团体”（Social Group）、“民间志愿组织”（Private Voluntary Organization，PVO）等多种多样分类标准下的组织。联合国公共信息部（Department of Public Information）认为“非政府组织”（NGO）是“为支持实现公共利益而在地方、国家或国际层次建立的自愿的非营利公民团体”，其资金来源主要包括政府资助、企业（或个人）捐赠或服务收费。这一定义体现了社会组织具有的非营利性、非政府性、志愿性、民间性、公益性、自律性等特征。一般而言，社会组织具有特定的组织目标、一定数量的固定成员、制度化的组织结构和普遍化的行动规范。

我国将社会组织分为三类，即社会团体、基金会与民办非企业单位，也是

---

* 课题负责人：刘冰，北京师范大学社会学院教授；课题组成员：郭成、简燕平、吴奕明、赵灵毓、吴丹红、林晶。

本课题的主要研究对象。其中，社会团体是由自然人、法人和其他组织作为会员自愿组成、为实现会员共同意愿并按章程开展活动的社会组织，强调基于一定公共目的的社会关系的联结，包括行业协会商会、学术性社团、专业性社团和联合性社团。基金会是利用自然人、法人或其他组织捐赠的财产从事公益事业的社会组织，包括公募基金会和非公募基金会。民办非企业单位是由企事业单位、社会团体和其他社会力量或公民个人利用非国有资产设立的，由受过专门训练的社会服务人员和志愿者组成，为特定的有需要的服务对象提供专业服务的社会组织，分为教育、卫生、科技、文化、劳动、民政、体育、中介服务和法律服务等十大类。截至 2020 年底，我国社会组织登记总数为 89.4 万个，其中，社会团体 37.5 万个，民办非企业单位 51.1 万个，基金会 8432 个①。此外，随着社会组织的快速发展，社会中介组织以及城乡社区社会组织也被纳入"社会组织"的范畴②。

社会组织已经成为我国社会主义现代化建设的重要力量。三类社会组织的地位和角色有所不同。基金会处于慈善公益行业的上游位置。我国基金会虽然数量不多，仅占社会组织总数的 9.4‰，却通过自身运作和资助方式发挥重要作用。社会团体和民办非企业单位是我国慈善公益行业重要的组织类别，直接向服务对象提供面对面的专业化服务，具有较强的专业性。2008 年汶川地震之后，三类社会组织都积极参与应急管理，对国家应急体系形成有益补充，成为应急管理领域不容忽视的重要力量。

2. 突发事件和应急管理

突发公共事件，一般指突然发生，对全国或部分地区的国家安全和法律制度、社会安全和公共秩序、公民的生命和财产安全已经或可能构成重大威胁和损害，造成巨大人员伤亡、财产损失和社会影响的，涉及公共安全的紧急公共事件（薛澜和钟开斌，2005）。我国 2007 年制定的《突发事件应对法》中所称的突发事件，是指突然发生，造成或者可能造成严重社会危害，需要采取应急处置措施予以应对的自然灾害、事故灾难、公共卫生事件和社会安全事件。

① 《中国统计年鉴（2021）》。

② 2015 年 9 月，中共中央办公厅印发《关于加强社会组织党的建设工作的意见（试行）》明确指出："社会组织主要包括社会团体、民办非企业单位、基金会、社会中介组织以及城乡社区社会组织等。"

突发公共事件具有破坏性、不确定性、综合性、社会性、突发性和紧急性等特征，需要非常规的应急管理措施予以及时应对。

应急管理就是在突发公共事件爆发前、爆发后、消亡后的整个时期内，用科学的方法对其加以干预和控制，及时控制事态，防止次生危机，使其造成的损失最小化。应急管理不仅需要在特定时间框架内实现非程序化的紧急决策，还需要一个融合了政府、军队、媒体、企业以及社会组织等多主体的全方位、立体化、多层次、综合性的应急管理体系加以应对（薛澜、张强等，2003）。2003 年以来，我国的现代应急管理体系逐步建立，国家在应急管理体系中处于核心地位。2012 年党的十八大以来，中国特色社会主义进入新时代，应急管理成为国家治理体系和治理能力的重要组成部分。2018 年 3 月，我国成立应急管理部，国家综合应急能力进一步提升。2019 年 10 月，党的十九届四中全会提出"构建统一指挥、专常兼备、反应灵敏、上下联动的应急管理体制，优化国家应急管理能力体系建设"。在重大危急关头，权威统一的应急管理体系发挥出巨大效能。

尽管以科层制为基本逻辑的政府应急管理体系具有强大的紧急行动能力，但是面对具有高度不确定性和复杂性特征的风险社会，以科层制为主的应急管理体系面临灵活性、广泛性和持久性不足的难题，比如在新冠肺炎疫情防控常态化背景下，科层制体系在疫情出现的早期表现出风险预警相对迟滞、社区自主性弱化等问题，在常态化风险防控中则出现政治动员不可持续性等被动式应急管理局限（王磊和王青芸，2020）。这就需要建立和健全多元主体参与机制，充分调动社会力量，补足政府主导的应急管理体系的短板。

3. 参与机制和协同机制

"机制"一词最早源于希腊文，原指机器的构造和工作原理，在一般意义上，机制指的是各要素之间的结构关系和运行方式。在本章中，"机制"这一概念有其特殊意义：机制虽然在日常生活中可以作为"结构"一词的高级版本，但本章认为，"结构"更多地强调的是一种相对位置与力量对比的状态，而"机制"则强调系统中元素互动的动态过程和方式，因此本章高度关注机制的动态特征。值得注意的是，在系统的视角下，"机制"的作用方向并不是单一的，既包括机制正向的作用方式，也就是通常理解的"运行机制"，也包括对机制的逆向修正过程，通常被称作"反馈机制"。

“参与机制”一词是在我国应急管理特定结构的语境中提出的。我国应急管理模式强调政府的主导作用，具有“举国体制”的突出制度优势，在重大自然灾害和公共卫生事件应对中都表现出强大的效能。我国的社会组织参与应急管理是从2008年汶川地震之后逐步发展起来的。“参与”一词体现了政府部门和社会组织在应急管理体系中的地位主次及时间先后之分。参与机制的重点是厘清社会组织的地位、功能和边界，将社会组织有效整合到国家应急管理体系之中。

随着国家治理体系现代化的推进，国家—社会协同治理成为公共治理的主要潮流，也成为现代应急管理体系设计和优化的关键问题（薛澜和刘冰，2013），社会组织在应急管理中的参与机制也会逐步发展成为协同机制。“协同”则更好地体现了多元主体之间的平等性和互补性，认为应急管理是政府和社会以平等主体相互合作的多中心治理模式（刘智勇和刘文杰，2012）。协同机制发生作用的基础是持续稳定的社会资本，包括信任、规范和互惠网络。可以说，和参与机制相比，协同机制代表着社会组织融入国家应急管理阶段的更高阶段。但在现阶段，我国应急管理以政府机构为主体，以私人部门和社会组织共同参与为辅助，国家与社会是主从关系（张海波和童星，2015）。

本课题立足当前社会组织融入不足的问题，重点解决当前社会组织的参与机制问题，特别是社会组织如何与应急管理的体系和实践过程对接，但是“参与”也涉及相关的能力建设，因此，本课题也讨论社会组织本身的发展问题，特别是以适应应急管理参与为目的的能力建设。此外，本章结合合作治理理论，对协作机制展开了初步探讨。随着社会组织参与应急管理的程度不断加深，协同机制是一个值得深入研究的重要问题。

（二）社会组织参与应急管理的必要性

1. 现代风险社会中持续泛在风险的挑战

我国在推进工业化、城镇化和全球化取得巨大进步的同时，也步入了现代风险社会。第四次产业革命在以迅猛的方式重新塑造世界并便利我们的生活的同时，也使得社会治理的风险范畴增大，风险程度加深。尽管德国社会学家贝克早在1986年的《风险社会：新的现代性之路》一书中就预言了现代性是社会进步和风险累积相伴而行的过程（贝克，2018），但是人们对现代风险社会还缺乏深入的认识和直观的体验。新冠肺炎疫情的发生成为现代风险社会的一堂“启蒙课”，具体地展现了现代社会中风险的内生性、泛在性和系统性特征①。首先，风险具有内生性。现代社会不仅要面对人类长期面临的自然灾害、环境、疾病等传统风险，还面临着由于技术和社会的“自反性”所产生的内生风险。由于这种内生风险的长期存在，风险与应急管理不是一时之需，而是贯穿于现代社会发展的始终。其次，风险具有泛在性。风险不仅存在于金融领域的投资风险、技术领域的新兴风险，还包括日常生活中的健康风险、环境风险、安全风险和社会风险，可以说，现代社会中风险无处不在。最后，风险具有系统性。各种不同类型的风险相互转化，不同领域的风险相互传导，不同时空的风险相互交织，容易造成局部风险的系统扩散。现代社会高速交互的特点导致各地区、产业部门、学科门类之间的联系越发紧密，原有的特定领域的风险外溢至其他领域的可能性大大提升。此外，现代发展成果的丰富使得紧急事件的破坏性日渐增强。若政府无法及时采取措施，甚至错判形势，公信力与治理的合法性都会受到冲击，社会政治化的复杂性与难度会大大提升，社会对立等不利于社会治理的严重后果也会纷至沓来。

现代风险社会的特征要求与之相适应的风险治理和应急管理体系是常态化、覆盖全领域的，社会组织的参与必不可少。美国在突发事件管理系统的变革中高度重视社会力量，提出了“全社会参与”（Whole Community）的应急工作理念（FEMA，2011），把全国准备作为应急管理的一项基本战略，推进以全社会应急管理核心能力建设为导向的全国性应急准备（National Preparedness）（游志斌和薛澜，2015）。作为全球性减灾行动框架，《2015～2030 年仙台减轻灾害风险框架》针对持续泛在的灾害风险特点，体现了多灾种综合、多战略融合、多政策协调和多群组参与的减灾理念（范一大，2015），在第 36 条特别明确了“民间社会、志愿者及其组织、社区组织要与公共机构合作参与，……适当加强各群体之间的协同增效”（联合国国际减灾战略，2015）。中国也需要从整体上直面风险社会，吸纳多元主体广泛参与风险治理和应急管理。

2. 应急管理体系现代化的必然要求

随着紧急事件的影响范围扩大，传统的政府为单一治理主体，采用社会力

① 薛澜：《这是一堂风险社会“启蒙课”》：https：//m. thepaper. cn/baijiahao_6484043，最后访问日期：2021 年 12 月 21 日。

量作为补充的应急管理体系遭到了重大的现实挑战——当下的应急管理呈现出非常明显的跨区域、跨部门、跨层级的特征，单一主体难以有效应对。重要的是，社会生活极大的丰富使得政府的控制力相对于田园牧歌时期管理一切社会事务的情况已经显著地下降了。在其他治理主体占据了部分社会资源及专业知识时，政府的汲取能力与配置能力的有限性指示了单单依靠政府的力量不是最优选项。

当下社会的智能化进一步深化，政府治理的绝对主导地位也受到了技术巨头的猛烈冲击。历史发展的经验表明，政府对技术的把握落后于社会力量，社会组织及企业能够利用其技术优势，合理且经济地化解危机。如果不使社会力量介入，应急管理的成本会提高，效能却会相对地下降，这样的情况是不为任何理性的决策者所接受的。

（三）社会组织参与应急管理的可能性

1. 社会组织的蓬勃发展创造了参与应急管理的主体条件

21 世纪以来，我国以公民为代表、以社会组织为基础的社会系统迅速成长，是应急管理变革的重要环境变量（薛澜和刘冰，2013）。改革开放为社会力量的潜在生产提供了动力。政府职能的转变，政企分开、政事分开的推进，加之人民群众多样性社会需求的增长，推动了“新社会组织”的发展。在 2011~2020 年，我国的社会组织经历了一个蓬勃发展的时期（见图 1）。党的十八大前夕，全国登记的社会组织为 46.2 万个；截至 2021 年 1 月，全国登记的社会组织已经超过 90 万个（王勇，2021），总数比党的十八大以前翻了近一番。截至 2020 年底，全国社会组织固定资产 4785.5 亿元，吸纳就业 1061.8 万人①。“十四五”时期我国社会组织还将持续稳定发展，到 2025 年，社会组织专职工作人员数量将达到 1250 万人，社会组织固定资产达到 5900 亿元②。数量庞大的社会组织活跃在包括应急管理在内的各个领域之中，在应急救援领

① 中国政府网：《民政部关于印发〈“十四五”社会组织发展规划〉的通知》（民发〔2021〕78 号）：http：//www.gov.cn/zhengce/zhengceku/2021-10/08/content_5641453.htm，最后访问日期：2021 年 12 月 14 日。

② 中国政府网：《民政部关于印发〈“十四五”社会组织发展规划〉的通知》（民发〔2021〕78 号）：http：//www.gov.cn/zhengce/zhengceku/2021-10/08/content_5641453.htm，最后访问日期：2021 年 12 月 14 日。

域，截至2020年底，全国共有社会应急力量1700余支，约62万人，成为应急救援力量体系的补充[①]。新冠肺炎疫情发生后，社会组织积极参与疫情防控和复工复产，累计接受社会各界捐赠资金约396.27亿元、物资约10.9亿件[②]。社会组织的蓬勃发展为参与应急管理创造了主体条件。

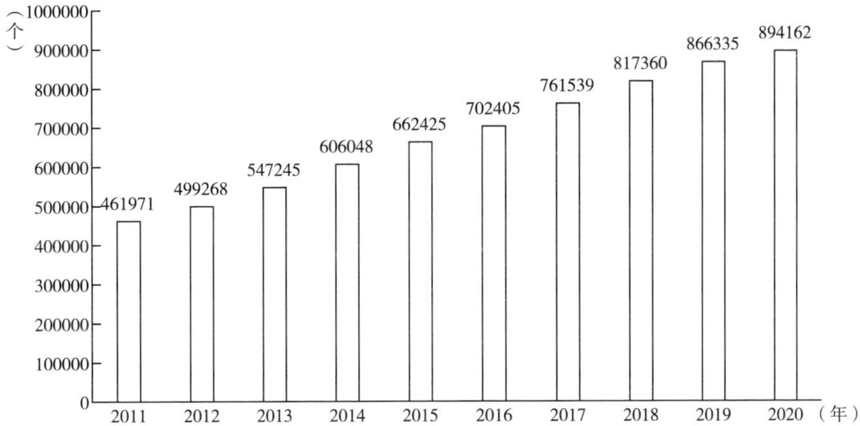

图1　2011~2020年社会组织单位数

资料来源：《中国统计年鉴（2021）》。

2. 社会组织参与应急管理具有特定优势

现代风险社会中，社会组织成为"涌现的组织"参与应急管理，不仅是因为传统单一主体的应急管理体系存在不足，还因为社会组织本身所具有的特定优势。社会组织参与应急管理的优势表现在以下四个方面。一是具有强大的社会动员能力。社会组织具有"草根"属性，生长于民间，活跃于基层，在与基层群众长期互动的过程中建立了信任关系，在公共事件发生时反应快速，调用便捷，很少有体制、机制障碍，可能成为"第一响应人"，在组织群众、社区排查等方面具有就近、灵活、服务等多样性的特点。二是具有链接多方资

① 《规范引导社会应急力量参与突发事件应对》，《中国应急管理报》2021年10月15日，第2版。

② 中国政府网：《民政部关于印发〈"十四五"社会组织发展规划〉的通知》（民发〔2021〕78号）：http：//www.gov.cn/zhengce/zhengceku/2021-10/08/content_5641453.htm，最后访问日期：2021年12月14日。

源的能力。社会组织在日常活动中与政府、企业和普通公众都建立了互动网络，在网络中发挥桥梁作用，运行良好的状态下能够根据应急需求精准匹配资源，在突发事件应对过程中还可以协助政府梳理多方信息，在筹集、调动和对接社会资源方面发挥作用。三是具有提供专业服务的能力。一部分社会组织具有专业特长，如应急救援、心理干预等，在突发事件应对中直接面向群众提供专业服务。四是社会组织参与热情高涨。社会组织参与应急管理是“我要做”，而不是“要我做”，具有无私奉献、助人自助、积极主动的志愿精神，志愿行为在应急管理中体现了成本低、效率高、效果好的优势。总体而言，社会组织参与政府主导的应急管理体系可以发挥集成信息、协助科学决策、架设桥梁、增强社会韧性和智力支持、提升应急效能的作用，作为重要力量增强了国家整体应急管理能力。

3. 国家治理体系现代化提供了社会组织参与的制度基础

党的十八届三中全会提出了全面深化改革总目标，就是“完善和发展中国特色社会主义制度、推进国家治理体系和治理能力现代化”。习近平总书记指出，应急管理是国家治理体系和治理能力的重要组成部分。实现“积极推进应急管理体系和能力现代化”成为新时代国家应急管理事业发展的总目标。推进国家治理体系现代化一方面要促进国家、市场、社会各司其职、各尽其责；另一方面也要在党的领导下实现国家、市场、社会之间的良性互动和协同共治。在社会治理中更加注重发挥群团组织、社会组织的作用，发挥行业协会商会自律功能。社会组织已经成为国家治理结构体系不可或缺的重要力量。

应急管理作为国家治理结构体系的重要组成，必须回应治理变迁趋势以及新时期我国的社会发展特征。有效整合社会力量参与应急管理的体制机制设计已经成为推动我国应急管理现代化的紧迫任务（陶鹏和薛澜，2013）。在应急管理领域，党和国家充分肯定社会组织参与的重要作用，积极倡导社会组织参与应急管理。2016 年《中共中央　国务院关于推进防灾减灾救灾体制机制改革的意见》提出防灾减灾救灾要“坚持党委领导、政府主导、社会力量和市场机制广泛参与”，提出“鼓励支持、引导规范、效率优先、自愿自助原则”，着力完善政府与社会力量协同救灾联动机制，构建多方参与的社会化防灾减灾救灾格局。社会组织参与应急管理的机制初步形成，进一步激发了社会组织参与应急管理的积极性。

4. 社会组织参与应急管理面临的新挑战

尽管实践中已经初步形成社会组织参与应急管理的多元主体协作格局，党和国家也高度重视社会组织参与应急管理的机制构建，但是社会组织参与应急管理依然存在困境，主要表现在三个方面。一是社会组织参与应急管理的部分传统问题尚未解决，即使在一些应急管理水平较高的地方，“社会多元主体有效融入不足”① “应急救援力量不足，各方协同联动机制不够顺畅”② 仍是应急管理发展中的主要问题之一。二是以新冠肺炎疫情为代表的新型风险治理对社会组织参与提出了新的要求，在社会组织参与的范围、形式以及与政府部门应急管理行动衔接方面较以往的应急参与有所不同，不仅参与的时空要求更广泛、更持久，要求参与的专业性、协调性还更高，全过程、常态化的参与机制变得更有必要。三是技术变迁推动了应急管理和风险治理方式的变革，社会组织参与不仅出现新的可能，也面临新的障碍。在数字技术日益融入经济社会生活的背景下，社会组织如何通过数据共享、信息梳理提升应急管理的能力，在数字政府、数字社会整体推进的背景下设计和嵌入多元主体参与的有效机制成为一个全新的课题。因此，社会组织参与应急管理的机制问题再次提出，本课题将在对参与历程回顾和理论分析的基础上提出可能的参与机制建议，以回应社会组织参与的现实困境。

二　社会组织参与应急管理的历程和发展

（一）社会组织参与应急管理的简要历程

社会组织参与应急管理的历程需要放置在国家应急管理体系发展的宏观背景中加以分析。我国国家应急管理体系的演进经历了四个阶段（钟开斌，

① 上海市人民政府：《上海市应急管理“十四五”规划》：https：//www.shanghai.gov.cn/nw12344/20210816/7c35057f10ff46a1a47f1be37e1a01f9.html，最后访问日期：2021 年 12 月 21 日。

② 广东省人民政府：《广东省应急管理“十四五”规划》：http：//www.gd.gov.cn/zwgk/wjk/qbwj/yf/content/post_3659468.html，最后访问日期：2021 年 12 月 21 日。

2020）。第一阶段是新中国成立至改革开放前，突发事件应对主要依靠政府力量，依托社会组织制度优势展开社会动员。第二阶段是改革开放至 2002 年，随着自然环境和社会环境的变化，我国的突发事件频发、类型多样、影响广泛。政府开始打破“大包大揽”的传统模式，对社会有限度地放权，新兴的社会力量开始在应急管理中发挥作用。第三阶段为 2003 年至 2012 年党的十八大之前。2003 年“非典”之后，我国逐步建立了以“一案三制”为主要框架的应急管理体系。2008 年“汶川地震”揭开了社会组织参与应急管理的新篇章。第四阶段为 2012 年党的十八大之后，国家应急管理体系和能力向现代化方向发展，同时，以公民为代表、以社会组织为基础的社会系统迅速崛起，社会力量在应急管理领域中的作用更加凸显。总体而言，我国的应急管理体系经历了从“管理”向“治理”的转型。当前我国应急管理体系以政府为主体，私人部门和社会组织共同参与，国家与市场、社会是主从关系（张海波和童星，2015）。

在我国社会组织参与应急管理的历程中，2008 年是一个重要的时间节点，被称为公益元年。2008 年“汶川地震”救灾中，中国出现了规模庞大的以社会组织为主体的“自组织”，介入的社会组织超过 300 家，志愿者超过 300 万人，在后方的志愿者则超过 1000 万人①。大量社会组织、志愿者参与灾害救援，凸显了中国社会力量参与应急管理的潜力。尽管“汶川地震”开了社会组织参与应急管理的先河，2008 年成为社会组织参与应急管理的元年，但社会组织、志愿者的参与还比较无序，且在灾害恢复中出现了社会组织、志愿者的“退潮”，说明中国社会力量参与应急管理尚不成熟（张海波和童星，2015）。社会组织参与灾害应对的兴起，也有效促进了中国社会体制改革进程。在 2010 年“玉树地震”救灾中，由于灾区地处高原，普遍志愿者参与应急教育的无序进一步凸显。2013 年“芦山地震”发生后，社会组织在灾害应对中得到锻炼，与政府的合作关系也开始呈现制度化趋势，社会组织之前的合作也表现出网络化、专业化、信息化、社会化等特点，协作效率明显提升（张强，2014），出现了壹基金、中国扶贫基金会、中国青少年发展基金会、中国红十字基金会等“接点组织”（Hub Organization），显示社会组织参与应

① 中华人民共和国国务院新闻办公室：《中国的减灾行动》（2009 年 5 月）：http：//www. gov. cn/zwgk/2009-05/11/content_1310227. htm。

急管理趋向有序（张海波和童星，2015）。

四川雅安“芦山地震”为社会组织参与应急管理的机制建设提供了一个新的契机。2013 年 4 月 20 日雅安市芦山县发生 7.0 级地震后，直到 25 日四川省抗震救灾指挥部才决定设立社会管理服务组，28 日社会管理服务组在芦山建立了省级抗震救灾社会组织和志愿者服务中心，以协调社会组织参与救灾。5 月 12 日，四川省、雅安市两级抗震救灾指挥部社会管理服务组共建的雅安抗震救灾社会组织和志愿者服务中心挂牌成立，标志着雅安抗震救灾社会组织和志愿者服务体系全面建立①。尽管社会组织在地震发生初期未能被及时纳入应急体系，但是社会组织参与能力明显增强，社会组织之间的协调产生了新的协作形式。2013 年 4 月 29 日，“芦山地震”之后的第 10 天，中国青少年发展基金会、中国扶贫基金会、南都公益基金会、腾讯公益慈善基金会、深圳壹基金公益基金会联合发起成立“基金会救灾协调会”，这是一种创新的社会组织协调机制，肩负起“政社协同”和“社社协同”的重要责任。“基金会救灾协调会”一方面代表参与救援的社会组织与抗震救灾指挥部建立沟通协调机制；另一方面促进社会组织之间互通信息及协调行动。经过长达 8 年的实践探索，“基金会救灾协调会”先后参与了雅安地震、鲁甸地震和尼泊尔地震等救灾工作，已经成为社会组织参与救灾的一个有效沟通平台，并在引导民间力量与官方协同行动方面发挥出重要作用。

此后社会组织参与应急管理成为一种经常化趋势。2020 年汛期，全国参与洪涝灾害抢险救援的社会应急力量累计有 500 多支、14000 多人，出动车辆 640 余辆、舰艇 400 余艘，协助转移群众 4 万余人②。新冠肺炎疫情发生后，社会组织累计接受社会各界捐赠资金约 396.27 亿元、物资约 10.9 亿件③，还积极参与社区风险排查、公共场所消杀、隔离点服务、心理干预等志愿服务。

---

① Haibo Zhang, “Towards adaptive emergency management in dynamic environments in China: A case study on the response system of the Ya'an Earthquake in 2013,” Disaster Management Center of University of Pittsburgh, Working Paper, 2013.

② 王勇：《全国参与洪涝灾害抢险救援社会应急力量累计超过 500 支》，《公益时报》2020 年 8 月 18 日，第 5 版。

③ 中国政府网：《民政部关于印发〈“十四五”社会组织发展规划〉的通知》（民发〔2021〕78 号）：http://www.gov.cn/zhengce/zhengceku/2021-10/08/content_5641453.htm，最后访问日期：2021 年 12 月 14 日。

社会组织在突发事件应对中发挥的作用日益重要。

（二）社会组织参与应急管理的主要进展

回顾我国社会组织参与应急管理的历程可以发现，和 2008 年相比，我国的社会组织在应急管理中的地位已经显著提升，具体表现在四个方面。第一，参与链条不断延伸。现代社会中的风险表现出叠加耦合、高度不确定性的复杂态势，风险的广泛性为社会组织参与城乡基层风险治理提供了广阔空间。社会组织在风险隐患排查、社区风险评估、绘制社区风险地图、参与制定应急预案、增强安全意识、提升自救互救能力方面具有优势，社会组织参与应急管理的需求从“事中应对”向防范、预警、应对和恢复全链条延伸。第二，参与领域不断拓展，包括捐款捐物、应急救援、心理干预、科普宣传、风险排查等。第三，参与方式不断创新。协调机制、分工细化、专业性增强。新冠肺炎疫情中，由于隔离和防控的需要，一部分社会组织无法亲临现场直接参加救治，但是它们不仅在本地和社区中主动作为，还充分利用互联网技术提供信息咨询、心理疏导、资源链接、科普宣传等远程服务。第四，参与能力不断提升。社会组织的专业性不断增强，一些应急救援类社会组织在城市搜救、海上搜救、山地救援等特殊环境中形成优势，一些枢纽型协调组织则建立了更加扁平化的内部管理模式，适应快速响应和灵活高效的应急需求。社会组织之间的协调平台有效运作，社会组织参与的协作化、网络化程度不断提升。

（三）新时代社会组织参与应急管理的政策演进

社会组织参与应急管理的实践“倒逼”应急管理体系的顶层设计。通过多次应对突发事件的经验总结，我国逐步认识到社会组织在应急管理中的特殊优势。在国家治理现代化的改革总目标下，应急管理领域推动包括社会组织在内的多元主体参与的政策逐步出台，为社会组织参与应急管理创造了良好的制度环境。我国现有的社会组织参与应急管理的法律和政策体系可以从三个大的方向上进行梳理：一是国家治理体系中社会组织的身份定位；二是社会组织参与应急管理相关的法律政策；三是一些地方推进社会组织参与应急管理的实践也具有典型意义。本节重点梳理了党的十八大以来社会组织参与应急管理的国家和地方政策演进过程。

（四）国家治理体系中社会组织的身份定位

党的十八大以来，我国高度重视社会组织的发展，将社会组织视为社会主义现代化建设的重要力量，明确了社会组织在国家治理体系中的身份定位，着力激发社会组织活力，引导社会组织规范有序发展。2015 年 9 月，中共中央办公厅印发《关于加强社会组织党的领导建设工作的意见（试行）》，充分肯定社会组织是我国社会主义现代化建设的重要力量，在“四个全面”的战略布局中，社会组织承担着重要任务，要加强党的领导，引导社会组织发展，激发社会组织活力，促进社会组织在国家治理体系和治理能力现代化进程中更好地发挥作用。2016 年 8 月，中共中央办公厅、国务院办公厅印发了《关于改革社会组织管理制度促进社会组织健康有序发展的意见》，确立了“坚持党的领导”“坚持改革创新”“坚持放管并重”“坚持积极稳妥推进”的基本原则。我国还特别强调社会组织在基层社会治理中的作用，党的十九届四中全会提出要“发挥群团组织、社会组织作用，发挥行业协会商会自律功能，实现政府治理和社会调节、居民自治良性互动，夯实基层社会治理基础”①。

在国家总体方针的指引下，我国在民政部设立民间组织管理局，2016 年正式更名为社会组织管理局，是我国统一管理社会组织的主要部门。在社会组织发展方面统一规划，形成了系统的社会组织管理和发展政策体系。我国积极改革制约社会组织发展的体制机制，初步形成了党建引领、统一登记、各司其职、协调配合、分级负责、依法监管的中国特色社会组织管理体制。国家对社会组织发展提供了强有力的扶植政策。中央财政设立支持社会组织参与社会服务项目，累计投入资金 15.8 亿元，直接受益对象 1300 多万人次②。

我国《“十四五”社会组织发展规划》提出了社会组织高质量发展的目标：“到 2025 年，党建引领、统一登记、各司其职、协调配合、分级分则、依法监管的中国特色社会组织管理体制更加健全，政社分开、权责明确、依法自治的社会组织制度更加完善，结构合理、功能完善、竞争有序、诚信自律、充

① 《中共中央关于坚持和完善中国特色社会主义制度 推进国家治理体系和治理能力现代化若干重大问题的决定》，2019 年 10 月 31 日。

② 中国政府网：《民政部关于印发〈“十四五”社会组织发展规划〉的通知》，http://www.gov.cn/xinwen/2021-10/08/content_5641452.htm，最后访问日期：2021 年 12 月 14 日。

满活力的社会组织发展格局更加定型，”还对社会组织发展的各项指标制定了具体目标（见表1）。“十四五”期间，我国将继续通过财政补助、购买服务、税收优惠、人才保障等政策支持，培育规范化行业协会商会、公益慈善组织、城乡社区社会组织，并通过搭建平台等方式支持社会工作服务机构和志愿服务组织的发展。“十四五”时期将迎来社会组织高质量发展的新时期，社会组织发展将实现从“数量增长”向“质量提升”的转型。社会组织的高质量发展将打开参与应急管理的新局面。

表1 “十四五”时期社会组织发展量化目标

发展指标	“十三五”末期	“十四五”目标
社会组织专职工作人员数量（万人）	1061.8	1250
社会组织固定资产（亿元）	4785.5	5900
获得3A（含）以上评估等级的全国性、省本级登记的社会组织占其登记社会组织比例（%）	—	25
法人治理结构健全、无不良信用信息记录的社会组织占全部社会组织比例（%）	—	超过80

资料来源：中国政府网：《民政部关于印发〈“十四五”社会组织发展规划〉的通知》，http://www.gov.cn/xinwen/2021-10/08/content_5641452.htm，最后访问日期：2021年12月14日。

（五）社会组织参与应急管理的法律政策

在习近平总书记关于应急管理工作的重要指示精神指导下，国家有关部门（应急管理部、民政部、国家卫生健康委等）有针对性地制定了一系列具体的法律法规和政策措施，规范引导社会组织和志愿者有序参与应急管理。

2007年11月1日开始施行的《突发事件应对法》将“快速反应，协同应对”列为应急管理的工作原则之一，强调多元主体协同应对，“依靠公众力量，形成统一指挥、反应灵敏、功能齐全、协调有序、运转高效的应急管理机制”，但是并未对社会组织参与应急管理做出明确规定，而是采用了“其他组织”“社会力量”等概括性的表述。在总结历次突发事件应对经验的基础上，目前《突发事件应对法》的修订已经进入征求意见阶段。新修订的《突发事件应对法》有望对社会组织在突发事件应对中的角色和权责做出明确规定。2016年9月1日开始施行的《慈善法》将自然人、法人和其他组织开展的“救助自然灾害、事故灾难和公共卫生事件等突发事件造成的损害”的公益活动列为“慈善活动”，第三十条规定了“发生重大自然灾害、事故灾难和公共卫生事件等突发事件，需要迅速开展救助时，有关人民政府应当建立协调机制，提供需求信息，及时有序引导开展募捐和救助活动”（见表 2）。

表 2　我国社会组织参与应急管理的相关法律

相关法律	施行时间	与社会组织参与相关的内容	主要作用
《突发事件应对法》	2007. 11. 1	“加强以属地管理为主的应急处置队伍建设，建立联动协调制度，充分动员和发挥乡镇、社区、企事业单位、社会团体和志愿者队伍的作用，依靠公众力量，形成统一指挥、反应灵敏、功能齐全、协调有序、运转高效的应急管理机制”，第十一条指出，公民、法人和其他组织有义务参与突发事件应对工作	“快速反应，协同应对”是应急管理的工作原则之一，强调多元主体协同应对。但是并未对社会组织参与应急管理做出明确规定，而是采用了“其他组织”“社会力量”等概括性的表述
《慈善法》	2016. 9. 1	第三十条　发生重大自然灾害、事故灾难和公共卫生事件等突发事件，需要迅速开展救助时，有关人民政府应当建立协调机制，提供需求信息，及时有序引导开展募捐和救助活动	将自然人、法人和其他组织开展的“救助自然灾害、事故灾难和公共卫生事件等突发事件造成的损害”的公益活动列为“慈善活动”
《安全生产法》	2021. 6. 10 修正 2021. 9. 1 施行	鼓励生产经营单位和其他社会力量建立应急救援队伍，配备相应的应急救援装备和物资，提高应急救援的专业化水平	鼓励社会救援力量发展

在不同的应急领域，国家还出台了具体的社会组织参与政策（见表 3）。在自然灾害救援方面，民政部于 2013 年印发了《关于加快推进灾害社会工作服务的指导意见》。该《意见》充分认识加快推进灾害社会工作服务的重要性与紧迫性，从发展灾害社会工作服务队伍、建构灾害社会工作服务平台、健全灾害社会工作服务政策和增强灾害社会工作服务成效四个方面推动社会组织参与灾害应对。应急管理部组织起草了《社会应急力量救援队伍建设规范（征求意见稿）》，于 2021 年 11 月 11 日开始向社会公开征集意见，旨在为社会力量参与应急救援提供指导和参考。

表 3　我国社会组织参与应急管理的政策文件

文件名称	出台部门	出台时间	主要作用
《民政部关于加快推进灾害社会工作服务的指导意见》	民政部	2013 年 12 月 26 日	充分认识加快推进灾害社会工作服务的重要性与紧迫性、准确把握加快推进灾害社会工作服务的基本要求、切实明确加快推进灾害社会工作服务的主要任务、建立健全加快推进灾害社会工作服务的运行机制 4 部分。主要任务是：发展灾害社会工作服务队伍；建构灾害社会工作服务平台；健全灾害社会工作服务政策；增强灾害社会工作服务成效
《民政部关于支持引导社会力量参与救灾工作的指导意见》	民政部	2015 年 10 月 8 日	"统筹协调社会力量高效有序参与救灾工作"，把"政府主导，统筹协调"和"鼓励支持，引导规范"列为其中的两项基本原则，强调"引导社会力量与政府有关部门加强联系，在政府统一指挥和统筹协调下有序参与救灾工作"，"强化对社会力量参与救灾的业务指导、协调服务、监督管理，引导和规范社会力量有序参与救灾工作"
《中共中央 国务院关于推进防灾减灾救灾体制机制改革的意见》	中共中央、国务院	2016 年	把"坚持党委领导、政府主导、社会力量与市场机制广泛参与"列为基本原则之一，强调"加强政府与社会力量、市场机制的协同配合，形成工作合力"
《关于进一步推进社会应急力量健康发展的意见（征求意见稿）》	应急管理部 民政部	2019 年底	把"依法规范，有序参与"作为第一条原则，强调"加强对社会应急力量的行业指导和监督管理"，"灾害事故发生后，社会应急力量要在事发地政府指挥机构或应急管理部门统一指挥调度下，有序参与应急工作"。同时，"应急管理部门指导社会应急力量全面加强党的建设"
《社会应急力量救援队伍建设规范（征求意见稿）》	应急管理部	2021 年 11 月 11 日面向社会公开征求意见	包括总体要求、建筑物倒塌搜救、山地搜救、水上搜救、潜水搜救和应急医疗救援 6 个部分，为社会应急力量建设提供指导和参考

在国家及有关部门的政策引导下，社会组织参与应急管理的机制逐步发展起来，社会组织与应急部门的合作伙伴关系初步形成。政府部门还通过多项务实的工作加强与社会组织的沟通交流，如调查摸底、联演联训、技能比赛等，对社会组织的总量、专长等做到心中有数，在突发事件中可以找得到、调得动、打得赢。例如，2019 年 3 月至 5 月，应急管理部、民政部、共青团中央和

重庆市人民政府以“提升能力　共筑平安”为主题共同举办全国首届社会应急力量技能竞赛，31 个省（区、市）和新疆生产建设兵团共组织 333 支队伍 3000 余名队员报名参赛，其中 221 支队伍通过了审核。技能竞赛不仅有助于摸清底数，还建立了社会组织与应急部门联动的机制，推动了社会救援力量向专业化方向发展。

（六）社会组织参与应急管理的地方探索

一些地方已经摸索出具有中国特色的社会组织常态合作模式，在实践中具有借鉴意义。上海市社会组织数量较多，活跃程度较高，截至 2020 年底，上海市登记注册的社会组织约 17048 家①，同时上海市的城市治理理念在全国处于先进地位，上海市关于推进社会组织参与应急管理的机制在全国具有标杆意义。《上海市应急管理“十四五”规划》提出“统筹协调、综合施策”的原则，鼓励社会参与应急治理，强调共建共治共享在超大城市安全运行中的重要作用②。从表 4 的具体内容来看，上海市在推动社会组织参与应急管理方面已经取得一定进展，“十四五”期间着力完善已经建立起来的日常工作机制，包括日常管理、应急调用、培训选拔、激励评价和组织动员机制等，也特别重视社会组织对应急管理的全过程参与，鼓励社会组织参与安全文化建设，从应急管理的前端入手，发挥科普宣传、教育培训的作用，引导社会组织帮助公众提高安全意识和自救互救能力，重在打造应急管理的社会基础。上海市推出的配套政策包括对社会组织的教育培训、资金补贴、保险保障、征用补偿、精神鼓励和物质奖励等。针对上海市前一阶段社会组织参与应急管理中的新问题，该规划还提出了民兵参与、航空联动、水上搜救等特定领域的联动机制。2020 年 12 月 8 日，上海市民政局印发了《关于推进本市社会组织参与社区治理的指导意见》鼓励社会组织参与社区群防群治、联防联控，协力建设平安社区，支持社会组织参与社区应急体系建设、应急预案编制和应急志愿者团队培育，协助开展社区科普宣传、应急演练等工作。从以上分析可以看出，上海市推动

---

① 《中国统计年鉴（2021）》。

② 上海市人民政府：《上海市应急管理“十四五”规划》：https：//www.shanghai.gov.cn/nw12344/20210816/7c35057f10ff46a1a47f1be37e1a01f9.html，最后访问日期：2021 年 12 月 21 日。

社会组织参与取得成效，目前正在朝着深度融合、高效协同、社区参与和全过程参与等方向上发展，这在一定程度上也代表了我国社会组织参与应急管理的未来发展方向。

表 4　上海市“十四五”期间推进社会组织参与应急管理的机制建设和政策措施

政策领域	主要内容
日常工作	日常管理机制 应急调用机制 培训选拔机制 激励评价机制 组织动员机制
特定领域	发动组织民兵参与抢险救灾机制 政府与社会应急救援航空联动建设 水上搜救社会力量参与机制
全程参与	参与安全文化建设 参与应急管理、防灾减灾知识的宣传、教育、培训和科普等工作
配套政策措施	教育培训 资金补贴 保险保障 征用补偿 精神鼓励 物质奖励等

资料来源：《上海市应急管理“十四五”规划》。

成都市具有社会组织参与应急管理的传统，从 2008 年汶川地震就开始探索多元主体参与的应急管理体系。2017 年 9 月，四川省社会力量参与防灾减灾救灾统筹中心成立，成为全国第一家从省级层面统筹社会力量参与防灾减灾救灾工作的专门机构。最新的调查研究表明，成都市通过党建引领社会组织参与应急管理网络协作，探索了一条社会组织有序参与的现实路径。成都市的网络协作模式以党组织为核心，以社会组织党员为骨干，聚合政府、企业和社会资源，构建了“协调机构+专业模块”的组织架构，其中的协调机构由市县社会组织综合党委、社会组织的党组织代表组成，充分发挥党建引领的作用，设立了技术支持、物资保障、居民关爱、秩序恢复四个专业模块，根据突发事件应急需求明确了各个模块的社会组织类型及其主要功能（见表 5）。“协调机构

+专业模块”的社会组织网络协作模式充分发挥了党建引领的作用，在常态中建立了政府与社会组织合作的有效模式，通过明确各类社会组织的应急管理身份和功能，提升了紧急状态下社会组织参与应急管理的秩序和效率。

表5　社会组织网络协作模式中的专业模块及功能

专业模块	社会组织类型	主要功能
技术支持	应急救援类社会组织	配合政府应急部门开展应急救援、救助救灾工作
物资保障	具备公募资格的慈善组织；物资生产、流通行业协会商会	配合有关部门紧急筹集、调度、发放应急物资和资金
居民关爱	社区服务类社会组织	配合街道、社区开展居民状况排查、设立防疫卡点、困难群体走访慰问、防灾救灾宣传教育、心理援助、卫生清洁等志愿服务
秩序恢复	行业协会商会等	配合有关部门帮助企业抵御突发公共事件冲击，协调企业整合各类资源，减少运营成本，推动企业复工复产，维护经济社会正常运行

资料来源：邹新艳、文涛：《四川省成都市创新构建党建引领社会组织应急管理耦合网络协作模式》，http：//www. dangjian. cn/shouye/dangjiangongzuo/jicengdangjian/202112/t20211210_6264209. shtml，最后访问日期：2021年12月22日。

通过对我国社会组织参与应急管理的历程回顾和政策梳理可以发现，我国社会组织不仅获得迅速发展，而且在应急管理领域的参与不断深入。治理现代化方向下的改革高度重视社会组织的发展和参与，国家、部门和地方已经从不同层次、不同领域构建了社会组织参与机制和政策举措，我国社会组织参与应急管理已经具备了良好的基础。社会组织早期参与应急管理的无序、低效的问题已经在一定程度上获得改观。但是，与应急管理现代化的目标相比，社会组织参与的空间十分广阔，社会组织参与的潜能有待激发。特别是新冠肺炎疫情防控提出了应急管理常态化的新命题，社会组织需要从全周期应急管理的视角改进参与方式，对常态参与机制也提出了新挑战。同时，随着数字技术的日新月异，社会组织参与的环境发生变化，参与方式也出现了新的可能。因此，本课题需要在新的发展起点、新的风险挑战和新的技术环境下准确分析社会组织参与的新挑战、新问题，提出具有前瞻性和实用性的政策建议。

三 社会组织参与应急管理的分析框架："功能—身份"模型

为了更加深入地分析社会组织参与应急管理的新挑战、新问题，本课题在已有研究的基础上，抓住社会组织参与的核心问题，基于功能主义与建构主义视角，构建了"功能—身份"模型，作为社会组织参与应急管理问题和建议研究的基本分析框架。

（一）社会组织参与应急管理的研究基础

目前的社会治理国内研究的理论模型大致包含以下五种："理论—实践"模型、"历史—现实"模型、"西方—本土"模型、"价值—规范"模型与"微观—宏观"模型。

"理论—实践"模型以理论与实践为研究的两端，一方面通过治理理论（其中以合作治理理论为主）构建基本的研究框架，对现实的实践进行归纳与模拟，再由现实的社会治理体制的创新性实践提炼新理论，力图在这一过程中发展理论，使之尽可能拥有强解释力。

"历史—现实"模型从历史的角度出发，总结梳理中国的社会治理体制流变，并将历史与鲜活的现实生活相联系，在比较中分析治理体制变革的动因与需要。

"西方—本土"模型侧重于将西方经验同中国具体实践相结合，通过西方的理论与经验解释、规范并推动中国具体实践，从而构建中国特色的治理理论框架与治理体系。

"价值—规范"模型则在于价值追求与制度规范的对立统一，一方面要求通过"公共精神""道德"等意识层次的主观因素进行"引领"，强调树立多元取向中的共同体意识，另一方面通过法制合理界定国家、社会、个人等层次的边界与义务，保障社会治理的运行。

"微观—宏观"模型需要在微观层面通过个别的合作治理实践案例研究以解决社会治理与公共事务的难题，在宏观层面研究复合各个社会主体与社会环节的有效合作与互动机制，减少治理的阻力。

以上五种模型为过去的研究提供了基本范式，具有重大学术意义与理论价值。然而，此五种与其说是具体可操作的“研究模型”，不如说是根本性的“研究方法”：它们的概括性极强，提供了基本的研究思路，但在具体的研究中则需要转向其他可操作模型，否则研究将只能得出表面的浅层次认知。

本课题依托原有文献与研究，建立了一套相对微观可操作的“功能—身份”模型，本章主要基于该模型提出假设、回应关切并提出政策建议。

1. “功能—身份”模型

(1) 何为“功能”。马克斯·韦伯在《社会行动的本质》一书中提出：社会学的目标是解释社会行为的意义，并对社会行为的方式和影响做出合理的因果解释。其中，社会行为的概念指的是在同一社会系统内，人类社会行为体为影响其他行为体而主动采取的一系列活动。社会行为理论接受并且假设人们会根据社会环境以及它将如何影响其他人来改变他们的行动。在该理论语境内，社会生活主要表现为社会行动，只有理解社会行动者的行动，才能解释各种社会现象和过程的意义。值得一提的是，之前提到的行为体既可以是个人，也可以是大小不定的社会团体。由此，本研究将社会组织“人格化”并可以认定其存在的特定“身份”。

根据塔尔科特·帕森斯的观点，系统的存在需要能够处理内部状态、应付外部环境；还需要追求目的、选择手段。他也提出了四个功能前提：保持模式、整合部分、实现目标、适应环境。在此理论基础上，社会作为一个能够自我调节的均衡系统，需要依托上述四种功能存在，同时依托行为体的各种功能进行内部互动与发展。一般而言，功能可以被简单地表述为“个体在系统中的作用”，它也是社会学中显赫一时的结构功能主义学派的核心概念。本报告采取的功能概念更加符合美国社会学家罗伯特·默顿所提出的对结构功能主义的修正语境中的语意，即功能可能是不明确与多样化的：社会系统内部各个单元的功能并不一定一致，特定群体的部分活动可能对社会系统有功能，当社会结构中的某一单位阻止了整个社会或其组成部分的需求满足时，也可能产生“反功能”（起消极作用），这为后文的身份分类提供了更多的可能性。

值得一提的是，在1951年出版的《社会系统》一书中，帕森斯指出社会整体可通过三个系统进行分析：人格系统是由若干个人组成的子系统；价值系统主要通过文化对人类的行为进行规定；社会系统则更多地表现为以人际关系为核心的系统，个体文化及社会文化通过不同的社会角色及其互动得到再现。社会系统在角色与功能之间建立起映射关系，这使得“身份”这一概念的介入变得理所当然。

（2）何为“身份”。社会是施动者在客观环境中建构起来的，一方面确定的客观实在界定我们所生存的环境；另一方面赋予其社会意义完成社会的构建。主流的建构主义观点认为，客观实在自然地具有一定的社会意义，这种意义依托于客观实在的固有属性而存在；但就权重而言，客观事实自带的社会意义是有限的，更大程度上，其社会意义的实现需要依托行为体的施动实践以及符号体系。我们也可以进一步得出结论：社会事实因为人的互动性实践活动得以造就和确立。

米德、布鲁默的符号互动论揭示出社会存在是实在的，但又是可变的，是由人的实践活动不断地创造且在互动中借助各种符号表现出来的。其核心命题是自我同他者发生的有意义互动（亦可以称之为“符号互动”，即有意识、有意图、有意义的互动）。该理论认为这种互动造就了自我的身份和利益。在这一论断中，主观观念的位置变得十分微妙——它似乎只是实践的一种附庸，作用并非那么重大。对此，结构功能主义与理性建构主义都做出了自身的修正。

仅仅从个体的角度出发理解观念是有失周全的——局限于个体层面，观念只能表现为能够指导行为体行为的所谓主观能动性，勉强能够得上一种同其他行为体互动的依据。然而，如果跳出这一局限，将视野扩大到整个社会层面观念，我们便可以观测到一种被称为“常识”或是“共识”的共有观念，其中最为明显的代表为共享价值观。

结构功能主义的观点认为共享价值观具有整合社会系统与黏合社会成员的作用，社会有赖于社会成员接受和遵守社会的共享价值观而存在。在建构主义中，以共享价值观为代表的观念（或称“共有知识”）是先行的。亚历山大·温特在《国际政治的社会理论》中提出“观念……首先构建了看上去属于物质范畴的原因”。由于存在因果上乃至建构上的先后顺序，要想充分理解观念的作用，就必须将其视作最为特殊的一类变量。应当明确，共有观念还具有建构功能，可以建构行为体的身份，从而界定行为体的利益。

身份可被解释为一种代表行为体属性的特征。最明了的理解身份的方法就是将身份作为一种分类标准——对于社会组织而言，自我身份的主要作用是快速且明确地用以区别“自我”与“他者”：以身份为坐标，社会组织将能较为准确地认识自身的定位，并自觉地与不符合自身身份的行为体加以区分——自我区别于他者的身份和利益是在同环境的互动过程中得以建构、产生意义并逐步发展起来的。对于具有强制力的协调者政府而言，多样的身份将社会组织划分成不同类型，政府可以此选择与具体社会组织的互动方式。简而言之，身份指示社会组织不同的功能，政府将其视作“可用性”。

值得注意的是，身份的作用要比单纯的分类标准来得复杂。社会中的行为体与社会结构存在互构关系。虽然从朴素的时间角度看，社会组织相对于社会而言是相对新兴的产物，但并不意味着社会组织只能被迫地接受现有的社会规则——在社会组织兴起的同时，一种新兴的社会结构就已经诞生了。在长期的互动中，社会组织与社会结构会不断地相互构建并进行修正。这使社会组织有了与社会结构相调适以改进的动机。

（3）“功能—身份”模型是基于研究实际提出的分析社会组织实际作用方式及效果的理论模型，也是阐释中国新时代社会组织参与应急管理的动态机制。其提出的基本背景在于：政府依旧是当今社会治理当中最为重要的治理主体，在资源配置与协调各主体方面具有其他主体无可比拟的优势地位；尽管这一模式正在朝着多主体共享治理发生变化，但这一变化周期相对较长。在转型过程中，政府为主导的治理模式不会发生根本性的改变。理想化的治理模式必然需要兼顾现实。在转型期，以政府为中心进行合作是符合现实的可用模式，也是能够消解对抗、增进互信、提升治理效能的有效模式。

在以政府为中心的治理体系内，其他治理主体（包括社会组织）最突出的属性为其“有用性”，也即常说的功能性。本章的核心理论假设为：政府通过互动确认社会组织的具体功能，在治理中，社会组织将在政府视角下形成自身的身份，身份进一步界定了社会组织参与应急管理的治理模式。①

简而言之，社会组织的核心价值体现为功能性；通过较为彻底的归化，社会组织依照政府需要的方式开展活动并实现自身功能。政府视社会组织为应急管理中需要进行“工具化”的“协作者”，而非需要进行博弈的对手；社会组

① 政府的身份多数时候表现为中心组织者与审查者。

织以其不同功能形成相应的不同身份（身份构成其在应急管理参与中的分类），每种类型的社会组织将形成独属于其身份的互动模式。倘若身份同功能有效适配，又同政府定位有效适配，则该社会组织将能较好地实现自身组织的目标价值，也能使应急管理产生更好的效能。

应当明确，“功能—身份”模型研究的是行为体对系统产生的单一的（仅由单一行为体自身发出并实现的）、直接的（不包括多层传导）影响，其功能界定也立足于系统的宏观视角下行为体对系统整体（不包括行为体间）的效果。

2. 应急管理中社会组织的功能和身份

本报告所讨论的身份是行为体在系统内的身份，功能是对系统产生的功能。针对社会治理带来的实际效果，我们可以采取简单的二分法对不同类型的社会组织进行归类：如果一个社会组织的功能有助于社会治理，则其在该次互动中的身份属于合作型；若其功能是所谓“负功能”，即对系统产生不利影响或阻碍系统中其他行为体的需求满足，则其身份属于对抗型。

事实上，还有另一种显然的可能身份，即边缘型身份。这种身份所对应的功能是没有明确的向性的。不过，“功能—身份”模型应当是简化且可操作的分析模型。在系统的层面而言，边缘型身份的功能实现并不直接对系统产生可观测之正面或负面影响，加之本报告主要聚焦的是产生作用的参与性问题，因而不将这种身份纳入考虑范围。本报告将其排除在讨论范围之外并非否认其在系统内部对各个单元的可能作用，而仅仅是因为其对于本报告讨论重点的直接意义较小。

受限于篇幅，本报告无法将行为体间相互的功能进行全面系统的分析，只得将其在此提出，以待日后补充完善：考虑到社会是一个相当复杂的有机系统，每一行为体除了对系统的作用之外，还可能对其他行为体产生相互影响。例如，某一社会组织对系统而言产生了间接但不可忽视的作用：该组织的存在对应急管理可能没有直接效果，在整个社会系统中属于边缘型身份；但其存在或许是另一合作型身份行为体存在的必要凭借。本报告理论模型所未能覆盖的问题是同样值得探讨且富有深刻的现实意义的。应当明确的是，随着功能表现的不同，单一社会组织可能在不同的情况下拥有多种不同的身份。

下面按照不同身份对社会组织参与应急管理的行为展开分析。

一是对抗型身份。此类身份主要表现的功能包括：迟滞应急管理响应、拉低应急管理效能、干扰应急管理秩序等。其形成的原因多种多样，包括但不限于：社会组织自身建设不完善，日常的运作不规范导致紧急情况出现时，其能力无法同实际要求相匹配；社会组织合法合规情况较差，难以融入应急体系；社会组织可能没有足够的权限，了解的信息并不完善，缺乏精确的调度，因此在实现功能时可能会出现偏差甚至错误。

二是合作型身份。具有合作型身份的社会组织又可以分为六类：①贤达者：强力的社会组织，享有广泛的社会认同与良好的社会声誉，能够树立社会榜样，传播价值理念，起到一定的权威作用；②沟通者：为政府与社会组织或社会组织间牵线搭桥的组织，能够建立广泛的联系，在一定程度上协调各方关系；③教育者：其作用较多地发生在日常治理的情景下，但功能使得社会对新防灾意识等意识形态或方法的把握能力提高，是社会建构中重要的一环；④慈善者：一般为慈善组织，能够在应急管理中提供必要资源，如钱款、货物等；⑤友邻人：立足于社区进行发展的组织，一般具有当地性与亲民性的特点，在社区治理越发重要的今天对社区这一应急管理的基本单元有着较大的影响；⑥手艺人：专门性的社会组织，依靠自身独有的技术参与应急管理的评估、应对及修复各个环节，成为应急管理中最为瞩目的部分之一。

（二）“功能—身份”视角下的社会组织参与困境

社会组织的草根性、自发性与多样性决定了各类社会组织的性质与功能必然是丰富多元的。多元的社会组织的丰富功能有利于应对现代社会中频发的新问题，因而它们在具体问题上是“有用的”，也常常是“好用的”。假如在纯粹的功利取向下，全体社会对社会组织的包容度、接受度都应相对较高，各种紧急事件的应对中也应当理所当然地见到更多社会组织参与的身影。但现实并非如此，社会组织参与应急管理还存在身份模糊、功能单一、能力不足、政社协调机制不健全、社社协调机制不完善等问题。

1. 社会组织参与应急管理身份模糊

我国的社会运作主要还是依照“政府治理”模式进行。所谓“政府治理”是一个处于计划经济时期大包大揽的“政府管制”与未来可期的开放双向的“公共治理”之间的过渡阶段，其主要特征为政府与各种社会组织共同作为可能的管理主体，政府—社会是主从关系，正是从这个意义上出发，才提出了社会组织“参与”的问题，而不是“协作”。

尽管在国家治理现代化的目标下，社会组织应该成为国家治理体系的重要组成部分，但这是一个需要持续推进的过程。相比于十多年前，我国加强了社会组织登记管理，以前的“黑户口”社会组织的问题已经得到解决。目前的问题是在社会组织具体以何种身份参与包括应急管理在内的国家治理的方方面面。具体到应急管理体系中，社会组织并没有成为应急体系的必然组成部分，在突发事件应对中，社会组织的响应具有自发性和自组织性，有时通过与应急指挥部的协调主动嵌入应急管理体系中，有时则直接冲到前线，直接为受灾群众提供服务。

换言之，在长期政府主导的风险应对中，社会组织曾长期缺位（或是以非常有限的方式参与）。社会组织由于缺乏身份认同而被长期隔离在应急管理制度之外，导致制度外应急参与现象普遍（陶鹏和薛澜，2013）。目前有限的政策法规足以保障社会组织的存在与日常活动的合法性，但短暂的参与历史与相对缺乏的法律法规导致社会组织参与应急管理的合法性较为单薄，不足以构成应急管理中的“当然选项”；就历史经验和实践情况而言，社会组织在应急管理的参与中是较为分散、有限且边缘化的，因此社会组织的治理效能并不突出。

一些社会组织未获得合法性或未被应急管理制度所吸纳，且与政府部门应急服务内容同质，社会组织利用其草根性与组织弹性可快速提供应急管理服务，随着灾害危机进入稳定期，政府部门重新占据服务主导权，逐渐压缩社会组织活动空间直至重新替代。在多元多样的社会组织中并不乏一些提供的服务与政府类似的参与者，但囿于自身力量和缺乏权威，其产品提供先天地缺乏优势；在另一视角下，政府可能因此视同质的社会组织为“不自量力的竞争者”，进一步削弱其合作治理的动机。

在理想的合作治理模式中，各个治理主体应当“各取所需，各得其所”。但由于种种原因，政府与社会组织的互动过程中不时表现为互斥与对抗。在身份模糊的情况下，社会组织容易出现“权责划分不清晰”“参与动机易遭误判”的参与困境。

首先，权责划分不清晰。社会组织的参与是相对来说新兴的现象，转型导致一些权责转移发生，但这种转移缺乏严格规范，以至产生了部分真空地带和重合地带：本该由政府发挥作用的领域由于推诿扯皮、不负责任等原因没有实现有效治理；而不该由政府干预的领域却替其他组织或公民个人包办，这种职能上的错位不能为市场和社会提供有效的服务和公共产品，还造成了治理的高成本和低效率。

政府习惯的是行政命令主导的运作模式；社会组织则更多地依赖具体细致的法律条文行事。在相关的权责划分中，政府大包大揽的习惯较难在短期内发生根本转变，“权大责小”的权责划分导致社会组织的生存空间较为有限。长期以来行政命令驱动的治理模式在政府单一主体治理的情况下尚能维持高效运转；但在多主体治理模式之下，以往的行政性配置将导致协调效能低下，社会组织无法恰当地融入其中，参与效果受到限制。长此以往，社会组织因框架不适配而导致的作用发挥受限或将转化为社会组织能力实在的下降。

应该明确，在多主体治理模式中，法制的作用是不言而喻的。鉴于政府代表国家力量，社会组织限于民间，双方的力量对比是较为不平衡的。若不能在法律上明确政府与社会组织的地位、职责范围、权利边界等根本性问题，社会组织所处的不利地位将限制其发挥应有功能。

其次，参与动机易遭误判。政府部门之间因为同属一个系统和官方背书而有着先天的信任；相较之下，社会组织在参与时，政社之间的不信任依然是重要的制约因素。内生于不同出身的不信任本就难以避免，对“资本”等概念的谨慎更是加剧了新的不信任——相比于坚定为人民服务的“公”“私”的参与似乎总是显得动机并不纯粹。在商品经济高度发达的今天，社会组织非营利的志愿性特点总是不那么使人信服，在原有不信任的基础上令人平添几分怀疑。值得一提的是，社会组织可能成为“境外势力”的抓手，平衡安全与效率同样是相当现实的问题。因此，历史因素与文化因素导致中国社会的主流观念依然倾向于依赖政府，社会组织的发展略显先天不足。期待某种不可知的“契机”来改变社会组织参与难的现状是不现实的——社会习惯、制度传统、心理定式等相对稳定的要素的改变是不可能毕其功于一役的，推动社会组织参与应急管理需要理念上的身份认同和制度上的长期建设。

2. 社会组织参与应急管理功能重叠

应急管理被视为由预防、准备、预警、响应、恢复所构成的动态循环过程。其中，应急救援和恢复重建是应急管理的“高光时刻”，得到了社会和媒体的高度关注，也成为社会组织争相参与的具体环节，而对减灾和准备阶段的参与十分有限的。社会组织参与应急管理的功能单一，难以贯穿应急管理全周期过程，呈现片段化、碎片化与被动化倾向（陶鹏和薛澜，2013）。

基于风险治理主体多元化的趋势，社会组织参与应急管理的机制得到了较多的研究。根据不同的风险领域和社会组织功能定位的不同，研究者对社会组织参与的主张大致可以分为三个层次：一是以政府为主体的社会组织参与。主要思路是在现有的政府主导的应急管理体系中，通过建构整合机制、协调机制和信任机制等有序吸纳社会组织参与应急。社会组织参与应急管理方式常常表现为“项目制”动员[①]、“网格化管理”[②] 等阶段性和辅助性的特点。二是将政府和社会视为平等主体的多中心治理模式，强调多元主体之间的协同与合作[③]。这种模式需要明确各类参与主体的地位、职责和边界，在此基础上构建有效的参与机制。三是强调社会组织的自主性，深度参与长期性、基础性的风险治理领域。这种模式注重发挥社会组织具有的灵活性优点，通过社会组织在基层社会中的组织和动员培育规范、信任、互惠网络等社会资本，从根本上促进社会整合、提升社会韧性[④]。与此相适应的参与机制则要从更加长远的角度进行设计和规划。

即使在参与灾害应对的过程中，社会组织的定位也比较集中，主要是应急救援。在 2021 年河南暴雨造成的洪涝灾害中，据初步估计，进入河南参与救援的社会救援力量可能达到 1000 支。这些社会组织在弥补政府救灾的盲点、发放救灾物资、重建家园等方面都有重要作为。但是社会组织参与灾害响应的业务范围高度重合，从根本上看，社会组织对自身的定位高度重合。

3. 社会组织参与应急管理能力不足

随着社会组织参与应急管理实践的不断发展，社会组织自身能力处于不断

① 王清：《通过项目进行动员：基层治理的策略与影响》，《四川大学学报》（哲学社会科学版）2020 年第 5 期，第 176 页。

② 盘世贵：《借助网格化管理推进我国应急管理新常态建设》，《学术论坛》2015 年第 9 期，第 120 页。

③ 刘智勇、刘文杰：《公共危机管理多元主体协同研究述评——以近 10 年来国内期刊论文研究为例》，《社会科学研究》2012 年第 3 期，第 59 页。

④ 李琦：《自组织视阈下应急管理的社会参与》，《理论月刊》2016 年第 8 期，第 130 页。

提升的过程中。虽然社会组织在应急管理中有灵活高效的优势，但是社会组织本身的发展仍需要有持续的经费投入和能力建设。我国社会组织发育的时间不长，同时由于长期缺乏社会组织成长的土壤，社会组织生存运作的生态系统尚未形成。比如，尽管我国社会的公益热情不断增长，但是和西方发达国家相比，这种公益志愿精神还是十分有限的。公益精神和志愿服务是在经济社会发展到一定阶段的产物。我国的志愿活动发展起来也是得益于改革开放以来人民的物质生活水平整体提升，社会层面的精神需求日益增长。一个重要表现是在数量庞大的 90 多万家社会组织中，基金会的比例仅占到 9‰，在汇聚社会资源方面的能力还比较薄弱。国家扶持社会组织的政策陆续出台，但是政府购买服务的实践还在不断探索的过程中，相对于数量庞大的社会组织来说，政府购买服务的资金仍然有限。无论是从社会汲取资源，还是从国家获得资源方面，社会组织都存在困境，这就导致了社会组织自身投入不足，能力发展受限。

由于自身能力的限制，一些社会组织在应急参与中力有不逮。比如在新冠肺炎疫情的应对中，民众捐款捐物热情高涨，但款物的迅速聚集给社会组织造成极大压力。一些社会组织超负荷运转，但是在信息公开透明、发票开具等方面还是疲于应付。新冠肺炎疫情早期，武汉红十字会在对捐赠物资的处理分发方面效率低下出现混乱，从而引起全社会的极大关注。实际情况是红十字会的工作人员数量有限，本身也受到疫情冲击，在物流方面也没有核心优势，就出现了“任务—能力”张力。社会组织在疫情大考前暴露出来制度、管理和经验上的不足（徐家良和张煜婕，2021）。同时，疫情的严重性、全面性和持续性也给社会组织本身的生存和发展造成极大冲击，社会组织资金筹款受到影响，直接导致经营困难。由此可见，社会组织本身没有周密的应急预案，也没有经过非常态情境下的压力测试，在重大突发事件中表现出比较突出的脆弱性。

社会组织在参与应急中表现出来的能力短板有些可能是个别现象，但是在互联网的社会放大效应下，被推广为整个行业的能力低下，从而引发信任危机。首先是影响政府对社会组织的信任。如前所述，在现有的应急体系中，社会组织存在身份困境，仍然不是名正言顺的“正规军”，甚至还容易出现不信任的问题。在突发事件应对过程中，一旦社会组织表现欠佳，就会出现不是“帮忙”而是“添乱”的局面。政府甚至需要调查和回应社会组织在突发事件应对中出现的问题。这就加深了政府对社会组织的疑虑。其次是影响公众对社会组织的信任。信任如同多米诺骨牌，信任的坍塌导致社会关切、问责乃至舆情危机，增加了突发事件应对过程中无序状态发生的可能性。

4. 政社协同机制不健全

突发事件中，社会组织参与出现受阻或无序现象在一定程度上与政社协同机制还不健全有关。社会组织在应急管理中发挥作用通常是以灾前合作关系培育以及制度建构为基础。突发事件状态下，多元主体的协同应对有赖于常态下建立起来并运行良好的应急管理网络。"灾前的联系有助于参与应急的各类组织熟知其他组织的资源、知识和技能特长"（Waugh and Tierney，2007），应急管理网络有效运行的前提是各个节点对自己的身份和功能有准确的理解和把握（王宏伟和董克用，2011）。

在传统的应急体系下，政府作为主要甚至是唯一力量管理社会事务，依靠本身的权力和资源应对重大突发事件，还不习惯也不善于调动社会力量，还没有建立起与社会组织权责互担的行动模式（徐家良和张煜婕，2021）。在我国应急预案体系中，社会力量的参与作为一个基本原则被强调，而对具体纳入、淘汰、培育以及合作方式却缺乏深入制度建构。显然，被动、事后、临时性的合作关系常常缺少制度支持，除了一些社会组织能够进入应急救援与恢复体制与机制设计中，大多数社会组织未能在灾前参与到应急管理过程。尤其对于灾害中兴起的群众自组织，政府部门更需要对其行动方式与作用进行有效引导与培育，参与方式与途径的制度建构不足可以被视为政府对社会组织的能力培育责任存在缺位（陶鹏和薛澜，2013）。

5. 社社协同机制不完善

随着社会组织数量增加和分工细化，社会组织之间的联系和协同也变得十分重要。同时由于社会组织数量众多，分布广泛，在突发事件应对的高度压力之下，政府不可能与所有社会组织沟通协调，只有社会组织内部建立一种协调机制，然后以社会组织相对统一的整体与政府力量协同才有可能实现高效统一的应急行动。

当前，我国社会组织之间协调不畅的问题已经受到关注。一些行业内社会组织发挥枢纽型社会组织的作用，在与政府的协调中不仅身先士卒，而且起到上传下达的作用。在历次突发事件的历练中，社会组织还摸索出平台组织的运行方式，加大社社协调。但是，社社协调机制仍不完善。

首先是当前我国应急管理体系中尚未出现全国性或区域性具有影响力的社会组织救灾网络，社会组织仍然各自为政，突发事件发生后就容易出现“一哄而上”“过度响应”“高度重叠与完全空白并存”的无序状态。

其次是社会组织枢纽型平台作用有待提升。这里的枢纽型平台是指协调社会组织之间关系，整合和凝聚多样化社会组织的机构。以新冠肺炎疫情为例，由于提供信息对接和行动协同的枢纽型平台缺位，一方面，造成了很多资源的浪费与工作的冲突，特别是在疫情初期出现了一定程度的混乱现象。另一方面，由于缺乏枢纽的链接，社会组织的力量没有被充分动员。社会组织间的资源与信息对接还较多停留在人际传递、社群传递等较为原始的渠道上，没有形成组织间的规范行为模式，虽然最终大多也实现了对接，但效率低、效果不理想（徐家良和张煜婕，2021）。

四 社会组织参与新冠肺炎疫情防控的案例研究

以新冠肺炎疫情为代表的突发公共卫生事件表现出不确定性、广泛性、隐蔽性、持续性等特征，对传统的应急管理模式提出了新挑战。突如其来的新冠肺炎疫情对原有的应急准备体系造成严重冲击，仅靠政府力量难以应对，基于社区的社会力量在风险排查和管控方面发挥了重要作用，“举国同心”是伟大抗疫精神的组成部分。新冠肺炎疫情防控转入常态化防控阶段，新冠病毒不断变异，国内出现多轮局部散发疫情。面对广泛、持续的疫情风险，为了统筹疫情防控和经济社会发展，我国采取了“动态清零”的防控策略，这一策略的有效实施高度依赖全民动员、联防联控和群防群治，社会组织在疫情常态化防控中持续发挥作用。本节考察了新冠肺炎疫情发生以来，社会组织参与应急管理的主要内容和方式，从中分析了社会组织参与公共卫生事件应急的优势、成效以及所反映出来的参与机制问题。

（一）社会组织参与疫情防控的政策背景

新型冠状病毒肺炎（Corona Virus Disease 2019，COVID-19），简称“新冠

肺炎”。世界卫生组织的统计数据显示，截至2021年12月23日，全球累计新冠确诊病例高达2.76亿人，死亡病例超过537万人①。新冠肺炎是近百年来人类遭遇的影响范围最广的全球性大流行病，对全世界是一次严重危机和严峻考验。同时，新冠肺炎疫情也是新中国成立以来发生的传播速度最快、感染范围最广、防控难度最大的一次重大突发公共卫生事件，对我国人民健康和经济社会运行产生了严重影响，对中国是一次危机，也是一次大考②。

各级党政部门和全国人民在党的领导下共同努力，在疫情防控中取得了重要进展。习近平总书记在统筹推进新冠肺炎疫情防控和经济社会发展工作部署会议上指出，“打赢疫情防控这场人民战争，必须紧紧依靠人民群众。社区是疫情联防联控、群防群控的关键防线，要推动防控资源和力量下沉，把社区这道防线守严守牢。工会、共青团、妇联等人民团体要组织动员所联系群众积极投身疫情防控。对社会力量参与疫情防控，要加强组织引导、畅通渠道、鼓励支持。要发挥行业协会、商会等社会组织的作用，指导和帮助企业等会员单位科学精准防疫、有序复工复产。要发挥社会工作的专业优势，支持广大社工、义工和志愿者开展心理疏导、情绪支持、保障支持等服务。慈善组织、红十字会要高效运转，增强透明度，主动接受监督，让每一份爱心善意都及时得到落实”③。

面对突如其来的新冠肺炎疫情，国家鼓励动员全社会参与联防联控、群防群治，国务院、民政部、卫健委出台了一系列政策支持社会多元力量参与疫情防控。国务院应对新冠肺炎疫情联防联控机制印发了《新冠肺炎患者、隔离人员及家属心理疏导和社会工作方案》④，鼓励社区社会组织、社会工作行业组织开展精神卫生知识培训，为患者、隔离人员及家属提供线上心理支持和服务。国家卫健委、民政部印发了《关于加强应对新冠肺炎工作中心理援助与

---

① 数据来源：World Health Organization（WHO），https：//covid19. who. int/。

② 国务院新闻办公室：《抗击新冠肺炎疫情的中国行动》，http：//www. scio. gov. cn/zfbps/32832/Document/1681801/1681801. htm，最后访问时间：2021年12月21日。

③ 习近平：在统筹推进新冠肺炎疫情防控和经济社会发展工作部署会议上的讲话，《人民日报》2020年2月24日，第2版。

④ 中国政府网：《关于印发新冠肺炎患者、隔离人员及家属心理疏导和社会工作服务方案的通知》（联防联控机制发〔2020〕39号），http：//www. gov. cn/xinwen/2020-04/08/content_5500131. htm，最后访问日期：2021年12月24日。

社会工作服务的通知》[①]，国家卫健委、民政部等多部门联合印发了《入境人员心理疏导和社会工作服务方案》[②]，规范引导社会工作者参与疫情防控工作。在疫情防控转入常态化阶段后，我国还通过政府购买社会组织服务等方式支持社会组织参与日常疫情防控。

除全国性政策外，受疫情影响的各地也积极出台地方性社会组织参与疫情防控措施响应中央。如湖北省前后出台近 10 余项鼓励社会组织参与的政策（鲁全，2020），动员社区社会组织参与基层防控，组织社会组织中聚集的医学专家、科普工作者、专业社工进行科普宣传，要求医疗类行业协会商会支持会员企业生产、调运防疫物资，鼓励慈善组织的慈善募捐和志愿服务活动。北京、上海等地发动社会组织参与社区排查和防控。广东省也落实一级响应职责，指引社会组织发挥专业优势、以多种形式参与防控。

新冠肺炎疫情时期与非典时期社会组织参与的对比研究表明，新冠肺炎疫情防控时期鼓励社会组织参与疫情防控的政策数量极大地超过了非典救援时期，政策内容更具体、更完善，整体的联动性更好。社会组织之间的协调机制也更加健全，社会组织的支持网络不断扩大，动员社会资源的能力不断增强（韦孜澄，2021）。

在党和政府的引导下，我国各类社会组织、企业和个人积极行动，捐钱捐物、参与疫情排查、提供心理援助等，为疫情防控、复工复产、维护社会秩序做出了贡献。疫情防控期间，社会组织累计接受社会各界捐赠资金约 396.27 亿元、物资约 10.9 亿件[③]。同时，新冠肺炎疫情是一场影响面广、持续时间长、不确定性强的新型突发公共卫生事件，社会组织在疫情中的参与也集中暴露了传统和全新的困境，为研究社会组织参与应急管理的机制提供了现代风险社会中的一个代表性情境。

---

① 中国政府网：《关于加强应对新冠肺炎疫情工作中心理援助与社会工作服务的通知》（国卫办疾控函〔2020〕194 号）：http：//www.gov.cn/zhengce/zhengceku/2020-03/07/content_5488257.htm，最后访问日期：2021 年 12 月 24 日。

② 疾病预防控制局：《关于印发入境人员心理疏导和社会工作服务方案的通知》（国卫办疾控函〔2020〕319 号），最后访问日期：2021 年 12 月 24 日。

③ 中国政府网：《民政部关于印发〈“十四五”社会组织发展规划〉的通知》（民发〔2021〕78 号）：http：//www.gov.cn/zhengce/zhengceku/2021-10/08/content_5641453.htm，最后访问日期：2021 年 12 月 14 日。

（二）社会组织参与疫情防控的总体情况

尽管疫情尚未完全结束，但是社会组织参与疫情防控的阶段性总结和反思已经为数不少。在这些社会组织参与疫情防控的案例资料基础上，本课题从多种类型的社会组织参与经历概述了社会组织参与疫情防控的总体情况和特点。

1. 社会组织凸显反应灵敏、服务多样的内在优势

新冠肺炎疫情防控中，社会组织参与应急管理的优势得到充分展现。首先是社会组织反应及时。有的社会组织从2020年1月22日湖北省、武汉市实行封闭的交通管控之日开始就启动了应急响应。大量社会组织在2020年1月底2月初陆续加入抗疫行动。大部分社会组织敏锐度高、行动力强，根据疫情发展形势和抗疫需要灵活调整自身行动重点。这表明社会组织本身的组织架构、决策程序、内部人事等组织运行方面的机制是十分灵活的，具有“小而快”的特点。

参与疫情防控的社会组织包括社会团体、基金会和社会服务机构多种类型，采取了丰富多样的抗疫行动（见表6）。基金会是慈善行业的上游组织，扮演了项目执行者、资源链接者、资源供给者的角色，主要功能是募捐筹款、动员社会资源、捐赠抗疫医疗物资、促进物资在上下游顺利流动、推动抗疫项目创新。一些基金会长期专注于救灾和应急领域，积累了丰富经验，在参与抗疫的过程中还起到了社会组织协调的作用。比如，南都公益基金会在抗疫行动中大力推行其持续倡导的公益行业生态建设理念，通过提供灵活资金、能力建设、着重支持在地枢纽型社会组织。

表6　新冠肺炎疫情应对中社会组织的角色和功能

组织类型	主要角色	主要功能	代表性组织
基金会	资源供给者 资源链接者 项目执行者	募捐筹款； 捐赠抗疫医疗物资； 促进物资在上下游顺利流动； 抗疫项目创新	阿里巴巴基金会、腾讯基金会； 南都基金会、千禾社区基金会、招商局基金会、正荣基金会； 爱德基金会、壹基金、韩红基金会、中国乡村发展基金会（原中国扶贫基金会）
社会团体	一线服务者	专业领域服务	上海浦东新区社会工作协会；义务工作者联合会；阿拉善SEE生态协会
社会服务机构	一线服务者	直接提供服务	北京协作者社会工作发展中心；恩派公益发展中心等

社会团体本身是具有较强行业性、专业性的组织，聚集了行业内优质资源和专业性人才队伍，在新冠肺炎疫情的应对中提供了大量的专业服务，在专业领域中也采取了相应行动。比如，阿拉善 SEE 生态协会汇聚了会员企业的力量捐款捐物，助力复工复产，还大力倡导《野生动物保护法》的修订。

社会服务机构主要活跃于基层社区，直接面向服务对象，特别是受新冠肺炎疫情冲击的脆弱群体，如农民工、残障人士、贫困家庭、空巢老人、一线抗疫人员的子女等。这些社会服务机构根据自身的优势和特长提供的服务形式多样，接地气、暖人心，如科普宣传、医学咨询、救援物资发放、停课学生的在线辅导、为受疫情影响的农户推销农产品以及疫情中丧亲家属的哀伤服务等。在新冠肺炎疫情最为严重的时候，国家集中力量完成救治患者、隔离疑似病例、维护社会秩序等关键任务，社会组织则结合自身优势起到了及时的“补位”作用。

2. 社会组织之间的协同机制实现迭代升级

“汶川地震”之后，社会组织持续探索突发事件应对过程中的协同机制，提升社会组织参与的效率，比如，“芦山地震”中产生的“基金会救灾协调会”不仅在当时发挥了社社协同、政社对接的桥梁纽带作用，而且形成了社会组织沟通的一个平台组织。新冠肺炎疫情发生后，“基金会救灾协调会”联合其他社会组织发起成立了“抗击新冠疫情社会组织协作网络”（CNC-COVID19, China NGO Consortium for COVID-19），从 2020 年 2 月 2 日正式启动，确定了六大行动目标（见表 7），致力于促进基金会之间、基金会与政府部门、社会组织及社会各界在防灾、减灾、救灾、重建中的沟通、交流、合作与协同。

表 7　新冠肺炎疫情应对中社会组织合作网络的主要目标

目标	主要内容
目标 1	帮助社会组织快速学习，提升在地响应能力
目标 2	帮助社会组织了解一线需求和行动、资源流动等信息，为决策做支持
目标 3	倡导社会组织专业高效参与
目标 4	倡导公众理性捐赠

续表

目标	主要内容
目标 5	让政府认识到社会组织在救灾应急中的作用与价值
目标 6	探索建立社会组织应急协同长效机制

资料来源：基金会救灾协调会：《社会组织抗击新冠疫情协作网络评估报告发布》，https：//mp. weixin. qq. com/s/dgbE__lviZRZGtvXwd4OdQ，发布日期：2020 年 12 月 29 日，最后访问日期：2021 年 12 月 20 日。

自启动以来，共有 68 家机构加入了该网络，形成了发起机构、议题机构、枢纽机构、协调办公室四类角色。协作网络在应急响应期的工作主要包括：信息共享、一线机构专业支持、行业对话会、应急专业议题的行业讨论和交流、公共热点回应、编译知识库（见图 2）。CNC-COVID19 可以视为“基金会救灾协调会”自 2013 年成立以来的一次全新升级。从规模上讲，这是参与机构数量最多的一次协作；从运作框架上来看，多家机构共同完成了协作网络的发起和运行工作；在运行方式上，由于疫情限制，大部分沟通协调都依赖互联网在线完成[①]。

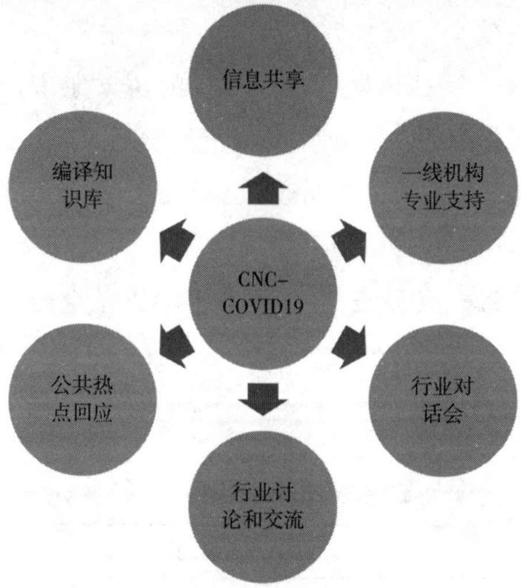

图 2　社会组织协作网络的主要功能

资料来源：马尧：《社会组织应急协同长效机制的探索——CNC-COVID19 行动案例》，https：//mp. weixin. qq. com/s/Qv9ZcOurZ5vBnbAnrSusjA，最后访问日期：2020 年 12 月 24 日。

---

① 基金会救灾协调会：《社会组织抗击新冠疫情协作网络评估报告发布》，https：//mp. weixin. qq. com/s/dgbE__lviZRZGtvXwd4OdQ，最后访问日期：2021 年 12 月 20 日。

此外，此次新冠肺炎疫情中，社会组织之间的协作网络还出现了专业化聚合的趋势：除了综合性的协作网络之外，一些专业领域的社会组织还在小同行的范围内构建了协作网络。如“抗击疫情残障支持网络”致力于在疫情隔离期间为残障伙伴提供疫情无障碍信息、生活必需品代购、心理疏导、居家康复和锻炼、在线教育资源等支持。“社工伴行”团队采取“4+1 线上异地救援模式”，以社会工作价值为主导开展多专业合作服务，服务范围从国内社区、隔离点、方舱到海外华人，服务对象超 5000 人。可见，随着参与应急管理的社会组织数量增加，社会组织之间的协同日益重要。社会组织自发地构建协作网络，形成了“聚沙成塔”的协作效应。

3. 社会组织线上服务和技术创新成为亮点

和地震、洪涝等自然灾害不同，公共卫生事件中隔离措施是阻断传播的关键措施。在传染性突发流行病应对中，社会组织难以到达现场进行在场服务，只能借助互联网技术展开线上沟通和服务。如“大鱼社区营造发展中心”在 2020 年 2 月 4 日发出社区防疫互助网络计划，在 48 天内发起超过 300 场线上会议，组成 20 余个行动小组，实现了上万次线上线下的链接。“社工伴行”团队采取“4+1 线上异地救援模式”，服务范围从国内社区、隔离点、方舱到海外华人，服务对象超 5000 人。线上服务方式突破了时空阻隔，在突发公共卫生事件应对中展现出灵活性和广泛性优势。

大数据抗疫是技术发展带来的应急管理的变化，具有技术网络连接背景的社会组织发挥互联网创新的优势，提供了技术防疫的数字化方案。比如，腾讯公益基金会以包括企业微信、腾讯文档、腾讯会议在内的腾讯工具矩阵助力各类沟通协调行动，还推出 2 亿元资金池鼓励各方软件开发机构开发疫情服务小程序，吸引 1000 多家开发机构报名。社会组织在数字抗疫方面的主动性和首创性扩展了互联网公益的慈善边界，推动公益组织的数字化开发，展示了公益组织的数字化未来，也将在一定程度上推动社会组织的数字化转型。

（三）社会组织参与疫情防控的主要问题

我国所经历的社会组织参与应急管理的难题是存在复杂切实且厚重的原因的。即使在洗牌式的重大风险冲击之下，这种难题都难以从根本上得到解决：COVID-19 疫情之初，这样的模式产生了一定的动摇——在初期医疗资源遭到集中挤兑的“至暗时刻”，社会治理模式更加自发地偏向大规模起用包括社会组织与企业在内的社会力量。在这一时段内，社会组织的重要性有所上升。不过动摇仅仅是特殊时期的历史产物——回过头来看，当时的动摇主要集中在技术与运输等领域，事实也证明动摇被“固定”在了这些政府能力有所欠缺的领域。更为重要的是，这一动摇并没有转变为观念的动摇。相反，在多数民众心中，由于中国政府领导的抗疫活动取得了举世瞩目的成效，“找政府”反而成为当然的第一选择。社会组织参与新冠肺炎疫情应对中反映出来的问题具有一定的普遍性，需要通过机制建设加以改善。

1. 政社协同问题依旧突出

新冠肺炎疫情案例分析表明，在重大突发公共卫生事件的救治、隔离以及日常防控中，应急管理的主体已经逐渐由政府包揽向政府主导、社会组织等多方力量协同治理转变。尽管我国在疫情防控方面具有显著制度优势，但是公共卫生事件的风险具有弥散性，向全社会各个角落蔓延，社会应对尤为重要，个人、家庭和社区成为防控疫情的坚固防线。社会组织来源于民间，活跃于基层，具有天然的专业优势，积累了扎实的社会资本，在疫情防控中通过动员整合零散而多元的民间社会力量，成为行政力量的重要补充。

各地方政府的疫情防控指挥部的部门设置集中反映了这一问题。如有研究发现，在新冠肺炎疫情防控中，某省级指挥部下设办公室和综合组、医疗救治与疾控组、物资与市场保障组、宣传组、社会稳定组、综合专家组 6 个工作组，其中没有一个工作组明确负责社会组织的协调与对接（徐家良和张煜婕，2021）。在疫情突如其来的初期，由于政府对于公益资源指定使用方式的公平性屡屡遭到质疑，且企业和社会组织等社会力量在疫情初期的表现也暴露了参与的体制机制不顺、作用无法有效发挥等严重问题，一时出现政府失灵、市场失灵、志愿失灵三重失灵的状况。另外，尽管在疫情期间一些地方密集召开多场新闻发布会，但其中极少明确提及对社会组织的统筹安排及工作部署，仅有零星介绍涉及某些社会组织的工作成效。在疫情防控的各个领域，社会组织更多的是自发动员、自我管理、自我协调，没有纳入政府统筹的防控体系中。

新冠肺炎疫情中社会组织的参与实践也反映出民间社会组织行动的合法合理性问题。在重大公共危机下，政府对于物资捐赠常采用统筹分配，而社会组织自发的物资援助可以成为政府力量的补充，但需要考察行为的法律依据，维护社会发展与慈善秩序。政社协同是现代化社会治理体系的新特征与新要求，为此，既需要政府在协同机制的制度创新方面更加主动，也需要社会力量在嵌入政府主导的各类行动中变得更加积极。

2. 社社协同需要长效机制

在突发事件应对中，零散的社会组织普遍具有协作行动的内在动机，希望通过社会组织的协同网络对接项目资源、寻找合作伙伴。有救灾经验的社会组织希望通过网络实现联合行动，提升参与效率，没有经验的社会组织希望通过网络实现社会学习。在应急条件下，协同行动往往比单打独斗要有效得多，但该协同是长久性还是临时性的、如何联合联络达到有效沟通等问题则值得行业及学者们进一步探索。

此次新冠肺炎疫情的应对中，社会组织之间的协同机制有了新的发展，在原有的基础上做出了新的尝试，收到了良好效果，越发说明社社协同机制的重要性。但是社会组织协同的临时性十分明显，社会组织应急协同的长效机制仍然有待探索。在社会组织协同网络中需要哪些角色、如何进行有效的社群管理、如何增进网络成员的多维度联系等问题都还没有取得突破。一些枢纽型社会组织在社社协同方面发挥了龙头作用。由于我国国土辽阔，在未来可能需要多个区域性枢纽型社会组织。以在地社会组织为主体建立的协同网络具有地理临近、沟通便利等优势，更加容易形成理解和互动。此外，数字技术也为未来的社社协同机制提供了新的可能性，尽快搭建社会组织之间的数据共享平台将为社社协同提供技术基础。

3. 社会组织能力参差不齐

社会组织的快速成长也伴随着能力参差不齐的问题，这一问题在新冠肺炎疫情的防控参与中表现明显。参与疫情防控的社会组织虽然数量较多，但是真正具有应急经验和专业能力的组织并不多。社会组织的参与热情虽然可嘉，但是仍然需要有与应急管理相匹配的专业能力作为支撑。一些具有较高公信力水准的基金会在疫情中正向作用明显，良好的公信力为基金会的形象塑造、功能强化以及资源获取都大有助益。例如，北京韩红爱心慈善基金会在抗疫中的表现再一次印证了基金会公信力建设的力量。与此相反，一些社会组织由于自身能力限制在应急参与中表现出效率低下、行动滞后的问题，受到公众质疑，有的甚至引起了严重的舆情危机。

社会组织自身能力建设受到两个方面因素的影响：一是社会组织本身所具有的资源水平；二是自身的规范化管理。从社会组织本身的资源条件来讲，社会组织的资金、人力资源和物资方面还不充足。在疫情的冲击下，一些中小型社会组织账面资金只能支持本组织正常运行半年左右，自身的脆弱性暴露无遗。社会组织本身应当编制应急预案，增强自身的抗风险能力。

我国的社会组织已经经历了一个高速增长的时期，下一阶段将以能力提升为关键着力点，实现“数量增长”向“质量提升”的转变，促进社会组织的高质量发展。这就需要社会组织加强规范化制度建设，建立高效的内部运作机制。应急领域的社会组织还需要加强社会学习，在历次应急实践中总结复盘，优化内部运行机制和外部协调机制，把能力建设当作日常工作中的重点。

4. 新型参与方式值得重视

以新冠肺炎疫情为代表的突发公共卫生事件往往具有社会疏离的需要，社会组织难以到达受灾地点进行在场服务。在网络和数字技术与经济社会深度融合的技术环境中，社会组织通过互联网进行线上沟通、提供远程服务是一种可行的志愿方式。但是此次疫情应对中的线上沟通主要采用了微信工作群、共享文档等方式，数字应用、数据保存具有临时性的特点。及时构建社会组织共享的信息平台，不仅可以为社会组织的应急参与赋能，还可以借助平台强化和激发新的协同机制。与此同时，国家总体的应急体系也在向数字化智慧化方向发展。在保障数据和隐私安全的前提下，未来在突发事件应对中可以考虑与包括社会组织在内的多元行动主体共享信息，打破信息壁垒，实现多元组织的跨界协同。

新冠肺炎疫情防控中，具有技术优势的社会组织，如腾讯基金会、阿里巴巴基金会依托本身联系的企业网络，通过小程序研发、数据分析等技术方式为抗疫提供支持，释放出数字技术的巨大能量。这一现象值得重视，与救灾人力、物资相同，技术也是突发事件应对的组成要素，而且在未来的数字社会中将发挥更大的作用。如何以突发事件应对为目标搭建一体化数字共享平台、如何激发社会组织在技术创新方面的灵活性特点、如何在数字化的背景下实现多元主体的协同行动是此次疫情参与提出的全新命题，需要通过应急管理体系的顶层设计进行统筹考虑。

五　中国特色社会组织参与应急管理的机制建设

社会组织参与应急管理的机制经历了建立、发展和完善的演变历程，在历次重大突发事件的洗礼中，社会组织逐步融入国家应急管理体系，成为国家应急管理体系的有机组成部分。随着各类突发事件应对中对应急管理提出的新挑战，社会组织参与应急管理的机制还需要不断创新和变革，形成一系列具有中国特色的有效参与机制。

（一）以规范化解决合法性难题

党的十八大以来，中央的一系列文件和决定都在鼓励社会组织在现代化国家治理体系中发挥其作用：2016 年，中共中央办公厅、国务院办公厅印发了《关于改革社会组织管理制度促进社会组织健康有序发展的意见》，要求“加强社会组织建设，激发社会组织活力、改革社会组织管理制度、促进社会组织健康有序发展”；2017 年，民政部印发《关于大力培育发展社区社会组织的意见》，指出在社区范围内应当“充分发挥社区社会组织的积极作用、加大对社区社会组织的培育扶持力度、加强对社区社会组织的管理服务”；2021 年的《“十四五”社会组织发展规划》更是明确提出，社会组织发展的主要目标为“到 2025 年，协同推动社会组织党建工作管理体制和工作机制更加完善，社会组织党的组织和党的工作有效覆盖；党建引领、统一登记、各司其职、协调配合、分级负责、依法监管的中国特色社会组织管理体制更加健全；政社分开、权责明确、依法自治的社会组织制度更加完善；结构合理、功能完善、竞争有序、诚信自律、充满活力的社会组织发展格局更加定型”。通过法制将“野生”的社会组织以政府可接受的方式进行“规范化”是较为合理可行的。

上述中央文件高度评价了社会组织在治理体系中的可能发展前景，并大致提出了“管理—建设—引导”三个方面的发展指引。而不论是加强管理、加强组织自身建设以避免外部性，还是引导社会组织参与到社会治理及应急管理中，归化与规范化的特征都是相当明确的。社会组织发挥效用及参与应急管理的合法性将在积极的互动中得到加深和强化，从而使政府更加接受社会组织的可用性与功能性，为社会组织的参与打下良好的结构性基础。

在肯定成果的时候也不应该忽略，当前我国关于社会组织的规范性文件依然较为分散与初级。目前，我国没有完善的《社会组织法》，现行的社会组织相关问题由《民法典》规定。在完善有关法律法规方面：一是要在突发事件应对法律法规中明确社会组织的合法性身份和参与机制。目前，《突发事件应对法》的修订已经接近尾声，对社会组织参与突发事件应对进行了比较细致的规定。下一步制定《突发公共卫生事件应对法》是一个契机，应将新冠肺炎疫情中社会组织参与防控的经验加以制度固化，同时反思非典以来社会组织参与的共性问题，明确社会组织在公共卫生事件中的身份和功能，对信息共享、资源对接、行动协调等机制做出具体的规定。二是制定社会组织法律法规的过程中规定社会组织参与应急管理的行为边界。应加快制定《社会组织法》等专门性法律、法规，规范社会组织的行为，明确社会组织在国家治理中的身份和地位，从根本上确认社会组织参与应急管理的合法性，对社会组织在应急管理中的权责做出清晰的规定，同时也为社会组织在应急管理领域中的创新发展留下空间。在修订《慈善法》的过程中，更加细化社会组织参与的行为规范、参与途径等具体内容。

（二）以应急效能为导向构建政社协同机制

只有灾前的互动是充分的、规范化的，应急状态下才可能各就其位、各司其职，有条不紊地进入应急状态。作为应急管理的主体，各级政府需要在灾前建立与社会组织的合作伙伴关系，并建立常态的合作机制。例如，政府通过认证挂牌、签订协议等方式可以加强对社会组织的了解和动员，在应急物资的紧急调用方面，灾前合同制被视为一种有效的机制（赵成根，2006）。总体而言，政社协同机制要将社会组织视为应急管理体系的有机组成部分，从应急体系有效运转的角度设计政社协同机制。

一是在常态管理中构建政社合作伙伴关系。各类突发事件的风险防控和应急管理部门应当主动与本领域的社会组织加强联系，在日常风险防范工作中加强与社会组织的沟通。在预案编制、应急演练中将社会组织视为应急管理体系的重要成员，统筹进行设计和组织，将社会组织纳入日常管理之中。建立政社日常联系机制，通过信息要报、调查摸底、技能比赛、专业培训、选拔认证、业务指导等多种形式加强与社会组织的实质性联系，对于在应急物资紧急生产和调运具有专业能力的行业协会等采用签订协议或挂牌合作组织等形式建立高效的平战转换机制。一些行业性社会组织（如中国慈善联合会）或枢纽型社会组织（如中国红十字会）等都具有鲜明的枢纽型社会组织的特点，在社会组织网络中具有中心性特征。对本地本领域的枢纽型组织建立负责人沟通机制。在应急管理部门快速推进信息平台建设的过程中，在安全可控的前提下，向社会组织开放必要信息共享权限，借助信息平台实现信息的双向互动。根据本地应急管理的总体规划，向社会组织放权赋权，鼓励社会组织从现有的事后应急参与向应急管理的前后两端延伸，重点培育在风险防控、安全文化建设以及心理援助等薄弱领域中的社会组织。在各类应急预案的修订中增加社会组织功能，确立政府动员社会组织的平转转换机制。通过政府购买服务等方式加大对社会组织的支持力度，通过业务指导提升社会组织自身能力建设。

二是在非常态管理中要及时将社会组织协同纳入应急管理指挥部的工作内容，及时向社会公布负责社会组织协同的联系人和专业应急小组，邀请枢纽型社会组织负责人参与事件研判和信息通报的工作会议。将社会组织中的救援力量、救灾物资、专业技能等优势资源纳入突发事件应对方案进行统筹安排。应急管理结束后，及时解决社会组织征用补偿问题，及时展开综合评估和复盘学习，解决政社协同机制运转中的问题，并落实到应急预案的完善和优化之中，对应急管理中表现突出的社会组织予以精神鼓励和物质奖励，利用新闻媒体大力弘扬社会组织的公益精神，创造社会组织发展的良好氛围。

此外，社会组织的评估学习机制也是政社协同的一种重要机制。大部分突发公共事件是“高影响—小概率”事件，对参与应急管理的各类主体来说都是宝贵的锻炼和学习机会。社会组织参与应急管理的能力提升一方面有赖于常规的制度建设和规范管理；另一方面来自历次参与突发事件应对中的实战学习。

从社会组织的总体发展来说，评估机制的建立有助于加强对社会组织的管理，另一方面也有助于增进政社了解和互动。为此，我国从总体上构建了社会组织的评估机制。2010 年 12 月，民政部出台了《社会组织评估管理办法》，从 2011 年 3 月 1 日起施行[①]。2021 年 12 月，民政部又印发了《全国性社会组织评估管理规定》[②]，推动社会组织的自我管理与规范发展，评估等级结果为配套各种优惠政策提供参考依据。这体现了国家对社会组织积极引导与依法管理并重的发展原则，是支持和引导社会组织发展的日常工作机制之一。一些地方还探索建立第三方评估制度，对社会化服务机构的服务行为和结果进行评价和监督[③]。

在社会组织评估的过程中必然遵照分级管理、分类评定、客观公正的原则，按照组织分类设置具体的评估指标。对于应急管理类社会组织要注重日常管理和突发事件应对具体表现展开综合评估，着重解决社会组织参与应急管理的短板和不足，指导社会组织完善应急工作预案，及时发现社会组织参与应急管理协调机制上的问题，通过问题反馈向有关部门提出畅通协调机制的政策建议，推动相关工作顺利开展。

（三）以“各得其所”丰富并落实激励机制

在政府的视角下，社会组织主要表现的属性是功能性，各组织依托不同的功能各司其职。该视角能够较好地模拟与解释政府和社会组织在社会治理及应急管理中的基本运作机制。不过这一视角并不能反映社会组织的全貌。

不同于简化后的“工具人”，社会组织是具有相当的自主性与独立性的社会团体，其产生的基本动机是相当独特和私人的——倘若没有共同的价值追求，分散的个人就缺乏组织起来形成社会团体的动机。一般而言，社会组织的建立主要有赖于不以营利为目的的志愿性动机；具体而言，这种志愿性动机具有多样的表现形式，包括但不限于服务特定群体、提供专门服务、推动经济社会发展、保障社会福利等，不一而足。

---

① 民政部：《社会组织评估管理办法》，http：//xxgk. mca. gov. cn：8011/gdnps/pc/content. jsp? id=12840&mtype=1，最后访问日期：2021 年 12 月 24 日。

② 民政部：《关于印发〈全国性社会组织评估管理规定〉的通知》（民发〔2021〕96 号），http：//www. mca. gov. cn/article/xw/tzgg/202112/20211200038494. shtml，最后访问日期：2021 年 12 月 24 日。

③ 北京市人民政府：《北京市应急管理局关于印发〈北京市“十四五”时期应急管理事业发展规划〉的通知》，http：//www. beijing. gov. cn/zhengce/zhengcefagui/202111/t20211130_2548934. html，最后访问日期：2021 年 12 月 24 日。

在日常治理及应急管理中，社会组织的纲领与动机是不会产生影响的。不过社会组织同政府的联系属于双向多次互动而非单向施动，同样享有治理主体地位的社会组织在发挥作用之后同样需要得到激励，以满足其自身特有的参与动机，实现自身价值的满足，重新赋予并强化自身再次参与社会治理的动机，实现良性互动。

社会组织的参与动机时常不被正面解释，要么以轻飘飘的“补充作用”“做贡献”等无心之语搪塞过去，要么在道德层面因为“不纯粹”而遭受质疑。如此窘境，社会组织很难拥有长期可持续且充分的动机参与社会治理。我们在现实事件中常常看见社会组织自发积极地参与到应急管理中，它们似乎不求回报，只是一心一意地做好自己的工作。社会舆论会对此大肆宣传并进行“不求回报”之类的评价。这可能是一种有极大隐患的曲解。回报的种类是多样的，不一定所有的激励都要以物质形式体现出来。在上述情况中，社会组织主要追求的并非肉眼可见的物质激励——社会组织可能因为突发的危机事件而产生运动式的参与热情，在过程当中，对参与热情的回应能够在部分程度上满足其参与的自我动机。因此，我们才能看到社会组织一次次地积极响应应急管理，扮演重要角色。

但如上文所言，这种“社会组织不求回报”的舆论导向是危险的。这句话的第一个谬误之处已经得到了较为充分的阐释。第二个谬误之处在于：社会组织之间有着相当大的目的、性质、功能之间的差异。以社会组织整体的刻板印象包含所有多样而特殊的社会组织，势必会导致部分组织的动机无法得到回应，激励难以实现转化；在道德层面上，“不求回报”的预设甚至可能让社会组织正当的获得激励的权利受到侵害，陷入“做好事—吃亏”的两难境地，将对社会组织的参与热情造成极大的打击。

因此，落实激励机制是推动社会组织参与应急管理的重要环节，应当在社会范围内树立“去工具化”的宣传方式，正确定位社会组织的治理主体地位，正视其实现自身价值、获得正当激励的诉求；除此之外，还应贯彻“各得其所”原则。所谓“各得其所”，就是指在对参与应急管理的社会组织进行激励时，激励机制的设置应当考虑到不同社会组织多种多样的组织动机，根据实际情况进行包括资金支持、政策倾斜、官方背书、社会宣传等多方面在内的“个性化激励”，通过丰富与便利社会组织实现自身目的的方式，充分调动其参与应急管理的积极性。

针对社会组织在应急管理全过程参与的绩效出台奖补政策，对参与应急工作成效卓著的社会组织及其工作人员进行表彰奖励，颁发荣誉称号，在承接政府购买服务项目、社会组织年度评估等方向上予以适度倾斜。应急活动取得初步成效后，应组成专门考核部门，设置科学的考核指标，分类对社会力量参与应急管理的积极性、时效性、合理性和有效性等进行考核。重视考核结果的运用，以政府名义发布考核结果，以精神鼓励、物质奖励等多种形式进行表彰奖励。一是物质奖励。在日常制度建设中鼓励有条件的地方为社会组织提供保险保障，或者通过建立志愿者基金，广泛吸纳社会资本，为志愿者购买人身意外保险，解除志愿者的后顾之忧。参加应急活动的社会组织和志愿者，在保证原单位工资、福利不受影响，对在应急活动中产生的交通费、生活补助等予以补偿和满足。向积极参加应急救助的企业减免部分税收或提供无息、低息贷款，帮助企业改进技术和管理。二是精神激励。建立志愿者嘉奖制度和志愿服务回馈制度，各级政府和相关组织要采取颁发荣誉证书、评定星级等方式为志愿服务者提供精神激励。充分运用新闻媒体，大力弘扬志愿精神，营造社会力量参与应急管理的良好氛围。

（四）以制度化和信息化促进社社协同机制

随着社会组织的数量增长和专业化分工的发展，我国的社会组织已经呈现出不同的身份和功能。比如，在参与新冠肺炎疫情抗击的案例中，社会组织可以分为社会服务机构、基金会、社会团体等，不同组织之间的联合行动也日益密切。因此，社会组织在应急管理中发挥出效能要求各类社会组织发挥各自的专业能力，同时也要加强合作，在高度分工的世界里找到各自的定位、发挥各自的作用。这就需要在调整社会组织之间的关系方面建立有效的机制。

传统观念中，调节社会组织间关系依托的主要抓手是法制框架下的政府行政调节。诚然，行政调节是效果显现非常迅速及时的调节手段，但这一调节的局限性也是明显的：由于政府并不如假设中的“利维坦”那样全知全能，政府在应急情况下能够掌握到的作为决策基础的信息相对有限，其调节是存在事实上的偏差的。另一个重要的短板在于，现代化的多元主体社会并不遵循彻底的行政逻辑，以行政手段强行接管一方面窒碍了众多社会力量发挥其能动性提升应急响应效能的能力；一方面极大地增加了应急环节中善后环节，即恢复常态化的成本。

应该承认，社会组织作为有自身理性与参与动机的治理主体，应当是有进行相互协调的能力的。就目前情况而言，社会组织的相互协调能力依然较弱，这主要是因为社会组织间：（1）没有形成紧密的共同体意识；（2）现有制度对其相互协调的引导倾向不明显，力度不强；（3）缺乏协调场所。

自发的社会组织在共同体意识上可能会有些矛盾，单一的社会组织的建立本身依赖于对同一目标的共同体意识。但这种共同体意识多数情况下局限于特定组织之内，“同行”可能并不是合作伙伴，而是有着零和关系的竞争对手。在这种意识作用下，社会组织自发协调的意愿会遭到一定的削弱。

如上文论述，现有的制度依然遵循历史惯性，侧重于以行政作为协调的主要手段，主动引导社会组织相互协调的意愿不够强烈。同时，由于社会组织的相互协调更多的是一种自发的社会行为，行政或立法介入的空间不大，建制对增进社会组织的相互协调作用是相对有限的。

当前促进社会组织协同最紧要的问题在于社会组织缺乏协调平台。紧急情况下，政府的主要精力集中在投入直接响应，其中可能会联系一些社会组织寻求支援，但是多数社会组织的参与还是自发的、分散的，其投入可能是足量的甚至是饱和的，但实际效果可能是不足的。以公众惯常认识中的社会组织参与程度较高的物资提供领域为例，在 2021 年的两次重大洪涝灾害中，出现了许多社会组织都将同质的物资送到了少数地点集中的情况，而真正需要物资的地区以及真正短缺的物资没有得到满足。一时间，微博平台上同时出现了“我们不需要物资”和“我们很需要物资”这样有些魔幻的矛盾场面。当时，在物资分配的矛盾出现后，社会组织才意识到需要进行相互协调，主要的协调平台一是微博，二是广受赞誉的“救命共享文档”。这两个平台都具有信息化特征，本课题也认为信息化将是组织间协调的重要手段。

不过上述两种协调方式都存在随意性的特点，微博的发送门槛低，目标群体未必能够接收信息，且发送求救信息者存在为取得优先级而夸大现实情况的动机；而共享文档保密性差且承载能力有限，存在被篡改、谎报以及崩溃的危险。为了弥补这一缺点，我们需要在信息化的基础上再对协调平台进行制度化处理。

所谓制度化，是指需要建立的信息平台应当是长期有效且被普遍接受的。要想达成制度化，既可以依托官方提供的模板或国家标准，也可以通过确定的行业标准。总之，这一过程中需要有权威介入。

那么，行业自发标准和官方认定标准哪一个更好呢？事实上，在河南暴雨灾害中“救命共享文档”问世之后不久，人民日报推出了类似于共享文档的信息登记平台。事实上，自发标准可能正是呼应社会的普遍需求而诞生的，在社会认可方面不存在太大障碍。相对而言，如何让自发标准固定化并形成长期稳定的信息平台，是未来值得考虑的更加迅速且有效的应急方案。

在制度化信息化平台建立中的不同阶段内，政府与社会组织的参与程度应当有所区别。在平台形成之初，应由社会组织自发地利用社会内生标准进行平台构建，政府力量不应大规模介入，只需提供基本的支持；在平台成型后，社会组织需要经由政府的背书使平台在社会（或至少是行业）范围内被接受；政府则应当通过合法手段以参与者身份获取数据接口，融入平台，并以平台信息为基础进行应急活动。

在制度化信息化的基础上，实践中已经产生了两种运行良好的社社协同机制。一种是多组织自发形成的协商平台，如“芦山地震”中建立起来的“基金会救灾协调会”，形成了一种常态化的社会组织之间的沟通机制以及非常态情境中的会商协同机制。另一种是特定社会组织扮演专业协调人的角色，比如“卓明灾害信息服务中心”，是一家以专业处理灾害信息、协助救灾资源对接、促进救灾效率为工作内容的志愿者组织。这类组织的产生和发展本身具有创新的思路，着重灾害信息梳理，解决突发事件中信息量大、信息不对称的问题，是为社会组织提供服务的社会组织。无论是多组织平台还是专业的信息服务机构，都在突发事件应对中起到了“枢纽型组织”的作用，通过社会组织自身专业分工解决组织之间不协调的问题，是实现社社协同的宝贵经验。

参考文献

〔德〕乌尔里希·贝克：《风险社会：新的现代性之路》，张文杰、何博闻译，译林出版社，2018。

范一大：《我国灾害风险管理的未来挑战——解读〈2015~2030 年仙台减轻灾害风险框架〉》，《中国减灾》2015 年第 7 期，第 18~21 页。

刘智勇、刘文杰：《公共危机管理多元主体协同研究述评——以近 10 年来国内期刊论文研究为例》，《社会科学研究》2012 年第 3 期，第 59~64 页。

鲁全：《公共卫生应急管理中的多主体合作机制研究——以新冠肺炎疫情防控为例》，《学术研究》2020 年第 4 期，第 14~20 页。

陶鹏、薛澜：《论我国政府与社会组织应急管理合作伙伴关系的建构》，《国家行政学院学报》2013 年第 3 期，第 14~18 页。

王宏伟、董克用：《应急社会动员模式的转变：从“命令型”到“治理型”》，《国家行政学院学报》2011 年第 5 期，第 22~26 页。

王磊、王青芸：《韧性治理：后疫情时代重大公共卫生事件的常态化治理路径》，《河海大学学报》（哲学社会科学版）2020 年第 22 期，第 75~82 页。

王勇：《我国社会组织登记总数已突破 90 万家》，《公益时报》2021 年 1 月 26 日，第 6 版。

韦孜澄：《社会组织参与应对突发重大公共卫生事件的路径变化研究——基于抗击非典疫情时期到新冠肺炎疫情防控时期的分析》，《领导科学论坛》2021 年第 12 期，第 57~64 页。

徐家良、张煜婕：《“让社会运转起来”：社会组织参与应急管理的功能作用、运行机制与构建路径》，《广西师范大学学报》（哲学社会科学版）2021 年第 2 期，第 1~12 页。

薛澜、刘冰：《应急管理体系新挑战及其顶层设计》，《国家行政学院学报》2013 年第 1 期，第 10~14 页。

薛澜、张强、钟开斌：《危机管理：转型期中国面临的挑战》，《中国软科学》2003 年第 4 期，第 6~12 页。

薛澜、钟开斌：《突发公共事件分类、分级与分期：应急体制的管理基础》，《中国行政管理》2005 年第 2 期，第 102~107 页。

游志斌、薛澜：《美国应急管理体系重构新趋向：全国准备与核心能力》，《党政视野》2015 年第 8 期，第 58 页。

张海波、童星：《中国应急管理结构变化及其理论概化》，《中国社会科学》2015 年第 3 期，第 58~84 页。

张强：《灾害应对中的社会组织参与——从 2008 年汶川地震到 2013 年芦山地震的演进》，载杨团主编《中国慈善发展报告》，社会科学文献出版社，2014。

赵成根：《发达国家大城市危机管理中的社会参与机制》，《北京行政学院学报》2006年第4期，第13~17页。

钟开斌：《国家应急管理体系：框架构建、演进历程与完善策略》，《改革》2020年第4期，第5~18页。

FEMA："A Whole Community Approach to Emergency Management: Principles, Themes, and Pathway for Action", (2011).

Waugh, W. L., K. J. Tierney: "Emergency Management: Principles and Practice for Local Government", International City/ County Management Association, (2007).

第四章　慈善组织参与应急管理的舆论引导策略研究

唐远清　吴雷　郑文锋 等*

一　绪论

（一）研究背景

本研究所称“慈善组织”，其概念沿用《中华人民共和国慈善法》第二章第八条中的界定：“慈善组织是依法成立、符合本法规定，以面向社会开展慈善活动为宗旨的非营利组织。”广泛而言，社会中的基金会、社会团体、社会服务机构等组织是慈善组织的主要构成。

自《慈善法》于2016年9月1日正式生效并全面实施以来，我国慈善事业行稳致远。我国慈善组织在引导发展慈善事业、弘扬慈善文化、规范慈善活动、促进社会进步、共享发展成果等方面发挥着越来越重要的作用，慈善组织的数量也如雨后春笋般激增。

党的十九届四中全会提出，社会救助、社会福利、慈善事业、优抚对象等制度需要协调完善，慈善等公益事业的发展需要充分发挥第三次分配制度作用。党的十九届五中全会上又对此进行了进一步说明，要使第三次分配管理作用得到发挥，企业慈善事业得以发展，使经济收入和财富分配格局能够合理改

* 课题负责人：唐远清，中国传媒大学协同创新中心副主任、博士生导师；课题组成员：吴雷、郑文锋、成帝成、张月月、唐冰、李莉。

善。2021年全国两会《政府工作报告》也提出，社会组织、人道主义援助、志愿服务和慈善事业的发展将得到支持。

“慈善作为一种集聚社会力量参与国家治理的机制，是国家治理体系的重要组成部分。”① 从国家、价值、功能、文化四个层面综合来看，慈善事业是一项利国利民的伟大事业，是国家多层次社会保障体系的重要组成部分，是实现第三次分配的重要途径，是社会救助制度和兜底保障制度的重要补充，还是社会主义核心价值观的重要体现。可以说，慈善事业是推动国家治理体系与治理能力现代化的一支重要力量，在扶贫济困、扶倾济弱、促进社会稳定和谐、助力实现共同富裕中发挥特殊的作用，这也决定了慈善力量在当下和未来必将引起社会的高度重视。②

与此同时，党的十九届四中全会对坚持和完善繁荣发展社会主义先进文化的制度做出了专门部署，强调要“完善坚持正确导向的舆论引导工作机制”，并提出明确要求。习近平总书记指出，做好党的新闻舆论工作，是治国理政、定国安邦的大事。党的新闻舆论工作是党的一项重要工作，舆论引导能力是国家治理能力的重要内容，因此，对完善坚持正确导向的舆论引导工作机制，必须从中国特色社会主义制度和国家治理体系的高度来认识和把握。③

在此背景下，完善国家治理体系、提高国家治理能力需要加强慈善组织的应急管理能力和治理水平。要特别注重危机治理思想、应急管理方法与社会治理结构等多个层面的分析思考和系统梳理，进一步明确在突发公共事件中慈善组织的角色、定位，力争建立慈善领域的应急响应机制，充分发挥慈善组织的应急管理职能与作用，力求实现慈善组织与政府相关部门在该领域的无缝衔接和灵活配合。④ 结合慈善组织参与应急管理的现实问题后发现，舆论引导应是慈善组织应急管理能力的重要组成部分，具有十分重要的意义。

（二）研究思路

本课题要突破以往慈善组织参与应急管理舆情研究“就传播谈传播，就

① 吴宏洛、郑庆华：《以疫情应对为契机推动慈善治理能力现代化》，《中国社会保障》2020年第8期，第38~39页。

② 李济慈：《“十四五”慈善事业大有可为》，《慈善公益报》2021年4月5日。

③ 俞文：《完善坚持正确导向的舆论引导工作机制》，《光明日报》2019年12月11日。

④ 林梅：《慈善领域应急机制的建立与完善》，《人民论坛》2020年第14期，第49~51页。

应对谈应对”的限制性框架，综合运用传播学、社会学、法学、公共管理学等交叉学科的研究成果和相关学科研究方法，深入分析慈善组织参与应急管理的特点，从社会风险本质上剖析新互联网时代慈善组织参与应急管理舆情的规律特点，探讨慈善组织参与应急管理舆论引导存在的问题，并从国家治理、社会治理视域提出慈善组织参与应急管理舆论引导的基本原则、创新举措及治本之策，从理论和实务层面为慈善组织参与应急管理舆论引导制度创新提供支持。

1. 着眼现实的问题意识

鉴于慈善组织参与应急管理舆论引导策略研究课题的应用研究属性，本研究须有着眼现实的问题意识，不仅要着眼于问题、从问题出发展开研究，而且要提出一些切实的、可操作化的具体措施。那么，最终提出的“舆论引导策略”一定是基于现存问题而展开的。因此，本研究依托现有研究的在先文献获取相关信息、结合慈善组织参与新冠肺炎疫情防控应急管理的实际案例展开分析，进而提出慈善组织参与应急管理舆论引导中的具体问题。研究发现，慈善组织参与应急管理舆论引导存在的主要问题如下：舆论引导主体多样化，慈善舆论导向把控缺位；舆论引导机制不完善，横向协作网络结构缺失；舆论引导策略不成熟，慈善舆论引导能力不足；慈善监督机制不健全，慈善舆论监督力度欠缺；慈善信息公开不到位，慈善组织公信力缺失。

2. 立足国家治理现代化视域

紧密结合党的十九届四中全会审议通过的《中共中央关于坚持和完善中国特色社会主义制度 推进国家治理体系和治理能力现代化若干重大问题的决定》，本课题研究立足国家治理现代化视域，提出慈善组织参与应急管理舆论引导的目标、基本原则，为后文提出党政部门在慈善组织参与应急管理舆论引导中加强能力建设的政策建议提供依据。

首先，对社会治理现代化大格局下慈善事业在其中的定位及其作用予以阐释。指出慈善治理现代化是国家治理体系和治理能力现代化的有机组成部分和内在需求。这是在新时期国家治理体系和治理能力现代化的大格局中，党和国家对慈善事业的科学定性、精准定位，这是在全面建设社会主义现代化国家新征程中慈善事业应肩负的神圣使命和光荣任务。

其次，阐释社会治理现代化格局中慈善组织参与应急管理舆论引导的目标。本研究力求做出一些“归因的研究”，指出要看到慈善事业在国家治理体系和治理能力现代化、社会治理现代化中的地位，对于作为一个问题而存在“慈善组织参与应急管理舆论引导”问题，不能只是停留在信息、舆论的层面去讨论，提出“治标之计”，而是要找到一个统一的理论框架或分析视角，触及问题的根本，放在国家治理、社会治理的“结构”中去审视“慈善组织参与应急管理舆论引导”的本质，找到“治本之策”。在此基础上，阐释国家治理机制中慈善组织参与应急管理舆论引导的基本原则。

3. 倡导多元主体协调共治

慈善组织参与应急管理的舆论引导是一项系统工程，包括舆论引导理念、机构设置、队伍建设、硬件投入、制度安排等方方面面。现有的研究根据舆情传播的规律提出了一系列较为科学的应对原则和策略，但是这些原则和策略在实践操作中常常“碰壁”。因此，本研究倡导多元主体协调共治的理念，提出舆情协同治理体系及机制优化的制度建议，讨论政府、慈善组织、媒体、公众等多元主体共同应对慈善组织参与应急管理舆情风险的运转机制，提出整体提升舆情风险应对能力、舆论引导能力的现实路径，提升慈善组织参与应急管理能力、推动舆情协同治理的能力；并从国家治理现代化视域系统研究舆论引导能力建设问题，从舆论引导的制度安排、流程优化、人员培养等各个角度分析舆论引导的问题和不足，并提出行之有效的改进方案。

（三）研究方法

本课题研究的主要目的是提出慈善组织参与应急管理舆论引导策略，这个核心任务决定了本课题研究具有典型的跨学科性质。根据研究需要，本研究以质性研究方法为主。质性研究方法指的是一种在自然情景下采取多种资料收集方法对社会现象进行整体性探究、使用归纳法分析资料和形成理论、通过与研究对象的互动和对其行为、意义进行解释的研究活动。由于“慈善组织参与应急管理舆论引导策略研究”项目在执行过程中涉及对我国慈善组织的内部治理机制、相关方互动机制、项目运行机制等方面的考量，需要进行开放性的深入研究和整体把握，因此，质性研究能够在此过程中以多元的视角收集更为丰富的质性材料。

1. 文献研究法

一是全面收集和整理各种与慈善组织参与应急管理及舆论引导相关的文献资料，旨在全面掌握本研究领域内的重要信息、研究成果及主要观点，同时对慈善组织参与应急管理、舆论引导等关键概念进行深入理解，为本课题研究打下坚实的文献基础。

二是通过对包括中央领导同志论述、中央有关部门文件等慈善方面文献收集、分类和整理，开展政策研究，明确在行政层面慈善参与主体的职责和权限，进而呈现行政体系中的我国慈善事业的整体布局。

三是通过收集慈善组织参与应急管理引发的各类舆情事件的文献资料，来把握慈善组织参与应急管理中的舆情演化状况，从慈善事业的现实中找出本研究所要研究的具体问题。

2. 案例研究法

“慈善组织参与应急管理”舆情演化遵循一定的客观规律，但同时也具有鲜明的个案特征。不同类型的重大突发事件，甚至是相同类型的不同事件之间，慈善组织参与应急管理也会呈现出完全不同的特征，并可能导致不同的舆情演化趋势。案例研究的特征是集中性、全面性和深入性，需要深入具体案例发生的社会背景中，并通过这些案例资料来解释社会现象。本研究基于案例研究，对慈善组织参与应急管理舆论引导存在的问题等予以剖析。

3. 实证分析法

我国将突发事件分为四大类，即自然灾害、事故灾难、社会安全事件、公共卫生事件。由于不同类型突发事件的应急管理体制、机制存在很大的差异，因此，对慈善组织的参与要求也不尽相同。本课题将通过对不同类型突发事件舆情的大数据分析，总结影响舆情场域与演化的因子；同时运用相关分析、多元分析等定量方法对收集的数据进行综合实证分析。

（四）文献述评

1. 国内外相关研究综述

在本课题领域，目前国内外学术界主要有以下几方面的研究。

（1）慈善组织参与应急管理舆论引导存在的问题

徐宁（2017）指出了有关慈善组织的舆论导向偏差：由于内、外部监督的缺失，慈善组织负面新闻时有发生。新闻舆论占领道德和法律的制高点，没有采用宽容的态度予以报道，而是将严厉的措辞和偏激的语言呈献给社会大众，诱使不了解真相的广大社会成员对慈善组织产生抵触情绪，逐渐丧失了对慈善组织的信任。

韩兆柱、赵洁（2020）研究发现，非政府主体参与混乱、政府内部协调乏力、监管碎片化、信息公开不足等问题是当前国内慈善组织在参与应急管理时所存在的普遍问题。

吴宏洛、郑庆华（2020）认为，当前严重影响我国公益慈善的美誉度与公信力的主要因素是某些慈善组织在慈善行为中所暴露出的应急管理障碍、服务失灵、不当作为等问题。

张丽、李秀峰（2020）从危机情境、危机类型、过往声誉史以及危机回应策略等方面探讨了危机回应策略存在回应口径不一、公开信息不坦诚、构建新议题的能力不强等明显失误。

宫蒲光（2020）指出，我国慈善事业在应对诸如疫情等大考时，容易受思想认识、社会文化氛围层面问题或体制机制、政策制度、慈善组织自身建设层面问题的影响，从而暴露出一些较为突出的问题和短板。

（2）慈善组织参与应急管理舆论引导的策略

党生翠（2015）慈善组织信息公开呈现从被动透明到主动透明、从机构本位到公众本位、从主观透明到客观透明、从结果透明到过程透明、从感性透明到理性透明的新特征。提出了进一步加强慈善组织信息透明度的政策建议，包括推行信息公开的标准化制度、建设慈善组织信息库、实施失信惩戒机制及建立人才培养制度等。

徐宁（2017）指出，传播媒体除了发挥监督作用，还应有担当意识，主动承担相关社会责任，在保持公平客观的前提下，对慈善组织相关工作持宽容态度，细心呵护我国慈善事业和慈善组织的成长和发展。

卢素丽（2018）认为，专业化的团队、技术过硬的互联网平台、政府行政职权的下放和完善的项目审核机制对公信力的塑造和提升起着关键性的作用。通过完善法律制度和保障机制，加强媒体舆论引导和信息披露，提升公民道德和网络信息识别能力，开拓慈善渠道、引入科技手段，建立监督和问责机制等策略，对互联网慈善公信力的提升有一定的帮助。

韩兆柱、赵洁（2020）指出，优化慈善组织公信力缺失的网络化治理路径，要从优化网络化治理的生态环境、促进多元参与主体优势互补、完善慈善组织信用监督机制、建立健全信用信息管理系统四个角度出发。

宫蒲光（2020）提出，进一步提高重视程度、加强法治建设、加大政策支持力度、强化制度激励、弘扬慈善文化、加强慈善组织自身建设等工作建议。

张丽、李秀峰（2020）指出，危机中需要选择恰当的回应策略：快速反应，真诚沟通；关注危机演变，适时转变回应策略；统一指挥，协同应对。

郑子青（2020）认为，慈善领域应急机制作为社会自发的免疫系统的一个重要组成部分，迫切需要对慈善组织在突发公共事件预防与应急准备、监测与预警、应急处置与救援、物资保障等环节进行统筹设计。

任彬彬、宋程成（2020）认为，组织与规制环境、资源环境的信息交互是慈善组织公信力获取的重要因素，而受到社会情景机制、组织能力机制以及个体认知机制等因素的影响，稍有不慎容易造成慈善组织公信力的流失；提出推动慈善组织的专业化、透明化、法治化与社会化的关键在于提高其组织能力、完善其信息公开制度、树立其自觉接受监督、加强社会互动的意识，从而塑造慈善组织良好的社会形象。

（3）慈善组织参与应急管理与国家治理机制

林梅（2020）认为，提高慈善组织的应急管理能力是推进国家治理体系和治理能力现代化的有力举措，能够充分实现政府部门与慈善组织之间在应急管理职能与作用方面的无缝衔接。这需要从危机治理思想、应急管理方法、社会治理结构等层面进行系统梳理和分析思考，进一步明确慈善组织在突发公共事件应急中的角色和定位，尽快在慈善领域建立应急机制。

吴宏洛、郑庆华（2020）认为，慈善是国家治理体系的重要组成部分，是一种集聚社会力量参与国家治理的机制；主张应以疫情应对为契机，加速慈善治理能力现代化进程，为尽早实现慈善资源社会效用最大化的目标，加快建立机制、加强法治、优化管理、应急治理与立体监督，更加有效汇集全社会的力量，全面提高系统集成、提升治理能力。

2. 对相关研究成果的评价

通过梳理研究现状、回顾研究成果可以看出，对慈善组织参与应急管理的舆论引导有关问题已引起研究者的高度关注，但仍存在较大的局限性。

（1）对慈善组织参与应急管理舆情演化规律的研究相对滞后

随着信息技术日新月异的发展，我国舆情的传播迅速步入“融媒体时代”。融媒体时代舆情的形成和演化的基本场域、信息来源、交互方式正在发生深刻变化，因此技术变迁对舆情治理的理念和方法提出了全新的挑战。多数现有文献对慈善组织参与应急管理舆情演化规律的研究严重滞后，许多传播机制和流程仍然停留在自上而下、以一对多的单向模式中，导致对慈善组织参与应急管理舆情的应对措施见效甚微，甚至引发新的更大范围的舆情风险。对移动互联网时代的舆论引导策略的研究迫在眉睫。

（2）对舆情主体行为影响舆情演化的研究比较匮乏

多数现有研究就信息论信息、就传播论传播，对慈善组织参与应急管理舆情演化规律的认识停留在表面层次，缺乏归因的研究，由于缺乏统一的理论框架，难以对慈善组织参与应急管理中舆情的形成规律进行系统阐述。在这样的研究基础上，相应的应对策略也仅仅停留在对信息的管理上，对传播的阻断、关闭等干预行为仅仅成为“治标之计”，尽管在短期内遏制了舆情风险的全面爆发，舆情作为民意表达渠道的作用尚未显现，积累的社会矛盾和问题可能在未来以更加尖锐的形式暴露出来。可见现有的研究思路并非“治本之策”，难以从根本上化解慈善组织参与应急管理的舆情困境。

（3）对舆论引导能力及效果的整体评价研究较为不足

慈善组织参与应急管理的舆论引导是一项系统工程，包括舆论引导理念、机构设置、队伍建设、硬件投入、制度安排等方面。现有的研究根据舆情传播的规律提出了一系列较为科学的应对原则和策略，但是这些原则和策略在实践操作中常常“碰壁”。因此，必须系统研究舆情的能力建设问题，从舆论引导的制度安排、流程优化、人员培养等各个角度分析舆论引导的问题和不足，并提出行之有效的改进方案。与能力提升密切联系的一个研究内容是舆论引导能力的评价体系构建。现有文献对舆论引导能力的评价体系还十分鲜见。本课题拟在对慈善组织参与应急管理的舆情演变规律和引导策略及效果的研究基础上，构建符合国情的舆论引导能力及效果评价体系，推动舆论引导能力和水平的全面提升。

（4）慈善组织提高舆论引导能力的研究最有现实价值

我们认为，慈善组织和慈善捐赠者在诸多国家重大公共事件的慈善活动中，十分容易处在舆论的风口浪尖。慈善组织在参与大规模的救灾或救助过程中，因为过于专注在执行层面，因此在运作规范性和信息公开及时性等方面着力不足，导致屡屡面临舆情危机，饱受负面影响的困扰，尤其是面对互联网舆情的传播效力，更显得力不从心。在特殊时期，单个机构负面的舆情不仅会消耗整个公益慈善行业的公信力，同时也会对组织自身的形象和业务的开展产生持续的消极影响。因此，舆论引导是在特殊时期公益慈善组织开展工作过程中必须重视的问题。

尽管一些慈善组织在参与应急管理的过程中，由于情况突发、经验缺乏等方面原因，存在一些问题与不足，但在网络自媒体时代，公众舆论中往往杂糅着“聚集场效应”和“塔西佗陷阱”，一些网民在看待突发事件中慈善组织和慈善捐赠者的慈善行为时，往往不够平和理性，不够宽容，甚至动辄诉诸舆论暴力，从而使得慈善行为主体往往有口难辩，容易被“污名化”，造成不利于慈善事业健康发展的社会舆论氛围，这在某种程度上已经成为困扰慈善事业发展挥之不去的阴霾。因此，慈善组织提高舆论引导能力、提升公信力至关重要，关系到慈善事业的生存和发展。这也是慈善组织参与应急管理中舆论引导议题领域最有现实价值的研究内容。

为此，本课题将综合运用传播学、社会学、法学、公共管理学、心理学等交叉学科的研究成果，深入分析慈善组织参与应急管理的特点，从社会风险本质上剖析新互联网时代慈善组织参与应急管理舆情的规律特点，探讨慈善组织参与应急管理舆论引导存在的问题，并从社会风险多元治理视角提出应对慈善组织参与应急管理舆情的基本原则、创新举措及治本之策，从理论和实务层面为慈善组织参与应急管理舆论引导制度创新提供支持，具有重要的现实意义。

二　应急管理中慈善组织舆论引导的定位及作用

自新中国成立以来特别是改革开放 40 多年来，我国在建立和完善中国特色社会主义慈善事业的制度和机制方面取得了丰硕的成果和丰富的经验，慈善事业在党的引领下，秉承以人民为中心的价值立场，践行社会主义核心价值观，凝聚社会各界力量，极大地促进了中国特色社会主义事业的发展并改善了人民群众的物质生活和精神生活。新时代背景下，党和国家对慈善事业的定位和功能发展也发生了变化。

（一）慈善事业是巩固国家治理体系的基础工程

发展以人为本的社会服务业，是现代慈善事业的根本特点之一，这主要包括以服务老人、儿童、残疾人为本的各类服务业。也因如此，现代慈善事业与国家治理体系现代化建设之间，存在着互为依托的社会联系。国家治理体系现代化建设的根本，就是要建设新的体制机制，调整有关政策，加强社会服务能力，以使紧迫的社会问题得到有效解决。[①] 从一定意义上说，国家治理体系现代化建设的基础性工程，包含依托公益慈善的发展而建立起的以人为本的现代社会服务体系。而现代慈善的基本社会功能应是专业化的社会服务体系。

政府体制的结构性调整受到社会服务行业的结构性变化的影响，如是否设立以管理家庭、儿童、养老和残疾人等事务的政府内部独立行政机构。我们总结发达国家的经验后客观来看，包括设立家庭及儿童和老年事务等部门在内，均是基于相应事务迅速增长的社会背景下，所产生的管理需要而做出的政府管理机构调整，以拓展有关的行政事务，与社会产生有效的对接，从而适应社会的需求。

由此确立新的管理体制、填补现实存在的管理空白是国家治理体系现代化下为适应复杂事务管理的实际需要。现代化的社会治理体系需要公益慈善组织与政府的密切合作，仅依赖于基层末端的社会管理机构和群众的自治是远远不够的。国家治理的基础性工程来应紧紧围绕着以人为本的社会服务业而快速发展，此举可有效打通社会治理与社会服务的通道、打通公益与社会治理的通道，从而产生多方面的社会效果，使每个普通人和家庭都能有效参与治理现代化的相关社会工程，使国家治理体系的建设获得源源不断的推进力量。

（二）慈善事业是国家治理体系现代化的内在需求

现代慈善与国家治理体系现代化之间的内在联系，在相当长时期内一般为

① 刘佳：《“国家—社会”共同在场：突发公共卫生事件中的全民动员和治理成长》，《武汉大学学报》（哲学社会科学版）2020 年第 73 期，第 15~22 页。

人们所忽略。因为人们通常是受历史发展条件的影响，从传统的个体积德行善来理解慈善。现代慈善是在继承个体修身养性的私德慈善的基础上，全面拓展了传统慈善的空间，从而使其与国家治理体系紧密地联系了起来。

传统社会由于社会要素简单，经济结构单一，治理之道自然就要求官员以身作则，不可能强调法治与公共治理。但在现代条件下，社会要素错综复杂，自然要求治理体制适应基本社会需求而不断现代化。① 现代慈善，恰恰是国家治理体系现代化内容的题中应有之义。现代慈善和国家治理体系现代化同为社会经济发展水平达到一定阶段的必然产物。一般在国家从中等发达经济水平向发达经济水平迈进的阶段，既产生现代慈善的需求，也产生国家治理体系现代化的需要。也就是说，它们同为经济发展的内在需求所决定，是共生共长的互联体。②

促进社会建设、提升社会品质是国家治理体系现代化的基本定位之一。各个社会主体和组织是否真正履行企业社会责任是现代经济秩序得以维系的关键，也是现代社会品质提升的重点，这包括个人修养的完善、公共道德的提升以及公共道德管理体制的完善。往往市场经济与道德情操，两者缺一不可。从某种程度而言，欧美国家是伴随着广泛的慈善运动的情况下实现了工业革命、发展了市场经济，这在相当大的程度上提升了社会的现代文明水准。它直接表现为捐建大学、图书馆、医院等项目，以及举办的专业化服务组织等慈善行为，这一切都是在慈善事业发展下进行的，目的是促成解决具体的社会问题。使整个社会生活更多地融入现代慈善是国家治理体系现代化建设框架中的公共道德建设的重点课题，一定要广泛激发社会大众的现代慈善意识，包括通过建立遗产税制度等多种手段，促使社会大众乐于奉献，共同参与社会问题的解决。在治理与慈善方面，现代慈善与社会治理体制的确有着内在的有机联系。

总之，慈善事业是国家治理体系现代化的产物，二者相得益彰。现代慈善需要国家现代化治理体系的保障，国家治理体系则需要现代慈善的支撑。如果社会不和谐，现代慈善是难以健康发展的。而如果不能广泛地弘扬现代慈善精

① 宫蒲光：《社会治理现代化大格局下推进慈善事业高质量发展》，《中国行政管理》2021 年第 2 期，第 6～13 页。

② 马金保、王元琪：《慈善参与社会治理的理论思考与现实观照》，《中国国情国力》2021 年第 5 期，第 35～38 页。

神，现代化治理体系也不可能持久。现代慈善的确是国家治理体系现代化的内在需求。

（三）慈善事业是我国社会主义核心价值观的重要体现

慈善是人类文明进步的重要标志，是优秀传统文化的结晶和崇高精神境界的体现，是高尚道德的社会实践。中华民族五千年厚重历史文化是我们民族的根和魂，深入阐发中华文化的历史渊源、独特创造和思想精髓，更好地用优秀历史文化涵养社会主义核心价值观。“富强、民主、文明、和谐”从国家层次对社会主义核心价值观基本理念的凝练，是社会主义现代化国家建设的应有状态，集中体现了全体公民学有所教、劳有所得、病有所医、老有所养、住有所居的生动局面，是经济社会和谐稳定、持续健康发展的重要保证。“自由、平等、公正、法治”既是对美好社会的描述，也是从社会层面对社会主义核心价值观基本理念的凝练。它反映了人类社会的美好向往，人人依法享有平等参与、平等发展的权利，是社会的根本价值理念。“爱国、敬业、诚信、友善”是公民基本道德规范，不仅是从个人行为层面对社会主义核心价值观基本理念的凝练，也是评价公民道德行为选择的基本价值标准，强调公民之间应该相互尊重、互相关心、友好和睦，努力形成社会主义新型的人际关系。

慈善事业是社会主义核心价值观的直接反映和载体，对于当前时期中国经济社会转型以来遇到的各种困难、社会冲突、社会撕裂起到社会道德的基础支撑作用。在新时代中国特色社会主义建设中，慈善与社会主义核心价值观紧密关联。正如习近平总书记在 2020 年 9 月 8 日全国抗击新冠肺炎疫情表彰大会上的讲话所指出的：向上向善的文化是一个国家、一个民族休戚与共、血脉相连的重要纽带；中国人民历来珍视家和国的精神。社会主义核心价值观高度凝练的 24 个字里蕴含着慈善理念的价值诉求和道德理念。大力培养慈善理念、践行慈善价值观，发展社会慈善事业，有助于形成全社会善良厚德的价值追求和价值认同。

（四）慈善事业是我国社会保障制度的重要内容

社会保障制度（social security system）是在政府的主导和管理之下，依据国家的相关法律和规定，采取强制性措施进行国民收入的再分配，划拨专门资金为社会保障基金，对本国失去劳动能力的公民或由于因自然、社会等因素造成生活困难时给予相应的帮扶机制。社会保障制度是现代国家最重要的社会经济制度之一，它由社会福利、社会保险、社会救助、社会优抚和安置等各项不同性质、作用和形式的社会保障制度构成整个社会保障体系。现代国家必须制定社会保障法律规范，保证社会保障制度真正得到贯彻实施。

回顾我国的社会保障制度建设历史，肇始于 1986 年实施的《国民经济和社会发展第七个五年规划纲要》，主要包括社会救济、社会福利、优抚安置等内容。党的十六届四中全会首次在党的重要决议中将慈善事业作为社会保障体系的重要组成部分，明确了要“健全社会保险、社会救助、社会福利和慈善事业相衔接的社会保障体系”。党的十九大报告指出，要加强社会保障体系建设，完善社会救助、社会福利、慈善事业、优抚安置等制度。党的十九届四中全会审议通过的《中共中央关于坚持和完善中国特色社会主义制度推进国家治理体系和治理能力现代化若干重大问题的决定》提出，要重视发挥第三次分配作用，发展慈善等社会公益事业；完善覆盖全民的社会保障体系，统筹完善社会救助、社会福利、慈善事业、优抚安置等制度。由此可见，随着经济全球化和科技催生的社会结构变革，国家管理向国家治理方向发展，社会企业和社会组织也参与和承担着更多的社会治理事务，在社会治理结构中扮演着越来越重要的角色，发挥着越来越重要的作用。大力发展慈善事业，动员社会力量参与社会保障，整合社会资源融入社会保障体系，加强对社会困难群体和弱势群体的兜底保障，是政府社会救助制度的有益补充。它对于拓展社会保障体系的覆盖面，提升多层次社会保障体系的社会功能等方面具有不可或缺的重要作用，是完善我国社会保障制度和体系的最优路径选择之一。

三　应急管理中慈善组织舆论引导存在的问题

（一）舆论引导主体多样化，舆论导向把控缺位

当前，随着互联网、云计算、物联网、大数据、区块链、人工智能等新一代信息技术的快速发展，数字技术与慈善事业深度融合，慈善网络化、虚拟

化、数字化、智慧化[①]，已经成为慈善事业发展面临的全新环境。

从民政部指定的 20 个互联网公共筹款信息平台的相关数据可以看到，近年来，慈善组织募集的慈善资金年增长率均超过了 20%，特别是 2020 年募集资金相比 2019 年实现了大幅增长，募集资金增长率达 52%，共 82 亿元。[②]

在互联网数字化时代，通过数字化工具和大数据分析，可以优化捐赠意愿、受助需求、慈善组织等慈善资源配置，使慈善活动更加专业、高效[③]，慈善管理更智能、慈善服务更智慧[④]。如此一来，慈善组织的筹资、沟通和传播渠道就可以进一步畅通，基于大数据的准确调查和评估，为帮助对象和社会弱势群体提供精准的帮助，为政府监管和政策支持提供准确的信息，并进一步提高慈善资源配置的准确高效水平。互联网时代社交媒体的发展也拓宽了公益渠道，网络媒体已成为慈善组织开展和传播公益活动的重要阵地。

然而，这也是一把“双刃剑”，我国慈善组织参与应急管理的舆论引导中长期以来潜在的诸多问题，由于互联网传播环境的特性而被暴露出来。

随着互联网传播的迅速发展和新兴自媒体等各种媒体的不断涌现，舆论引导在新的传媒格局下已经不再是相对单一的主体，而是包含了传统媒体和众多新兴媒体。在这样的传播环境中，每个网民都可能成为舆论表达和引导的主体。由于缺乏外部和内部监督，舆论导向把控缺位，一些网民在看待突发事件中慈善组织和慈善捐赠者的慈善行为时，往往不够平和理性，不够宽容，甚至动辄诉诸舆论暴力，从而使得慈善行为主体往往有口难辩，容易被“污名化”，有关慈善组织的负面消息时有发生。长此以往，这在客观上造成不了解真相的公众对慈善组织产生抵触情绪，乃至逐渐丧失了对慈善组织的信任，严重影响了公益慈善的美誉度与公信力[⑤]，给慈善事业发展带来了非常不利的社会舆论氛围，这在某种程度上已经成为困扰慈善事业发展挥之不去的阴霾。

---

① 陈小德：《浙江慈善：发挥第三次分配作用 推进共同富裕》，《中国社会报》2021 年 4 月 26 日。

② 黄尖尖：《“第三次分配”将推动新时代慈善事业持续发展》，《解放日报》2021 年 9 月 18 日。

③ 黄尖尖：《“第三次分配”将推动新时代慈善事业持续发展》，《解放日报》2021 年 9 月 18 日。

④ 陈小德：《浙江慈善：发挥第三次分配作用 推进共同富裕》，《中国社会报》2021 年 4 月 26 日。

⑤ 宫蒲光：《慈善事业：疫后反思》，《社会治理》2020 年第 6 期，第 15~27 页。

因此，如何把握正确的舆论导向，积极引导社会热点，用正确的价值观念影响社会、凝聚民心、团结民众，为慈善事业发展营造良好的舆论氛围，在全社会形成积极健康向上的慈善舆论①，这是摆在各类舆论引导主体面前必须应对的一个时代课题。

（二）舆论引导机制不完善，横向协作机制缺失

在发生重大突发事件或灾难时，慈善捐献往往呈井喷状态，如果没有专门的慈善应急管理协调机制，慈善行动就可能陷入杂乱无序状态。慈善应急能力的建立是一个长期的过程，任何单个慈善组织都不可能一夜之间具备及时应对的能力。② 从我国政府现行慈善管理组织机构横向职能划分看，2018 年，党和国家机构改革将民政部的救灾职责整合并入新组建的应急管理部。③ 然而，应急管理部发布的《应急管理部职能配置、内设机构和人员编制规定》主要针对自然灾害，而缺少社会安全、公共卫生事件的应急管理。④ 显而易见，我国采取的是一种分开管理互不交叉的管理体制，即慈善组织、公共卫生事件、自然灾害三类事项分属民政部、卫生健康委员会、应急管理部等不同的部门单独管理。尽管这种管理体制在日常运行中展现出了良好的运行能力，但是在对应公共重大突发事件，需要各部门在强化自身职责并完成有序对接、有机联动时，便可能出现各部门间的职能衔接空隙和跨部门协调不足，从而缺乏有效的协调机制⑤，导致慈善组织治理乏力。

根据《慈善法》的有关规定，发生重大突发事件需要开展救助时，有关人民政府应该建立协调机制开展募捐和救助活动。然而，由于政府尚未建立横

① 韩祖和、郑刚、张遥驼：《正确引导舆论　彰显社会责任——从“郭美美事件”看媒体问责从感性到理性》，《中国地市报人》2012 年第 7 期，第 113~114 页。

② 郑功成：《慈善事业亟待建立应急机制》，《新华月报》2020 年第 4 期，第 51~53 页。

③ 《国务院机构改革方案》：http：//mzzt. mca. gov. cn/article/2018lh/zhbd/201803/20180300895623. shtml。

④ 《关于印发国务院办公厅职能配置内设机构和人员编制规定的通知》：http：//www. gov. cn/zhengce/content/2010-11/17/content_7809. htm。

⑤ 樊正雪：《突发公共卫生事件慈善组织应急救助机制研究》，《经营与管理》2021 年第 9 期，第 150~154 页。

向网络化协调机制，也并未将慈善组织纳入应急管理之内①。这种横向网络化结构的缺失，不仅导致政府内部各职能部门之间协调合作不足、“碎片化政府”问题凸显，而且致使多元主体无法协商对话、各显所长②。

在2020年抗击新冠肺炎疫情的最初阶段，被指定接受善款善物捐献的湖北省、武汉市红十字会、慈善总会受到质疑，便暴露了慈善参与应急管理的相关机制并不完善。从政府横向协调效果来看，新冠肺炎疫情发生之初，大量物资涌向慈善组织，但短时间内民政部、应急管理部、国家卫生健康委员会等政府职能部门之间协调合作不足，相应的联防联控机制尚未建立，慈善组织物资调配因为缺乏统筹规划、统一配置而导致混乱，致使其公信力备受质疑；在新冠肺炎疫情应对后期，尽管联防联控机制得以建立，对相关事宜予以了归口统一调配，但政府在公共危机中采取的特殊协调措施具有临时性和强制性，难以将其常态化。③ 在这种社会公众慈善参与混乱的情形之下，来自传统媒体以及各类自媒体的信息传播、媒体炒作、负面舆情扩散，政府以及相关慈善机构更是无力应对。由于慈善负面信息真伪的辨别存在难度，社会公众往往不加核实、未明真相便对慈善组织予以随意点评抨击，进而损伤了慈善组织的公众形象。如引发舆论热议的“韩红基金会违法”事件，在韩红基金会遭到举报后，北京民政局快速调查后发布通报回应舆论质疑，要求其对存在的“部分投资事项公开不及时”问题限期改正。④ 尽管这一事件真实状况得到了澄清，但短期内仍然对韩红基金会的公信力造成了一定损伤，同时举报者也遭遇了网络暴力，反映出慈善管理中的混乱无序问题。可见，在慈善组织参与应急管理的过程中，任何组织单打独斗都可能陷入一种被动的局面，面临信息不畅、人员不足、效率低下等困境。⑤

---

① 金锦萍：《疫情应对中慈善组织的特殊规范和行动特点》，《学海》2020年第2期，第26~31页。

② 韩兆柱、赵洁：《新冠肺炎疫情应对中慈善组织公信力缺失的网络化治理研究》，《学习论坛》2020年第10期，第75~83页。

③ 韩兆柱、赵洁：《新冠肺炎疫情应对中慈善组织公信力缺失的网络化治理研究》，《学习论坛》2020年第10期，第75~83页。

④ 《韩红基金会被举报违法？北京民政局：总体运作较规范》：https：//baijiahao. baidu. com/s？id=1659067928806267167&wfr=spider&for=pc，最后访问日期：2020年2月20日。

⑤ 樊正雪：《突发公共卫生事件慈善组织应急救助机制研究》，《经营与管理》2021年第9期，第150~154页。

实际上，“舆论引导的本质不是狭义的信息引导，而是广义的人员、平台、资源的调度，要处理的核心也不是单一的舆情事件，而是在更多维度上协调不同的关系”[①]。而舆论引导能力就不能简单地理解成“党和政府的执政能力”，抑或“媒体的传播能力”，而应该将其理解为“在舆论的形成、发展和消亡过程中，各主体之间相互作用、相互影响，最终形成和谐共振的能力”[②]。因此，慈善组织参与应急管理的过程中，需要构建慈善力量社会参与的协作机制，理顺政府与慈善组织的关系，而厘清政府在慈善管理中的职责边界是关键所在。[③] 也就是说，要建立“多元主体间纵横交错型的网络结构”，“既要打通政府内部纵横权力线的分界，又要构建政府、企业、社会组织、公民等多元主体参与公共事务治理的网络化治理形态”[④]。基于此，建立起政府与多元主体的横向协调关系，不断深化包括慈善组织在内的多元主体参与突发事件应急管理的机制，这是强化慈善组织参与应急管理舆论引导的根本所在。

（三）舆论引导策略不成熟，舆论引导能力不足

近年来，类似“郭美美事件”、明星“诈捐门”“罗尔事件”等有关慈善机构、慈善从业者、慈善募捐活动的负面消息引发的网络舆论，多次对我国慈善事业造成了巨大打击和否定。实际上，这些危机源于对网络舆论引导的不及时和引导策略的不成熟。对于网络舆论热点事件，传统媒体往往“只擅长关注报道，扩大其影响”，未能正面积极介入做好“公平公正的报道”，未能充分发挥媒体的舆论引导功能、促进健康网络舆论的形成。[⑤] 有学者分析指出，慈善报道不同于普通的新闻报道，它包含着公益成分，媒体人在报道时应有一

---

① 付晓光、孟宇宁：《新技术逻辑下舆论引导的多元协同》，《青年记者》2020 年第 7 期，第 19~20 页。

② 丁和根：《对舆论引导主体引导能力的多维观照》，《当代传播》2009 年第 3 期，第 9~12 页。

③ 郑子青：《从新冠肺炎疫情应对看慈善参与短板和未来发展》，《社会保障评论》2020 年第 4 期，第 7~16 页。

④ 唐亚林、王小芳：《网络化治理范式建构论纲》，《行政论坛》2020 年第 3 期，第 121~128 页。

⑤ 尚艳：《从“郭美美”看传统媒体对网络舆论的引导》，《今传媒》2012 年第 20 期，第 103~104 页。

颗悲天悯人的慈善之心。[①]

2020年初的新冠肺炎疫情防控中，湖北省和武汉市红十字会在防疫物资管理和信息公示方面出现了重大漏洞，尽管有疫情事发突然给慈善管理准备带来巨大压力的影响，但该事件持续引发社会争议和舆论风暴，对我国的慈善管理提出了巨大的挑战。这次事件导致的直接结果是，红十字会陷入了继“郭美美”事件后最大的信任危机。当冷静地去观察此次舆情危机事件的回应策略就会发现，实际上，两地红十字会在危机回应策略上存在显而易见的失误。如多次使用“淡化策略”，刻意强调事件的不可控性，而对自身需要承担的责任进行否认和辩解，意图淡化公众感知，减少公众对自身行为的责任归因；频频使用“否定策略”，面对公众的质疑点则以“谣言”二字带过进行辟谣，如此使自己陷入“声明—质疑—再声明—再质疑”的恶性舆论循环；本应对此次信任危机事件负有主要责任的两地红十字会既没有充分运用“重建策略”，也没有坦诚的“道歉策略”。[②]

由此可见，掌握了话语权、能够形成舆论导向的主流媒体都没有认清自身定位和优势，在与慈善事业和慈善活动有关的新闻报道中都尚未能够摆正立场，没有及时利用自身信誉度创造正面的社会影响，而经历多少次惨痛教训的慈善组织的舆论引导策略，也还停留在如此不成熟的状态。那么，在由自媒体或网络社交平台所引发的负面消息、流言、谣言出现大范围传播时，特别是在慈善组织参与重大突发事件应急管理中，主流媒体又如何能够做到及时进场，以成熟的舆论引导策略展现出大媒风范，以真实、客观、全面的报道和评论体现出强大的舆论引导能力，发挥更积极正面的舆论导向作用呢？这足以引发我们的深思。

（四）慈善监督机制不健全，舆论监督力度欠缺

在2020年全民抗疫中，湖北省红十字会和武汉市红十字会在捐赠物资的接受、使用、管理、分配过程，不仅造成公众对慈善组织的不信任，也说明了

---

① 崔明圆：《主流媒体在慈善报道中的舆论导向把控——以“罗尔捐款事件”为例》，《慈善》2017年第1期，第34~36页。

② 张丽、李秀峰：《新冠肺炎疫情下红十字会的信用危机及公信力重塑——基于SCCT理论的分析》，《云南行政学院学报》2020年第22期，第126~133页。

当前的慈善应急管理缺乏有效的监督机制。然而，慈善组织参与应急管理中暴露出的监管乏力问题，究其根源是碎片化监管所致。[①] 正是慈善组织参与应急管理中慈善监管机制不健全，导致舆论引导陷入困境，主要表现为政府监管乏力、社会第三方评估缺漏、慈善组织内部监管虚设、公众监督具有不确定性、媒体监督与社会责任担当失衡等问题。具体来说：

第一，政府监管乏力。从目前来看，政府所依据的慈善组织监管的规定内容较为完整，但缺乏系统性，往往散见于各个管理部门出台的相关法律和政策文件之中，这就导致民政部、应急管理部、财政部等政府各部门对慈善组织的监管碎片化。此外，从政府监管过程看，政府由双重管理体制逐渐转向集中监管模式过程中缺乏一套从行政监管原则、监管主体、监管标准、监管方式、监管评估、监管问责等多方面构建的监管体系[②]，导致政府往往注重事后惩戒和事中控制，而事前预警不足，换言之，即全过程监管不足。在现实中，当面对舆论压力时，一些基层政府往往以被动回应为主，采取公开举报渠道、查证失信行为是否属实、虚假失实信息辟谣等措施，管理成本高但效果不佳。

第二，社会第三方评估欠缺。从社会监督角度看，第三方评估组织面临资格资质缺少法律授权、专业性和权威性受到质疑、监管缺位等问题。第三方评估机构受政府项目制购买服务影响，碎片化特征显著。[③]

第三，慈善组织内部监管虚设。从慈善组织内部自治角度看，多数慈善组织内部监事会形同虚设，内部监督效果有限。[④]

第四，公众监督具有不确定性。公众监督是《慈善法》赋予每一位公民的权利。如果没有完善的社会监督机制，任由各种信息在公众之间传播，极易减损公众爱心。因而，公众参与监督具有很强的随机性、不确定性和主观性。

---

① 张丽、李秀峰：《新冠肺炎疫情下红十字会的信用危机及公信力重塑——基于 SCCT 理论的分析》，《云南行政学院学报》2020 年第 22 期，第 126~133 页。

② 杨逢银、张钊、杨颜澧：《“微公益”失范的发生机理与跨界规制》，《中国行政管理》2020 年第 2 期，第 60~66 页。

③ 徐嫣、王博：《论失信联合惩戒视野下社会组织信用监管制度的构建》，《法律适用》2017 年第 5 期，第 116~120 页。

④ 韩兆柱、赵洁：《新冠肺炎疫情应对中慈善组织公信力缺失的网络化治理研究》，《学习论坛》2020 年第 10 期，第 75~83 页。

第五，媒体监督与社会责任担当失衡。在现实中，传播媒体在发挥新闻媒体的监督作用，进行客观真实的报道的同时，也出现了一些担当意识不足的问题。事实上，慈善是一项全社会的公众事业，媒体作为一种核心的力量理应积极主动介入，但是媒体如何介入却考验着媒体及其从业者的综合素质，更关乎慈善事业成败。① 因此，媒体不仅要定位好自己在慈善报道中的角色和功能，还应主动承担相关社会责任，在保持公平客观的前提下，本着宽容的态度，主动成为建构慈善文化的力量，为我国慈善事业和慈善组织的发展营造健康的成长环境，维护慈善事业的公信力。

由此可见，政府、社会第三方评估机构、慈善组织、公众、媒体等多元主体的内外部监管力量整合难度较大，尽管如此，也应着力形成稳定的主管部门、上级机关对慈善的监管机制，同时利用好社会监督，以避免平时监管不到位、急时又监管过度的情形。② 只有通过完善监督机制，为慈善事业规范有序运行创造良好的舆论环境，才能促使慈善公信力不断提升，进而更广泛地动员社会资源为社会发展服务。

（五）慈善信息公开不到位，公信力有待提升

慈善组织的公信力是慈善事业发展之根本，这是慈善组织更多、更好地动员社会资源，不断提升服务社会能力的基石。然而，由于历史累积而来的种种原因，当前我国慈善组织的公信力并不尽如人意。实际上，信任危机的根源在于，公益慈善组织缺乏有效的信息披露机制，这已经成为“中国式慈善”健康发展的绊脚石。③ 我国慈善组织在款物接受使用方面频频被爆出负面新闻，说明相关慈善组织的信息公开不够到位，在信息披露方面存在短板。

实际上，当前，我国慈善组织参与应急管理的信息沟通中存在严重的信息缺位和信息壁垒。从慈善组织信息管理看，我国三类慈善组织信息共享平台——政府平台、大众媒体平台和行业平台的建设方面，截至 2017 年，仅建

---

① 马梅、林永红：《论慈善报道与中国慈善公信力的提升——以央视“郭美美事件”报道为例》，《东南传播》2012 年第 12 期，第 60~63 页。

② 郑子青：《从新冠肺炎疫情应对看慈善参与短板和未来发展》，《社会保障评论》2020 年第 2 期，第 7~16 页。

③ 李哲：《新冠肺炎疫情对官办慈善组织信息披露的影响研究——基于抗疫款物信息披露的文本分析》，《财经研究》2020 年第 46 期，第 19~32 页。

立政府平台 20 个、大众媒体平台 9 个、行业平台 4 个，全国仍有 71%的省市尚未开通省级信息平台[①]，基于这样的信息平台基础现状显然难以实现信息共享。基金会中心网发布的从 2012 年到 2019 年中基透明指数 FTI 表明，我国基金会透明指数尽管逐年呈波动上升之势，但绝对值偏低。从基金会信息公开的类型看，基本信息披露程度较高，平均完成度高达 64%，但项目信息和财务信息平均完成度不足，仅有 37%和 41%。[②] 此外，隶属于民政部的中民慈善捐助信息中心发布的中国慈善透明报告中 2017 年的统计数据显示，77% 的慈善组织未达到信息披露要求；经过调查，五成受调查人士对慈善组织的透明度存在质疑。[③] 可见，信息披露不及时、慈善组织的透明度不够，仍是当前我国慈善界较为普遍的现象，这种现状长期以来损害着慈善事业的公信力，直接影响着我国慈善事业的健康持续发展。

2020 年新冠肺炎疫情期间，韩兆柱、赵洁（2020）考察分析了疫情应对中政府指定的 5 家慈善组织官网信息公开情况，发现三个主要问题：一是捐赠流程信息公示不完整，对捐赠人、受助方、援助时间、援助地区等捐赠流程两端信息公示较少；二是对捐赠者信息反馈不足，难以满足捐赠者对捐赠细节信息的知情权，也无法为潜在捐赠者提供可供参考的捐赠评价；三是信息封锁，社会监督难保障。[④] 慈善组织信息披露方面暴露出的不足，引发了社会的质疑，消解了公众的信任。[⑤]

慈善信息壁垒问题，也是因为我国慈善组织信用信息系统不完善，信息资源横向共享难度大。[⑥] 很显然，慈善组织参与应急管理信息化建设亟待加强，需要慈善组织尽快提升信息化水平，完善全国慈善信息公开平台，增强慈善力

---

① 何华兵：《“慈善法”背景下慈善组织信息公开的立法现状及其问题研究》，《中国行政管理》2017 年第 1 期，第 39~43 页。

② 《2019 年 FTI 发布报告》：http：//www1. fti. org. cn/。

③ 李哲：《新冠肺炎疫情对官办慈善组织信息披露的影响研究——基于抗疫款物信息披露的文本分析》，《财经研究》2020 年第 46 期，第 19~32 页。

④ 韩兆柱、赵洁：《新冠肺炎疫情应对中慈善组织公信力缺失的网络化治理研究》，《学习论坛》2020 年第 10 期，第 75~83 页。

⑤ 王丽荣：《公益慈善何以更透明：基于区块链的数字证书认证策略》，《兰州学刊》2020 年第 4 期，第 149~159 页。

⑥ 王丽荣：《公益慈善何以更透明：基于区块链的数字证书认证策略》，《兰州学刊》2020 年第 4 期，第 149~159 页。

量参与社会治理的效能。①

四　应急管理中慈善组织舆论引导的目标

（一）增强社会慈善意识

慈善意识的内涵，是指在外部环境提供给个体诸多有关慈善的感性素材的条件下，由个体的慈善知觉引起的，从慈善认知到慈善情感倾向、慈善动机、慈善行为意向这一系列心理活动的综合。② 如果将这个概念的内涵进一步扩展丰富的话，我们则可以将慈善意识视为个体对其他生命体的珍视和关照意识，对物质的和精神财产的共享意识以及个体所应承担的社会责任意识。

需要指出的一个常见的主观误区是，不能将慈善意识简单地视为捐赠意识，把慈善行为理解为单纯的捐赠行为，因为慈善意识包含了从精神上、心理上、行动上的观照和互助，要避免慈善意识的狭隘理解。譬如，个体有相应的物质能力并欲将个人的财富或物质产品不求回报地赠予需要的人，这种行为方式符合慈善的内涵，的确是慈善意识的体现方式之一。此外，个体的物质能力一般，但是暂时无法通过捐赠财富的方式帮助他人，仍希望通过其他方式和途径去关爱和帮助他者，同样也能够体现慈善内涵的真谛。

慈善意识的基本内涵表达包括了“慈善”和“意识”这两个关键词的组合和阐释。意识是客观存在的主观反映，个体一旦在大脑中形成慈善意识，在其社会实践活动中每遇到相应的特定环境，个体便会唤起和产生慈善意识使其行为朝着慈善的举动去采取行动。在这种情境下个体是一种自觉、自愿、自发的由衷表达和选择，这体现了慈善的发生是个体对他者发自内心的道德冲动，也体现了慈善意识维度的自发性。

从慈善意识的概念内涵来看，无偿性和不图回报性是慈善意识的内存要求，即个体在发生慈善行为意愿时，不希冀从受到帮助对象身上得到包括物质

---

① 郑子青：《从新冠肺炎疫情应对看慈善参与短板和未来发展》，《社会保障评论》2020 年第 2 期，第 7~16 页。

② 宫蒲光：《慈善事业：疫后反思》，《社会治理》2020 年第 6 期，第 15~27 页。

上的和精神上的任何反馈和回报。实施慈善行为的个体之所以产生帮助他人的行为，是源于自己内心的道德冲动的驱使，从而从中获得自身精神世界的满足和愉快。“如果含有任何功利的目的，便算不得真正的慈善。”平等性体现了“慈善意识”的价值取向。[①] 慈善行为的初衷是让有困难和有需要帮助的每个人获得生活的基本条件，得到和享受与大家同样的尊重和权利，维护个体人格和尊严的独立、完整。社会文明发展的积累和向前推进，使人们越来越意识到尊重每一个个体的意志和人格，帮助他们实现生存和发展的基本要求是社会和谐发展的必要条件，也是慈善意识的重要内容。

慈善文化在我国是一种悠久源长的传统文化，既是自古以来的优秀文化传承的结果，也是现代文明的硕果。慈善事业发展的源远流长扎实了社会发展的基石和提升了人文精神素养。从农业时代、工业时代到信息时代，慈善意识和慈善事业逐渐由精英走向大众。越是物质文明发达的时代，越是需要与之相应的精神文明，当前社会发展新时代更需要加强培育慈善文化、增强慈善意识、优化慈善发展的社会环境，这也是慈善事业发展中的新闻舆论引导的目的所在。其具体包含几个层次方面的内容。

一是加强做好慈善文化及其教育体系的建设，将慈善文化和慈善意识作为通识课程，融会贯通到青少年的日常教育当中，同时加强高等院校有关慈善文化和产业相关专业的学科建设，深入研究慈善文化理论，与时俱进地提升和完善慈善文化的内涵，不断培养相关专业的高层次人才。

二是加强弘扬和宣传慈善文化和意识，大力促进全社会参与慈善活动，充分利用慈善组织和慈善行为相关的表彰，推进慈善文化进企业、进社区，将慈善文化作为一种优秀文化传统在社会公益宣传中加强推广，使慈善文化与当代文明相互交融和辉映，让社会民众践行慈善事业成为一种共识和自觉。

三是要充分发挥主流媒体的新闻宣传主阵地作用，通过媒体的内容编排传播渠道，强加议程设置手段，提高舆论引导效果，特别是加强慈善事业的典型人物宣传和正面事件的传播，为慈善事业的健康发展营造良好的舆论氛围和积极的行动导向。

---

① 龙卫国：《加强舆论引导 增强社会慈善意识——关于慈善新闻宣传的思考》，《新闻传播》2008 年第 2 期，第 46~47 页。

（二）提高慈善组织公信力

公信力（Credibility）最先是政治学中的一个概念，指领导者获得其选民信任（Trust）和信心（Confidence）的能力[①]，后泛指社会公众对公权力或公共组织信任的程度和能力。公信力的大小反映了一个组织的可持续发展能力，是组织生存和发展的生命线。公信力主体对客体的诉求负责是公信力实现的前提，客体对主体履责行为的评价是公信力高低的关键，公信力中介整合资源的效率和效果是保障公信力的手段。

慈善组织的公信力，是指社会大众对慈善组织的信任程度，以及在此基础上参与慈善事业程度，包括慈善组织自身获取公众信任的程度和能力，反映了慈善组织对社会公众的影响力及公众对慈善组织的满意度和选择偏好。[②]

慈善组织公信力的内涵，主要包括四个方面：一是信息透明化，对其运营信息、日常事务、活动项目、财务报表等方面的信息要及时公开，接受社会的监督；二是服务内容公开化，即是其制定的活动宗旨、活动项目、活动内容要开诚布公面向社会披露，建立慈善机构合作方对组织机构的评介情况制度以及服务质量反馈机制，约束慈善机构合法合规履职和服务社会；三是信用管理规范化，即完善慈善组织信用档案，加强对社会监管信息和服务质量反馈信息的采纳和改善，形成运营自我完善机制；四是美誉度管理，建立良好的信用记录、美誉度和知名度，提升社会公众的信任度、满意度。

总之，慈善组织的公信力，直接影响社会企业和公众对其捐赠的信心，影响志愿奉献公众对慈善事业的参与意愿，是慈善组织获得赞助资金和社会爱心力量的基础因素。因此，公信力是慈善机构整合社会资源效果和效率的重要方式，是慈善机构履行和实现社会企业和公众诉求的重要前提，是社会公众对慈善机构社会合法性认可和履职行为评介的关键因素。

在实际生活中，慈善组织区别于企业单位，并非以获得利润为目标而参与社会生产和分配，此外其社会活动的无偿性使得慈善组织自身有着非同寻常的特殊性，因此，慈善组织公信力有以下三个典型特征。

---

① 郑保卫、唐远清：《论新闻传媒的公信力》，《新闻爱好者》2004 年第 3 期，第 9 页。

② 田萍：《基于信息不对称的慈善组织公信力研究》，《河南社会科学》2014 年第 22 期，第 115~118 页。

第一，社会普遍性。慈善组织在开展社会公益活动和实施慈善行动过程中逐渐树立其公信力，有赖于社会大众对慈善组织所提供的社会服务和公益行为的直观评介，因此可以视慈善组织的公信力的受益者包括了全体社会成员，慈善组织的公信力则普遍嵌入全体社会的各种关系当中。

第二，价值的普及性。慈善机构组织更多是社会责任感比较强烈而又有能力的人自发担起责任和义务，从而带动有共同意愿的人形成集体行动，他们的使命就是促进社会公共利益的发展和全体社会成员共同福祉。慈善机构组织的公信力既是其对社会活动行为的公共价值的认可，又是社会公众对慈善组织总体印象的认知，其公信力的价值扩散到整个社会，具有整体社会的普及性。

第三，组织生存合法性。在从事慈善事业过程中，慈善组织的公信力彰显了公众对慈善组织的认可与支持程度，使得公信力具有社会普遍性和价值的普及性，从而使慈善组织的存在在法理上得到支撑，并成为其赖以生存和发展的根基。①

慈善组织的公信力是慈善事业发展的一种无形资产，直接影响到慈善组织吸纳捐赠和吸引志愿人才的能力，是慈善组织获取合法性的基础。为慈善项目成功筹集到善款是对慈善组织公信力的一次考验。具备良好社会公信力是慈善组织实现慈善使命的前提和基础，可以说公信力是慈善组织的灵魂。影响捐款热情和善款募集的首要因素就是慈善组织公信力的好坏。当某一慈善组织缺乏公信力时，公众对慈善的信任度将大幅下降，由该组织开展的慈善活动势必受其影响，并在一定时间内难以改观，严重阻碍慈善事业的发展和慈善活动的开展。慈善组织只有规范慈善运作和治理途径、悉心维系并努力提升公信力、建立慈善信用长效机制，才能实现慈善事业健康和谐发展。因此，慈善组织提高自身公信力，是其舆论引导工作的重要目标之一。

（三）构建现代慈善共同体

当下我国慈善事业的实现渠道有赖于社会公众无偿提供社会公共服务，以实现全体公民平等全面发展。改革开放以来，随着我国慈善事业实践的深入探

① 任彬彬、宋程成：《疫情应对中慈善组织公信力流失的形成机理及其对策——基于开放系统组织理论视角》，《湖北社会科学》2020 年第 7 期，第 61~69 页。

索，目前已经形成政府、社团、基金会、社会公众等权利主体多元参与互动的公共领域。更多的慈善组织是独立于政府之外经营运作，政府对它们的管理和引导并不需要公权力的干涉和参与，而是发挥看不见的手来调节参与慈善事业的主体，加强引导其自身管理能力建设，规范其社会活动行为，使不同的参与主体能够发挥优势，各取所长，共同推进我国慈善事业的良性发展，最终实现共同治理模式，构建慈善治理的共同体。

1. 建立多中心慈善治理模式

政府在社会公共事务治理中通过干预和市场调节可以有效地避免市场自发的盲目性，但是过多的干预和调节也会产生较大的弊端，过犹不及。当社会突发事件或灾难事件来临时，各个慈善组织都会积极地开展紧急救援，这种情况下需要政府进行适当的调节并有组织地开展有序救援，以避免混乱局面。美国学者埃莉诺·奥斯特罗姆（Elinor Ostrom）与文森特·奥斯特罗姆（Vincent Ostrom）夫妇认为单一治理主体模式难以实现预期效果，往往会陷入囚徒困境和共有地悲剧。针对这种弊端，他们提出应建立政府—市场—社会—个人多维框架下的多中心治理模式，这一模式有助于实现规则的制定权、执行权和监督权的独立性，形成治理优势与合力，达到治理目标。①

政府所开展的慈善工作，是通过行政力量主导和财政力量分配来实现，而社会组织和公众的慈善活动是通过社会组织来展开。在各种突发事件和灾难事件中，政府参与和主导慈善工作易于体现集中全社会之力量解决困难的优势，因此在大的灾难事件面前强调政府主导的同时，也应该通过优化组织管理，鼓励和引导社会组织和个人参与慈善活动，给予各种慈善组织一定的参与空间，将社会各行各业的爱心汇聚成一股力量，激发全社会的热情，弘扬互助精神，从而构建多元协同治理模式。

互联网慈善的快速发展给我国慈善事业带来了深刻改变，以前所未有的趋势成为我国社会应对各种自然灾害和社会危机事件的重要力量。当前我们可以进一步利用互联网加强链接各类资源要素，同时依靠大数据、区块链和互联网技术，运用大数据治理思维，从提升资源配置和治理能力方面着手，大力优化信息

---

① 陈东利：《新时代慈善治理现代化发展路径探析》，《西北民族大学学报》（哲学社会科学版）2020 年第 5 期，第 145~153 页。

对接服务平台和协调平台，加强信息共享、资源对接、行动有序的多元协同。

2. 将公众热情和行动力纳入制度轨道

慈善培育不仅要在教育环节上下功夫，广泛在全社会开展慈善教育，宣传慈善的社会意义以及如何参与慈善活动，树立正确的名利观和荣辱观，还要想方设法将公众的热情与具体行动纳入法律法规的轨道，将公众的慈善参与行动规范化、制度化。如在2020年突发的新冠肺炎疫情中，涌现出大量感人肺腑的善举，不仅有企业、组织和个人慷慨解囊捐款捐物等，还有大批医护人员和后勤保障的志愿者奋斗在疫情一线，有的人担任司机义务接送患者，有的酒店为因疫情被困的人和医护人员提供免费住宿，灾难面前激发出社会公众大量的爱心和善举，说明人类需要群居、需要互助才能够克服共同困难，也说明中华民族是一个有善心的共同体。

然而，有学者认为，在现代社会中对慈善行为要有更高的追求和目标，提出如何超越传统熟人社会的局限，将人们的仁心善举发挥出更大作用，因而提出要加强社会公众慈善培育。① 费孝通先生在其著作《乡土中国》中认为中国传统上是熟人社会。从这一点出发来考虑的话，人们行善中或许免不了带着深深的地缘、乡缘和血缘等烙印。基于这种文化特点，人们相互之间有了更深厚的情感关照，而我们的慈善事业是在传统的小范围之内相互关照的基础上扩大到当代的社会博爱。在社会运行越来越规范的当代社会，要通过教育的培养、宣传的教化和耳濡目染的榜样行为带动，促进全体社会成员更自觉地参与慈善事业。

3. 将公众情绪和道德感纳入理性轨道

慈善本身就是一种美好的道德，但是假如用道德的聚光灯来聚集于慈善组织及活动的话则容易出现情绪化的舆论风波。回顾我国这十多年来的慈善事业发展，2008年汶川地震激起了公众参与慈善的热情，随后几年频发地震灾害，我国的慈善事业也呈现出井喷式发展。2011年轰动全网的牵扯到国家红十字会的“郭美美事件”使我国慈善事业面临巨大危机。当慈善事业领域内发生的负面事件与社会公众的道德期待产生偏差时，互联网上爆发的舆论风暴便会

① 杨述明：《智能互联驱动公益慈善现代化转型——基于武汉公益慈善抗疫实践的研究》，《社会科学动态》2021年第8期，第50~56页。

重挫慈善组织的公信力。特别是中国传统文化中有着信仰道德的情结，人们长期以来怀有不求回报的慈善逻辑，往往以道德苛求慈善，视默默奉献为高尚，站在道德制高点居高临下的审视慈善人的行为及表现。从实践上来看，中国式的慈善问责具有强烈的道德色彩，而非基于权利与义务的逻辑。这种局面的扭转和改变不仅需要提升公众的慈善意识，更重要的是要从法律制度层面让社会公众了解《慈善法》，使他们能够理性地运用法律赋予的权利和义务对慈善事业和相关机构进行监督，避免感性的冲动和盲目的情绪化行为。此外，在公众参与慈善事业中要通过合法的机构和渠道捐赠善款和物资，特别是甄选声誉度高、公信力强的慈善组织。国家要积极打击和惩处以慈善为幌子而实际敛财的非法分子和机构。总而言之，只有将公众的集体情绪和道德感纳入理性的轨道，才能实现良好的公众参与机制。

综上所述，为了促进慈善组织的可持续发展，就要加强慈善机构组织的治理能力现代化建设，构建现代慈善共同体。建立多中心慈善治理模式，与现代社会、现代理念、现代管理接轨。在舆论引导过程中构建现代慈善共同体，着力提升慈善机构的公信力和美誉度，制定完善慈善机构组织的法律法规；着力提高民众的道德修养，将公众的热情和行动力纳入制度轨道，将公众的情绪和道德感纳入理性的轨道，提升公信力和治理能力现代化建设，使我国慈善事业快速、健康、可持续发展。

五　应急管理中慈善组织舆论引导的基本原则

（一）恪守新闻传播规律原则

进入社交媒体时代后，信息传播格局发生重大变化，舆论阵地实现了从大众传媒向微博、微信、抖音等社交媒体平台的转移，公众的表达欲通过新平台得到了彻底的释放，舆论传播的渠道发生了根本性的变化。① 舆论传播逻辑的转换，要求慈善组织在面对舆论事件时必须重新审视舆论引导工作，革新舆论

① 陈海峰：《变革与坚守：社交媒体时代的舆论引导工作》，《中州学刊》2021 年第 5 期，第 167~172 页。

引导理念。

新闻舆论工作科学性很强，舆论引导工作的开展应该建立在遵循新闻传播规律的基础之上，只有遵循新闻传播规律，舆论引导工作才能取得实际效果。党和国家领导人一向强调新闻舆论工作要遵循新闻传播规律，习近平总书记就“新闻真实”“受众思维”等多个新闻传播规律作过重要论述。具体到舆论引导工作，习近平总书记指出，新闻舆论工作关键是要提高质量和水平，把握好时、度、效，增强吸引力和感染力，让群众爱听爱看、产生共鸣，充分发挥正面宣传鼓舞人、激励人的作用。在新的传播环境中，新闻舆论工作要更加强调对新闻传播规律的遵循和使用。针对互联网传播新环境，习近平总书记特别提出“推动传统媒体和新兴媒体融合发展，要遵循新闻传播规律和新兴媒体发展规律，强化互联网思维”。互联网技术赋权草根公众，信息传播环境更为透明，话语表达更加多元，信息封闭和舆论一律变得越来越难。

以事实为基础，以真相为指引，尊重事实、还原真相是舆论引导取得效果的重要条件。舆论引导需要遵循新闻传播规律，应该充分保障公众的知情权，依法坚持信息公开原则，保障内容的充分可信，求真务实，以人为本，在防治虚假新闻中扮演重要角色。涉及慈善组织的舆论动向和事实之间的关系是需要协调的。协调的主要内容包括引导大众全面、客观了解事件，客观、理性地发表评论，去阐释事件真实情况，让负面舆论始于争议，终于事实真相大白。舆论引导要从事实出发，促进舆论理性度回归。遵循舆论传播的这一规律，就应该在舆论互动中打造表达共同体，否则一味地沉默、消极应对意味着舆论的失责失范，舆论的空转意味着理性的失声失真，造成解构慈善组织公信的风险。

慈善组织的舆论来源于各类媒体报道和自媒体的意见讨论与传播，做好慈善组织的舆论引导工作，首先要深刻理解舆论动向与事实的关系是网络舆论的内部关系。媒体（包括专业媒体、自媒体平台）基于事实报道事件并以合适的方式表达意见，从而形成舆论并影响公众舆论。媒体在报道事件和表达意见的过程中，需要协调两者之间的关系。媒体宜以报道事实的特殊方式传播自己的意见。事实越是具有优良的品质，就越是有利于形成体现正能量的积极且强劲的舆论。所谓事实具备优良品质三个方面，一是具有较高的新闻价值，利于引起公众关注和满足公众信息需求；二是具有较高的认识价值，利于公众辨明是非利害和提高对事物的认识和判别能力；三是具有较高的社会价值，利于激浊扬清和公众凝心聚力。上述具有优良品质的事实，多属正面题材。对正面题材进行报道即正面宣传。但正面宣传产生负面效果的情况并不鲜见，特别是在慈善活动中，每一起慈善活动和行为都有可能引来各路网民的质疑、挑刺等。这往往与报道者、信息提供者的思维方式、叙事方式、媒体文风等密切相关，与是否尊重和遵循新闻舆论的传播规律密不可分。

（二）始终坚持党性原则

《中共中央关于加强党的执政能力建设的决定》指出，要牢牢把握舆论导向，正确引导社会舆论。马克思主义新闻观是舆论引导工作永不过时的指导思想。习近平总书记强调，党和政府主办的媒体是党和政府的宣传阵地，必须姓党。要牢固树立马克思主义新闻观，坚持党性和人民性相统一。做好党的新闻舆论工作，事关旗帜和道路，事关贯彻落实党的理论和路线方针政策，事关顺利推进党和国家各项事业，事关全党全国各族人民凝聚力和向心力，事关党和国家前途命运。党性原则是党的新闻舆论工作的根本原则，是舆论引导的“定音鼓”。

慈善组织的舆论引导工作必须把坚持正确政治方向放在首位，牢牢坚持党性原则这条有力而鲜明的生命线，发挥能动作用，高扬主旋律，弘扬向上向善的网络文化，壮大主流舆论。坚持新闻舆论引导工作的党性原则，不仅必要，而且可行。不仅可处理好新闻与政治的关系，而且可通过遵循新闻传播规律而使新闻传播和舆论引导收到更好的效果，保证政治方向和舆论导向不出问题。①

（三）注重社会效益优先原则

对慈善事业的舆论引导，要坚持公益立场，注重社会效益优先，保持客观公正，坚决拒绝商业利益或小集体私利裹挟，维护好慈善事业的公信力和影响力。

---

① 丁柏铨：《论习近平的新闻舆论工作党性观——从有关党性的三组关系切入》，《现代传播》2017 年第 11 期，第 56~60 页。

慈善组织开展慈善活动，主要采取捐赠财产或者提供服务等方式。慈善组织调配的资金和物资离不开企业的爱心捐赠。早在2014年，由人民网、中国社科院联合发布《中国企业公益研究报告》表明，企业公益在现代经济生活中扮演着重要的角色，公益事业大约60%的资金来自企业捐赠，企业公益的好坏直接影响到中国公益事业的好坏。[①] 经历了2020年新冠肺炎疫情的袭击之后，中国社科院的相关课题组发布的《2020中国企业抗疫社会公益与责任研究报告》显示，国有企业、民营企业、外资企业纷纷践行企业社会责任价值观，从捐钱捐物到捐技术能力，成为全民抗疫的中坚力量。在开创和谐社会的背景下，企业在参与慈善事业中实现企业与社会的双赢。企业捐赠可以促进慈善事业的发展，在更为广阔的社会系统中表达一种“关爱与和谐”的理想与信念。同时，企业慈善有利于提升企业自身形象，提高企业的销售业绩，增进企业内部凝聚力。

现代慈善公益的内涵不仅仅是传统道德意义上的捐赠或社会救助，而是从社会组织管理的更高的层次去理解，将其视为一种社会分配方式，其在实施主体层面包括营利性商业组织（企业）、社会组织、社会公众等，对象层面扩展到整个社会群体。[②] 从宏观而言，以特定的渠道向需要帮助的人和群体提供必要的社会救助与援助活动，是由企业和社会组织为主体的公益慈善行为的主要表现，具体形式包括企业定期或不定期举办的公益活动项目、公益捐赠活动和对社会弱势群体开展救济行为等。从中观的社会层面来看，企业通过举办各种慈善活动和开展慈善行为嵌入社会，形成一种连接企业与社会的重要桥梁。企业和社会组织通过对慈善项目专业化和制度化的运作，实现社会资源的再次配置，以达到提升社会发展质量的目的和社会财富同资源共享的价值，最终进一步完善社会综合治理体系、促进社会福利保障的实现。特别是我国正处于改革发展的攻坚期，当前我国社会的主要矛盾是人民日益增长的美好生活需要和不平衡不充分的发展之间的矛盾，企业和社会组织参与慈善事业对缩小社会贫富差距、平衡社会公共服务的供给、完善社会综合治理等，对解决出现的各种新型问题和矛盾有着重要促进作用，更灵活和有效地弥补政府行政职能的调节的

① 人民网，http：//gongyi. people. com. cn/n/2014/1218/c151132-26234348. html。

② 肖红军、阳镇、姜倍宁：《企业公益慈善发展的演化逻辑与未来展望》，《南京大学学报（哲学·人文科学·社会科学）》2020年第57期，第32~50页。

滞后性和行政干预所产生的副作用。

（四）坚持舆论生态平衡原则

学术界对舆论生态的界定更加明确，将舆论生态视为社会多方意见或一定群体聚集商议的意见呈现与表达，是社会存在中各个领域、不同层次和类别的许多具体意见和观点的总合。结合媒介生态学的观点，可以认为，舆论生态侧重不同舆论相互之间、各种舆论与环境之间的相互关系。在社会生态学中，社会生态平衡是指一个社会的政治、经济、文化的发展达到相互协调、共生互动的良性关系。相应地，舆论生态平衡可以理解为舆论彼此之间及舆论与社会环境之间达到和谐的状态。[①] 网络时代不同媒介之间的全方位融合，不仅促进了信息传输的最大化集成，还有力助推新的舆论生态和传播格局应运而生。网络舆论生态平衡涵盖了以下二重维度。

1. 舆论自由与监管

网络平台的兴起和社交媒体的普及颠覆了传统媒介时代的信息采编发高度垄断和集中化传播结构，网络传播集人际传播、大众传播、组织传播于一体，演化成以群化传播、圈子化传播为主的信息分享机制。不同群体利益诉求、价值观表达大相径庭，使网络公众成为人声喧哗中的意见表达者和传播者，形成了以网络为根基的公共领域舆论表达新的空间。德国著名学者哈贝马斯提出的“公共领域”概念，意指政治权力之外，作为民主政治基本条件的公民自由讨论公共事务、参与政治的活动空间。这也是对当下网络舆论的一种洞见和概括，这一网络公共空间中，舆论的主体是广大的网民，对应的是线下的社会公众，每个网民既是信息接收者，也是信息的传播者。可以说，互联网作为一个公共领域为公众舆论的表达和公众话语权利提供了重要平台，促进了公众表达权利的开放和平等，在很大程度上也使得多元化意见和个性化表达得到了彰显。

然而，舆论表达的自由只是一个相对性的概念，没有绝对的自由是现代社会治理中的共识，网络舆论也不例外。虽然网络舆论生态环境中的传播形

---

① 徐国源：《构建电视舆论空间的“生态平衡”——兼评孙玉胜的“舆论生态观”》，《传媒》2010 年第 4 期，第 43~45 页。

式是去中心化，并通过最大限度实现民意表达和信息的共享从而实现最大化的舆论表达，但是网络舆论生态环境与生俱来的传播优势也容易带来网络谣言、舆论暴力以及舆论极化现象，更有甚者通过操控网络舆论从而实现“名利”双收，损害相关主体对象和个人的利益和名誉。网络“逼捐”“诈捐”，在每一次灾难和突发事件中对娱乐名人、企业家等在慈善活动中捐多捐少问题进行炒作、漫骂等网络暴力时常发生，这增加了网络背景下的慈善事业的舆论风险。因此，既要确保公众网络舆论自由，又要促进互联网慈善事业的健康持续发展，就必须通过对慈善组织的网络舆论进行严格的监管和引导。在倡导理性表达的同时，需要多方面规范和约束，严防网络舆论泛滥和放任，坚持舆论自由与监管之间的合理平衡，以期促进慈善事业的健康、可持续发展。

2. 舆论监督与引导

在当下的舆论生态环境下，网络舆论监督跨越了地域和时空的限制，能够为企业和组织、公众提供公共讨论和交流的开放空间，各方的意见和建议能够充分表达和协商。为了净化网络舆论环境，营造清朗的网络空间，对公众诉求的表达和多方意见产生冲突的非理性和负面情绪、消极导向进行加强监督和引导。比如，在突发性社会事件和热点新闻的舆论中，公众在网络等新媒体的自发性意见表达骤然集中，往往容易在极短的时间内形成舆论强势，这更加需要积极主动地发挥舆论监督和引导作用。如 2020 年 1 月，贵州 43 斤女大学生吴花燕离世。1 月 14 日中午，媒体质疑中华少年儿童慈善救助基金会 9958 儿童救助中心为吴花燕筹款百万元，而吴花燕本人并不知情，也未收到善款而引舆论哗然，百万捐款的去向受到了质疑，相关话题迅速登上微博热搜榜。在人民日报、光明日报、新京报等媒体评论跟进和网民的聚焦下，中华儿慈会在官方社交媒体发布相关说明，称吴花燕事件中的募捐行为超出了限定的求助范围，将把为吴花燕募集的善款全部原路退还给捐助人。该事件中很好地体现了舆论对慈善事业的监督所产生的正面效应。

互联网慈善已经逐渐成为慈善事业的重要形式，如何加强推进网络社会治理变革，提升网络社会治理和公共服务能力，促进网络慈善安全和健康，是网络舆论监督与现实社会问题治理的重要内容。要认清网络舆论本质、结合现实问题探析不同类别的网络舆论，提出具有建设性、针对性和实效性的舆论引导策略，进而切实做好舆论监督与引导。为此，在慈善行业的网络舆论生态环境中，要注重网络舆论工作，监督与引导双管齐下，让慈善事业在平衡的舆论生态环境中快速发展。

（五）坚持服务民生的原则

新媒体环境下网络语境更为多元，更新迭代的速度在不断加快，互联网传播的范式也在不断颠覆传统媒介模式的传播角色。随着网状传播格局的变化、传播节点的爆炸性裂变，网络舆论场的广大受众早已不满足单一的、机械的、固定的信息接收者的身份。当前，民众的价值取向在新媒体中表现得更加多样复杂，除了希望通过媒体渠道找到他们所需求的信息使其得益心理、求知心理、新奇心理等得到满足，受众还渴求能借助具有权威性、公信力的主流媒体实现诉求。这就要求舆论引导工作中始终胸怀服务民生意识，积极向网友提供政策解读、答疑解问和必要帮助，积极增强互动性，由一点对多点的单向灌输宣传向反馈、互动、交流的双向传播模式转变，满足受众要求获得平等信息交流权的心理。

慈善组织的舆论引导应该始终心系民间百态，关注民生热点，胸怀民生意识，始终站在人民群众的视角发表观点、发布评论。以同理姿态，引导舆论同频共振。在舆情发生后，应主动收集、分析网民意见，倾听民意诉求，换位思考，充分认可、尊重网民的情感表达，力求以接近网民的姿态赢得观点共鸣。

舆论引导要符合群众的利益，贴合群众的视角，引起广泛关注和热议。通过合理的设置议程、正确积极的应对，因势利导大力传播网络正能量，引导受众形成理性的舆论态度。积极引导舆论正向发展，营造良好的舆论环境，用最专业、最权威的“旋律”在多元声音中凝聚共识，努力把网络空间建设为正能量的集散地，努力把网络空间构筑成民意凝聚、民心团结的重要场域。要重视人文关怀与社会守望功能，主动增强与民众的情感交流互动，重视民众的需求表达与利益诉求，最大限度地调动服务能力，带领网民并肩同行，以舆论来引导社会和谐发展，以协同之力促进社会治理格局，以更加接地气、贴合网络话语表达技巧的方式对时事热点发表精彩锐评引导百姓关注和学习，以更加专业化和精细化的权威声音博弈网络舆论，拓宽条件让网民更为清晰、全面和准确地了解民生政策和国家方针走向。

六 应急管理中慈善组织舆论引导的策略

当前，我国社会主要矛盾已经转化为人民日益增长的美好生活需要和不平衡不充分的发展之间的矛盾。基于这一重大历史判断，慈善组织可以通过慈善行为对地区发展差异、城乡建设差距和经济贫富差距起到良好的平衡作用，对我国社会保障体系进行有力补充，进一步促进国家在科技、教育、文化、卫生、环保、体育等诸多领域的全面发展。事实上，慈善的“触角”已经深入我国社会的各个层面，慈善已成为国家治理中不可忽视的重要部分。在面对特重大事故、自然灾害等问题时，慈善组织参与国家应急管理已成为新时代背景下的时代要求、现实所需、应有之举。

党的十九大报告赋予慈善组织全要素、全方位的历史重担。在发挥民主政治方面，明确要求“推进社会组织协商”，将社会组织纳入社会主义民主协商体系中，提高了社会组织的政治地位；在社会文明方面，明确提出要发挥社会组织在社区治理体系建设中的作用，确立了社会组织在社会治理格局中的主体作用；在生态文明方面，提出构建政府为主导、企业为主体、社会组织和公众共同参与的环境治理体系，明确了社会组织的主体作用，为环保组织依法监督、依法维权、依法作为诉讼主体提供了依据。①

在慈善组织参与的应急管理中，要妥善在突发事件的事前预防、事发时应对处置、事后善后恢复等工作中做好舆论引导，需要采取有效的引导策略，为慈善组织塑造良好的公信力，为政府营造良好的舆论氛围，为促进社会和谐健康发展提供助力。

由于舆论本身所具有的广泛性与复杂性，舆论引导作为一种有目的的自觉行为，单靠某个单一的主体来完成显然是一件难事，故而需要多个主体的共同努力。多元化社会生态环境中的舆论引导主体是一个多元复合的系统，而舆论引导行动的成功与否、效果好坏，则取决于系统中各类主体自身能力发挥的状

① 刘福清：《让慈善事业在新的历史方位上逐梦前行》，新华网，2017 年 11 月 6 日。

况以及主体之间的互动关系①；需要依靠各级党委政府、主流媒体、商业媒体、自媒体、普通网民乃至包括企事业单位在内的社会资源集中调配，建设多元主体协同互动的舆论引导新格局②。

（一）打造“一核多元”舆论引导格局，把控正确导向

1.“一核”：慈善组织主动引导为核心

截至2020年底，全国登记认定慈善组织9480家，净资产规模近2000亿元③，较为均匀地分布于东、中、西部地区④，东部地区共有慈善组织871家，其中山东省最多，有慈善组织153家，北京、上海、天津三个东部直辖市均有17家慈善组织，并列东部最少；中部地区共有慈善组织905家，其中河南省最多，有慈善组织167家，吉林省最少，有慈善组织69家；西部地区共有慈善组织930家，其中四川省最多，有慈善组织205家，西藏自治区最少，有慈善组织10家（见表1）。

就新闻传播而言，慈善组织是突发“慈善”舆情事件的“当事人”，若慈善组织采取“沉默”，将刺激他方力量介入报道；就应急管理而言，慈善组织是应对“特重大事故灾害”事件的“直接参与者”，若慈善组织审慎“莫言”，将徒增大众对事件的疑惑；就舆论导向而言，慈善组织是主导“公益社会舆论”的“把关人”，若慈善组织选择“寡言”，将变向放任舆论浪潮波涛汹涌。总之，慈善组织是慈善事业舆论引导格局中的核心。慈善组织要有“自主引导意识”，要敢于迈出主动引导舆论，建立以慈善组织为核心的舆论引导应对策略。

---

① 丁和根：《对舆论引导主体引导能力的多维观照》，《当代传播》2009年第3期，第9~12页。

② 付晓光、孟宇宁：《新技术逻辑下舆论引导的多元协同》，《青年记者》2020年第7期，第19~20页。

③ 李纪恒：《国新办举行扎实做好民政在全面小康中的兜底夯基工作发布会》，央视网，2021年9月17日。

④ 中国慈善总会中华慈善年鉴编辑部：《全国慈善会发展报告2020》，中华慈善总会，2021年9月29日。

表 1 2020 年全国慈善组织数量分布情况（不含慈善联络站）

单位：家

地域	省（区、市）	数量	总数
东部	北京	17	871
	上海	17	
	天津	17	
	河北	108	
	辽宁	94	
	江苏	109	
	浙江	105	
	福建	94	
	山东	153	
	广东	136	
	海南	21	
中部	山西	97	905
	吉林	69	
	黑龙江	135	
	安徽	89	
	江西	112	
	河南	167	
	湖北	94	
	湖南	142	
西部	广西	54	930
	内蒙古	109	
	重庆	42	
	四川	205	
	贵州	82	
	云南	98	
	陕西	118	
	甘肃	85	
	宁夏	17	
	青海	32	
	新疆	78	
	西藏	10	

第一，慈善组织要主动作为，强化导向意识。首先在应对舆情时，坚持“以人为本”的高标准和守住“公益慈善”的最底线。当出现负面舆论事件时，慈善机构、组织要主动出击，不等不靠，不逃不躲，开诚布公、正视问题，敢于赶在媒体追踪报道前、公众广泛议论前、事件进一步发酵前做出代表慈善组织的统一权威回应，通过还原事件、坦诚问题、反思错误，并拿出可行的解决方案等举措来解答社会关切、引导社会舆论。

第二，慈善组织要主动担当，强化责任意识。就以慈善组织为核心的舆情引导工作推行“四个零”工作法（事件真伪零差错、相关数据零误差、事发责任零推脱、交流机制零距离），主动纠错查漏。把握突发舆情事件的舆论引导重点工作，预案内容必须提前完成。对于社会公众存疑的问题，一律快速答复，立马受理，绝不拖延。

第三，慈善组织要主动对接，强化全局意识。舆情已然发生，不能存有独善其身的思想，借机推脱责任、故意推诿扯皮。要充分认识自身处于舆论中心地带的实情，充分看清自身为舆论引导主体的实际，进行“清家底”行动，做好“四个一”基本工作。准备一手台账、一手数据、一手证据、一手消息等关键材料，及时向政府民政部门报备，快速与各级媒体联络，辅助舆情疏导，协助事件解决，帮助社会安定。

2. “多元”：社会力量多元协助为支撑

在舆论引导“一盘棋”的大格局下，需要改变传统思维模式，摈弃“舆论工作是党委宣传部门和政府有关部门的职责”的固化思想。在慈善组织参与应急管理，应对舆情冲击的过程中，社会资源多元协助是妥善进行慈善舆论引导的一大支撑力量。在 2020 年到 2021 年期间，经历过新冠肺炎疫情、7·20河南暴雨、10·5 山西暴雨这样的大面积、群体性、不可抗力的重大突发事件后，我们已经开始逐渐意识到舆论引导是需要依靠各级党委政府、企事业单位、大众媒体、自媒体、广大受众在内的社会各方力量的集中支持。

“慈善组织主动引导为核心”，是激发慈善组织在其中的“主体性”作用，“社会力量多元协助为支撑”，是整合社会各方力量在其中的“舆论资源配置”问题。当然慈善组织参与应急管理，进行舆论引导要遵循一般、特定环境下舆论引导的客观规律。当代中国的舆论引导主体系统，主要由三类主体构成。其中，终极的引导主体是主政者和意识形态主管部门，中坚力量是新闻媒体及其从业人员，其他可能对舆论产生引导作用的主体还有相关的社会组织和意见领袖等①。

（1）与政府部门建立平等关系，形成合力发声

慈善组织作为社会公益团体、组织，构建政社合作体系是应急管理慈善舆论引导的现实所需。在出现涉及慈善舆情的突发事件时，不论是正面事件还是负面事件，慈善组织与所在地的意识形态主管部门都有妥善引导舆情、促进社会和谐的职责。但在具体实践中，由于慈善组织与意识形态主管部门在理念、体制、地位等方面的巨大差异，在慈善舆论引导的具体合作中面临许多问题。意识形态主管部门在实际操作中很难与慈善组织构建、保持平等的协作关系。长期以来，慈善组织在舆情引导中处于“被动服从安排”的位置，天然地认为事关舆论的方方面面是政府的职责所在，期待政府“先发声、先证伪、先表态”，缺乏主观能动性。因此每遇慈善危机事件，慈善组织总是处于被迫出面回应、被逼接受采访、被动应对舆情的尴尬位置。事实上，不论是全国性慈善组织还是区域性慈善组织，慈善组织在老百姓的初始观念里是一个具有权威性的独立组织，但在一次又一次不良慈善舆情的冲击下，信任感逐渐被消耗殆尽。因此慈善组织要有“主人翁”意识，主动引导是慈善组织在应对舆情时的核心要求，在此基础上与所在地意识形态主管部门建立真实的平等关系，在处置应急事件舆论引导过程中，畅通沟通渠道，进行高效合作，避免地方政府与慈善组织间信息不对称、口径不一致、态度不相同的情况。

（2）与主流媒体建立合作关系，形成良性互动

从舆论引导的行动主体来讲，新闻媒体及相关从业者是行动中的主角。媒体是汇集民意、反映民情的公共场合，是舆论形成与表现的重要平台。这客观赋予了媒体相当的权威性和认同感。相较于作为社会公益团体或机构的慈善组织而言，媒体具有引导舆论的先天优势，并且慈善组织的发声也需借由媒体而传播四方。因此与主流媒体建立良性的互动合作关系是十分有必要的。通常情况下，媒体为表现自己的公正、客观的立场，会对社会影响较大的新闻事件、新闻人物进行持续追踪报道，以求还原事实真相，解答普通受众内心的疑惑。

---

① 丁和根：《对舆论引导主体引导能力的多维观照》，《当代传播》2009 年第 3 期，第 9～12 页。

但在一些突发事件的新闻报道中，由于事因不清、事由不明、事性未定等诸多因素，媒体所采访到的、挖掘到的信息，有真实素材，有存疑素材，有部分真实部分存疑素材等类别，并且这些素材的有效性会随着时间流逝而损耗。出于对新闻线索保持的高度敏感与新闻时效性的特点，媒体人将这些暂时得到的“消息”通过媒介以新闻的方式广泛传播，在社会上快速扩散，在很短的时间内围绕事件形成正、负面舆情。如果是负面舆情，会直接给和谐社会带来强烈冲击，若是关乎慈善行为、慈善活动、慈善机构的信息，将引发新一轮的信任危机，并且在很长一段时间难以修复。

慈善组织在具体开展某一慈善活动或处于某种慈善行为时，是柔性参与社会治理的一种方式。慈善组织主动引导舆论是当下客观环境的必然要求，处于旁观者角度的媒体对该事件进行跟踪宣传是一种媒体义务，但并不是媒体责任。因而媒体义务不等同于媒体在公益事件上有相当的积极主动性，更不能代表媒体能够全力以赴。媒体的行为最终取决于媒体和媒体工作者对自身利益的考量。这种考量实际上就是基于受众角度而言，媒体对该事件的舆论导向是形象加分还是减分，它们将会综合考量这一因素，在报道新闻或者对整个舆论的引导方向上加以判断和思考，有针对性地处理。因此慈善组织要主动和媒体保持一定频次的联系，提前建立合作关系，与主流媒体负责民生口新闻采访的记者、编辑、栏目组设置定期交流机制，可与拥有民生频道的主流媒体共同开发公益节目，与拥有法制频道的主流媒体共同开发公益普法节目，可与拥有新媒体资源的媒体打造慈善公益 ID 进行网络资源产出等等。

（3）与应急团队达成资源共享，形成信息集成

“突发公共事件危机有领域专业壁垒高、爆发迅速、影响不确定性强等特点，政府在主导公共危机治理中需要社会组织的能力、知识与信息，拓展自身应急力量在社会中的信息触达点。”① 慈善组织在参与应急管理、协助政府主导公共危机事件舆论引导的治理中自身也需要具备强大的组织能力，专业的知识储备，迅捷的信息收集，高效的发布机制，娴熟的公关引导等。诸如自然灾害、安全事故、公共卫生事件等都是爆发在某一个专业领域的、具有突发性的

① 宋林飞：《国家公共卫生应急管理原则与指标体系》，《社会学研究》2020 年第 4 期，第 46～57 页。

公共危机事件，属于高专业壁垒的专业团队才能够应对解决的范畴。在事故发生时相关信息的收集、分析、加工、处理，在事故发生后利用专业技术开展的救援、调查、安抚、医疗，各种应急行动都需要专业团队利用自身专业优势提出或执行有价值的解决方案。功夫在前，未雨绸缪，慈善组织汇聚专业队伍的"善行聚合"效应不应该只发生在灾情、事故后专业队伍和民间人士的自发志愿报名，而在日常的工作中，应该有意识与各类来自官方或者民间的专业机构、团队、人士建立"慈善联络通信录"，设置"危机应对台账"，打造"应急信息集成合集"。将慈善组织变为灵活多样，节点分散的"慈善集合体"，在有灾害事故发生时，在社会产生舆情时，慈善组织既能帮助政府增派精准救援力量，同时在舆情引导方面缓解信服信息收集压力，辅助政府形成科学决策。

（二）构建"三级引导"慈善组织网络，突破传统模式

跟随我国各项事业快速发展的脚步，慈善组织的发展也步入稳定期。目前我国慈善组织的数量和社会影响力不断扩大，随之参与政府应急管理的频次和应对应急管理的能力不断提高。但新媒体井喷式的发展变向催使社会舆情产生波动的概率越大、影响程度越深、波及范围越广，这给慈善组织的舆论引导机制带来新的挑战。就慈善组织参与应急管理的现实情况来看，慈善组织需要完善自身慈善力量社会参与的机制架构，同时理顺政府与慈善组织的关系，构建横向协作机制下的综合运作，打造多元主体纵横交错的网络格局，将慈善组织、社会力量与政府紧密联系在一起，产生良性横向协调效应，保证舆论引导的有的放矢。

1. 慈善网络城乡全覆盖，"三级引导"全面铺开

搭建慈善组织网络是我国慈善网络建设趋于完善的必由之路，实现慈善工作延伸到基层是为了更好地解决"全民参与慈善"和"服务基层慈善"最后一公里的问题。将慈善组织系统由省本级、市本级、区县级下沉至社区、街道、乡镇、农村，也是为慈善组织参与国家基层治理提供可能，解决慈善舆论引导在基层缺位的问题。随着逐步实现慈善网络城乡全覆盖的奋斗目标，慈善组织基层帮扶、对点帮扶、专项帮扶将成为现实，有助于慈善组织掌握基层民情，在慈善活动助推社会发展中营造良好社会氛围，在紧急舆情冲击中实现

"分流引导""逐级引导""自上而下、自下而上引导"将具可操作性。

在2021年2月25日于北京隆重召开的全国脱贫攻坚总结表彰大会上，中共中央、国务院授予浙江省慈善联合总会"全国脱贫攻坚先进集体"荣誉称号。从浙江省精心搭建的基层慈善工作网可见其获此殊荣名不虚传，也可以充分说明浙江省慈善组织的高度前瞻性和建设性。通过多年经营，浙江县级以上的慈善会和慈善联络站达到了8516家，覆盖浙江全省的城乡大慈善格局基本搭建完成，可以有效覆盖浙江省区域内的地市、县、乡镇街道、村委社区。正是基层网络的成功铺开，使浙江慈善力量有的放矢，在聚焦深度贫困地区和特殊群体方面，以基层为点，妥善实施"造血型扶贫基地"项目、"关爱儿童之家"项目、"福彩儿童大病救助"项目，使基层贫困、基层民生等问题能分步、分类、分次逐步解决，化解基层民众社会不良情绪，引导积极向上的精神环境。同时在基层大力开展的慈善活动有效帮助政府实现脱贫攻坚目标任务，在完成任务的过程中进一步掌握浙江基层的贫困现状，"点阵式"的慈善网络使困难群众得到社会关爱，分化社会矛盾，减少不良舆情产生。同时浙江慈善联合总会的"务实慈善"，得到群众和行业内的一致好评，获得美誉度，有效提升浙江慈善组织的信任感，为慈善舆论引导的基层分流做出贡献。而在河南，全省联动、上下衔接的省、市、县三级慈善会网络架构已经形成。截至2020年12月，河南全省共有17个省辖市和济源示范区、148个县（市、区）成立了慈善总会。同时很多市、县开始在县以下建立慈善组织。1296个乡镇成立了慈善分会，19100个村（社）成立了慈善工作站。河南慈善网络格局为在围绕脱贫攻坚大局和民政中心工作下开展慈善活动提供支撑，有效实施精准慈善，有力推动河南慈善事业健康发展，为河南省的社会稳定、民心稳定、舆论稳定做出贡献。

2. 理顺政社两方关系，创新慈善参与机制

随着我国慈善事业的发展，慈善组织参与社会治理如何实现横向协作，创新慈善组织参与突发事件应急管理机制是一个时代命题。从慈善组织的舆论引导能力方面来看，它并非是独立于党和政府之外的他方力量，也不是与媒体传播能力相对应的第三方力量。慈善组织的舆论引导力是慈善组织在参与应急管理中所展示的一种组织行为能力。这一能力应是丰富党和政府公共事务治理的一大措施，也是与媒体在社会舆论导向形成和谐共振的方式。"慈善组织参与

治理”与“政府行政治理”之间的权力界限，以及慈善组织需要依靠政府、企业、社会组织、公民等多方主体而开展公共事务的治理，都需要结合时代背景下的新要求，重审政府与慈善组织之间的关系，创新慈善组织参与突发事件应急管理的机制。

当前参与政府主导下的社会治理，辅助政府提出精准科学的决策，帮助政府引导社会舆论，这一系列工作都离不开既了解慈善组织运行又清楚政府规则的“双面手”。导致的直接结果为慈善组织领导层大都有一个共同的社会背景——“来自政府，从事慈善”。《全国慈善会发展报告 2020》的数据显示，在参与调查的 81 家慈善会中，有 71 家慈善会会长、理事长均为现任或曾任国家公务员。而在行政级别方面，享受省部级待遇的 20 人，享受厅局级待遇的 35 人，享受处级待遇的 13 人，享受科级待遇的 3 人。这反映了慈善组织特定的历史渊源给慈善会治理结构带来的深远影响，也能看出慈善组织在参与社会治理时依旧部分依赖政府。从积极意义上讲，慈善组织领导层的“政府背景”使慈善会与政府民政部门能保持紧密联系，达到密切沟通的良性状态，有助于慈善组织在进行社会资源整合、获取慈善资源使用上取得一定优势。但从消极意义上来讲，过于密切的关系也使得慈善组织在具体实施项目的过程中，难免沾染与政府部门间的“人情因素”，不可避免地与民政系统的工作重合，很难做到慈善运行参与机制在实质意义上的完全“独立”。特别是在相关慈善公益事件的舆论引导中，一些慈善组织为求与所在地民政部门声调一致，强行统一说辞；或者为求在应对舆情的环节无事、无责、无功、无过，人为丧失主动性；又或者为求不与政府“唱反调”，在大是大非的原则问题上选择噤声的情况时常出现。

因此政府部门对现行机制下慈善组织的民间性与独立性的认知程度有待提高。由于慈善组织是“以面向社会开展慈善活动为宗旨的非营利性组织。慈善组织可以采取基金会、社会团体、社会服务机构等组织形式”①，政府需要给予慈善组织更多的“行政赋权”或“自主权”。新机制的“新”要着重体现在慈善组织内部的人员构成。慈善组织人员的高学历、专业化、年轻化、去行政化将为慈善组织未来参与社会治理新机制的形成提供可能，而现在这一因

---

① 《中华人民共和国慈善法》，中国政府网，2016 年 9 月 9 日。

素正在逐渐变为现实。30 家省级慈善会的数据显示，慈善组织的专职人员中本科人数达到 90% 以上的 7 家，相比以往数据来看高学历、专业化人员占比有明显上升趋势。这表明随着整个慈善行业的专业化，慈善会也在不断提升团队的专业能力。而同样来自该调查的数据显示，慈善组织的专业工作人员构成也呈年轻化趋势。

3. 政府主导依法治善，慈善事业走向新机遇

慈善组织在慈善事业的快速发展中已作为社会治理的重要参与力量，与政府的伙伴关系日益紧密。各级政府对于慈善组织的发展提供了多方面的支持，包括政策支持、机构编制、政府购买服务等。2014 年，国务院出台了《关于促进慈善事业健康发展的指导意见》。2016 年是我国慈善事业迈入依法治善新时代的开局之年，我国慈善事业第一部基础性、综合性法律《慈善法》正式颁布施行。随后，民政部联合财政部、国家税务总局等有关部门出台了近 20 项配套政策，中央和地方共出台 400 余份配套法规规章和规范性文件。

当前，由慈善机构等社会组织承担社会事务是社会管理创新的发展方向。这既是慈善组织伴随政府职能转变和行政管理制度改革深化的现实之举，也是建立公共服务购买制度下慈善组织进一步参与社会管理和公共服务的必经之路。这将有利于促进社会组织发展和社会能力建设，增强公共服务供给效力，增加社会福利供给，更大程度满足人民群众个性化多样化的服务需求。由此，为了充分调动社会组织参与社会服务的积极性，发挥社会组织在创新社会管理和构建社会主义和谐社会中的积极作用，从 2012 年起，中央财政安排专项资金，支持社会组织参与社会服务。这也体现了政府在慈善组织能力培养、项目运作上的具体支持。

（三）引导策略依势更换方向，重在柔性引领

舆论引导，犹如治水，洪水治理，在疏不在堵。谈及舆论引导，常规思维模式已经默默将“舆论引导”与“负面舆论”相挂钩。慈善组织凡有反声，必遇慈善危机事件。这也在一定程度上给受众留下“慈善组织要么在回应负面舆论，要么就在走向回应负面舆论发布会的路上”的印象。2011 年 6 月 21 日发生的“郭美美炫富事件”已经整整过去 10 多年了，但它造成的公众对慈

善组织的信任危机至今还未完全消散；2016 年 11 月底发生的“罗尔诈捐事件”，虽距今已 5 年多，但对于该事件的讨论似乎才刚刚画上句号。其实相比于一次又一次触目惊心的负面慈善舆情事件，慈善组织完成的“善举义事”却鲜有人知。过去的舆论引导策略大多属于危机产生后的“堵漏补墙”，在危机产生前的“和平时期”对慈善事件的宣传、对慈善人物的介绍、对慈善故事的报道相对偏少。负面事件是不可能禁绝的，甚至随着慈善活动的频繁，产生负面舆情的可能性越来越大。因此，当下的舆论引导策略应依势更换方向，慈善舆论应重在日常对社会正能量的宣扬。

1. 占领舆论宣传主阵地，塑造慈善“新闻品牌”

“占领宣传阵地，也就是占领群众的思想阵地，防止对立的宣传把群众拉过去。”[①] 占领舆论宣传主阵地，进一步强调了慈善组织要在舆论引导宣传中具备“主人翁”意识。慈善组织在参与社会治理的舆论引导过程中，要通过宣传占据主动权，以大规模的柔性引导充实、丰富群众的思考，把站在慈善组织对立面的群众，争取到与慈善组织同行的队伍中。同时慈善组织与媒体的关系，不是“被采访”与“采访者”的关系，更不是“被爆料”与“爆料者”的关系。慈善组织与媒体的关系是矛盾但又可统一的。让新闻记者等从业人员在报道优秀“慈善”案例时获得肯定，既是对媒体人劳动成果的肯定，又是对媒体人业务能力的肯定，还是慈善组织引导媒体人抢先关注社会中“向善、向美、向好”的慈善正能量事件的有效举措。正如美国报业巨头约瑟夫·普利策创造的普利策新闻奖，激励着一代又一代美国媒体人按照普利策制定的“新闻价值观”报道新闻，获得荣耀。这一荣耀的激励机制是有后续效能的。大连市慈善总会成功策划“2020 大连市慈善总会系统脱贫攻坚志愿服务‘优秀义工个人、团体，品牌项目’推介暨宣传展示”活动以及第二届“大连慈善新闻奖”评选活动，通过以开展和计划开展的重大活动为契机，在大连全市营造公益慈善氛围，涵养爱心捐赠企业、团体等慈善资源，调动社会爱心力量参与慈善的积极性，激发新闻媒体和慈善新闻工作者参与慈善事业的积极性，强化“慈善”舆论导向，弘扬社会正能量，扩大慈善影响力。

---

① 刘建明、王泰玄等：《宣传舆论学大辞典》，经济日报出版社，1993。

2. 打造慈善元素文化场域，柔性普及慈善文化理念

对慈善舆论引导的柔性处理在于“化慈善宣传于无形之中”。普通人对慈善最好的感知，来源于生活对自然人潜移默化的影响。在山西晋城，有一家占地 100 余平方米的慈善“小书馆”，馆藏包含政治、历史、经济、文化、艺术等各类经典图书 10000 余册。这家“小书馆”的设计、装修本着简洁、美观、实用、节约的原则，充分利用现有空间，通过合理的室内空间布局设计，使整体风格满足图书馆的功能，适应读者的阅读要求。“小书馆”坚持公益为原则，不买卖、不交易、不租借，免费为全市爱好读书的朋友提供有趣味、有智慧、有思想深度、有艺术价值和技术传播之类的书籍，以“读书好、好读书、读好书，塑造好品德”为目标，为晋城市民提供一个免费阅读的空间、慈善公益交流的平台。现已成为当地慈善文化宣传、慈善理念普及的重要阵地，是一项重大慈善文化工程。

3. 重视慈善理论文化研究，建立慈善研究中心基地

“文化研究自诞生以来在中西文化界产生了巨大的影响，对文化发展、文化传播和文化交流等起到了重大的推动作用。”[①] 开展慈善理论的文化研究，是关注慈善现象与意识形态、民族、社会阶级、性别等议题产生的关联，通过对慈善理论的文化研究在学界掀起重视慈善文化发展、注重慈善文化传播、侧重慈善文化交流的浪潮，以此带动整个社会对“慈善”的重视，有利于慈善舆论引导力的形成。江苏省慈善总会联合省民政厅于 2020 年 12 月 1 日举办第二届江苏慈善论坛暨 2020 全省社会组织展示交流会，围绕“现代慈善的理念创新与高质量发展”“互联网+助力慈善事业创新发展”等主题，营造推动慈善事业健康发展的良好社会氛围，指明了新时代新征程中的慈善使命、“后扶贫时代”的慈善定位和高质量发展中的慈善作为等新思维、新思路。

同样，在浙江省举办的第七届“西湖论善”论坛立足“长三角一体化慈善高峰论坛”新定位，以“社会治理现代化与慈善发展新格局”为主题，对第三次分配、社会治理现代化、脱贫攻坚、“互联网+慈善”等热点内容进行研讨交流，并瞄准国家战略背景下长三角一体化发展，探索慈善跨界互融赋能的新路径，力求实现地域优势互补、推动创新协同发展的良好局面。该论坛还

---

① 孙景鹏：《文化研究之用的学理性探赜》，《辽宁师范大学学报》2017 年第 3 期。

发布了“2019年浙江省城市慈善发展指数报告”，开展了以“城市慈善指数的理论与实践”“企业社会公益责任”为主题的两场圆桌对话，233.5万人次通过视频、图片观看直播。该论坛为慈善理论文化研究提供智力支持，为社会关注慈善提供热点契机。

2020年12月14日，为了弘扬中华传统美德，天津慈善与社会救助法治研究中心签约与揭牌仪式在天津工业大学举行，这所由天津工业大学与天津市慈善协会共同创立的研究中心，牢牢以习近平新时代中国特色社会主义思想为指导，深入贯彻习近平总书记关于慈善事业重要论述的具体举措，立足天津，面向全国，着眼世界，从理论和实践两方面，为慈善与社会救助法治的发展建设贡献力量。

（四）瞄准慈善监督盲区，注重监督顶层设计

慈善事业是中国特色社会主义事业重要组成部分。“慈善力量在扶贫济困、扶老救孤、助残优抚、科教文卫、环境保护等方面都发挥了积极作用，特别是在脱贫攻坚、疫情防控、抗灾救灾这几个方面的作用尤其突出。”① 随着慈善在国家发展过程中重要性的进一步凸显，近几年来，我国慈善组织数量有了明显增长。但随之而来的是与慈善事业相关的一系列负面新闻的大面积出现。这一现实情况一方面是因为以普通民众为代表的全社会对慈善组织进行监督的意识越来越强烈；另一方面是因为当前慈善组织在运行情况、操作流程、经费使用等方面公开程度不够、透明化运作不足。目前我国针对慈善组织的社会监督力量主要包括公民的“民意监督”、新闻媒体的“舆论监督”、第三方组织的“评估”监督，国家监督力量主要包括行政机关、司法机关、立法机关对慈善组织进行的调查、整改、停止活动的相关行政性、法规性的约束。虽然监督主体呈现多元化态势，但是在实际过程中各个主体间并没有直接联系，相应的监督活动都十分分散，存在单打独斗、关系割裂的现实问题。因而在我国事关慈善事业的众多舆情事件中，常出现的情况是：“事件迅速曝光”—“引发网络舆论”—“事件反转”—“辟谣”，在类似事件反复高发的过程中

① 李庆：《民政部：三大措施进一步发挥慈善事业的第三次分配作用》，《公益时报》2021年9月17日。

受众对于慈善组织的信任度一降再降，不信任感与日俱增，甚至最终对事件的真实结果产生怀疑，导致“慈善犬儒主义”心理。同时，在各种监督主体中，受众虽是慈善活动中慈善组织的直接服务对象，又是监督慈善组织的一大社会力量，但受众对慈善组织开展监督却需要经由“第三方”媒介，如通过媒体对外发声、向政府部门举报。而通常在短时间内媒体所掌握的信息不多、政府回复的程度有限，导致受众在对慈善组织的监督中常处于孤立境地，由此慈善组织与受众间的不信任程度会进一步加剧。因此慈善组织引导社会舆论要找准盲区，清楚看到主体间未能形成联动的现实，主动完善监督体系的顶层设计，使对慈善组织的监督能够真实、有效地开展，让慈善组织在参与应急治理中占据舆论引导的主动权。

1. 完善慈善监督法律制度，赋予受益人法律监督权

在对慈善组织进行有效监督的常规流程中，慈善组织在对外发布的项目报告书、财务报告公示、年度报告等材料是政府部门和社会力量实现慈善监督的主要依据。而这种看似公开透明的量化数据实际上并不能完全反映慈善组织开展慈善项目的真实情况。通常情况下，受益人是在慈善活动中的被帮助者，是爱心传递的载体。2016 年颁布的《慈善法》里的数条法则也对“受益人”的相关义务做出了解释，如第五十九条“慈善组织根据需要可以与受益人签订协议，明确双方权利义务，约定慈善财产的用途、数额和使用方式等内容。受益人应当珍惜慈善资助，按照协议使用慈善财产。受益人未按照协议使用慈善财产或者有其他严重违反协议情形的，慈善组织有权要求其改正；受益人拒不改正的，慈善组织有权解除协议并要求受益人返还财产”。从中我们可以看出，在慈善组织对受益人进行慈善帮助的行为当中，慈善组织与受益人之间存在着“单向”关系，具体体现为慈善组织可以对受益人进行“监督”，而受益人作为在某一慈善项目中的被服务对象却没能对慈善组织产生积极的“反作用”，这无疑是忽略了受益人在慈善活动中的“直观感受”。在《慈善法》中赋予受益人适当的“监督”权力，在慈善组织各类公开发布的信息中加入受益人的“监督”数据，可以进一步提高公众对慈善组织的信任感以及慈善组织在舆论引导中的公信力。

2020 年 1 月 13 日，贵州 43 斤贫困女大学生吴花燕因病离世的消息引起全社会的广泛关注。据新京报记者证实，中华少年儿童慈善基金会下的 9958 平

台曾以为吴花燕筹款的名义，分别在新浪微公益和水滴公益上募集了总额超100万元的善款，但直到受助人吴花燕的不幸去世，9958平台仅向吴花燕拨款2万元。从这一事件看出我国民众从不缺乏善心，在获悉吴花燕的困境之后纷纷慷慨解囊，但筹集到的善款最终没有用于救治其生命，无论原因如何这次事件已严重消磨了社会公众对于慈善组织的信任感，严重透支了公众的善念。反观这个惨痛的事例，抛开其他诸多因素，如果受助者吴花燕作为受益人有权直接对慈善组织以自己名义进行的慈善活动进行有效监督，能在自己没有收到足够善款的情况下对慈善组织及时"问责"并及时公开，也许就不会造成善款迟迟不到位的悲剧了。在慈善活动中受益人往往是"被动受益"，能否及时享受到来自公众的慈善救助只能等待慈善组织的具体执行，由此受益人是否被有效救助、受助到什么程度等信息外界都无法从得知。赋予受益人监督权，使受益人参与有效"监督"，从受益人角度反馈公益救助、财务捐赠的具体使用情况，可以使慈善组织公布的信息更具说服力、更具权威性，进一步提高慈善组织的公信力，使慈善组织在舆论引导的过程中居于主动位置，减少来自社会公众的质疑，促进慈善事业的发展，辅助政府营造和谐美好的社会环境。

2. 创造受益人直接监督渠道，激活多元主体协同监督

过去每每发生慈善舆情事件，都是由于外部对慈善组织施加压力，慈善组织被迫回应，总处于被"带领"的状态。慈善组织作为应急管理的参与方之一，其对社会舆论的引导力建立在拥有绝对公信力的基础上，被动应对社会舆论是其参与应急管理失败的表现。因此慈善组织要以受益人为圆心，为受益人监督慈善活动提供直接渠道，协同包括政府、媒体以及第三方评估在内的多元主体实行广泛监督，使信息公开更全面、更透明，让慈善组织"发声有力、发言有信"。

首先，从政府层面来看，就最近几年的多起慈善负面事件而言，几乎都是政府在事件爆发后才出面介入调查。客观而言政府不是事件的当事者，但却是事件最终能否得以解决的关键处理人，颇有些"等待处理问题"的意味，因而给人的印象为"总是慢一步"。在此基础上，又由于"问题的处理"需要时间的投入，导致政府"回应"又往往不及时，此时碎片化的信息、真假参半的信息等趁机而入，使公众在等待的过程中产生更多的质疑，爆发更为严峻、更为复杂的舆情，造成人心浮动，扰乱社会安定，既影响政府形象，又消磨公

众善意。此刻慈善组织不仅不能帮助政府解决舆论危机、营造和谐环境，反而需要政府的帮助澄清事件、查明真伪，慈善组织参与应急管理的舆论引导完全失败。创造受益人监督慈善，是利用受益人在慈善活动中的“直接性”，使政府可以根据受益人的直接感受，对慈善组织信息公开真实性进行调查，将更精准地还原事实真相、更快速地回答公众提问。

其次，从媒体层面来看，由于信息传播“时效至上”的客观因素，对于慈善负面事件的报道，往往是“挖掘多少，报道多少”，并以最快速度对外报道，填补公众的求知欲，获得可观的收视率、关注度。这种追踪式的报道模式在逐步还原事实真相的过程中能回答一部分公众关切，实现一定效力的慈善监督，但也能引发讨论，造成舆情。近些年，慈善负面消息时有发生，公众对慈善组织的信任度堪忧，在现实情况下让受益者具有监督慈善组织的权力，一方面倒逼慈善组织更加在意受益人的被救助“情绪”，注重公益帮扶的有效执行、善款的及时划拨、物资的快速到位、信息的适时发布；另一方面也使媒体在报道相关事件时有径可查，既能看到慈善组织的常规公开信息，还能看到以受益人为主的一手信息，两两对比，更容易看清慈善组织在慈善活动中是否存在违规问题。因此在成功走出赋予受益人监督权的第一步后，随之而来的便是激活媒体监督活力的第二步。当受益人的“直观性”成为慈善组织信息公布的硬核数据、成为媒体监督的特别关注，慈善组织才更具公信力，媒体监督才更有针对性。

最后，从第三方评估机构来看，目前我国的第三方评估体系与制度还在形成与发展中，民间背景的第三方评估机构生存空间与发展前景不被看好，变向导致第三方评估机构在事实上难以对慈善组织进行有效监督。在慈善事业发展的过程中，第三方评估机构自身也需要建立自己的权威与公信力。由于慈善活动中的受益人与慈善组织并无隶属关系，因此相较于面向慈善组织的全面评估而言，以受益者为对象开展的评估活动显得更为实际、可行和高效。针对慈善组织运行不透明、信息不公开、财务问题等社会关切，第三方评估机构可就具体慈善项目中的具体受益人为对象，对特定慈善组织开展组织调查、运行分析等活动，并及时向社会公众公开，既有利于增强第三方评估机构对慈善组织的多元监督中的社会存在感，也有利于检验慈善组织自省自查和慈善活动的有效性，督促慈善组织完善自我，塑造慈善组织对外公信力。

（五）构建信息公开机制，提升慈善公信力

社会公众对慈善组织的知情、参与和监督意识正紧随着互联网技术的迅猛发展和信息传播方式的深刻变革而不断增强，对慈善组织信息公开、及时解疑释惑和正确引导舆情的要求逐渐强烈。当前，我国慈善组织确实存在着信息公开不及时、新闻发布不主动、舆论引导不到位的现实情况。慈善组织在与之相关联的社会问题舆论引导中，有责任和义务将该组织的重要活动、重大事件、重点问题等通过多种形式向公众发布。但实际情况是我国慈善组织的现实表现与社会公众的期望值仍然差距较大，直接给慈善组织的社会形象和公信力造成不良影响。慈善组织职责较重、影响较大，构建信息公开联动机制将有利于传递慈善组织正能量，有利于发挥慈善组织的积极作用，对慈善事业的发展具有十分重要的意义。

1. 建立新闻发言人制度，提升慈善组织公信力

由于公众监督意识逐渐增强的客观需求，“率先建立新闻发言人制度有利于传递社会组织正能量，有利于发挥社会组织积极作用”①。在此背景下，2020 年 9 月 19 日《慈善组织新闻发布指南》正式出台，该标准适用于法定慈善组织的新闻发布，给出了慈善组织新闻发布的原则、办法、组织形式、事后评估、注意事项及新闻发言人的必备素养与媒体沟通策略等。各级慈善组织应该结合自身特点和民众诉求，根据慈善组织的工作重点，制定好慈善组织的新闻发言人制度，以使慈善组织能够妥善应对舆情冲击、做好舆论引导，能够主动对社会关切进行积极、科学、有序、客观的回应，能够在社会公众面前树立良好的慈善组织公众形象，以促进中国慈善事业稳步发展。这是提升慈善组织公信力的有效渠道。

第一，设置新闻发言人是慈善组织主动运用媒体向外界传播符合主流价值观的慈善信息，在其中有明确的舆论导向。慈善组织新闻发言人中的“新闻”并非该机构组织慈善活动成果的宣传人，而是慈善组织引导舆论、妥善发声的关键角色。每当慈善组织遭遇重大舆情事件时，能够第一时间与媒体形成合

① 《民政部关于推动在全国性和省级社会组织中建立新闻发言人制度的通知》，中国政府网，2016 年 6 月 14 日。

力，相互借力、积极互动，以期能较为顺畅地分流社会质疑，媒体报道也需要权威渠道的声音。

第二，慈善组织的新闻发言人作为慈善组织的代表，使慈善组织拥有“具象化”的符号性，由新闻发言人作为代表出面回答媒体提问、回应公众关切，在一定程度上营造了与社会各界平等交流的互动场域，是慈善组织敢于承担责任、敢于直面问题的表现。在舆情事件中，有利于就某些社会热点问题“自证清白、自辨真伪、自主反省”，能一定程度把控舆论走向，辅助政府决策。

第三，慈善组织新闻发言人是慈善组织亲近民意、了解民情的先行者，是公众向慈善组织反映民情的直通渠道，也是慈善组织联系公众的桥梁纽带。在面对突发事件、应对舆情危机时，新闻发言人可以站在公众立场思考该机构的所作所为，主动发声、答疑解惑，直到危机最终得以解决。

2. 规范信息公开途径，夯实慈善信息发布平台

慈善组织是接受慈善捐赠、开展慈善活动的主体，公开透明是慈善事业的基本要求。当慈善组织以公开透明的形式在公众视野下运行，遭遇舆情危机时，慈善组织才有底气作为权威机构发布信息、辟谣信息、引导舆情、协助社会治理。自 2016 年 9 月我国《慈善法》颁布实施以来，根据该法“信息公开”要求而建设了全国慈善信息公开平台，这是履行《慈善法》信息公开要求的一项实在举措。全国慈善信息公开平台用于慈善组织、慈善信托受托人等参与主体面向社会公开慈善信息。通过信息公开等手段，让社会公众真实地了解公益慈善、便捷地参与公益慈善、动态地监督公益慈善，是呵护慈善事业发展的关键所在。民政部对各地慈善组织、慈善募捐、慈善信托的信息统计及工作评估，以该平台（全国慈善信息公开平台）为准。总之，我国正着力建设“一张网”“一个库”的全国慈善信息公开平台，让整个公益慈善界都“举头三尺有神明”。①

就目前情况来看，我国慈善组织参与应急管理的信息沟通中，仍然存在信息缺位和信息壁垒，信息公开还有很大的发展空间。如何用好这“一张网”“一个库”，需要慈善组织主动作为。

---

① 《全国慈善信息公开平台上线 方便社会公众查询监督》，新华网，2017 年 9 月 4 日。

第一，在坚持《慈善法》中要求的县级以上人民政府民政部门应当在统一的信息平台及时向社会公开慈善信息，并在免费提供慈善信息发布服务的基础上，严格做到真实、完整、及时。

第二，各级慈善组织要协助有关部门健全统一信息平台和多主体的信息共享机制，主要包括四个层面的平台：国家层面的公益慈善信息共享平台、区域性的公益慈善信息共享平台、公益慈善组织的信息平台以及第三方监督评估机构的信息平台。

第三，各级慈善组织信息公开的内容、范围、形式要接受民政部门的具体指导，必须公开的信息，所有慈善组织都必须公开。有选择公开的信息，要根据不同类别的慈善组织分别公开。统一信息公开内容由民政部等部门统一公开，慈善组织不再公开。

参考文献

陈海峰：《变革与坚守：社交媒体时代的舆论引导工作》，《中州学刊》2021 年第 5 期，第 167~172 页。

陈小德：《浙江慈善：发挥第三次分配作用 推进共同富裕》，《中国社会报》2021 年 4 月 26 日。

陈东利：《新时代慈善治理现代化发展路径探析》，《西北民族大学学报》（哲学社会科学版）2020 年第 5 期，第 145~153 页。

崔明圆：《主流媒体在慈善报道中的舆论导向把控——以“罗尔捐款事件”为例》，《慈善》2017 年第 1 期，第 34~36 页。

丁柏铨：《论习近平的新闻舆论工作党性观——从有关党性的三组关系切入现代传播》2017 年第 11 期，第 56~60 页。

丁和根：《对舆论引导主体引导能力的多维观照》，《当代传播》2009 年第 3 期，第 9~12 页。

樊正雪：《突发公共卫生事件慈善组织应急救助机制研究》，《经营与管理》2021 年第 9 期，第 150~154 页。

付晓光、孟宇宁：《新技术逻辑下舆论引导的多元协同》，《青年记者》2020 年第 7 期，第 19~20 页。

宫蒲光：《社会治理现代化大格局下推进慈善事业高质量发展》，《中国行政管理》2021 年第 2 期，第 6~13 页。

宫蒲光：《慈善事业：疫后反思》，《社会治理》2020 年第 6 期，第 15~27 页。

韩兆柱、赵洁：《新冠肺炎疫情应对中慈善组织公信力缺失的网络化治理研究》，《学习论坛》2020 年第 10 期，第 75~83 页。

韩祖和、郑刚、张遥驼：《正确引导舆论　彰显社会责任——从“郭美美事件”看媒体问责从感性到理性》，《中国地市报人》2012 年第 7 期，第 113~114 页。

黄尖尖：《“第三次分配”将推动新时代慈善事业持续发展》，《解放日报》2021 年 9 月 18 日。

金锦萍：《疫情应对中慈善组织的特殊规范和行动特点》，《学海》2020 年第 2 期，第 26~31 页。

刘佳：《“国家—社会”共同在场：突发公共卫生事件中的全民动员和治理成长》，《武汉大学学报》（哲学社会科学版）2020 年第 73 期，第 15~22 页。

刘福清：《让慈善事业在新的历史方位上逐梦前行》，新华网，2017 年 11 月 6 日。

李纪恒：《国新办举行扎实做好民政在全面小康中的兜底夯基工作发布会》，央视网，2021 年 9 月 17 日。

李庆：《民政部：三大措施进一步发挥慈善事业的第三次分配作用》，《公益时报》2021 年 9 月 17 日。

李济慈：《“十四五”慈善事业大有可为》，《慈善公益报》2021 年 4 月 5 日。

林梅：《慈善领域应急机制的建立与完善》，《人民论坛》2020 年第 14 期，第 49~51 页。

马梅、林永红：《论慈善报道与中国慈善公信力的提升——以央视“郭美美事件”报道为例》，《东南传播》2012 第 12 期，第 60~63 页。

马金保、王元琪：《慈善参与社会治理的理论思考与现实观照》，《中国国情国力》2021 年第 5 期，第 35~38 页。

宋林飞：《国家公共卫生应急管理原则与指标体系》，《社会学研究》2020 年第 4 期，第 46~57 页。

尚艳：《从“郭美美”看传统媒体对网络舆论的引导》，《今传媒》2012 年第 20 期，第 103~104 页。

任彬彬、宋程成：《疫情应对中慈善组织公信力流失的形成机理及其对策——基于开放系统组织理论视角》，《湖北社会科学》2020 年第 7 期，第 61~69 页。

唐亚林、王小芳：《网络化治理范式建构论纲》，《行政论坛》2020 年第 3 期，第 121~128 页。

田萍：《基于信息不对称的慈善组织公信力研究》，《河南社会科学》2014 年第 22 期，第 115~118 页。

吴宏洛、郑庆华：《以疫情应对为契机推动慈善治理能力现代化》，《中国社会保障》2020 年第 8 期，第 38~39 页。

肖红军、阳镇、姜倍宁：《企业公益慈善发展的演化逻辑与未来展望》，《南京大学学报（哲学·人文科学·社会科学）》2020年第57期，第32~50页。

徐嫣、王博：《论失信联合惩戒视野下社会组织信用监管制度的构建》，《法律适用》2017年第5期，第116~120页。

徐国源：《构建电视舆论空间的“生态平衡”——兼评孙玉胜的“舆论生态观”》，《传媒》2010年第4期，第43~45页。

杨述明：《智能互联驱动公益慈善现代化转型——基于武汉公益慈善抗疫实践的研究》，《社会科学动态》2021年第8期，第50~56页。

杨逢银、张钊、杨颜澧：《“微公益”失范的发生机理与跨界规制》，《中国行政管理》2020年第2期，第60~66页。

俞文：《完善坚持正确导向的舆论引导工作机制》，《光明日报》2019年12月11日。

张丽、李秀峰：《新冠肺炎疫情下红十字会的信用危机及公信力重塑——基于SCCT理论的分析》，《云南行政学院学报》2020年第22期，第126~133页。

郑功成：《慈善事业亟待建立应急机制》，《新华月报》2020年第4期，第51~53页。

郑子青：《从新冠肺炎疫情应对看慈善参与短板和未来发展》，《社会保障评论》2020年第4期，第7~16页。

郑保卫、唐远清：《论新闻传媒的公信力》，《新闻爱好者》2004年第3期，第9页。

第五章　促进慈善事业健康发展的税收政策研究

王海侠　叶萌　魏璞祯*

一　我国慈善制度和税收政策概述

公益慈善部门或称非营利部门、第三部门、社会部门（熊跃根，2001；田凯，2003；贾西津，2005）在国家社会治理机制中发挥着不可或缺的独特作用。公益慈善事业既是对以追求经济利润为导向的商业部门在提供公共产品（social good）等方面市场失灵的补充（Salamon & Anheier，1998；Steinberg，2003），也是相对于政府部门注重提供整体性公平性的社会公共服务为职能而言，具有个性化和灵活性（Powell & Bromley，2020；Young，2006）。

改革开放以来，我国的公益慈善部门取得了显著的发展，在补充提供社会公共服务，缩小贫富差距、推动共同富裕以及链接公共部门与私人部门，建立政府与民众之间的纽带等方面发挥着举足轻重的作用。虽然与西方发达国家相比，我国公益慈善部门的发展起步较晚，占国民经济生活的比重仍相对较小，但我国的社会组织数量以及提供就业岗位的总量呈现逐年上升的趋势。根据《2020 年民政事业发展统计公报》统计："截至 2020 年底，我国共计有社会组织 89.4 万个，比上年增长 3.2%；吸纳社会各类人员就业 1061.9 万人，比上年增长 5.2%。"相对于在中国特色社会主义制度发展的新的历史时期背景下，我国的公

* 课题负责人：王海侠，北京师范大学社会学院副教授；课题组成员：叶萌、魏璞祯。

益慈善部门不仅有着巨大的发展空间，也被赋予了重要历史使命和责任。

在中国特色社会主义发展道路进入新的历史时期，扶贫攻坚战取得胜利，但发展不平衡不充分的情况仍然突出的背景下，党的十九届四中全会通过了《中共中央关于坚持和完善中国特色社会主义制度、推进国家治理体系和治理能力现代化若干重大问题的决定》，其中明确提出“重视发挥第三次分配作用，发展慈善等社会公益事业”的目标。在党的十九届五中全会的决议中再次强调“发挥第三次分配作用，发展慈善事业，改善收入和财富分配格局”。近期，习近平总书记在《求是》发表的署名文章《扎实推动共同富裕》，做出了“要加强公益慈善事业规范管理，完善税收优惠政策，鼓励高收入人群和企业更多回报社会”的论述。这对在实现共同富裕、充分发挥第三次分配作用的政策目标下，如何激发公益慈善部门的潜能指明了路径和方向：以“规范管理”作为法律制度和政策为保障，以“税收优惠政策”作为政策设计的机制和工具，最终以“鼓励高收入人群和企业更多回报社会”，即鼓励个人财富进入公共社会领域为政策目标。这也进一步印证了法律制度和税收政策对充分发挥公益慈善事业在第三次分配过程中的重要作用。

在上述社会发展需求和政策导向背景下，本研究以促进我国慈善事业持续健康发展的税收政策为研究对象，旨在社会政策相关理论的基础上，结合后《慈善法》时代我国最新慈善事业的发展实践，对基金会非货币捐赠、慈善信托和社会企业等新型财富传承以及支持慈善事业的模式下我国现有慈善税收政策制度及其不足进行分析，结合国际相关前沿领域慈善税收政策创新实践，为我国慈善税收政策的健全完善提供建议，以期促进更多私人财富在有关税收政策的鼓励下，进入公益慈善领域，为满足人民日益增长的物质文化等多元需求发挥重要作用。

（一）我国现行法律法规确立的基本慈善制度

1. 慈善活动的含义与要素

2016 年 3 月，《中华人民共和国慈善法》（以下简称《慈善法》）在十二届全国人大四次会议通过，标志着我国公益慈善事业的发展正式走上法制的轨道。公益慈善的概念也进一步制度化、专业化。根据《慈善法》第三条规定，慈善活动是指自然人、法人和其他组织以捐赠财产或者提供服务等方式，自愿开展的符合规定范围的公益活动。这条规定明确了在《慈善法》制度下，慈善活动需要具备的基本要素，也是我们健全完善配套制度、设计鼓励慈善活动税收优惠政策时应当依据的重要准则。结合与《慈善法》配套的相关法律法规，具体而言慈善活动的基本要素主要有非营利性、公益性、自愿性和大慈善领域（即符合《慈善法》认定的活动范围）几个方面。

（1）非营利性

非营利性是指不以营利为目的，为社会公众或一部分公众的利益服务。这是非营利性的社会组织区别于商业部门而言的标志性特征。与追求利润与投资回报率（Return on Investment，ROI）的商业企业不同的是，社会组织不以赚取利润、为股东谋求投资回报为宗旨，而是以公益性或互益性的某种社会价值为宗旨，服务对象是目标受益群体，如自闭症儿童、行业商会协会会员。社会组织的日常运转很多情况下也不是以等价交换为基础的，虽然社会组织也可以提供收费性服务，但是其收入和所得利润严禁分配，盈余应当用于组织运营和发展以及进一步实现组织的使命和目标。如果社会组织提供低价或免费的志愿服务，那么为服务买单的“消费者”（捐赠人）和享受服务的受益人是分离的，这与商业交易关系也有所区别。我国《民法典》将非营利法人界定为“为公益目的或者其他非营利目的成立，不向出资人、设立人或者会员分配所取得利润的法人”，并进一步规定“非营利法人终止时，不得向出资人、设立人或者会员分配剩余财产”。因此，公益慈善的非营利性是指相关主体在运作过程中和终止清算都是不进行利润分配的。

（2）公益性

公益性是在非营利的基础上对受益对象范围提出了进一步的要求。根据《慈善法》第三条的规定和国际公益慈善领域的共识，公益慈善活动的范围相较于非营利活动更小，是非营利性的子集。如上所述，非营利性的活动包括公益性和互益性活动。我国社会组织的类型中，社会团体大多数以会员利益为组织目标，如学术联合会、行业协会商会、体育与文化社团等。这类组织不以营利为目的，但其组织活动惠及群体范围具有有限性。而另一方面，公益性的组织不仅为发起人或会员服务，其宗旨需要面向非公共利益和福祉。也正是基于此，法律法规对于满足条件的公益性组织开放公益性捐赠税前扣除资格，即向此类慈善组织捐款的人可以进行税收抵扣，以此来鼓励社会公众向包括基金会在内的公益组织捐赠。其内在逻辑在于，国家财政在减免税收的过程中是让渡了这部分财政资源来“补贴”相关慈善组织，因此慈善组织的财产虽然不同于财政资产，但也具有一定的公益和社会属性，作为所有权人的慈善不可以随意使用，而是要用于基金会的宗旨和登记的公益目的。这也是社会组织在取得非营利的法人身份之后，《慈善法》要求进一步进行认定或登记为慈善组织，以确认其公益性的原因所在。理解公益慈善事业的公益属性及其与相关税收优惠措施的内在关联，是我们发展健全促进慈善事业发展税收优惠措施的重要基准。

（3）自愿性

自愿性原则也体现在《慈善法》对慈善和慈善活动的界定之中。其含义是慈善活动的开展、慈善捐赠、志愿服务是基于自愿参与，不得强行摊派捐赠任务，强制指定慈善、志愿者进行服务。上述自愿性的内涵也与《慈善法》第三十二条、第一百零一条、第一百零八条的相关规定相呼应。换言之，慈善组织和慈善信托等慈善关系仍然是民间机构，也就意味着并不是政府部门的下级，这是公益慈善事业作为独立的社会第三部门与政府部门的不同之处。从政策设计的角度看，这意味着虽然公益慈善事业在实现共同富裕与推动完善第三次分配中被寄予厚望，却需要通过政策引导激励的方式来进行，而无法通过直接、垂直的行政（direct government）方式来执行（Salamon & Toepler，2015）。这也从侧面印证了通过税收政策对慈善事业进行鼓励引导的重要性。

（4）大慈善领域

我国的历史文化源远流长，其中当然也不乏慈善文化和以社会民生为己任的思想。在现代慈善发展过程中，率先成长起来的慈善领域也与我们传统慈善思想一脉相承：中国扶贫基金会、红十字会等具有代表性的公益慈善组织都以关注扶老、救孤、恤病和助残、救灾等“小慈善”领域为主。而随着我国经济发展取得卓越进展，脱贫攻坚取得全面胜利，党的十八大以来我国的主要矛盾转化为“人民日益增长的美好生活需要和不平衡不充分的发展之间的矛盾”，慈善的概念也有了新的内涵。在这样的背景下，《慈善法》将“教育、科学、文化、卫生、体育事业”以及环境保护和生态环境改善等相关工作也纳入了慈善的范围，以法律的形式确立了我国“大慈善”的领域范围，更有利于慈善事业的长足发展，满足人民更为广泛的公益需求。同时，这也体现了现代慈善概念的包容性，为参与慈善的新型路径提供了制度基础。

2. 我国慈善综合法律体系概览

《慈善法》的出台标志着公益慈善作为一个法定概念在我国的法律体系中正式被确立，以及我国的慈善法律制度更为完善和成熟。然而，规范慈善事业的法律法规并不仅限于一部法律。在《慈善法》出台以前，社会组织的设立和慈善活动的开展也同样在有法可依的前提下开展，即使当时的慈善法律体系仍然不太成熟，但也并不是处于完全无序的状态。《慈善法》出台后，我国的慈善法律体系建设也并不是已然毕其功于一役，而是仍有很多配套规章和规范需要进一步细化和完善。因此，我国的慈善法律体系是一个由不同层级、不同方面的法律、法规、规章、规范性文件所构成的一个综合性系统。

我国的法律制度更为接近大陆法系的成文法制度。不同法律文件可以依据其效力层级分为《宪法》、全国人大及其常委会制定的法律（如《慈善法》和《民法典》）、国务院出台的行政法规（如规范民办非企业单位、基金会和社会团体的三大条例）、政府部门规章（如《慈善组织信息公开办法》和《慈善信托管理办法》）和地方政府规章（如《北京市促进慈善事业若干规定》），以及各级政府部门发布的相对非正式的规范性文件（如《广州市社区社会组织管理办法（试行）》）。《慈善法》是规范各类主体开展慈善活动的专项基本法。但对于慈善活动开展主体的设立与监管，以及相关配套的机制如税收优惠、会计制度管理、政府购买服务等慈善活动会涉及的专项领域的有关规定是分散在各个具体的法律法规、规章和规范性文件中的。具体而言，除上述作为调整私法领域的基本准则的《民法典》关于非营利法人的规定外，与慈善相关的各个专题性法律也可以分为组织法和行为法两类。简而言之，组织法即对不同类型的主体，如企业、非营利组织的法律身份的界定、机构的组成要求以及机构存续期间的管理以及变更和终止等环节进行调整。而行为法则是侧重不同主体在开展某类活动时，如慈善募捐、财产保值增值时所需要依据的行为规范。不过需要说明的是，一般的法律会在组织法—行为法的光谱上落在一个偏向某一类型的位置，单纯是组织法而不涉及任何行为性规定的情况非常少见，反之亦然。

（1）组织法

公益慈善领域最为重要的组织法应数国务院规范三类社会组织的“三大条例”，即《社会团体登记管理条例》、《基金会管理条例》以及《民办非企业单位登记管理暂行条例》。这三类组织统称为社会组织，与国际使用的非营利组织、非政府组织等称谓的内涵大致相同。根据《慈善法》的规定（新法使用了“社会服务机构”来代替“民办非企业单位”），这三类组织经过认定或登记的程序来取得慈善组织资格，因而是慈善组织的法人身份依托。关于这三类社会组织如何进行成立登记、组织架构管理、变更与终止等相关规定都体现在这三大条例组织中。

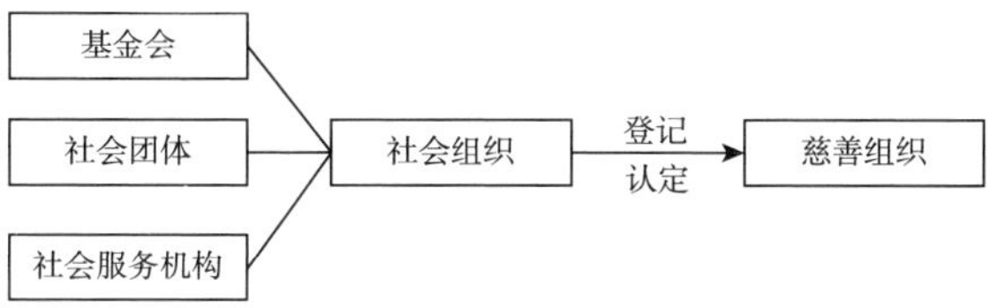

图 1　社会组织类型与慈善组织的关系

（2）行为法

《慈善法》以慈善活动为调整对象，并不限于慈善组织，因此是更偏向于行为法的公益慈善领域最为重要的法律规范。目前《公益事业捐赠法》也仍然有效，是对公益捐赠行为进行规范的行为法。《慈善法》出台后，《公益事业捐赠法》中关于民间慈善捐赠的规定已被《慈善法》规范同一事项的条文所更新、细化和替代。与此同时，对于政府作为捐赠对象的有关规范，因《慈善法》并未直接对同一事项进行更新的规定，因此仍以原法为准。此外，《慈善组织保值增值投资活动管理暂行办法》《慈善组织信息公开办法》等规范慈善组织各类活动的规范，以及相关税收优惠的规定都属于行为法的范畴。

对于任何领域的政策完善的目标是，上位法与下位法，一般法与特别法，相互补充，共同配合，尽量减少法律冲突的情况，形成一套逻辑融洽、运行顺畅的体系。但法律演进是动态的过程，新法的颁布与旧法修订都需要一定的过程，充分进行理论与经验性论证以及征求各方的意见，却无法一蹴而就。因此，在我国完善某一领域、某一课题的适用性法律法规与政策时，难免出现法律的灰色地带以及现行相关法规与新法暂时冲突之处，这就需要根据法律执行的实际需求有序地进行配套法规、规章和规范性文件的跟进。

3. 税收政策与相关慈善制度的关系

税收是国家财政收入的重要来源，也是调整行政相对人行为的重要政策工具。与慈善法律制度一样，税收法律制度属于行为法范畴。税收与慈善是两个具体受调整的行为活动，是范畴不同又有所交叉的两个领域。而相对于《慈善法》和《公益事业捐赠法》这类慈善领域专门法律而言，税收法律政策体系虽然也是专门针对税收问题，但涉及的社会主体（个人、企业、非营利组织等）非常多元，也更为广泛，在体例的体现上也非常分散。因此与慈善制度相关的税收政策可以关联性的强弱分为直接相关税收政策和简介相关政策两类。

（1）与慈善直接相关的税收政策

与公益慈善直接相关的税收法律政策包括《个人企业法》和《企业所得税法》中关于规定捐赠人公益性捐赠税前扣除的规定，《企业所得税法》中关于企业不征税收入的规定，以及《财政部国家税务总局关于非营利组织免税资格认定管理有关问题的通知》《财政部国家税务总局关于非营利组织企业所得税免税收入问题的通知》《财政部国家税务总局民政部关于公益性捐赠税前扣除有关问题的通知》《关于公益股权捐赠企业所得税政策问题的通知》等。

（2）与慈善间接相关的税收政策

与此同时，一些税收政策虽然不是直接调整慈善组织和慈善捐赠关系的，但可能对慈善行为产生间接影响。例如，《关于实施小微企业普惠性税收减免政策的通知》对小微型企业予以了优惠性的税收政策，这相较而言降低了税收减免对设立非营利企业的吸引力，因为目前取得非营利组织免税资格的要求较高，程序也相对烦琐，相应地，作为非营利法人日常管理所需要遵循的规则也更严格。因此，很多公益慈善组织可能会选择以企业的身份提供服务。与慈善税收激励制度间接还有相关的社会领域投资政策，包括《国务院办公厅关于进一步激发社会领域投资活力的意见》提出“落实医疗、养老、教育、文化、体育等领域税收政策，明确界定享受各类税收政策的条件”。这意味着对于养老、教育等为社会公众提供公共服务的领域，私人提供者无论是营利性、非营利性还是社会企业（private provision of public good），都有可能获得一定的税收优惠（Jacobsen，LaRiviere & Price，2017）。

税收政策的多面性和分散性也意味着在研究促进慈善事业新型路径发展的过程中，需要周全考虑。鉴于本文的篇幅，我们将侧重分析直接相关的税收，在相关间接税收政策触及慈善创新路径具体优化的议题时也会就所涉及的方面进行简要探讨。

（二）从事慈善事业的主要路径

根据我国现有慈善领域的政策与实践，传统的慈善参与路径包括以现金为标的的慈善捐赠，设立慈善组织或在独立的慈善组织下设立附属的专项基金，而相对新型的慈善路径包括《慈善法》出台后确立的慈善信托，以及仍在探索初期的股权捐赠和社会企业与影响力投资。不论个人和组织通过何种方式参与到慈善事业中，它们的共通之处在于都是以提供一定的社会服务、满足公共需求为目标。除介于商业部门和公益部门之间的社会企业以外，各类慈善路径都是为实现特定的慈善性目的服务，捐赠人或发起人的财产通过捐赠或设立慈善组织、慈善信托等方式进行捐赠后，则转变为具有公益属性的社会财产，捐赠人、发起人可以对财产的使用享有监督权、知情权等权利，但不再是相应财产的所有人，既不可再对已经进行捐赠的财产进行处分，也不可轻易撤销捐赠或取回专项基金、慈善信托或慈善组织账户上的财产。而无论是捐赠支持已有的组织还是重新设立信托或组织，都是爱心人士或企业实现其公益目标的路径或载体。根据捐赠人或发起人选择的路径或载体的不同，相应活动开展所需要达到的具体条件和符合的规则和程序也有所差异。而社会企业与影响力投资虽然并不需要具有完全的非营利性（但也不禁止非营利类型的社会企业），但也需要将提供社会服务作为主要宗旨和目标，并在进行企业经营的过程中产生积极的社会价值，因此也是吸纳更多私人主体参与到社会公益事业的重要路径。

1. 慈善捐赠

根据《慈善法》的规定，慈善捐赠是指“自然人、法人和其他组织基于慈善目的，自愿、无偿赠与财产的活动”。与其他参与慈善事业的途径相比，慈善捐赠最为便捷，既不需要组建人员团队也不需要向登记管理部门登记或备案。不过，直接进行捐赠的局限性在于仅能向已有的慈善组织进行捐赠。如果捐赠人关注的慈善领域、想要解决的社会问题尚无专业的慈善组织开展有针对性的工作，则捐赠目的就难以实现。此外，多数情况下成熟的慈善项目的捐赠人较为多元，项目的运行模式也趋于固定，捐赠人在支持这类项目时能够体现的自身价值并不突出。传统意义上的慈善捐赠主要是以现金的形式捐赠。随着慈善财产的多元化发展，其他财产类型如房产、实物以及股权捐赠也越来越多地在实践中被尝试和探索。其中以股权为财产形式的捐赠方式是实现私人财富向社会流动与传承的重要方式，在促进第三次分配、实现共同富裕的过程中有着巨大潜力，本文也将股权捐赠作为新型的从事公益慈善事业的路径作为分析对象。

2. 慈善组织

登记注册慈善组织是以正式设立一个法人机构的方式长期、持续地专注于某个特定领域开展慈善活动。与进行项目捐赠相比，运用一个机构的行政性成本显然要更高，包括登记注册以及获得慈善组织资格需要满足的条件更多，组织机构的日常管理也需要更多的成本，年检、财务管理和信息公开等方面的监管要求也更多。从人力资源方面而言，日常管理一家慈善组织需要健全的决策、执行和监督机构，以及一定数量的正式雇员。不过，长期运营一家慈善组织其优势是可以持续专注于某个领域进行深耕，更好地体现发起人的价值观并可以对慈善事业产生持续和深远的影响，有机会形成一个公益品牌，甚至是引领和推动整个公益慈善行业的发展。

3. 专项基金

专项基金一般是指在公益组织的基本账户下设立的，按照捐赠人或发起人的意愿，专款专用的可持续性基金。实践中最为常见的是在基金会下设一个专项基金，尤其是公募基金会，由此专项基金的管理委员会可以通过公募基金会的公开募捐资格筹集更多的社会公益资源，以更好地开展相关工作。由于在现有法律制度下，公开募捐资格的获取仍然具有一定难度，在公募基金会下设立专项基金可以实现进行公募的目标的优势对于很多潜在捐赠人具有较大的吸引力。但是，专项基金并不具有独立的主体资格，专项基金账户内的公益资金所有权还是属于基金会，基金会也需要对下设专项基金所开展的慈善项目承担主体责任，基金会对于其管理的专项基金也会收取一定的管理费用。实践中，一些基金会还会对专项基金的年度筹款总额设置最低要求。因此，运营管理一个专项基金的难度和挑战性同样不低。根据民政部门的相关规定专项基金在对外开展活动时必须使用包括基金会的全称，如××基金会××专项基金，而不得单独使用专项基金的名称。专项基金从一定程度上说是《慈善法》等法律法规完善之前，登记社会组织以及取得公开募捐资格较为困难的背景下的产物。随着慈善信托等新型慈善路径的兴起，专项基金对于潜在捐赠人的吸引力是否有所下降还需进一步在实践中进行检验。

（4）慈善信托

慈善信托是指委托人基于慈善目的，依法将其财产委托给受托人，由受托人按照委托人意愿以受托人名义进行管理和处分，开展慈善活动的行为。2016年出台的我国首部《慈善法》对慈善信托进行专章规定后，慈善信托成为参与慈善事业的新型热门途径。慈善信托的相应配套规定也在逐渐完善的过程中。慈善中国的信息公开显示，截至2021年9月1日，即《慈善法》实施五周年之际，我国慈善信托的备案总量达到633单。与国际上多数国家的制度不同，《慈善法》将慈善信托界定为“委托人基于慈善目的，依法将其财产委托给受托人，由受托人按照委托人意愿以受托人名义进行管理和处分，开展慈善活动的行为”。换言之，《慈善法》并不将慈善信托作为一种独立主体对待，而是将其视为一种法律关系。慈善信托的备案和监管不受慈善组织登记、认定和评估等一系列监管体系的调整。从慈善信托保护信托财产以及为受托人赋权的制度而言，以及从现有监管制度对慈善信托的规范相对简单而言，慈善信托的设立和管理更为灵活，但相应地，现有的慈善信托配套机制也不甚健全。其中最为关键的是慈善信托的税收优惠政策还缺乏具体可操作地专门性规定，在一定程度上对慈善信托的进一步发展造成一定的障碍。这也是本文希望探讨的主要问题之一。

（5）社会企业

近年来，社会企业在我国也迅速兴起。社会企业介于非营利部门和商业部门之间，简言之是“通过商业手段实现社会目标”的组织形式。不同的学理界定以及实践中的社会企业认定标准也在此混合特征的基础上，在不同程度上要求以实现社会目的为主要目标、具有商业可持续性以及对资产锁定和分配利润的限制（Zhao & Guo，2018）。对社会企业要求“以实现社会目的为主要目标”是对机构的社会使命予以明确，以区分于以单纯获取利润为目标的一般商业企业，而“具有商业可持续性”则强调社会企业应该在收支上实现财务独立（更倾向于一种潜质而非实质），而不是纯粹依靠捐赠收入和政府资助等无对价的无偿收入。社会企业目前在我国并没有一个专门对应的法人形式，因此社会企业在注册时或依托于营利性的公司形式，或依托于非营利的社会组织形式。因社会组织主要是提供服务、运营管理项目，而非进行资助或发展会员。因此非营利类型的社会企业主要是民办非企业单位（社会服务机构）①。

（三）慈善税收优惠的基本机制

如上所述，税收优惠的法律政策对慈善公益事业的健康持续发展具有重要的促进作用。尤其是在发挥公益慈善在第三次分配中的作用、实现共同富裕的目标下，要实现引导家族财富向社会公益领域流动以及完善对新型公益慈善路径的激励机制的目标，就不可缺少适切的慈善税收鼓励措施。本节内容侧重讨论不同税收政策，包括针对慈善组织自身以及慈善捐赠人等相关税收优惠制度的实施机制，为在此基础上针对股权捐赠、慈善信托与社会企业等新型慈善路径税收优惠政策设计的分析确立一个基本制度框架。

1. 慈善机构自身免税

慈善机构自身免税是指对具有非营利组织免税资格的公益慈善组织自身收入的税收减免。谈及慈善组织税收优惠的一个重要误区是认为“免税组织”的所有收入都免征一切税收，这样的理解是错误的。严格而言，获得非营利组织公益免税资格的组织所享受的待遇是符合条件的免税收入可以免于计入应纳税所得额，而不是完全不缴税。这样的制度设计的优势在于既保证了捐赠收入等无偿慈善收入享受应得的免税待遇，也为慈善组织取得收费性收入，进行组织财产收入来源的多元化预留了一定的政策空间。例如，在美国慈善组织可以获得一定限度的非宗旨相关业务收入（unrelated business income），但这部分收入像其他商业公司一样缴税（unrelated business income tax，“UBIT”），也必须控制在少量的范围之内，而不能成为慈善组织的主要业务活动。不然，相关组织的慈善免税资格也会被撤销（Stone，2005）。在英国，对慈善组织收入也有类似的区分。具体为主要目的交易（primary purpose trading）和非主要目的

① 民办非企业单位是现行国务院条例所采用的正式称谓，在《慈善法》出台后，相关条文改用“社会服务机构”的名称，但《民办非企业单位登记管理暂行条例》尚处于过渡阶段，该条例的修正案还在审议过程中，尚未正式出台。

交易（non-primary purpose trading）的区分，前者为与慈善组织的慈善目标相关的经营性收入，如学校收取学费，后者为与慈善组织的慈善目标不相关的经营性收入（Framjee，2008）。我国目前对于慈善组织的经营性收入未做目的相关和目的不相关的区分，经营所得也暂时未纳入免税收入的范围之内。

根据《企业所得税法》第二十六条第（四）款的规定“符合条件的非营利组织的收入”属于免税收入的法定范围。而财政部、国家税务总局出台的《关于非营利组织企业所得税免税收入问题的通知》也具体规定了哪些具体的收入是属于“符合条件”的非营利组织免税收入范围。根据该规范性文件的规定，具有非营利组织免税资格的慈善组织的免税收入包括四类。一是接受其他单位或者个人捐赠的收入；二是除《中华人民共和国企业所得税法》第七条规定的财政拨款以外的其他政府补助收入，但不包括因政府购买服务取得的收入；三是按照省级以上民政、财政部门规定收取的会费（主要是指社会团体类非营利组织收取的会费）；四是不征税收入和免税收入孳生的银行存款利息收入。此外就是兜底性的条款：财政部、国家税务总局规定的其他收入。可见，对于公益性的慈善组织而言，目前明确纳入免税收入范围内的主要为三类：捐赠收入、无对价的政府补贴以及上述两类财产的孳息。上述提到的经营性收入无论是否为实现组织的慈善宗旨而进行，都不属于法定的免税收入范围。目前的这个制度对非营利类型的社会企业的经营收入会产生影响。

根据现有的慈善税收制度，非营利法人登记为社会组织或直接登记为慈善组织后，非营利组织免税资格并不是自动取得的，而是需要专门向财政、税务部门提出申请。根据《财政部国家税务总局关于非营利组织免税资格认定管理有关问题的通知》，申请免税资格的非营利组织需要满足包括组织类型、从事非营利或公益性活动，所得收入用于章程规定的公益性或非营利事业、遵循不分配利润原则等若干条件。其中，还包括工作人员平均工资薪金水平不得超过上年度税务登记所在地人均工资水平的两倍。这一条规定被一些专家、学者视为限制了公益慈善组织对人才的吸引力，但相关规定目前仍然有效。

2. 公益性捐赠税前扣除资格

公益慈善组织可以享受的税收优惠政策除了自身免税资格外，还有为捐赠人抵扣应纳税所得额的公益性捐赠税前扣除资格。从实操的角度而言，具有公益性捐赠税前扣除资格就意味着可以为捐赠人（个人或企业）开具捐赠票据，并且捐赠人可以根据捐赠票据所记载的金额，将相应的捐赠额根据法律法规的规定从应纳税所得额中抵扣掉。

根据我国《企业所得税法》第九条的规定：企业发生的公益性捐赠支出，在年度利润总额12%以内的部分，准予在计算应纳税所得额时扣除。这意味着，如果某家企业在一年中向具有公益性捐赠税前扣除资格的机构捐赠的金额超过了年度利润的12%，那么税前扣款金额应当以年度利润的12%为限，其所进行的公益捐赠不能够全部享受税前抵扣待遇。因此，在实践中企业进行公益慈善捐赠时会进行税务筹划，以将法律赋予的捐赠权益发挥到最大。这样的限额，是否对更多的私人财富资产进入公益慈善事业造成一定的障碍尚不甚明确。回答这个问题需要在探讨政策完善的过程中，通过科学的政策分析方法（如实验方法或准实验方法）（Dunn，2015；Morgan，Henrion & Small，1990），来测算提到公益性捐赠税前扣除限额对增加私人财富捐赠到公益慈善事业中的额度是否存在提升作用。对于个人的慈善捐赠，我国的《个人所得税法》也进行了规定。根据《个人所得税法》第六条第（六）款的规定，个人将其所得对教育、扶贫、济困等公益慈善事业进行捐赠，捐赠额未超过纳税人申报的应纳税所得额30%的部分，可以从其应纳税所得额中扣除；国务院规定对公益慈善事业捐赠实行全额税前扣除的，从其规定。可见，对个人进行慈善捐赠的税前抵扣也存在一定的限额，一般设定在30%，少数国务院专门授权的慈善组织，可进行100%的税前抵扣。

3. 其他税收优惠措施

除了上述针对慈善组织和捐赠人的所得税进行减免、抵扣外，我国目前的税收体系中还有针对公益慈善事业赋予的其他种类的税收优惠。例如，符合资格的非营利组织在契税、房产税等方面也可享受专门的税收优惠。根据《中华人民共和国契税暂行条例》第六条第（一）款的规定，国家机关、事业单位、社会团体、军事单位承受土地，房屋用于办公、教学、医疗、科研和军事设施的，免征契税。此外，非营利科研机构在房产税、土地使用税方面也享受免税待遇。根据《财政部国家税务总局关于非营利性科研机构税收政策的通知》的规定，非营利性科研机构自用的房产、土地，免征房产税、城镇土地使用税。而在跨境捐赠所涉及的关税方面，《慈善捐赠物资免征进口税收暂行办法》明确规定：对境外捐赠人无偿向受赠人捐赠的直接用于慈善事业的物资，免征进口关税和进口环节增值税。这些其他税种的公益慈善税收优惠政策体现了国家在多个方面对公益慈善事业大力支持，每一项优惠制度都有着较为鲜明的政策鼓励目标和针对性。随着我国公益慈善时间的不断演进和创新，相应的其他税种的优惠措施也应随之健全和完善。

二　税收政策对慈善事业持续健康发展的促进作用

（一）作为公共政策工具的税收激励措施

税收政策作为一种重要且有效的社会政策工具，对于保障我国慈善事业的持续健康发展具有不可忽视的潜在效用。国家为慈善事业提供税收减免优惠，其实是公权力对希望支持的社会领域进行的资源“让渡”。税收收入的减少实质上等效于支出财政用于扶持公益慈善领域，因此在政策工具的视角下，慈善税收优惠也被称为一种“税收支出”（tax expenditures）（Howard，1995，2002）。萨拉蒙等学者《政府的政策工具》一书中提出，与直接行政（direct government）相比，税收支出或税收优惠政策是一种间接的公共政策工具（Pouwels & Elliott，2002；Salamon，2000）。其间接性体现在制定和实施税收优惠政策的过程中，政府部门并不是实施其强制权力来给行政相对人发出指令，限定其如何做出行为，而是通过更软性的方式来鼓励和引导行政相对人做出符合其政策目标的行为。根据萨拉蒙提出的评判政策工具的理论，分析和比较不同公共政策工具的标准有五个要素：有效性、效率性（投入—产出分析）、公正性、可执行性和合法性。在美国的公共政策视角下，由于政策游说的力量强大，占有资源的利益集团会游说制定对其更为有利的税收措施，美国学者认为税收支出的可执行性、效率性较高，公正性则相对较低。

但在我国的社会主体制度背景下，税收支出在这五个维度则呈现不同的特征。具体而言，首先税收优惠政策的效率同样很高，这是指税收政策的完善是依托于国家必不可少的税务机关进行的，无须额外成立专门的政府部门来实施执行，因此节约相关财政支出，而慈善事业的发展会产生正向的社会影响力和效用，因此具有较高的投入产出比。从可执行性来说，执行慈善相关的税收政策在我国目前阶段可能存在一定的挑战，这主要是由于我国慈善事业的发展尚处于早期阶段，《慈善法》实施的时间也不是很长，很多基层税务工作人员对于现代慈善概念的理解还较为薄弱。实践中也出现了一些慈善组织申请免税资格和公益性捐赠税前扣除资格的过程中遇到一定的困难。但这种情况也在不断地改善中，如一些地方通过采用电子捐赠票据的方式来解决捐赠票据申购困难等问题（刘振国、臧宝瑞、俞惠中，2016）。同时，也可以通过改善和健全相关政策，减少模糊地带，并加强教育宣传的方式来增强基层税务工作人员对慈善税收政策的了解程度，助力公益慈善在第三次分配进一步发挥更大效能。从政策工具的公正性和合法性而言，在我国的国家政治体制下，公共政策制定不会受到利益集团劝募的影响，而是从国家发展需要的角度出发，因此会具有更好的公正性。而《慈善法》开门立法的经验，也增强了慈善税收完善过程中听取多方意见的可能性。《慈善法》出台后，一系列慈善税收配套政策的出台标志着我国慈善税收法治化建设取得了显著的成就。因此，税收支出作为公益慈善领域的公共政策工具，在我国也有较好的合法性。当然虽然我国慈善税收政策的发展势头良好，但基础仍然稍显薄弱，还有很多议题需要通过严谨的立法程序不断明确改善。最后，从政策有效性的角度看，随着我国慈善领域政策的不断健全，包括股权捐赠税收优惠制度实现从无到有的突破，我国慈善部门的捐赠收入、总的资产规模和提供的就业岗位也在逐年上升。这说明慈善税收优惠和公益慈善部门的发展是存在正相关性的（positive correlated）。但慈善税收优惠政策与公益慈善部门的发展壮大，乃至人民物质文化生活质量的提升是否具有因果联系（causal relationship），则需要在实践经验数据的基础上做出更为深入的评估（Finkelstein & Hendren，2020）。在上述五个维度的公共政策工具理论分析的基础上，慈善税收政策工具在支持公益慈善事业发展、助力实现共同富裕方面还有以下积极作用。

1. 对市场失灵的修正作用

市场失灵是经济学中的一个重要概念。其内涵可以分为不同的类型。一种是生产经营者和消费者之间存在信息不对称（information asymmetry），进而市场价格不能准确地反映真正的市场需求，市场在调节供需平衡方面不能发挥应有作用，从而无法有效实现资源优化配置的功用（Rhodes，2010）。而市场失灵的另一个内涵与社会公共利益相关。具体而言，生产经营者在生产具有负外向性的（negative externalities，如高污染行业在生产过程中对社会公有的环境造成的影响）私有产品时，只会计入私有成本，而不考虑其社会成本。为了使其产品在市场上具有竞争力，产品的价格并不会体现这部分社会成本，对社会公益造成的影响不会予以考虑。而作为消费者，因为可以享受更低的价格，也没有动机去考虑这样的定价方式对共同利益的不利影响，因为更低的价格是对其个人利益更有好处的。诺贝尔经济学奖获得者 Elinor Ostrom 将其称为“公共的问题”（the problem of the commons）。这样的市场失灵则需要政府通过税收的方式修正市场价格对社会环境成本考虑的缺失，从而修正市场失灵。

从社会分配的视角来看，市场对资源的配置属于第一次分配。而市场失灵的存在意味着，需要通过政府的税收、补贴等调节手段来修正市场失灵带来的问题。而在第三次分配的过程中，公益慈善事业等社会力量是对政府在第二次分配中发挥的调节作用的补充和完善，以形成更大的合力，实现更大的社会价值（王名、蓝煜昕、王玉宝、陶泽，2020）。

具体到公益慈善事业的发展，公共服务，尤其是其消费不可分割也不可排他的公共产品（non-excludable and non-rival public goods）是具有正外向性（positive externalities）也存在市场失灵的问题。由于公共产品在消费过程中的不可分割性和不可排他性，如干净的空气和安全稳定的社会秩序，公共产品的购买者无法独占地享受公共产品带来的价值，而是会出现很多“搭便车”的人（free riders），政府的失灵体现在公共产品的供给严重低于实际的需求，因为无法基于等价交换的原则维持一个公共产品的市场。政府作为有着公权力的第一部门，是天然提供公共产品的主要主体。对于个人不愿购买公共产品的问题，可以通过国家权力强制公众对公共服务付费——“税收”。但当私主体提供公共产品时，一般的商业交易是不具有可行性的，因为一个理性的经济人是不会为可以免费“搭便车”的产品付费的。因此，非营利部门具有独立价值的一个内在原因就是解决市场失灵的问题，非营利组织提供公共产品和服务并不是以有偿交换为目的，而是在很多情况下为了公共利益而无偿提供。从另一个方面来看，非营利组织在实现机构的公益性宗旨的过程中与政府部门是合作和合供（coproduction）的关系（Cheng，2019；李华芳，2020），政府通过税收优惠的资源让渡或实质上的补贴来充分发挥以私立主体提供公共产品（private provision of public goods）的灵活性和个性化的优势，实质上也是间接实现政府职能的一种方式。因此，从这个角度而言，政府对于公益慈善提供的税收优惠，既与因慈善组织的工作而节约的财政资金相匹配，也修正了市场在提供公共产品方面的失灵。

2. 对公共价值的指引作用

在修正市场失灵的同时，为公益慈善事业指定税收激励措施也是政府所倡导的公共价值的体现。在社会公共生活中，除了法律法规的强制性规定外，价值导向也对各类主体的行为有着重要的引导作用。例如，现行的《公司法》规定围绕着对股东权益的保护来设计相关制度，即商业公司以为股东的投资赚取利润和回报作为唯一目标，任何可能影响股东获得投资回报的行为，包括平衡公司利益与公共利益的关系、践行企业社会责任都可能给企业的经营管理人员带来一定的法律责任。这种价值取向是全球范围内新自由主义流行的制度产物（Ireland & Pillay，2010；张才国，2015）。但随着经济的发展相伴产生的环境破坏、贫富差距加剧等问题也越加突出，国际上越来越多的各类主体（如政府部门、非营利组织以及社会影响力投资人等）开始反思单纯强调经济利益的价值取向，而更多地开始关注企业承担社会责任的必要性。然而，规范整个社会运行管理的制度体系，包括金融投资体系、企业管理体系以及第三部门的监管体系是一套复杂而相互关联的系统。要在实现共同富裕的目标下，逐步突出解决收入分配不均衡、贫富差距扩大等在第三次分配过程中的重要问题，应当是一个循序渐进的长远目标。因为社会政策与制度的演进和完善是无法一蹴而就的，这就需要具有导向性的政策文件发挥价值引领作用。

对从事公益慈善事业的不同路径予以税收优惠的待遇，就是鼓励私立主体将财富传承于社会公益领域，积极发挥公益慈善在第三次分配中的作用的明确的价值导向。以往研究表明，税收优惠所提供给捐赠人的经济回报仅是捐赠人进行慈善捐赠的动机之一（Bekkers & Wiepking，2011）。与捐赠人进行公益性捐赠税前抵扣同样重要的是国家税收优惠政策所彰显的对捐赠行为的鼓励和肯定的态度，不仅体现了企业在社会经济生活中所发挥的积极作用，也帮助企业在公共关系维护中树立一个正面的形象。因此，在未来慈善税收政策完善过程中需要关注的是对新型捐赠路径激励机制，包括本研究所探讨的股权捐赠、慈善信托与社会企业的税收优惠。由于这些创新型的参与慈善方式对于大多数人（包括政府官员和一般公众）来说相对陌生，在潜在捐赠人考虑是否参与其中或政府监管人员行使自由裁量权的时候，对如何评判的这些创新性参与慈善做法可能持分歧性的意见。如果慈善优惠政策可以明确地体现国家政策导向是对此类新型慈善路径持鼓励和肯定的态度，即使税收优惠的金额非常有限，也将释放极大的社会公益慈善潜能。

3. 投入产出比与效率分析

如上所述，税收支出、税收优惠待遇是一种间接的公共政策工具。政府相关部门不直接采取积极的行动开展有关活动，而是通过激励机制引导私立主体——在公益慈善领域是捐赠人和慈善组织——来开展相关活动。因此，税收优惠政策是投入产出比较高的一种公共政策工具。一方面，这种间接的公共政策工具使得各个政府部门免于事无巨细地亲自执行各类社会服务项目，而是专注于社会治理体系运行的制度框架的有效性；另一方面，公益慈善税收政策的制定、执行和监管可以搭载于现有的税务征管行政体系之中，无须建立独立的部门来开展这些职能，从而大幅减少了实现政策目标的机构和人员成本。此外，税收优惠待遇作为公共政策工具的效率会随着相关法律发挥的不断健全和完善、制度政策的明确性和稳定性有所提高而进一步提升。因为，更为明晰的制度和政策降低了基层执法人员在面临模糊地带时花在权衡和评判不同具体情况中的时间和精力，提高了政策实施的制度化和一致性。

（二）新型慈善路径与我国慈善事业的可持续发展

在前文，我们在探讨从事公益慈善事业的不同路径中，从比较分析的视角介绍了股权捐赠、慈善信托与社会企业与现金捐赠、设立慈善组织等传统慈善路径概念和主要特点。本节在上述概念介绍的基础上，从比较分析的视角介绍股权捐赠、慈善信托与社会企业这三类新型公益慈善路径运行机制的环境，以明确讨论相关税收政策完善的关键所在。

1. 以股权捐赠为代表的非现金捐赠

相对慈善信托、社会企业和影响力投资而言，以股权捐赠代表的非现金的理论与机制并不复杂，也与现金捐赠实质上属于同类别的参与慈善的路径。不过不同的是，无论是股权、房产等不动产，还是专利等知识产权或名贵字画，其经济价值不像现金一样可以毫无成本（即经济学中的交易成本“transaction cost”）地直接确定（Anheier，1995；Valentinov & Chatalova，2014），而需要通过一定的估计或专业评估的方法赋予一个特定的金额。根据《民间非营利组织会计制度》的规定，慈善组织、非营利组织接受捐赠的非现金资产可以包括“接受捐赠的短期投资、存货、长期投资、固定资产和无形资产等”。非现金财产在财务的处理上也存在着多重可能，如实践中存在以公允价值计入捐赠收入或仅以 1 元作为价值计入捐赠收入等不同操作方法。因此非现金捐赠相对于现金捐赠而言增加了慈善组织管理的复杂性。

股权捐赠是指以公司股东权益作为捐赠财产形式的慈善捐赠。股权捐赠是高净值人群进行公益捐赠的重要形式之一，在第三次分配过程中具有巨大的潜力。股权捐赠作为一种新型慈善路径在我国的发展历程还相对较短。近年来，伴随着我国经济发展水平超过人均 GDP 3000 美元从而进入中等发达水平以后，证券市场的成熟度越来越高，股权投资成为个人和企业实现资产增值保值的重要手段，股权捐赠也因此成为一种新兴的捐赠模式，并受到越来越多企业家的青睐。最初，受我国经济发展水平限制，政府对股权捐赠采取禁止政策。2003 年财政部出台《关于加强企业对外捐赠财务管理的通知》（财企〔2003〕95 号），明确将企业对外捐赠其持有的股权列为禁止行为。政策转变发生在 2008 年以后。2009 年 10 月 20 日，财政部发布《关于企业公益性捐赠股权有关财务问题的通知》（财企〔2009〕213 号），正式开始允许企业以持有的股权进行公益性捐赠。虽然股权捐赠的禁止性障碍已经解除，但由于股权捐赠的概念和实践尚处启蒙探索阶段，相关的税收政策仍与股权捐赠的未来发展方向存在不协调之处。

在慈善捐赠关系中，捐赠人是捐赠财产的提供者，是出于自身的意愿为慈善活动提供支持的人。根据《慈善法》所确立的法律原则和制度框架，对于一般性慈善捐赠而言，捐赠人可以享受多项权利。

（1）取得票据并依法享受税收优惠

捐赠人将捐赠财产交付慈善组织后，慈善组织应向捐赠人出具合法有效的票据，即由财政部门统一监（印）制的捐赠票据。捐赠人取得捐赠票据的行为本身就是监督慈善组织规范管理捐赠财产的行为。受赠人具有公益性捐赠税前扣除资格的，捐赠人享有将捐赠额从应纳税所得中扣除的权利。

（2）约定捐赠财产的用途和受益人范围

这是捐赠自愿性的体现，可以由捐赠者在慈善组织的机构宗旨范围内选择财产使用的具体去向（如果捐赠人未作选择，则可以由慈善组织自主决定）。

捐赠人选择受益人应符合慈善目的的要求，在基金会的业务范围内选择财产使用的方向，而不是全权处理其捐赠的财产，不能选择其利害关系人作为受益人。当然，捐赠人也有权选择非定向捐赠（或称非限定性捐赠），由慈善组织在其宗旨范围内决定捐赠财产的用途。

（3）知情权

捐赠人有权查询、复制捐赠财产管理使用的有关资料，慈善组织应当及时主动向捐赠人反馈有关情况。捐赠人的知情权也是慈善组织信息公开原则的另一种体现。对于具有公开募捐资格的慈善组织，法律对其信息公开的要求更高，也更为健全。而对于不具有公开募捐资格的慈善组织而言，信息公开的要求就是充分向捐赠人披露善款的使用情况。

（4）监督权

捐赠人有权监督捐赠财产的使用情况。根据《慈善法》的规定，慈善组织违反捐赠协议约定的用途，滥用捐赠财产的，捐赠人有权要求其改正；拒不改正的，捐赠人可以向民政部门投诉、举报或者向人民法院提起诉讼。可见，在捐赠人的主要权利中，依法取得税收优惠是一项重要的权利。但同样是将自有财政贡献于公益慈善事业，通过股权的形式进行捐赠与目前的税收政策还有诸多不融合之处。虽然《慈善法》出台之后，企业股权捐赠的税收政策有了从无到有的突破，但仍然有很多有待填补的法律空白。在下一章节中，我们会具体探讨股权捐赠税收政策发展的现状和存在的不足。

2.《慈善法》时代下的慈善信托

信托（trust）的概念来源于英美法系，其实质是委托人将信托财产转让于受托人，由受托人管理财产并用于信托目的的一种特殊法律关系。其特征包括受托人以自己名义持有信托财产，可以获取一定的报酬，但信托财产具有明确的独立性。所谓独立性的含义不仅是独立于受托人的自有财产，也意味着“专款专用”，独立于其他非用于信托目的的猜测，甚至可以对抗债权请求权。由于信托财产的独立性，信托制度与公益慈善事业有着天然的契合度。因为慈善组织的工作从本质上来说也是受捐赠人之托，来为受益人的利益（公益慈善目的）而服务，也是一种履行信义义务的信托关系。甚至信托制度发源的英国，作为慈善组织管理部门的慈善委员会有时将所有类型的慈善组织管理人员都称为“受托人”（Clifford，2021）。在信托关系的基本框架下，慈善信托即是受益人为一般公众或一部分公众、为符合法律规定的慈善目的的信托。

信托制度在我国正式以法律确立是在 2001 颁布《信托法》之后。在 2001 年以来的信托实践中，信托关系更多的是被作为一种金融财富管理工具来运用，这就导致很多人将信托一词与金融投资、获取利润联系在一起。但其实，信托关系可以运用于多重目的，可以分为民事信托、商事信托和公益信托。"公益信托"是当时《信托法》出台时已经规定的一个章节，但是由于缺少相应的配套落地措施，《慈善法》出台前公益信托鲜有实践尝试。《慈善法》在慈善信托一章中明确规定：慈善信托属于公益信托，是指委托人基于慈善目的，依法将其财产委托给受托人，由受托人按照委托人意愿以受托人名义进行管理和处分，开展慈善活动的行为。可见，《慈善法》中"慈善信托"一章与《信托法》之间是特别法与一般法之间的关系。有关慈善信托的事项在《慈善法》中"慈善信托"一章有明确规定的，从其规定。如果没有明确直接规定的，如信托关系的基本权利义务关系，也适用《信托法》的相关条款。《慈善法》中有关慈善信托的规定激活了信托法律关系在我国公益慈善领域的应用，通过对其概念、要素和主要相关方的界定，以及备案、监管等相关运营管理程序中具体要求的阐明，使其在慈善事业管理体制下（在民政部门进行备案）真正地实现了落地，为更多私人财富进入社会公共服务领域开辟了全新的路径。以下，我们将通过三个角度具体分析阐明《慈善法》所确立的我国特有的慈善信托制度。

（1）慈善信托要素和主体

根据《信托法》对信托的定义以及《慈善法》对慈善信托的法律定义，慈善信托的要素包括委托人、受托人和受益人三个必要主体，信托财产和信托目的作为成立要件，以及监察人和项目执行人作为选择性（非强制性）的相关主体（见图 2）。其他涉及的相关方还包括作为监管部门的民政部门，以及保管信托财产的保管行。

在慈善信托的三大主体中，委托人是指将财产委托给受托人设立信托，并指定信托目的，具有完全民事行为能力的自然人、法人或者依法成立的其他组织。根据信托法律关系的原理，信托设立后，在信托存续期间，委托人交付的财产以及产生的收益由受托人进行专门的管理，而委托人不再对信托财产享有所有权，但可以按照信托文件的约定对财产的管理和使用等进行监督。委托人

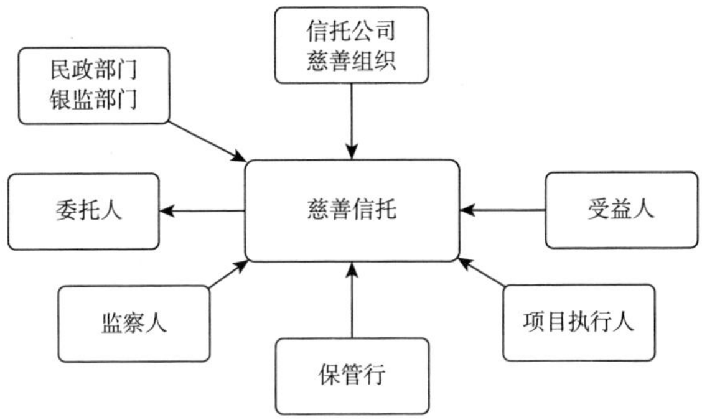

图 2　慈善信托关系中的主体

交付的信托财产不但独立于受托人的财产以及受托人管理的其他信托财产，也独立于委托人未交付信托的其他财产。这也从另一个角度体现了信托财产的独立性。委托人交付信托财产用于慈善信托，从本质上讲与慈善捐赠人将自有财产交付给慈善组织用以实现慈善价值是相同的。

受托人是指根据信托文件约定对信托财产进行管理、处分的，具有完全民事行为能力的自然人或法人。是指在信托关系中享有信托受益权的自然人、法人或者依法成立的其他组织。根据《慈善法》的规定，慈善信托的委托人必须由委托人信赖的慈善组织或者信托公司担任。因此，慈善信托的适格受托人是有资格限制的。

受益人是指在信托关系中享有信托受益权的自然人、法人或者依法成立的其他组织。信托是为受益人的利益而设立的，因此一项信托必然有受益人。但受益人无须参与信托的设立，只要委托人和受托人达成一致即可设立信托。受益人通常由委托人指定，上述例子中的受益人是由委托人指定。但是，慈善信托中，受益人必须是不特定的对象。信托设立的时候不能指定特定的个人作为受益人。

除了慈善信托的委托人、受托人和受益人这三个必要主体之外，慈善信托也需要明确信托目的和信托财产。信托目的即指慈善信托设立时，委托人和受托人在签订的信托文件中约定的该信托希望达成的目的。慈善信托的目的范围也应当属于《慈善法》第三条对慈善活动的定义中包含的慈善目的的范围。

信托目的的设定是对受托人管理处分权利的限定，虽然如何具体管理和处分信托财产是由受托人决定，但必须符合慈善信托设立时确定的慈善目的。

信托财产的概念在《慈善法》中没有专门进行界定。根据我国《信托法》第七条规定，“设立信托，必须有确定的信托财产，并且该信托财产必须是委托人合法所有的财产。本法所称财产包括合法的财产权利。”《信托法》第十四条还进一步对“合法所有财产”做了进一步的解释：未依法经有关主管部门批准的，法律、行政法规限制流通的财产不可以作为信托财产。在地方的慈善信托规定中，也有通过列举的方式来进一步明确规定信托财产的范围的。例如，《北京市慈善信托管理办法》第十条规定，慈善信托财产包括货币、实物、房屋、有价证券、股权、知识产权等有形或无形财产。无论是何种形式的有形或无形资产，需要注意的是保证资产可以产生持续稳定的现金流，用于支持信托目的的实现与相关的管理费用。

（2）慈善信托的备案

根据《慈善法》有关慈善信托的规定，设立慈善信托、确定受托人和监察人，应当采取书面形式。受托人应当在慈善信托文件签订之日起七日内，将相关文件向受托人所在地县级以上人民政府民政部门备案（第四十五条）。可见，设立慈善信托，并且取得《慈善法》所承认的慈善性的法律地位的流程应当是发起各方商定受托人、具体的慈善目的和工作范围并起草信托文件，这个环节属于前期的设立准备阶段（都海燕，2018）。接下来这是各个信托主体开立信托账户、签署信托文件合同、交付信托财产，这是从信托关系的角度看正式成立的慈善信托。而在这个成立行为完成的七天之内，慈善信托的受托人需要像具有管辖权限的民政部门进行备案。至此，慈善信托的设立程序就已经完成，但在慈善信托存续过程中受托人还需要履行信托文件和法律规定的法定义务，并遵守监管要求，履行向民政部门和社会报告、公开慈善财产管理和处置情况的义务。

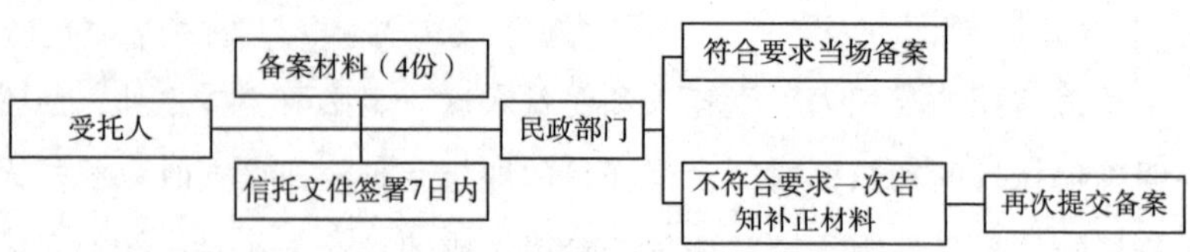

图 3　慈善信托备案程序示意

根据民政部、银监会联合发布的《关于做好慈善信托备案有关工作的通知》（民发〔2016〕151号）的规定，慈善信托受托人向民政部门备案的具体管辖归属为根据受托人的具体情况确定：信托公司担任慈善信托受托人的，由其登记注册地设区市的民政部门履行备案职责；慈善组织担任慈善信托受托人的，由其登记的民政部门履行备案职责。而需要提供的材料则共包括六项：备案申请书；委托人身份证明；担任受托人的信托公司的金融许可证或慈善组织的社会组织法人登记证书（受托人资质证明）；信托合同、遗嘱或者法律、行政法规规定的其他书面信托文件（需要载明慈善信托的名称、目的、委托人和受托人的名称住所等信息、受益人范围，信托财产的内容和管理方法、信托报酬以及是否设置监察人等慈善信托的主体、财产和目的等基本要素）；开立慈善信托专用资金账户证明、商业银行资金保管协议（以确认信托财产确实已经划转并独立于受托人的自有财产）；其他材料。

（3）慈善信托监管制度

与慈善组织相比，慈善信托的监管制度相对宽松。慈善组织需要受到社会组织登记管理制度相关联的年度报告与评估等日常监管制度约束。由于在《慈善法》所确立的法律制度下，慈善组织是以三类社会组织为法人身份依托，而慈善信托不具有组织属性。因此，相较于慈善组织，慈善信托的监管制度并没有社会组织日常监管的这一套体系作为基础。与之相应的是，针对慈善组织的各项义务的若干规定也更为健全，如《慈善组织认定办法》《慈善组织公开募捐管理办法》《关于慈善组织开展慈善活动年度支出和管理费用的规定》《慈善组织信息公开办法》《慈善组织保值增值投资活动管理暂行办法》等各个《慈善法》配套措施都是以“慈善组织”为调整对象的。而《慈善法》所确立的法律制度下，针对慈善信托的监管体系稍显单薄。除了上述《关于做好慈善信托备案有关工作的通知》外，还出台了《慈善信托管理办法》，对《慈善法》有关慈善信托设立、备案、信托财产管理与处分、变更与终止、信息公开等规定做了进一步的细化。另外《慈善信托信息公开管理办法（征求意见稿）》于2020年1月9日由民政部发布，但目前该征求意见稿尚未通过。慈善组织与慈善信托在《慈善法》下监管制度的比较参见表1。

表 1　慈善信托与慈善组织的比较

	慈善组织	慈善信托
法律属性	组织机构	法律行为
设立申请	在民政部门登记和认定	在民政部门备案
管理人员资质	未做特定限制	慈善组织或信托公司
成立条件	·慈善目的 ·基金会有注册资金要求：最低 200 万元人民币 ·社会团体有会员数量要求：有 50 个以上的个人会员或者 30 个以上的单位会员	·慈善目的 ·受托人、受益人主体明确 ·委托人可匿名，监察人设立与否可自由选择 ·无其他硬性条件要求
信息公开	根据《慈善组织信息公开办法》开展公开募捐和年度报告过程中履行信息公开义务	受托人每年应当将慈善信托的财产使用情况、关联交易的情况向备案的机构报告
保值增值	受《慈善组织保值增值投资活动管理暂行办法》约束	低风险资产，但委托人和信托公司另有约定的除外
税收优惠	依法享受非营利组织免税资格和公益性捐赠税前扣除资格	尚无具体专门针对慈善信托的税收优惠制度

3. 社会企业与公益慈善的合力

随着我国经济的快速发展以及人民在物质文化等方面的需求进一步提升，很多具有社会情怀和开创精神的企业家已经不满足于单一的追求利润的价值或开展离散的随机的企业社会责任活动，而是希望借鉴国际上讲商业与公益慈善结合的社会企业发展经验，通过可持续的运营模式来实现解决社会问题、提供社会服务的企业目标（徐永光，2011；潘晓，2012；赵萌，2006）。目前我国的《公司法》以及世界上大多数的规范商业公司的法律都是围绕保护股东权益设计，对企业的社会责任以及实现企业营利和社会服务的“双重目标”的包容性较低。例如，股东如果认为企业的经营管理人员在公司管理过程中存在损害股东利益的行为的，是可以提起股东代表诉讼的（孙英，2000；孟祥刚，2007）。因此，会有包括英国社区利益公司（community interest company）、美国的利益公司（benefit corporation）和低利润公司（L3C），以确保企业兼顾商业和社会双重目标的合法性。

（1）社会企业的概念

社会企业被普遍认为是结合商业公司和公益慈善组织的特点的一种“混

合型”组织类型。最为宽泛的定义可以是“以商业手段实现公益慈善价值”。然而类似这样简明的定义却失于严谨。对于社会企业的定义，有的学者认为社会企业的双重目标中，需要以解决社会问题为主要目标（Defourny & Nyssens，2006），有的学者认为社会企业必须能够实现“自我供养”，具有财务可持续性，不能过度依赖无偿的慈善捐赠和政府拨款（Dees & Anderson，2006）。还有学者认为，创新性也应当是社会企业的必备要素之一。可见，社会企业并没有一个共识性的统一定义。因此，很多人认定社会企业的概念是介于一端为纯商业性的营利组织、另一端为纯非营利性的公益慈善组织的光谱上的，其具体的内涵可以相对狭窄也可以相对宽泛（赵萌、郭欣楠，2018）。基于我国社会企业实践和开展社会企业认定工作几点来摸索的经验，提出了理解社会企业的定义应当从商业和社会的二元视角转换为元素组合的视角。具体而言，社会企业应当是以社会导向的组织使命、聚焦双重失灵的机会识别、创新的社会问题解决模式以及稳健不轻易偏移的社会使命的机构。

（2）社会企业的认定制度

由于我国经济发展转型与对包容性增长注重、社会服务的需求增大等诸多原因，越来越多的企业家开始注重企业的社会影响力。与此同时，基于非营利组织财务来源的多元化发展的主动原因或筹资难度和竞争性提升的被动原因而产生的非营利组织商业化趋势（不同于营利化，而是主要以增加经营性收入为表现形式）也更为明显。因而，近几年来社会企业在我国不仅是实务工作者乐于尝试的新型组织形式，也是各地方政府社会与公益政策创新的热门议题之一。简言之，在徐永光老师称之为“公益向右、商业向左”的社会经济发展趋势下，社会企业成为社会创新、公益创新的热门方式。从 2015 年广东佛山顺德率先开展社会企业认定工作以来，近六年中已经有顺德、中国慈展会（深圳）、成都和北京共四个社会企业资质认定体系相继出台（Ye，2021）。表 2 对四地社会企业认定政策具有代表性的版本（几乎每个认真体系都对其认定标准进行了不同版本的修改，虽然改动幅度的差异也较大）进行了对比。社会企业认定标准集中在以实现社会目标为机构宗旨、具有一定的经营性收入可以实现商业可持续性、利润分配和组织清算后的财产归属（资产锁定）方面的要求和限制以及组织机构构成的相关要求。随着时间的推移和社会企业认定实践工作的深入和经验的积累，不同地区的发展变化趋势呈现一定的一致性，社会企业认定的灵活性不断增强，相关认定的准则从硬性强制要求，逐渐转化为更软性的条款，或转变为认定评分过程中的加分项，以更适应中国社会企业发展的现状。

表 2　四地社会企业认定标准比较

标准	成都 2019	顺德 2015	深圳 2015	北京 2019
以实现社会目标为机构宗旨	明确要求	明确要求	明确要求	明确要求
经营性收入	未明确具体标准	未明确具体标准	≥50%机构总收入	应当有一定经营性收入但无具体比例要求
年度利润分配	未明确具体标准	≥50%用于社会目标 ≤30%分配给股东	非营利：不得进行利润分配 公司型：≤35%分配给股东	无具体要求
资产锁定	建议进行资产锁定但无具体标准	至少 2/3 的组织财产进行锁定	无具体要求	无具体要求
组织机构要求	独立运作≥1年 工作人员≥3人	在顺德独立运作≥1年	独立运作≥2年 工作人员≥1人	在北京独立运作≥2年 工作人员≥3人

资料来源：各认定体系公开的认定办法与认定手册，表格在（Ye，2021）基础上进行调整。

（3）社会企业与公益慈善事业的关系

从部门界限的意义上说，社会企业并不是严格意义上的公益慈善组织。因为正如本文在第一章所讨论的，慈善组织作为非营利组织中具有公益性的子集，必然需要符合《民法典》中对非营利法人不分配利润的法定要求。而社会企业并不要求相关机构完全不分配利润，而是平衡机构的商业目标和社会公益目标，不单纯追求利润。从法人类型上分，社会企业可以分为营利性社会企业（以商业公司形式注册或采用合伙、农民合作社等其他营利性组织）和非营利性企业（通常注册为社会服务机构）。由于非营利性的社会企业本身就是第三部门的成员，其对公益慈善事业的发展壮大的作用更为直观。相反，这里需要进一步阐明的是营利性的社会企业与公益慈善事业发展的关系。

如上所述，公益慈善组织之所以出现的内因是市场失灵和政府失灵。具体而言，是惠及社会群体的公共产品在私人供给上是存在欠缺和不足的。慈善捐赠和慈善项目的开展过程就是超越等价交换的商业交易原则，而是一般将付费者（捐赠人）和消费者（受益人）进行分离，通过政府补贴、税收优惠和发挥大众的利他性美德等方式来补充商业市场对公共产品的供给不足。而社会企业以解决社会问题、提供社会服务为目标的定义则意味着其在社会政策功能上与公益慈善组织和政府部门也同样是合作和合供的关系。这也意味着社会企业的税收优惠制度与公益慈善组织的税收优惠制度相同的逻辑基础。但区别在于，慈善机构免于税收优惠后，也实质相当于享受政府补贴后获得的更高盈利（收入与成本只差，不同于“营利”）全部保留在慈善组织账户上，因不分配利润原则而形成闭环。而对于营利性社会企业而言，由于其股东可以分配利润，机构因享受税收优惠而获得的经济利益则相当于进入了股东的私人账户。这也是很多社会企业认定制度对社会企业利润分配和资产锁定有要求的内因所在。因此，在设计社会企业的税收优惠制度时，不同社会企业的章程对利润分配的限额高低应当对其所享受的税收优惠起到一定的影响作用。

（三）税收优惠政策对新型慈善路径发展的作用

从上述对三类新型慈善路径的分析来看，与传统的公益慈善路径，例如向已有慈善组织捐款（现金捐赠）和成立基金会、专项基金等。在本章第一节对税收政策作为公共政策工具的属性和功用分析的基础上，本节侧重探讨在上述三种创新性参与慈善事业路径的场景下，优惠鼓励性的税收政策能够为激活股权捐赠、慈善信托以及社会企业和社会影响力投资发挥的作用，以与传统慈善路径形成更大合力，为完善中国特色社会主义制度下的第三次分配和实现共同富裕发挥更大的助力。通过对三种新型慈善路径的制度分析，我们可以总结其现阶段发展的共性有以下几点。a. 三种创新慈善方式实现私人财富向社会公益流动的路径和模式设计相对创新，没有传统慈善方式直接（股权要变现、股价等过程才能转换成现金、慈善信托设立需要开立信托专用账户等。b. 三种创新慈善方式都因其独特的制度设计，有着不同于传统慈善路径的特征和优势。例如，慈善信托的灵活性和成立与备案的简便性。社会企业可以将传统商业投资人和社会影响力投资人结合到为同一家机构和同一份事业投资的架构中，大幅扩充了可以给社会公益事业提供助力的群体范围。c. 中国现有的实践者和政策制定者对新型慈善路径的了解程度还较低，其给实现共同富裕可以起到的作用的潜能还远未释放。因此，基于上述三种新型慈善路径的特征和发展现状，出台优惠性的税收政策对于激发新型慈善路径的活力和公益慈善事业的整体健康发展具有以下积极作用。

1. 税收制度横向公平原则

税收优惠制度对鼓励发展新型参与慈善事业路径的作用，首先体现在将新型公益慈善路径予以和传统慈善路径相同的税收优惠待遇，为私人领域的财富进入社会公益领域提供更多的可能性。根据 Liu and Van De Walle（2021）的最新研究，税收优惠措施作为激励性政策工具（incentive instruments）在我国各地方的慈善政策中已经成为重要的政策创新点。可见税收政策作为鼓励性的政策工具在各级政策制定者中的受欢迎度和熟悉度较高，即具有较强的可行性。而根据财政学的基本原则，作为重要财政来源的税收收入需要符合纵向公平（即代际公平税收负担，不同时代的纳税人承担的税收负担和其享受的公共福利相匹配）以及横向公平原则（同一时代的不同纳税主体之间承担的税收负担与其为公共利益所做的贡献和享受到的福利以及其纳税能力相匹配）（Elkins，2006）。因此，不论是传统型参与慈善的路径还是创新型参与慈善的路径，都应当享受同等的税收优惠。而在当前制度下，传统慈善路径的税收优惠制度已经非常明确，但同为将私人领域的财富投入社会公益事业的创新慈善路径却缺乏获得同样税收优惠的法律依据，如个人进行股权捐赠、慈善信托的委托人都无明确的税收优惠待遇。在税收法定原则下，这给选择通过新型慈善路径来贡献社会公益事业的主体带来明显的劣势，甚至是法律风险。因此，建立健全新型慈善路径的税收优惠制度，是在更大范围内鼓励参与公益慈善事业，加强第三次分配的作用以及税收制度横线公平原则的内在要求。

2. 对公益慈善创新的合法性确认

如上所述，税收优惠政策作为一种公共政策工具，在为满足条件的行政相对人提供有形的经济实惠的同时，也起到无形的价值导向的作用，这对于创新性的参与慈善事业的路径和架构而言尤为重要。其原因在于，公益慈善部门在我国原本相对年轻，而本文所讨论的三种创新慈善路径则更为前沿，无论是对于慈善行业的专业实务人士、慈善行业的利益相关方（潜在捐赠人、受益人）、政策制定和监管部门还是一般公众股权捐赠、慈善信托和社会企业的概念还都相对陌生。从路径依赖的理论（path dependency）来讲，在同等条件下，公益慈善事业的潜在捐赠人会更倾向于选择其所在社群更为熟悉传统慈善路径（Aulgur，2015；Sedgwick & Jensen，2021）。这样一方面可以降低交易成本，省去学习理解新概念新事物所需花费的时间精力；另一方面可以提升完成捐赠行为的成功率（因为政策制定和监管部门的执法行为模式的可预见性更强）。但这种路径依赖的一个负面作用是，阻碍了新型慈善路径的发展。与这种倾向于传统慈善路径的行为模式相叠加的是，大多数主体对新型慈善路径含义的误解。例如，认为慈善信托是理财工具，认为非营利组织不能赚钱，只能提供免费的服务等。在这样的背景下，税收优惠政策可以为新型慈善路径发挥合法性背书的作用，促进慈善行业的专业实务人士、慈善行业的利益相关方）、政策制定和监管部门以及一般公众的观念转变，打破参与慈善事业的传统路径依赖，释放更多的公益慈善潜能。

3. 增强包容性并拓展慈善事业影响力

这里的包容性主要是指从发展慈善事业的视角出发，不应局限于正式通过慈善资格认定的慈善组织，而是应当将相关联的社会企业和影响力投资等交叉领域纳入公益慈善行业。从政府的视角来看，目前对于小微企业和高新技术领域的商事公司企业已经实施了多项税收优惠措施。对于提供社会服务，满足社会需求的社会企业而言，其能够实现的长远影响力和社会投资收益可以使政府财政在为社会企业提供免税所产生的财政“支出”具有良好的投资回报。而鼓励体量更为庞大的商业部门在传统的设置企业基金会以外在本身的运营管理过程中向社会价值导向转变，可以产生更大的社会影响力。而实施税收优惠可以使企业理念的转变在目前过渡阶段与现有法律制度（如股东权益保护制度）更为融合。

三　新型慈善税收政策的现状与不足

本章内容侧重探讨现有慈善法律政策体系下，通过股权捐赠、慈善信托和社会企业参与慈善路径的现有实践情况、当前实施的税收相关政策及现有制度的不足之处，为完善相关法律政策的建议确立明确的基准。

（一）股权捐赠现有税收政策与不足

1. 我国股权捐赠发展实践情况

目前我国的股权捐赠实践还相对有限，在此就影响力较大的几个企业家股权捐赠案例做简要介绍。2011年，曹德旺及其家族成员向河仁慈善基金会捐赠市值达35.49亿元的3亿股福耀玻璃工业集团股份有限公司股权，从此开创了中国股权捐赠的历史。而早在曹德旺之前，陈发树、杨澜等先后表示要捐赠股权用于慈善事业，然而因受政策掣肘，他们或者选择通过境外机构捐赠，或者无奈将捐赠事宜搁置。为了避免政策的障碍又能够快速投入现代慈善事业，2013年，马云和蔡崇信将阿里巴巴集团5000万股股权期权捐赠给新加坡的慈善机构，用于成立公益信托，据估算仅马云一人捐赠的价值即达124亿元。从目前已有的股权捐赠实践情况来看，不少企业家进行的股权捐赠意愿还是较为强烈的，但具体捐赠落实的过程还是有很多的困难和政策障碍，为采取这种新型模式的捐赠人带来更高的捐赠成本，甚至使一些潜在捐赠望而却步。

2. 股权捐赠税收政策的现状和已有进展

股权捐赠目前在政策上的主要障碍是现有税收制度中将企业的非现金捐赠“视同销售”的政策安排。具体而言，《企业所得税法实施条例》第25条规定：企业发生非货币性资产交换，以及将货物、财产、劳务用于捐赠、偿债、赞助、集资、广告、样品、职工福利或者利润分配等用途的，应当视同销售货物、转让财产或者提供劳务，但国务院财政、税务主管部门另有规定的除外。与此同时，《关于企业处置资产所得税处理问题的通知》（国税函〔2008〕828号）第2条规定：企业将资产移送他人的下列情形，因资产所有权属已发生改变而不属于内部处置资产，应按规定视同销售确定收入。（一）用于市场推广或销售；（二）用于交际应酬；（三）用于职工奖励或福利；（四）用于股息分配；（五）用于对外捐赠；（六）其他改变资产所有权属的用途。此外，如上所述，我国目前税法规定企业的公益性捐赠支出的扣除限额为年度利润总额的12%。

因此，如果企业捐赠人将股权捐赠给慈善组织，虽然在会计处理上不作为销售核算，因股权捐赠未给企业带来任何收入，企业在会计报表上将股权捐赠计入营业外支出。但是，税法规定捐赠股权视同销售。在进行汇算清缴时，首先要将捐赠的股权按照公允价值作为销售计算出股权转让的所得征税，然后再按照税法规定计算税前扣除。如果股权捐赠支出未超过企业年度会计利润12%的限额，则捐赠支出可以全额进行扣除。如果股权捐赠支出超过企业年度会计利润12%的限额，则超过部分不得扣除，需计入当年的应纳税所得额中计算缴税。而以曹德旺捐赠市值35.49亿元的股权为例，股权捐赠的价值往往大幅超出一年中会计利润的12%，这也导致曹德旺的股权捐赠根据当时的税收政策应当缴纳高达7亿元的税款。而股权捐赠只是股权的所有归属由私主体（个人或企业）划转为慈善组织，股权并没有实质出售变现，因而实际上对捐赠人而言不但需要放弃其所持有的股权权益，还要另外承担高达7亿元的现金税负，对潜在捐赠人的积极性无疑有重大的消极影响。

针对企业股权捐赠需要支付高额现金税负的问题，2016年财政部、国家税务总局发布《关于公益股权捐赠企业所得税政策问题的通知》（财税〔2016〕45号），将企业向具有接受捐赠税前扣除资格的基金会、慈善组织等公益性社会团体捐赠的企业持有的其他企业的股权、上市公司股权等标的在现有视同销售的制度体系下作出特殊规定，即虽然企业捐赠股权仍视为转让股权，但是按照捐赠股权的历史成本确认股权转让收入额。这样处理的效果是，企业对于捐赠股权所产生的增值为0，从税务计算效果上相当于无须缴税，而企业进行股权捐赠的税前扣除额，也以历史成本的标准进行计算。

3. 现有股权捐赠税收政策的不足

《关于公益股权捐赠企业所得税政策问题的通知》的发布，标志着股权捐赠的税收优惠政策实现了从无到有的飞跃。然而，详细分析这个政策的规定，还是存在不足之处。根据该通知的规定，企业将包括股权在内的自有资产用于慈善捐赠的行为在税收待遇处理上视同销售的制度设计并未发生改变。虽然将企业股权捐赠的金额以历史成本计价而不是捐赠时的市场价格（公允价值）计价，降低了企业因捐赠所产生的税收负担，但也让企业实质为公益慈善事业做出的贡献被严重低估。根据通知的规定，接受股权捐赠的公益性社会团体，按照股权历史成本开具捐赠票据。那么企业捐赠人可以用于公益性捐赠税前抵扣的价值也相应降低了。由于《慈善法》的出台，将企业进行慈善捐赠的金额超出年度抵扣额的部分赋予了可以在三年内结转的税收待遇。2017年《企业所得税法》在修订时将该项规定正式写入条款，该法的第九条修订为企业发生的公益性捐赠支出，在年度利润总额12%以内的部分，准予在计算应纳税所得额时扣除；超过年度利润总额12%的部分，准予结转以后三年内在计算应纳税所得额时扣除。因此，这种临时性地而非系统性地解决股权捐赠的税负问题的方式，虽然让股权捐赠人的困境有所缓解，但仍然未完全解决股权捐赠所受到的差别待遇的问题，股权捐赠人能够享受的税收待遇仍然没有现金捐赠的税收优惠待遇高。

此外，《关于公益股权捐赠企业所得税政策问题的通知》所确立的这种临时性解决企业股权捐赠税收负担的方法，也为接收捐赠的公益慈善组织留下了税负隐患。因为慈善组织是按照企业取得其所捐赠的股权的历史成本来进行计价的，其捐赠票据的开具也与这个金额相符合。因此从历史成本到当前市场公允价值之间的增值差额，从财务处理上相当于划归到在慈善组织的持有阶段实现的。如果出现未来慈善组织需要将股权变现的情况，而现有对于公益性社会全体转让受赠股权时，需要就股权增值部分纳税的规定并未修改，那么相关增值部分的税负就递延给了受赠的公益慈善组织。因为现有的《关于非营利组织企业所得税免税收入问题的通知》所列明的免税收入中，与免税收入（如捐赠）的孳息相关的一项是“不征税收入和免税收入孳生的银行存款利息收入”，但银行利息收入不包括股权增值的收入。可见，目前我国的股权捐赠税收政策还有待完善之处。

（二）慈善信托现有税收政策与不足

1. 我国慈善信托发展实践情况

《慈善法》的出台，使原有《信托法》制度下鲜有落地公益信托有了更具可操作性的政策依据，激活了信托制度在我国公益慈善领域的应用。慈善信托的备案信息属于《慈善法》规定的需要向社会公开的慈善信息。监管部门管理的“慈善中国”慈善信息公开平台显示，在《慈善法》实施的前五年中，即截至2021年9月1日，我国慈善信托备案总量达到633单，规模达34.87亿元。其中慈善组织担任单受托人的14单，慈善组织和信托公司合作担任受托人的48单，其余571单均为信托公司担任受托人。在这571单由信托公司担任单受托人的慈善信托中，有196单是由慈善组织担任委托人或联合委托人的。在现有慈善信托法律制度和相关是税收制度下，慈善组织在信托关系中处于什么样的主体位置对于信托的财产管理和税收待遇会产生影响。本章节后续内容将对不同慈善信托的架构模式进行分析。

2.《慈善法》后慈善信托税收优惠的基本框架

目前慈善信托税收优惠制度的缺乏被认为是我国慈善信托发展的最大障碍之一。《慈善法》第四十五条第二款规定：未按照前款规定将相关文件报民政部门备案的，不享受税收优惠。这似乎是暗示了如果慈善信托根据法律要求履行了向民政部门备案的义务，那么就可以享受税收优惠了。然而目前我国法律制度中，税收优惠的要求是“税收法定”。目前对于慈善信托的委托人和慈善信托本身都没有明确的税收优惠措施。上述《慈善法》中的规定只是法律为未来慈善信托税收优惠预留的制度空间，但在《慈善法》生效后相关的税收制度并未落地。

3. 现有慈善信托税收政策的不足

出于税收政策的横向公平原则和鼓励更多私人财富进入公益慈善领域的考虑，政府应为慈善信托提供同等的税收优惠待遇。而目前税收优惠政策的缺乏，导致实务中很多慈善信托主体通过不同的架构设计方式来为实际委托人提供公益捐赠票据和公益性捐赠税前扣除待遇，但操作方式的不同可能导致慈善组织和其他利益相关方承受法律风险和责任。目前而言，根据慈善信托架构的不同，委托人获得捐赠票据的模式主要分为三种。

第一种模式是由信托公司担任受托人、慈善组织担任项目执行人。即慈善信托的受托人将委托人无偿提供用于设立信托的慈善财政在慈善信托设立和备案之后资助给具有公益捐赠税前扣除资格的慈善组织。慈善组织针对相应的资助金额开具捐赠票据。但这种操作方式存在的问题是，信托设立之后，信托财产的持有人是受托人。因此，严格来讲慈善组织应当将捐赠票据开具给受托人，而不是实质贡献信托财产的委托人。有学者和实务专业人士认为，可以通过“穿透”性的待遇来将票据开给委托人，但目前从正式的法律政策上穿透的税务处理方式并没有明确的依据（见图 4）。

第二种模式是由慈善公司担任受托人（包括单受托人和共同受托人）。由于作为受托人将持有信托财产，此种架构的慈善信托成立时，慈善财产从委托人转移到受托人即慈善组织持有。从财产所有权属的变更来看，以慈善组织为

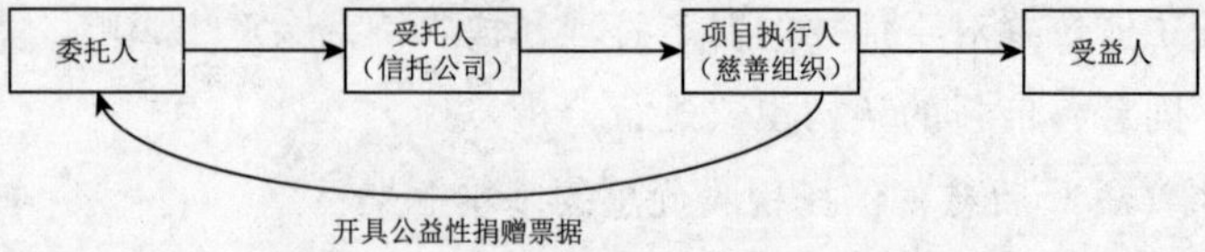

图 4　慈善组织担任项目执行人

受托人模式的慈善信托的财产流转关系与慈善捐赠是一致的。但慈善组织开具捐赠票据会为自身的财务管理带来很大的问题。慈善财产应当是独立于慈善组织私有财产的专用财产，其收入和支出不会影响慈善组织的公益支出和行政管理支出金额及法律所要求的比例。但开具捐赠票据将使信托财产计入慈善组织的捐赠收入与慈善组织自有财产混同，使其财务管理的规范性存在法律风险（见图 5）。

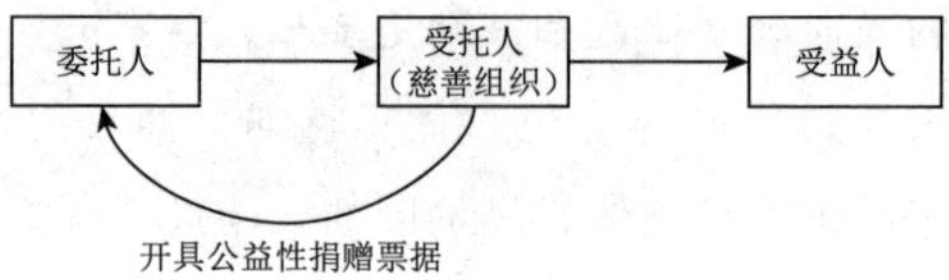

图 5　慈善组织担任受托人

第三种模式是有实际上的出资人（委托人）先与慈善组织签订捐赠协议，将预备用于设立慈善信托的自有财产捐赠给慈善组织，并指定用于设立出资人希望设立的特定慈善领域的慈善信托。因此，在这种制度安排下，慈善组织给出资人开具的公益捐赠票据是完全合理合法的，其承担的法律风险最小。不过需要注意的影响还有几点。首先，出资人即原本应当担任委托人的捐赠方无法再担任慈善信托主体的角色，无法直接行使委托人对慈善信托运营管理的监督权。其次，从慈善组织财务管理的角度看，此笔指定用于设立慈善信托的财产属于慈善组织的捐赠收入，在用于设立慈善信托时是否能够计入慈善组织的公益支出现有的法律法规没有明确的规定，需要与监管部门沟通确认。最后，作为慈善组织的业务活动管理而言，捐赠人所指定设立的慈善信托工作领域应当与慈善组织的业务活动范围相一致（见图 6）。

总之，在现有的慈善信托税收政策下，由于缺乏明确的税收优惠规定，设

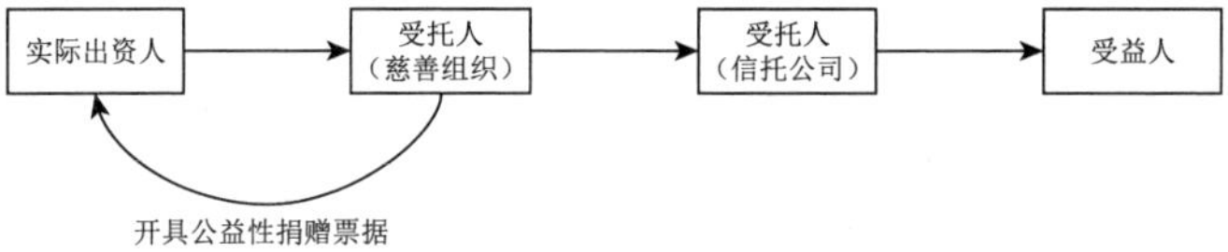

图 6　慈善组织担任委托人

立慈善信托的委托人和参与慈善信托关系的慈善组织虽然通过各种技术性的处理方式来弥补政策对税前抵扣的缺乏，但也使委托人或慈善组织承担了更多的法律风险，放弃一定的监督权能或增加了慈善组织和慈善信托的管理难度。更为理想的解决方式是出台直接针对慈善信托的优惠措施。

（三）社会企业现有税收政策与不足

1. 我国社企发展实践情况

如上所述，社会企业在近年来成为公益慈善部门、商业部门和地方政策制定者热衷探索的社会创新热点，从 2015 年起，已有顺德、深圳、北京和成都四地开展了社会企业认定的工作。根据已有研究统计（Ye，2021），截至 2019 年底，上述四个社会企业认定体系的认定总数分别为 20 家、312 家、46 家和 39 家。其中深圳中国慈展会体系认定的社会企业最多，是因为其申请面向全国的社会企业开放，且不限定组织类型为非营利组织还是商业企业。而成都和顺德两个体系则仅接受商业企业的申请，但其中内因存在一定的区别。顺德作为多家 500 强企业所在地商业氛围相对浓厚，而成都的社会企业认定体系是由工商管理部门主导。成都也是目前唯一一个由政府牵头的社会企业认定体系。根据《中国社会企业与社会投资行业调研报告》的估算，截至 2017 年，中国社会企业如果以有自觉意识（知道自己为社会企业）的低方案估算，数量大约为 1684 家。而按照无自觉意识的广义定义的高方案估算，中国社会企业数量大约有 175 万家（Deng，2019）。

2. 社会企业可能享受的税收优惠种类

本文在上一章已经探讨过，社会企业是一种混合型的组织类型，其具体组织形式可以有多种可能性。从大类而言，社会企业可以分为非营利性和营利性社会企业。非营利性社会企业是指以经营收入为主要来源的社会组织，一般以民办非企业单位（民非）作为注册形式，如提供教育服务、养老服务或提供支持性和咨询服务的民非。而营利性社会企业则是以商业企业的形式注册。根据我国的商法体系，营利性社会企业以公司为最常见的注册形式，相对小型的公司主要采取有限责任公司的形式，不过也有以商业合伙为组织形式的可能。此外，在2016年取消认定前的社会福利企业以及农民合作社，也是具有通过商业经营的手段来实现公益慈善价值的我国本土的社会企业。因此，在探讨社会企业享受的优惠时，需要考虑当前的法律法规对不同于社会企业相关组织类型的规定。

对于非营利类型的社会企业的税收优惠制度应当根据非营利组织的税收优惠制度执行。因前文已有所探讨在此不做赘述。对于非营利性社会企业（民非）存在的一个障碍是经营性收入对其申请免税资格和公益性捐赠税前扣除资格的影响。而对于营利性社会企业，可能适用的税收优惠资格包括根据财政部、国家税务总局《关于实施小微企业普惠性税收减免政策的通知》而享受小微企业的税收待遇。而以农民合作社为法人形式的社会企业则可以依据财政部、国家税务总局《关于农民专业合作社有关税收政策的通知》来享受特定的税收优惠。

3. 现有社会企业税收政策的不足

目前我国社会企业的法律体系还非常薄弱，除了地方政府和实务行业所做的社会企业认定外，在国家层面尚无关于社会企业的一个统一的定义。这也导致目前的税收政策中并没有专门针对社会企业设计税收优惠待遇，不同类型的社会企业只能尽量去适用其他方面的税收优惠政策以减轻机构的税负。但作为同样是提供社会公共服务的主体，在保障一定比例的资金用于实现社会企业的组织目标（利润分配限制与资产锁定）的基础上，政府应当提供一定的税收优惠待遇给社会企业以解决公共服务在私人供给方面的不足。缺乏具有针对性的税收优惠则导致不具备小微企业、农民合作社等其他资质的社会企业无法享受到税收优惠待遇。

此外，现有的税收优惠法律政策体系与社会企业的性质也存在一定的不兼容性。对于非营利性的社会企业而言，虽然理论上此类组织可以以非营利组织的身份申请自身免税资格和公益性捐赠税前扣除资格，但如果机构的运营经费来源主要依靠组织的经营性收入（这也是社会企业需要具备的财务可持续性，是国内外社会企业认定体系中大多要求的条件），在申请非营利组织免税资格的过程中基层执法人员可能会对组织的非营利性有所误解，将获得利润（盈利）和分配利润（营利）相混淆。而对于营利性的公司而言，进行资产锁定和利润分配的限制和现有公司法对股权权利的保护存在一定的冲突。缺乏有针对性的税收优惠补贴，使这种立法冲突无法得到有效缓解。

四　慈善税收优惠措施的国际经验借鉴

（一）股权捐赠的税收优惠

1. 美国

美国属于联邦体制，联邦政府、州政府和地方政府各自享有相互区分的征税权。一般而言，联邦主要征收所得税、州政府征收消费税而地方政府税收收入来源主要是房产税。对于慈善组织免税资格的审核属于美国慈善管理的核心内容，根据美国税法典501（c）（3）条款获得免税资格的组织也被称为501（c）（3）免税组织，也就是国际同行语境下的慈善组织。获得501（c）（3）的慈善组织可以自动获得组织自身免税资格和公益性捐赠税前扣除资格，每年需要提交990表格报告组织收入支出和开展慈善活动的基本情况。

对于股权捐赠而言，美国的税收制度所提供的优惠待遇对于慈善组织和捐赠人而言都较为有利。当个人或公司捐赠股权时，要确定该股权属于长期资本资产或短期资本资产（以一年期间为限）。同时，资本资产又分为资本利得资产和资本利亏资产。资产转让时的价值大于取得时的价值，视为资本利得资产。反之，该资产为资本利亏资产。从税务征收的角度看，美国长期资本利得的税率低于短期资本利得税率。在一个纳税年度，个人出现净资本利亏时可以在计算应纳税所得额时予以扣除，但扣除额以 3000 美元为限。值得注意的是，在美国，对于股权等资本资产而言，只有在出售升值证券并获得收益时，资本利得部分才视为已经实现（Realized Capital Gains）。如果该资产未出售，资产增值部分被视为“未实现资本利得/利亏”（Unrealized Capital Gains and Losses）。“未实现资本利得/利亏”被认为是“纸面上”利得或利亏。区分已经实现的资本利得和未实现的资本利得在慈善捐赠中意义重大，捐赠人向公共慈善机构捐赠长期资本利得财物时，通常不视为捐赠人已经实现或取得了资本利得部分，因而也不作为视同销售行为，无须缴纳可能因此产生的净资本利得所得税。

如果捐赠人捐赠股权属于长期资本利得资产，满足特定条件时，捐赠人可以依据资产完整的公允市场价值在应纳税所得中扣除，但该捐赠额的扣除占调整后的应纳税所得额的比例有一定的限额，根据不同情况限定在 20%、30%和 50%（见表 3）。具体而言，适用哪一个限额比例根据作为资本资产的股权类型，分为公开交易股权（Publicly Traded Stock）和闭锁型股权（Closely Held Stock），属于长期资本所得股权还是短期资本所得股权以及受赠机构是公共慈善机构还是私人基金会来确定（IRS，2020）。

表 3　美国个人股权捐赠税收优惠

类别		公共慈善机构	私人基金会
公开交易股权	长期资本所得股权	30%，公允价值或 50%，成本基准	20%，公允价值
	短期资本所得股权	50%，公允价值或成本基准中数额较少者	30%，公允价值或成本基准中数额较少者
闭锁型股权	长期资本所得股权	30%，公允价值或 50%，成本基准	20%，公允价值或成本基准中数额较少者
	短期资本所得股权	50%，公允价值或成本基准中数额较少者	30%，公允价值或成本基准中数额较少者

公司捐赠股权的税收待遇相较而言存在一定的差异。个人捐赠时捐赠税基的概念在公司捐赠的情况下并不适用。此时，比例限制可应用于公司的应纳税

所得额（Taxable Income）。应纳税所得额是以毛所得减去特定的扣除项得出，计算时并不考虑慈善捐赠税前扣除的规则、赋予公司特定扣除的规则以及任何结转至该纳税年度的净经营损失、国内生产经营活动所得的扣除以及结转至该纳税年度的资本利亏。

一个纳税年度，公司捐赠的扣除额不超过公司计算特定调整项后应纳税所得额的10%。此种情形下，不区分是向公共慈善机构的捐赠还是向私人基金会的捐赠。向公共慈善机构捐赠作为长期资本利得资产的股票时，捐赠人可以依据该资产的公允价值扣除。向私人基金会捐赠长期资本利得股票时，依据股票的成本基准扣除。但是，如果捐赠的股票为合格的升值股票，则可以依据公允价值扣除。向私人基金会捐赠股票的价值超过一公司所有已发行股票价值的10%时，合格的升值股票规则在此种情况下不适用，超过的部分只能依据股票调整后的基值扣除。无论是向公共慈善机构还是向私人基金会捐赠作为短期资本利得资产的股票时，公司可以依据该资产的成本基准扣除。

总结而言，相较于我国目前的股权捐赠税收优惠制度，美国股权捐赠的税收政策的制度模式的一个明显差异是，个人和企业捐赠股权时即使公允价值高于成本价值（账面上的资本利得），但也不算作资本利得的实现（realized capital gain），也不作为视同销售行为，无须缴纳可能因此产生的净资本利得所得税。这是与我国股权税收制度的一大差异。而与我国股权制度的相似之处在于股权捐赠在个人和企业的税前扣除方面，都会在确定股权捐赠的价值的基础上对捐赠人税前抵扣的额度以当年应纳税所得额一定比例为基准设定限额。我国是根据个人还是企业捐赠而作以区分美国的比例限定的差异则更为复杂，除捐赠人类型的区分之外，还根据捐赠股权的类型、受捐的慈善组织类型而不同。

2. 新加坡

新加坡是属于英美法系的国家，其慈善法的制定是在借鉴英国慈善法（1960）的基础上制定的，目前适用的是1994年出台、最新于2007年修订的慈善法。[①] 因此，慈善组织可以依托的法律形式有三种：担保有限公司（company limited by guarantees）、社团和慈善信托。在新加坡，根据慈善法所

① 新加坡慈善法的全文参见 https：//sso. agc. gov. sg/Act/CA1994，最后访问日期：2021年11月7日。

规定的慈善活动范围和程序登记的组织即获得慈善组织资格。而慈善组织登记后是自动活动慈善组织自身免税资格（IRAS，2021a）。对于公益性捐赠税前扣除资格，则需要另外获得公共属性机构（Institutions of a Public Character，“IPC”）。获得 IPC 资格意味着其捐赠人可以获得捐赠票据并进行税前抵扣。根据新加坡法律的规定，捐赠人获得税前抵扣需要满足以下条件：一、受赠机构：捐赠的税前扣除仅适用于捐赠给公益机构以及特定资助机构的情形；二、捐赠主体和捐赠标的：现金捐赠、个人捐赠股票、公司捐赠电脑（包括硬件、软件、电脑配件等），艺术品捐赠、基于公共艺术税收激励计划的捐赠、土地和房产的捐赠可以进行税前扣除；三、捐赠必须用于境内慈善目的。

如上所述，满足特定条件时，向 IPCs 捐赠可以享受税收抵扣优惠。此外，新加坡在 2007 预算年度开始引入了向合格的资助型慈善机构（资助机构）[Qualifying Grantmaking Philanthropic Organizations（Grantmakers）]捐赠可以享受税前扣除的计划。即使资助机构本身并不一定是 IPCs，该计划仍然适用，因为这些捐款最终会流入经认定的 IPCs。资助机构应满足的条件如下：一、资助机构属于慈善机构（依据慈善法注册）或非营利机构（经过由新加坡经济发展局监管的非营利组织税收激励计划认定）；二、资助机构必须为用于 IPCs 的捐赠款项设立单独账户或基金，以确保该笔款项只用于向 IPCs 的捐赠[a Segregated account/fund（designated IPC fund）]；三、资助机构应向捐赠人出具税前扣除收据，并在接受捐赠的 5 年内将捐赠分配给 IPCs 等。截至 2021 年 11 月，新加坡共有 28 个合格的资助机构（IRAS，2021c）。

根据新加坡税法规定，捐赠人在一定情况下可以依据捐赠额的 2 倍确定税前扣除额，该规定自 2005 年 1 月 1 日起生效，其适用的情形包括：a. 命名公益机构、公益机构设施、项目或活动的捐赠；b. 依照其他经认可的捐赠项目，命名经认定受益人设施（包括艺术品和公共雕塑）的捐赠；c. 在经认可的捐赠项目下，公益机构或经认定的受益人通过将捐赠人的姓名或商标加入其附属品（例如：横幅、出版物、广告等）的方式而认可的捐赠。如捐赠人实际上是在公益机构设施、活动或项目中植入广告，则不适用两倍税前扣除。虽然新加坡对慈善捐赠的税收优惠力度较大，但其需要满足的条件也较多。就捐赠的使用而言，如果捐赠人是为了“境外慈善目的”而捐赠，即使是向经认定 IPC 的捐赠也不能税前扣除。例如，面向海外救济基金进行的捐赠，即使在该机构受到经认定 IPC 管理的情况下，仍不得享受税前扣除。

对于股权捐赠而言，捐赠人向经认定 IPCs 捐赠在新加坡证券交易所（Singapore Exchange）上市交易的股票，或在新加坡单位信托基金的单位信托，可以享受税前扣除。经认定 IPCs 会依据捐赠日同类股票或单位信托在公开交易市场的收盘价格计算被捐赠股票或单位信托的价值。捐赠日期以所有权转移至经认定 IPCs 之日为准。该捐赠扣除仅适用于个人捐赠股票的情形（IRAS，2021b）。根据新加坡税法规定，公司和个人的资本利得都无须纳税，因此，如果捐赠股票，也不存在对资本利得要征税的问题。

总结而言，新加坡的股权捐赠税收优惠政策与其他类型的财产进行捐赠所享受的税前优惠资格是一样的，从为捐赠人进行税前抵扣的角度而言，新加坡的股权捐赠税收优惠特色使其优惠力度更大，没有一定比例的限制，甚至对于符合特定条件的捐赠可以达到捐赠额度的 2 倍，但限定捐赠针对的是对新加坡境内的慈善组织。这一特色的规定也考虑到了跨境捐赠的税务处理问题，为我国慈善组织开始“走出去”后跨国捐赠增加的未来发展提供一定的借鉴。

（二）慈善信托税收优惠

1. 美国

在参考国外慈善信托的税收优惠立法经验的同时，我们需要明确大部分国外慈善信托的法律制度与我国的慈善信托制度有一个显著的差异：慈善信托在英美法系中是慈善组织通常采用的法律形式之一。慈善信托的法律人格因信托文件的签署、信托关系的成立而创设，规范信托的法律制度只是对这一信托关系的确认。换言之，慈善信托是美国慈善组织的一种。例如，著名的比尔及梅琳达·盖茨基金会即采取的是双层信托的组织架构。慈善信托作为一种组织形式并不一定意味着具有法人资格，很多受托人还会选择将慈善信托进行法人登记，以享受有限责任的法人独立财产待遇。慈善信托作为慈善组织的一种类型，也意味着其享受的税收优惠待遇是与其他慈善组织相同的。

如上所述，美国的慈善组织监管制度是以税务管理为核心的监管体制。非营利组织一般在州一级取得非营利法人等非营利组织身份，再向美国国税局（Internal Revenue Service，“IRS”）申请注册为免税组织。在美国法典 501（c）条款下获得免税资格的慈善组织类别很多，其中 501（c）（3）是为慈善目标服务的慈善组织。区别于可以进行政治游说活动的 501（c）（4）以及其他 501（c）条款下的免税组织，501（c）（3）在通过美国国税局审核的同时也会获得公益性捐赠税前扣除资格。因此，个人和各类组织将其自有资产用于慈善信托也享受与慈善组织相同的自身免税和公益性捐赠税前扣除。

与股权捐赠的税收制度相同，在美国税收优惠待遇根据慈善组织是属于公共慈善组织还是私人基金会而有所区别。由于信托的灵活性和财产独立性，其一直是家族财富传承中非常受欢迎的工具。社区基金会（很多捐赠人指定基金 DAF 一般设立在社区基金会下）一般具有公共慈善组织资格。在一个纳税年度内，当委托人是自然人时，通过公共慈善机构捐赠一定的个人所得成立慈善信托资助公益事业，根据美国国内税法典的规定依法可从应纳税所得额中扣除，最高扣除限额为应纳税所得额的 50%，当符合法律规定的特殊情形时，允许将慈善捐赠全额从税前所得额中扣除。例如，根据美国国内税法典的规定，如果个人纳税人在纳税年度内和此前十年中的任何一年中，对慈善事业的捐赠总数相加等于其纳税所得额，或者超过纳税人年度调整后收入的 90%时，允许税前全额扣除。需要说明的是，对于个人所得税的应纳税所得额税前调整，美国个人纳税人在进行纳税申报时，纳税人可以选择标准扣除（Standard Deduction）或是列举扣除（Itemized Deduction）。标准扣除额由纳税人的纳税身份决定，单身纳税人、夫妻联合申报、夫妻分别申报、户主和丧偶者扣除额都有不同的规定。标准扣除额会依据通胀情况进行指数化调整。选择适用标准扣除的纳税人无须保存和提交详细的记录，申请程序较为简便但是其额度特定。列举扣除的项目包括慈善捐赠、医疗费用、家庭房屋抵押贷款利息、偶然和偷盗损失等。如果捐赠人选择单独核算慈善捐赠扣除额，捐赠人必须保证其在进行纳税申报时，选择了列举扣除的方式。

当委托人为公司法人时，在计算美国联邦一级的公司所得税时，用于设立慈善信托的财产捐赠，在应纳税所得额计算时最高扣除限额为应纳税所得额的 10%。超过扣除限额的部分还可以在未来五年内结转扣除。

慈善信托自身的免税待遇即为慈善组织的免税待遇。一般在联邦一级 IRS 申请到免税资格的慈善组织所对应的是联邦层级的所得税，而各州对于慈善组织所涉及的州一级的所得税也会跟随联邦 IRS 的决定同时予以免征。不过对于慈善组织所涉及的消费税、销售税等其他税种，一般情况下是不予减免的，慈善组织需要特别专门申请消费税的免税资格来获得其他税种的减免。

2. 英国

英国是世界上最早一部慈善法的诞生地，也是英美法系和信托制度的发源地。因此信托制度在英国的熟悉度非常高，也是慈善组织常用的一种法律形式。与新加坡慈善组织的组织类型一样，英国的慈善组织也分为担保有限公司、慈善信托和非法人社团三类。可见，在英国慈善信托也是作为慈善组织的一个类型获得税收优惠待遇，而不是独立于慈善组织的特殊概念。根据2012年改革后的英国慈善法的规定，在英格兰与威尔士管辖境内的慈善组织（年收入在5000英镑以下豁免）需要在慈善委员会进行公益性认定来获取慈善资格。正式注册的慈善组织确认其慈善资格后，可再行向税务管理部门（HMRC）申请获得免税组织资格。

对于慈善信托的自身税收优惠而言，慈善信托受托人（即慈善财产名义上的持有者）可豁免的税种包括所得税、资本利得税、公司税、遗产税和印花税。豁免的前提条件是收益或资本被用于慈善目的。慈善信托自身的税收优惠具体表现在以下方面。首先，根据英国收入和资本利得税法的规定，以慈善为唯一目的成立的慈善信托从任何个人或公司取得的大多数形式的收入可以免税。其次，收入和资本利得税法第五百零五节规定，慈善信托的非贸易收入免税（如果是为了实现组织的慈善目的而进行的主要目的收入不算在内），包括不动产收入、股权、利息、养老金和捐赠物品。英国政府不对这些收入征税，即使缴纳也可以要求税务部门退回。对于经营性收入（earned income）如果是为实施组织慈善目标而开展的主要目的交易（primary purpose trading）或为主要目的交易的附属行为（ancillary trading），不满足主要目的交易条件的，如果限定在小规模交易的范围内（small trading or small-scale trading），也是无须进行缴税的。

对于委托人而言，在慈善信托设立时，委托人可享受的税收优惠待遇包括：豁免财产交易税、财产交易所得税、享受所得税的税前抵扣，对资本利得税按照“没有盈利就不受损失”的原则征收，也意味着委托人也没有资本利得的税负。

（三）社会企业税收优惠

在全球范围内，针对社会企业的税收优惠目前仍然属于前沿的政策创新议题。目前而言，专门针对“社会企业”这个组织概念而实施的税收优惠政策仅有美国费城的地方税和英国针对社区利益公司的投资者税收优惠（Mayer，2017）。

1. 美国

2009 年，美国费城市政委员会通过了一项针对社会企业（可持续企业）而设置的税收抵免（tax credit）法案，首创为社会企业提供“费城可持续企业税收抵免（Philadelphia Sustainable Business Tax Credit，PSBTC）”［费城法典 §19-2604（10）（b）（ii）（a）］。值得说明的是，在美国税收抵免比税前抵扣的待遇要优惠得多。税前抵扣只是调整纳税人在应纳税所得额（tax base），抵扣掉的金额乘以税率，才是实际减少的税负。然而，税收抵免则是直接在应纳税额进行减免，即已经按照税基和税率计算好的税负基础上再进行减扣。目前费城的该项税收优惠已经延长有效期至 2022 年，之后也会继续续期。根据现行版本的政策规定，每年有最多 75 家社会企业名额，获得不超过 4000 美元的税收抵免。申请该项税收优惠的条件是被认定为的公益企业（B Corp）或向费城政府提供证据证明申请企业是一个符合与 B Corp 同等条件的可持续性企业，包括在业务过程中为雇员、社区、环境等社会利益考虑。在一个针对费城 SBTC 进行评估的研究中，Devine（2016）肯定了费城率先出台可持续企业税收抵免价值导向，为更多政策制定者，但也认为该税收优惠设定的相对简单，与费城针对小微企业的税收优惠缺少协调。导致较大规模企业可以完全实际获得 4000 美元的税收抵免，而小型企业则难以享受全部额度的抵免。因为该项税收抵免是不可退款也不可结转的（如果一家企业的应纳税额只有 100 美元，这项优惠最多只减免 100 美元）。因此，其象征意义大于实际意义，而申请企业进行公益企业认证的成本也较高，该项税收优惠的出台更像是对公益企业认证机构 B Lab 的补贴。

2. 英国

英国被认为是社会企业的发源地，其社会企业认证体系的发展也走在国际前沿。社区利益公司（Community Interest Company，CIC）是英国法律规定的一种专门为社会企业设计的特定法人类型。登记为社区利益公司的社会企业必须以提供某种社会服务、解决某种社会问题为宗旨，并且履行利润分配限制和资产锁定的要求。

2014 年，英国出台了社会投资税收减免（Social Investment Tax Relief，SITR）法案。与费城将税收优惠提供给社会企业本身不同，英国的社会投资税收减免是针对社会企业的投资人的，其目的是帮助已有的社会企业吸纳更多的社会投资。具体而言，该项税收优惠为社会企业的投资者提供相当于其投资额 30%的所得税税前抵扣。英国的该项为社会企业投资人提供的减免还考虑了企业规模的因素。如果一家企业有超过 500 名全职雇员，或增加投资前资产总额达到 1500 万英镑以上，也不能享受该项优惠待遇。

从以上英国和美国针对社会企业的税收优惠待遇来看，社会企业的税收优惠待遇的赋予是以社会企业资质的界定为前提的。美国是依托 B Lab 的公益企业认证体系，英国则是已经出台政策为社会企业专门规定了一种特别的资质认证。此外，社会企业的税收优惠与刺杀捐赠和设立信托相类似，既可以针对社会企业本身，也可以针对社会企业的投资人。最后，在设计具体的税收优惠计算方法时，需要注意小型企业是否可以与大型企业实质享受到同等的税收优惠。

五　关于完善税收政策的若干建议

（一）股权捐赠

1. 在现有企业股权捐赠政策基础上的扩展完善

《关于公益股权捐赠企业所得税政策问题的通知》的发布，虽然从技术操作的角度暂时缓解了企业捐赠人在捐赠股权的过程中面临的巨额税负问题，但未从根本上解决企业用自有财产进行捐赠视同销售的问题，也将税收负担递延到受赠的慈善组织，导致慈善组织在未来将股权变现时仍然面临税负的隐患。通过对美国和新加坡慈善税收优惠制度以及具体涉及股权捐赠税收优惠制度的参考，我们发现将股权捐赠进行视同销售税务处理的做法很少，其原因在于在慈善捐赠过程中实际是股权的权属人发生了变更，由个人或企业变为慈善组织。虽然在捐赠行为发生时股权的价值可能相较于获得股权的历史成本有较大的增值，但该增值并未进入捐赠人的账户，而是用于捐赠。因此，从吸纳更多捐赠人尤其是高净值人群进行股权捐赠的角度看，应当修改企业捐赠股权视同销售的税收制度。在企业以其持有的股权进行捐赠时，不视为实际实现了资本利得，而是股权的权能转移到公益慈善组织。这样企业进行股权捐赠的政策障碍和面临的困境即可解除。如本文所论述的，税收优惠政策作为一种激励性政策工具，对保证慈善捐赠的横向公平、确认新型慈善路径的合法性以及形成公益慈善发展的合力具有突出作用。由于现代企业架构极少采取单一层级持股模式，而像曹德旺股权捐赠的案例一样是通过个人控股的企业再持有上市公司股票，因此针对企业捐赠股权税收制度的改革，也同样对鼓励高净值财富人群多元选择参与慈善的方式有重要影响，以推动进一步发挥第三次分配的作用。

2. 公允价值确认等配套政策的完善

作为非现金捐赠形式的股权捐赠，所涉及的问题相较于股权捐赠也更为复杂，除了按照我国的股权管理制度所要求的合法程序变更权属外（包括上市公司股权和非上市公司股权），其中最核心的一点即确定捐赠股权的公允价值和所做捐赠的等价的现金额度。美国和新加坡均以公允价值作为确定捐赠额度的基准，这对从确认税收抵扣待遇的金额来说对捐赠人更为有利。目前我国企业股权捐赠是以历史成本计价，其重要原因是避开捐赠视同销售造成的高额税负问题。一旦视同销售的制度进行改革，以历史成本计价、压缩私人领域向社会公益实际规模的做法就没有必要，而是以公允价值计价更为恰当。这也与我国相关非营利组织管理政策相互协调。我国《民间非营利组织会计制度》规定的确认非现金资产捐赠价值的顺序为捐赠方提供的有关凭据（主要指实体性物资）或公允价值。而公允价值的确定顺序为：如果同类或者类似资产存在活跃市场的，应当按照同类或者类似资产的市场价格确定公允价值；如果同类或类似资产不存在活跃市场，或者无法找到同类或者类似资产的，应当采用合理的计价方法确定资产的公允价值，包括进行第三方评估。因此，健全股权捐赠的配套机制可以在现有非营利组织会计制度确立的原则的基础上明确股权捐赠公允价值确定的具体方式，包括上市公司股票的市场价格确定的具体时间点以及非上市公司股票价格的估算。

（二）慈善信托

1. 在现有法律法规基础上的监管机制完善

对于我国慈善信托税收优惠政策完善所做的任何建议，需要在《慈善法》及其配套措施所确立的我国特有的慈善信托法律制度的基础上提出，并以鼓励财富人群设立慈善信托，推动实现共同富裕为目标进行政策设计。美国和英国的国际经验是将慈善信托作为慈善组织的一种纳入统一的监管体系。因此，慈善信托与其他慈善组织享受同等的税收优惠待遇。然而，我国目前《慈善法》所确立的慈善信托制度并未赋予慈善信托组织机构身份，而是作为一种慈善行为对待。慈善组织和慈善信托在现有监管制度下存在很多差异。具体而言，慈善信托作为一种法律关系并没有在非营利组织法人身份（社会组织登记管理）这一层级受到同样的监管制度管辖。虽然从税收政策横向公平的角度，对于委托人和捐赠人同样将慈善财产贡献于公益慈善事业的行为不应作以区分对待。但从落实法律精神的具体执法操作而言，慈善财产在划转给受托人成立独立的慈善信托后是否真正用于公益慈善项目，而非通过关联交易等方式使个人从慈善信托中获益，还需要通过监管和监督措施予以保障。因此，在我国进行慈善信托税收优惠制度改革和健全的前提，是慈善信托监督管理体系需要进一步完善，明确慈善信托信息公开、财产管理、公益活动开展以及年度报告的具体责任，使得国家税收财政收入对公益事业的让渡真正地运用到公益慈善行业中去。

2. 慈善信托委托人的税收优惠

在健全和完善我国慈善信托监管制度、确保慈善财产在慈善信托关系中得到合法有效运用的前提下，根据前文关于税收优惠措施对鼓励慈善信托等新型慈善路径的积极作用的探讨，以及对现有税收政策为委托人和慈善组织等相关方带来的风险和障碍的分析，还有英国、美国的国际经验的借鉴，我国应当将慈善信托的委托人用自有财产设立慈善信托的行为在财税处理上视同与向慈善组织捐赠等效。具体而言，慈善信托虽然不是登记管理意义上的主体，但可以赋予其税收主体资格，因为慈善信托的财产以受托人名义在信托财产专户持有。因此，可以将慈善信托（信托专户）作为独立的税收主体纳入我国的公益性捐赠税前扣除资格管理体系。符合《财政部国家税务总局民政部关于公益性捐赠税前扣除资格确认审批有关调整事项的通知》（财税〔2015〕141号）所规定的条件的（或同等条件[①]）向财税部门申请确认获得公益性捐赠税前扣除资格。委托人交付的信托资产根据其公允价值，在慈善信托设立、备案并获得公益性捐赠税前扣除资格后开具相应金额的捐赠票据。

3. 慈善信托本身的税收优惠

对于慈善信托的自身税收优惠与为委托人提供的公益性捐赠税前扣除优惠

① 根据《关于公益性捐赠税前扣除资格确认审批有关调整事项的通知》，公益性社会团体获得该资格需要年度检查合格或适合组织评估等级在3A级以上。因此，对申请该资格的慈善信托的监管和评估结果作何要求需要与相应的慈善信托监管制度相协调。

在制度上具有关联性，即在确立慈善信托作为独立税收主体的资格后，慈善信托相关税务的征收与减免都依据信托财产专户的财务会计情况来计算。对于慈善信托而言，其机构运营初期的经费主要由设立时的信托财产提供，其后主要的收入一般主要来自委托人追加信托财产和受托人管理财产进行保值增值获得的收益。既然委托人交付信托财产的行为应当视同为捐赠行为，那么慈善信托获得信托资产，无论是初次设立时交付的财产还是后续追加的信托财产，也同样应当视同捐赠收入，即作为免税收入处理。而慈善信托进行投资的收益则涉及投资收益所得税（我国尚无资本利得税）。目前根据《关于非营利组织企业所得税免税收入问题的通知》，不征税收入和免税收入孳生的银行存款利息收入是与保值增值相关的免税收入。如果与慈善组织的待遇同等为标准，那么慈善信托保值增值中银行存款利息收入可以作为免税收入，但在股市、债市进行金融投资的收入则不属于免税收入的范围。

（三）社会企业

1. 社会企业的法律界定与认定

在前文中，我们通过总结美国和英国目前仅有的社会企业税收优惠实例，讨论了建立专门针对社会企业的税收优惠制度需要以社会企业的资质认定为前提。目前，我国地方进行的社会企业认证政策创新试点中，仅有成都是由工商部门主导，而其他三个体系都是属于由社会组织来进行社会企业认定。根据税收法定的原则，建议在制定鼓励社会企业的税收政策之前或同时，通过在全国范围内适用的法规政策文件来对社会企业的概念予以界定。例如，可以像英国的做法一样，颁布法案来在已有公司、社会组织形式的基础上增加社会企业资格的认定。

2. 非营利法人类型社会企业的税收优惠

在社会企业资质认定的基础上，对于非营利性的社会企业而言是解决现有非营利组织税收优惠体系对经营性收入的包容性问题。一家机构认定的成功代表着该家机构以提供社会服务、解决社会问题为目标，并且以经营性收入为主要收入来源，因此相关的税收优惠政策应当明确认定为社会企业的此类社会组织（应该大部分为民非）活动经营性收入并不会影响组织的非营利属性，其经营性收入的比例较高也不会影响其免税资格和公益性捐赠税前扣除资格

（这里主要是指该家社会企业的投资人）获得。这样在现有非营利组织税收优惠法律政策的基础上追加补充性的规定，使得非营利性的社会企业实际享受税收优惠的可能性得到了大幅提高。

3. 营利法人类型社会企业的税收优惠

营利性社会企业的税收优惠要比非营利性的社会企业优惠措施更为复杂。如上所述，社会企业提供了因市场失灵和政府失灵而供给不足的社会公共产品，理应受到政府财政上的支持。而这种支持的具体体现即为税收减免、政府财政的税收支出，也可以视为一种政府补贴。而社会企业以解决社会问题、提供社会服务为目标的定义则意味着其在社会政策功能上与公益慈善组织和政府部门也同样是合作和合供的关系。这也意味着社会企业的税收优惠制度与公益慈善组织的税收优惠制度相同的逻辑基础。但区别在于，慈善机构免于税收优惠的收入全部保留在慈善组织账户上，因不分配利润原则而形成闭环。而对于营利性社会企业而言，由于其股东可以分配利润，机构因享受税收优惠而获得的经济利益则相当于进入了股东的私人账户。这也是很多社会企业认定制度对社会企业利润分配和资产锁定有要求的内因所在。因此，社会企业享受税收优惠的多少应当与其进行利润分配的比例和资产锁定的程度相互挂钩。换言之，可以设置一个浮动的税收优惠比例，因利润分配限制的大小和资产锁定的程度而变化。如果完全不进行利润分配，资产全部锁定，则实质上社会企业做到了非营利性，享受与非营利组织同等的税收优惠；如果相反，社会企业未做任何利润分配的限制，则不可享受任何税收优惠。而利润分配限制和资产锁定程度介于两个极端中间的社会企业，则享受一定比例的税收优惠。

参考文献

安体富、王海勇：《非营利组织税收制度：国际比较与改革取向》，《地方财政研究》2005 年第 12 期，第 4～10 页。

陈成文、谭娟：《税收政策与慈善事业：美国经验及其启示》，《 湖南师范大学社会科学学报》2007 年第 6 期，第 77～82 页。

都海燕：《论慈善信托备案的法律性质》，《成都理工大学学报：社会科学版》2018 年第 5 期，第 18～23 页。

郭艳玲：《我国慈善信托税收优惠制度构建探讨》，《收藏》2019年第5期。

胡烨：《新形势下我国慈善信托税收优惠制度的思考》，《财经界》2019年第8期。

贾西津：《第三次改革：中国非营利部门战略研究》，清华大学出版社有限公司，2005。

蒋丽霞：《企业慈善捐赠的税收激励效应研究》，硕士学位论文，云南财经大学，2020。

李华芳：《合供：过去，现在与未来》，《公共管理与政策评论》2020年第1期，第10~22页。

栗燕杰：《我国慈善税收优惠的现状，问题与因应——以慈善立法为背景》，《国家行政学院学报》2015年第6期，第93~97页。

刘亚莉：《公司捐赠税收优惠制度研究》，《安徽大学法律评论》2007年第2期，第65~73页。

刘振国、臧宝瑞、俞惠中：《打通社会组织接受捐赠“最后一公里”——关于〈财政部民政部关于进一步明确公益性社会组织申领公益事业捐赠票据有关问题的通知〉的解读》，《中国社会组织》2016年第5期，第1页。

卢瑾：《我国慈善信托税收优惠制度构建初探》，《山西财税》2018年第5期。

孟祥刚：《公司股东代表诉讼的审理》，《法律适用》2007年第4期，第19~23页。

潘晓：《第三部门法的“社会企业”运动——欧美两种路径下的制度演进》，《北大法律评论》2012年第13（1）期，第221~240页。

秦正：《股权捐赠若干法律问题研究》，硕士学位论文，上海交通大学，2012。

任晓敏：《慈善信托税收优惠制度研究》，硕士学位论文，中南财经政法大学，2019。

孙英：《论股东代表诉讼制度》，《山东大学学报：哲学社会科学版》2000年第5期，第99~105页。

田凯：《机会与约束：中国福利制度转型中非营利部门发展的条件分析》，《社会学研究》2003年第2期，第92~100页。

汪巨峰：《我国公益性股权捐赠税收规制研究》，硕士学位论文，华东政法大学，2014。

王露：《论我国慈善组织税收优惠制度的完善》，硕士学位论文，吉林大学，2012。

王名、蓝煜昕、王玉宝、陶泽：《第三次分配：理论，实践与政策建议》，《中国行政管理》2020年第3期。

吴燕婷：《我国慈善捐赠税收优惠制度研究》，硕士学位论文，深圳大学，2018。

熊跃根：《转型经济国家中的“第三部门”发展：对中国现实的解释》，《社会学研究》2001年第1期。

徐永光：《社会企业运动有汹涌之势》，《商务周刊》2011年第1期，第5~51页。

俞梦露：《我国慈善信托税收优惠制度完善研究》，硕士学位论文，华东政法大

学，2019。

詹新楠：《我国股权公益性捐赠法律问题研究》，硕士学位论文，福州大学，2017。

张才国：《新自由主义意识形态》，中央编译局，2015。

赵廉慧：《慈善信托税收政策的基本理论问题》，《税务研究》2016年第8期，第110~113页。

赵萌、郭欣楠：《中国社会企业的界定框架——从二元分析视角到元素组合视角》，《研究与发展管理》2018年第2期，第136~147页。

赵萌：《与社会企业结盟：商业企业实践社会责任的正途》，《21世纪商业评论》2006年第1期，第120~122页。

周乾：《我国慈善信托制度之创新，局限与完善》，《内蒙古社会科学（汉文版）》2018年第6期。

朱大旗：《完善股权与不动产公益性捐赠税收优惠制度》，《中国民政》2016年第4期，第32~34页。

庄松峰：《公益性股权捐赠的税收法律问题研究》，硕士学位论文，华侨大学，2011。

Anheier, H. K., *Theories of the Nonprofit Sector: Three Issues* (*Nonprofit and Voluntary Sector Quarterly*, 1995), 24 (1), 15-23.

Aulgur, J., *Performance Theory and Nonprofit Organizational Effectiveness* (Administrative Issues Journal, 2015), 5 (3), 9.

Bekkers, R., & Wiepking, P., *A Literature Review of Empirical Studies of Philanthropy: Eight Mechanisms That Drive Charitable Giving* (*Nonprofit and Voluntary Sector Quarterly*, 2011), 40 (5), 924-973. doi: 10.1177/0899764010380927

Cheng, Y., *Exploring the role of nonprofits in public service provision: Moving from coproduction to cogovernance* (Public Administration Review, 2019), 79 (2), 203-214.

Clifford, D., *Serving as a Charitable Trustee in England and Wales: Trends in Volunteering by Birth Cohort* (Sociology, 2021), 55 (2), 319-348.

Dees, J. G., & Anderson, B. B., *Framing a theory of social entrepreneurship: Building on two schools of practice and thought* (Research on social entrepreneurship: Understanding and contributing to an emerging field, 2006), 39.

Defourny, J., & Nyssens, M., *Defining social enterprise* (Social enterprise: At the crossroads of market, public policies and civil society, 2006), 7, 3-27.

Deng, G., *China Social Enterprise and Social Investment Landscape Report* 2019 (*Chinese Abbreviated Version*, 2019). Retrieved from.

http://www.naradafoundation.org/Uploads/file/20190415/5cb43bf85e07f.pdf.

Devine, M., *Aligning Profits with Purpose: An Analysis of the Philadelphia Sustainable Business Tax Credit* (Temp. Pol. & Civ. Rts. L. Rev., 25, 2016), 75.

Dunn, W. N., Public policy analysis: Routledge, 2015.

Elkins, D., *Horizontal equity as a principle of tax theory* (Yale L. & Pol' y Rev., 24, 2006), 43.

Finkelstein, A., & Hendren, N., *Welfare analysis meets causal inference* (Journal of Economic Perspectives, 2020), 34 (4), 146-167.

Framjee, P., *Trading-A Survivor's Guide: Guidance Notes on Charity Trading in the UK* (Int'l J. Not-for-Profit L., 2008), 11, 53.

Howard, C., *Testing the Tools Approach: Tax Expenditures versus Direct Expenditures* (*Public Administration Review*, 1995), 55 (5), 439. doi: 10.2307/976768

Howard, C., *Tax expenditures* (The tools of government: A guide to the new governance, 2002), 410-444.

IRAS. (2021a). Inland Revenue Authority of Singapor: About Charities. Retrieved fromhttps: //www.charities.gov.sg/Pages/Charities-and-IPCs/Register-as-a-Charity/About-Charities.aspx#.

IRAS. (2021b). Inland Revenue Authority of Singapor: Donations & Tax Deductions. Retrieved fromhttps: //www.iras.gov.sg/taxes/other-taxes/charities/donations-tax-deductions.

IRAS. (2021c). Inland Revenue Authority of Singapor: Tax Dedection Scheme for Grantmakers. Retrieved fromhttps: //www.iras.gov.sg/taxes/other-taxes/charities/tax-deduction-scheme-for-grantmakers.

Ireland, P., & Pillay, R. G., *Corporate social responsibility in a neoliberal age* (In Corporate social responsibility and regulatory governance, 2010) (pp. 77-104): Springer.

IRS. (2020). Publication 526 Charitable Contributions. Retrieved fromhttps: //www.irs.gov/publications/p526.

Jacobsen, M., LaRiviere, J., & Price, M., *Public policy and the private provision of public goods under heterogeneous preferences* (Journal of the Association of Environmental and Resource Economists, 2017), 4 (1), 243-280.

Liu, Z., & Van De Walle, S., *What determines the government's policy instrument choice for steering nonprofit organizations? The role of government capacity and contextual complexity* (Journal of Asian Public Policy, 2021), 1-17. doi: 10.1080/17516234.2021.1991254.

Lückenbach, F., et al., *To perform or not to perform? How strategic orientations influence the performance of Social Entrepreneurship Organizations* (Cogent Business & Management, 2019), 6 (1). doi: 10.1080/23311975.2019.1647820.

Mayer, L. H., *Creating a Tax Space for Social Enterprise* (The Cambridge Handbook of Social Enterprise Law (Cambridge University Press 2018), 2017), 157.

Morgan, M. G., Henrion, M., & Small, M. *Uncertainty: a guide to dealing with uncertainty in quantitative risk and policy analysis* (Cambridge university press, 1990).

Pouwels, R. L., & Elliott, O. V. *The tools of government: A guide to the new governance*

(Oxford university press, 2002).

Powell, W. W., & Bromley, P. *The nonprofit sector: A research handbook* (Stanford University Press, 2020).

Rhodes, M. J. *Information asymmetry and socially responsible investment* (Journal of Business Ethics, 2010), 95 (1), 145-150.

Salamon, L. M. *The new governance and the tools of public action: An introduction* (Fordham Urb. LJ, 2000), 28, 1611.

Salamon, L. M., & Anheier, H. K. *Social Origins of Civil Society: Explaining the Nonprofit Sector Cross-Nationally* (VOLUNTAS: International Journal of Voluntary and Nonprofit Organizations, 1998), 9 (3), 213-248. doi: 10. 1023/a: 1022058200985.

Salamon, L. M., & Toepler, S. *Government-Nonprofit Cooperation: Anomaly or Necessity?* (VOLUNTAS: International Journal of Voluntary and Nonprofit Organizations, 2015), 26 (6), 2155-2177. doi: 10. 1007/s11266-015-9651-6.

Sedgwick, D., & Jensen, L. S. *Path dependence and the roots of interorganizational relationship challenges* (Perspectives on Public Management and Governance, 2021), 4 (1), 47-62.

Steinberg, R. *Economic Theories of Nonprofit Organizations* (2003), In (pp. 277-309): Springer US.

Stone, E. G. *Adhering to the Old Line: Uncovering the History and Political Function of the Unrelated Business Income Tax* (Emory LJ, 2005), 54, 1475.

Valentinov, V., & Chatalova, L. *Transaction costs, social costs and open systems: Some common threads* (Systems Research and Behavioral Science, 2014), 31 (2), 316-326.

Ye, M. *Building an enabling legal environment: laws and policies on social enterprises in China* (Journal of Asian Public Policy, 2021), 14 (2), 182-199. doi: 10. 1080/17516234. 2020. 1824263.

Young, D. R. *Complementary, supplementary, or adversarial? Nonprofit-government relations* (Nonprofits and government: Collaboration and conflict, 2006), 37-80.

Zhao, L. *Theory and Practice on the Charitable Trust System in a "Post-Charity Law Era"* (The China Nonprofit Review, 2017), 9 (1), 5-22.

Zhao, M., & Guo, X. *Defining social enterprise in China: From the dichotomic view to the combinative view (in Chinese)* (R & D Management, 2018), 30 (2), 136-147.

第六章　家族财富传承的慈善信托路径分析研究

陈　凯[*]等

一　导论

（一）背景和意义

公益、慈善活动是社会矛盾的“减震器”，是社会和谐的“润滑剂”。党历来重视发挥慈善组织在构建社会和谐方面的积极作用。慈善基金和慈善信托是慈善事业的两种最重要模式，在这两种模式中，慈善基金由信托机构保管和投资。慈善信托具有稳定、独立、长期的一系列特点，适用于类型复杂、总财富大、委托资产长期的信托。慈善信托能满足客户在风险隔离、利益分配、信息保密和持续稳定等方面的特殊要求，因此慈善信托独立于公益信托。但是，传统慈善信托以实现社会公共利益为目的，既不能包括私人利益、特定家庭的经济利益，也不能为客户家庭的财富继承、保全和增值服务。实践证明，美国的混合信托有利于激发财富高净值人士投入慈善，它不同于慈善组织和慈善捐赠，而且与中国文化有较高的契合度。未来，中国的创新应借鉴这种混合模式。混合目的慈善信托把家族财富安全与慈善信托财产安全绑定在一起，得到一种道义上的安全屏障，有助于做到真正保障财富安全。并且这种传承方式，能激发先富人群参与慈善，推动慈善事业发展，在国内应鼓励其成为中

* 课题负责人：陈凯，博士在读，北京阳光老年健康基金会理事长，研究方向为继承法、家族信托、慈善信托、慈善基金会；课题组成员：李杏果、鄢圣文、汤婷婷。

国特色的传富方式。①

本研究基于家庭财富继承的现状，提出相应的“家庭慈善信托”设计方案和推荐策略选择。目的是有效地将家庭财富继承与慈善信托相结合，分析慈善信托对家庭财富继承的价值、优势和实现路径，使慈善信托对专业服务的需求有更广阔的空间。本研究将有助于拓宽财富传承领域的业务范围，增加金融机构的新业务和利润点，实现财富在传承中的有效利用和保值增值，有助于满足家庭财富继承的多元化需求，有助于实现家庭财富继承的多元化。有效对接慈善产品，明确财富传承意识，弘扬家族传承文化。通过分析优势，可以促进更多净资产较高的家庭选择慈善信托，实现家庭财富继承与慈善活动同步；通过明确关键的制度障碍限制慈善信托的发展，促进我国慈善事业可持续发展。

（二）研究综述

近年来，我国百万富翁数量迅速增长。根据福布斯 2019 年全球富豪榜，截至 2018 年 12 月，中国大陆 600 万元高净值家庭已达到 426 万个。这些百万富翁家庭迫切需要找到一种更合适的方式来继承家庭财富。越来越多的富裕家庭愿意把家庭财富用于社会公益事业，慈善信托越来越受到人们的关注。慈善信托与家族信托等信托不同，它具有慈善目的、公益性和绝对慈善性。慈善信托的设立简单，运作灵活。它融合了信托理财和慈善基金的功能。它具有实现金融和慈善功能的独特优势。它对满足家庭财富传承的需要具有积极的作用。

1. 国外研究

（1）家族信托研究。认为家族信托可以使家族财富摆脱人的生命周期的限制，实现可持续继承的目标，有效实现风险隔离、财富继承、价值保值增值等功能。（2）慈善组织研究。典型的外国慈善组织：a. 英国。有四种主要形式：非法定协会、慈善公司、信托和慈善公司组织。b. 美国。根据美国国内税收法，美国税务局决定其慈善地位。c. 日本。公益事业的提供，适用《公益性社会团体法人和公益性基金会法人承认法》。（3）慈善信托研究。主要体

① 林静：《慈善信托——慈善事业与财富管理的跨界融合》，《福建金融》2017 年第 3 期。

现在立法模式的差异上，分为采取集中和分散立法模式，以集中立法为主。（4）慈善信托的经济研究。19 世纪末，现代信托制度逐步融入金融体系中。

2. 国内研究

（1）家族财富继承研究。它涉及经济、社会、文化和法律因素的研究，财富继承的共同法律模式及其发展，并结合案例分析和大数据分析遗嘱、赠予、保险、家族信托等财富继承模式的适用性。（2）财富继承的影响因素研究。家族继承意愿决定了财富控制模式。未来 20 年，企业将逐步实现职业继承。调查表明，子女继承家族对企业的控制程度明显高于股权继承企业，其中，家族文化是主因。（3）财富继承工具研究。比较分析认为信托有助于防止财富流失、逃税和成员约束，但它并没有被财富阶层广泛接受。认为家族资产的继承呈现出明显的生命周期，遗嘱的保值增值性和保险流动性差，私人银行集中在财富创造领域。相对而言，信托优势明显，但仍需创新。（4）慈善信托研究。公益信托制度的吸引力较低，慈善法为慈善创造了新的平台，慈善信托为家族财富继承提供了新的载体。

综上所述，慈善信托有助于我国慈善事业的高质量发展。一方面，目前国内研究还缺乏对慈善信托长期发展的战略思考和全面认识，《慈善法》的颁布并没有消除原有慈善信托制度的缺陷。另一方面，相关研究的关注度还不够，不利于满足富裕家族财富传承需求。因此，本课题将有效整合家族财富传承和慈善信托制度，全面探寻慈善信托对家族财富传承的可行性和实现路径。

（三）名词释义

1. 家族财富传承

家族财富是指具有婚姻血缘关系的群体在继承家族文化传统、家族资产或者共同创业基础上形成的财富集群，以家族内各个个体财富、各个家庭财富、各个企业或者企业群体财富等形式存在。广义的家族财富传承，在有形或无形财富传承的基础上，为了延续财富的社会功能，除控制权外，不以所有权和受益权为目的。例如，委托人家族成员对慈善信托事务的决策，只保留参与权，以实现和延续家族凝聚力。本文主要针对广义的家族财富传承进行研究。

2. 慈善信托

根据《慈善法》的定义，慈善信托是指委托人为慈善目的，根据委托人的意愿，以受托人的名义依法对其财产的受托人进行管理和处分，并进行慈善活动的行为。慈善信托必须具有绝对的慈善性，目的是实现社会公共利益，否则就是违法的利益输送。目前的慈善信托对家族传承能够发挥直接影响是对家族后人精神品质的提高，通过后人精神品质提高实施间接影响。

（四）研究内容和方法

1. 研究内容

本课题拟对家族财富传承、慈善信托、家族财富传承的慈善信托路径进行系统的理论分析和实证研究。首先，本课题拟对家族财富传承的现实需求、家族财富传承的非慈善信托方式进行理论分析，遴选家族财富传承典型案例进行经验研究，提炼出家族财富传承发展面临的关键问题，总结家族财富传承传统方式的成效与局限；其次，本课题致力于厘清慈善信托制度的国内外发展历程，分析慈善信托的现实运行模式、存在的问题及面临的制度性障碍。再次，分别阐释慈善信托与家族财富传承制度，研究慈善信托在家族财富传承中的价值、可行性及发展挑战；最后，综合运用理论研究、实证分析和政策研究，提出家族财富传承中慈善信托路径完善的政策建议和具体实现路径。

2. 研究方法

本课题有效融合理论研究、政策研究和案例研究，综合运用理论分析、经验分析和政策分析，贯以系统论思维，以综合性研究方法寻求合适路径。（1）比较分析。比较分析家族财富传承方式优缺点。在慈善信托研究中，比较不同国家和地区的慈善信托的特点和经验。（2）案例分析法。通过对家族理财传承、慈善信托运作模式的案例分析，采用直观和易于理解的形式，不仅可以丰富研究内容，更增加了理论数据说服力。（3）多学科研究法。慈善信托涉及慈善、金融、法律、财务等多方面的知识，需要从多学科角度进行分析和解决问题。

（五）创新之处

课题对家族财富传承、慈善信托、家族财富传承的慈善信托路径进行系统综合研究，涵盖精准需求、理论分析、经验研究、问题聚焦、可行性分析及实现路径，研究成果体系完整、内容丰富。创新之处体现为三个方面：（1）选题精准。中国的财富继承研究随着人民财富的积累而发展，起步较晚，相关研究较少。本课题紧扣家族财富传承论题，提出了慈善信托解决方案，有效化解风险的措施。（2）研究视角新颖。突破传统的基于现象的研究，通过数据模型分析这种现象产生的原因及其影响的思维趋势，从制度、文化和法律的角度提出了一些研究思路。本课题从家族财富继承的角度探讨慈善信托的完善。为探索家族财富继承慈善信托的路径，以全新视角问诊关键问题。（3）研究方法有效。有效融合理论研究、政策研究和案例研究，综合运用理论分析、经验分析和政策分析，贯以系统论思维，以综合性研究方法寻求合适路径。

二　家族财富传承现状和问题分析

（一）家族财富传承发展现状

随着创业者的老龄化，企业家面临着如何顺利转移企业权力，有效继承事业和财富的问题。相关数据显示，250 家上市公司权力转移给子女后，企业市值平均下降 60%。在许多情况下，我们看不到继承，只看到损失。许多企业家不得不卖掉自己的生意，因为他们的孩子不愿意成功，他们也不愿意让自己的事业成为束缚孩子的牢笼。

1. 高净值人群数量持续增长

根据胡润研究院《2017 年中国高净值人群需求调研报告》，我国千万个人资产高净值人群占全国总人口的 0.09%，有 121 万人。[①] 在新中国成立后出生的“50 后”“60 后”人群中，涌现出了大批优秀的资本家、企业家，而随着时代推移和资产的增加，他们面临着一个接一个的退休，其财富目标也逐渐变化，财富管理的重心逐渐从创造财富向继承财富转化。[②]

2. 高净值人群金融资产配置趋于理性

（1）股权类资产配置比例不断上升

高净值人士配置的权益性资产比例正在上升，金融资产比例较高，房地产

① 胡润研究院、中信银行：《2017 中国高净值人群财富管理需求白皮书》，2017。

② 蔡概还、邓婷：《中国家族慈善信托发展的关键问题》，《清华金融评论》2018 年第 1 期。

比例较低，大多在 11%到 30%之间。在中国经济繁荣时期，私募股权吸引了高净值投资者的关注。①

（2）投资日益分散和多元化

改革开放以来，房地产业一直是我国财富投资的主要领域。近年来，随着房地产业的不断降温，我国高净值人群的投资领域日益分散，投资范围日益全球化。60%的高净值人士已投资海外资产，70%的计划增加海外资产配置。

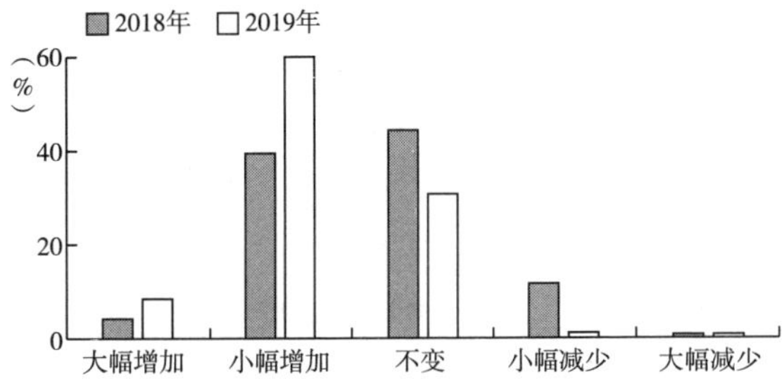

图 1　高净值人群海外资产配置计划

3. 风险容忍度逐渐上升

根据诺亚财富（Noah Wealth）2019 年的《高端财富白皮书》（*White Paper on High-end Wealth*），投资者的财务管理理念越来越成熟，对盈利目标的期望也越来越理性。与一般投资者相比，高净值集团对投资本金损失的风险承受能力较高，且较上年有所提高。

调查还发现，目前 A 股市场悲观预期为 26.5%，但只有 7.1%的未来三年悲观预期，越来越多的投资者可以站在较长的时间轴上看到二级市场资产的配置价值。尽管 2018 年股市整体不利，但对未来三年的股市有近 50%的人持正向态度。

4. 高净值人群日益关注家族信托

家庭财富在代际传递中面临着系统性的消失风险，导致高净值人群的集体焦虑。如果家族继承存在系统性问题，民营企业将面临巨大损失。在国际上，家族企业在转型时将面临 60%的股价损失。家族信托具有稳健性和灵活性等

① 诺亚财富：《2019 高端财富白皮书》，2019。

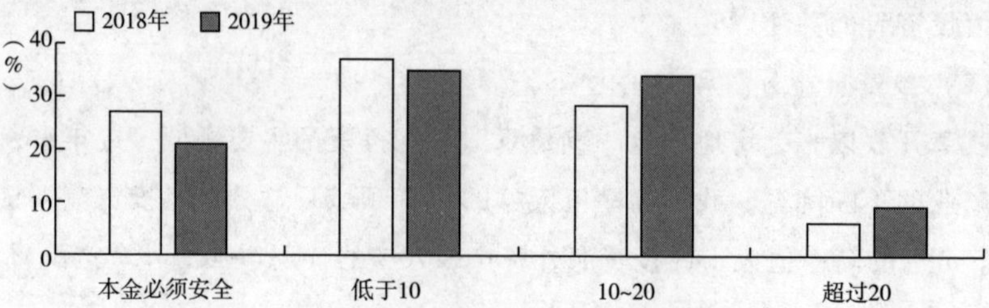

图 2　高净值人群对本金损失的容忍程度

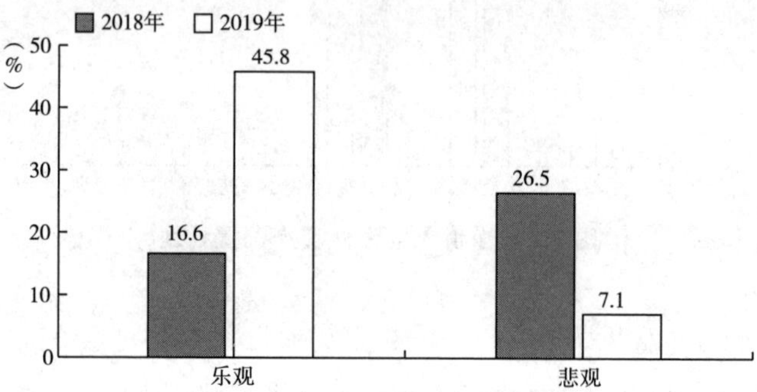

图 3　高净值人群对股市短期偏悲观长期乐观

优点，受到越来越多的关注。家庭财富继承、财富管理和遗产规划越来越受到重视。

5. 国家促进家族财富投资发展

随着家族财富的日渐积累，中央和各级政府对于慈善信托投资发展越来越重视，不断研究制定促进慈善信托投资发展的各项政策。2005 年以来与慈善信托投资有关的主要政策不断出台，民营企业获准可参与的行业领域逐渐增加，家族财富投资享受的政策优惠幅度越来越大。各地进一步贯彻落实相关政策，规范引导家族财富投资健康积极参与和有序发展，不断为家庭财富投资的可持续发展营造优良的社会氛围。一般而言，地方政策措施是基于国家政策，结合当地经济和社会地位以及家庭财富投资特点，有力促进家庭资本投资于基础设施和基础产业建设、市政工程建设、金融、贸易和商业服务等建设。同时，在减税、政府采购、土地支持、财政援助和相关支持政策方面，明确制定了具有较强可操作性的量化指标或措施。此外，还进行了有益的研究，科学地确定和适当减少慈善信托投资的准入门槛，并消除了对慈善信托投资的不合理限制。

表 1　允许家族企业进入的行业

<table>
<tr><th colspan="2" rowspan="2">行业</th><th colspan="2">家族财富投资者能够</th><th rowspan="2">牵头负责部门</th></tr>
<tr><th>控股</th><th>参股</th></tr>
<tr><td rowspan="7">基础设施</td><td>1. 公路、港口、机场</td><td>公路、港口、民用机场、通用航空设施</td><td></td><td>交通运输部</td></tr>
<tr><td>2. 铁路</td><td></td><td>铁路干线、铁路支线、铁路轮渡以及站场设施、煤运通道、客运专线、城际轨道交通</td><td>铁道部</td></tr>
<tr><td>3. 水利工程</td><td></td><td>农田水利、跨流域调水、水资源综合利用、水土保持</td><td>水利部</td></tr>
<tr><td>4. 电力</td><td>水电站、火电站</td><td>风能、太阳能、地热能、生物质能等新能源产业建设</td><td>国家发改委、国家能源局</td></tr>
<tr><td>5. 石油天然气</td><td></td><td>油气勘探开发、建设原油、天然气、成品油的储运和管道输送设施及网络</td><td>国家发改委、国家能源局</td></tr>
<tr><td>6. 电信</td><td></td><td>基础电信运营、增值电信业</td><td>工业和信息化部</td></tr>
<tr><td>7. 土地整治和矿产资源勘探开发</td><td>矿业权市场全面向民间资本开放</td><td>土地整理、复垦、矿山地质环境恢复治理</td><td>国土资源部</td></tr>
<tr><td rowspan="2">市政公用事业和政策性住房</td><td>1. 市政公用事业</td><td>供水、供气、供热、污水和垃圾处理、公共交通、城市园林绿化</td><td></td><td>住房和城乡建设部</td></tr>
<tr><td>2. 政策性住房</td><td></td><td>经济适用住房、公共租赁住房、棚户区改造</td><td>住房和城乡建设部</td></tr>
</table>

续表

<table>
<tr><th colspan="2" rowspan="2">行业</th><th colspan="2">家族财富投资者能够</th><th rowspan="2">牵头负责部门</th></tr>
<tr><th>控股</th><th>参股</th></tr>
<tr><td rowspan="6">社会事业</td><td>1. 医院</td><td>医院、社区卫生服务机构、疗养院、门诊部、诊所、卫生所（室）等医疗机构</td><td></td><td>国家发改委</td></tr>
<tr><td>2. 教育和社会培训</td><td>高等学校、中小学校、幼儿园、职业教育等各类教育和社会培训机构</td><td></td><td>教育部</td></tr>
<tr><td>3. 社会福利</td><td>养（托）老服务和残疾人康复、托养服务等各类社会福利机构</td><td></td><td>民政部</td></tr>
<tr><td>4. 文化活动</td><td>广告、印刷、演艺、娱乐、文化创意、文化会展、影视制作、网络文化、动漫游戏、出版物发行、文化产品数字制作与相关服务；建设博物馆、图书馆、文化馆、电影院</td><td></td><td>文化部</td></tr>
<tr><td>5. 旅游</td><td>开发旅游资源，建设旅游设施，从事各种旅游休闲活动</td><td></td><td>国家旅游局</td></tr>
<tr><td>6. 体育</td><td>生产体育用品，建设各类体育场馆及健身设施，从事体育健身、竞赛表演等活动</td><td></td><td>国家体育总局</td></tr>
<tr><td>金融服务</td><td>金融机构</td><td>村镇银行、贷款公司、农村资金互助社等金融机构</td><td>大型商业银行、农村信用社、城市信用社</td><td>银监会</td></tr>
<tr><td>商贸流通</td><td>商贸流通</td><td>商品批发零售、现代物流、连锁经营、电子商务商</td><td></td><td>商务部</td></tr>
<tr><td>国防科技工业</td><td>国防科技工业</td><td></td><td>军工企业改组改制、军民两用高技术开发和产业化、军工生产和科研任务</td><td>国防科工局</td></tr>
</table>

表 2　对家族企业的优惠政策

政策		牵头负责部门
行业整合与参与国有企业改革	鼓励家族企业收购国有资产	地方政府
	鼓励家族企业收购国有企业股权	国资委
	鼓励家族企业参与“西部大开发”	
创新与行业升级	对研发提供税收优惠	财政部
	帮助家族企业设立研发中心	国家发改委
	支持家族企业参与国家重大科技项目	科技部
	推动政府公共服务外包给家族企业	科技部
	鼓励家族财富资本投资节能减排、生物医药、信息网络、新能源、新材料等新兴产业	国家发改委
参与国际竞争	努力为家族企业打入国际市场争取更多优惠政策	国家发改委
	确保家族企业与其他企业享受同等待遇	
为家族财富投资创造良好环境	清理差别待遇政策	国务院法制办
	确保政府补助对包括家族财富投资在内的各类投资主体同等对待	国家发改委
	加大对家族财富投资的融资支持，包括银行贷款	银监会
	对家族财富投资简化行政审批环节	监察部

从各地方促进家族财富投资发展的政策和实践可以看出，有如下几方面特点。一是普遍注重拓宽进入渠道。家族财富投资面临的最大问题，就是在进入许多行业或领域时，还存在很多障碍。对此，各地根据国家的相关政策精神，促进引导家族财富资本进入符合当地产业特点的行业。二是高度重视金融支持。投资活动不能缺少金融的支持。由于民营经济往往缺乏有效的金融支持，也使其难以进行有效投资，弱化了家族财富投资在实体经济领域的作用。对此，各地都试图通过金融创新来促进家族财富投资发展。三是注意优化政策环境。相对于国有投资而言，家族财富投资主体在享受各类政策方面还处于相对弱势，因此更需要政府财税和土地等方面的政策支持。只有不断优化政策软环境，家族财富投资才有可能得以更有效的发展。四是强化政府服务意识。各地政府逐步改善政府服务意识和服务方式，尤其是减少行政性工作对于家族财富投资的障碍，使得家族财富能够更容易在当地实施落地。五是注意工作具体分工。地方政府认识到，只有把促进家族财富投资发展的工作落到具体职能部

门，才可能真正推动改革。六是细则还需完善。促进家族财富投资发展的政策涉及众多行业和主管部门，需要根据不同行业特色，制定具体的行业和产业支持目录以及可行的具体政策。

（二）家族财富传承的重要价值

1. 家族财富投资是推动我国经济增长的主要力量

总的来说，总需求的扩大是推动一个国家经济增长的主要因素。社会总需求主要包括投资需求、消费需求和出口需求。

一般而言，促进经济增长的主要因素在于总需求的不断扩张，社会总需求主要包括投资、消费和出口三方面需求。改革开放以来，我国家族财富投资作为投资的一部分，和消费、出口一起直接拉动了我国经济的高速增长。除此之外，家族财富投资还创造了其他一系列与其相关的需求，比如为其提供原材料、营销和交通运输等服务的需求和消费，以投资启动消费，从而间接地促进经济发展。另外，家族财富投资在促进出口需求方面也有着非常重要的作用，民营企业也已成为我国对外贸易中新的市场主体。因此，可以说未来经济能否保持持续和快速增长的势头，关键在于家族财富投资能否继续保持高增长的态势。

2. 家族财富投资提供了经济结构调整和创新的动力

家族财富投资是加快经济结构调整、增强主体创新能力的有效途径。作为发展中国家，为进一步赶超经济发展领先的国家，中国迫切需要调整经济结构，转变和提升产业结构。随着投资范围的扩大，中国家族财富投资逐渐从低端技术产业向高科技产业转型，从主要依靠劳动力，让位于资本和技术。高新技术产业门槛相对不高，但投资效率高，符合家族财富投资的追求利润的特征，吸引了大量资本。随着资本日渐进入，正逐步形成以高端科技为特征的产业集群。此外，中国高端科技产业的创新力还比较薄弱，依然存在对外技术依赖性。但是，由于其灵活的机制和创新的主动性，家族财富投资可以充分发挥其发展的潜力。只要家族财富投资得到公平对待，就会成为创新的新力量。

3. 家族财富投资创造大量就业岗位

家族财富投资主要存在于以劳动力投入为特征的相关产业，其单位投资可以比国有资本投资的企业承载更多的劳动岗位和劳动力，这是大多数地区国有投资企业比例的2倍多。近年来，随着家族财富投资的不断进步，创造了越来越多的就业机会。随着人口的增长和中国城市化向纵深推进，农村剩余劳动力持续转移，就业压力不断增加。国有企业改革也在加速，可吸收的劳动力非常有限。这时，除了可以提供一些外国投资就业机会外，家族财富投资对促进就业的效应非常大，并已成为承载更多就业岗位的关键领域。

4. 家族财富投资推动现代企业发展

随着改革开放迈向纵深，家族财富投资得以蓬勃发展，优势企业基本完成原始资本积累，进入一个新的发展阶段，注重技术创新和产业积累，提高了分工的专业化程度和社会合作。近年来，尽管受国内需求疲软和国际经济形势困难的不利影响，但一些民营企业目前正在追求技术改造、产品更新、增加市场份额和提高国际竞争力的新目标，发展形势良好。另外，家庭财富投资也为国有企业市场化改革提供了重要支撑，促进了政府职能转变。很多国有企业下岗职工进入家庭财富投资的企业工作，为国企改革减负做出了贡献。在许多领域，家族财富投资的主体与国有企业竞争明显，也从侧面增强了国有企业的竞争力。提高国有企业竞争力和适当安置下岗职工，一方面缓解政府就业安置的压力；另一方面也有利于相关企业的健康成长。

5. 家族财富投资推进城市化建设

我国的城市化进程支撑了中国经济增长的前景，而这需要大量投资基础设施建设，也需要不断健全城市功能。近年来，家族财富在基础设施建设和公益事业领域的投资越来越积极主动，广泛涉足城镇供水、污水处理和垃圾处理，通信、电站、道路建设，教育、医疗、文旅设施等，有力推动了城市化发展进程。

6. 家族财富投资支持“三农”

家族资本对“三农”建设和发展的效用非常大。一是家族财富投资可以吸收新农村建设过程中转移的农村剩余劳动力，大部分农民工进入城市家族财富投资的主体中工作。二是民营经济在统筹城乡发展中发挥着积极的作用，是增加农民收入的重要渠道。三是家族财富投资带动吸引区域对“三农”的投资，促进农业发展和区域财政收入增长，反过来促进政府对农村基础设施建设和农民生活服务领域的进一步投资。

（三）家族财富传承过程中的风险

中华文明孕育了我国独特的家族主义文化，相对于西方家族企业仅限于生育，而政治、经济和宗教功能则置于社会之中。进化后的中国式家族的功能往往不局限于繁衍，甚至具有政治、经济、宗教等复杂功能。中国式家族财富传承与管理受到传统文化中的嫡长子继承制度、宗法制度等多因素影响。

1. 继承者能力不足

在自然经济发展的过程中，通货膨胀不可避免地会发生。随着时间的推移，家族生意可以继承，但有许多因素会消耗财富。创始人普遍认为，投资可以保存财富。面对致富问题，后继者需要有非凡的能力。尽管创始人努力为后代争取更好的教育，但一些“富二代”的管理能力、道德素质和个人素质却不可避免地没有达到家族财富的继承水平。在极端情况下，会有“败家”的行为。如何处理家族财富的流失与保护的难题，需要开拓更为有效的财富传承路径。

2. 事业心丢弃

事业的连续性有利于财富的积累，但由于人们对价值判断的不同，一些后继者不愿接手创始人的事业。继承者更多的是采取招聘管理者来从事事业传承。为此，继承者由于事业心丢弃，不愿承接事业的现实与创始者的初心产业矛盾，并逐步演化为广泛的社会问题，这就需要在社会层面端正合适的财富传承理念。

3. 婚姻变动

当前多元社会背景下，出现非婚同居、同性结合等伙伴式婚姻形式。在这一过程中，家族财富可能会因其实际控制人以及家族成员（主要是家族财富的继承人）寻求伴侣而缔结或取消婚姻等多种原因而发生移转与变动。当前社会，离婚率呈上升趋势。以北京市为例，离结婚比高达48.3%。可以说，婚姻状况不稳定已经成为家族财富所不得不面临的一个重要风险。由于我国传统文化并不看重婚前财产划分，婚姻法对财产权属的规定也不够明晰，如果家族财富实控人出现婚姻问题，极易引发家族财产管理、家族信誉等方面的巨大损害。

4. 家族内斗

在创富一代去世，或因发生意外、迈入晚年无力管理财富时，家族内部对财富控制权和产权的争夺矛盾往往爆发出来，此类新闻事件层出不穷不断见诸报端。在此过程中，不但家族声誉受到负面影响，对家族文化精神的传承也造成毁灭性打击，更可能因财富争夺而使财产处于悬而未决的状态，因此导致财富缩水。这些事件引起许多财富人士的担忧。

5. 税收影响

在现代文明社会，税收问题是所有人都必须面对的现实，特别是高净值人群的收入。因此，如何合理地进行税收筹划和管理是一个不可避免的问题。继承税和赠予税问题处理不当，会限制和削弱继承和转移财富的能力，进而导致财富缩水。[①] 家族与个人、企业一样，无论是股权转让、不动产赠与等，都负有纳税义务，和企业用税前列支抵税一样，家族财富传承需要合理合法避税。而且，出于平抑贫富差距、增加国家税收收入等多方原因，我国正积极研究实施遗产税。

6. 司法诉讼

随着金融产品多样化，由此引发了越来越多相应的经济纠纷。在经济案件的审理过程中，如果涉及犯罪，将有可能先审理刑事案件部分，而家庭财产作为民事案件的继承将会陷入一个漫长的司法过程。如果法院冻结和扣押，家族财富的有效管理和运作将受到更大的影响。同时，由于缺乏现代企业管理意识，家庭成员财产与公司财产的混淆，家庭成员在司法程序中面临连带责任的风险。

7. 刑事风险

家族财富积累和传承过程具有特殊性，在刑事受害中面临特殊的刑事风险。如：难以获得足够补偿，难以通过破产程序自保，存在形式诬告陷害风险。可能引起财富所有权、使用权或收益权被转移、灭失、损毁。家族财富管理必须重视防范和控制刑事风险。要增强家族成员的守法意识，建立家族财富的刑事隔离机制，厘清家族内各个个体、家庭、企业财产边界，做到刑事责任的主体清晰、责任清晰。必须引入刑法合规审查机制、刑事风险预案机制，以

① 高净值客户的财富缩水的 7 大风险，简书，2017-11-10。

及慈善信托等专业服务。①

（四）家族财富投资环境问题

通过考察，我们认为虽然家族财富投资面临的环境近年来不断改善，但是也有其特有的发展难点。

1. 家族财富投资在政策上仍面临某些歧视

在投资门槛上，家族财富投资难以进入一些高盈利行业，或一些享有高补贴的行业，面临着难以逾越的高进入门槛。而那些勉强入围的企业，往往是通过采取一套非正常的渠道和措施而得来的，但如此非常规措施面临着很大的政策和法律风险。

特别是在公用事业领域，家族企业受诸多非市场因素和人为因素的影响而不得不选择放弃该领域市场。此外，在教育和医疗行业中，家族企业放弃的项目比比皆是。市场进入困难和对未来收益的忧虑引发了家族企业投资的萎缩，在税收、土地等政策事实上不平等的市场竞争态势下，家族资本投资决策受到很大制约。

2. 家族财富正常融资受到制约

在融资领域，民营资本在银行融资和市场融资的间接和直接渠道还比较窄，无法与国有资本竞争。

一方面是民营企业贷款难；另一方面是国有企业因资本过剩而找寻各种投资渠道，形成民企与国企冰火两重天的两极分化的融资环境。

由于资金短缺和融资困难，民营企业只能不断缩减在基础研发和技术更新上的投入，从而被动落入产业链的低端，沦落为低技术的跟随者。事实上，通过民间合法筹集资金的渠道还很不畅通，由于民营企业在正常渠道中的贷款难，则只能通过漫长的自我积累过程，或通过非正规的、高利息的民间借贷形式，或通过出售、转让大量股份来引进风险投资，进而妨碍民营企业的健康有序发展。

3. 家族财富投资保障忧虑

拥有一套可信赖的、保障私权和保证履约的法律体系，拥有一个完善且专

---

① 尹志金：《当代中国家族财富管理之刑事风险与防控》，《法制与社会》2018 年第 36 期。

业的投资服务市场，就能充分吸引家族财富投资。与发达国家营商环境相比，家族财富投资在营商环境和项目经历等方面都有所欠缺。家族财富投资承受着过高的信用风险，而作为民间资本其自身抵御风险的力量又较弱，而政府不合理介入和干预又过于宽泛和深入。在激烈的市场竞争中，家族财富投资的实体经济承受了较重的税收负担，同时，对涉足相对陌生的投资领域还没有足够的信心和把握，难以形成有效投资决策。

（五）慈善信托对财富传承需求的应对

1. 家族财富传承方式的发展

我国家族财富传承的传统方式包括遗嘱、赠与和法定继承等。遗嘱和赠与这两种方式更为我国公民所熟知和接受。2014 年以来，司法实践中的遗嘱和赠与纠纷案件迅速增多，促使财富阶层寻求更有力的继承家族财富的方式，如商业保险保单等。但保单也容易引发纠纷。信托制度在投资理财、财富管理和遗产继承等方面发挥着越来越重要的作用。

2. 家族信托与慈善信托合璧

随着高净值人群的财富积累，财富传承工具逐步向家族信托转移。高净值人群既重视有形的财富资产，又重视家族文化传承，逐步形成文明而理性的财富传承状态。近年来，家族财富传承，从广义上看，就是为了延续财富的社会功能，不但不追求家族成员对财富的所有权和受益权，只保留控制权，如委托人家族成员对慈善信托事务的决策，甚至只保留参与权，以实现和延续家族凝聚力。混合目的慈善信托有助于保障财富安全。把家族财富安全与慈善信托财产安全绑定在一起，得到一种道义上的安全屏障，降低公众仇富心理，防止权贵和宵小觊觎，激发先富群体参与慈善。“家族信托+慈善信托”模式能协助解决家族内部问题。

3. 慈善信托为家族财富传承路径提供新的选择

西方信托业体系比较完善，家族信托被广泛使用。我国信托业起步较晚，家族财富继承实践中还存在许多问题。慈善信托已成为解决这些问题的一种有效途径。一是选择慈善信托可以参与财富管理过程，创始人可以规范和限制家族后代的行为，鼓励他们提高个人素质、职业抱负和凝聚力。二是通过引入专业的金融服务团队，慈善信托可以提高家族财富使用效率，促进财富保值增值。家族财富的完整性可以通过将家族财富完全转移给受托人进行保管和经营来保障。三是可以带来社会效益。高净值人士希望通过选择可靠的运营商，利用自己的资产用于对社会和公众的反馈。慈善信托模式能够为受益人提供持续的帮助，为受益人提供载体和渠道。四是反映务实态度。大多数家族财富的创造者对自己的财富持谨慎和理性的态度。他们不会盲目进入不熟悉的领域或金融工具，而是根据他们在财富管理方面的专长选择慈善信托。五是选择慈善信托是家族财富创始人对企业发展的审慎思考。通过规划家族财富的长期发展，提前预测可能的商业模式。

三　慈善信托发展现状和问题分析

（一）慈善信托发展的特殊优势

慈善团体参与社会公益慈善服务不是出于经济利益的考虑，也不是出于政治诉求的驱使，而是一种内心信仰的需要。就世界范围而言，在各种慈善社会组织中，历史最为悠久、系统最为完备、触角最为广泛、凝聚力最为强劲、效果最为引人注目的无疑是慈善组织，其自身具有独特的优势。

1. 有深刻的文化基础

家族致力于慈善事业是其家族文化和家族精神实践中的重要领域，是家族文化和家族精神的外部表现和物理载体。作为个体而言，一个真正的家族，参与公益慈善服务，拯救、帮助的也是自己，通过家族组织内在力量的驱使，其活动具有长久性、坚韧性，惩恶扬善、关爱生命是其共同的理念。家族为慈善事业培育了深厚的社会土壤，社会公益慈善会服务又使家族财富开辟了具体实施的渠道。

2. 有悠久的慈善传统

家族、政府、社会团体和宗教组织四类团体是我国悠久慈善传统的代表形式。家族组织在建立福利组织、扶贫帮扶、扶弱济困、调解矛盾、提供社会服务等方面形成了完备的理论体系和实践案例，以家族名义开展的救灾慰问、扶助残疾人、尊重老人、帮助贫困者等大量行动，在扶危济贫中发挥着重要功能。现在，家族也进一步意识到慈善事业的发展是他们回馈社会、提升形象的重要途径和机会，参与积极性日益高涨。

3. 有较高的道德感召力

家族文化有着重视慈善和道德教育的传统特点，它宣扬止恶为善理念，为社会慈善事业提供了很高的道德诉求。此外，家族组织参与社会慈善服务有其优良的内在驱动力，秉持着公益的、自愿的精神，有助于避免腐败、基业长青，并易于受到公众认可。当前，社会公众对慈善需求越来越迫切，扶危济贫的任务越来越重。在过去，这些社会公益慈善服务一直是由政府进行兜底承担。但随着社会进步和济困需求的变化与增长，政府可调配的有限资源难以支撑日益变化和增长的需求。所以，如何调动更多的社会资源，如何拓宽更多的资金来源，满足日益正常的慈善需求，通过调动开发更多的家族财富参与进来是一项可靠的途径。一是区域经济社会快速发展的现实要求。致力于开发慈善事业，因其有着事实上的社会润滑剂功效。激励家族财富为经济社会发展提供有益行动，为家族财富从事社会公益慈善服务活动提供良好的条件和环境，是我们事业发展的内在要求，对推动慈善事业的健康发展，具有十分重要的意义。二是社会多元需求的客观要求。新形势下，加强和创新家族财富管理，探索家族财富与政府公共服务的纵向有效对接，有利于促进社会和谐建设，有利于把各方面力量凝聚到加快推进社会发展的共同目标上来。三是家族财富传承有序的内在要求。弘扬家族财富的健康内容，能不断矫正家族文化沿着正确的方向演进，有效培育家族成员慈善意识，有助于放大家族财富的社会价值，增进社会各界对家族财富的了解与信任，有效升华家族形象。

表 3　信托对家族财富传承的益处

资产保全	1. 保护家族财富不受外力胁迫及政治影响 2. 防止继承人大肆挥霍家族资产 3. 为受益人中可能出现的弱者提供保障 4. 提供信托财产保护不受其他家庭债权人的影响
家族治理	1. 结构灵活性强，可根据托管人的需求定制 2. 系统相互制衡，以确保托管人的意愿得到尊重 3. 引入外部专业人士，就信托资产管理提供专业知识

续表

自由意志	1. 继承："坟墓中伸出的手"，无须遗嘱确权 2. 慈善：适当管理保证持续性及持久性（诺贝尔基金）
税务筹划	1. 合法使用信托结构能创税创收效益（所有权转移）
保密	1. 最大限度地减少证交所托管人必须遵循的法规 2. 当与家族成员分配权益时，提供保密性和灵活性 3. 信托资产无须进行公共遗嘱验证，也无须详细信息（多数情况下）

（二）慈善信托发展现状

自古以来，中国就有"仁爱"的传统观念。《信托法》主要是借鉴大陆法系国家。由于配套监管政策的缺失、慈善活动的不规范及专业管理能力的不足，我国公益信托发展进程十分缓慢。

1. 以经济发达和需求强烈为杠杆

慈善信托主要集中在沿海经济发达地区。从需求来看，扶贫需求强烈的中部省市备案量有大幅增加，表现为中部地区均继续开展慈善信托备案工作，西部地区也逐步开始试水备案。受诸多因素影响，还存在短期化现象，大多以扶贫、救助等短期化特定项目为导向。①

2. 以信托公司任受托人为主要业务模式

慈善信托主要选择信托公司作为其主要受托人，其中万象信托资产规模最大，达 8.68 亿元，五矿信托业务规模最大，有 7 单信托。同时，虽然基金会设立的慈善信托比例很小，但数量和规模增加很快，达到 17 个，财产规模达到 3650 万元。

3. 信托财产来源更加广泛

在慈善信托实践中，委托人来源可以为自然人、企业、慈善组织及社会团体、政府部门，也可以由不同类型的委托人共同设立，受托人还可以根据情况在设立过程中进行变更，信托财产的来源呈现出动态化和多元化现象。此外，政府专项基金的引入是公共服务形式的创新。

① 《2018 年慈善信托发展报告：慈善信托发展存在短期效应》，《公益时报》，2019 年 3 月 11 日。

4. 慈善信托业务模式多样化

根据业务性质的不同，慈善机构可以作为委托人、受托人或项目执行人与信托公司进行合作。[①]

（三）慈善信托在家族财富传承中的制度障碍

由于慈善信托框架依然沿用原公益信托相关制度，并未消除其发展短板，影响慈善信托的健康发展。

1. 缺失非货币信托财产登记制度

根据《公司法》、《公司登记管理条例》和《公司注册资本登记管理规定》的有关规定，除实物、知识产权、土地使用权三类非货币财产外，从法律上重新确立了基准条款，一些用作出资的非货币性财产能被认定为出资，从而使非货币财产的来源更为广泛。慈善信托是以管理和处置特定用途的慈善财产为基础的。《信托法》尚未明确非货币性财产登记的有关规定，股权、知识产权、房地产等非货币性财产的登记难以确认实施，增加了信托的设立成本和交易风险。

2. 缺失受益人权利救济制度

权利救济主要有法律救济、司法救济、仲裁救济、行政司法救济等形式。在慈善信托实践中，因为受益人的权益需要第三方来实现，权益易受侵害。物权制度体现了财产所有权的“一元化”，而信托制度体现了双重所有权，使得物权理论难以充分保护受益人。关于受益人权利的救济，法律规定模糊。受益人缺乏积极的方式来维护他们的权利，通常需要慈善信托机构或监管机构的帮助。

3. 税收制度激励性不足

国外税法的实践是对慈善信托给予税收优惠和免税。我国目前的非营利组织相关税收制度还难以形成有利的发展激励机制，不利于鼓励社会参与慈善活动。现行的非营利组织税收制度不能有效地管理和规范非营利组织的竞争活动。我国现行的税收政策，根据是否属于财政拨款来决定是否享受相应的优惠待遇，不利于非营利组织正常参与市场竞争，影响其参与积极性。进一步放宽

① 中国慈善联合会：《2016 年中国慈善信托发展报告》2017 年 2 月 14 日。

对非营利组织的优惠政策，有利于促进公益事业良性有序发展，有利于开拓社会投资和慈善捐赠的渠道；同时，也有利于防止逃避税收和滥用税收优惠行为。由于实操过程的复杂多样，财政、税务部门尚未制定有关实施细则。为此，由于享受税收优惠的方面和环节不明确，操作流程相对模糊，影响慈善捐赠的热情。

（四）慈善信托发展困境的原因分析

发展困境一定程度上受我国特殊的政策法律环境、经济环境、社会环境以及技术环境的影响，现阶段居民思想意识未发生转变，慈善信托未获得群众认可、慈善信托管理人才匮乏、技术应用水平低和行业准入门槛高，都成为影响慈善信托在我国财富传承的重要原因。

1. 传统财富观念的影响

由于历史文化的影响，我国居民比较忌讳生时谈“死”，这导致我国居民普遍缺乏提前对财产进行处置的意识，慈善信托这种金融工具并没有引起我国居民的关注。选择慈善信托的人群偏少，究其原因和信托起源于西方国家密不可分。在我国传统的财富观念中，钱财只有保管在身边才是安全的。因此，家庭的财富主要传承给后代，而将家族的财富委托给专业人士管理的人群比较少，受传统财富管理观念的影响，我国居民依然会选择传统的管理方式。目前，储蓄依然是主要的财富管理方式之一，显然对慈善信托业务的发展不利，随着我国居民的财富观念发生转变，高收入人群会主动采取多元化的投资理财方式。

2. 信托市场发展不健全

我国信托市场发展并不稳定，信托业经历过前后 6 次整顿，从原来的全国上千家到现在仅存的 68 家，在行业大起大落之后，损害的是整个信托业的声誉，直接导致居民对信托业务的信任程度并不高。诚信是信托的基础，信托业的健康发展受社会诚信状况直接影响。诚信是我国的传统美德，但随着新经济模式和新业态的大幅涌现，新的社会诚信体系尚不健全。但同时高净值人群的财富传承需求也为慈善信托的发展提供了市场。在未来 10 年内或将有更多的富人进入退休状态，这些富人也存在财富保障和财富传承的需求。

3. 互联网技术应用滞后

目前，我国包括金融业在内的各行业均在逐渐走入大数据时代，尤其是2013年和2014年可以说是互联网金融在中国迅猛发展的两年，互联网金融给整个金融界带来新的活力和挑战。在其他金融机构通过数字化手段来争取同业竞争的领先优势时，反观目前我国的信托业，信托的特定性限制了目标群体。互联网技术在金融业务推广过程中发挥着重要作用，但信托业在互联网技术则表现滞后，能充分利用互联网技术推广信托业务的平台少之又少，而借此推广慈善信托业的信托公司更是凤毛麟角。

4. 慈善信托管理人才匮乏

慈善信托业务需要高素质人才的管理，慈善信托业务管理团队的水平高低直接关系慈善信托业务的发展好坏。慈善信托中所涉及资产数额通常较大，对管理团队的能力有很高的要求，我国慈善信托业起步较晚。因此，慈善信托业务的发展只能通过信托业务从业人员在工作中进行探索和总结，信托业务工作人员的经验和能力也在探索总结的过程中得到丰富与提高，但从整体上来讲，相关的专业人才还很匮乏，进而限制了慈善信托行业的整体发展速度。慈善信托管理人才的匮乏与整个行业规模偏小有很大的关系，同时信托机构自身建设存在不足之处。

（五）慈善信托在不同行业中存在的问题差异

1. 慈善信托参与度较高的领域

第一，教育培训领域。尚存的问题有：民办学历教育机构在民办教育机构总数中所占的比重很小；民办职业教育机构经营思路和教育服务产品过于传统、缺少创新，运营能力有所欠缺；民办幼儿教育，特别是具备一定规模的民办托幼院所数量有限，不能完全满足社会需求；缺少高端的民办双语教育机构，与国际化发展要求不匹配。

第二，文化领域。尚存的问题有：我国文化产业发展不均衡，科技比重较高但文化内涵不突出的特征比较明显；除了软件服务业外，整体上以中小企业为主，盈利能力、出口创汇能力与外资企业相差较大，缺乏在国内外具有较大影响的文化品牌和企业，无法形成龙头企业带动中小企业以及相关配套企业发展的良性循环。

第三，体育领域。尚存的问题有：一些竞赛体育和表演体育在市场化运营方面还不够广泛和深入；体育产业的辐射效应和激励效应还不明显，体育产业与文化、旅游、电子信息等相关产业的复合经营模式还有待进一步发展。

第四，旅游领域。尚存的问题有：与旅游相关的行业中慈善信托参与程度较高，但是慈善信托主要集中于中小型企业，旅游资源优势与旅游实际收入并不匹配，旅游带动经济发展的作用不明显。

2. 慈善信托初步参与或占有市场份额较少的领域

第一，养老服务领域。尚存的问题有：养老机构的总体布局不够合理，绝大多数集中在乡镇地区，社会养老设施相对不足，床位数远不能满足社会需求。由于传统的养老观念相对保守，养老服务业还未得到全面认可，加之养老服务业盈利较低，导致很多企业不愿涉足养老服务业，发展速度较为缓慢。

第二，医药卫生领域。尚存的问题有：由于公办医疗机构已经达到饱和状态，民营医疗机构的发展方向应是以特需、高端化为主，与公立医院形成互补式发展模式。现有民营医疗机构服务层次和水平还比较有限，业务主管部门对民营医疗机构进行管理的难度较大。

第三，市政公用领域。尚存的问题有：行业的特殊性限制了慈善信托的参与，慈善信托投资和发展的空间非常有限。

第四，金融服务领域。尚存的问题有：小额贷款公司的进入门槛高；对为慈善信托投资服务的信用担保公司的扶持力度不够；慈善信托融资渠道狭窄。

第五，商贸流通领域。存在的主要问题：由于土地资源较为紧缺且成本较高，慈善信托在商贸流通领域做大做强还存在一定难度。

第六，慈善信托参与国有企业改制重组。尚存的问题有：在慈善信托与国有企业合作过程中，多数还是以国有企业为主导，慈善信托的话语权十分有限。

3. 慈善信托参与受到限制的领域

第一，政策性住房建设。据北京市保障性住房建设投资中心数据，截至2018年3月底，保障房中心资产总额1025.42亿元，所有者权益461.39亿元。持有保障房项目已达125个，保障房11.66万套，900多万平方米。[①] 但根据

① 北京市保障性住房建设投资中心，http://gzw.beijing.gov.cn/yggq/jgqy/201812/t201812。

政策性住房的相关政策及具体工作情况，现行的政策不具备慈善信托参与政策性住房建设的条件。目前，在国家政策指导和推动下，北京市正在进一步研究制定公共租赁住房的有关政策，积极探索慈善信托进入政策性住房建设的有效途径。

第二，供气、供热方面。目前只有在少部分锅炉房节能改造、锅炉房委托运行、自建管道液化气站等方面引入了慈善信托，但是随着北京市热源整合工程的推进，慈善信托可参与的市场份额将会进一步减少。

第三，水务建设方面。水务建设项目存在公益性强、不直接产生经济效益、建设时间紧迫等特点，因此慈善信托参与困难。

（六）慈善信托发展的环境保障

1. 政策引导保障

促进慈善信托发展需要政府制定和完善多元化的政策体系，从而针对慈善信托建设良好的激励与约束环境。一方面，需要重新审视不利于慈善信托发展的法规及政策，从维护合法权益、打造良好的营商环境角度，吸引、激励和促进慈善信托良性发展。通畅与家族企业和民营企业的沟通渠道，广泛听取他们的要求和意见，及时反馈并在相关政策中对合理要求予以充分体现。

另一方面，应该全面梳理促进慈善信托发展的财政政策、税收政策、金融政策、产业政策、土地政策、环保政策等，努力形成政策合力，避免政策矛盾与冲突，协力作用于促进慈善信托良性发展。

2. 政府服务保障

一是提供更加便利的审批服务。要认真审查有关慈善信托的各类审批事项，加强和提升审批管理能力，进一步减少和疏通项目审批中的堵塞点。二是提供及时的信息服务。加强各类投资信息平台建设，规范发布国家、地区和产业相关政策，有效引导慈善信托家庭做出正确的投资决策。三是做好慈善信托监测服务。要求各部门和协会及时做好信息监测分析，及时公布相关动态信息，并做好相应的日常维护。四是做好市场中介服务。组建相关政策咨询服务机构，促进各类资金与项目高效结合。五是提供规范服务。政府要对慈善信托主体加以规范，通过与金融部门协调，充分利用现有征信系统，对信用状况利用相关平台予以公示，有效防控和降低信用风险。还要充分利用各类行会、商会等组织，强化行业自律。

3. 外部协调保障

要更好地促进慈善信托发展，还需要由政府出面做好一系列外部协调工作。一是与上级政府部门的协调，尤其是在掌握国家政策，进行制度和规则创新的过程中，需要充分掌握尺度和原则。二是与金融部门的协调，慈善信托的发展与金融创新密切相关，更需要对慈善信托主体的全方位金融支持，这就需要金融监管部门对创新的支持，提供精准服务。三是区域间政府的协调，民间资本的流动性较高，在引进家族财富投资的过程中，或者在鼓励区域内民间资本走出去的过程中，都不可避免地要加强与区域外政府部门的有效协调。四是与国外的协调，促进民间资本发展的实施进程中，同样面临民间资本走出去、配套外资引进来的问题，这就要求政府不断强化国际化的协调能力。

4. 理论研究保障

无论是慈善信托、民间资本还是民间金融活动，在理论上都属于转轨经济学的前沿领域，存在很多需要探讨的地方。同样对于政府促进慈善信托发展来说，并没有太多可资借鉴的先例和国外经验。因此，为精准把握改革的方向和难点，并且使得改革措施平稳落地，就需要充分利用外部智库和内部专家，不断开展对于如何促进慈善信托发展的相关理论研究，努力构建能够指导区内改革试点的理论框架。

5. 工作细则保障

首先，基于高效率促进慈善信托的发展目的，就必须由相关主管部门尽快制定出具体的政策实施细节，包括产业发展目标、政策支持内容、发展模式与条件等。其次，需要在区内组建由主要领导挂帅、各部门负责人参与的协调领导小组，并且请市领导和其他区县领导列席，从而更有效地指导相关工作的开展。最后，应该在把相关工作更细致地进行分工的基础上，实现责权利落实到人，把相关工作与政府业绩考评结合起来。

6. 文化氛围保障

慈善信托的健康发展，还需要有一个健康的生态环境和文化氛围。对此，一方面应该着力向社会各界宣传各级政府关于促进慈善信托发展的各项政策，积极解释自己对于慈善信托的政策思路、看法和观点等。另一方面，应该通过媒体、论坛等各种方式及活动，使得区内逐渐形成支持慈善信托发展的共识，从而形成有利于民间资本在基层扎根的社会氛围。

（七）慈善信托典型案例分析

1. 我国首个家族慈善信托：乐淳家族慈善信托

万向信托·乐淳家族慈善信托，总规模 2000 万元，是中国第一家家庭慈善信托。2016 年 9 月 26 日在杭州市民政局备案，委托人保密，备案期限为永续。其特点是永续性、委托人家族参与决策、委托资产可扩大。[①] 该信托模式采用双重信托结构，即基金由两层信托构成，第一层信托目的是保值和增值，解决资金来源问题，所产生的收益将完全置于第二层的慈善信托。该基金完全开放，面向社会接受捐赠，捐赠形式不仅仅限于现金，还可以通过在中华遗嘱库订立遗嘱，或将保单受益人指定为该慈善基金的形式进行捐赠。[②]

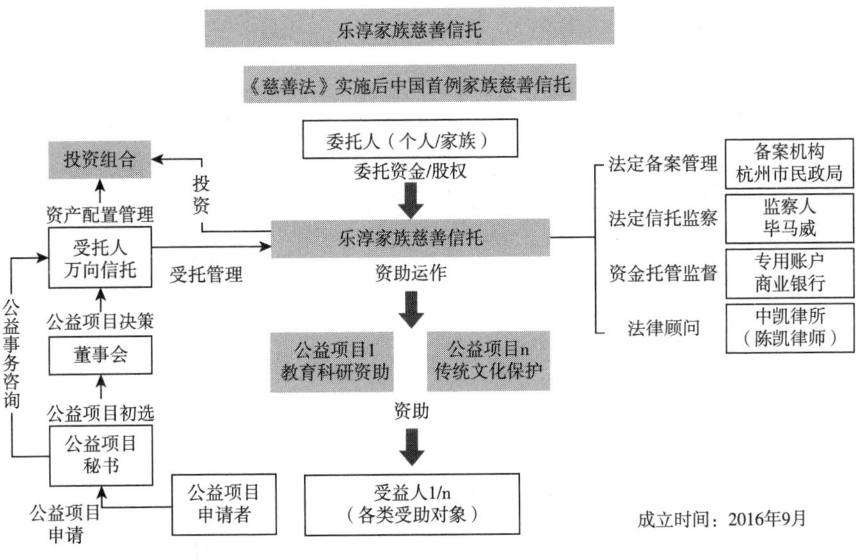

图 4　乐淳慈善信托示意

① 《中国首个家族慈善信托面世 走入慈善信托 2.0 模式》，《公益时报》2018 年 6 月 22 日。

② 个案分析：万向信托“幸福传承慈善信托”中的法理问题_ 搜狐财经，https://www.sohu.com/a/192836193_ 690952。

2. 比尔及梅琳达·盖茨基金会：信托基金+慈善基金会的双驱动架构

比尔及梅琳达·盖茨达基金会由比尔·盖茨于 2000 年创立，捐赠 580 亿美元。2006 年它被改造成基金会+比尔和梅林达信托的双重实体结构，基金会作为慈善信托人，管理信托财产。① 双层信托第一层信托（Bill & Melinda Gates Foundation Trust）根据信托文件有义务向基金会（Bill & Melinda Gates Foundation）即第二层信托拨款，整体看来，双重信托全部是慈善信托。比尔·盖茨夫妇创立的“家族慈善信托+家族慈善基金会”的双驱动立体模式受到富豪家族的广泛关注。②

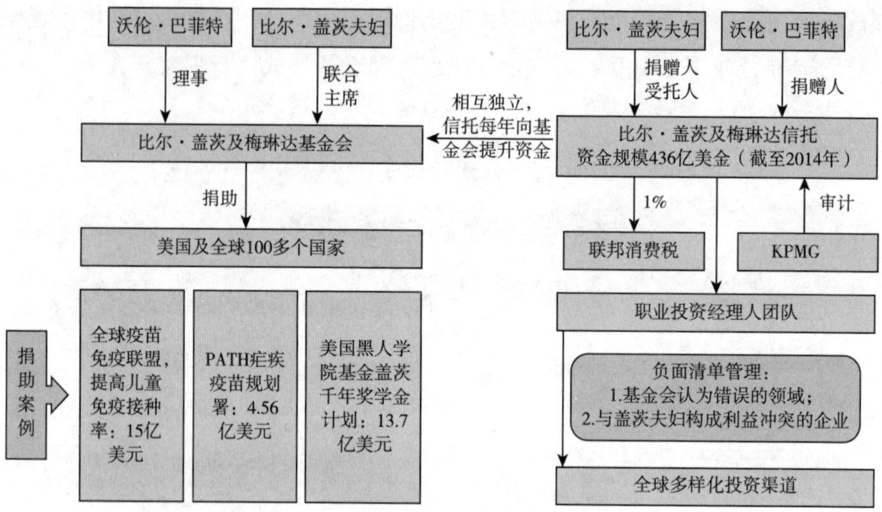

图 5　比尔及梅琳达·盖茨基金会信托基金+慈善基金会的双驱动框架

四　我国家族财富传承中慈善信托路径的可行性

改革开放以来，随着我国经济的快速发展，私人财富拥有量迅速增加，个

① 《慈善新模式：全球商业大佬爱上公益信托》，《公益时报》2014 年 5 月 8 日。

② 个案分析：万向信托“幸福传承慈善信托”中的法理问题_ 搜狐财经，https://www.sohu.com/a/192836193_ 690952。

人可投资资产规模不断扩大。2018 年，全国个人所有、可投资资产规模达到 112 万亿元，财富高净值人士有 100 万人。[①] 在高净值人士之外，越来越多的普通家庭也开始拥有数量可观的财富。财富人士多希望对财富进行规划、管理和传承，不仅使财富能够保值增值，保障家人拥有更好的生活，同时使财富能够传承家族奋斗精神、创新意识，使后人能够更好地守富、创富。我国传统的保险、家族信托等财富传承方式，虽然可以对物质财富的规划、管理和增值，但多无法承载家族文化和精神传承的功能，具有一定的局限性。家族文化与精神传承离不开家族慈善事业。作为一种新型慈善方式，慈善信托具有设立简便快捷、资产保值增值能力强、资产独立性强、充分尊重委托人意愿、运作持久、能传承家族精神财富等特点，越来越受到财富家族的青睐。慈善信托作为家族财富传承的新路径，不仅理论可行，而且现实可行。

（一）慈善信托作为家族财富传承路径理论可行

财富传承的最高境界是传承精神财富。慈善信托的设立和运作，能够保障家族控制财富使用权，约束家族成员行为，传承家族精神财富，培养家族成员能力，增加家族社会资本，实现家族慈善事业永续。所有这些，均有助于推动家族物质财富增长。

1. 家族控制财富使用权

中华民族具有帮贫济困、乐善好施的传统。许多富裕后的财富家族会在国家和社会处于危难之时，将自身财富用于慈善事业，帮助家族之外的弱势大众，共渡难关。慈善行为源远流长、经久不息，表明我国历代财富家族已经具备一定程度的财富共享价值观。扶危济困的慈善行为蕴含着财富人士向善的道德情操和深厚的家国情怀。财富人士投身慈善的方式，经历了从早期个人将财富捐赠给受助者、捐赠给慈善组织，到其后专门建立并管理私人基金会这样的发展历程。之所以选择成立私人基金会，是因为传统的慈善捐赠在捐赠行为结束后，捐赠者即失去了对财富的控制权和管理权，捐赠之后，捐赠人没有特定的制度渠道可以继续参与，以防止慈善财产被挪用或被浪费，确保所捐赠的财富能够最终实现捐赠人的意愿。尽管我国建立了比较完善的慈善法律法规和政

① 招商银行、贝恩公司：《2018 中国私人财富报告》，2018。

策体系，但由于监督机制不完善，我国慈善组织丑闻频发，这引起了社会公众、财富人士对捐赠和慈善组织的质疑和信任危机，促使财富拥有量较大的慈善人士转而寻求替代性慈善方式，以弥补传统捐赠的不足。成立私人基金会，组建专业的慈善管理团队对慈善财产进行投资运营和管理，成为财富人士的新选择。私人基金会的成立，有助于实现财富人士对慈善资产使用的控制，降低慈善财产被滥用风险，保障慈善目标的实现。成立私人基金会具有较高门槛，在《慈善法》出台以后，慈善信托成为私人基金会之外、广受关注的新型慈善形式。和成立私人基金会类似，在慈善信托的制度安排下，委托人意愿能够得以尊重，财富人士能够介入管理慈善财产，实现慈善财产的规范性使用。而且，相比成立私人基金会，慈善信托制度灵活，设立门槛低，普通人都可以参与其中，不一定是财富高净值人士，这一制度设计有助于推动普通人参与慈善事业。

《信托法》规定，信托财产与委托人未设立信托的其他财产相区别。在慈善信托设立之后，家族并不拥有慈善信托财产的所有权。尽管如此，根据慈善信托的制度安排，家族依然可以实现对财富的控制权。只不过，这种控制权集中体现在财富的使用权上。委托人能够规定慈善信托财产的使用领域、使用方式、受益对象可以是哪些不特定群体，受益对象如何产生，如何确保慈善信托财产得到公平、公正、高效的使用等，从而依法对慈善信托财产的使用施加影响，确保委托人意愿的满足。慈善信托保障委托人的知情权、确定或解任受托人的权利、变更管理财产方式的权利、撤销慈善信托的权利等诸多权利。家族成员可以通过加入慈善信托管理委员会，或通过担任监察人等，切实介入管理慈善信托。所有这些，都使得在慈善信托设立后，家族依然可以持续影响慈善信托，监督慈善信托，使慈善信托按照委托人意愿运行，最终实现慈善目标。

2. 约束家族成员行为

财富是一把“双刃剑”，财富既可以成就事业，也可能会带来诸多风险。尤其是继承者事业心不强、不思进取、奢侈堕落、能力低下等导致坐吃山空；家族内斗导致家族事业衰微、财富缩水。家族传承的诸多风险，归根结底是人的风险。也就是，如果财富人士的后代没有能力、不思进取，那么再多的财富也会逐代烟消云散，最终子孙泯然众人矣，正所谓“君子之泽，五世而斩”。基于这样的教训，凡事预则立，不预则废。家族传承中，最重要的是约束家族成员的行为，培养能干事、能干成事的人。这里的家族成员，既包括现有家庭成员，也包括后代家庭成员。降低人的风险，可以在最大限度上降低家族财富传承的不确定性。

对于家族成员的行为约束，除国家制定的正式规则外，家族祠堂、家诫家训等非正式制度传统上对家族成员行为起到重要的约束作用。唐人陈崇认为："治家不可以不立纲纪，夫纲纪不举，则条目不张；纲纪一振，则条理秩然矣。"①诸葛亮《诫子书》，也是在进行家庭教育，劝诫儿子要注重修身养性，注意行为规范。家诫家训等劝诫形式可以起到教育后代的作用，不过，言传不如身教，对后代的行为教育，既需要说教，更需要特定的实践平台，以实际行动去锻炼后人，帮助其培养良好的品行、进取心和工作能力。慈善信托为财富人士及其后代介入管理慈善信托提供了具体的制度设计。家族成员可以通过担任慈善信托董事会成员、参与慈善项目设计、实施和监督等，在慈善信托中实现决策权、控制权和参与权。这样的制度设计和管理实践，提供了家族成员（包括后人）的能力锻炼平台和社会责任感提升机会，使家族成员在管理慈善信托事务的过程中，约束自身行为，提升个人品质，提升做事的能力，既做好事，又做好人。这种做人、做事习惯和能力的培养，有助于保障家族事业的继任者拥有足够的能力、视野、品质和责任感，保障家族事业的可持续发展，进而实现高质量的家族传承。

3. 传承家族精神财富

家族精神财富比物质财富更宝贵，因为如果仅仅"富贵传家"，往往"不过三代"。将物质财富传递给子女，容易导致子女养成坐享其成、不劳而获的习惯，产生懒惰、依赖心理，缺乏奋斗意识，阻碍能力提升。继任者能力不足，则家族物质财富将难以增值，甚至会因为人为原因而不断耗散，使家族从兴盛走向衰败。因此，随着财富人士对家族传承思考的不断深入和成熟，越来越多的财富人士意识到，要打破"富不过三代"的魔咒，必须突破富贵传家的局限，从重视物质层面，发展到重视精神层面，精神层面的传承，是在传承家族的灵魂，是在构建家族的内在学习机制。通过传承家族精神财富，可以实现优良家风的传承；而优良的家风，则能够保障家族的物质财富和基业长青。

---

① 张占力：《明代家法族规对家族保障探究》，《兰台世界》2009 年第 18 期。

家族精神财富包括很多方面。其中，最重要的精神财富是创富一代的人生观、价值观、艰苦奋斗精神、创新精神、社会责任感、爱国情怀等。家族精神财富，可以通过很多方式去实现传承。基于家族财富的慈善信托事业，在设立之时的制度设计中，就饱含着家族的财富价值观、慈善理念和家国情怀，既是财富家族投身国家慈善事业的新型方式，也是家族精神财富传承的重要途径。它既是在利他，又是在利己。这种家族行善方式，有助于培养家族成员，尤其是后代的社会责任感和正确的财富共享价值观，使其认识到家族财富来自社会，需要回报给社会。社会责任感的培育有助于激发接班人的奋斗意识、创新意识和进取精神，而这正是创富一代精神财富的重要体现。家族精神财富得以传承，家族的生命力才可以得到延续，影响力才会持续提升。通过慈善信托事业的纽带，家族成员共同参与规划、设计、决策、实施慈善信托，在实现家族慈善理想的过程中，还推动着家族成员团结，提升着家族的凝聚力和向心力。总之，家族精神财富传承，是家族传承的必由之路。通过慈善信托，通过“善过三代”，可以克服富贵传家的局限，打破“富不过三代”的魔咒，助力家族常盛。

4. 提升家族社会资本

财富具有社会性，将财富用于社会，用于更多、更需要的人，有助于实现财富价值的最大化。以家族名义设立慈善信托，开展慈善活动，是利他主义的表现，但同时，这种利他行为也是在利己。洛克菲勒家族捐建联合国、改造华尔街，这些善行，是洛克菲勒家族社会财富观的重要体现。该家族认为，纽约是自己的家，富裕后的家族，有责任将从社会中赚得的财富共享给社会，为纽约做贡献。因为只有纽约繁荣了，自己的家族才可以在这个安定的大环境中实现长久繁荣。慈善信托也是如此。通过慈善信托，将家族财富贡献于社会，使更多、更需要的人得到帮助，有助于向公众展示良好的向善家族形象，增强公众对家族的认同和信任，形成家族与社会公众之间的良性互动关系，提升家族的社会资本，降低社会中的仇富心理，为家族事业发展创造安全稳定的社会基础。家族社会资本的提升，有助于从根本上保障家族财产和利益。

慈善信托不仅在推动家族与社会互动过程中提升家族的社会资本，还在家族与政府的良性互动中提升家族社会资本。扶危济困，保障社会中弱势群体能够共享发展成果，保障社会公平，是政府的重要责任。但政府的财力往往有限，单纯依靠政府，往往导致教育、医疗、养老等领域公共服务的供给不足，难以满足特殊群体的个性化需求，阻碍全面建成小康社会目标的实现。家族慈善活动，弥补了政府不足，对政府公共管理构成了强有力的支撑。因此，政府往往鼓励并支持家族开展慈善活动。通过慈善信托，帮助那些政府顾及不到的弱势群体，提升他们的获得感，是对政府职能的有效补充。这种补充有助于形成政府对家族的良好印象，提升政府对家族的信任度和认同感，形成政府与家族（或家族企业）间的良性互动关系。与社会和政府之间形成良性互动关系，是现代商业文明的题中应有之义。[①] 这有助于家族事业的稳步发展。因此，通过慈善信托的安排，家族的社会资本得以增进，社会影响力得以扩大，慈善信托的利他，最终是兼顾了利他和利己的双重目标。

5. 实现家族慈善事业永续

成功的企业家不管起点如何，终点一定会意识到社会财富来自社会，需要回报给社会，并最终走向财富共享和社会责任。根据亚当·斯密的观点，无论是生产、消费，还是慈善，都是向社会做贡献的社会责任履行方式。但与前两者相比，慈善更能体现出个人对社会的责任担当，其对社会的贡献更具直接性。免征遗产税、避免遗产纷争、实现税收优惠等或许是现实中财富人士开展慈善活动的内在激励，但无论怎样，家族财富有流向慈善事业的动力，财富向善是全球性发展趋势。洛克菲勒家族、福特家族的慈善事业源远流长、经久不息；比尔·盖茨、扎克伯格等富豪们“裸捐”的做法影响着世界范围内富人的财富价值观。改革开放以来，随着我国企业家群体的崛起，越来越多的企业家开始意识到财富并不局限于个人和家庭的社会性，逐渐从企业家走向慈善家，家族慈善在我国兴起。财富家族通过多种方式，关怀弱势群体，帮助政府减小贫富差距，推动财富与社会共享，推动着我国的经济秩序稳定和社会进步。

根据招商银行和贝恩公司的研究，我国创富一代的慈善事业关注点，主要是青少年教育、贫困帮扶以及家乡建设，而二代继承人的慈善事业关注点则更广泛，已经扩展到环境保护、动物保护等新兴领域。对财富人士而言，慈善已

---

① 王振耀：《家族慈善：如何善其身，济天下?》，《博鳌观察》2014 年第 4 期。

不仅是在帮助他人，更是在满足财富人士内心的需要，[①] 是在为财富人士提供更多的社会成就感。在行善方式方面，财富人士除延续传统的捐赠和建立私人基金会外，越来越多的人开始关注并建立慈善信托。相比于其他慈善方式，慈善信托具有多种制度优势。而延续创始人的慈善信托理念和制度安排，实现家族慈善事业永续，保障家族慈善事业长盛不衰是其中的重要方面。在单一捐赠的行善方式下，捐赠具有瞬时性，一旦捐赠结束，家族直接参与的慈善活动即停止，家族尽管捐出了财富，但家族慈善活动的影响非常有限，不可持续，更谈不上永续。如果想持续具有影响力，需要不断进行新的慈善捐赠。而在慈善信托下，家族慈善事业永续非常容易实现。信托制度拥有持久运作的先天优势，一旦设立，可以长时间存在，只要委托人愿意，可以一直存续下去。甚至，即使委托人去世，其在生前所做的慈善信托安排也不会因为委托人的去世而消亡，原有的制度设计和规则可以继续被遵照执行，家族几代人都可以加入慈善信托事业，使慈善事业不因委托人的去世而终止。这样的制度安排，有助于确保家族慈善事业世代相传，家族慈善精神永存，慈善信托持续发挥其在家族传承中的积极作用。

（二）慈善信托作为家族财富传承路径现实可行

慈善信托作为家族财富传承路径，不仅理论可行，而且现实可行。这主要是因为，慈善信托在我国具有稳定的法律保障。我国有关慈善信托的法律包括《信托法》和《慈善法》。尤其是《慈善法》，设立专门的一章，对慈善信托的关键方面给予了系统性规定。《慈善信托管理办法》等部门规章的出台，使慈善信托的规定更具体、更可行。所有这些公共政策的出台，为慈善信托搭建了可操作的制度构架和保障，使财富人士通过慈善信托投身慈善事业时拥有稳定的行为预期，能够通过慈善信托实现家族财富传承目标。

1. 备案制：设立、运作便捷灵活

在《慈善法》出台前，《信托法》所规定的审批制，不利于公益信托的发展。因此，《信托法》颁布十多年，公益信托在我国设立者寥寥。在政府推动“放管服”改革、鼓励慈善事业发展的背景下，《慈善法》突破了制约公益信

① 招商银行、贝恩公司：《2017 中国私人财富报告》，第 28 页。

托发展的制度瓶颈，规定慈善信托的设立实行备案制，无须政府主管部门批准，无设立资金的最低额度限制。慈善信托不同于慈善组织，本身是一种契约关系，其不具有独立的法人资格，无须设立专门的组织，不用配备专门的人员以及场地，而且没有每年最低公益支出的比例限制。由此降低了慈善信托的设立门槛。未经备案的慈善信托，不具有法律效力，无法享受相应的税收优惠。这样便捷的设置程序和灵活的制度安排有助于激发民众的参与热情，使更多人可以通过慈善信托投身慈善事业，实现慈善目标。

备案制贯穿于慈善信托的全类型、全过程。《慈善法》《信托法》《民政部中国银行业监督管理委员会关于做好慈善信托备案有关工作的通知》《慈善信托管理办法》等，为慈善信托备案的具体实施提供了政策、法律依据和保障。根据规定，无论是单受托人、双委托人，还是两个人以上的受托人，均实行备案制度。如果有两个及以上受托人，可在确定一个承担主要受托责任的受托人后进行备案。慈善信托运行过程中，如果发生变更事项，同样实行备案制。而受托人处理信托事务的情况、慈善信托的财务状况以及慈善信托终止后的清算报告等，政策规定也只需向备案的民政部门报告。备案制规定，降低了慈善信托的交易成本，有助于推动慈善信托的发展。

2. 风险隔离：慈善信托财产安全

慈善信托的优势之一在于，信托一旦成立，信托资产就具有很强的独立性，免受诸多不利因素的影响，实现风险隔离，实现财产的隔离保护。具体表现为：第一，慈善信托财产与委托人的非慈善信托财产相分离。根据《信托法》第 15 条规定，慈善信托一旦设立，慈善信托财产即从委托人财产中独立出来，与委托人财产中其他不属于慈善信托的财产相区别。如果委托人出现破产、清偿债务或死亡等情况，任何人不得动用慈善信托财产，慈善信托财产可通过破产隔离、遗产隔离和债务隔离等确保安全。第二，慈善信托财产区别于受托人财产。在慈善信托中，受托人是代为管理信托财产，其与受托人固有财产相区别。受托人需要依法设立专门账户，管理信托财产，履行忠诚义务。如果是由基金会担任受托人，基金会需要为慈善信托财产设立专门的账户，不能直接放进基金会的执行财产。如果同一个受托人同时管理多个慈善信托，这些慈善信托账户要彼此独立。慈善信托财产可以实现风险隔离，其不会因为受托人债务、破产、死亡、终止等不利因素而受到牵连，财产安全有保障。总之，慈善信托的制度安排，在最大限度上降低了外界环境变化对慈善信托财产的影响，实现了有效的财产风险隔离，保障了慈善信托财产的安全。

3. 专业组织运作：慈善活动专业化

家族可以通过慈善信托，由专业的信托公司或慈善组织来管理慈善信托财产，从而实现家族慈善事业的专业化发展。

慈善信托的制度优势之一，在于其可以充分发挥信托公司和慈善组织各自的专业优势，实现金融与慈善的结合。由二者中一方担任受托人或由二者作为共同受托人的制度安排，既有助于保障慈善资产的保值增值，又有助于实现家族的慈善目标。首先，专业组织运作有助于实现慈善财产的保值增值。信托公司拥有专业的资产管理团队、丰富的资产管理经验和强大的资产保值增值能力。信托公司的投资范围涵盖资本市场、货币市场和实业领域，投资范围广，产品设计丰富，投资方式多元。信托公司牌照数量少，业内排名往往很透明，信托公司往往制定了严格的管理制度，在风险控制方面具有专业优势。其可以根据市场行情变化，在三大市场上进行灵活组合，尽可能规避单一市场风险，获得尽可能多的收益。家族将慈善信托财产委托给信托公司进行管理，信托公司可依法将财产投资到政府债券、银行存款等低风险、限定性投资项目中，或者根据委托人和信托公司的约定，选择其他回报率更高的投资方式，从而实现信托财产的保值增值。作为投资收益的新增财产是慈善信托财产的一部分，在专业组织的运作下，慈善信托的财产规模由此扩大，家族可使用扩大了的慈善信托财产去帮助更多需要帮助的人。其次，专业组织运作有助于实现家族的慈善目标。慈善组织长期从事慈善事业，其拥有专门的慈善事业工作团队、丰富的慈善事业运营经验和专业的慈善项目管理能力。由慈善组织担任慈善信托的受托人或项目执行人，有助于充分发挥慈善组织在慈善项目设计、实施、评估等过程中的专业优势，确保慈善信托财产使用的效率和效益，确保真正需要帮助的人获益，确保慈善信托委托人的慈善意愿和家族慈善目标真正得以落实。

4. 监督保障：政府监管和社会监督

根据《慈善法》《慈善信托管理办法》等规定，我国已经建立起明确的慈善信托监督制度，保障着慈善信托的规范化运行。监督制度包括两部分：一是政府监管；二是社会监督。

在我国，民政部门和银行业监管部门负责对慈善信托实施监管。监管内容包括慈善信托财产管理、受托人的职责履行、信息公开、慈善信托目标实现等。在监管方式上，政府可委托第三方机构，对慈善信托实施过程和结果进行评估，以实现对慈善信托的日常监管。政府监管，使慈善信托的发展有了政府公权力保障，这有助于慈善信托的规范、稳定运行和可持续发展。

慈善信托的社会监督主要包括委托人监督、监察人监督和信息披露。首先，慈善信托通过委托人实现社会监督。与传统捐赠不同，慈善信托充分保障委托人的各项权利，使委托人意愿能够体现在慈善信托的全过程中。委托人具有知情权，有权获得慈善信托的相关信息；委托人有权选择受托人；委托人有权介入财产管理过程；委托人有权决定受益人。这样的制度安排，有助于通过委托人实现对慈善信托的监督，确保慈善信托按委托人意愿实现规范运行。其次，监察人可实施社会监督。家族成员可以担任监察人。如果监察人发现受托人有违法、违规或难以履行职责时，可向委托人报告，或向法院起诉。无论是慈善捐赠，还是基金会，都没有监察人的制度设计。慈善信托中监察人的制度设计，有助于家族通过监察人作用发挥，实现对慈善信托的及时、有效监督。监察人责任的有效履行，在委托人之外实现家族对慈善信托财富使用的监督，保障慈善信托财产的规范使用。最后，慈善信托通过严格的信息披露制度保障社会监督。法律法规对慈善信托应予披露的信息内容、披露方式等均有明确规定。受托人既需要向民政部门报告，也需要通过特定的信息平台向社会披露，委托人可以从信息平台中了解慈善信托的运行情况，同时法律赋予委托人知情权，其可以要求受托人披露委托人所关心的信息，确保受托人按委托人意愿运行。相比之下，慈善捐赠就不具有这样严格的信息披露要求。作为慈善组织的基金会，往往是在年终依法披露善财的使用情况和慈善活动的运行情况，而不会定期按照捐赠人意愿进行相应的信息披露。信息披露制度的设立，有助于增强慈善信托运作的透明度，让委托人和社会各界清楚地了解慈善信托财产的使用及管理运行情况，从而实现慈善信托的社会监督。而有力的监督，在确保财富安全的同时，还有助于提升慈善信托的社会公信力，推动更多人通过慈善信托实现家族传承目标。

5. 政府鼓励导向：税收优惠的原则性规定

改革开放以来，虽然我国经济快速发展，人民生活水平大幅度改善，但我国目前依然存在发展水平不充分、发展不平衡的问题，一些社会问题尚未得到有效解决，公共服务供给矛盾突出，弱势群体的多样化需求尚未得到充分满足。所有这些，均需要社会力量的充分参与，以形成对政府作用的有效补充。包括慈善信托在内的慈善事业受到了政府的高度关注和鼓励。

政府鼓励慈善事业发展可以有诸多举措。我国《慈善法》规定，各级政府要积极支持慈善信托的发展，为慈善信托相关方提供各种支持和帮助。《慈善法》第 77 条规定：县级以上人民政府应当根据经济社会发展情况，制定促进慈善事业发展的政策和措施。县级以上人民政府有关部门应当在各自职责范围内，向慈善组织、慈善信托受托人等提供慈善需求信息，为慈善活动提供指导和帮助。《慈善法》第 86 条规定：国家为慈善事业提供金融政策支持，鼓励金融机构为慈善组织、慈善信托提供融资和结算等金融服务。《慈善信托管理办法》第 45 条规定：信托公司开展慈善信托业务免计风险资本，免予认购信托业保障基金。除此之外，最受社会关注、对慈善信托发展推动作用最大的是政府的税收优惠政策。通过税收优惠，社会力量参与慈善事业的活力可以得到最大限度地激发。我国现行法律对慈善组织以及慈善捐赠等所享有的税收优惠给予了明确规定。根据《慈善法》，慈善组织可以享受税收优惠；社会力量进行慈善捐赠，可享受税收优惠；企业捐赠的税收优惠可在 3 年内扣除；捐赠物资，享受进口关税和增值税优惠。

在专门针对慈善信托的法律和政策中，政府同样提出，要鼓励慈善信托的发展。《慈善法》还对慈善信托享受税收优惠给出了原则性的规定，其中明确指出，慈善信托的委托人、受托人和受益人依法享受税收优惠。这一规定中的鼓励原则为慈善信托享受税收优惠提供了法律依据，为以后税收优惠制度的具体化奠定了法律基础。

五　慈善信托实现家族财富传承的现实挑战、政策建议及实现路径

尽管政府鼓励发展慈善信托，慈善信托作为家族财富传承路径不仅理论可行，现实也可行，但从目前备案状况来看，我国慈善信托整体上发展缓慢，与发达国家相比还有很大差距，还面临着诸多制度性瓶颈和现实挑战。

（一）慈善信托实现家族财富传承的现实挑战

慈善信托在我国出现时间短，社会认知度不高；慈善信托的配套政策不健全，尤其是，目前我国专门针对慈善信托的税收优惠政策缺位。所有这些，均制约了慈善信托在我国的发展，阻碍了慈善信托在家族财富传承中作用的有效发挥。

1. 慈善信托的社会认知度低

自 2008 年汶川地震以来，我国财富人士尤其是富豪们投身慈善事业的热情高涨。根据《2018 胡润中美慈善榜》发布的信息，2017 年，我国个人捐赠超过 500 万美元的慈善家有 76 人。

根据中信信托的调查，大部分高净值财富人士认同慈善在家族财富传承中的作用，直接有过慈善行为的人占受调查人数的 53.33%。尽管财富人士参与慈善的热情高涨，但是，对财富人士慈善行为所进行的研究表明，他们更多通过传统方式投身慈善事业，通过设立慈善信托开展慈善活动的比例还不高。这些传统方式包括向慈善组织捐赠、成立基金会或在公募基金会中设立专项慈善基金。由于过去几年中，我国慈善组织出现丑闻，越来越多的财富人士希望直接参与管理慈善财产，成立基金会或慈善专项基金的方式受到青睐。绝大多数的财富人士并不了解慈善信托这一新兴方式。①

2. 慈善信托税收优惠政策不具体

制约慈善信托快速发展的最大瓶颈是目前我国专门针对慈善信托的税收优惠政策缺位。现有法律规定过于原则，不具体，无法操作。

综观我国目前的法律法规，我们发现，《慈善法》中专门针对慈善信托税收优惠的规定只有一条，而且是从反向做出的规定。这体现在《慈善法》的第 45 条，其中规定，如果慈善信托的相关文件没有按照规定在民政部门备案，将不得享受税收优惠。现行法律从原则上规定了慈善事业的参与主体（包括捐赠人、慈善组织、受益人等）依法享有税收优惠，这体现在《慈善法》第 79 到 82 条中。当然，这些规定并非是专门针对慈善信托的税收优惠政策。

① 中国信托业协会：《家族财富管理视角下的慈善信托业务发展（二）》，新浪网，2017-09-22，http://finance.sina.com.cn/trust/xtplyj/2017-09-22/doc-ifymesii4946604.shtml，最后访问日期：2019 年 5 月 7 日。

也就是说，我国目前只是在一般层面上对慈善活动的税收优惠给出了原则性规定。慈善信托作为新兴的慈善方式，本身具有一定的特殊性和复杂性。在其设立和运行过程中，涉及的税种有多个，包括企业所得税、个人所得税、印花税、契税和营业税等，此外，还存在行政事业性费用。目前，与这种特殊性和复杂性相联系，我国专门针对慈善信托的税收优惠政策尚未形成。慈善信托的税收优惠政策是一套配套体系，需要解决的问题包括：慈善信托可以享受哪些税收优惠？在设立和运行等诸多环节中，哪些环节可以享受税收优惠？享受税收优惠的条件有哪些？如果满足条件，享受税收优惠的程序是什么？如何进行具体的操作？针对这些问题，目前我国均没有相应的明确规定。慈善信托税收优惠政策不具体、无可操作性，直接制约了慈善信托的发展；对征税环节、纳税主体和税率等缺乏具体、可操作性的规定，既容易导致出现重复征税的问题，也容易造成税收漏洞。①

3. 非货币财产捐赠政策不健全

我国许多财富高净值人士，其所持有的资产不仅包括现金，还包括股权、不动产、艺术品等。尤其是股权捐赠，目前深受财富高净值人士青睐。股权可分红、可增值、可变现。以股权设立慈善信托，既有助于节约股权变现的成本，维持金融市场的稳定，还可以为慈善事业提供源源不断的资金支持，发挥信托制度永续存在的优势，实现慈善事业的长久可持续发展。

对非货币财产捐赠而言，目前企业的股权捐赠可享受税收优惠。根据财政部、国家税务总局《关于公益股权捐赠企业所得税政策问题的通知》（财税〔2016〕45号）的规定，企业向公益性社会团体实施的股权捐赠，视为股权转让，股权捐赠可享受税收优惠，收入额按取得股权时的历史成本确定。这有助于降低股权捐赠的税收成本，鼓励企业进行股权捐赠。但是，以股权设立慈善信托面临许多制度性障碍。我国缺乏明确的信托财产登记制度，以股权设立慈善信托还面临现实困难。同时，上市公司控股要求对股权捐赠的数额有所限制，由此制约了捐赠的规模；企业股权捐赠的税前抵扣具有比例限制，超额部分无法享受税收优惠，这不利于激发企业股权捐赠的积极性。

个人进行股权捐赠、不动产捐赠，却没有明确的税收优惠政策。个人向公

---

① 赵廉慧：《慈善信托税收政策基本理论问题》，《税务研究》2016年第8期。

益性社会团体捐赠股权，视为转让股权。在核定转让收入后，捐赠人需缴纳20%的个人所得税。高额的税收阻碍个人通过股权捐赠开展慈善活动。

个人以不动产进行公益捐赠，目前还缺乏明确的税收优惠政策。一旦被视为转让，并以不动产的公允价值确定转让收入，个人则需要缴纳所得税，这不利于个人将所拥有的不动产投入慈善事业。我国目前和今后很长时间，均是少子化、老龄化社会，新出生人口的减少，无继承人或继承人离世，均会在社会上产生一批无人继承的房产。这些人中，许多已经具有慈善意愿，愿意在逝世后将房产投入慈善事业。针对不动产的慈善信托税收优惠政策如果能够出台，将有助于推动房产通过遗嘱进入慈善信托，推动慈善信托在我国的发展。

个人或企业捐赠艺术品等动产，其价值评估、价格核定、艺术品真假鉴定等是税收征管中的难题，因此，我国目前缺乏针对动产的税收优惠政策。以动产进行公益捐赠，存在被视为转让的风险，并有可能以公允价值确定转让收入，个人或企业需要缴纳增值税和所得税，这不利于个人或企业将所拥有的动产投入慈善事业。

4. 慈善信托监管权配置不合理

在慈善信托的监管上，我国目前实行民政部门和银监机构的分工协作。其中，民政部门负责备案工作，并对受托人是慈善组织的慈善信托进行监管；银监机构负责监管受托人是信托公司的慈善信托。这种监管权配置看似合理，实际上具有以下弊端。

第一，这种监管体制容易导致对慈善信托的监管不力，制约了慈善目标的实现。银监机构既履行商事信托监管功能，又履行慈善信托监管功能。这两种信托在监管理念和监管重点上有很大的差别。商事信托的经营行为应以遵守竞争规则、防止对消费者实施欺诈和不公平待遇为市场监管的要点。而慈善信托对财产的管理力求稳健，监管的要点在于防止打着慈善的旗号进行避税，或从事非法集资、洗钱等违法活动，维护慈善的社会公信力。将监管理念和监管重点有别的两种业务纳入同一监管机构，容易导致监管机构的职能错位，影响监管效果。加上银监机构并不擅长慈善事业，由其负责对信托公司进行业务监管，容易导致对慈善信托的监管不力，影响我国慈善事业的发展。

第二，这种监管权配置也不利于实现慈善信托受托人之间的公平竞争。《慈善信托管理办法》原则性地规定了“合法、安全、有效”和低风险的资产类型，同时规定了但书，即委托人和信托公司另有约定的，按约定执行。换言之，信托公司较慈善组织适用较为宽松的投资规则，可因协议而不限于投资低风险资产。同为慈善信托的受托人，规则的不一致给部分被监管者提供了制度优势，不利于公平竞争和监管公平。

（二）完善慈善信托实现家族财富传承的政策建议

慈善信托更能体现委托人意愿，加上制度完善、运作规范，慈善信托在英国、美国等西方发达国家的家族财富管理中扮演着非常重要的角色。随着我国财富人士数量的不断攀升，我国家族财富管理和传承的社会需求日益凸显，相应的财富管理和传承市场逐渐得以发展。《信托法》《慈善法》等法律的颁布，《慈善信托管理办法》等配套政策的出台，我国慈善信托的政策体系不断完善，这为家族财富传承中慈善信托路径的实现提供了基本的规则保障。但是，我们也看到，目前慈善信托在我国发展依然缓慢，其中的主要原因在于慈善信托制度的不健全、不完全。为此，我国政府应充分发挥顶层设计的制度优势，致力于研究制约慈善信托发展的难点和痛点，进一步完善慈善信托的相关配套政策，通过政策创新和制度完善，突破目前限制慈善信托发展的制度性瓶颈，从而使财富人士可以形成稳定的行为预期，激发财富人士参与慈善信托事业的积极性，使更多财富人士可以通过慈善信托，满足家族财富传承的现实需求，实现家族财富传承的目标。

1. 完善我国的信托立法

慈善信托的背后，是我国一般性信托制度的不健全。《信托法》主要针对的是商事信托，针对民事信托的立法存在空白，尤其是针对民事信托中的家族信托。由于信托本身不发达，有关信托受托人的规定还不健全，尚未建立起受托人尽职标准以及责任机制。《信托法》《继承法》以及我国目前对遗嘱、遗赠的许多规定无法衔接。因此，要发挥出信托的功效，必须完善我国的信托立法，建立起一系列配套制度。

第一，建立信托财产转移制度。为此，可以通过《信托法》司法解释等办法，规定信托财产权转移手续是信托设立的要件；指定专门机构，负责办理信托财产转移登记；明确信托财产转移的法律文件。

第二，制定信托登记制度。《信托法》规定，未经登记的信托没有效力。

对于信托登记，《不动产登记暂行条例实施细则》中规定，对不动产信托需要依法登记的，由国土资源部会同有关部门另行规定。我国目前按财产类型确定登记机构。因此，建议国家通过相关立法，明确信托登记的范围、登记机构、流程、登记内容等，建立起信托登记的制度。①

第三，完善针对民事信托的规范，强化对受托人责任的规范，对受托人的责任范围、过错、免责事由等内容做出具体规定。同时，要梳理《信托法》《继承法》以及我国有关遗嘱、遗赠的规定，确保制度之间可以相互衔接，相互支撑。

2. 完善慈善信托税收优惠政策

英国、美国、日本等发达国家的经验表明，慈善信托从设立到终止，均可享受税收优惠。② 我国对慈善信托的税收优惠给予了原则性规定，未来需要使税收优惠政策更具体，具有可操作性。这就需要国家对慈善信托免税资格认定管理程序、不同类型委托人设定慈善信托时的税收扣除比例、慈善信托自身的税收优惠以及慈善信托终止时的税收优惠等问题做出具体规定。

首先，对委托人的慈善信托财产，国家应给予一定比例的税前扣除，这有助于鼓励更多财富人士通过设立慈善信托，投身慈善事业，推动慈善信托的发展。增值税委托人捐赠现金，应进行销售收入抵扣，减免相应的增值税；个人委托人捐赠财产，是收入减少，应享受个人所得税优惠。③

其次，慈善信托运行过程中，也应享受税收优惠。受托人虽然会对慈善信托财产进行投资，但这种投资旨在实现信托财产的保值增值，而保值增值后的财产依然用于慈善事业。鉴于财产使用范围的特殊性，我们建议，通过规定运营范围内各种税金的减免政策和减免方式，使慈善信托本身也享受税收优惠。

再次，慈善信托的受益人一般为慈善基金会或者为直接接受慈善捐赠的特定或者不特定群体，由受益人承担纳税义务，限制了慈善信托的效益，制约了慈善目标的实现。因此，我们建议在慈善信托终止环节，也使受益人享受一定程度的税收优惠。

最后，在税收优惠申报上，国家要简化流程，降低享受税收优惠的成本。

---

① 周小明：《完善信托制度，我们还需要做什么》，《当代金融家》2017 年第 3 期。

② 孙洁丽：《慈善信托税收优惠国际比较与借鉴》，《财会通讯》2017 年第 32 期。

③ 孙洁丽：《慈善信托税收优惠国际比较与借鉴》，《财会通讯》2017 年第 32 期。

财政部《公益事业捐赠票据使用管理暂行办法》（财综〔2010〕112号）规定，我国目前只有政府部门和公益性社会组织有资格申领捐赠票据，信托公司不在其列。为享受税收优惠，捐赠人往往优先选择公益性社会组织进行捐赠。慈善信托运行中，如果是信托公司担任受托人，其只能寻求与慈善组织合作，间接为委托人提供捐赠发票。[①] 烦琐的程序，增加了财富人士投身慈善信托事业的成本。为推动慈善信托的快速发展，建议国家简化流程，降低委托人享受税收优惠的成本，委托人持备案文件、财产交付证明以及备案回执等材料，即可在年度纳税汇缴时进行税收抵扣，以激发财富人士投身慈善信托事业的热情。

3. 完善非货币财产捐赠相关政策

鉴于非货币财产捐赠存在的政策不完善问题，我们提出以下建议。

第一，个人捐赠股权享受税收优惠。在美国，个人捐赠股权免征个人所得税。在新加坡，个人捐赠股权，无须缴纳股权增值部分的税收。在日本，满足一定条件，经国税厅长官批准后，对个人股票增值部分免予征税。借鉴国际经验，我国应完善个人进行股权捐赠的税收优惠政策，明确按历史成本价确定转让额，进行相应的税前抵扣。

第二，完善不动产、艺术品等动产捐赠的税收优惠政策。个人以不动产进行公益捐赠，目前尚未有明确的税收优惠政策，我们建议对个人捐赠的不动产免征个人所得税。在西方发达国家，私人或企业捐赠艺术品，可以按照捐赠艺术品的估价进行遗产税、所得税的抵免。建议我国完善艺术品等动产捐赠的税收优惠政策，明确规定，这些物品进行公益捐赠，可以进行增值税和所得税抵扣。

4. 加强民政部门在慈善信托监管中的统筹作用

慈善信托的监管权集中在慈善性的认定、日常监管以及税收利益监管三大方面。在慈善性认定方面，英国设置独立的慈善委员会，负责慈善组织登记，审查慈善目的，决定慈善地位；美国则保留给各州检察长；加拿大则由税务机关负责；日本自2008年以后公益法人的公益性交由独立的公益认定委员会。[②]

① 郑亦清、王建文：《论我国慈善信托税收优惠制度的完善》，《财会月刊》2018年第11期。

② 魏艳：《慈善信托政府监管权配置研究》，《国家行政学院学报》2018年第6期。

日常监管方面，英国由非政府的慈善委员会进行监管。该机构独立运作，不听命于任何政府部门。慈善委员会日常监管主要针对财务账目，同时也针对违法事件开展调查活动。随着调查程序的展开，慈善委员会还有撤换受托人、信息质询、查阅账簿、适用近似原则等权力。除了慈善委员会，英国慈善信托的监管主体还包括地方政府、皇家检察总长、高等法院、遗嘱事务署、税务署等，它们在各自职权范围内对慈善信托行使监管权，确保英国慈善事业的健康运行和可持续发展。[①] 在美国，各州检察长负责慈善组织的日常监管，税务署通过对免税资格的认定来监管慈善组织。税务署无权撤换违反受托义务的管理者，但其可以通过撤销慈善组织的免税资格或征收惩罚性的消费税，敦促慈善组织对过错进行纠正。

慈善信托的设立，虽然委托人更愿意看到受托人通过其专业的投资，稳步扩大信托资产的体量，确保受托财产可以长期甚至永续地从事慈善活动。但是，委托人之所以设立慈善信托，其目的并不在于资金融通，而是要服务慈善事业，慈善信托的根本特征在于慈善性和非营利性。现实中的分工协作往往导致责任不清和监管不力。因此，我们建议加强民政部门在慈善信托监管中的统筹作用，由民政部门牵头，统筹协调银监、税务等部门，对慈善信托实施监管。同时，将商事信托和慈善信托区分监管并不影响信托公司依据商事信托的规则开发金融产品支持慈善事业。兼顾公益或慈善的营利性信托，则由银监机构监管。这样的综合监管体制，不仅有助于保证慈善信托监管理念的一致，还有助于建立起统一的慈善信托监管规则。

（三）家族财富传承中慈善信托的实现路径

在政策完善的基础上，家族财富传承中慈善信托路径的范围扩展，还需要不断优化管理，提高慈善信托的运作效率，提升慈善信托的社会公信力。

1. 提高全社会对慈善信托的认知，丰富慈善信托设立的来源渠道

中国财富人士增加，为慈善信托的发展提供了良好的社会基础。许多财富人士拥有慈善意愿，但由于对慈善信托了解不够，再加上慈善信托税收优惠政

---

① 周贤日：《慈善信托：英美法例与中国探索》，《华南师范大学学报》（社会科学版）2017年第2期。

策不健全，我国财富人士投身慈善信托的潜力还没有被充分挖掘出来。为此，在完善慈善信托各种配套政策、提升慈善信托社会公信力的同时，政府、信托公司、慈善组织等有必要通过各种渠道，宣传慈善信托的制度优势，提高公众尤其是财富人士对慈善信托的认知度，使更多财富人士选择通过慈善信托这一新兴方式，实现家族财富传承。除高净值财富人士作为委托人外，应鼓励家族企业、家族信托、家族基金会设立慈善信托，不断丰富慈善信托的来源渠道。

2. 推动慈善信托与家族信托相结合，引导慈善信托增加家族信托功能

家族信托通过对家庭财富的统筹安排、投资、管理和传承，保障家族财富惠及家族成员，实现家族私益。慈善信托惠及对象是不特定的社会公众，实现的是社会公益。在境外，家族财富传承中的流行方式是将家族信托和慈善信托相结合，既保障家族成员的教育、生活等开支，使家族财富惠及家族自身，同时又使家族能够投身慈善事业，使家族财富能够帮助到更多需要帮助的人。这样的制度安排，保障家族财富同时实现利己和利他的双重目的。

在具体安排上，境外的实践一般有两种方式：慈善先行信托（Charitable Lead Trust）和慈善剩余信托（Charitable Remainder Trust）。前者是指委托人约定慈善信托运行到一定年限后，由约定的特定受益人享有剩余财产。后者是指根据约定，在一段时间内，将慈善信托财产产生的部分收益由特定受益人享有，一旦委托人去世或信托到期，则剩余财产捐赠给慈善机构。在我国，随着财富人士家族传承需求的增加，家族信托开始兴起。与慈善相结合、嵌入慈善意愿的家族信托有望成为家族传承中的主流模式。[①] 这是因为，这种模式能够很好兼顾家族成员需求和社会需求，能够兼顾家族利己和利他的双重需求。在我国，慈善信托的受益人不特定，因此，国外的家族信托和慈善信托相结合模式无法直接应用于我国。为鼓励财富人士将家族财富的一部分拿出来，设立慈善信托，我们课题组建议国家出台相关政策，允许并鼓励非全比例、非全时段、包含慈善目的的家族信托；即家族信托既不是100%用于家族，也不是100%用于慈善。同时，国家要出台政策，引导慈善信托增加家族信托功能，以激励更多财富人士设立慈善信托。家族信托和慈善信托相结合，可以通过以下三种方式得以实现。

① 蔡概还、邓婷：《中国家族慈善信托发展的关键问题》，《清华金融评论》2018年第10期。

第一，在家族信托中嵌入慈善，用家族信托收益成立慈善信托。在这种方式下，委托人首先设立家族信托，通过专业机构运作，对家族财富进行投资，实现家族财富的保值增值。在家族信托财产的安排上，委托人可以约定由家族成员领受本金及部分收益，在保障家族成员利益之外，用剩余收益设立慈善信托，从事慈善事业（见图 6）。

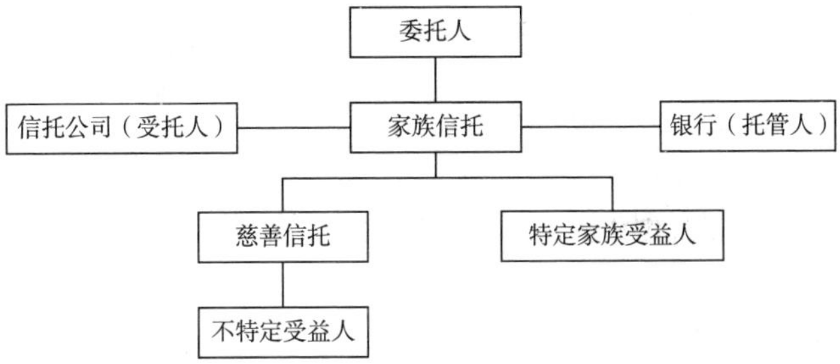

图 6　家族信托收益设立慈善信托

第二，通过家族基金会，连接家族信托和慈善信托。在这种模式下，委托人对家族财富进行统筹规划，既考虑私益需求，又考虑公益需求。基于这种综合需求，家族同时设立家族信托和家族基金会，并使二者互相独立，各负其责。家族信托主要负责信托财产的统筹规划、管理、投资和传承，确保家族信托资产得到保护，实现保值增值，服务于家族的物质财富管理和传承。家族基金会专门负责运营家族的慈善事业，旨在满足家族的利他需求，本身无须承担慈善财产的投资运营和保值增值功能。家族基金会同时担任家族信托的受益人及慈善信托的委托人，家族信托指定家族基金会作为受益人。家族基金会成立慈善信托，开展慈善活动。这样的制度安排，有助于充分发挥家族信托、家族基金会和慈善信托三者各自的优势，兼顾家族的利己和利他需求，实现私益和公益的双重目标（见图 7）。

第三，设立非全时段的家族信托，利用家族信托残值成立慈善信托。在这种方式下，家族首先设立家族信托，满足家族的私益需求。由于家族信托存续时间较长，家族信托资产可在较长时间内惠及特定受益人。家族信托在运行一段时间、实现既定目标后，家族信托无须再惠及家族成员，可利用残值成立慈善信托，使财富惠及社会，实现财富的社会性。这样的非全时段安排，既有助

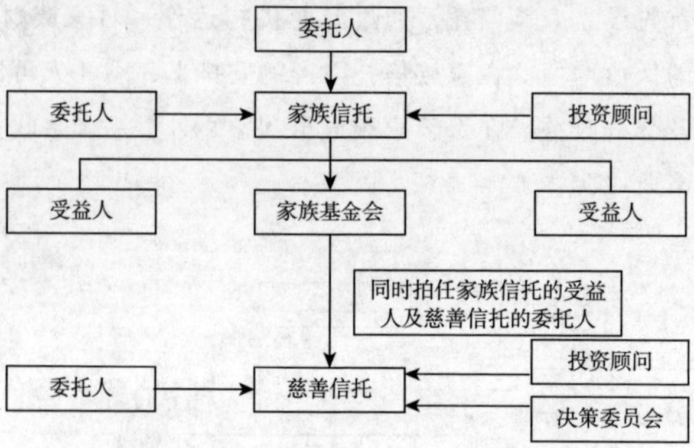

图 7 通过家族基金会，实现家族信托与慈善信托相结合

于实现家族物质财富传承，又有助于延续家族的慈善精神，提升家族的社会公信力和美誉度（见图 8）。[①]

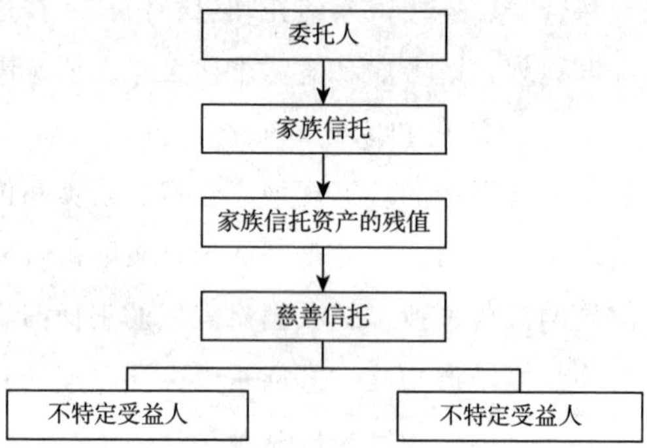

图 8 家族信托残值设立慈善信托

3. 引入慈善组织，解决税收和项目运作困境

慈善信托运行中，税收优惠和慈善项目运作是两大难题。解决这两大难题的途径之一是引入慈善组织。一方面，慈善组织有助于实现税收优惠。由于我国目前尚未出台具体的、专门针对慈善信托的税收优惠政策，慈善信托的相关

① 郑秉文、施德容主编《新时代慈善十大热点》，社会科学文献出版社，2018，第 405 页。

方无法凭借慈善信托协议享受各种税收优惠。慈善组织的介入，使税收优惠具有可操作性。另一方面，我国的信托公司虽擅长慈善信托财产管理，但往往缺乏必要的慈善项目运作经验。而慈善信托的落地需要良好的慈善项目管理能力。因此，作为家族财富传承路径的慈善信托，可以借助慈善组织，解决税收优惠和项目运作的双重困境。在慈善信托中引入慈善组织，有三种方式，不同方式下，慈善组织担任的角色不同。①

第一，慈善组织担任项目执行人，由其向委托人开具捐赠发票，使委托人享受税收优惠。慈善组织的项目运营经验也在该模式下得以充分运用，形成对信托公司擅长资产管理的有力补充，确保慈善信托得到规范化执行。

第二，慈善组织担任委托人。捐赠人向慈善组织捐赠，享受税收优惠；慈善组织运用收到的捐赠财产，设立慈善信托，指定受托人，并由受托人依信托合同要求对慈善信托财产进行管理和运用。

第三，慈善组织担任共同受托人。信托公司和慈善组织各具优势，由二者担任共同受托人，承担受信义务，有助于实现专业分工、优势互补和持续合作，既实现税收优惠，又保障慈善项目的专业运作。在具体操作中，可以建立慈善信托管理委员会等合作执行机构，并对双方的权利义务进行协商约定。这样的制度安排，既为二者的分工合作提供了组织保障，又有助于形成二者之间的监督制约机制，降低慈善信托的管理风险，保障慈善信托的规范运行。

4. 完善慈善信托的内部治理，提升慈善信托运行效率和公信力

慈善信托中往往存在着各种风险，包括信托财产被挪用和被占用的风险、信托财产管理不当给信托财产造成损失的风险、防止非法集资和洗钱等法律风险、慈善项目运行不当的风险等。慈善信托资产的有效管理、慈善项目的高效执行、慈善目标的实现以良好的内部治理作为保障。内部治理体系构建的原则包括：保障委托人意愿实现、透明、责任、效率、监督制衡等。通过构建良好的决策、执行、监督机制，通过完善慈善信托的内部治理，提升慈善信托的运行效率和公信力。

① 中国慈善联合会慈善信托委员会：《2016-2017 中国慈善信托发展报告》，中国社会出版社，2018，第 150~151 页。

首先，要明确委托人、受托人、监察人、内设机构等各主体的权利、义务和具体职责，并在信托合同中做出明确规定。如果是出现共同受托人，要确定各受托人的权利和义务，明确职责划分，确保责任明确。

其次，完善慈善信托的内部治理。慈善信托可设立管理委员会，作为专门机构负责慈善信托的决策事务。委托人、受托人、监察人等利益相关者都可加入慈善信托管理委员会。在信托文件中，要对管理委员会的议事程序、议事规则和表决方式等进行约定和明确，以提升委员会的运作效率。管理委员会的主要职能包括：审议慈善信托财产投资方案；审议信托财产用途及使用方案，包括慈善项目的选定、慈善项目执行方案以及确定捐赠对象、捐赠数额、捐赠时间、捐赠方式等；确定慈善信托受益人相关事宜；确定相关执行事项；审议慈善信托的定期报告、年度报告以及项目清算报告；确定信托监察人的人员以及变更事项；确定信托期限；确定公益合作方的甄选标准、决策程序等。①

建立由利益相关方组成的专门决策机构，有助于在决策时充分考虑各利益相关者的意见，提升决策的科学性；慈善信托管理委员会可以对受托人行为形成日常监督，确保受托人能够按照委托人意愿运作慈善信托；将委托人纳入慈善信托管理委员会，有助于委托人各项权利的落实，使慈善信托在委托人的直接参与下实现科学、规范运行。在慈善信托管理委员会之下，可以设立专业的投资执行团队和慈善项目运作团队，负责执行慈善信托管理委员会的决策，实现资产投资和慈善项目运作的专业化。

5. 重视社会信用体系建设，保障慈善信托规范运行

在慈善信托中，相关方要求自己遵守法律、诚实守信、相互信任。委托人知道，受托人会遵守约定，忠实履行受托职责，确保慈善信托的规范运行；受托人意识到，自己应该信守承诺，按照合约自觉约束自身行为，管理好慈善信托财产，以委托人利益行事，确保委托人意愿实现。可以说，信用是慈善信托制度的根基。②

我国慈善事业曾遭遇过严重的信任危机。近些年，我国的社会信用体系建

① 中国慈善联合会慈善信托委员会：《2016-2017 中国慈善信托发展报告》，中国社会出版社，2018，第 86 页。

② 王建军、燕翀、张时飞：《慈善信托法律制度运行过机理及其在我国发展的障碍》，《环球法律评论》2011 年第 4 期。

设步伐加快。2011 年，在“十二五”规划中，国家首次提出要加快社会信用体系建设。中共中央、国务院《关于加强和创新社会管理的意见》提出，要建立健全社会诚信制度。党的十八大指出，要加强政务诚信、商务诚信、社会诚信和司法公信建设。党的十八届三中全会指出，要健全社会征信体系，褒扬诚信、惩戒失信。2014 年，《社会信用体系建设规划纲要（2014-2020 年）》颁布，确定了社会信用体系建设的目标和具体措施。我国的社会信用体系建设在政府的重视下得以快速发展。不过，我们也看到，社会信用体系建设还不完善，存在的主要问题是：政府信息基础设施落后、收集到的数据有些并不适合信誉评估、信息安全和数据隐私待加强。[①] 社会信用体系建设，要充分发挥公民个人、企业、政府、信用中介机构、行业协会等多元主体的作用，既重视他律，也重视自律；既推动制度建设，也完善文化建设。信用体系的完善，有助于规范慈善信托各方行为，保障慈善信托的规范运行和健康发展，促进慈善信托社会公信力和影响力的提升，推动更多财富净值人士通过慈善信托路径实现家族财富传承目标。

结　语

随着我国财富人士规模的不断扩大，家族财富传承的社会需求与日俱增。将慈善信托运用于家族财富传承，打造家族慈善信托，具有诸多优势。家族慈善信托把家族财富安全与慈善信托财产安全绑定在一起，使得财富传承得到一种道义上的安全屏障，降低公众仇富心理，防止权贵和宵小觊觎，能够很大程度地激发先富人群参与慈善。因而，家族慈善信托，是信托转型新路径的选择，也是家族财富传承的革新。这不仅有助于满足高净值人士的财富传承需求，还有助于从根本上推动我国慈善事业的蓬勃发展，使更多人可以从慈善中受益。

尽管慈善信托作为家族财富传承路径具有可行性，但是，信托制度不健全、慈善信托税收优惠政策不完善、慈善信托社会认知度低等不利因素的存在，阻碍了慈善信托的快速发展，制约了其作为家族财富传承路径作用的发挥。只有完善宏观层面的政策，优化微观层面的管理，提高慈善信托的运行效

① 马晓月等：《中国社会信用体系的舆论与实践》，《国外社会科学》2018 年第 2 期。

率和效果，提升慈善信托的公信力，才能使更多财富人士愿意通过家族慈善信托实现家族传承。

参考文献

林静：《慈善信托——慈善事业与财富管理的跨界融合》，《福建金融》2017 年第 3 期。

胡润研究院，中信银行：《2017 中国高净值人群财富管理需求白皮书》，2017。

蔡概还、邓婷：《中国家族慈善信托发展的关键问题》，《清华金融评论》2018 年 1 月。

诺亚财富：《2019 高端财富白皮书》，2019。

高净值客户的财富缩水的 7 大风险，简书，2017-11-01。

尹志金：《当代中国家族财富管理之刑事风险与防控》，《法制与社会》2018 年第 36 期。

2018 年慈善信托发展报告：慈善信托发展存在短期效应，《公益时报》2019 年 3 月 11 日。

中国慈善联合会：《2016 年中国慈善信托发展报告》，2017-02-14。

北京市保障性住房建设投资中心，http：//gzw. beijing. gov. cn/yggq/jgqy/201812/t201812。

《中国首个家族慈善信托面世 走入慈善信托 2.0 模式》，《公益时报》2018 年 6 月 22 日。

《慈善新模式：全球商业大佬爱上公益信托》，《公益时报》，2014 年 5 月 8 日。

个案分析：万向信托“幸福传承慈善信托”中的法理问题_ 搜狐财经，https：//www. sohu. com/a/192836193_ 690952。

招商银行、贝恩公司：《2018 中国私人财富报告》，2018。

张占力：《明代家法族规对家族保障探究》，《兰台世界》2009 年第 18 期。

王振耀：《家族慈善：如何善其身，济天下》，《博鳌观察》2014 年第 4 期。

招商银行、贝恩公司：《2017 中国私人财富报告》，第 28 页。

中国信托业协会：家族财富管理视角下的慈善信托业务发展（二），新浪网，2017-09-22，http：//finance. sina. com. cn/trust/xtplyj/2017-09-22/doc-ifymesii4946604. shtml，最后访问日期：2019 年 5 月 7 日。

赵廉慧：《慈善信托税收政策基本理论问题》，《税务研究》2016 年第 8 期。

周小明：《完善信托制度，我们还需要做什么》，《当代金融家》2017 年第 3 期。

孙洁丽：《慈善信托税收优惠国际比较与借鉴》，《财会通讯》2017 年第 32 期。

郑亦清、王建文：《论我国慈善信托税收优惠制度的完善》，《财会月刊》2018 年第

11 期。

魏艳：《慈善信托政府监管权配置研究》，《国家行政学院学报》2018 年第 6 期。

周贤日：《慈善信托：英美法例与中国探索》，《华南师范大学学报》（社会科学版）2017 年第 2 期。

蔡概还、邓婷：《中国家族慈善信托发展的关键问题》，《清华金融评论》2018 年第 10 期。

郑秉文、施德容主编：《新时代慈善十大热点》，社会科学文献出版社，2018。

中国慈善联合会慈善信托委员会：《2016-2017 中国慈善信托发展报告》，中国社会出版社，2018。

王建军、燕翀、张时飞：《慈善信托法律制度运行过机理及其在我国发展的障碍》，《环球法律评论》，2011 年第 4 期。

马晓月等：《中国社会信用体系的舆论与实践》，《国外社会科学》2018 年第 2 期。

第七章　慈善资源的流向、变化及原因研究（1978～2020年）

郑乐平　苑莉莉

引　言

自1978年以来，随着中国的改革开放和经济社会发展、第三部门和慈善事业的发展、个人财富的增长、相关法律法规和政策的不断推出和逐步完善，流向慈善领域的资源规模和种类不断拓展。进入21世纪，随着互联网和数字技术的发展，慈善资源的规模和速度又有了新的发展。

2020年，我国慈善捐赠和志愿服务价值贡献的总量是5500亿元左右，占GDP比重为0.54%左右。[①] 截至2020年3月，中国社会组织近86.9万家，其中社会团体约占45%，民办非企业单位（《慈善法》颁布后又称为社会服务机构）约占54%，基金会约占1%。

40年来，中国经济发生了飞跃，同时也造就了一批企业家。近十年间，中国私人财富市场规模增长5倍，高净值家庭数量约有158万个，超高净值家庭数量约有10.5万个，个人持有的可投资资产总体规模达到165万亿元。

据中慈联发布的《2020年度中国慈善捐赠报告》统计，2020年我国共接受境内外慈善捐赠2253.13亿元。其中，内地接受款物捐赠共计2086.13亿元，首次超过2000亿元，同比增长38.21%。在2253.13亿元的社会捐赠总额

① 参见《2020年我国慈善捐赠总量达5500亿，释放三次分配潜力可实现共同富裕》，2021年11月1日新浪财经官方账号，数据来源：华夏时报。

中，现金捐赠达 1473.97 亿元，同比增长 41.12%，占捐赠总额的 70.66%；物资捐赠折合 612.16 亿元，同比增长 31.66%，占比为 29.34%。

2020 年党的十九届五中全会通过的《中共中央关于制定国民经济和社会发展第十四个五年规划和二〇三五年远景目标的建议》提出“发挥第三次分配作用，发展慈善事业，改善收入和财富分配格局”。2021 年发布的《“十四五”民政事业发展规划》中提到，要“出台发挥第三次分配作用，进一步促进慈善事业健康发展的政策措施”。随着相关措施的推出，中国的慈善事业会迈入一个新的发展阶段。

一　研究综述

国内外关于慈善资源流向的研究主要分为对于慈善资源的概念界定、影响慈善资源流向的影响因素分析和慈善资源流动中存在的问题剖析，以及慈善资源流向的效益分析，多侧重企业捐赠与企业创新绩效的关系研究，慈善资源整合与慈善资源竞争等问题。尤其是在第三次分配视域下，重新思考慈善资源流向对于社会财富再分配和贫困差距化解的功能发挥问题。

（一）慈善资源的界定

关于什么是慈善资源，不同学者的研究侧重点不一样，一般多指捐赠的资产等资金资源，如现金、实物、不动产等物质性资源。或将慈善组织、慈善超市、社会企业的慈善物资、资金保值增值管理、场地、设备等视为显性资源①，将管理技术、提供就业机会、净化社会风气等视为隐性社会资源。也有从广泛意义上的理解，将与慈善相关的各类资源都归为慈善资源，如慈善的人力资源也是一种慈善“资本”②，符号资源、合法性资源、关系资源等是非物质性资源。从宗教的视角来看，可以分为世俗类慈善资源和宗教慈善资源，两

① 卢素丽、雷梅珍：《利用“善商联姻”模式走政社企协同治理慈善超市之路》，《社会福利》（理论版）2017 年第 3 期，第 33~37 页。

② 王金豹：《慈善工作如何实现创新人力资源管理》，《人力资源》2019 年第 16 期，第 56 页。

者的来源也有较明显的差异，如基督教的慈善资金多来自奉献。[①] 受宗教慈善和遗产税的影响，美国个人是主要的捐赠来源，2018 年美国个人捐赠占 68%，企业捐赠占 5%，而我国个人捐赠占 25.05%，企业捐赠占 61.89%。[②] 可见，中国慈善捐赠资源主要来源于企业。此外，从国别的视角，可以将慈善资源分为国内慈善资源与国际慈善资源，如童泽林等对国际慈善品牌跨国资助行为的研究[③]，分析国家资源集聚能力；胡小军等对中国社会基金会慈善资源本土化的多案例研究[④]。在国外，献血、器官捐赠等也被视为慈善捐赠，即人的身体也是一种慈善资源，如 René Bekkers 对荷兰慈善捐赠家庭的人格特质的研究，发现亲社会人格的人更有同理心，更会关心他人、乐于助人，也更经常去教堂，更愿意实施献血、器官捐赠等慈善捐赠行为。[⑤] 也有研究从社会性别的视角，将慈善资源分为男性慈善资源和女性慈善资源，其中女性慈善资源主要体现在女性慈善领导力和服务力上，因为大部分慈善从业者是女性，尤其是从 19 世纪开始，澳大利亚大部分女性不用外出工作，妇女就将大量时间用于管理慈善机构和提供慈善服务，如医疗护理领域[⑥]，同时代巴黎也有一些资产阶级妇女从事扶贫济困的慈善公益活动[⑦]，即女性慈善人力资源。

总之，慈善资源是与慈善公益事业有关的各类资源总和，既包括资金、不动产等物质资源，也包括管理技术、人力资源、关系资源等非物质资源，还包括献血、器官捐献等人体资源等，也可以从国别、社会性别、捐赠主体等多维

---

① 刘影、孙卉樱：《宗教组织开展慈善事业的资源构成研究——以江苏省 S 市基督教为例》，《江苏省社会主义学院学报》2019 年第 1 期，第 60~63 页。

② 李亦楠：《中美慈善捐赠结构比较研究》，《治理研究》2020 年第 6 期，第 81~87 页。

③ 童泽林、王凯、肖皓文、周玲、赵芸、孙彦：《国家资源集聚能力对品牌跨国慈善行为评价的影响及捐赠框架策略：差序公正视角》，《南开管理评论》，网络首发时间：2021-09-14，https：//kns. cnki. net/kcms/detail/12. 1288. F. 20210914. 1432. 006. html。

④ 胡小军、朱健刚：《社区慈善资源的本土化——对中国社区基金会的多案例研究》，《学海》2017 年第 6 期，第 85~92 页。

⑤ René Bekkers，Traditional and Health-Related Philanthropy：The Role of Resources and Personality [J]. *Social Psychology Quarterly*，2006（69：4）：349-366.

⑥ Shurlee Swain. From philanthropy to social entrepreneurship，in Diversity in Leadership：Australian women，past and present，Joy Damousi，Kim Rubenstein，Mary Tomsic，ed. ANU Press，https：//www. jstor. org/stable/j. ctt13wwvj5. 13.

⑦ Sarah A. Curtis. Charitable Ladies：Gender，Class and Religion in Mid Nineteenth-Century Paris [J]. *Past & Present*，2002（177）：121-156.

进行资源分类。

（二）慈善资源流向的问题分析

关于慈善资源流向的主要分析涉及慈善资金流向不透明问题[①]和慈善资源使用的低效与浪费问题，前者主要还是因为“郭美美事件”引发的社会关注。后者在国内外慈善界早期发展阶段都很普遍，William H. Allen 在分析比较了数百家慈善机构和志愿服务机构后发现，慈善支出和慈善产出之间差异很大，存在慈善资源浪费、滥用人才和决策失误没把握住合适机会等问题。[②] 其中，比较容易引起争议的是慈善劝募的成本问题，一些慈善机构在慈善资金募集过程中，通过一些创新活动吸引人们的注意力，结果募捐成本过高反而受到诟病。[③] 所以现代慈善侧重透明度信息化建设和慈善效益的拓展，在这个过程中，还涉及承载慈善资源的合法主体问题[④]。有一种通过慈善组织来积极引导慈善资源回馈社会的观点，即凸显慈善组织的作用。2016 年的《中华人民共和国慈善法》进一步明确了慈善组织的主体作用，也是现代慈善的组织化发展趋势。但是慈善组织之间的资源整合也存在一些困境，甚至同一类组织不同层级之间的资源调度也会存在一些问题，如红十字会与慈善协会、慈善总会在抗灾中的协同困境。

此外，慈善流动过程中也存在参与主体之间关系失衡、捐助伦理失序和捐助数量失效等问题[⑤]，如“诈捐”等。最为重要的是，日益膨胀的慈善服务和产品需求与慈善资源供给能力和慈善资源供给方式相对不足之间的矛盾[⑥]，需要推动捐赠的“精准化”进程。总之，在慈善资源分配中主要存在的就是资源是否精准对接、资源分配的“黑箱”问题、洗钱和资源滥用等问题。

---

① 郑巧、卢武、唐亦庄、尤能、雷诗琪：《慈善机构人力资源管理规范问题研究——以北京市海淀区为例》。

② William H. Allen, The Importance of Publicity in Educational and Charitable Work［J］. *The North American Review*, 1905（181：584）：24-32.

③ Susan Rose-Ackerman, Charitable Giving and“Excessive”Fundraising［J］. *The Quarterly Journal of Economics*, 1982（97：2）：193-212.

④ 李小龙：《慈善文化、慈善组织与慈善服务的发展方向》，《南方论刊》2016 年第 10 期，第 15~17 页。

⑤ 杨方方：《慈善市场的信息不对称与结构性失衡研究》，《社会保障评论》2017 年第 3 期，第 96~115 页。

⑥ 吴超：《慈善实物捐赠和利用精准化研究——基于衣物资源供需结构的分析》，《中州学刊》2018 年第 1 期，第 65~70 页。

（三）慈善资源流向的效益分析

从过程的视角来分析，慈善资源的流向主要包括慈善资源的动员、慈善资源的获取、慈善资源的整合管理和慈善资源的分配等环节。

1. 慈善资源的募集

慈善资源募集主要有“募”和“捐”两个重要的维度，是基于慈善需要和慈善动机产生的主要慈善行为和主要慈善活动①，即包括慈善资源的动员和获取。其中慈善捐赠是最主要的慈善资源流动方式，一般研究多关注慈善捐赠所带来的经济效益和社会效益，因为“战略慈善观”认为慈善捐赠会带来企业绩效和社会公益的双赢。② 其中经济效益方面主要体现在企业捐赠和“善经济”等领域。如慈善捐赠与研发投入之间财务资源调节的战略作用：有助于构建企业的社会性资本③、慈善捐赠与企业创新关系的研究④、资源交换视角下企业慈善捐赠与科技资源获取之间的关系研究⑤、公共资源交易中心与慈善组织合作模式研究⑥等。也有关注资源募集方与捐赠方的关注差异问题，如慈善资源管理方多侧重慈善资源的来源、慈善资源的管理策略、慈善资源的数量与种类等，而捐赠者更关注慈善资源的流向，与受益人的对接与帮扶，实际发挥出的效益等⑦，多是通过慈善组织年报来反映的，但是不同机构信息披露情况差异较大，有些年报并未明确受益人数量与金额等具体信息，所以在“互联网+”时代，要通过大数据进一步推动慈善数据公开透明化和慈善资源的精准对接，并在此基础上，实现慈善资源的

---

① 许琳、王扬笛：《从慈善需要到慈善行为》，《西北大学学报》（哲学社会科学版）2020 年第 1 期，第 140~148 页。

② Porter, M. E., Kramer, M. R. The Competitive Advantage of Corporate Philanthropy. *Harvard Business Review*, 2002（80：12）：56-68.

③ 沈弋、徐光华、钱明：《慈善捐赠、研发投入与财务资源的调节作用——基于战略间互动视角》，《管理评论》2018 年第 2 期，第 159~171 页。

④ 王飞、吴媛媛：《慈善捐赠与企业创新——基于冗余资源的调节作用》，《资源开发与市场》2019 年第 7 期，第 956~961 页。

⑤ 张振刚、李云健、李莉：《企业慈善捐赠、科技资源获取与创新绩效关系研究——基于企业与政府的资源交换视角》，《南开管理评论》2016 年第 3 期，第 123~135 页。

⑥ 汤骏：《合作剩余视角下公共资源交易中心与慈善组织合作模式探析》，《社会治理现代化》2020 年第 8 期，第 35~42 页。

⑦ 刁宏宇、吴选红：《基于大数据的慈善资源精准衔接探讨》，《探求》2019 年第 4 期，第 89~95 页。

跨界共享。

2. 慈善资源的整合管理与慈善资源竞争

不同慈善组织在劝募过程中体现了慈善资源的竞争，在这个过程中慈善的市场化也越来越明显[①]，如社会企业、公益创投、慈善超市、慈善信托、互联网公开募捐平台的兴起，信息化推动了慈善资源的开发、开放和利用，如2020年“99公益日”互动18.99亿人次，有5780万名爱心网友通过腾讯平台捐赠[②]。互联网技术大大提升了慈善资源的动员能力[③]，但也加剧了不同慈善组织、公益机构之间的竞争，主要可以从各类排名榜单的变化看出来，前十位的机构主要靠创新和提升透明度来不断吸引慈善资源的流入，即通过优化慈善资源的整合管理来提升慈善资源的竞争力，在这个过程中也存在对政府的“资源依赖”。未来在“善经济”的发展趋势下，要积极发挥市场在慈善资源配置中的作用，激活慈善市场资源。

3. 慈善资源的分配

从国际层面来看，慈善资源流动也有一种向持续稳定人际关系建设和长久人性化扶贫的趋势。如纽约市的慈善机构在向穷人提供慈善救济的同时，与20多个医院和社会医务部门合作，帮助贫困的患者与医疗机构建立长久稳定的关系，让医生了解这些贫困家庭的状况，以期为这些贫困患者提供可持续的医疗救助[④]，使他们可以重新建立自己的社会关系，不至于被边缘化。可以看出，一种慈善资源延伸拓展后与社会其他类型资源融合的历史发展趋势。所以，国外很多慈善组织或慈善信托的主要使命是预防贫困，除了物质扶贫之外，更侧重帮助穷人重建社会生活网络。

作为第三次分配的主要力量，从本质上来看，慈善资源的分配其实是社会财富和社会资源的再分配和转移，是一种利益格局再平衡的重要方式。主要是

---

① 李刚：《慈善事业市场化运作路径选择——信息化与现代大慈善研究报告》，慈善论坛，2020，第75~85页。

② 《18.99亿人次参与公益互动 2020年99公益日让善意持续“破圈”》，央州网，http://tech.cnr.cn/techph/20200910/t20200910_525248584.shtml，2020-09-10。

③ 郑功成：《中国慈善事业发展：成效、问题与制度完善》，《中共中央党校（国家行政学院）学报》2020年第6期，第52~61页。

④ W. Frank. Persons Charitable Relief [J]. *Proceedings of the Academy of Political Science in the City of New York*, 1912 (2: 4): 207-210.

基于自愿、自发的捐赠和定向捐赠等按照慈善需求进行流动，也会受到国家重大战略政策、自然灾害和新冠肺炎疫情等公共突发事件影响，慈善资源用于哪些领域在不同的时间段变化很大，如脱贫攻坚、举全国之力助力脱贫、民政部重点引导社会资源向“三区三州”等深度贫困地区流动。[①] 未来可能会向乡村振兴、教育、医疗、环保等领域流动，如王文龙关于新乡贤对乡村慈善资源整合的研究[②]，以化解乡村振兴中农村资源错配问题。从微观层面来看，不同慈善方式的资源流向也有一些特定的差异，如慈善信托的慈善资产流向有“近似原则”（Cy Pres），即慈善信托终止之后，要用于与此前慈善信托慈善目的近似的慈善项目。[③] 中国也有类似的实践，2020 年之前设立的一些精准扶贫的慈善信托，原本用于当地贫困线以下的贫困户补助的慈善信托，因为已经完成了原有的使命，就通过慈善信托终止后，将剩余慈善资产转入新设立的乡村振兴中农村低保户的救助事业。

总之，慈善资源的流向是第三次分配的核心问题，是否真正能够弥补前两次分配的不足？如何更好地提升慈善资源的流动效益？如何有效化解慈善资源流向中的困境等问题还未深入、系统地进行研究，这也是本章要研究的重要问题。

二　中国慈善资源的流向及变化趋势

（一）慈善事业的起步（1978~2000年）

自 1978 年改革开放以来，中国社会组织的发展大致上可以分为以下两个阶段。

第一阶段：1978~1989 年快速发展期。党的十一届三中全会以后，伴随着市场经济的发展以及对外的开放，中国出现了一波结社的高潮。以上海为例，1981 年上海各类社团仅有 633 家，至 1989 年底，全市社会团体总数已发展到

① 詹成付：《调动慈善资源、聚焦深度贫困》，《人民日报》2018 年 9 月 21 日，第 9 版。

② 王文龙：《新乡贤与乡村慈善：资源整合、项目对接与激励机制创新》，《云南民族大学学报》（哲学社会科学版）2020 年第 2 期，第 52~57 页。

③ Darby Bradley, State Law and the Charitable Trust Doctrine［R］. Lincoln Institute of Land Policy, 2009, http://www.jstor.com/stable/resrep18307.4.

4300 家，其中学术性团体 1348 家，人民群众团体 831 家，经济类团体 317 家，社会公益团体 380 家，文艺团体 313 家，体育类团体 477 家，宗教团体 50 家，其他团体 584 家。年均增长率高达 72.41%。然而，这种发展是粗放式的，缺乏恰当的管理和规范，因此存在诸多不足，如社团层层设置、重复设置、经济账目混乱等，还有少数社团的负责人在政治上发生了偏差。

第二阶段：1989~1999 年整顿期。20 世纪 90 年代以前，全国没有一个部门对社团进行归口管理。1989 年 10 月 25 日，国务院颁布了《社会团体登记管理条例》，明确各级民政部门作为社团的登记管理机关，对社团实行登记管理机关与业务主管单位双重负责的管理体制，并提出由民政部门牵头，对原有的社团进行全面的清理整顿和核准登记。1998 年 10 月 25 日，在清理整顿和总结经验的基础上，国务院修改并重新发布了《社会团体登记管理条例》，进一步完善了双重负责管理体制，并对社团进行了重新登记。在此期间，民政部门按照社团登记管理条例，通过两次社团清理整顿，改变了社团管理的无序局面。通过清理整顿，社会组织的数量减少了，基本上实现了“控制数量、提高质量”的预期目标。

20 世纪 80 年代开始出现的以官方为主导的慈善组织，开启了中国现代慈善之门。1981 年 7 月 28 日成立的中国儿童少年基金会，是中国第一个以募集资金的形式，为儿童少年教育福利事业服务的全国性社会团体，是一个具有独立法人资格的非营利性社会公益组织。一批具有慈善性质的基金会随着我国的改革开放、社会转型以及社会发展的需要建立起来，如中国儿童少年发展基金会、中国宋庆龄基金会（1982）、中国残疾人福利基金会（1984）、爱德基金会（1985）、中国妇女发展基金会（1988）、中国扶贫基金会（1989）、中国青少年发展基金会（1989）等。这些基金会通过广泛的社会动员进行公众募款，聚集推动公益服务和社会救助事业的资源。

然而，1988 年以前成立的基金会和以基金会为名的组织名目繁多、五花八门、参差不齐，存在不少问题。为了规范基金会的发展，国务院于 1988 年出台了《基金会管理办法》，将基金会发展和管理工作纳入了法治化轨道。该办法明确基金会属于社会团体法人，并确立基金会由业务主管单位、中国人民银行和民政部门三重负责的管理体制。

全国注册登记的社会组织从 1988 年的 4446 家，发展到 2000 年的 15.33 万家，12 年增长了 33.48 倍，年复合增长率为 34.32%（见图 1）。

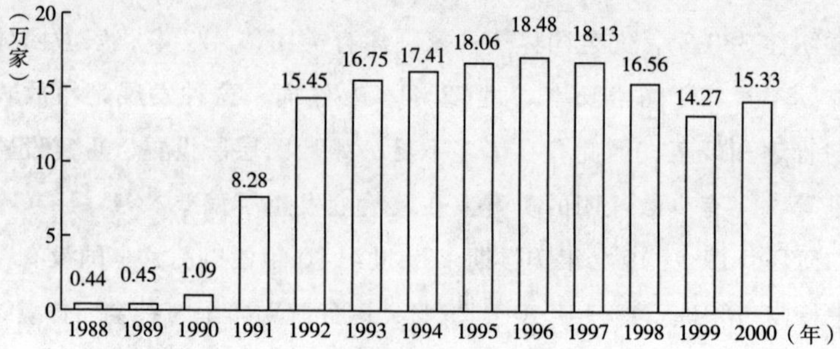

图 1　中国社会组织发展趋势（1988~2000 年）

资料来源：民政部编《2020 中国民政统计年鉴》，中国社会出版社，2020。

进入 20 世纪 90 年代后，随着整个体制向市场经济和社会的转型，基金会开始努力探索新的公众募款形式，出现了“希望工程”“春蕾计划”“幸福工程”“母亲水窖工程”等大型公益项目。这些项目大多在全国范围乃至国际范围内开展活动，成为基金会生存发展的主要社会资本与核心竞争力。募款+项目运作的基金会模式使绝大多数基金会将主要精力集中在具体的项目运作上。

1981 年至 2000 年，全国基金会的数量从 1981 年的 5 家，发展到 2000 年的 599 家，增长了 118. 8 倍，年复合增长率为 28. 64%（见图 2）。但总体规模仍然偏小。每年新增的基金会数量除了 1994 年达到三位数的 143 家之外，其余年份新增基金会数量只是一、二位数（见图 3）。

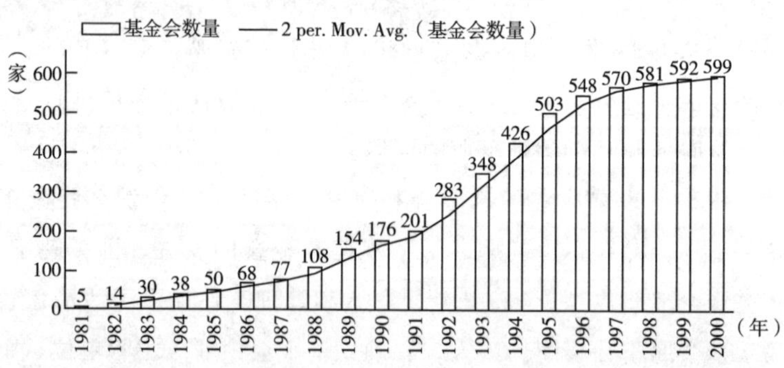

图 2　中国基金会发展趋势（1981~2000 年）

资料来源：民政部编《2020 中国民政统计年鉴》，中国社会出版社，2020。

图表系重新绘制。

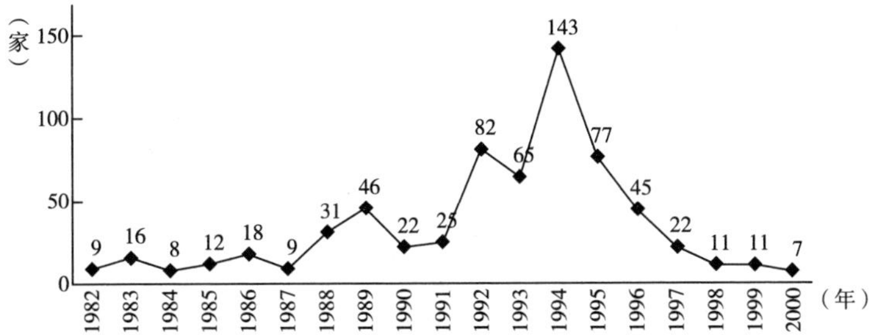

图3 全国历年新增基金会数量（1982~2000年）

资料来源：民政部编《2020中国民政统计年鉴》，中国社会出版社，2020。本图根据原始数据进行了重新整理和绘制。

志愿者、志愿服务和志愿精神是捐赠款物之外的另一种重要慈善资源，也是慈善事业的重要组成部分或要素。

根据联合国开发计划署1999年度的《志愿精神在中国》报告，中国的第一批志愿服务项目是1989年在天津市和平区成立的社区志愿项目，负责为社区老年人提供帮助。该项目为中国其他地区类似的社区项目提供了一种重要模式。志愿服务在中国社会中有其自身的历史和特点，其中，家庭和家庭所处的社区是中国社会生活的关键因素。

1987年，广州开设了青年志愿服务热线电话。深圳在1990年创办了第一家合法注册的志愿者联盟。1993年，北京市志愿者协会（现称北京市志愿者联合会）在北京市成立。1994年，中国青年志愿者协会成立，中国志愿服务发展进程中向前迈进了一大步。联合国开发计划署1999年度的报告在很大程度上预测到了未来的发展。报告指出1999年昆明大型园艺博览会中志愿者的利用和1998年洪涝灾害中志愿团体的动员的重要价值。这些志愿服务活动与后来的大型活动，例如北京奥运会和残奥会志愿服务、四川汶川地震救灾服务、上海世博会和广州亚运会志愿服务等有许多相似之处。

彩票作为一种舶来品，其引进并非一帆风顺。中国从1987年开始发行福利彩票，1994年开始发行体育彩票。由民政部门负责的全国福彩公益金筹集从1987年的0.09亿元，增长到2000年的24.23亿元，十三年增长了268.22倍，年复合增长率为53.79%（见图4）。

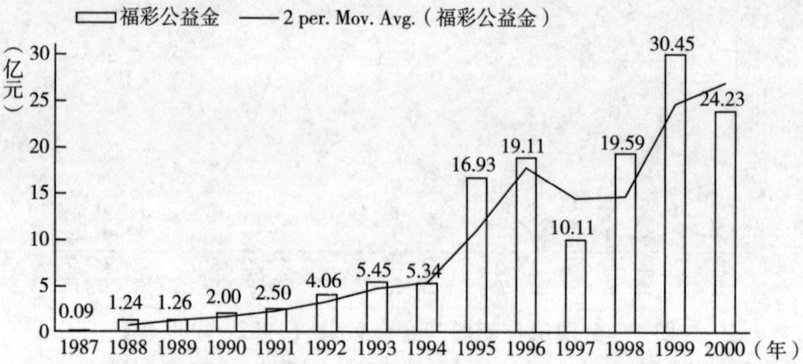

图 4　中国福彩公益金筹集趋势（1987~2000 年）

资料来源：孟志强、彭建梅、刘佑平主编《2011 中国慈善捐助报告》，中国社会出版社，2012，第 20~21 页。

如从 1995 年算起，[①] 全国彩票公益金筹集从 1995 年的 19.19 亿元，增长到 2000 年的 51.69 亿元，增长了 1.69 倍，年复合增长率为 21.92%。其中福彩公益金筹集从 1995 年的 16.93 亿元，增长到 2000 年的 24.23 亿元。体彩公益金筹集从 1995 年的 2.25 亿元，增长到 2000 年的 27.46 亿元，增长了 11.20 倍，年复合增长率 64.93%（见图 5）。可以看到，彩票公益金筹集的增长速度是相当快的，拓展了慈善资源的来源，成为与社会捐赠总额、志愿服务贡献值并立的三大慈善资源来源之一。

（二）慈善事业的快速发展阶段（2001~2010年）

1. 社会捐赠及变化趋势

回溯中国慈善事业 2001~2010 年的发展变化，其发展进程经历了缓慢上升—飙升—回落—再上升。这个时期的重要节点是 2008 年，年初华东地区的雪灾，尤其是年中汶川大地震，极大地激发了中国人的捐赠热情和志愿奉献的精神。社会捐赠总额从 2007 年的 148.4 亿元，飙升到 2008 年的 764.1 亿元，增长了 4.15 倍。

2001 年社会捐赠总额为 11.7 亿元，至 2010 年已达到 601.7 亿元，增加了

① 体彩公益金 1994 年才开始发行，1995 年才开始有年度统计数据。

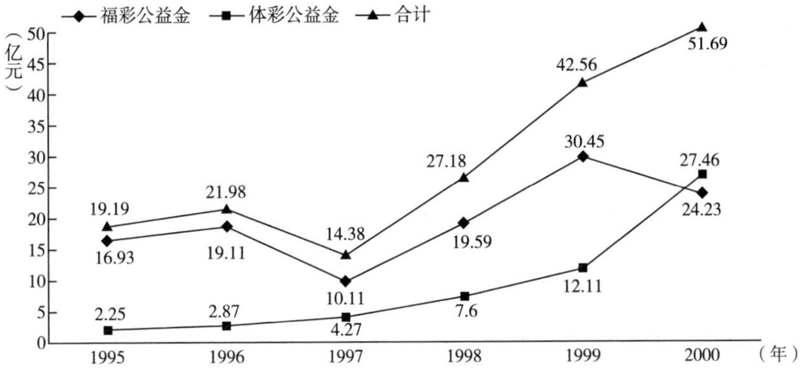

图5　中国彩票公益金筹集趋势（1995~2000年）

资料来源：孟志强、彭建梅、刘佑平主编《2011中国慈善捐助报告》，中国社会出版社，2012，第20~21页。

50.43倍，年复合增长率为54.93%（见图6）。

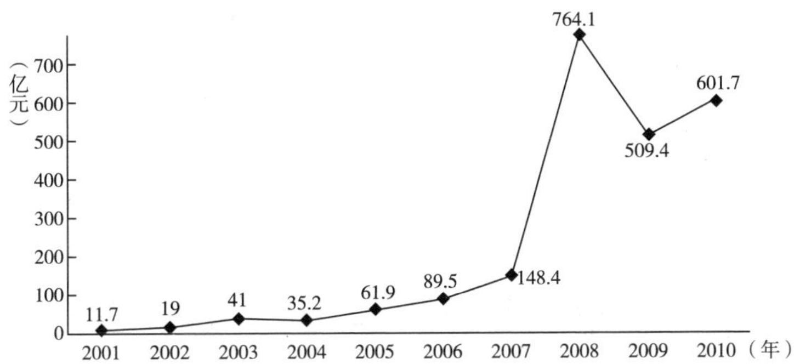

图6　中国社会捐赠变化趋势（2001~2010年）

资料来源：根据历年《民政事业发展统计报告》（2001~2010年）绘制。参见北师大中国慈善事业研究中心《2001-2011中国慈善发展指数报告》，北京师范大学出版社，2012，第3页。

人均捐赠额从2001年的0.92元，增长到2010年的44.87元，增长了47.77倍。经过十年的发展，人均捐赠额有了惊人的增长（见图7）。但由于2001年的基数比较低，尽管有如此高的增长率，总体上来看，中国社会捐赠规模还不大，人均捐赠额仍然是偏低的。

社会捐赠总额占GDP的比重从2001年的0.01%上升为2010年的0.151%。

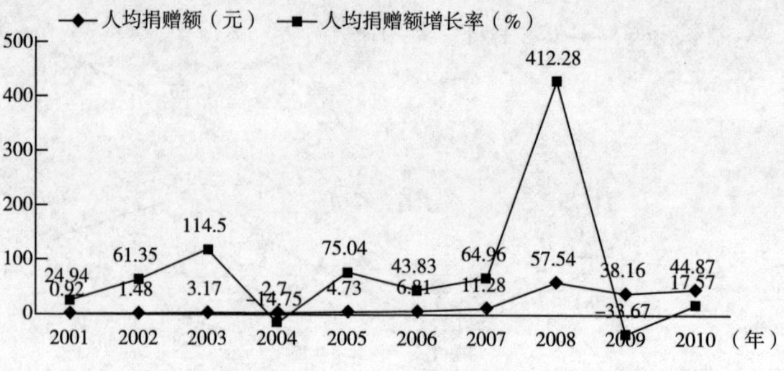

图 7　人均捐赠额及增长曲线（2001~2010 年）

资料来源：民政部历年《民政事业发展统计报告》。

增长了 14 倍。不过，从总体上来说，2010 年社会捐赠总额占 GDP 的比重仍然不高（见图 8）。

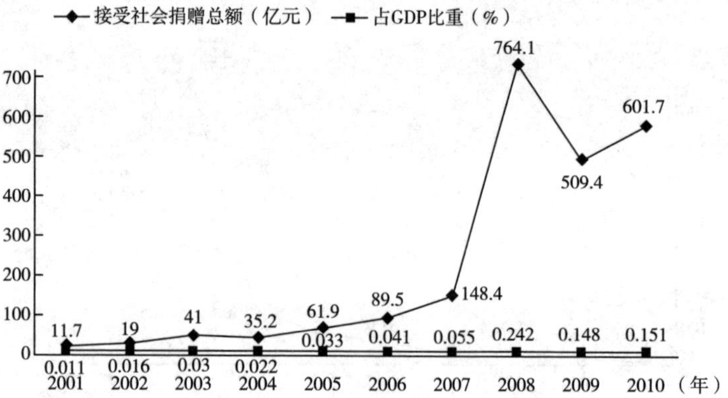

图 8　社会捐赠占 GDP 比重（2001~2010 年）

资料来源：北师大中国慈善事业研究中心《2001-2011 中国慈善发展指数报告》，北京师范大学出版社，2012，第 47 页。

2008 年，中国接收国内外各类社会捐赠款物共计 1070 亿元。国内社会捐赠总额为 764.1 亿元，是 2007 年的 5.15 倍；募集彩票公益金 371 亿元，比 2007 年增长 4.2%；增加志愿者 1472 多万人，年增长率达 31.8%。[①] 原因是 2008 年初的冰雪灾害和年中发生的汶川大地震，激发了中国民众和企业巨大

① 参见中民慈善捐助信息中心编《2008 中国慈善捐助报告》。

的捐赠热情。为此，慈善公益界称 2008 年为“中国公益元年”，从这一年开始，中国的慈善公益事业跨上了一个新的台阶。

随着中国经济的持续快速增长，国家经济实力大幅度提高，人民生活水平显著改善，中国的财富总量也大幅提升，家庭金融资产和富人数量出现了惊人的增长。中国开始出现一个规模宏大、资产拥有量巨大的成功的企业家和先富的一部分人。①

2001 年至 2010 年，中国基金会的数量呈逐年递增趋势，尤其是 2004 年国务院颁布的《基金会管理条例》，明确将基金会区分为公募和非公募两种基本类型，开辟了促进企业家和富人们散财为特征的非公募基金会的发展路径。这是推动中国慈善公益事业发展的一项重大制度创新。从图 9 可以看到，2005 年以后登记注册的基金会的数量明显增加。到 2010 年底，基金会总数达到了 2213 家，比 2001 年的 614 家增长了 2.6 倍，年复合增长率为 15.31%。

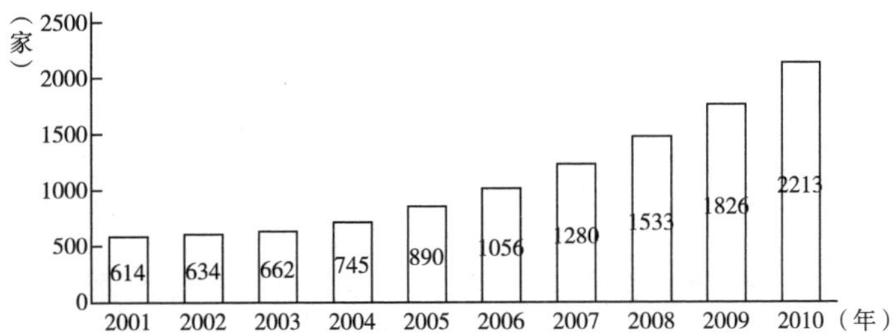

图 9　基金会数量发展趋势（2001~2010 年）

资料来源：基金会中心网。

非公募基金会的数量在 6 年间，从 2004 年的 178 家，发展到了 2010 年的 1104 家，增长了 5.2 倍，年复合增长率为 35.55%。2010 年非公募基金会的数量（1104 家）首次超过了公募基金会（1092 家）。

基金会捐赠收入从 2006 年的 48 亿元，增长到 2010 年的 250 亿元，增长了 4.21 倍，年复合增长率为 51.07%。基金会公益支出从 2006 年的 38 亿元，增长到 2010 年的 177 亿元，增长了 3.66 倍，年复合增长率为 46.91%。

① 王名主编《中国民间组织 30 年——走向公民社会（1978-2008）》，社会科学文献出版社，2008，第 45~46 页。

2. 志愿服务

鉴于中国尚无统一的志愿者管理机构，对志愿者和志愿服务的统计，只能分别来自共青团系统、民政系统和社会组织。

2008 年，注册志愿者人数为 2946 万，累计提供志愿服务 78 亿多个小时。红十字志愿者 150 万人。2009 年，按照《中国注册志愿者管理办法》进行规范统计的志愿者人数为 3047 万，累计已有 4.03 亿多人次的青年和社会公众提供了 8.3 亿多小时的志愿服务。全国社区志愿者组织 43 万多个，注册人数 2600 多万人，参加社区志愿服务活动累计达 3000 多万人次。全国助残志愿者人数达 530 万。另外，在企业界，企业志愿服务出现了常态化、专业化的趋势。不少在华外企，如惠普、拜耳、LG 等成立了公司内部志愿者协会。一些中国企业也开始成立了企业内部志愿者协会，如中国移动。[①] 2010 年内，有 126 万名大型活动志愿者提供了近 2500 小时的志愿服务。其中，上海世博会园区志愿者 79965 名，来自其他省市志愿者 1266 名，境外志愿者 204 名，总共提供了约 1000 万小时，约 4.6 亿人次的志愿服务。第 16 届广州亚运会赛会志愿者近 10 万人，为观赛者提供了 100 多万小时的志愿服务。另外，西部计划志愿者约 1.3 万人，海外志愿者 500 人（见表 1）。

表 1　2003~2010 年中国志愿者、志愿组织和志愿服务发展概况

类别	2003 年	2004 年	2005 年	2006 年	2007 年	2008 年	2009 年	2010 年
全国志愿者数量（亿人）								>1
社区志愿者组织（万家）								28.9
社区志愿者人数（万人）				1800	2000	3000		2900
注册社区志愿者（万人）					567	600		599.3
社区志愿服务人次（万人次）								5000
社区志愿服务小时（万小时）								1500
红十字志愿者（万人）		39.31						
中国青年志愿者								3124

资料来源：2010 年数据参见《中国慈善发展报告（2011）》，第 133 页。北师大中国慈善事业研究中心《2001-2011 中国慈善发展指数报告》，2012，第 102 页。

① 郑远长、彭建梅、刘佑平主编《2010 中国慈善捐助报告》。

3. 彩票公益金

作为政府筹集，来自彩民的慈善资源，2001~2010 年，全国彩票公益金筹集有了较大幅度的增长，从 2001 年的 86.7 亿元，增长到了 2010 年的 489.1 亿元，增长了 4.64 倍，年复合增长率为 21.20%（见图 10）。

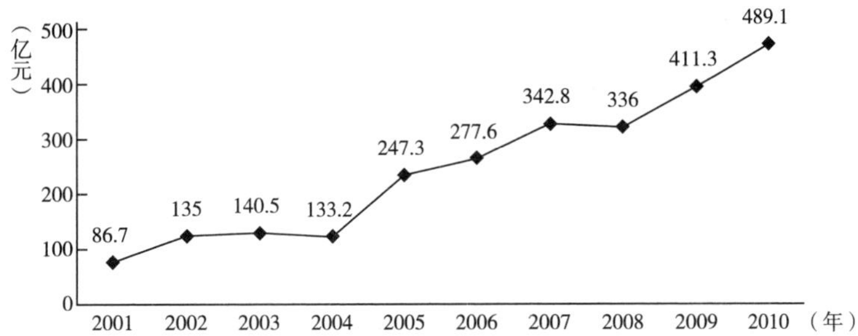

图 10　中国彩票公益金筹集情况（2001~2010 年）

分别来看，福彩公益金从 2001 年的 41.92 亿元，增长到 2010 年的 297.08 亿元，增长了 6.09 倍，年复合增长率为 24.31%。体彩公益金从 2001 年的 44.80 亿元，增长到 2010 年的 192.00 亿元，增长了 3.29 倍，年复合增长率为 17.55%。相对来说，福彩公益金的增长速度比体彩公益金快得多（见图 11）。

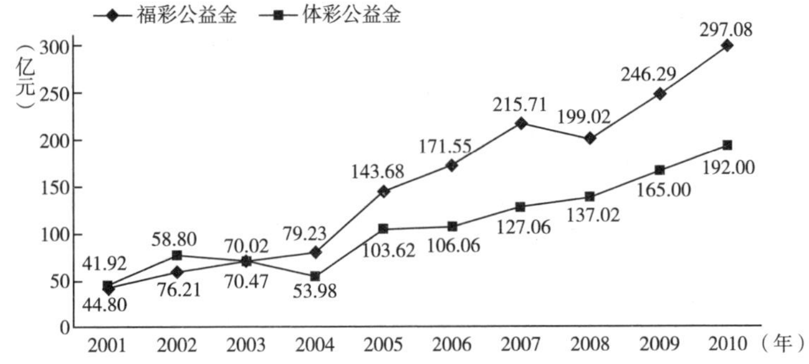

图 11　中国公益金筹集趋势（2001~2010 年）

据民政部统计，“十一五”期间（2006~2010 年），彩票公益金支出合计为 485.3 亿元，其中用于抚恤 17.6 亿元、退役安置 6 亿元、社会福利 204.9 亿元、低保及其他社会救济 26.2 亿元、医疗救助 48.8 亿元，其他 175.6 亿元。①

4. 慈善资源的流向

2007 年，全国用于助学、扶贫济困和救灾这三个领域的慈善捐赠占总额的 58%。2008 年，助学、济困、救灾依然是最主要的善款流向。除去冰雪灾害、抗震救灾外，日常捐赠总量 309.7 亿元，其中 47%用于教育领域，18%用于奥运及发展体育事业，22%用于扶贫济困等综合慈善领域，6%用于发展文化艺术事业和医疗卫生事业（见表 2）。

表 2 中国慈善捐赠流向的前三大领域（2007~2009 年）

单位：%

年份	第一领域	占比	第二领域	占比	第三领域	占比
2007	教育	32	扶贫济困	14	救灾	12
2008	教育	47	扶贫济困	22	奥运及体育	18
2009	教育	41	救灾重建	26	扶贫济困	12

资料来源：民政部慈善事业协调办公室、中民慈善捐助信息中心《中国慈善捐赠情况分析分析报告 2007-2009》，参见北师大中国慈善事业研究中心《2001-2011 中国慈善发展指数报告》，北京师范大学出版社，2012，第 58 页。中民慈善捐助信息中心《2008 中国慈善捐助报告》。

2008 年慈善捐赠的最大特点是，5·12 汶川地震唤醒了中国民间的捐赠意识，激发了中国个人的捐赠热情。据北京、上海、成都、重庆、西安等地的社情调查，90%以上的受访者表示向灾区捐过款物。据民政部统计，2008 年中国大陆地区个人捐款约 458 亿元，占捐款总额的 54%，高于企业捐款 388 亿元；2008 年中国内地个人人均捐款 34.66 元，是 2007 年人均捐款额（2.5 元）的近 14 倍，改变了此前国内个人捐赠不超过社会捐赠总额 20%的状态（见表 3）。

① 民政部编《2020 中国民政统计年鉴》，中国社会出版社，2020，第 120 页。

表 3　2008 年中国大陆地区个人捐赠及流向

单位：亿元

捐款流向	捐款额
南方低温雨雪冰冻灾害	4.21
5·12 汶川地震（含特殊党费）	408.00
“慈善一日捐”“春风行动”等大型活动	32.00
慈善组织接收个人捐赠（汶川地震捐赠除外）	5.00
其他日常性个人捐赠	9.09
合计	458.30

资料来源：《2008 中国慈善捐助报告》。

从捐赠流向来看，上榜慈善家对教育、扶贫、救灾、社会公益等给予了极大的关注。2003 年至 2009 年教育成为慈善家最为关注的领域，除了 2008 年因为汶川地震，教育成为最受关注的领域。其次是扶贫和救灾，再次是医疗健康和社会公益（见表 4）。

表 4　中国慈善榜上榜慈善家捐赠流向前三大领域（2003~2009 年）

年份	第一领域	第二领域	第三领域
2003	教育	救灾	医疗健康
2004	教育	扶贫	公共建设
2005	教育	扶贫	救灾
2006	教育	社会公益	救灾
2007	教育	社会公益	医疗健康
2008	救灾	扶贫	教育
2009	教育	灾后重建	社会公益

资料来源：公益时报《中国慈善排行榜（2004-2010）》，参见北师大中国慈善事业研究中心《2001-2011 中国慈善发展指数报告》，北师大出版社，2012，第 58~59 页。

5. 本阶段的发展特征

（1）慈善捐赠规模实现质的飞跃

2001 年至 2010 年，国内慈善捐赠总额，社会捐赠总量占 GDP 的比重增速明显。基金会捐赠收入与公益支出虽因 2008 年汶川大地震产生了较大的波动，但总体上呈明显增长趋势。

(2) 非公募基金会增速明显，给慈善事业的发展带来了新的增量资金和活力

非公募基金会的数量从2004年的178家，增长到了2010年的1104家，增长了5.2倍，年复合增长率为35.55%。2010年非公募基金会的数量（1104家）首次超过了公募基金会（1092家）。非公募基金会的快速增长为慈善资源带来了新的增量资金，也给中国慈善事业的发展带来新的活力。

(3) 慈善基础设施组织得到初步发展

慈善基础设施组织的主要功能，是为慈善组织搭建交流平台，提供信息收集和加工、行业研究、能力建设、决策咨询、项目评估等支撑性服务。总体而言，国内慈善行业的支持型机构可分为四大类：信息披露型、能力开发型、交流平台型和学术研究型。

2001年，由民政部、中国社会工作协会主办的《公益时报》在北京正式创刊，这是中国第一份专门致力于宣传、传播公民、慈善公益与公共福利事务的全国性报刊。2004年中国大陆第一家地方性支持性社会组织——映绿公益事业发展中心成立，主要致力于公益机构能力与公信力建设。自2004年起，每年举办映绿公益论坛，邀请政府部门、学术机构、公益界等人士共同参加，就不同的公益话题进行深度探讨，促进多部门间的合作，为公益组织搭建了有效的交流平台。2006年上海浦东非营利组织发展中心（恩派）成立，致力于发掘培育处于创业期的草根公益组织。恩派首创的“公益孵化器”模式成为社会领域的重要制度创新，后又引领了公益创投、联合劝募、慈展会、社会创新空间运营、公益共享大学等多个公益创新。迄今已孵化和投资超过1000家公益组织及社会企业，其中很多机构已成为中国公益领域的知名品牌和领跑者。2006年中民慈善捐助信息中心成立，是国内第一家立足于慈善信息的收集、整理、分析和发布的机构。2007年南都基金会成立，坚持“支持民间公益”的使命，积极建设公益行业生态，致力于为中国公益行业发展提供公共品。在整个公益产业链中，南都基金会通过提供资金和资源，推动优秀公益项目和公益组织发展，带动民间的社会创新。2010年基金会中心网正式上线，使命是建立基金会行业信息披露平台，提供行业发展所需的能力建设服务，促进行业自律机制形成和公信力提升，培育良性、透明的公益文化。

（三）近十年来中国慈善事业的发展（2011~2020年）

近十年来，随着中国改革开放和经济社会发展，个人财富的增长，相关法律法规和政策的不断推出和逐步完善，慈善创新的日趋多样化，互联网和数字技术的运用，流向慈善领域资源的规模和种类不断扩大。在创新捐赠方式、打造捐赠平台、拓展业务领域、完善资助机制、加强国际合作、动员民众参与等方面均有了显著进步，中国慈善事业进一步向法治化、专业化、规模化、国际化方向迈进。近十年来，中国慈善事业发展的总体趋势是“民间化、专业化、法治化”发展。

2019年，中国社会公益资源总量为3553亿元，其中社会捐赠总量为1509亿元，彩票公益金为1140亿元，志愿者贡献价值904亿元。在1509亿元社会捐赠总量中，基金会捐赠收入677亿元，占44.86%；慈善会系统捐赠收入398亿元，占26.39%；政府部门接受捐赠收入144亿元，占9.56%；其他社会组织捐赠收入125亿元，占8.28%（见表5）。[①]

表5　中国社会慈善资源总量（2015~2020年）

单位：亿元

年份	慈善资源总量	社会捐赠	志愿者贡献值	彩票公益金
2015	2502	1109	414	979
2016	2830	1295	496	1039
2017	3191	1500	548	1143
2018	3577	1439	824	1314
2019	3553	1509	904	1140
2020		2086		

资料来源：社会捐赠总额参见2018年、2019年《中国慈善捐助报告》；志愿者贡献值参见《中国慈善发展报告（2019）》；彩票公益金参见《中国慈善发展报告（2019）》，第188页；以及百度网、九派新闻《民政部：截至2020年底 全国登记认定慈善组织9480个》，最后访问日期：2021年10月9日。

中国慈善事业在持续创新和规范中不断成长。2011年，我国共接收境内

① 参见《2019年度中国慈善捐赠报告》。

外慈善捐赠845亿元，到2020年，全国接收慈善捐赠总量已达2086亿元，增长了1.49倍，年复合增长率为10.56%。由于新冠肺炎疫情的出现，2020年的社会捐赠总额比2019年有了较大幅度的增长，增幅为38.24%（见图12）。

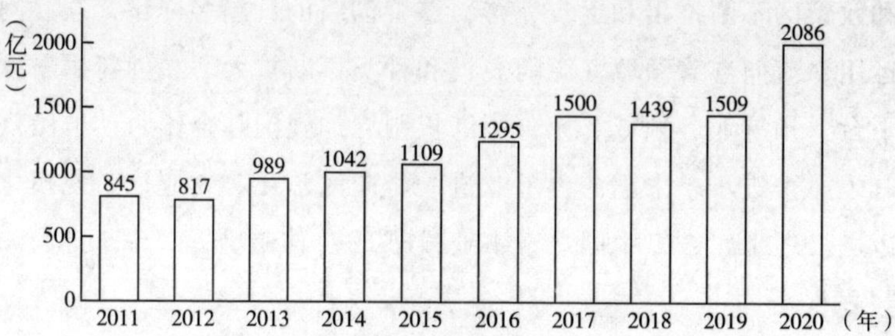

图12　中国社会捐赠总额变化趋势（2011~2020年）

资料来源：2011年、2018年、2019年和2020年《中国慈善捐助报告》。

1. 捐赠来源及变化

2011年至2020年，中国社会捐赠来源仍然以企业捐赠为主，这十年间，在社会捐赠总额中，企业捐赠占比最低年份为2011年的57.48%，最高年份为2015年的70.72%。企业捐赠10年平均占比为64.31%，占到了社会捐赠总额的2/3强。其次是个人捐赠，这十年间，在社会捐赠总额中，个人捐赠占比最低年份为2014年的11.09%，最高年份为2011年的31.62%。个人捐赠10年平均占比为22.77%。企业捐赠和个人捐赠10年平均占比相加为87.08%，也就是说，企业和个人捐赠构成了捐赠来源的近9成。

近十年来，企业慈善、企业社会责任、共享价值、环境、社会和治理投资（ESG）、商业向善等名词频频出现，反映出企业参与慈善的多样性和逐渐深化。从社会捐赠来看，企业一直是我国社会捐赠的主要来源，2011年至2020年企业捐赠年均占比为64.31%，与此同时，民营企业一直是企业捐赠中的主要力量，2011~2018年年均占比为52.02%。目前，中国民营企业已经发展到数千万家，在国民经济中税收贡献超50%，投资占比超60%，就业占比近80%。[①] 外资（合资）企业捐赠占比从2015年起逐步下滑，国有企业捐赠占比则呈现较大的波动性。除了传统捐赠，企业作为专业的集合和个人的集合的

① 参见《2020中国家族企业白皮书》，第3页。

价值，近年来受到更多的关注。

中国个人捐赠真的这么低吗？

按照美国捐赠来源的计算方法，实际上中国企业捐赠中至少民营企业捐赠可以纳入个人捐赠，因为民营企业属于私有性质，其捐赠应该算作个人捐赠。照这种计算方法，中国个人捐赠比例并不低，民营企业占社会捐赠大约为33.45%，[①] 个人捐赠 10 年平均占比为 22.47%，这样中国个人捐赠占社会捐赠总额的比例约为 55.92%。所以，中国的个人捐赠比例并不像一直以为的那么低，只是我们的计算方法与国际上通用的方法不一样罢了（见表 6）。

表 6　2011~2019 年捐赠主体构成情况

单位：%

捐赠主体类型	2011 年	2012 年	2013 年	2014 年	2015 年	2016 年	2017 年	2018 年	2019 年
企业	57.48	58.05	72.37	69.23	70.72	65.20	64.23	61.89	61.71
个人	31.62	26.25	18.42	11.09	16.38	21.09	23.28	25.05	26.40
社会组织	4.84	3.24	6.88	10.89	6.18	6.92	6.67	6.69	5.75
政府	4.18	1.20	1.55	2.55	2.71	2.63	1.48	1.80	1.67
事业单位和宗教场所	0.50	0.38	0.79	0.51	0.46	1.45	2.65	2.25	2.49
人民团体免登记组织	1.38	0.50	-	0.71	0.26	0.17	0.12	0.29	0.21
其他	-	10.39	-	5.55	3.29	2.54	1.57	2.03	1.77

注：2012 年数据《中国慈善发展报告（2015）》与《2012 中国慈善捐赠报告》有出入，可能与统计口径不同有关。

另外，美国个人捐赠中大约 20%是捐给宗教组织，[②] 而我们这一块并没有纳入个人捐赠内（事实上，我们也没有个人捐给宗教组织的数据统计），因此，我国现有个人捐赠的统计数据要比实际捐赠的低。

在企业捐赠来源中，我们又可以做进一步的分析。2011~2018 年，在企业

① 我们这里采用了如下的估算方法：民营企业占企业捐赠总额的比例（2011~2018 年年均占比为 52.02%）企业捐赠占社会捐赠总额的比例（2011~2020 年十年年均占比为 64.31%），两者相乘可以估算出民营企业占社会捐赠大约为 33.45%。

② 我们这里采用了如下的估算方法：美国个人捐赠历年来约占捐赠总额的 70%，而在捐赠总额中捐给宗教组织的约占 30%，两者相乘可以估算出个人捐赠中大约 20%是捐给宗教组织的。

捐赠中，民企占比最高，8 年平均占比为 52.02%，占到了企业捐赠总额的一半多；其次是国企，年平均占比为 25.88%；排在第三位的是外资（合资），8 年平均占比为 18.77%；占比最低的是港澳台及侨资企业，8 年平均占比为 3.32%（各类企业捐赠之间的差异与各类企业的数量和规模有着主要关系，不能简单地据此断言各类企业捐赠热情的高低，可以进一步分析这种占比变化背后的原因）。

个人捐赠

我们已经分析过，在社会捐赠总额中，2010 年至 2019 年，个人捐赠 10 年平均占比为 22.47%，也就是二成多点。这个比例相对还是比较低的。

北师大和北大等高校团队开展的“中国公众捐款”调研结果显示，39.31% 的公众在 2016~2018 年捐过款；32.54%的公众在 2018 年捐过款。平均每年捐款额度为 109.39 元，捐款次数为 1.04 次。根据本次调研结果进行统计学推算，2018 年中国公众捐款的总金额为 1526.35 亿元。这一数值与民政部门的官方统计有一定的差距，可能由于本次统计的捐款中较大比例来自个人互助。而医疗健康、减灾与救灾、扶贫与发展是 2018 年公众捐款最多的三大领域。从捐款领域的比例分布来看，中国公众捐款带有较强的救济扶弱取向，偏重于生存和救助性而非发展性的需求回应，这与西方发达国家的捐赠行为取向有较为明显的差异。

家族慈善

据《2020 家族慈善白皮书》的研究，截至数据统计日，在中国沪深 A 股、港股中资股和美股中概股拥有家族上市公司、家族基金会或家族个人的形式实际参与社会公益慈善捐赠的家族共计 2075 个，有实际慈善捐赠行为的家族共 984 个。①

2015~2019 年，中国慈善家族通过家族上市公司、家族基金会及个人的方式在抗疫、教育公平、环保、精准扶贫和医疗健康等领域投入大量资源，为推动中国践行联合国可持续发展目标贡献了力量。2015 年的公益投入为 20.52 亿元，至 2019 年增长至 76.80 亿元，增长了 2.74 倍，年复合增长率为 39.10%（见图 13）。

---

① 参见《2020 家族慈善白皮书》，第 10 页。

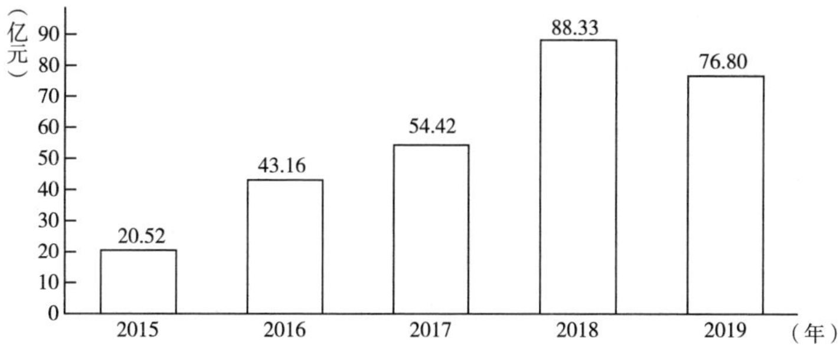

图 13　慈善家族年度公益投入（2015~2019 年）

资料来源：家族公益慈善数据中心，截止时间：2021 年 2 月 5 日，参见《2020 家族慈善白皮书》，第 16 页。

慈善捐赠投入的增减，体现为慈善家族的参与度和积极性，但同时也与政策、社会需求变化等有密切的关系。

2020 年新冠肺炎疫情期间，家族上市公司、家族基金会或家族个人，通过社会组织进行捐赠的形式实际参与社会公益慈善捐赠的家族共 363 家，约占样本家族数量的 41.77%，平均每个家族捐赠投入约为 571.67 万元。

在推动教育公平方面，2015~2019 年，样本慈善家族在本领域的慈善捐赠投入总体上呈升趋势，年均捐赠投入增长率为 28%。这五年里，广东省的家族对教育领域投入最多，为 38 亿元。

家族基金会

据深圳国家公益学院数据统计，2018 年中国家族基金会有 268 家，其中获得慈善组织认定的有 136 家，占 51%；获得公益性捐赠税前扣除资格 93 家，占比 35%。2017 年家族基金会净资产总量为 110 亿元，年捐赠收入 43 亿元，年公益支出 37 亿元。净资产总量约占全国慈善基金会资产总量的 8%。截至 2018 年底，中国慈善基金会共有 6870 家，家族慈善基金会占 4%。整体来说，中国家族基金会与美国相比，规模还是偏小。但是从发展角度来看，未来有着较大的发展潜力和空间。

基金会的发展及总体结构的变化

据基金会中心网公布的数据，2011 年末，全国基金会只有 2648 家，截至 2020 年底，全国有 8156 家基金会（其中公募基金会 1615 家，非公募基金会 6541 家）。2011 年至 2020 年，全国基金会数量和规模有了大幅度增长，尤其是非募基金会。十年里，全国基金会增长了 2.08 倍，年复合增长率为 13.31%，其中公募基金会增长了 31.19%，年复合增长率为 3.06%；非公募基金会增长了 3.62 倍，年复合增长率为 18.52%。非公募基金会的增长速度大大快于公募基金会的增长速度（见图 14）。

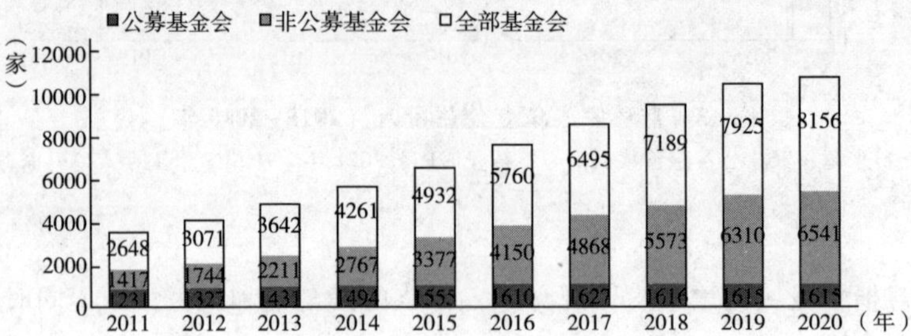

图 14　中国基金会发展趋势（2011~2020 年）

资料来源：2011~2018 年数据参见杨团主编《中国慈善发展报告（2020）》，社会科学文献出版社，2020，第 112 页。

2011 年至 2019 年，中国基金会占社会组织总量的比例有了较大幅度的增长，从 2011 年占比 0.57%，发展到 2019 年占比 0.88%，9 年增长了 54.39%，年复合增长率 5.58%（见图 15）。

图 15　中国基金会数量增长趋势（2011~2019 年）

数据来源：郭磊：《2019 年基金会发展报告》，载黄晓勇主编《中国社会组织报告（2020）》，社会科学文献出版社，2020，第 100~101 页。

2011 年，全国基金会的捐赠收入为 337.4 亿元，至 2018 年捐赠收入达到了 670.9 亿元，增长了 0.99 倍，年复合增长率为 10.32%。2011 年，基金会的公益事业支出为 204.7 亿元，至 2018 年基金会的公益支出达到了 573.6 亿元，增长了 1.80 倍，年复合增长率 15.86%（见图 16）。

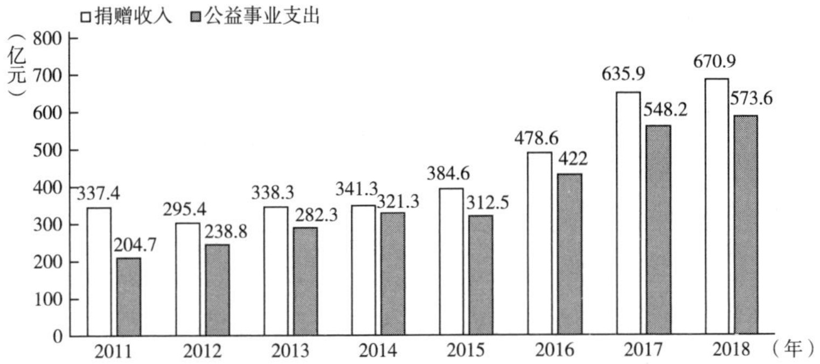

图 16　基金会捐赠收入和公益支出变化情况（2011~2018 年）

资料来源：2011~2018 年数据参见杨团主编《中国慈善发展报告（2020）》，社会科学文献出版社，2020，第 112 页。

基金会结构和类型发生了很大的变化：出现了越来越多的非公募基金会、家族基金会、社区基金会、企业基金会、慈善信托、捐赠人建议基金等，改变了原有的基金会结构（见图 17）。

捐赠接受主体的变化

从慈善捐赠的发展情况可以看出，以民政系统为主的政府部门接收的慈善捐赠持续下降，原因在于，2013 年雅安芦山地震，民政部不再制定专门的募捐机构接收救灾款物，而是交给捐赠人自由选择，标志着民间公益慈善组织在接收捐赠方面有了同样的权利。自此，以基金会、慈善会为主的社会组织接收慈善捐赠的主体地位不断巩固，所占比例不断提高。

据中慈联不完全统计，2017 年度捐赠收入过亿元的基金会共有 64 家（占基金会总数的 1%），仅这些基金会接收的社会捐赠就达到了 323.46 亿元，占全年慈善捐赠总量的 21.6%，占基金会募捐总量的 49.2%，平均每家基金会 2017 年募捐 5 亿元。64 家基金会共委托理财金额 466.6 亿元，全年投资收益金额 11.3 亿元，投资收益率为 2.42%。[①]

① 参见《2017 年度中国慈善捐助报告》（电子版），第 20 页。

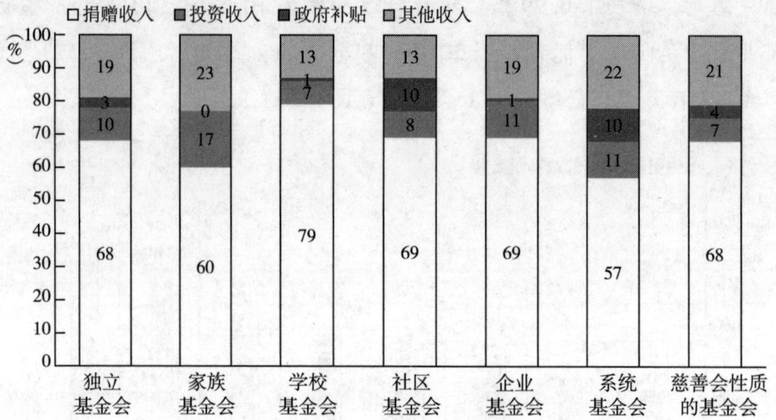

图 17　不同类型基金会收入来源情况（2015 年）

注：截至 2015 年 12 月 31 日，我国境内基金会中，共 3779 家披露了募款资格类型和收入来源信息，其中独立基金会 1516 家，家族基金会 54 家，学校基金会 551 家，社区基金会 59 家，企业基金会 485 家，系统基金会 1065 家，慈善会性质的基金会 47 家。图中的数据系平均数。参见基金会中心网编、邓国胜、陶泽主编《中国基金会发展独立研究报告（2015）》，社会科学文献出版社，2018，第 69~70 页。

资料来源：据基金会中心网数据编制本图。

2011 年至 2019 年，主要接受捐赠主体相互间的占比呈现了此消彼长的变化趋势，其中基金会的占比呈缓慢上升趋势，从 2011 年占比 38.88%，上升到了 2019 年的 44.86%，可以说，基金会在整个接受主体中，占比已近一半，成为募款的绝对主力。相比之下，慈善会的占比在这 9 年间，走出了先高后低的趋势，2013 年出现占比 34.27%的高点之后，逐渐走低，至 2019 年占比为 26.39%，与 2011 年占比 24.13%相比，9 年间占比仅增长了 9.37%。政府部门的占比 9 年间则一路走低，从 2011 年的 21.56%，下降至 2019 年的 9.56%，9 年间占比下降了 55.66%，这与政府主动让渡接受捐赠空间有着重大关系，这也符合发挥社会力量在慈善事业中的主导作用的大趋势，而政府在慈善事业的发展中主要扮演支持者、规范者和监管者的角色。社会组织（不包含基金会和慈善会）的占比 9 年间有了惊人的发展，从 2011 年的 1.32%，飙升到 2019 年的 8.28%，9 年间增长了 5.27 倍。尽管总体上所占比例与其他 3 个接受主体相比（基金会、慈善会和政府部门）仍处于末位，但已显现了某种发展潜力和未来的发展趋势。社会组织作为慈善事业的重要主体，起着关键的运作型组织的作用。随着互联网慈善的不断发展，以及资助型基金会的不断增多，流向各类社会组织的资金资源逐渐增多会成为一种新趋势（见图 18）。

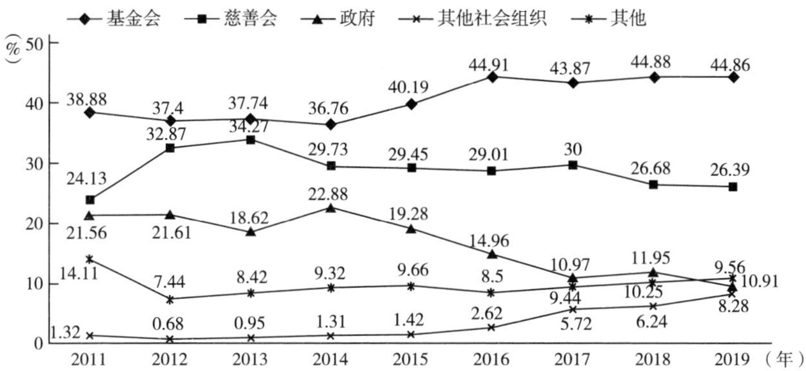

图 18　主要接受捐赠主体九年变化趋势（2011~2019 年）

2. 志愿者、志愿组织和志愿服务概况

据全国志愿服务信息网，截至 2021 年 12 月 1 日，全国有 2.09 亿个实名志愿者，108 万个志愿团队，589 万个志愿项目，志愿服务时间总计 30.35 亿小时，记录志愿服务时间人数 4405 个。[①]

据《2019 年中国志愿服务发展指数报告》[②] 的研究，2019 年中国志愿者总数 2.10 亿人，约占中国大陆人口的 15%，其中注册志愿者 1.69 亿人（志愿者注册率 12%），占志愿者总数的 80.84%，非注册志愿者 4014.77 万人，占 19.16%。活跃志愿者 7182 万人。志愿服务参与率 5.13%。[③] 志愿服务时间 22.68 亿小时，其中注册者服务时间 6.62 亿小时，非注册志愿者服务时间 16.06 亿小时。注册志愿者贡献价值 263.69 亿元，非注册志愿者贡献价值 639.90 亿元。志愿服务组织 116 万家，其中注册志愿服务组织 88 万家，占志愿服务组织总数的 75.37%，非注册志愿服务 28 家，占 24.63%。

① 数据来源：https：//chinavolunteer.mca.gov.cn/NVSI/LEAP/site/index.html#/home，最后查询时间：2021-12-01。

② 参见翟雁、辛华、张扬《2019 年中国志愿服务发展报告》，载杨团主编《中国慈善发展报告（2020）》，社会科学文献出版社，2020。

③ 指在中国大陆地区的总人口中活跃志愿者人数比例。

根据该报告提供的2013~2019年志愿服务发展指数来看（见表7），志愿者服务组织数量从2013年的73万家，发展到2019年的116万家，增长了58.90%，年复合增长率为8.02%。志愿者贡献价值从2013年的215亿元，增加到2019年的903亿元，增长了3.2倍，年复合增长率为27.02%。这个增长率还是比较惊人的。志愿服务时间从2013年的9.32亿小时，增加到2019年的22.68亿小时，增长了1.43倍，年复合增长率为15.98%。志愿服务参与率从2013年的2.62%，上升到2019年的5.13%，增长了95.80%，年复合增长率为11.85%。但从全球范围来看，中国的志愿服务参与率仍处于偏低的状况，在动员和激励社会公众，尤其是青少年参与志愿服务，以及为社会公众提供丰富多样、有趣有意义的志愿活动方面，我们还需从各个层面上下功夫（见图19、图20）。

表7　2013~2019年志愿服务发展指数比较

类别	2013年	2014年	2015年	2016年	2017年	2018年	2019年
志愿服务组织数量（万家）	73	53	85	116	131	143	116
志愿者贡献价值（亿元）	215	301	414	496	548	824	903
志愿服务时间（亿小时）	9.32	12.23	15.59	15.97	16.58	21.97	22.68
志愿服务参与率（%）	2.62	3.00	3.49	4.23	4.38	4.50	5.13
活跃志愿者（万人）	3569	4283	4800	5807	6093	6230	7182
志愿者数量（亿人）	0.85	0.90	0.95	1.35	1.58	1.98	2.10

资料来源：参见《中国慈善发展报告（2019）》，第52页。

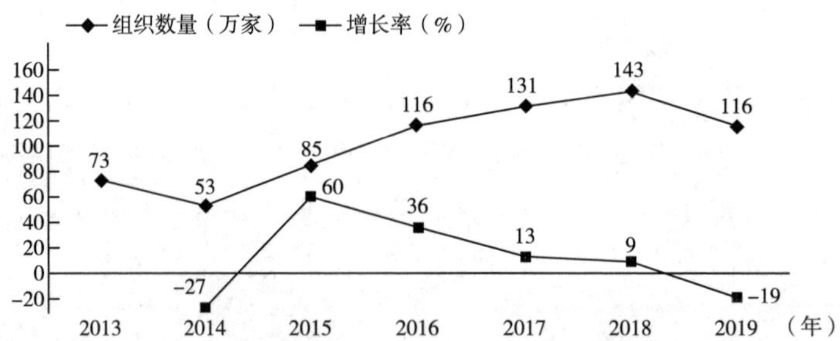

图19　2013~2019年志愿服务组织发展情况

资料来源：翟雁、辛华、张扬：《2019年中国志愿服务发展报告》，载杨团主编《中国慈善发展报告（2020）》，社会科学文献出版社，2020，第65页。本图系重新绘制。

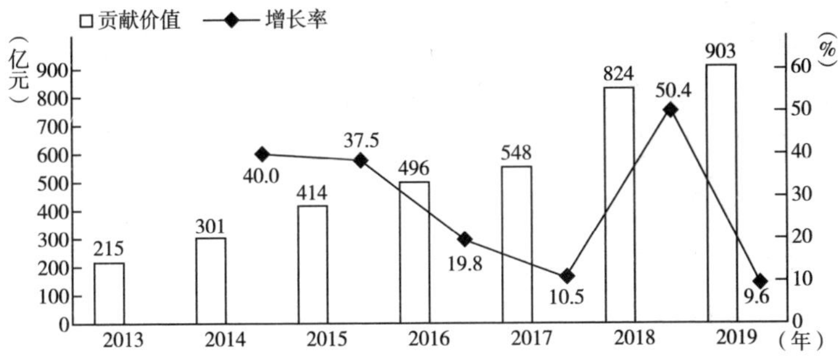

图 20　志愿者贡献价值变化趋势（2013~2019 年）

资料来源：翟雁、辛华、张扬：《2019 年中国志愿服务发展报告》，载杨团主编《中国慈善发展报告（2020）》，社会科学文献出版社，2020，第 65 页。本图系重新绘制。

中国志愿服务信息系统显示，2019 年活跃志愿者人均年度提供志愿服务 21 小时。

中国青年志愿者行动实施以后，志愿服务日益广泛发展，全社会对志愿服务的认知程度已大大提高。截至 2020 年底，全国共有 2401. 4 万人次在民政领域提供了 5741. 1 万小时志愿服务，比上年增加 737. 2 万人次，在民政领域提供了 1414. 2 万小时志愿服务（见图 21）。

图 21　中国民政领域提供志愿服务变化趋势（2015~2020 年）

资料来源：民政部、智研咨询整理。引自产业信息网《2020 年中国慈善机构数量、捐赠收入及慈善事业发展趋势分析》，https：//www. chyxx. com/industry/202110/977453. html。

3. 彩票公益金

2012~2020 年，中国累计发行福利彩票 17187.9 亿元，筹集彩票公益金近 5000 亿元，有力促进了社会福利等事业发展。社会工作专业人才总量达 157 万人。注册志愿者超过 2 亿人，较 2012 年增长近 10 倍（百度网；九派新闻“民政部：截至 2020 年底 全国登记认定慈善组织 9480 个”，最后检索时间：2021 年 10 月 9 日 11：08 分）。

据民政部统计，2011 年至 2019 年，彩票公益金支出合计为 2057.7 亿元，其中用于抚恤 43.8 亿元、退役安置 4.0 亿元、社会福利 1300 亿元、低保及其他社会救济 85.7 亿元、医疗救助 130.5 亿元、自然灾害生活救助 15.0 亿元、其他 454.2 亿元。①

4. 互联网慈善

自 2007 年起，互联网筹款经历了三个不同的发展阶段：（1）2007~2012 年是起步阶段，2007 年腾讯公益平台成立，2009 年淘宝“公益宝贝”开放，新的慈善机构和互联网渠道通过腾讯、淘宝等平台逐渐涌现。（2）2013~2015 年，阿里巴巴和腾讯的创新公益活动标志着慈善行业进入了快速发展阶段。2013 年腾讯月捐赠总额超过了 1 亿元。2015 年腾讯“99 公益日”上线，互联网筹款呈直线上升趋势。（3）2016~2020 年为飞速发展阶段。随着《慈善法》的颁布，互联网筹款在过去五年中实现了飞速发展。2016 年民政部指定首批 12 家互联网公开募捐平台上线。2018 年电商扶贫项目涌现。2019 年腾讯发起“科技向善”倡议，互联网募款参与度和捐赠总额皆创下新高。

在大众参与的情形下，网络慈善有效地提升了慈善资源动员能力，20 家指定互联网募捐金额占社会捐赠总量的比例从 2013 年的 0.4%直线上升至 2019 年的 4.1%，表明个人成为我国慈善事业发展的生力军，这有利于整个慈善事业持续发展的健康生态正在形成。②

2014 年，四大网络募捐平台共募集资金 4.28 亿元。这种方便快捷、易于传播、互动性强、安全可靠的劝募工具和捐赠模式，对中国的慈善募捐生态产生了巨大的影响。网络捐赠规模继续扩大，借助移动互联网化、社交化的创新

① 民政部编《2020 中国民政统计年鉴》，中国社会出版社，2020，第 120 页。

② 参见《〈中国网络慈善发展报告〉发布去年网络平台募捐额占社会捐赠总量 4.1%》，2020-11-03《公益时报》。

手段，创新小额现金捐赠、步数捐赠、声音捐赠等多样化的捐赠内容，参与捐赠的人次不断增长，从数百万、数千万直至数亿。以互联网募捐平台为主的捐赠渠道为社会公众奉献爱心提供了便利，“微信捐步”带动人们运动健康，“蚂蚁森林”倡导人们节能减排，形式多样的募捐活动也使月捐、随手捐、活动捐等捐赠行为成为常态。

互联网快速发展推动人们的慈善观念和慈善行为发生深刻变化。一方面，互联网慈善的募款金额和参与人数持续增加。据民政部披露，近年来通过民政部指定的 20 家互联网公开募捐信息平台，慈善组织募集的善款从 2018 年的 31.70 亿元增长到 2020 年的 82.00 亿元，年复合增长率达到了 60.83%（见表 8）。

表 8　2015~2020 年互联网募捐平台募款情况统计

年份	平台数（个）	募集资金（亿元）	增长率（%）
2015	4	9.66	—
2016	3	12.89	33.44
2017	12	25.90	100.93
2018	20	31.70	22.39
2019	20	53.95	70.19
2020	20	82.00	51.99

数据来源：中慈联历年中国慈善捐助报告。

在“腾讯公益”平台上，2020 年用户捐赠 38.49 亿元，比 2019 年增长 37%，参与人次突破了 1.18 亿。另一方面，基于数字化思维和能力的公益项目不断涌现，互联网和数字化的发展推动公益项目突破专业人才和地域分布上的限制，将更多慈善资源投向社会急需领域。

2015 年，腾讯发起第一届“99 公益日”，3 天内捐款达到 1.27 亿元，共有 205 万人次参与捐款。全年四大网络募捐平台共募款 9.66 亿元。腾讯“99 公益日”筹款总额从 2015 年的 1.27 亿元，增长到 2021 年的 35.20 亿元，增长了 26.72 倍，年复合增长率为 73.96%（见图 22、表 9）。

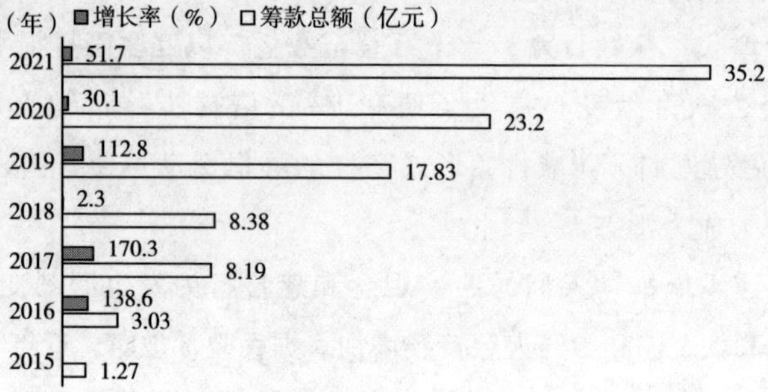

图 22 "99 公益日"筹款总额变化趋势(2015~2021 年)

资料来源:腾讯公益。

表 9 "99 公益日"捐赠人次等指标变化情况

年份	筹款总额(亿元)	捐赠人次(万人次)	平均单笔捐赠额(元)
2015	1.27	205	61.95
2016	3.03	669	45.29
2017	8.19	1215	67.41
2018	8.38	2873	29.17
2019	17.83	4800	37.15
2020	23.20	5780	40.14
2021	35.20	6800	51.76

资料来源:腾讯公益。

总体而言,目前中国互联网慈善事业具有几个重要特征。一是"80 后""90 后"的年轻人成为互联网捐赠的主体。二是互联网项目的资金分布呈现二八分化,前 20%的项目吸引了大多数的募集资金。三是医疗健康、扶贫和教育成为最主要的捐助领域。

5. 慈善资源流向及变化

(1)社会捐赠流向领域

从 2011 年至 2020 年,中国社会捐赠(资金流)集中度明显,主要流向了教育、医疗健康、扶贫和发展三大领域。其中:教育领域的年平均占比为 28.06%,位居第一;医疗健康领域年平均占比为 25.06%,位居第二;扶贫与发展领域年平均占比为 18.48%，位居第三。三个领域年平均占比相加为 72.75%，换句话说，十年里七成多的社会捐赠流向了教育、医疗健康、扶贫与发展这三个领域。排在上述三个领域之后的分别是：减灾救灾领域、人类服务领域、文体艺术领域、生态环境领域。流向减灾救灾领域的慈善资源波动性比较大，与自然灾害和重大应急事件的发生有着重大的关系（见表 10）。

表 10　全国社会捐赠款物流向领域分布（2011~2020 年）

单位：%

流向领域	2011 年	2012 年	2013 年	2014 年	2015 年	2016 年	2017 年	2018 年	2019 年	2020 年
医疗健康	8.92	19.90	37.71	37.1	24.24	26.05	24.10	20.44	18.04	34.05
教育	33.68	25.30	27.48	27.7	31.29	30.44	27.44	29.04	29.17	21.58
扶贫发展	28.99	22.45	9.76	10.9	11.20	21.01	21.21	24.72	25.11	18.48
减灾救灾	6.10	9.32	12.93	5.4	5.84	4.70	3.29	1.83	1.71	-
生态环境	4.62	1.16	0.96	3.5	6.91	1.11	1.38	1.80	1.48	-
文体艺术	7.18	4.90	5.68	3.4	4.56	3.11	2.79	3.28	3.02	-
人类服务	10.28	9.18	0.90	3.3	4.34	3.79	7.21	6.67	6.56	-
公共事业			1.95	2.7	4.06	2.88	7.56	6.33	7.26	-
其他			2.64	2.0	1.78	0.71	0.77	0.94	0.94	-
科研倡导			-	-	-	1.57	0.97	1.31	2.00	-
非定向		7.79	-	4.2	5.78	0.67	0.91	1.37	2.38	-
其他定向			-	-	-	3.96	2.37	2.27	-	-
就业创业									1.37	
行业发展	0.24								0.97	

资料来源：据中民慈善捐助信息中心和中慈联历年捐助报告整理。

（2）上榜慈善家的捐赠方向

据 2021 胡润慈善榜的数据分析，上榜慈善家中，向教育领域捐赠的人数仍然最多，占 39%；新冠肺炎疫情影响下，医疗方面捐赠人数继续上升，占 27%，排名第二；扶贫方面占 24%，排名第三。可以看到，上榜慈善家的捐赠资金流向的前三个领域与社会捐赠款物的流向领域是一致的，前三位分别是教育、医疗和扶贫领域。

教育方面主要捐赠方向包括科研、校园建设、捐资或成立各类助学基金会、教师学生奖金、帮助困难学生等。医疗方面捐赠最多的是美的集团的何享健，以家族名义预计捐赠100亿元建设非营利性医院和祐国际医院；字节跳动的张一鸣，以个人及集团名义向中国红十字基金会字节跳动医务工作者人道救助基金合计捐赠4.25亿元；世纪金源的黄如论以家族名义向中国华侨公益基金会捐赠1.2亿元用于支持抗击新冠肺炎疫情等。扶贫方面主要捐赠方向包括定向精准扶贫和广东扶贫日等。①

6. 近十年慈善事业的变化趋势

（1）慈善事业的作用和价值日益凸显

近十年来，中国慈善事业的作用日益凸显。中国慈善事业作为中国基本经济制度、社会保障制度、社会治理制度的有机组成部分和国家、城市软实力的构成要素，在扶贫开发、救灾减灾、教育救助、医疗健康、环境保护、志愿参与、社区服务、慈善文化传播等领域发挥了独特和不可替代的作用。

慈善事业是社会资源的第三次分配。社会组织、慈善组织是社会资源的链接者和整合者。在慈善行业生态中，慈善组织作为资源链接者，根据社会需求进行募集和分配，有效透明地使用慈善资源，达到缓解社会问题，促进社会公平、公正，提升社会福祉的目标。

根据中慈联中国慈善捐赠信息数据库统计，自2012年至2017年的7年间，全国范围内流向扶贫领域（此处扶贫领域不仅包括扶贫与发展领域的捐赠，还包括针对改善贫困地区的医疗以及教育等领域的捐赠）的慈善捐赠达到了1712亿元。总体来看，每年向扶贫领域投入的捐赠资源不断增加，从2012年的183亿元增长到2017年的427亿元，增长了133%。这主要得益于慈善环境的不断优化、慈善类社会组织的增加和国家对于全社会扶贫的大力倡导（见表11）。

① 参见《2021胡润全球富豪榜》，数据来源：胡润百富，作者：胡润百富，发布时间：2021-03-02。

表11　中国扶贫领域的慈善捐赠统计（2012~2017年）

年份	捐赠总量（亿元）	扶贫领域捐赠（亿元）	占比（%）
2012	817	183	22.4
2013	989	241	24.4
2014	1042	195	18.7
2015	1108	261	23.6
2016	1393	405	29.1
2017	1499	427	28.5

资料来源：中慈联中国慈善捐赠信息数据库。

（2）慈善创新日趋多样化

近十年来，为了创造社会价值，创造性地应对和解决棘手的社会问题，满足多样化的社会需求，以及使慈善组织本身的运作变得更有成效，更具有社会影响力，慈善公益领域涌现了各种形式的创新，如理念创新、模式创新、组织创新、运作方式创新等。

公众参与慈善的方式已不限于捐钱捐物，公益创投、股权捐赠日益受到关注，而捐赠方式除现场捐赠、邮局、银行汇款外，网上银行捐赠、手机支付、支付宝、微信等第三方支付平台受到越来越多人的青睐。公众参与慈善更注重体验，便利、有趣成为参与捐赠的重要因素。网络捐赠、移动捐赠、短信捐赠、淘宝公益宝贝、微信支付捐赠、扫一扫捐款、众筹等成为公众参与慈善事业的重要端口，快捷、方便、有趣成为公众，尤其是青年人喜闻乐见的慈善捐赠方式。

（3）公益创投——新型捐赠和公益慈善支持方式

公益创投在社会与政府两个渠道齐头并进。政府主导的公益创投不断向纵深发展，众多区、街道一级政府加入进来，资助和培育社区公益慈善项目。政府主导的公益创投吸收社会资本，邀请专业公益支持机构运营，呈现出多方合作的特点。

（4）社区慈善——激活社区动员和参与的载体

自2013年起，随着社区基金会在上海、深圳、北京、成都等大城市的纷纷涌现，社区慈善成为中国公益慈善新热点。社区慈善以社区基金会、社区互助会、社区志愿者组织等为载体，在社区内形成守望相助的慈善氛围。众多社区慈善组织进入社会组织孵化园，并得到了公益创投的资助。社区基金会的优势在于能够开发社区中现有的资源，并利用其为公共利益服务。其核心特征可以概括为：本地资源、本地利益相关者和本地解决方案。

（5）互联网公益成为慈善资源的新的增长点

中国的互联网公益和基于互联网平台的慈善募捐，从发展速度、整体规模、模式创新等方面来说，在世界范围内都走在前列。我们注意到其中一个重要力量是腾讯公益。①

（6）公开透明成为慈善组织的生存之道

越来越多的慈善组织认识到，公开透明是取得公众信任、获得更多募款、确保机构可持续发展、规模不断增长的生存之道。如中华儿慈会的姜莹秘书长所谈到的，“作为公众募捐为基因的基金会一定要在公开透明上做到非常高的标准，才可以受到公众更多的关注，获得更多的募款”。儿慈会不仅自己做好公开透明，还联合其他公益组织一起做好公开透明。儿慈会已经取得了99公益的四连冠，也是公开透明项目最多的基金会。② 又如中国扶贫基金会将阳光透明纳入机构文化建设以及机构治理中，这些措施极大提高了基金会的公信力。近几年来，扶贫基金会公众捐赠数金不断增加，从2013年的1500万元，增加到2020年的11.03亿元。③

（7）跨界协作成为一种新业态

跨界的重要意义：首先，它打破了政府、企业、慈善组织之间原有的疏离，创建了政府、企业、社会组织之间新的协同机制。其次，充分发挥政府、企业、慈善组织各自的比较优势：政府提供公共政策和财政上的支持；企业为慈善组织提供资金、经营管理和商业化运作经验；而慈善组织则利用其专业知

① 参见《艳妮说——南都基金会为什么和腾讯合作“百个项目资助计划”》，南都公益基金会官网，2021-09-17。

② 基金会中心网、浙江大学社会治理研究院主编《中国基金会透明度发展研究报告》（2019），北京联合出版公司，2020，第14页。

③ 参见基金会中心网、浙江大学社会治理研究院主编《中国基金会透明度发展研究报告》（2019），北京联合出版公司，2020，第14页，以及《全力脱贫攻坚——中国扶贫基金会2020年度报告》。

识和以志愿者为主的非货币资源直接提供社会、社区发展所需要的各项服务。

（8）公益与商业的融合成为新的热点

公益与商业的融合是近年来慈善公益领域的一个新趋势，其典型的模式包括社会企业、公益信托、社会影响力投资等。

徐永光认为，基金会的一个重要发展模式是把基金的支出形成链条，这个链条就是从最初的资助到后面的投资，把整个链条做成一个混合金融，叫公益金融链条：包括纯粹资助、与项目相关的投资贷款、投资社会企业和市场投资（见图23）[①]。

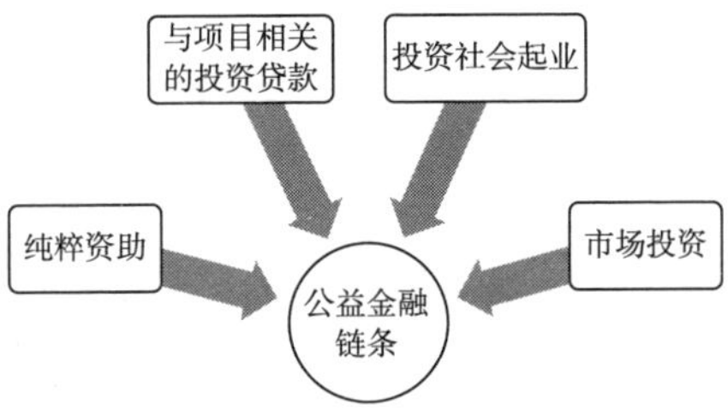

图23　公益金融链条

社会企业

据《中国社会企业与社会投资行业扫描——调研报告2019（简版）》，“北京最早明确提出鼓励社会企业发展，2017年底启动了社会企业试点工作；成都首创社会企业成为一个工商注册形式，并为经认证的社会企业提供培育计划；深圳市福田区则致力于建设社会影响力投资高地，从构建生态体系的宽阔视角服务社会企业发展；佛山市顺德区是国内最早开展社会企业认证的地方政府。”[②]

据《中国社会企业与社会投资行业扫描——调研报告2019（简版）》，2019年，中国社会企业规模根据低方案为1684家，高方案为1750420家。[③]

① 参见徐永光：中国基金会的资源流向与世界潮流存在“两个逆向”。

② 参见《中国社会企业与社会投资行业扫描——调研报告2019（简版）》，第5页。

③ 低方案即统计“自觉意识”的社企数量：根据各种社企名录，统计出自己认同社企身份且被行内认可的社企；高方案即统计“无意识”的社企数量：按照宽口径，纳入一定比例的民非和农民合作社（因中国中小企业数量庞大，难以甄别其是否有公益目标，暂无法纳入估算范围）。参见《中国社会企业与社会投资行业扫描——调研报告2019（简版）》，第2页。

社会企业在广泛的社会与环境领域实现其社会使命，包括教育（21%）、社区发展（13.4%）、就业与技能（12.3%）、环境与能源（9.8%）、公益/社企行业支持（9.3%）、医疗与健康（7.4%）、老年服务与产业（6.5%）、扶贫（5.7%）、艺术文化体育（4.6%）等众多领域。①

基金会正在探索更多使用资产的新方式，包括风险慈善、影响力投资和社会责任投资，和/或使用非货币资产，如专业知识、声誉和召集力。但这些趋势不应被夸大，例如影响力投资虽然已纳入许多机构的视野，但仍未得到广泛实践。此外，我们也看到了社会企业的成长，这在许多国家得到了高度重视。营利与非营利部门之间的界限越来越模糊。②

慈善信托的探索和发展

“慈善中国”官网的数据显示，截至2021年10月15日，全国已备案慈善信托达660单，合同金额35.78亿元。以慈善法实施5年计算，平均每年备案慈善信托132单，合同金额7.16亿元。③ 据《2020年中国慈善信托发展报告》，2020年新增慈善信托257单，财产规模约3.90亿元，累计备案慈善信托537单，财产规模约33.19亿元（见表12）。④

表12　中国慈善信托发展概况（2016~2020年）

年份	新增信托数（单）	备案财产规模（亿元）
2016（9~12月）	22	2.64
2017	45	5.98
2018	87	11.40
2019	119	11.40
2020	257	3.90

资料来源：中慈联慈善信托委员会编2019年和2020年《中国慈善信托发展报告》。

《2020年中国慈善信托发展报告》显示，2020年慈善信托业务呈现以下两个新特征。

① 参见《中国社会企业与社会投资行业扫描——调研报告2019（简版）》，第3页。
② 《慈善行业的全球图景》，第6页。
③ 王勇：《慈善信托下一步：更宽松还是更规范？》，《公益时报》。
④ 中慈联慈善信托委员会编2020年《中国慈善信托发展报告》。

一是以社会组织为委托人的慈善信托单数显著增加，共89单，同比增加169.70%，财产规模约1.2亿元。以企业为委托人的慈善信托共98单，财产规模约1.51亿元。相较于过去主要由企业作为委托人的情况，2020年社会组织的表现更加活跃，与企业平分秋色。特别是2020年上半年，多个社会组织设立了与抗击新冠肺炎疫情相关的慈善信托。

二是银行进一步布局慈善信托托管业务。截至2020年底，共有31家银行作为慈善信托的托管人，其中包含6家大型国有控股商业银行、9家全国股份制商业银行。

2020年，多家信托公司设立了以抗击新冠肺炎疫情为目的的慈善信托，共92单，财产规模为1.48亿元。特别是由中国信托业协会倡议设立、国通信托作为受托人的“中国信托业抗击新型肺炎慈善信托”，得到行业积极响应，共61家信托公司出资委托。

三　慈善资源流向及变化的原因分析

自1978年以来，随着中国的改革开放和经济社会发展、第三部门和慈善事业的发展、个人财富的增长、相关法律法规和政策的不断推出和逐步完善，流向慈善领域的资源规模和种类不断拓展。进入21世纪，随着互联网和数字技术的发展，慈善资源拓展的规模和速度又有了新的发展。我们的基本观点是，慈善资源的流向和变化受到宏观、中观和微观等多种因素的影响，因此，要对慈善资源进行历时性研究，应当从多个维度展开深入研究，这样，才能提供一个比较全面的慈善资源拓展的图景（见图24）。

（一）宏观因素

总体上来说，一国一地区的经济发展水平与该国、该地区慈善资源的增加有正向的关系。另外，社会文化与人口结构的变化对该国、该地区的慈善资源的拓展和流向有重要影响。例如，据北京师范大学中国公益研究院、深圳国际公益学院《2019中国捐赠百杰榜》研究，2011～2019年，广东省始终为百杰上榜人数最多的省份，成为百杰捐赠人的聚集地，首先是因其靠近港澳，经济

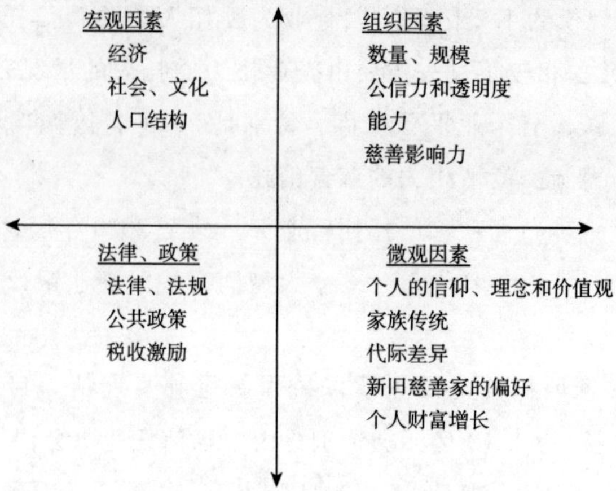

图 24　影响慈善资源流向和变化的四个维度

发展早，财富人群集中；其次是传统文化根植于心，感念家乡、回报社会的慈善文化盛行；最后是政府倡导发挥着强有力的作用，每年广东举办的扶贫济困日活动，有许多企业响应、进行大额捐赠。①

1. 经济因素

（1）对捐赠的影响

经济因素对慈善事业的影响是显而易见的。从中国慈善事业发展的现实来说，社会捐赠总量的不断增加，慈善组织数量和规模的不断扩大，与中国经济发展有着密切的关系。例如，2001～2010 年，中国 GDP 的年均增长率为 10.57%（见图 25）。

全国居民人均可支配收入从 2001 年的 4070 元，增长到 2010 年的 12520 元，增长了 2.08 倍，年复合增长率为 13.30%。2001～2010 年，中国社会捐赠总量从 2001 年的 11.7 亿元，增长到 2010 年的 601.7 亿元，增长了 50.3 倍，年复合增长率为 54.93%；人均捐赠额从 0.92 元，增长到 44.87 元，增长了 44.77 倍。可以看到居民人均可支配收入与社会捐赠总量之间具有强相关性，前者的增加会对后者产生明显的影响（见图 26）。

① 参见北京师范大学中国公益研究院、深圳国际公益学院《2019 中国捐赠百杰榜》（电子版），2020，第 10 页。

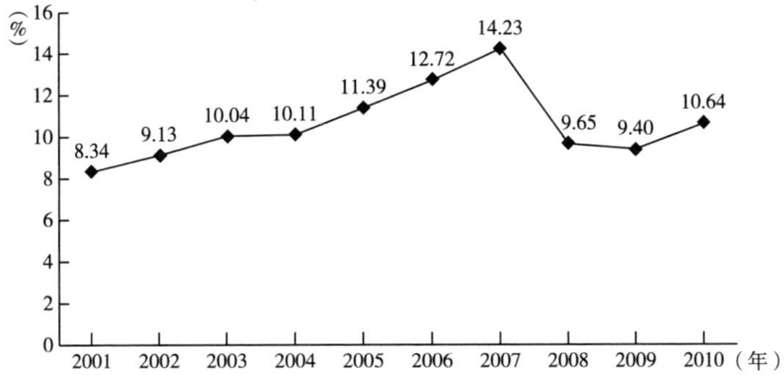

图25　中国GDP年度增长率（2001~2010年）

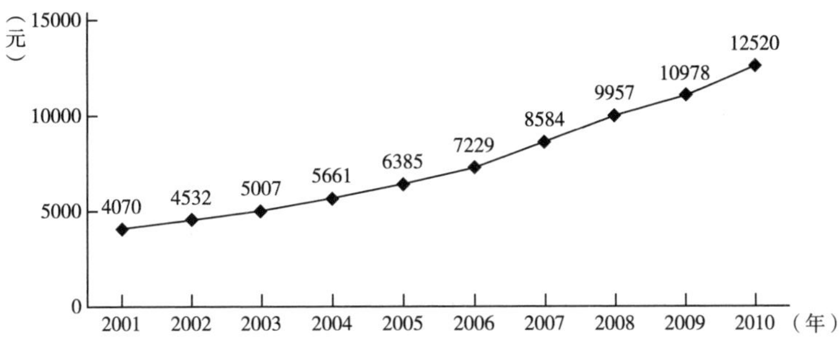

图26　全国居民人均可支配收入（2001~2010年）

2011年至2020年，中国GDP年均增长率为6.85%。全国居民人均可支配收入从2011年的14551元，增长到2020年的32189元，增长了1.21倍。社会捐赠总量从2011年的845亿元，增长到2020年的2086亿元，增长了1.47倍。可以看到，近十年中国GDP的年均增长率（6.85%）比上一个十年的年均增长率（10.57%）有较大的回落，但全国居民人均可支配收入仍呈增长态势，这也在一定程度上支撑了社会捐赠总量和人均捐赠额的持续增长（见图27）。

（2）对个人财富积累的影响

经济发展对个人财富积累有着重大影响。据《2021胡润全球富豪榜》公布的数据，2020年中国新增富豪比其他国家总和还要多，且超过了美国。

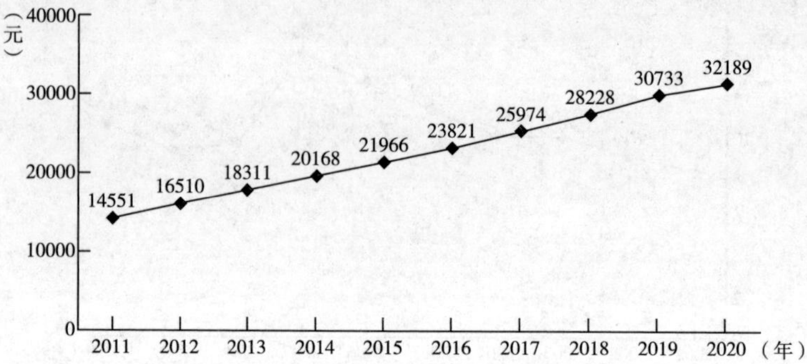

图 27　全国居民人均可支配收入（2011~2020 年）

2020 年我国新增了 259 位十亿美元企业家，成为世界上第一个拥有超过 1000 位已知十亿美元企业家的国家，达到了 1058 位，占全球十亿美元企业家总数的 35%，超过了排在其后的美国、印度和德国三个国家的总和。在过去 5 年里，中国新增了 490 位十亿美金企业家，而美国为 160 位。2014 年中国社会捐赠总量再次突破千亿元大关，主要由于高净值人群和社会财富总量的增加所拉动，其中主要增长点是财富人群对于高等教育事业捐赠和非公募基金会的迅速增加。[①] 随着个人和家族财富的增长，慈善的投入也随之有了较大的增长。2019 年，中国慈善家族公益投入达到了 76.80 亿元。[②]

（3）对慈善资源和慈善组织分布的影响

经济发展的水平也明显影响到慈善资源和慈善组织的地区分布。全国基金会净资产的地域分布极度不平衡，基金会净资产占比超过 10%的仅有北京、江苏和上海，其净资产占全国基金会总数的 55.73%。北京、江苏、上海、广东、浙江不仅是全国基金会最多的省份和直辖市，同时也是大型基金会最集中的地区。大型基金会主要集中在经济、社会发展水平比较高的大城市，如北、上、广、深等城市。

2. 社会、文化因素

一国捐赠水平的高低并非完全由经济发展水平决定，而是受到一国的政

① 参见《2014 年度中国慈善捐助报告》，第 78 页。

② 参见《中国慈善家族白皮书》。

治、社会、经济以及历史文化传统等诸多因素的影响。现代慈善文化的传播，新慈善理念的倡导，慈善活动和志愿服务的开展，让越来越多的人参与到慈善事业中来，让慈善公益成为我们生活和生存的一个组成部分，一种不可或缺的生活品质。慈善文化的培育，需要熏陶、需要教化、需要通过各种慈善实践，变成我们的“习惯”和“本能”。慈善文化因素可以从如下三个层面来加以具体的分析：观念层面、制度层面和行为层面。在观念层面上，慈善文化的一个重要功能是通过观念的传播、理念的倡导，来改变人们的观念和行为，使世界成为一个更公平、公正和美好的地方。在行为层面上（包括个人行为和组织行为），慈善文化是通过组织化、制度化和集体性的行动，通过项目化运作来产生某种影响，来引起某种变化。慈善公益不是简单地做好事、做善事，而是通过组织化的运作来填补政府与市场的空白，是与政府、市场协作，形成协同治理的优势，从而产生协同或复合效应。在制度层面上，慈善文化具体体现为规范公民和慈善组织捐赠行为、慈善公益活动和志愿服务的各种法律、规范和典章制度。一是国家所颁布的《慈善法》《中华人民共和国公益事业捐赠法》《基金会管理条例》《志愿服务条例》等。二是慈善行业和慈善机构制定的规范慈善组织行为的细则，如《中国公益慈善组织透明度评估体系指标与细则》等。

3. 人口结构因素

人口结构的变化，如人口老龄化和新一代富豪的年轻化，不仅影响到慈善资源的需求端，也影响到慈善资源的供应端。

随着我国生活水平的提高、医疗条件的改善以及计划生育卓有成效的实施，人口老龄化程度不断提高。人口老龄化需要慈善组织开展各种为老服务。老龄人口的增多，要求社会兴办更多的为老服务机构，开展更加丰富多彩的为老服务活动，这给慈善组织为老服务等带来了大量的社会需求，从而给慈善事业的发展提供了新的挑战和发展空间。

越来越多年轻专业人员、高学历人才进入慈善组织，改变了慈善组织原有的人员结构，给互联网慈善和公益数字化带来了有生力量。互联网捐的蓬勃发展，给年轻人参与慈善事业提供了更多的参与机会，“80后”“90后”成为互联网捐赠的中坚力量。另外，新一代富豪（尤其是科技富豪）参与慈善的方式与老一代慈善家有了较大的变化，他们更多地介入慈善项目的运作，推进了互联网慈善和公益数字化进程。

（二）法律、政策因素

与慈善相关法律、法规和政策的制定、变化，作为直接的干预因素对慈善资源的扩展和流向有着重要影响。

1988 年出台《基金会管理办法》；1994 年《人民日报》发表《为慈善正名》，打破了长期的思想禁锢，为慈善事业的发展排除了障碍；2004 年出台《基金会管理条例》，开放私人财富涌入基金会领域；2013 年党的十八届三中全会放开对公益慈善类社会组织的双重管理；2014 年，国务院出台了《关于促进慈善事业健康发展的指导意见》，对促进慈善事业的健康发展起到了良好的作用。随之，全国各地共出台了百余项促进慈善事业发展的政策。

2016 年是中国慈善事业当之无愧的里程碑之年。《慈善法》的正式颁布和实施，标志着中国慈善事业正式走入法治化轨道。《慈善法》构建了一套中国前所未有的慈善组织法律制度。这套制度以大慈善的制度共识为基础，建构了一个基于信息公开的新制度体系。一方面赋予了慈善组织以法律为基础的合法性；另一方面通过慈善信息公开制度等的推进，将监督管理的主题从政府直接转换到三类信息平台，进而通过移动互联网技术及慈善大数据的作用，使得整个社会全面监督慈善组织及其活动的格局得以形成，并最终实现慈善组织依法开展慈善活动的法治目的。[①] 此后，《慈善组织认定办法》《慈善组织公开募捐管理办法》《公开募捐平台服务管理办法》《社会组织登记管理机关受理投诉举报办法（试行）》《慈善信托管理办法》《慈善组织开展慈善活动年度支出和管理费用的规定》《关于支持和发展志愿服务组织的意见》等相关配套政策陆续出台，政策联动效应显现，制度体系更加清晰完善。《慈善法》等带来的政策红利也开始在实践中不断释放，来自企业家和富豪的大额捐赠和来自社会公众的小额捐赠呈爆发式增长态势，专业慈善组织和社区慈善蓬勃发展。

（三）组织因素

慈善组织，尤其是基金会在慈善资源从供应端向需求端传递的过程中，发

① 王名：《从社会组织到慈善组织：国家—社会关系的演变》。

挥着重要的链接作用。组织因素对慈善资源的影响体现在以下几个方面。

1. 慈善组织数量和规模的影响

社会捐赠总量的增加，与社会组织尤其是慈善组织的发展密切相关。一方面，捐赠是慈善组织的主要收入来源，捐赠总量的增加有利于慈善组织的发展壮大；另一方面，慈善组织数量的增加、规模的扩大和能力的提升，又提升了其社会影响力和募捐能力，反过来促进了社会捐赠总量的持续增加（见图 28）（补充数据）。

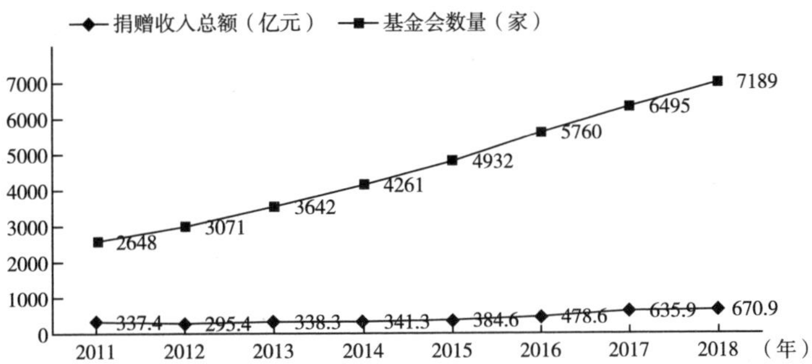

图 28　基金会捐赠收入变化趋势（2011～2018 年）

2. 组织能力所产生的头部效应

据中慈联不完全统计，2016 年度捐赠收入过亿元的基金会共有 46 家，仅这些基金会接收的社会捐赠就达到了 210.7 亿元，所专注的领域中教育、医疗健康、扶贫和发展排在前三位。[①] 2019 年捐赠收入排名前十的基金会，其捐赠收入总计为 187.8 亿元，占全国基金会捐赠收入总额的 28%，支出总计为 171.9 亿元，占全国基金会支出总额的 30%，[②] 显示了明显的头部效应。基金会专业化运营管理和免税方面的优势明显，对于大额捐赠具有明显的吸引力。据《2019 年中国捐赠百杰分析报告》，2019 年中国百杰捐赠资金接收方主要是基金会，所接收的捐赠金额总额（占 69%）和捐赠笔数（占 50%）均位列第一（其余接收方为慈善会 8%、大专院校 7%、其他公益组织 3%、县级政府

① 《2016 年度中国慈善捐赠报告》（电子版），第 21 页。

② 《中国慈善发展报告（2020）》，第 103 页。

3%、其他组织10%)。①

3. 慈善组织公信力和透明度的影响

公开透明是取得公众信任、获得更多募款、确保机构可持续发展、规模不断增长的生存之道。如中华儿慈会的姜莹秘书长所谈到的,“作为公众募捐为基因的基金会一定要在公开透明上做到非常高的标准,才可以受到公众更多的关注,获得更多的募款”。儿慈会不仅自己做好公开透明,还联合其他公益组织一起做好公开透明。为此,儿慈会不仅取得了“99公益日”的四连冠,也成为公开透明项目最多的基金会。又如中国扶贫基金会将阳光透明纳入机构文化建设以及机构治理中,这些措施极大提高了基金会的公信力,基金会公众捐赠金额不断增加,从2013年的1500万元,增加到2020年的11.03亿元,7年增长了72.53倍,年复合增长率为84.77%。

(四)微观因素

1. 个人的信仰、理念和价值观(补充对一般公众捐赠和志愿参与的影响)

个人捐与不捐,捐多捐少不仅受制于经济发展水平、个人财富的多寡,而且受制于现代慈善文化的普及程度,取决于个人的财富观和价值观。财富虽然赋予了富豪和高净值人群极大的财务自由,但如何看待和利用财富却取决于一个人的格局和境界,取决于你位于马斯洛需要层次论的哪一层。钱多了并一定会让你自然而然地上升到马斯洛需要层次的第五层“自我实现”,甚至第六层“超越自我”,也有可能一生陷于需要层次的第一层“生存本能”,仅仅满足于“口欲”和炫耀性消费。

2. 个人财富增长

中国个人捐赠的一个显著特点是:例如,2011年,企业家(富豪)的巨额捐赠占据了个人捐赠的绝大部分,其中排名前十位的个人捐赠总额达到59.5亿元,占个人捐赠总额的60%。② 据《2019中国捐赠百杰榜》分析,9年以来,《中国捐赠百杰榜》累计有609人上榜,累计捐赠1880亿元。累计捐

① 参见北京师范大学中国公益研究院、深圳国际公益学院《2019中国捐赠百杰分析报告》(电子版),2020,第17页。

② 《2012年中国慈善发展指数报告》,第5页。

赠 1 亿元以上捐赠人共 183 位，捐赠 10 亿元以上捐赠人 27 位。共有 124 位捐赠人上榜 2 次以上，其中王健林、许家印及杨国强家族连续 9 次上榜。①

3. 家族慈善传统

在全球范围内，家族慈善事业构成了一个丰富而动态的传承拼图，包括捐赠文化、捐赠方式、捐赠动机和捐赠结构。② 家族慈善基金会是财富家族通过慈善促进人类文明发展的重要平台和工具，是私人财富回馈社会的重要渠道，具有更多自主性。2005~2018 年，中国家族慈善基金会由不足 40 家发展到 268 家，捐赠支出由 873 万元增长至 37 亿元。研究发现，家族慈善基金会从事公益事业的领域主要切合当下社会发展需求，教育领域 60%、扶贫 20%、文化艺术科学 16%、医疗健康 12%、特殊群体帮扶 10%。③

随着中国个人和家族财富的持续增长，逐渐形成了财富家族慈善传统。2019 年中国捐赠百杰上榜人，以家族或夫妻名义捐赠共有 10 位，较以往年份略有上升。杨国强家族、朱孟依家族、何享健家族、陈卓林家族均已上榜超过 5 次，大额捐赠在这几个家族中已形成惯例，是每年必不可少的家族慈善行为。④ 家族财富不在于“拥有”，而在于“实现其价值所在”，帮助他人解决社会问题，推动社会进步。⑤ 老牛基金会家族特征明显：资金由牛根生先生与家人捐出，与他人或企业（包括家族企业）没有关联；家族全部成员参与慈善事业；财富和理念具有传承性，家族慈善基金会的“有形资产”和“无形资产”代际相传。⑥

① 参见北京师范大学中国公益研究院、深圳国际公益学院《2019 中国捐赠百杰分析报告》（电子版），2020，第 3 页。

② 参见洛克菲勒慈善咨询机构和坎普登财富公司《2020 年家族慈善的全球趋势和战略时间维度》（中文电子版），第 4 页。

③ 参见国际公益学院家族传承中心《中国家族慈善基金会发展报告 2018》（电子版），2019，第 15 页。

④ 参见北京师范大学中国公益研究院、深圳国际公益学院《2019 中国捐赠百杰分析报告》（电子版），2020，第 8 页。

⑤ 参见国际公益学院家族传承中心《中国家族慈善基金会发展报告 2018》（电子版），2019，第 5 页。

⑥ 参见国际公益学院家族传承中心《中国家族慈善基金会发展报告 2018》（电子版），2019，第 6 页。

四 中国慈善事业面临的瓶颈问题

（一）慈善生态和慈善基础设施建设不够完善

根据全球的慈善行业基础设施网络 WINGS 在 2014 年的一项研究，慈善行业基础设施：1924～1980 年：兴起于欧洲和北美。1980～1990 年：扩展到全球。2000 年至今：全球扩张减缓，地区持续发展。从亚太地区的调研对象看，成立时间在 1974～2001 年间。WINGS 的研究表明，北美地区占全球慈善支持组织支出的 80%，而亚太地区则不到 4%①。中国目前仍缺少支持性的全国平台、网络来连接各个组织，促成不同组织以系统方式进行学习、交流，回应具体的情景和需求。②

由于中国资助型基金会的缺乏，慈善行业基础设施建设一直是比较缺乏的。早期的支持性组织有恩玖非营利咨询中心。1992 年中国国际民间组织合作促进会成立，专门致力于促进中国与国外社会组织和国际多边机构交流与合作。1998 年清华大学 NGO 研究中心成立，系全国第一家为 NGO 专门设立的研究机构（后改称为 NGO 研究所）。2001 年基金会中心网上线，它是 WINGS 的中国成员。2001 年，由民政部、中国社会工作协会主办的《公益时报》在北京正式创刊，这是中国第一份专门致力于宣传、传播公民、慈善公益与公共福利事务的全国性报刊。另外还有一些地方性的公益支持性组织，如映绿公益发展研究中心、恩派等。但总体上来看，中国的慈善基础设施建设落后于欧美发达国家，尤其是美国。

（二）基金会的总体结构不够完善，资助型基金会偏少

基金会按照运作模式来划分，可分为资助型、运作型和混合型三大类。“虽然慈善资助在慢慢增加，但除英语国家外，资助在基金会运营中的比例仍

① 参见《慈善基础设施》（电子版），第 9 页。

② 参见《中国公益行业社会资金流动现状调研报告》（电子版）。

然相对很小”①。截至2020年底，中国已有8156家基金会，但大部分是运作型、混合型基金会，资助型基金会极少，从全国范围来看，资助型基金会可能不超过50家。南都公益基金会、上海联劝公益、浙江敦和基金会等是几家具有代表性的资助型基金会，也是近年来在推动慈善生态和慈善基础设施方面比较突出的。

（三）社会捐赠总量体量不大，占GDP比例偏低

中国社会捐赠总额占GDP的比重从2001年的0.01%上升为2010年的0.15%，增长了14倍。然而，从2011年至2020年，社会捐赠总额占GDP的比重基本上徘徊于0.15%至0.21%之间（见表13）。尽管现有的统计方式可能存在诸多不足，难以完全体现中国社会捐赠的实际情况，但还是说明中国的慈善资源和慈善捐赠仍需要有多维度、多渠道的拓展，以增加社会捐赠资金的体量。

表13　2011~2020年中国慈善捐赠情况

年份	社会捐赠总额（亿元）	GDP（亿元）	占当年GDP比例（%）
2011	845	473104	0.18
2012	817	519322	0.16
2013	989	568845	0.17
2014	1042	636463	0.16
2015	1109	689052	0.16
2016	1295	744127	0.17
2017	1500	827122	0.18
2018	1439	900309	0.15
2019	1509	990865	0.15
2020	2086	1015986	0.21

资料来源：社会捐赠总额来自2011年、2018年、2019年和2020年《中国慈善捐助报告》。

① 参见《慈善行业的全球图景》（电子版），第5页。

（四）慈善文化普及程度不足，个人捐赠比例偏低

改革开放和社会转型，慈善事业在中国迅速崛起，但个人捐赠并未跟上整体经济的增长步伐。目前，中国社会捐赠总额仅占 GDP 的 0.2%左右。个人捐赠者的渗透率相对较低，仅占总人口的 7%。[①] 中国公众慈善参与度低，不仅相对低于慈善事业相对发达的欧美国家，与世界平均指标相比，也有较大的差距。北京师范大学教授陶传进认为，“公众参与捐赠不足的根本原因在于我们的捐赠文化，我们的社会长期以来没有公众参与到公共空间的惯例和环境”。[②] 邓国胜教授认为，“未来还是要加强慈善文化的培育，这有一个过程。客观地说，目前中国的公众捐赠与志愿参与度不高，我们的捐赠主要还是依靠企业，企业捐赠占 70%到 80%左右。与美国相比，正好是相反的。美国个人捐款占比大概是 70%到 80%。然而，慈善最重要的就在于人人参与。这一方面说明我国慈善捐赠的结构还不尽合理，公众参与度太低；另一方面，也意味着，未来我国慈善事业发展的空间很大”。[③]

（五）志愿服务参与率不高，志愿服务管理专业性不强

从 2013~2019 年全国志愿服务指数来看，志愿者服务组织数量从 2013 年的 73 万家，发展到 2019 年的 116 万家；志愿者贡献价值从 2013 年的 215 亿元，增加到 2019 年的 903 亿元；志愿服务时间从 2013 年的 9.32 亿小时，增加到 2019 年的 22.68 亿小时；志愿服务参与率从 2013 年的 2.62%，上升到 2019 年的 5.13%。但从全球范围来看，我国的志愿服务参与率仍处于偏低的状况，在动员和激励社会公众，尤其是青少年参与志愿服务，以及为社会公众提供丰富多样、有趣有意义的志愿活动方面，我们还需从各个层面上下功夫。

---

① 参见《中国互联网慈善：激发个人捐赠热情》，第 6 页。

② 参见《互联网募捐只占社会捐赠总量 4%，公众自觉参与网络捐赠文化有待进一步培养》，《华夏时报》2020 年 12 月 23 日。

③ 邓国胜：富人慈善应更具创新性、引领性！

（六）互联网捐赠成为公益筹款的蓝海，但慈善组织的参与度仍待提升

互联网募款近年来出现了蓬勃发展的新势头，并涌现了许多创新模式和新的募款形式。但总体上，中国互联网慈善的参与度和募款规模与发达国家相比仍然偏低。另外，互联网慈善中存在“二八现象”。在当前互联网筹款领域，腾讯、阿里巴巴等互联网巨头占据了主导地位。到目前为止，互联网项目的资金分布呈现二八分化，前 20%的项目吸引了大多数的募集资金。① 同样，2021 年 99 公益日的“马太效应”持续加强，在 336 家参与 99 公益日的公募机构中，数量仅占 1.49%的前五位豪揽高达 47%的筹款额；数量不足 10%的前 30 家机构，筹款总额占全部筹款额的 79%。② 原因在于，大多数慈善组织的数字化能力有所欠缺，面临投入不足、人才不足、供给不足等资源瓶颈。③

五　对策建议

（一）完善慈善生态，加强慈善部门基础设施建设

慈善组织需要积极有利的环境才能发挥其潜力、实现其使命。这类环境包括：为慈善组织赋能的法律框架、为捐赠提供激励的税收结构和为慈善行业建立公信力的问责制度；同时，还要有能够有效开展工作的组织能力，保证工作开展的充足资源，以及能够支持慈善行业成长的强大的捐赠文化。这种积极有利的环境就是慈善基础设施。④

从我国慈善基础设施建设来看，尽管我们已经有了一些致力于慈善基础设施建设和行业支持的慈善组织，如南都公益基金会、浙江敦和基金会、腾讯公益基金会、联劝公益、基金会中心网、中国基金会发展论坛、清华大学 NGO

① 贝恩报告，第 3 页。

② 参见《99 公益日观察报告（一）：筹款前五机构豪揽 47%筹款量》，《公益时报》2021 年 9 月 14 日，第 2 版。

③ 参见腾讯基金会联合腾讯研究院制作的《2021 公益数字化研究报告》。

④ 参见《中国公益慈善基础设施扫描报告》（电子版），第 8 页。

研究所、北师大中国慈善事业研究中心、深圳国际公益学院等，但总体上，我国慈善基础设施还是相当薄弱。为此，我们应该从以下几个方面加强慈善基础设施建设。一是大力发展资助型基金会，从而给全国性的和地方性的慈善基础设施建设提供资金资助。二是加强慈善事业的国际比较研究。目前我国对全球慈善事业发展的研究其实是不够的，对于慈善事业的不同发展路径，以及各自的优劣，还缺乏深入细致的研究。三是进一步加强慈善事业数据库、研究资料的收集和分享，相对于美国的一些网站，如 Candid，我们网站的数据、资料和研究文献还是太少，且很多数据是不公开的。这一切都阻碍了慈善研究的深入。四是进一步加强慈善行业内部的合作和跨行业的协作。少数慈善组织做得再好无法改变行业的面貌和格局，也无法真正推进全社会的公平正义，初次分配、再次分配和第三次分配只有齐心协力、齐头并进，才能真正实现共同富裕和公平正义。

（二）加强慈善文化建设，激发个人的捐赠意识和志愿参与度

“中国公益事业发展迅速，在经济体量中所占的比重却还非常小。中国每年慈善捐赠总额大概 1000 多亿元，面对需要解决的社会问题，这些还很有限。公益组织和行业平台有责任培育慈善文化，调动公众了解公益，参与公益。从知道公益，到认可公益，再到行动参与，进而主动传播，需要一系列设计。”

随着年轻一代逐渐接受通过慈善公益回馈社会的理念，参与率将保持快速增长。而居民可支配收入的增加以及数字化基础设施的完善，越来越多人能够轻松地参与公益慈善。同时，政府通过制定指导方针和政策积极参与慈善事业，整个行业已经步入持续增长的成熟阶段。然而，慈善行业仍需应对一系列挑战，包括获得和维护公众信任，提高运营效率和制定透明的报告标准，以及招募和维系优秀人才。

（三）多维度、多渠道拓展慈善资源的来源，努力扩大第三次分配的体量

拓展和引入更多的慈善资源应从多个维度入手：一是拓展公众募款的渠道，如互联网募款；二是吸引更多的企业家和财富人士投身慈善事业，形式有设立非公募资助型基金会、设立捐赠人建议基金账户、建立家族慈善信托等。

具体来说，一是大力发展非公募基金会。非公募资助型基金会是我国目前比较缺乏的，也是我国慈善基础设施缺少资助资金、无法得到完善发展的原因之一。美国的慈善基础设施建设之所以能得到相对完善的发展，是因为这些机构能够得到众多私人资助型基金会的资助和支持。许多知名的私人基金会，如福特基金会、洛克菲勒基金会、凯洛格基金会、礼来慈善家族基金会等都会支持慈善基础设施建设作为其重要的使命和资助重点。近年来，我国的一些资助型基金会，如南都公益基金会、浙江敦和基金会等开始将支持慈善基础设施作为其资助重点，有了许多富有创新性的尝试、突破和实践，取得了令人瞩目的成效。但总体来说，我们资助型基金会的数量和体量还太少、太小，还远远满足不了我国慈善事业发展的需要。

二是发展捐赠人建议基金。随着我国高净值、超高净值人群的大幅增长，如何吸引这些人群潜在的慈善资源是一个值得探索和尝试的重要事项。这些人群积累的大量资金，不会沉淀在一般储蓄账户里，他们希望通过理财获得较高的收益，抵御通胀带来的损失，但如果引导得当，他们也会愿意捐助部分资金投入慈善事业，而捐赠人建议基金就是这样一种既能让高净值人群的资金得到保值增值，又能通过捐赠人建议基金账户捐钱给自己偏好的慈善组织和项目的比较好的慈善工具。除了高净值人群，捐赠人建议基金账户也能降低开户最低资金，这就让一般的工薪阶层也能开设捐赠人建议基金账户，并持续地奉献自己的爱心。

三是促进家族慈善和财富传承。财富让企业家和高净值人群有了一定的财务自由度和慈善决策的自由度，可以利用自己拥有的财富和偏好来做一些既有利于社会、能够创造社会价值，又能实现自身理想和价值的事。王名教授认为，第三次分配的重要背景是财富剩余的普遍出现，而财富除了做公益慈善，传承也很重要。如何让财富真正实现价值，而不是被大量的浪费，我们需要重点关注家族传承和文化传承。

（四）提升慈善组织的数字化能力，进一步发挥互联网慈善的作用

互联网，特别是互联网筹款，会改变慈善事业的格局，丰富捐赠途径，并提高捐赠透明度。对有资源和能力掌握新一代数字化渠道的互联网慈善行业平台和慈善组织来说，这一转变将带来有利的机会。然而，在新的数字化环境

中，人才的竞争会更加激烈，如何发现、吸引和培育优秀人才，是慈善组织和互联网公益平台需要思考的问题。贝恩和联合之路的报告显示，“中国捐赠者渗透率较低，但互联网渗透率持续上升，为慈善机构和公众之间搭建起一座更直接的沟通桥梁”①。为此，要积极发挥慈善公益组织、互联网慈善行业平台链接公众与慈善公益，培育慈善文化的功能。

慈善组织和互联网慈善行业平台在开始制定数字化战略时，应首先向自己提出一系列关键问题：如何利用数字化基础设施最大限度地鼓励捐赠者参与？我们可以为数字化平台设计哪些捐赠方案、提供哪些捐赠服务？如何利用新型数字化工具和能力改善内部运营？如何应用数字化工具管理各项活动？如何调整自身运营模式以满足数字化需求？② 正如《2021 公益数字化研究报告》所分析的，未来数字化与公益的融合发力点将体现在数字化公益服务、数字化公益组织和数字化公益生态三维层面，通过提升服务专业度、深化公众信任感、加强协作敏捷性，提升公益组织与受助群体、与捐赠人、与上下游之间链接的广度和深度，并从效率和价值多方面创新提升，走出公益发展速度与发展质量并行之路。③

（五）积极发挥社区基金会的作用，激活社区慈善活力

中国社区基金会近年来发展迅速，在过去 9 年中，已从 2010 年的 17 家，增长到了 2019 年的 181 家，增长了 10.6 倍。近 8 成的社区基金会成立不到 5 年。181 家社区基金会的净资产总额为 5 亿元，平均每家净资产约为 276 万元。与其他类型的基金会相比，属于（规模）小而年轻的基金会。④

从本质上看，社区基金会具有本地资源、本地利益相关者、本地解决方案三个核心特征。目前，虽然社区基金会在公益组织中所占比例不大，但作为特定地域公益事业发展的催化剂，意义却非常重大。社区基金会的本土性和灵活性在推动多样化的社区慈善发展中可以发挥独特的作用。

鉴于中国社区基金会小而年轻，目前来看，社区基金会发挥的作用还是比

---

① 参见贝恩报告，第 1 页。

② 参见贝恩报告，第 3 页。

③ 参见腾讯基金会联合腾讯研究院制作的《2021 公益数字化研究报告》。

④ 参见基金会中心网《数说基金会：社区基金会的保值增值》。

较有限的。我们认为，其一，做大社区基金会的资金规模，要努力寻求资金来源的多元化，扩大资金规模，这样才可以以更多的资金来运作各种慈善公益项目，起到激活社区慈善的引擎作用。其二，提高社区基金会运作的专业化和独立性，目前不少社区基金会的行政化色彩还比较浓，在一定程度上影响到基金会运作的独立性、灵活性和创新性。其三，社区基金会实际上覆盖地域不限于街道，中国各个省市的慈善会实际上可以转型为社区基金会，或者说，可以归类为社区基金会。

只有省市一级的社区基金会才能将资金规模做大，才能引入捐赠人建议基金，吸引更多的个人资金，尤其是高净值人群的资金。有了一定的资金规模，才能引入专业的基金管理机构或基金管理人，做好资金的保值增值。而街道层面的社区基金会可以依托省市一级的社区基金会，来管理捐赠人建议基金账户，否则光靠自己这么小的规模是无法吸引人们设立捐赠人建议基金账户的。

六　美国总体捐赠趋势（1980~2020年）

截至 2020 年，慈善捐赠总额达到 4714. 4 亿美元，比 2019 年增加了 228 亿美元。1980 年至 2020 年期间，捐赠总额的年平均增长额为 105. 7 亿美元，年复合增长率 5. 84%（通胀调整后的捐赠总额的年平均增长额为 79. 6 亿美元，年复合增长率 2. 85%）。

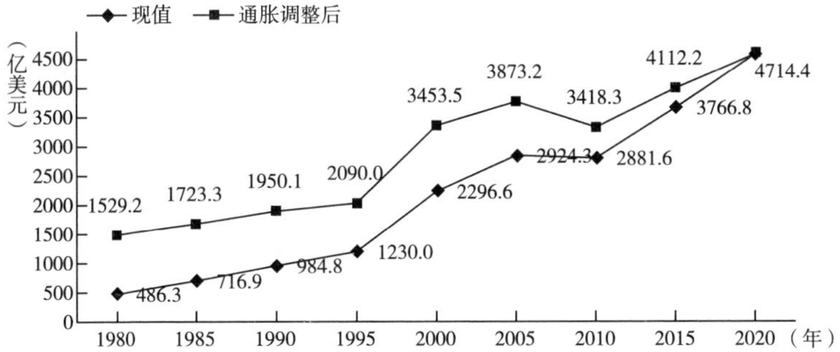

图 29　美国总体捐赠趋势（1980~2020 年）

资料来源：Giving USA，2021，第 41 页。

（一）捐赠来源与变化

个人（Individuals）、基金会（Foundations）、遗产（Bequests）、企业（Corporations）是美国的四大慈善捐赠来源。《2021 美国捐赠报告》（Giving USA，2021）显示，2020 年美国个人捐赠占捐赠总额 69%，基金会捐赠（包括独立基金会、社区基金会和运作型基金会）占捐赠总额 19%，遗产捐赠占捐赠总额 9%，企业捐赠额占捐赠总额 4%。与 2019 年相比，美国 2020 年的个人捐赠增长了 2.2%（通胀调整后为 1%），基金会捐赠增长 17%（通胀调整后为 15.6%），遗产捐赠增长了 10.3%（通胀调整后为 9%），企业捐赠下降了 6.1%（通胀调整后为-7.3%）。

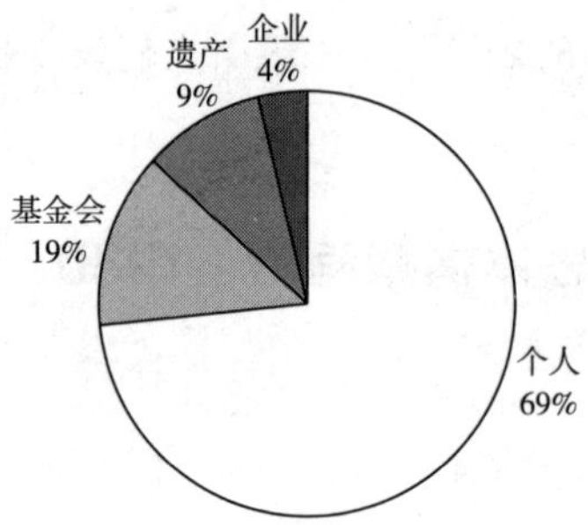

图 30　2020 年美国捐赠来源分布情况

数据来源：Giving USA，2021，第 23 页。本图系重新绘制。

1. 个人捐赠

可以看到，个人捐赠仍然是美国慈善捐赠最重要的来源，并且在 2020 年达到了创纪录的 3241 亿美元，但个人捐赠在美国慈善捐赠总额中的占比已连续第三年处于 70%以下（20 世纪 90 年代，个人捐赠在美国慈善捐赠中的占比曾超过 80%）。如果扣除 2019 年麦肯齐·斯科特（MacKenzie Scott）将近 60 亿美元的巨额捐赠，美国 2020 年的个人捐赠总额下降为 3182 亿美元，仅比 2019 年增长约 0.8%。

美国施惠基金会主席劳拉·麦克唐纳（Laura MacDonald）认为，美国慈善“自上而下”的趋势是明显而持续的，但是更多人参与的慈善事业才是更健康的，为此，她呼吁美国政府继续制定激励政策，鼓励所有人都能为了慈善事业而慷慨解囊，而不仅仅是富人。

从美国个人捐赠的趋势来看，2020年个人和家庭的慈善捐款为3241亿美元，比2019年（以美元现值计算）增加了2.2%。经通胀调整后，个人捐款在2020年增加了1.0%。2020年个人捐款估算总额包括分项捐款和非分项捐款。捐款包括现金、证券和财产的捐赠。2020年个人“大额捐款”，经通胀调整，加上COVID-19和种族正义捐款对个人捐款估计数的调整，总额为101亿美元。2020年个人捐赠与1980年的407.1亿美元（按美元现值计算）相比，40年增长了6.96倍，年复合增长率为5.32%；扣除通胀因素，40年增长了1.53倍，年复合增长率为2.35%。这说明，通胀因素对数据的影响还是比较大的，我们不能轻易地只看表面数据的变化，还需要经常考虑到数字变化背后的各种影响因素。

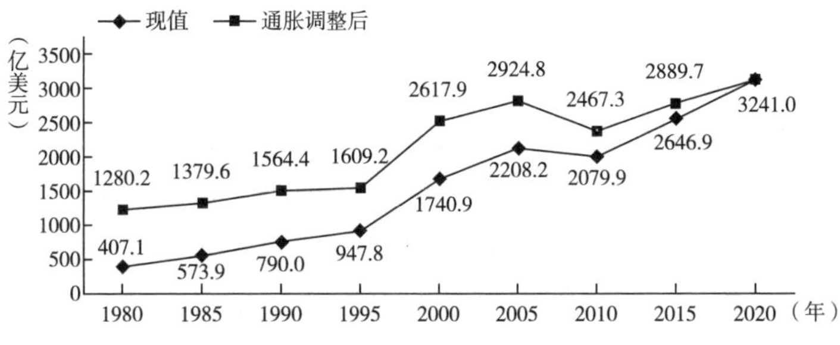

图31　个人捐赠趋势（1980~2020年）

资料来源：Giving USA，2020。图表系重新制作。

个人捐赠影响因素分析

个人可支配收入与家庭总收入挂钩，而家庭总收入是家庭捐赠多少的关键决定因素。在很多情况下，家庭捐赠多少取决于他们的可支配收入（指纳税后的收入）。2019年，美国个人可支配收入（按当前美元计算）比2018年增长了4.3%。相比之下，2017年至2018年，美国个人可支配收入增长了6.1%。按美元现值计算，2019年个人捐赠占个人可支配收入的比例为1.9%，与2018年持平。在过去40年里，个人捐赠占个人可支配收入的比例在2005年达到最高水平，为2.4%。个人捐赠占个人可支配收入的比例在1995年降至

1.7%，为历史最低水平。

（按：问题是从 1979 年至 2019 年，个人捐赠占可支配收入比例基本上在 1.8%至 2.2%之间来回波动，而个人捐赠总额则呈逐渐上升趋势，虽然其间有些小的波动。因此对个人捐赠影响因素还要作更深入的分析。）

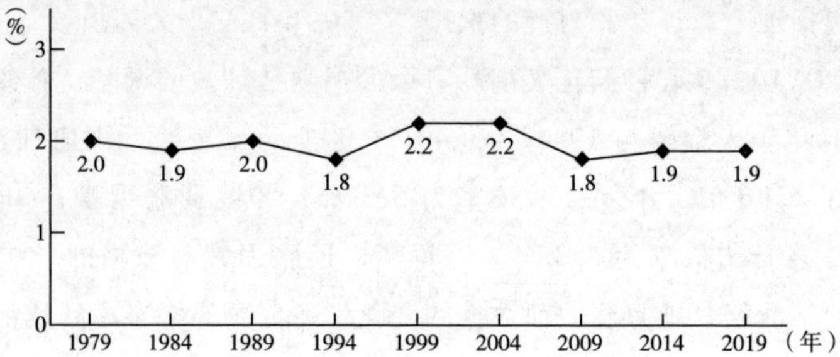

图 32　个人捐赠占可支配收入比例（1979~2019 年）

资料来源：Giving USA，2020，第 55 页。本图系重新绘制。

2. 基金会捐赠

基金会捐赠，是 2020 年美国慈善捐赠中增长势头最猛的，并且已经保持了十年的持续增长态势。2020 年，因为新冠肺炎疫情等因素的影响，众多美国基金会增加了慈善支出，并承诺放宽资助要求。美国基金会理事会（Council on Foundations）首席执行官凯瑟琳·恩赖特（Kathleen Enright）表示，在 2020 年的中期调查中，他们发现 60%的受访基金会计划增加了慈善资助。

独立基金会、社区基金会和运作型基金会的资助金额比 2019 年增加了 17.0%，2020 年的资助金额估计为 885.5 亿美元。经通胀调整后，2020 年基金会捐赠增加了 15.6%。基金会 2020 年的捐赠额中，包括对新冠病毒救济捐赠和种族正义捐赠的 23.7 亿美元。据有效慈善中心（Center for Effective Philanthropy）问卷调查，3/4 的基金会在 2020 年增加了提供无限定支持的资助份额。

40 年来，美国基金会捐赠金额从 1980 年的 28.1 亿美元，增长到 2020 年的 885.5 亿美元，增长了 30.51 倍，年复合增长率 9.01%（经通胀调整后，增长了 9.02 倍，年复合增长率为 5.93%）。

根据美国慈善统计中心的数据，2013 年全美有 84565 个活跃的独立资助

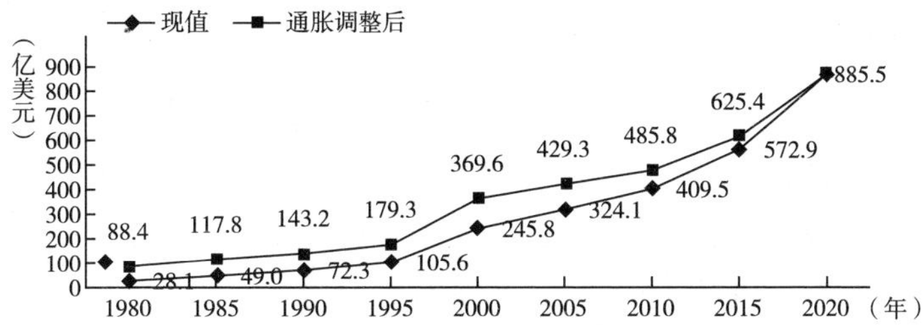

图 33　基金会捐赠趋势（1980~2020年）

资料来源：Giving USA Foundation，Giving USA，2021，第36页。本图系重新绘制。

型基金会、社区基金会和运作型基金会在美国国税局注册。2015年，这些基金会为非营利组织提供了高达539.7亿美元的资助，占美国所有慈善捐赠总额的15%。[①] 2018年，基金会为非营利组织提供了高达756.8亿美元的资助，占美国所有慈善捐赠总额的18%。[②]

资助型基金会首先出现在19世纪的美国，后来西欧、日本、印度和拉丁美洲陆续出现。它们可以由私人捐赠支持，也可以由公众支持。前者常被称为私人资助型基金会，而后者被称为公共资助型基金会或公共慈善机构。

对于中美基金会之间的差异，要做更深入的分析，美国基金会以私人基金会为主，而私人基金会主要是资助机构，偶尔管理执行项目，通常由个人或公司创立的。而我们的大部分基金会主要是公募基金会和混合型基金会，很多资金是通过项目名义从社会公众和企业那里募集的，真正可以自由支配的非限定资金实际上是十分有限的。而私人基金会的资金并非来自社会捐赠，而是来自个人的财富的积累和家族财富传承。因此，我们只有扩大非公募基金会的数量和规模，资助资金才会增长和扩大。

中美基金会的发展路径有着很大的差别。美国基金会的发展是从私人基金会开始的，而中国的基金会发端于社会募捐，如中国青少年基金会、上海慈善基金会，等等。追求社会公正、希望通过第三次分配缓解贫富差别过大引发的诸多问题的慈善部门，如果脱离了体量更大的、作用更强的第一次分配和第二

① 美国施惠基金会，2015，第515页。

② 美国施惠基金会，2018。

次分配在调节贫富差别上的作用，是无法独自发挥作用的。

3. 遗产捐赠

美国另一个捐赠来源是遗产捐赠。美国《慈善纪事报》指出，在过去的十年里，遗产捐赠同比出现两位数波动的情况比较常见。感染新冠肺炎而死亡的人数增加，是美国2020年遗产捐赠数量增长的一个原因，但是，美国德州理工大学的拉塞尔·詹姆斯（Russell James）教授认为，代际人口结构的变化才是美国遗产捐赠增长最大的驱动力；与前几代人相比，美国“婴儿潮一代”的生育率下降，这使他们更有可能向慈善机构捐款。

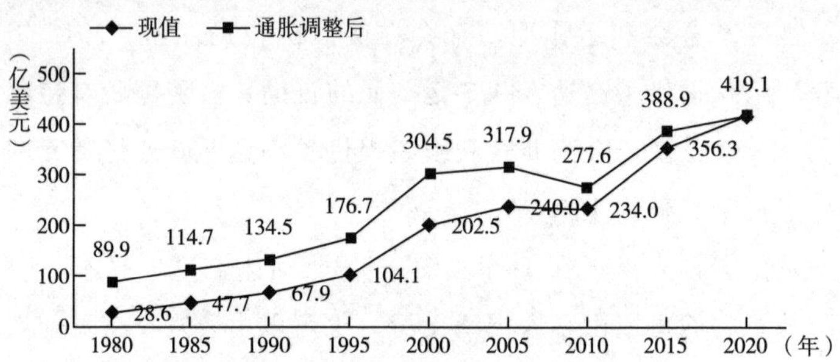

图34　遗产捐赠（1980~2020年）

资料来源：Giving USA，2021，第37页。

2019年至2020年，按当前美元计算，遗产捐赠增长了10.3%，达到419.1亿美元，扣除通胀因素，2020年遗产捐赠额增加了9.0%。2020年遗产捐赠总额包括资产在500万美元及以上的遗产，100万美元至500万美元的遗产和资产在100万美元以下的遗产的慈善捐赠总额。就2020年来说，500万元及以上遗产（申报遗产）的估算遗产捐赠额为220.7亿美元；100万美元至500万美元的估算遗产捐赠额为86.1亿美元；资产低于100万美元的估算遗产捐赠额为112.4亿美元。

40年来，美国遗产捐赠从1980年的28.6亿美元，增长到2020年的419.1亿美元，增长了13.65倍，年复合增长率为6.94%（通胀调整后，增长了3.66倍，年复合增长率为3.92%）。

4. 企业捐赠

劳拉·麦克唐纳指出，美国2020年的企业捐赠是40年以来的最低水平，占美国全年企业税前利润不到 0.8%，原因是 2020 年美国 GDP 和企业税前利润的下降。但是，美国安杰莱蒂集团（The Angeletti Group，LLC）创始人杰伊·安杰莱蒂（Jay Angeletti）称，随着对社会不公的认识的提高，许多企业更深入地审视自己在维护和促进社会多元性、公平性和包容性方面所做的努力，因此，可能会重新考虑自己捐款重点，并为未来的捐赠计划制定新的指导方针。

40 年来，美国企业捐赠从 1980 年的 22.5 亿美元，增长到 2020 年的 168.8 亿美元，增长了 6.50 倍，年复合增长率为 5.17%（通胀调整后，仅增长了 1.38 倍，年复合增长率为 2.20%）。企业捐赠在美国四类捐赠中，无论占比、增长率都是最低的。

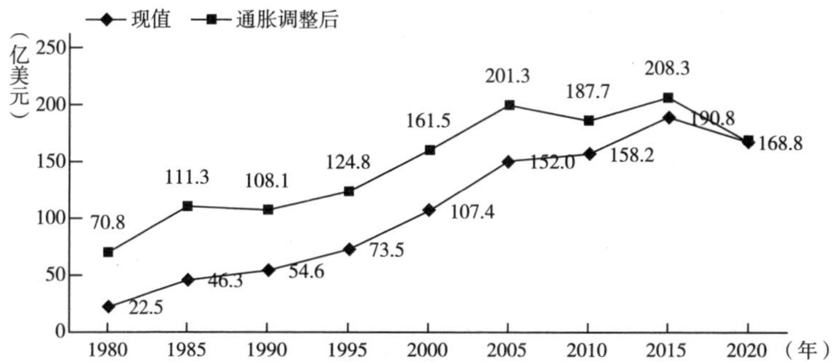

图 35　企业捐赠（1980~2020 年）

资料来源：Giving USA，2021，第 38 页，本图系重新绘制。

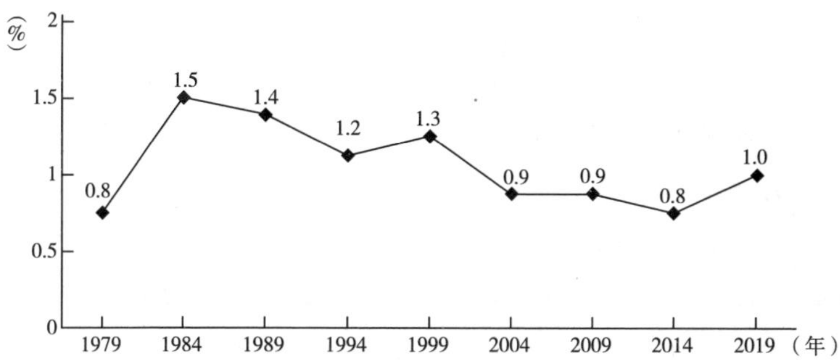

图 36　企业捐赠占企业税前利润比例（1979~2019 年）

资料来源：Giving USA，2021，第 45 页，本图系重新绘制。

据估算，2020 年企业的慈善捐赠总额为 168.8 亿美元，比 2019 年减少 6.1%。扣除通胀因素，2020 年企业捐款减少了 7.3%。企业捐赠包括通过企业捐赠计划进行的现金和实物捐赠，以及企业基金会提供的资助和捐助。2020 年，美国国内生产总值较 2019 年下降 2.3%，企业税前利润按当前美元计算下降 3.5%。这两项经济指标都与企业捐赠密切相关。

（二）捐赠去向及变化

《2021 年度美国捐赠报告》总共划分了十个慈善捐赠去向领域，分别是：宗教、教育、人群服务、基金会、公共社会利益（Public Society Benefit），健康、国际事务、艺术、文化与人文学科、环境/动物保护、个人。其中，人群服务领域包含了犯罪预防与法律支援、平等就业、食物救助、营养保障、住房保障与支持、社区服务、应急管理、卫生服务、娱乐与体育发展、青少年健康成长、儿童保护、难民安置、家庭援助等；公共社会利益领域是一个“混杂”的分类，包括了大多数企业发起的捐赠人建议基金、联合之路、犹太联合会（Jewish Federations）、民权组织和智库等。

2020 年，美国获得最多慈善捐赠的领域依然是宗教组织。该领域 2020 年获得的慈善捐赠总额达到 1310.8 亿美元，占美国全年慈善捐赠总额的 28%。教育领域居第二位，获得捐赠额达 713.4 亿美元，占比 15%。人群服务机构排名第三，获得捐赠额达 651.4 亿美元，占比 14%。资助型基金会（包括独立基金会、社区基金会和运作型基金会）排名第四，获得捐赠额达 581.7 亿美元，占比 12%。其他六个领域在 2020 年所获得的慈善捐赠都有明显的增长。其中，受疫情、种族冲突等公共事件影响，在 2020 年需求激增的公共和社会利益领域获得的慈善捐赠增长最多，达到 15.7%。

基金会的资助重点

美国基金会资助最多的前 5 个领域分别占比为教育 26%、医疗健康 23%、社区及经济发展 13%、人类服务 13%、艺术和文化 9%。美国基金会位列前五的服务人群占比分别为：经济弱势群体 29%、儿童和青少年 21%、少数族裔及种族群体 8%、妇女和女童 7%、宗教团体 3%。（参见《关键事实》）

为了分析美国资助机构的资助重点，Candid 调查了 1000 家美国最大的私人基金会和社区基金会提供的 1 万美元以上的资助。这些资助占到私人和社区

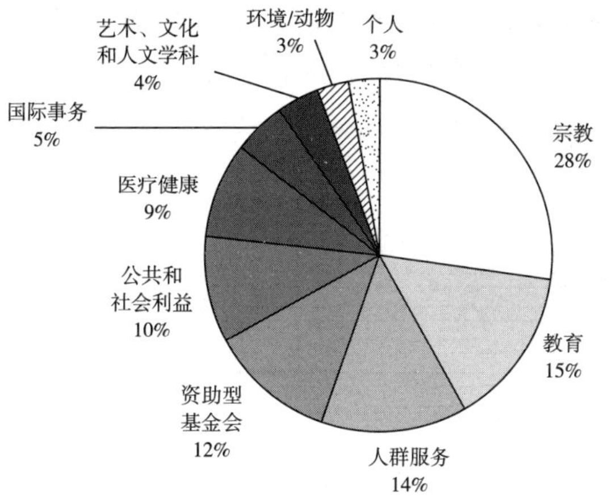

图 37　2020 年美国慈善捐赠流向（按接受组织类型划分）

资料来源：Giving USA Foundation TM，Giving USA，2021，第 24 页。

基金会提供的全部资助资金一半左右。（参见《关键事实》）

- 23%的美国资助机构资助资金是出于国际目的。
- 1%的接受资助机构获得了差不多一半的资助资金。
- 按美元计算的排名前 10 的接受资助组织中的 3 家，其资助资金是由捐赠人建议基金提供的。①

（三）互联网捐赠②

2020 年在线捐赠日趋成熟，并有了较大增长。2020 年美国网上捐赠占募捐总额 13%。这是有史以来在线捐赠的最高比例。小型非营利组织的数字化筹款项目持续增长，18.9%的筹款来自网络捐赠。中型非营利组织为 10.1%，

① 数据来源：Candid，June 2021。

② 这份美国报告的结论是基于 8833 家非营利组织的数据得出的，这些组织的筹款收入总计 407 亿美元。这项在线筹款的调查结果是基于 4964 家非营利组织的数据和 32 亿美元的在线筹款收入得出的。这些组织被划分为大、中、小三类：年度总筹款少于 100 万美元为小型组织；年度筹款总额在 100 万美元至 1000 万美元之间为中型组织；年度筹款总额超过 1000 万美元的为大型组织。该项研究基于每个组织的筹款系统中所记录的捐款数量，IRS 表格 990 数据中的筹款报告，以及通过国家慈善统计中心完成的匹配数据。参见《慈善捐赠报告》（Charitable Giving Report——Using 2020 Data to Transform Your Strategy）。

大型非营利组织为 9.4%。

当考察非营利部门的在线捐赠趋势时，我们看到，人群服务、信仰和动物福利组织在 2020 年的在线捐赠增长位列前三，分别为 45.8%、29.0% 和 26.9%。唯一负增长的是医学研究，为-26.2%。

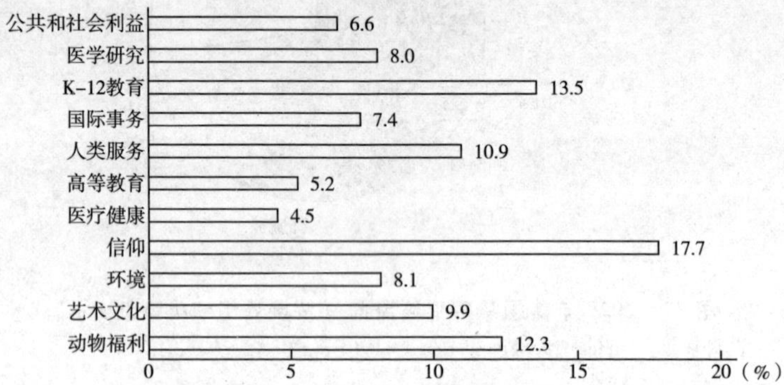

图 38 各领域在线募款占总募款百分比

布莱克本研究所多年来一直在衡量通过移动设备进行的在线捐赠的增长。自 2014 年以来，这一数字一直在稳步增长，2014 年这一数字仅占在线捐款的 9%，至 2020 年，达到了 28%（估计值），增长了 2.1 倍，年复合增长率为 20.82%。

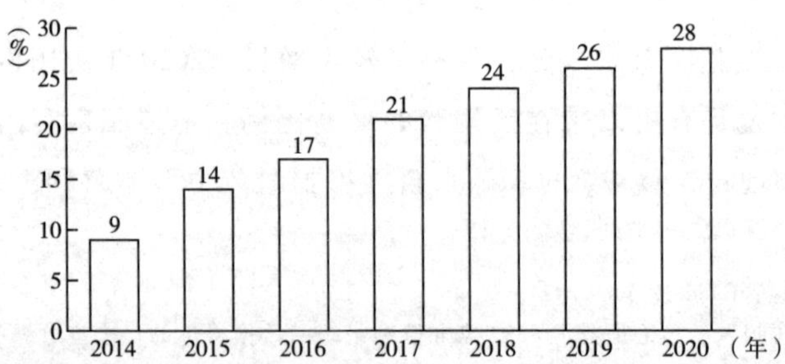

图 39 移动设备在线捐赠变化趋势（2014~2020 年）

根据布莱克本研究院（Blackbaud Institute）发布的《2019 年慈善捐赠报告》，其样本组织的在线捐赠在 2019 年增长了 6.8%，远远超过了总体捐赠

1%的增长率。在过去三年里，网上捐赠增长了近10%。尽管有这样的增长，但2019年在线捐赠占样本总体捐赠的比例仍不到10%。报告发现，网上捐款的平均金额为148美元，远低于所有捐款的平均金额617美元，说明网上捐赠以小额捐赠居多。①

报告发现网上捐赠正变得更有针对性和更有效。2020年春，M+R发布了一项基准研究，调查了2018年和2019年201家非营利组织样本中的捐赠者参与和捐赠模式。研究人员分析了57亿多条电子邮件信息和870多万份在线捐赠，总额为4.76亿美元。电子邮件分析的结果显示，募捐电子邮件的响应率有史以来第一次上升了（上升了1%）。总体而言，2019年发送给选民的电子邮件减少了，但来自电子邮件的筹款收入增长了。经过两年的增长，非营利组织电子邮件列表的规模在2019年下降了2%；2019年电子邮件数量下降了2.1%，平均每个订阅者收到50封电子邮件，其中44%的电子邮件聚焦于筹款呼吁；2019年，每1000封筹款邮件的电子邮件筹款收入增长了3%。与2018年的18%相比，2019年电子邮件筹款收入占所有在线收入的16%。2019年，移动设备成为一个更突出的捐赠渠道，但传统渠道仍然主导收入份额。

布莱克本研究所的研究发现，自2014年以来，通过移动设备进行的在线捐赠的比例一直在稳步上升。2019年，通过移动设备进行的在线捐赠的份额增长了8.3%，达到26%，超过了样本中在线捐赠的四分之一。

案例："周二捐"

"周二捐"（Giving Tuesday，美国感恩节后的周二）报告提供了对2019年这场运动的深入了解。"周二捐"在线筹集了5.11亿美元，高于2018年的3.8亿美元，估计包括线下捐赠在内的总额为19.7亿美元。"周二捐"始于2012年，已逐渐成为慈善领域最出名的捐赠日，鼓励个人不仅向慈善机构捐款，还以各种方式支持非营利组织。

印第安纳大学礼来家庭慈善学院的报告《周二捐：我们现在知道的事》发现，2018年"周二捐"募款总额比6年前2012年第一个"周二捐"高出30倍。从2015年到2018年，网络捐赠的平均值接近107美元（2017年是个例

① 这份报告的数据来自9029家筹款总收入超过319亿美元的组织。在线捐赠数据来自5537家非营利组织，其在线筹款收入超过27亿美元。

外，网络捐赠的平均值达到120美元）。该报告还发现，脸书已迅速成为“周二捐”处理捐赠的最主要平台。2016年，脸书处理了“周二捐”全部捐款的4%，而2018年，脸书负责处理了全部捐款的31%。

《“周二捐”募捐报告》汇集了众筹方面的现有文献，并对推动个人层面众筹的机制进行了深入研究。多项研究表明，个人利用社交媒体筹集资金最有效的方式是直接问朋友的名字，而不是发一个更笼统的帖子。研究人员认为，在一个可以看到回应的网络社区面前，被请求慈善捐赠的人更有可能对社会压力做出回应。此外，捐赠者更愿意为他们认为会成功的活动捐款，这意味着捐赠者更愿意帮助完成一项活动。那些已经达到目标的三分之二以上的活动比那些已经收到接近10%的资金的活动吸引了更多的资金。此外，第一天捐赠数较少、捐赠额较大的活动要比第一天大量小额捐赠的活动更成功。最后，该报告指出了众筹未来面临的一些挑战，包括捐赠当天可能出现的技术故障带来的风险，以及一些众筹网站不向非营利组织提供捐赠者信息的持续问题，这意味着这些组织将来没有机会接触这些捐助者。一些新的担忧包括数据安全和“富人越富”问题，知名和大型非营利组织可能会主导社交媒体推送和广告，排挤较小的非营利组织。

（四）志愿服务

美国劳工统计局发布的报告显示，2014年9月至2015年9月期间，约有6260万人通过或为某个组织至少做过一次志愿者。截至2015年9月，男性志愿者的比例为21.8%，女性的比例为27.8%。

在所有年龄组、教育水平和其他主要人口特征中，妇女继续以高于男子的比例志愿服务。从年龄上看，35~44岁和45~54岁的人最有可能成为志愿者（分别占28.9%和28.0%）。20～24岁的志愿者比例最低（18.4%）。青少年（16~19岁）的志愿者比例仍然相对较高，为26.4%。在这一年里，35~44岁和55~64岁的志愿者比例有所下降。

在主要的种族和少数族群中，白人继续占据较高的比例（26.4%）、黑人（19.3%）、亚洲人（17.9%）、西班牙人（15.5%）。2015年，已婚人士的志愿率（29.9%）高于未婚人士（19.9%）和其他婚姻状况人士（20.2%）。在这一年中，其他婚姻状况的志愿率下降了0.9个百分点。2015年，有18岁以下孩子的父母比没有孩子的父母更有可能参加志愿活动，比例分别为31.3%和22.6%。没有18岁以下子女的人的自愿比例在这一年中下降，而有18岁以下子女的父母的自愿比例与一年前相差无几。受教育程度高的人比受教育程度低的人更有可能参加志愿者活动。在25岁及以上的人群中，38.8%的本科及以上学历的人是志愿者，相比之下，大专及大专学历的人是26.5%，高中学历的人是15.6%，高中以下学历的人是8.1%。2015年，各个教育程度的志愿者比例都有所下降。

在截至2015年9月的一年中，27.2%的就业人员做过志愿者。相比之下，23.3%的失业者做过志愿者的为23.3%，非劳动力者为21.4%。从事兼职工作的人（占比31.3%）比全职工作的人更有可能参加志愿者活动（占比26.3%）。

志愿服务时间

2014年9月至2015年9月期间，志愿者在志愿活动上的平均时间为52小时。花在志愿者活动上的时间，男性（52小时）和女性（50小时）相似。在志愿者中，65岁以上的人每年参加志愿者活动的时间中值最高为94小时，35岁以下的人每年参加志愿者活动的时间中值最低为36小时。

参与组织数量和类型

大多数志愿者参与了一个或两个组织，分别占72.0%和18.3%。受教育程度较高的人比受教育程度较低的人更有可能参加多个组织的志愿活动。2015年，志愿者在这一年中工作时间最长的组织——最多的是宗教组织（占所有志愿者的33.1%），其次是教育或青年服务相关组织（25.2%），另有14.6%的志愿者主要为社会或社区服务组织开展活动。与年轻志愿者相比，年长志愿者更有可能主要为宗教组织做志愿者。在65岁及以上的志愿者中，42.7%的人主要通过或为宗教组织服务，而在16~24岁的志愿者中，这一比例为25.4%。在所有受教育程度的志愿者中，宗教组织志愿者的比例最高，其次是教育或青年服务组织。随着受教育程度的增加，以宗教组织为主的志愿活动减少，高中以下学历的52.7%下降到本科以上学历的29.9%。主要为教育或青年服务组织提供志愿服务的人数随着受教育程度的提高而增加；高中以下学历的志愿者中有19.9%在教育或青年服务机构做志愿者，而本科及以上学历的志愿者中这一比例为26.3%。18岁以下子女的志愿者中，45.1%的母亲和36.8%的父亲主要是为学校或童子军等教育或青少年服务机构提供志愿服务。18岁以下子女的志愿者比父母更有可能为大多数其他类型的组织做志愿者。

志愿活动内容

收集、准备、分发或提供食物是2015年志愿者在主要组织中最常做的活动，11.3%的志愿者称这是他们的主要活动。其他经常进行的活动有：辅导或授课（9.2%）、募捐（9.0%）、普通劳动（8.8%）等。然而，男性和女性的主要活动有所不同。男性志愿者最可能从事普通劳动（12.3%）；比如教练、裁判、体育监督队（9.3%），以及收集、准备、分发或提供食物（9.2%）。女性志愿者最可能收集、准备、分发或提供食物（12.9%），辅导或教师（10.6%），以及筹集资金（9.9%）。

志愿者参加的主要活动类型也因教育程度而异。与受教育程度较低的志愿者相比，拥有学士及以上学位的人更有可能提供专业或管理援助或辅导或教学。少于学士学位的志愿者比那些至少有学士学位的志愿者更有可能收集、准备、分发或提供食物或从事一般劳动。在2015年的志愿者中，有孩子的人比没有孩子的人更有可能主要参与与孩子有关的活动，包括教练、裁判或监督运动队，辅导或教学，以及指导青少年。在2014年9月至2015年9月期间，被要求做志愿者后加入主要组织的志愿者比例（41.2%）与自己加入的比例（41.6%）大致相同。那些被要求做志愿者的人通常是被组织里的人邀请的。

七　基金会：类型、数量、资产和捐赠

美国基金会分为两大类：其一是私人基金会，它们主要是资助机构，偶尔会管理运作一些项目。代表性的私人基金会有福特基金会、比尔及梅琳达·盖茨基金会等。私人基金会又可分为独立型基金会（涵盖大多数全国做大的基金会，一般由个人捐赠者或捐赠家族设立）、运作型基金会（主要运行自己的项目，但也会提供一些资助于非营利组织，一般由个人或家庭设立）和企业型基金会（由企业所建立，但在法律上具有独立性）。其二是社区基金会，它们向公众筹款，并主要在确定的地理区域内进行资助。

2020年，美国有私人基金会124693个，其中独立基金会115000个，运作型基金会8509个，企业基金会2893个。另有社区基金会1184个。

表 14　2020 年美国各类基金会概况

类型	家数（个）	资产（亿美元）	捐赠额（亿美元）
独立基金会	115000	9600	640
运作型基金会	8509	840	80
企业基金会	2893	370	70
社区基金会	1184	990	100
总数	127595	12000	900

资料来源：基于 2016 年或更晚的最新 IRS 申报，适用于出现在 2020 年 IRS BMF 上的组织。引自《美国非营利组织和基金会的关键事实》。

表 15　美国基金会捐赠（2014~2018 年）

单位：亿美元

类型	2014 年	2015 年	2016 年	2017 年	2018 年
私人基金会	570	610	660	720	750
社区基金会	70	70	80	100	100

资料来源：基于与给定财政年度相关的 IRS 文件。最近的完成年份是 2018 年。

自 20 世纪 90 年代中期以来，美国基金会的数量、基金会资产和基金会捐赠总额的增加，反映了总体私人捐赠的变化。基金会数量增加了一倍多，从 1995 年的 4 万多家增加到 2017 年的 8.6 万多家。在同一时期，基金会的资产从 3734 亿美元增长到 1.03 万亿美元，经通胀调整后增长了两倍半。经通胀调整后，基金会的捐款从 202 亿美元增加到 780 亿美元，几乎增加了四倍。

截至 2020 年 6 月 30 日，美国有 8172 家基金会，为 2010 年（2250 家）的 2.63 倍，年复合增长率为 13.77%。

美国 1995 年以后成立的基金会占今天所有基金会的 59%。这些“年轻的”基金会持有 36%的基金会资产和 48%的基金会捐赠资金。随着这些基金会步入成年——在捐赠者的生命历程中接受更多的资产注入——它们的作用和影响力会越来越大。

一个支持慈善事业实现更大影响力抱负的生态系统出现了。在 20 世纪 90 年代之前，只有少数组织为捐赠者和基金会提供资源和网络。20 世纪 90 年代中期开始前所未有的增长推动了许多组织的创立，推动了各种慈善议题和实践，如有效组织资助者联盟（GEO）、理事会寻源（BoardSource）、全球影响力投资网络（GINN）和使命投资交易所（MIE）。

上海研究院现代慈善研究中心课题（慈善舆情引导）

第八章　捐赠人建议基金慈善模式研究

赵炜　韩婷　魏璞祯　张域*

引　言

DAF 在美国的高速增长

捐赠人建议基金（Donor-advised Fund，DAF）作为一种高效的公益慈善捐赠工具，近年来在全球发展迅猛。根据美国国家慈善信托（National Philanthropic Trust）2018 年发布的行业最新数据，捐赠人建议基金 2017 年慈善资产总额为 1419.5 亿美元，捐赠收入总额为 388.1 亿美元，捐赠支出总额为 273.7 亿美元，从 2015 年到 2019 年，以上三项数据的复合年增长率平均超过了 10%。DAF 账户数量增速尤为显著，从 2016 年的 28.9 万个增长到 2019 年的 87.3 万个，复合年增长率高达 44.6%。①

2017 年底，《慈善纪事报》（*The Chronicle of Philanthropy*）发布的美国公益慈善 400 强榜单显示，公众募捐能力排名前十的公益组织中，有六家是采用 DAF 模式的基金会，位居榜首的富达慈善基金会（Fidelity Charitable）正是一

* 课题负责人：赵炜，北京师范大学社会学院教授；课题组成员：韩婷、魏璞祯、张域。

① National Philanthropic Trust, *The 2019 DAF Report*, https://www.nptrust.org/reports/daf-report/.

家专门提供 DAF 服务的公益机构。[①] 同年,《经济学人》杂志发表了文章《美国公益慈善生态圈中雷鸣暴涨般成长的 DAF》, 也详细报道了 DAF 的高速增长。[②]

DAF 成为美国捐赠人青睐的慈善工具

捐赠人建议基金在改变美国公益捐赠生态的同时, 也吸引着越来越多的高净值人群。2017 年《美国高净值人群慈善报告》显示, 美国 90%的高净值人士会进行慈善捐赠, 其中最常使用的捐赠工具就是 DAF, 其使用比例与家族基金会、慈善信托及其他捐赠工具的比例之和持平, 而且报告称其使用率仍呈上升势头。[③]

有趣的是, 美国越来越多的科技亿万富豪也开始使用 DAF。Facebook 创始人扎克伯格于 2012 年捐赠 5 亿美元价值的股票给硅谷社区基金会 (Silicon Valley Community Foundation) 下的 DAF 账户, 并且在 2013 年追加捐赠 10 亿美元。[④] 微软公司前首席执行官鲍尔默 2016 年捐赠 19 亿美元在高盛慈善金会 (Goldman Sachs Philanthropy Fund) 设立 DAF 账户[⑤], 另外如埃隆・马斯克、雪莉・桑德伯格等业界精英也都纷纷设立自己的 DAF 账户。

无论是从行业发展数据、慈善机构排名或者是从捐赠人选择看, 近些年 DAF 已经成为美国发展最快的慈善捐赠工具。

---

① The Chronicle of Philanthropy, *The* 2017 *Philanthropy* 400: https://www.philanthropy.com/interactives/philanthropy-400#id=table_ 2017.

② The Economist, *A philanthropic boom*: "*donor-advised funds*": http://www.economist.com/news/finance-and-economics/21719494-rise-dafs-may-be-much-about-tax-charity-philanthropic-boom? fsrc=scn/tw/te/bl/ed/.

③ The Indiana University Lilly Family School of Philanthropy, *The* 2018 *Study of High Net-Worth Philanthropy*: https://ustrustaem.fs.ml.com/content/dam/ust/articles/pdf/2018-HNW-Philanthropy-Study-Full-Report.pdf.

④ Mark Zuckerberg's $2.5 Billion Foundation: https://www.insidephilanthropy.com/home/2014/7/25/mark-zuckerbergs-25-billion-foundation.html.

⑤ Billionaires funding a Goldman philanthropy charity unmasked by IRS snafu: https://www.ocregister.com/2018/03/14/billionaires-funding-a-goldman-philanthropy-charity-unmasked-by-irs-snafu/.

一　美国 DAF 的慈善模式

（一）DAF 在法律框架下的界定

在美国，DAF 是由公共慈善机构（Public Charity）管理的一种捐赠模式，它是由捐赠人出资，在慈善机构下设立一个子基金。从表面看，DAF 就是捐赠人的慈善钱包，它是慈善账户和储蓄（或投资）账户的结合，捐赠人在基金会设立账户，然后将慈善资产放入其中。此时，从慈善账户角度看，捐赠人拥有对账户资金慈善资助方面的建议权；而从储蓄投资账户角度看，捐赠人也可以对账户中暂时还未支出的资金提出保值增值建议。

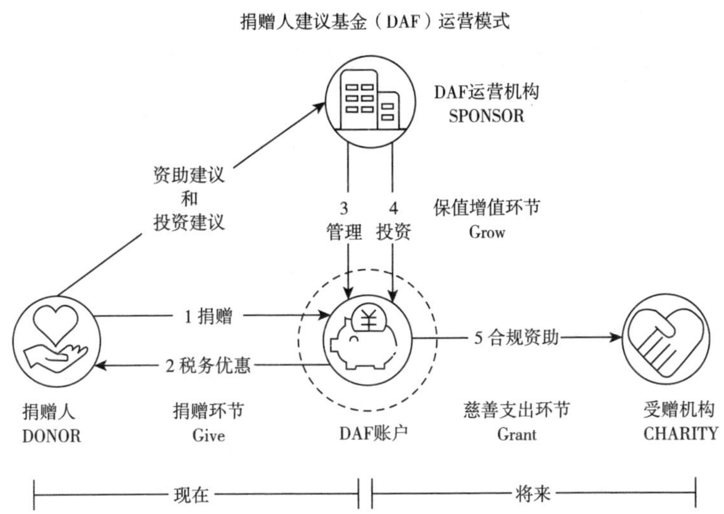

图 1　DAF 运营模式

2006 年《退休金保护法案》（*Pension Protection Act of 2006*）中其官方定义为：DAF 是一个基金或账户。（1）按照捐赠人的捐赠独立设立；（2）由运营机构拥有并控制；（3）捐赠人可以拥有对捐赠资产投资或慈善支出的建议权。[①] 符合上述三条标准的基金或账户一般被视为 DAF。可见，DAF 是捐赠人的专属慈善账户，捐赠人有权对此账户的慈善支出和投资提出建议，而慈善基金会拥有最终慈善捐赠的处理权。尽管捐赠人放弃了账户的所有权，但在实践过程中，基金会一般会在最大限度上尊重捐赠者合理的投资和慈善支出建议权。

（二）DAF 的核心运行环节（3G）

DAF 的核心运营模式包括三个环节（3G）：捐赠环节（Give）、保值增值环节（Grow）、慈善支出环节（Grant）。在捐赠环节，捐赠人将资产捐赠至自己设立的专属账户中，捐赠一旦完成即不可撤销，捐赠人立时享有捐赠的税务优惠。捐赠的资产除现金外，也可以是不动产、股票、债券及字画古董等。在保值增值环节，捐赠人可以将慈善资产进行投资以实现保值增值，基金会提供不同类型或不同周期的投资产品，捐赠人根据自己的风险偏好及慈善计划做出具体投资选择。对于大额捐赠，基金会还有专门的慈善投资顾问来为捐赠人打理捐赠账户内的资产，以建立更为综合的投资组合，实现捐赠人的整体捐赠与投资目标。在慈善支出环节，捐赠人可以选择向任何符合美国国税局（Internal Revenue Service）501（c）（3）条款或基金会提供白名单中的公益慈善机构进行捐赠，也可以通过美国境内的慈善机构向境外慈善机构进行捐赠。

（三）DAF 的发展历史

1. 1931 年第一支 DAF 是如何设立的

在美国，捐赠人建议基金并非一出现就受到大众青睐，它的兴起经历了一个漫长的过程。第一支捐赠人建议基金诞生于 1931 年美国纽约社区信托（New York Trust），是由爱迪生实验室总经理威廉·巴斯托（William Barstow）发起设立的，当时巴斯托夫妇想将自己的财富捐给慈善机构用于贫困儿童的科技教育。他们努力寻找一种捐赠模式，在实现捐赠目标的同时，又不想被烦琐的文书和制度困扰，最终他们决定使用捐赠人建议基金模式达成捐赠，并命名

---

① Pension Protection Act Of 2006：https：//www.congress.gov/109/plaws/publ280/PLAW－109publ280.pdf.

为巴斯托夫妇基金。相比私人基金会，捐赠人建议基金可以使巴斯托夫妇实现捐赠自由，而且避开了烦琐的程序和复杂的管理。值得一提的是，巴斯托夫妇基金是一支永续基金，尽管巴斯托夫妇及独子早已离世，但这支捐赠人建议基金现在依然存在，仍按照捐赠人的意愿发挥作用。①②

2. 1987 年 DAF 由法院裁定符合 501（c）（3）条款

重大的改变来自 1987 年的美国国家基金公司（National Foundation，Inc.，NFI）起诉国税局的官司。NFI 是一家运营捐赠人建议基金模式的公司，诉讼的目的在于获得 501（c）（3）条款的公益机构的资格，进而取得税务上的优惠。而美国国税局坚持认为 NFI 是一家纯粹的商业公司，因为它没有具体的公益慈善目标，只是作为捐赠人的“中间通道”并收取管理费，而且捐赠人的资助建议权类似私人基金会，它不应该成为“规避税务责任”的工具。最后法院判决前者胜诉，法院认为 NFI 的捐赠来自公众，而且捐赠人的所有慈善支出是在 NFI 的严格监督下资助给了符合 501（c）（3）条款公益机构，NFI 的运营模式事实上是属于公益慈善机构范畴，可以取得最大程度的税务优惠。③这一判例为运营捐赠人建议基金模式的机构提供了法律先例，同时也为新的机构参与者降低了市场风险。

3. 1991 年第一个纯粹以运营 DAF 慈善基金会的成立

NFI 的胜诉促使美国一些大型商业公司开始进入捐赠人建议基金领域，纷纷设立慈善机构提供捐赠人建议基金服务。1991 年，第一个纯粹以运营 DAF 的全国性的慈善基金会成立，富达慈善（Fidelity Charitable）也是第一个拥有金融背景的慈善基金会，捐赠人可以通过富达慈善的发起机构富达集团的金融产品进行 DAF 账户的保值增值。其后几年，富达慈善利用富达集团的商业顾问帮助推广 DAF，并配合大量的媒体广告进行公众宣传。富达慈善的成立标志着美国公益慈善行业第一次有了自己的商业销售团队，捐赠人开始拥有 DAF 账户的投资建议权。从此捐赠人建议基金开始快速成长，成为个人捐赠的主要工具之一。

---

① Florino，Joanne，*Giving Made Easy*：https：//www.philanthropyroundtable.org/philanthropy-magazine/article/spring-2015-giving-made-easy.

② https：//www.nycommunitytrust.org/wp-content/uploads/2018/03/William-S.-Francoise-Duclos-Barstow.pdf.

③ National Foundation，Inc. v. The United States of America：https：//www.pgdc.com/pgdc/story/national-foundation-inc-v-united-states-america.

4. 2006年DAF的管理正式纳入法律

从第一支捐赠人建议基金到单纯只运营捐赠人建议基金的平台基金会出现用了整整60年，而捐赠人建议基金第一次出现在政府法律文件中更是在2000年之后。2006年，美国颁布的《退休金保护法案》正式让捐赠人建议基金的管理有法可依，其中详细规定了管理规范，包括捐赠人建议基金认定标准、慈善支出范围和限制等。

5. 2016年富达慈善基金会全美公众筹款能力第一

2016年，成立仅15年的富达慈善基金会就超过美国老牌慈善机构联合劝募（United Way）成为全美公众吸筹能力第一的慈善机构。根据富达慈善基金会2021年年报，富达慈善基金会已经是美国第一大公共慈善机构。① 同时也是全美第二大的资助型基金会，仅次于盖茨基金会。②

目前，富达慈善基金会在2019年的慈善总资产规模353.7亿美元，同比增长13.8%，过去十年美国强劲的金融市场条件导致了慈善资产的显著增长。自成立以来富达慈善通过保值增值为慈善事业增加了150亿美元的资金。而2020年富达慈善基金会服务25万个持有慈善账户的捐赠人，共资助了17万个公益机构，慈善支出达到91亿美元。③

表1 DAF演化过程中的五个里程碑事件

时间	事件
1931年	纽约社区信托设立第一支DAF
1987年	DAF由法院裁定符合501（c）（3）条款，取得税务优惠
1991年	第一个纯粹以运营DAF的全国性慈善基金会成立
2006年	《退休金保护法案》正式将DAF的管理纳入法律
2016年	富达慈善超过联合劝募成为全美公众筹款能力第一的慈善机构

（四）DAF的运营机构

目前，在美国DAF的运营机构一般包括四类。

① 2021 *Giving Report*（富达慈善基金2021年报）。

② 富达慈善基金2016年报，https：//www. fidelitycharitable. org/docs/giving-report-2016. pdf.

③ 2021 *Giving Report*（富达慈善基金2021年报）。

1. 社区型 DAF 基金会——硅谷社区基金会

第一类是社区基金会，社区基金会主要是地域性的特点，传统上都是向社区内的公众筹款，慈善目标也是解决本社区的问题。截至 2017 年，在美国超过 600 家运营 DAF 的社区基金，慈善资产超过 386 亿美元。许多社区基金会鼓励捐赠人线下开户，它们希望捐赠人能亲自参与到社区慈善活动中。DAF 模式被美国社区基金会广泛采用，并获得捐赠人青睐，美国最大的社区基金会硅谷社区基金会就是一个 DAF 基金会，它每年将近 99%的筹款来自 DAF 账户，前文提到扎克伯格的 DAF 账户就设立在硅谷社区基金会。

2. 单一议题的 DAF 基金会——CAFA

第二类是单一议题的慈善基金会。这类慈善组织主要是围绕某种身份、信仰或社会问题来开展慈善活动，它们可以将相同利益、身份或关注点的捐赠群体联系起来，最常见的包括高校、医院或基于信仰的慈善基金会，还包括关注特定问题或特殊人群的基金会。2017 年全美有 340 多个单一议题的 DAF 基金会，慈善资产总额达 128.2 亿美元。由于单一议题的 DAF 基金会有明确的关注领域，通常它的慈善支出率是四类 DAF 基金会中最高的，因此其资产总额的增长相对较慢。比如，较为著名的单一议题 DAF 基金会 CAF America，就以海外资助为主。捐赠人在 CAF America 设立一个 DAF 账户，就可以凭借 CAFA 专业的海外捐赠服务，找到符合价值偏好与慈善需求的海外慈善机构，简化海外捐赠的流程，降低海外捐赠的风险。①

3. 金融背景的 DAF 基金会——富达慈善基金会

第三类是全国型的慈善基金会，它们重点在于面向全国的筹款，对资助的领域也没有特别偏颇，范围广、规模大，如富达慈善基金和国家慈善信托。2017 年，美国有 50 多家运营 DAF 的全国型的慈善基金会，慈善资产总额超过 580 亿美元。虽然全国型的慈善基金会是四类 DAF 基金会里数量最少的，但它的慈善资产规模最大。这类慈善机构不与具体的地区或问题挂钩，这意味着捐赠者可以在当地、全国或在某些情况下甚至国际上开设一个 DAF 账户，向任何符合要求的慈善组织捐款。相比其他两类 DAF 基金会，全国型慈善基金会

① CAF America，https：//www.cafamerica.org/donor-advised-funds/.

一般会提供给捐赠人更专业的在线平台和投资选择，由于规模大，通常它们收取的管理费也较低。

4. 企业 CSR 的 DAF 基金会——高盛慈善基金会

企业 CSR 的 DAF 基金会主要是围绕企业社会责任设立。传统的 CSR 只是对与从事行业相关领域的初级捐赠慈善的形式，而设立 DAF 则是企业在践行社会责任时的一种新选择：在传播和扩大企业精神与影响力的同时，降低了企业参与 CSR 的成本，也为企业员工提供了更灵活的参与方式，[①] 将更多的个人关注匹配到合适的项目中去。[②] 更直接的方式是企业成立自己的 DAF 基金会，鼓励员工直接参与，积极关注自己关心的社会议题。

高盛于 2001 年成立了以 DAF 为主要慈善工具的高盛慈善基金，作为同类基金会中的佼佼者，可供捐赠者直接向非营利组织中的基金定向捐赠。[③] 如果是高盛慈善基金主要是为个人客户开设 DAF 账户，实现其慈善需求，那么随后，为承担社会责任，高盛又在 2007 年成立了 Goldman Sachs Gives，以培养创新理念、解决经济和社会问题、促进全球低服务社区进步为目标。无论是高盛的现任高管还是已退休的高管都可以通过 DAF 的方式来帮助自己感兴趣的非营利组织实现目标。对于高盛全球的普通员工来说，也可以通过参与分析师影响力基金的比赛，展示自己团队所关注的世界范围内的社会议题，从而为相应的社会组织赢得资助。这项比赛已经连续举办了五年，一等奖获得者更是获得了超过 25 万美元的捐赠。[④] 成立 DAF 基金会使得企业中员工及高管的个人意志和想法更加重要了，在更针对性地关注相应领域社会议题的同时，企业所能帮助和关心的世界问题的范围也更大。成立 DAF 基金会的方式让企业 CSR 的资源利用更有效，且让其具有世界范围内的影响力。

---

① 邹研冰：《捐赠人建议基金，“善”金融的新玩法》，《公益时报》，http：//www.gongyishibao.com/html/shehuichuangxin/13524.html。

② 周建工：《周建工：企业最终都是社会企业》，第一财经，https：//www.yicai.com/news/5381976.html。

③ Influence Watch：Goldman Sachs Philanthropy Fund，https：//www.influencewatch.org/non-profit/goldman-sachs-philanthropy-fund/.

④ Goldman Sachs give，https：//www.goldmansachs.com/citizenship/goldman-sachs-gives/.

表 2　DAF 运营机构的类型和优势

类型	典型优势	代表基金会
社区基金会	捐赠人向居住地捐赠，可以获取深度的社区信息和工作人员的线下帮助	硅谷社区基金会
单一议题的基金会	捐赠人加入一个志同道合的群体，可以关注并探讨同一社会群体或议题	CAFA 基金会
全国型的基金会	捐赠人通常支付较少的管理费，并可以通过专业的在线平台进行捐赠和投资，且可资助范围广	富达慈善基金会
企业 CSR 的 DAF 基金会	企业中员工及高管的个人意志和想法更加重要，更针对性地关注相应领域的社会议题，拓宽企业所能帮助和关心的全球议题的范围	高盛慈善基金会

需要注意的是这几类 DAF 运营机构之间的界限并非绝对，尤其是一些大型社区基金会在发展过程中受到 DAF 冲击，往往显示出跨界的特点。例如，硅谷社区基金会目前是全美最大的社区基金会，它是由原来的两家受到 DAF 冲击的当地社区基金会合并而成，后来硅谷社区基金会积极借助 DAF 的模式，成为全美慈善机构的龙头之一，2015 年 DAF 在其捐赠所得的占比就高达 99%。[①] 社区基金会的特点之一是有相对固定的地理区域，但因为在 DAF 的影响下，这一特点也有所改变。例如硅谷社区基金会在 2016 年的 13 亿美元慈善支出总额中，约 1/3 是资助给了加州以外的项目和机构，另外还有 1500 万美元是资助到了海外。[②] 从这个角度看，硅谷社区基金会俨然已具有全国型 DAF 基金会的特点。

二　DAF 的特点及其对美国公益生态的冲击

（一）DAF 的典型服务

捐赠人建议基金提供多样化的服务，典型的服务主要包括以下几方面。

① *Donor-Advised Funds Reshape the Philanthropy Landscape*（*The Chronicle of Philanthropy*, 2016）, p. 26.

② 硅谷社区基金会官网，https：//www. siliconvalleycf. org。

1. 便捷的账户管理服务

大多数DAF运营机构会提供简单方便的在线平台，从开户到资助的整个慈善捐赠流程，捐赠人都能在网上完成。DAF在线平台就像一个网络银行账户，包括资金余额、慈善支出历史记录、存钱和支出选项等，捐赠人可以随时随地轻松管理账户以达成慈善目标。通常，捐赠人只需在线访问基金会门户网站，选定资助机构及金额，等待审核批准，即可完成慈善捐赠。

(1) 接受并处理不同类型的捐赠资产服务

捐赠人建议基金是非常灵活的慈善捐赠工具，它接受包括现金、股票、房地产等多种类型的资产，有时甚至接受更加复杂的虚拟货币或古董等资产。如果捐赠人捐赠非现金类资产，运营机构会帮助估值变现。如果捐赠有价证券或实物资产，比原来的购置成本高，还可以节省把资产变现时需要交的资本利得税。因此，这不仅丰富了捐赠类型，也使捐赠人在税务优惠及增值保值方面取得更大效益，让捐赠人有更多的慈善资产用于未来的资助。

(2) 慈善资产保值增值服务

捐赠人建议基金提供多样的保值增值选项，捐赠人会根据投资期限及自己的风险偏好进行选择。通常，社区基金会提供的投资选择比较简单，而有商业背景的DAF基金会能提供更加丰富和专业的投资选择。对于大额捐赠，基金会还会提供专门的投资顾问给予服务，如果大额捐赠人有自己的私人投资顾问，基金会也有相应服务接受其提出的投资建议。不仅如此，DAF基金会还提供同时考虑社会价值和投资回报的权益类投资产品，鼓励捐赠人做影响力投资，使慈善资产在保值增值的同时也能回馈社会。

(3) 慈善资助管理及反馈服务

捐赠人建议基金允许捐赠人资助符合美国国税局501 (c) (3) 条款的慈善机构，基金会一般会提供一个详细的慈善机构白名单。如果捐赠人指定的受赠机构在此名单中，那么慈善支出建议会被立即采用并执行。如果捐赠人指定的受赠机构不符合501 (c) (3) 条款，基金会也能通过等效性判定 (Equivalency Determination) 等服务满足资助需求。此外，很多基金会也和一些第三方评估机构 (如GuideStar) 或国际捐赠机构 (如Give2Asia) 合作为捐赠人提供服务，帮助捐赠人筛选慈善机构或进行海外捐赠。

基金会定期向捐赠人发送报告，列出其间所有慈善支出和捐赠反馈情况。

这样就方便捐赠人同时资助多个慈善机构，而不必自己花精力跟踪每笔善款的使用情况。有些基金会甚至提供捐赠人感兴趣领域的年度捐赠调研报告，也会邀请捐赠人实地参访被资助机构。

2. 慈善顾问服务

基金会还提供慈善顾问服务，在捐赠过程中，慈善顾问帮助捐赠人梳理慈善理念、规划慈善生涯、评估慈善机构及测量捐赠影响等。慈善顾问在捐赠人建议基金整个生态系统中是很重要的一环，慈善顾问在捐赠和慈善支出环节都会发挥专业人士的作用，帮助捐赠人做长期的、策略性的捐赠。

（1）捐赠人教育和交流服务

许多 DAF 运营机构会给捐赠人提供在线慈善知识科普，也通过举办线下讲座、论坛等方式引导捐赠善款的科学使用。特别是社区基金会将相同兴趣的捐赠人聚集起来形成大大小小的捐赠圈（Giving Circle），共同讨论社区问题并集体捐赠，可以有效地扩大慈善影响力。

（2）继承和遗赠服务

捐赠人建议基金账户是可以传承给后代的，这样就能使捐赠人的慈善事业在家族内永续进行。在美国，许多捐赠人设立 DAF 表达他们个人或家庭的价值观，通过指定家庭成员作为账户的建议人或继承人，能将孩子、家庭、社区和遗产联系起来。另外，如果捐赠人没有指定账户继承人，也可以选择一到两个慈善机构作为账户遗赠受领人。在捐赠人百年之后，基金仍可以按照捐赠人意愿一次性或分期将账户余额捐完。

（3）将其他慈善资产转化为 DAF 的服务

由于捐赠人建议基金属于 501（c）（3）条款规定的公共慈善机构，因此，美国法律允许将私人基金会或慈善信托转化为捐赠人建议基金，这一过程可被视为慈善捐赠。许多 DAF 运营机构就提供这种服务。一般情况下，捐赠人在指导下将自己的私人基金会部分或全部转为 DAF，DAF 能继续使用原有基金会名称，而基金会管理人员也能以 DAF 建议人（Advisor）的身份继续管理慈善资产。

综上可见，捐赠人建议基金服务的表现形式是多样的，体现了其核心理念是以捐赠人服务为导向，最大限度地尊重和满足捐赠人的意愿。捐赠人建议基金可以使捐赠人更加专注于慈善事业本身，基金会帮忙处理背后烦琐的流程。

DAF 与其他捐赠方式的对比及冲击

1. 与直接捐赠的比较

与直接捐赠相比，捐赠人建议基金可以帮助捐赠人进行长期的和策略的捐赠。捐赠人建议基金的一大特点就是善款在捐赠与慈善支出上存在的时间差。捐赠人将善款存入 DAF 账户后，可以在一段时间以后再进行慈善支出，这种时间差就给了捐赠人时间做思考和决策，避免了冲动和盲目的捐赠，有利于实现有效的策略性捐赠。

慈善捐赠和支出的时间差也使 DAF 账户成为一个慈善资金的“缓冲池”，可以方便捐赠人在收入充足时多捐，收入不足时仍能继续捐赠。在美国，许多捐赠人就会在工作时持续将资金捐入自己的 DAF 账户，这样就能保证退休后有足够的资金捐给想要帮助的慈善机构。同时，持续的捐赠也可以帮助被资助机构在关键时刻渡过难关，特别是经济不景气的时期。2009 年，受全球经济危机影响，全美捐赠总额同比降低 3.6%，经历了近 50 年来最大的降幅①，而当时 DAF 捐赠者仍能持续资助慈善机构，当年 DAF 慈善支出总额已超出捐赠总额，前者同比减少率只有后者的不到 1/3②。因此，DAF 是慈善捐赠领域的一个有效的减震器，它能降低经济波动对捐赠人持续捐赠的影响。

此外，许多慈善机构没有直接接收或处理复杂资产的能力，捐赠人建议基金在处理这些资产上也是优势明显。

2. 与慈善信托的比较

在美国，慈善信托与 DAF 各有其特点，但近年来 DAF 的快速发展也说明其在某些方面确实有一些对捐赠人来说更为便利的优势。仅就几个方面来看：

一般来说，慈善信托相较 DAF 行政成本高。设立慈善信托需要有专门的有资质的受托人，起草单独的信托法律文件，存续期间每年还需要向美国国税局进行税务申报，填报相关报表。③ 而 DAF 则没有这样的问题。

---

① Giving USA 2010 Report: https://www.americansforthearts.org/sites/default/files/GivingUSA_2010_ExecSummary.pdf.

② 2010 Donor-Advised Fund Report: http://www.centerforgiving.org/Portals/0/2010_DAF_Report.pdf.

③ Michael J. Hussey, *Avoiding Misuse of Donor Advised Funds*, Widener University.

其次，一般慈善信托的税收优惠低于 DAF，因为 DAF 基金会是被认定为公众慈善机构，无论是捐赠金额的上限，还是捐赠资产管理的相关税收减免，都是比较好的。

再次，慈善信托的灵活性低于 DAF。慈善信托的运营包括受益人指定、信托资产管理方式等均需通过信托文件约定，一旦签署完成后变更成本很高。DAF 则完全不受此影响，捐赠人可以根据自己的需要，随时通过线上或线下的方式更改已捐赠资产的增值保值方式或指定不同的接受捐赠对象。①

最后，以金融集团为背景的 DAF 可以实现捐赠人的 DAF 账户与其已有的资产账户相连，财富管理与慈善捐赠管理挂钩，大大增加了用户使用的便捷性。

3. 与私人基金会的比较

相比私人基金会，DAF 的优势主要体现在三个方面。

从设立及管理角度看，DAF 的设立程序非常便捷，大多可以在线上完成开户。而私人基金会的申请和审批过程相对复杂，一般需要数周至数月的时间。DAF 的捐赠门槛也较低，普通人没有足够资金成立私人基金会；而一般仅需 5000 美元就可以在全国型的 DAF 基金会设立一个专属的基金账户。私人基金会设立完成后，捐赠人也会承担烦琐的行政管理责任，需要筹建专门的团队管理资产、提交纳税申报单、保存会议纪要等，而 DAF 基金会能帮忙完成这些复杂的行政工作，捐赠人只需要专注于慈善事业即可。

从税务优惠角度看，由于 DAF 基金会属于公共慈善机构，捐赠人的慈善捐赠能够享受最高的税务减免。根据不同捐赠资产类型，DAF 能享受调整后总收入的 30%到 60%的税收减免；而私人基金会仅为 20%到 30%。而且 DAF 在捐赠估值及节省资本利得税等多方面，较私人基金会也有明显的优势，这都可以帮助捐赠人有更多资金进行慈善资助。

从强制要求角度看，美国法律规定私人基金会每年必须有 5%的净资产强制慈善支出，而 DAF 则没有这种强制规定，捐赠人可以更加灵活的根据自己的慈善规划进行资助安排。另外，私人基金会每年必须向国税局提供纳税申报表，列明理事会成员、员工工资等，因此捐赠人无法匿名捐赠。而 DAF 基金

① Michael J. Hussey, *Avoiding Misuse of Donor Advised Funds*, Widener University.

会虽然也要提交纳税申报表，但无须列出每个 DAF 账户的详细信息，所以 DAF 捐赠人可以匿名捐赠，捐赠人隐私可得到有效保护。

表 3　捐赠人建议基金（DAF）和私人基金会（PF）的对比

	捐赠人建议基金	私人基金会
设立时间	即时	数周或数月
设立费用	无	法律费用及其他（通常很高）
管理费用	一般 0.8%以下	2.5%~4%
现金类捐赠税务优惠	调整后总收入的 60%	调整后总收入的 30%
不动产及股票类捐赠税务优惠	调整后总收入的 30%	调整后总收入的 20%
捐赠估值方式	市场公允价值	公开交易股票以市场公允价值估值，其他以历史成本估值
强制慈善支出要求	无	每年 5%的净资产
商品国内消费税	无	每年 1%~2%的净投资收益
隐私	捐赠人账户及捐赠都可以匿名	每年必须向美国国税局提供详细纳税申报表，列明理事会成员，员工工资等
捐赠人管理责任	只需指定慈善支出即可	管理资产、记录备案、提交纳税申报单、保存会议纪要等

资料来源：Giving Vehicle Comparison，https：//www.nptrust.org/donor-advised-funds/daf-vs-foundation/#daf-advantages-and-limitations。

通过捐赠人建议基金与三种不同捐赠方式的对比可以发现 DAF 是一种非常灵活、便捷的捐赠工具。它的设立过程简单，启动和管理成本低，还能享受最高的税务优惠。同时 DAF 以捐赠人服务为核心，能为捐赠人节省更多时间、精力和资金。

诸多的优势加上产品化的服务模式，也使得 DAF 能够更加快速地发展。这种规模化、专业化的运作，又更容易降低人工及管理成本，从而达到一种良性循环。

（二）DAF 模式在美国引发的争议

在快速发展的同时，捐赠人建议基金在美国也引发了一些争议。

1. 对捐赠人建议基金运营不透明的质疑

在美国，私人基金会和捐赠人建议基金会每年都需要向相关监管部门申报捐赠收入和开支明细的情况，但单个的 DAF 账户就没有这个义务，这对 DAF 的捐赠人来说是少了一件耗时耗钱的事。但是 DAF 的不透明也引发了不少争论。2016 年，国际著名影星莱昂纳多在加州社区基金会设立的 DAF 的慈善资金被质疑。[①] 可见，DAF 能很好地保护捐赠人的隐私的同时，也会带来一些弊端。

从法律上讲，DAF 基金会在决定支持慈善机构方面拥有决定权，但捐赠人仍保有很大的建议权，并且实际情况往往是 DAF 基金会会尊重捐赠人的意愿，只要受资助的慈善机构处于 501（c）（3）状态即可。例如富达慈善基金会，他们一再确认他们对于受助者是中立的。有些人认为捐赠人可以完全决定用他们的钱支持哪个慈善机构，然而，一些反对者则认为，如果不施加限制，会导致慈善资金流向仇恨组织。

对于 DAF 基金会，人们看到其施加的限制往往是捐赠人所推荐的受助者不得正在接受联邦政府或州政府的调查。部分 DAF 基金会进行额外的尽职调查，以核实受助者是否存在负面新闻。但这些核查措施往往只是出于对捐助人的礼貌，而非对其限制。

2. 对捐赠人建议基金慈善支出无强制限制的质疑

2018 年以来，越来越多的慈善资金被转移到私人基金会和 DAF 基金会，而非直接流向慈善机构。私人基金会和 DAF 基金会近年来受到了富人的青睐，过去 30 年来，流入这两种基金会的慈善资金占比增加了两倍。

在美国，私人基金会有规定每年至少需要慈善支出上一年资产的 5%，而捐赠人建议基金却没有这样的强制支出限制。所以批评者认为由于 DAF 运营机构收管理费，有不进行慈善支出的激励，长期如此会导致慈善资产的低效。

当 DAF 基金会的捐赠人向其账户进行捐款时，捐赠人会立即享有减税政策，但当慈善资金进入 DAF 基金会账户后，将账户资产资助给合格慈善机构的具体时间和支出比例却无任何限制要求，对于何时捐赠以及捐赠的比例具体

---

① 《莱昂纳多卷入洗钱案 或为全球史上最大规模》，http：//world. huanqiu. com/article/2016-08/9336237. html。

为多少，捐赠人拥有很大的权力。

因此，部分人士对此表示了担忧：这些善款理论上可以永远保留在 DAF 基金会账户中，可能永远也不会捐赠至合格慈善机构，DAF 基金会在很大程度上可以成为慈善资金的休眠场所，慈善资金并不能真正发挥其作用，DAF 基金会仅仅沦为富人阶层的避税工具。

对此，DAF 模式支持者则认为捐赠人建议基金的慈善支出率多年保持较高水平，远远超过私人基金会的 5%的要求。美国国家慈善信托 2018 年发布的数据显示，从 2013 年到 2017 年的近 4 年，美国捐赠人建议基金行业总体慈善支出率均超过 20%。

3. DAF 的实际支出效果被夸大的质疑

面对公众质疑及行业人士的改革建议，DAF 从业者一再声称，没必要对 DAF 基金会账户内慈善资金支出的时间和比例进行限制和监管，因为 DAF 基金会的平均支出率已超过 20%。但是，有研究分析了 DAF 基金会的支出比例计算公式明确指出，现行的公式存在缺陷，夸大了 DAF 的实际支出比例。[①] 根据该研究，国家公益信托（NPT）目前计算 DAF 年支出比例的公式，即

P2 = 年慈善支出额(Grants)/年初资产额(Beginning of Year Assets, BOY)

这样做存在很大问题。

首先，年支出比例应该体现捐出金额与实际可供捐出的资金额，数值应该在 0~100%之间浮动。然而，现行使用的计算公式，年支出比例的数值可能大于 1。

例如，某 DAF 基金会有 A 与 B 两名客户，客户 A 在 2017 年年初账户余额为 1 万美元，投资收益为 1000 美元，无任何慈善支出（Gants），客户 B 在 2017 年捐赠 10 万美元新设立 DAF 账户，合规资助慈善组织 10 万美元，无投资收益。

显然，客户 A 的支出比例应为 0，而客户 B 的支出比例应为 100%。然而，按照 P2 计算公式，这家 DAF 基金会年初资产额（BOY）为 1 万美元，年慈善

① James Andreoni, Ray Madoff, *Calculating DAF Payout and What we learn when we do it correctly* (National Bureau of Economic Research, 2020), https://www.nber.org/system/files/working_papers/w27888/w27888.pdf.

支出额（Grants）为 10 万美元，年支出比例 P2＝1000%。

因此，该研究建议了新的计算公式：

年支出比例 P1＝年慈善支出额（Grants）/［年初资产额（BOY）＋年捐赠额（Contributions）＋投资收益（Returns）］

按照该计算公式，2017 年 DAF 行业实际年支出比例为 14.67%，而 NPT 按现行公式计算出的年支出比例为 22.44%，夸大了 53.0%。因此，现行 DAF 年支出比例计算公式夸大了 DAF 实际年支出比例。

此外，该研究又指出，DAF 行业数据掩盖了 DAF 账户的表现差异。按照该计算方式，2017 年，24%的 DAF 基金会年实际支出比例低于 5%。

其次，该研究建议使用囤积比例（stockpile rate）来衡量 DAF 囤积资产的情况，即：

囤积比例 S＝［年捐赠额（Contributions）＋投资收益（Returns）－年慈善支出额（Grants）］/年初资产额（BOY）

若 $S \geqslant 0$，表明善款囤积增加，若 $S<0$，则表明捐赠人在减少善款囤积。按照该计算方法，2017 年，美国 DAF 的囤积比例 S＝0.32，表明相比于 2016 年，DAF 账户囤积的慈善资产增加了 32%。

最后，该研究还指出，在现行核算方式下，从 DAF 账户向其他 DAF 账户的资产转移（DAF-to-DAF transfers）也被记入了慈善支出额（Grants），进而夸大了 DAF 的实际支出情况，因此建议将此类资产转移视为单独的一类，即转账（Transfers），既不算作捐赠额（Contributions），也不算作慈善支出额（Grants）。

可以说，对 DAF 囤积慈善资产的争论持续多年，但依然尚有定论。

（三）DAF 模式在公益支出方面的规定

美国目前的法律对于 DAF 的资助没有特别的规定，但在实际运作中，很多 DAF 基金会根据自身定位和特色，自行设定一些限制。下面我们介绍不同类型的 DAF 基金会对于捐赠人在合规资助环节有哪些常见的规定。

1. 最低账户活跃度

这项规定是指 DAF 账户在一定的期限里最少要进行一次合规资助给慈善

组织，超过这个期限 DAF 基金会把此账户视为“冬眠账户”，并联系捐赠人或其指定的建议人，提醒其进行合规资助。如果无法联系上，或者 DAF 账户在一定时期内仍不进行资助，DAF 基金会就直接替捐赠人进行资助支出，通常是资助给基金会旗下的专项基金或项目。如果在之后一定的时间内，催捐仍没有效果，DAF 基金会视为捐赠人放弃此账户，而将账户中资产全部资助出去，关闭账户。

通常 DAF 基金会“最低账户活跃度”的年限为 3~4 年，即三年到四年内捐赠人必须至少做一次资助。一些基金会还对于不同资产额的账户设置不同的最低活跃度年限，对于小额账户会设置更低的活跃度年限。比如嘉信基金会对于资产低于 100 美元的账户，年限仅为 1 年。最低账户活跃度的设定，确保了 DAF 捐赠人一定的资助活跃性。

2. 最低单笔资助额

在 DAF 账户提出合规资助的建议后，DAF 基金会需要花费成本来审查所建议受赠的慈善组织或项目是否真实存在以及合规，[①]同时受赠机构也需要花费成本来接受赠款，比如处理支票、财务记账和给予反馈，等等。因此，DAF 基金会一般都会设置一个“最低单笔资助额”。

每家基金会根据自身的特点和运营成本，对最低单笔资助额有不同的规定，如表 2 中专注于服务大众捐赠人的富达和嘉信基金会的门槛是 50 美元，专注于服务企业捐赠人的国家公益信托的门槛就是 250 美元。

3. 最低账户资产支出率

在美国私人基金会每年至少需要慈善支出上一年资产的 5%，[②]一些 DAF 基金会会参考对于私人基金会的要求，作为基金会慈善支出的最低标准。DAF 基金会各家的计算基数略有差异，比如有的是当年净资产的 5%，有的是上一年净资产的 5%，也有的是最近五年平均净资产的 5%。同时一些 DAF 基金会是以基金会所有 DAF 账户整体“资产支出率”为衡量标准，即在基金会整体“资产支出率”没有达标的情况下，才会去审查个别的 DAF 账户是否达到 5%

① 舜益咨询：《浅谈专项基金与捐赠人建议基金模式的比较》，https：//mp. weixin. qq. com/s/gp6G9Kjgju9zUGAjPq3myw。

② Taxes on Foundation Failure to Distribute Income, Internal Revenue Service, https：//www. irs. gov/irm/part7/irm_ 07-027-016.

的"资产支出率"要求，并对没有达标的捐赠人进行催捐，直至使得资助总额达到要求。

4. 行业自律

美国法律对于 DAF 的合规资助并没有特别的要求，但出于行业自律的原则，这六家 DAF 基金会都自行设置相关的限制性规定。另外，美国的社区基金会用行业自定的社区基金会运营标准（National Standards for U. S. Community Foundations © Program）进行同行监管（Peer-regulation），积极自愿地制定严格的运营政策，确保高度诚信和高质运营。①

"非对称管制"（Asymmetric Regulation），也是行业内通行的原则，指对不同的市场参与方，比如原有企业和新进入企业，或者龙头企业和小企业，实行待遇不同的规定和限制，从而有利于新进入企业和小企业发展，防止垄断，以达到市场的充分竞争和健康发展。②所以对于行业的领头者来说，如这里的六家 DAF 基金会为了避免长期可能会出现的市场风险，政策风险和"非对称管制"会带来的额外负担，往往更愿意自律，对自己有更严格的要求。

另外从大环境来说，对于 DAF 的监管会慢慢趋向完善。有专家提议"全部资助最长年限"，限制 DAF 账户在一定的时间，如 7 年或者 10 年，全部资助出去，③但这一提议在 2017 年 9 月遭到多名社区基金会领袖联名上书反对。④随着 DAF 成为美国捐赠的主流，可以预见这一问题将日益凸显，很有可能未来会有越来越多加强 DAF 管理和限制的法规条文出现，来规范行业长期健康稳定的发展。DAF 基金会目前普遍默认遵循的"最低账户资产支出率"，可以说是一个先见之明之举。

---

① Donor Advised Funds, Council on Foundations, https://www.cof.org/public-policy/donor-advised-funds.

② 非对称管制，百度百科，https://baike.baidu.com/item/%E9%9D%9E%E5%AF%B9%E7%A7%B0%E7%AE%A1%E5%88%B6/2915082? fr=aladdin。

③ Donor-Advised Funds Let Wall Street Steer Charitable Donations, Alan Cantor, https://www.philanthropy.com/article/Donor-Advised-Funds-Let-Wall/152337.

④ Community Foundation Presidents Oppose DAF Forced-Payout Proposal, Dawn S. Markowitz, http://www.wealthmanagement.com/philanthropy/community-foundation-presidents-oppose-daf-forced-payout-proposal.

（四）DAF的专业化：慈善顾问与跨界合作

1. DAF体系下的专业慈善顾问

美国DAF的核心是以捐赠人服务为导向，最大限度地尊重捐赠人的意愿，结合慈善顾问提供专业化的公益慈善服务。慈善顾问是DAF整个生态体系中非常重要的一部分，DAF基金会提供慈善顾问服务一般有三种形式。

其一，一些基金会有自己的专业慈善顾问团队协助捐赠人以DAF模式进行策略慈善规划。例如，NPT在全美八个区域都有专门的慈善顾问团队，而硅谷社区基金会的慈善顾问会为当地有需要的捐赠人提供量身定制的解决方案，他们与捐赠人共同探讨慈善需求并协助其了解慈善机构或项目，进而制定长期策略性的慈善决策。

其二，DAF基金会与专业顾问（理财师、会计师、经纪人等）合作提供慈善顾问服务。这类DAF基金会一般会有专门的指南及工具指导专业顾问如何将慈善事业融入财富规划中，帮助加深其客户关系。嘉信有研究显示美国84%的专业顾问会为他们的客户提供慈善规划。[①]近年来随着DAF模式的兴起，“金融+公益”的热潮引人注目，越来越多的服务于个人与家庭的专业顾问也开始学习慈善顾问技能，面向专业顾问的体系化的慈善顾问课程和培训颇受欢迎。有数据显示，为客户提供慈善咨询服务的专业顾问，相较不提供此类服务的专业顾问，客户满意度提升40%。

其三，DAF基金会也会和一些第三方慈善咨询公司合作提供公益慈善解决方案。例如，富达慈善基金会就为个人和家庭捐赠者开发了《与慈善顾问合作指南》[②]，这份指南是由富达慈善和美国九家知名慈善顾问公司共同开发，旨在共同帮助捐赠人充分利用善款并实现策略性慈善。捐赠人可以通过富达DAF系统，根据自身需求与相应的慈善顾问公司进行联系。

在美国，慈善顾问一般包含以下四方面的服务流程。

一是发掘慈善需求。此阶段慈善顾问会通过深度访谈及评估问卷，帮助捐

---

① 嘉信慈善基金会官网，https：//www. schwabcharitable. org/advisors。

② *A Guide to Working with Philanthropic Advisors*，Fidelity Charitable，https：//static1. squarespace. com/static/5a78e75bcf81e03e104449e5/t/5c142cb240ec9a2e7d75a418/1544826038174/Philanthropic-Advisor-Guide. pdf.

赠人发掘其内在价值观，并聚焦于这些价值观在慈善使命方面的体现，评估和挖掘捐赠人的慈善目标和潜在关注社会议题，并根据其经历和热情制定重点捐赠清单。尼尔森慈善咨询就通过设计一份名为“100 问”的评估问卷，根据明星给出的答案分析他们可能感兴趣的慈善项目，他们成功帮助安吉丽娜·朱莉发掘出人道主义事业的潜在关注点。①

二是制订慈善计划。此阶段是帮助捐赠人对感兴趣的议题做进一步的了解，并选择适合的捐赠方式制订短期及长期的捐赠计划。DAF 的账户管理服务往往能便捷地实现捐赠人的慈善计划，捐赠人能非常方便地在其账户中设定好一定时期的捐赠额度及计划。

三是选择受赠机构。此阶段的重点是帮助捐赠人遴选公益项目。慈善顾问通过自有或第三方的项目信息库，寻找潜在受赠机构，并对其进行能力评估和尽职调查，最后根据捐赠人需求提供定制化的 NGO 评估报告。例如舜益的战略合作伙伴 Excellence in Giving（以下简称“EIG”）就是美国一家专业公益慈善咨询机构，EIG 就自己的一套 NGO 信息库 Nonprofit Analytics，内容包括 NGO 概况、增长趋势、筹款情况、财务管理、领导者、机构战略、影响力及 SWOT 分析等方面的信息及评估，EIG 会根据客户的需求提供 Level 0-5 的 NGO 初步评估报告。

四是慈善计划的执行、反馈与评估。在此阶段慈善顾问会帮助捐赠人客户记录季度或年度的捐赠概况，捐赠人会定期收到详细的项目反馈。在项目结束后，慈善顾问会为捐赠人提供项目评估结果，帮助捐赠人了解捐赠带来的改变和影响力。如果捐赠人有意愿，且不影响受赠机构前提下，慈善顾问也能组织捐赠人及家庭成员亲身参与体验项目。

DAF 基金会通过提供全方位的慈善顾问服务，使捐赠人能够通过严谨而灵活的框架来实现慈善目标。捐赠人经过慈善顾问的服务后，其捐赠行为也有了积极的改变：捐赠人往往会由之前被动给予转变为主动资助，从漫无目标的慈善需求转变为自己在感兴趣的领域筛选项目，从和慈善机构简单的财务合作转变为策略合作，从仅仅是个人参与转变为家庭共同参与，从模糊的捐赠成效到更加清晰且可测量的慈善影响力。

---

① http：//fashion. ifeng. com/a/20120905/17370050_ 0. shtml.

2. DAF 与金融机构合作

DAF 慈善模式的一大特色就是它的保值增值环节（Growing）。一些 DAF 基金会本身就是金融背景，往往会选择母公司提供或者经纪的投资产品，比如，富达慈善基金会的投资产品，多数由富达投资提供[①]，而嘉信慈善慈善基金会的投资产品，虽然提供方比较多元，但基本上都是嘉信理财经纪的共同基金。[②] 还有一些 DAF 基金会则会选择与金融公司合作，购买金融公司的投资产品和理财服务。比如，国家公益信托（NPT）为 DAF 客户提供的投资产品和服务，就是由黑石集团、保诚集团、摩根大通、富达投资、美国世纪、元盛资产、摩根士丹利资本等金融公司提供[③]，通过与金融机构合作，为 DAF 客户提供专业的保值增值服务。

3. 关于 DAF 模式的学术研究

随着 DAF 实践的不断深入与拓展，DAF 也开始遭遇各种实践难题和质疑。美国的学术研究机构也越来越关注 DAF，就 DAF 模式、希望得到 DAF 基金会资助的慈善机构、针对 DAF 的政策设计等，开展了深入的研究，并积极参与到关于 DAF 的公共讨论之中。斯坦福大学开展了关于 DAF 的政策实验室实习课，探讨了 DAF 模式的设计，肯定了 DAF 模式延迟捐助、为 DAF 正名。这门实习课的研究结果指出：接受多样化资产等方面的积极影响，尤其是 DAF 接受多样化资产，极大地弥补了草根慈善机构欠缺处理复杂资产能力的短板。[④]

当然，学术界对 DAF 模式也不乏批评的声音。来自波士顿大学法学院的 Ray Madoff 教授不仅发布了《计算 DAF 的支出：当我们正确计算的时候，我们可以了解到什么》[⑤] 报告，批评 DAF 行业报告里的支出比例为虚高，还是"加速慈善捐赠倡议组织"（Initiative to Accelerate Charitable Giving）两位发起

① 参见富达慈善基金会官网。

② 参见嘉信慈善基金会官网。

③ 参见国家公益信托（National Philanthropic Trust）官网。

④ *Are Donor-Advised Funds Good for Nonprofits?*（Stanford Social Innovation Review），https：//ssir. org/articles/entry/are_ donor_ advised_ funds_ good_ for_ nonprofits#.

⑤ James Andreoni，Ray Madoff，*Calculating DAF Payout and What we learn when we do it correctly*（National Bureau of Economic Research），https：//www. nber. org/system/files/working _papers/w27888/w27888. pdf.

人之一。①

此外，学术界关注 DAF 模式，不只是出于研究热情，一些关于 DAF 模式的研究，就是由 DAF 基金会支持的。2020 年新冠肺炎疫情期间，DAF 账户善款发挥了“雨天基金”的作用。因此，DAF 基金会与急需资助的非营利机构之间，如何携手并进、共克时艰，就成了一个关键问题。为此，嘉信慈善基金会资助了印第安纳大学丽莉家族公益学院，开展了一项学术研究，发布了题为《非营利机构与捐赠人建议基金：认知与潜在影响》的研究报告。该研究发现，在 COVID-19 危机中，一方面，各家全国性 DAF 基金会与社区基金会在 2020 年上半年在捐赠笔数与金额上都显著增加；另一方面，半数以上的受访非营利机构则称其经历了或者即将经历筹款金额的降低，这是因为传统筹款途径被关闭。既然 DAF 账户的善款已经到位，DAF 捐款可能在不损害捐赠人个人预算的前提下，通过向非营利机构捐款，减轻 COVID-19 带给非营利组织和全社会的负面影响。因此，向非营利机构建议，提高向 DAF 筹款的能力。②

值得一提的是，以色列第一家 DAF 基金会——Keshet，就是由以色列犹太人筹款网络（Jewish Funders Network-Israel）、特拉维夫大学法律与公益学院（the Institute for Law and Philanthropy at Tel Aviv University）和以捐赠为责（Committed to Give）共同设立，使得以色列捐赠人、向以色列捐款的海外基金会得以通过 DAF 在在慈善捐赠时享受到及时的税务优惠和专业的服务。学术机构不仅参与了 DAF 的公共讨论，甚至亲自进行 DAF 的落地实践。③

---

① *New Coalition of Philanthropists, Major Foundations Launches on Giving Tuesday to Increase Funding to America' s Charities During Pandemic and Beyond*（Initiative to Accelerate Chatitable Giving），https：//acceleratecharitablegiving. org/new - coalition - of - philanthropists - major - foundations-launches-on-giving-tuesday-to-increase-funding-to-americas-charities-during-pandemic-and-beyond/.

② Una Osili，et al.，*Nonprofits and Donor-Advised Funds：Perceptions and Potential Impacts*（Indiana University Lily Family School of Philanthropy），https：//scholarworks. iupui. edu/handle/1805/24001.

③ *JFN announces the Creation of the First Israeli Donor Advised Fund*（eJewish Philanthropy），https：//ejewishphilanthropy. com/jfn-announces-the-creation-of-the-first-israeli-donor-advised-fund/Keshet 官网：https：//keshet-il. org/en/עברית-בית/.

三　美国 DAF 的实践经验

（一）美国 DAF 基金会在抗灾救援中的实践

DAF 基金会积极关注紧急事件救援，重视减灾防灾。很多全国型 DAF 基金会在官网有专门的抗灾救援页面，实时关注和应对重大突发事件，推送灾害情况和需求。此外，灾害发生时，基金会还会给捐赠人发个人邮件鼓励捐赠。

因此，在美国自然灾害频发的年份，DAF 基金会的抗灾资助额会比较可观。例如，富达基金会在 2018 年度捐赠报告中显示：由于上一年大西洋飓风和加利福尼亚野火之类自然灾害的影响，有将近五分之一的 DAF 账户（超过两万个）支持救灾事业，总共为救灾事业提供了近 6000 万美元的资助。①

面对 2020 年初新冠肺炎疫情的突袭而至，一些美国 DAF 基金会也有及时关注与支持。例如，富达慈善基金会与嘉信慈善基金会就在其抗灾救援专题中显示，它们与专业第三方抗灾救援慈善机构合作，为捐赠人提供了与抗击疫情相关的 NGO 清单，以供选择资助②③。

与本次疫情相关的推荐机构就包括：Give2Asia、Project HOPE、美国国家疾病控制与预防中心、国际医疗队等。它们与中国都有直接或间接的联系，如 Give2Asia 就与中国红十字会、湖北省红十字会建立合作关系；Project HOPE 早在 2001 年就和武汉大学共同成立了希望护士学校，疫情当下，其武汉团队协助政府积极帮助一线医护人员。

硅谷社区基金会更是在其官网首页以大图显示新冠病毒，设立新冠病毒应对基金（Coronavirus Response Fund）进行募款，善款将支持美国疾病控制中心基金会的工作，并通过与 Give2Asia 合作，向中国疫区一线捐赠物资。④

---

① 2018 Giving Report，https：//www. fidelitycharitable. org/insights/2018-giving-report. html.

② How to help，Novel coronavirus （2019-nCoV），https：//www. fidelitycharitable. org/guidance/disaster-relief/how-to-help-novel-coronavirus. html.

③ Help those impacted by recent natural disasters.，https：//mkt. schwabcharitable. org/2019-Natural-Disasters_ Latest. html.

④ Coronavirus Response Fund，https：//www. siliconvalleycf. org/coronavirus-fund.

1. 美国 DAF 基金会如何应对 COVID-19

（1）富达慈善基金会

首先，富达基金会主页置顶了“应对新冠病毒捐赠指南”（Giving guidance for the coronavirus）的链接，该指南划分出了 3 个捐赠领域：“支持医疗需求”“保护弱势群体”“维持所有非营利组织”，并在各个领域下列出相应的慈善组织，或给出相应的慈善策略，为捐赠人提供慈善捐赠指导：

支持医疗需求①：为前线医护人员提供防护设备，为免费诊所提供必要支持，帮助研发检测方法和疫苗。基金会在网页上还列举了致力于满足医疗需求的慈善组织：如 CDC Foundation，Gates Philanthropy Partners，Americares，Direct Relief，United Nations Foundation's COVID/19 Response Fund 等美国和国际慈善组织。

保护弱势群体②：一方面，许多济困扶弱的非营利组织失去了资金和志愿者支持；而另一方面，弱势群体更容易受到 COVID-19 的影响，因此，需要在社区层面帮助身边的弱势群体。基金会在网页上也给出了基金会委员会（Council on Foundations）制作的社区基金会的列表链接③；列举了一些救助弱势群体的慈善组织：Feeding America，United Way Worldwide. World Central Kitchen.

在对非营利行业的支持中，富达首先倡导捐赠人支持非营利行业中的中介机构，这些机构有的是行业中的基础设施或信息提供方，有的是咨询服务机构，很多非营利中介组织等为非营利组织分享资源、信息、网络、研究、倡议和技术。他们对行业发展意义重大，但也很容易被捐赠人所忽略；富达慈善会引导提示不要减少去这些非疫情直接相关组织的日常支持。

另外，富达基金会与抗击新冠肺炎疫情的慈善组织合作，为捐赠人分享 COVID-19 相关的慈善信息：

分享由国家家族公益中心（National Center for Family Philanthropy）和捐赠

① Support medical needs，https：//www. fidelitycharitable. org/guidance/disaster - relief/how - to - help-novel-coronavirus/supporting-medical-needs. html.

② Protect vulnerable populations，https：//www. fidelitycharitable. org/guidance/disaster - relief/how-to-help-novel-coronavirus/protect-vulnerable-populations. html.

③ External Resources For Responding To COVID - 19，https：//www. cof. org/news/external - resources-responding-covid-19.

指南针（Giving Compass）协同制作的“全美 COVID-19 应对及康复基金（COVID-19 response and recovery funs）”动态地图，供捐赠人查询地方性基金；

富达基金会与美国疾控中心基金会（CDC Foundation）对话，指导人们如何助力应对 COVID-19；

搭载了捐赠指南针（Giving Compass）的搜索引擎，因为捐赠指南针平台收集了关于公益界应对 COVID-19 的新闻和领袖意见（thought leadership）；

与 United Way 和 Feeding America，National Alliance on Mental Illness（NAMI）合作，举办活动，探讨如何应对 COVID-19 带给社区的困难。

富达慈善业非常广泛地与各领域专业机构及第三方中介机构合作，而不是只依赖自身力量，力图为捐赠人提供全面、及时、专业的信息和资源支持。

可见，富达基金会作为美国公众募款能力排名第一的基金会，在此也特别彰显了行业龙头所应有的立足于行业发展的眼光和专业性，并在网站中将这些具有行业见地和专业性的信息传递给捐赠人。

（2）硅谷社区基金会

硅谷社区基金会官网主页也置顶了 SVCF Coronavirus Response① 链接。根据 SVCF 硅谷社区基金会 2020 年 3 月 24 日的博客信息，硅谷社区基金会设立的三个 COVID-19 基金已经收到了超过 200 万美元的善款，用于帮助支持三个群体：本社区内的低收入个人或家庭、非营利机构和小微企业。硅谷社区基金在 2020 年 3 月底将这些善款捐赠给受助对象，进而带动整个社区在疫情期间都受益。

硅谷社区基金会的 DAF 账户持有人也将会通过 DAF 账户来向其他 COVID-19 的非营利组织捐赠。②

硅谷社区基金会还与湾区的政府、公益界、商业和个人居民协同合作，通过多种方式保护本地区人民的健康，照顾受到病毒影响的人。比如付不起房租的餐厅工人、小本生意拥有者、无家可归之人。

硅谷社区基金会的三个以本社区为援助核心的基金特别彰显出其社区基金

① SVCF Coronavirus Response，https：//www.siliconvalleycf.org/coronavirus-response.

② Helping our communities affected by COVID-19，https：//siliconvalleycf.org/blog/announcements/helping-our-communities-affected-covid-19.

会的特色：关注本社区的非营利组织、有需要的弱势群体以及整体社区发展。另外从这三个基金的设立也能看出作为社区基金会来说，虽然 DAF 是其搭载的主要捐赠工具，但是基金会也会设立其他类型的基金以回应捐赠人及社区需要。

2. DAF 基金会如何引导捐赠人进行抗灾资助

下面以富达慈善基金会为例，介绍 DAF 如何引导捐赠人进行抗灾资助。

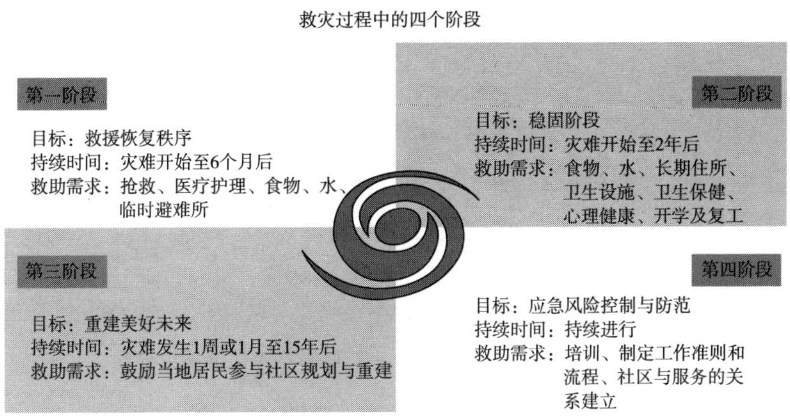

图 2 富达慈善基金会用 DAF 引导捐赠人进行抗灾资助

资料来源：富达慈善基金会官网。

（1）救灾的四个阶段

首先，富达慈善将救灾的过程分为四个阶段：紧急救援阶段、稳固阶段、重建阶段、风险控制和预防阶段。每个阶段都有不同的目标和持续时间，物资及救助需求也各不相同。前两个阶段偏于中短期，后两个偏于长期。第一阶段从灾难发生时就立即开始，着重于恢复灾区秩序。当灾区居民朝恢复日常活动的方向发展时就进入第二阶段。第三和第四阶段的特点是以当地社区主导的重建和持续的备灾教育，以便通过更好的建设和防灾教育来减轻未来可能再次发生的灾难。

其次，富达慈善建议捐赠人将救灾捐赠纳入整体捐赠计划的一部分，一种可行的方式就是将救灾捐赠在相应的阶段定向到自己感兴趣的慈善领域。比如，捐赠人主要关注动物保护和灾难教育，那他/她就可以在第一和第二阶段中资助与动物保护相关的 NGO，在第四阶段资助提供灾难教育服务的 NGO。

从富达提供的图示中可以看出，很多领域的资助可以贯穿不同的救灾阶段，而不仅仅是在第一个紧急救援阶段提供。当灾难发生时往往最能吸引公众的捐赠热情，但公众容易忽略掉在紧急救援阶段之后，受灾地区和相关群体会面临长期的物理重建和心理重建过程，甚至时间长度可以达到 10 年以上，持续的关注和对相关公益项目的资助是至关重要的。

认真考虑你想支持哪些救助服务？

救助服务	所属阶段	救助服务	所属阶段
宣传倡导	1 2 3 4	医疗服务	1 2 3 4
动物保护	1 2	心理健康	2 3
儿童福利	1 2 3	救灾物资	1 2
沟通协作	1	住所服务	1 2 3
灾难教育	4	交通物流	1 2
备灾培训	4	志愿者部署	1 2 3
财务和法律服务	2 3 4	地震及气象研究	4
食品服务	1 2 3		

图 3　富达慈善基金会用 DAF 引导捐赠人进行抗灾资助

资料来源：富达慈善基金会官网。

（2）资助合适的慈善机构

灾难发生时，在短时间内会涌现出大量慈善机构，捐赠人如何在众多慈善机构中进行选择，显得尤为重要。许多捐赠人倾向于通过提供即时资助迅速响应紧急需求。尽管对于紧急救助工作而言，立即提供援助至关重要，但也要考虑灾难四个阶段的不同需求。富达慈善为捐赠人提出以下几点建议：

第一阶段适合支持全国或国际慈善组织，这样可能会更好地实施紧急救援，如美国红十字会、无国界医生等。这些慈善机构往往能迅速从未受影响地区收集救援物资，而且他们有足够的能力和专业知识立即采取行动并产生影响力。

第二阶段的资助重点是灾区当地的慈善组织。这些机构在当地具有丰富的关系网络，对当地有着深入的了解，使得他们能够提供合适和有效的解决方案。他们的运作也能为该地区居民创造更多就业机会。

此外，在第二和第三阶段中，捐赠人也要考虑关注灾区的困难人群，如老人，贫困人群和精神病患者。灾情之下，这些人群的生活往往更加困难。

从捐赠意图上，富达慈善也为捐赠人提出一些建议。例如，在第一阶段中，捐赠人应该说明其具体意图，以确保将资金用于与特定灾难有关的工作。而在第二和第三阶段中，非限定性捐赠可能会更有助于慈善组织为受灾地区提供持续支持的能力，这些灵活的资金使强大的管理团队可以将善款用于最需要的地方。①

综上，富达慈善不是个案，它代表了典型的DAF基金会在抗灾救援中的做法，其他如嘉信慈善、硅谷社区基金会也都有类似的抗灾捐赠服务指南。在救灾过程中，DAF引导捐赠人不仅仅关注灾情本身，也要考虑该地区原来的困难人群，这样可以防止慈善资源集中到个别机构或领域，有助于实现更全面的慈善目标。此外，有研究表明，90%的捐款会在灾难发生后的90天内流向救灾工作，之后捐款会大幅减少，而后期的灾区恢复和重建工作也非常重要。② DAF就鼓励捐赠人长期关注灾难事件，不仅要响应紧急需求，也要考虑后期的重建和防灾的规划，从整个灾难生命周期角度长期规划自己的善款使用。

3. DAF在抗灾救援中的策略性

富达慈善不是个案，它代表了典型的DAF基金会在抗灾救援中的做法，其他如嘉信慈善、硅谷社区基金会也都有类似的抗灾捐赠服务指南，美国DAF模式在抗灾救援实践中的策略性可以体现为以下五点。

（1）DAF有利于让“专业的人做专业的事”

在DAF体系下的抗灾救援过程中，捐赠人只需专注于慈善事业本身，DAF基金会为其处理善款管理、项目建议、资助管理等烦琐的流程，第三方抗灾平台帮助对接专业领域的NGO，各方各司其职、分工明确。

（2）DAF有利于慈善资源的合理配置

在救灾过程中，DAF引导捐赠人不仅仅关注于灾情本身，也要考虑该地区原来的困难人群，这样可以防止慈善资源集中到个别机构或领域，有助于实现更全面的慈善目标。

（3）DAF有利于长期捐赠习惯的培养

有研究表明，90%的捐款会在灾难发生后的90天内流向救灾工作，之后

① The four phases of disaster relief, https://www.fidelitycharitable.org/guidance/disaster-relief/four-phases-of-disaster-relief.html.

② We Are All Disaster Philanthropists, http://disasterphilanthropy.org/blog/about-cdp/we-are-all-disaster-philanthropists/.

捐款会大幅减少，而后期的灾区恢复和重建工作也非常重要。[①] DAF 就鼓励捐赠人长期关注灾难事件，不仅要响应紧急需求，也要考虑后期的重建和防灾的规划，从整个灾难生命周期角度长期规划自己的善款使用。

（4）DAF 可以使“捐赠菜鸟”成长为慈善家

DAF 为捐赠人提供的在线慈善知识科普和慈善顾问服务，在抗灾资助过程中，DAF 引导捐赠人学习体系化的慈善策略，捐赠人也可以向专业慈善顾问寻求帮助，通过这样不断的慈善教育和专业交流，捐赠人会逐渐成长为合格的慈善专家。

（5）DAF 是有效的公益慈善“雨天基金”（rainy-day-fund）

DAF 的一大特点就是善款在捐赠与慈善支出上存在的时间差，捐赠人将善款存入 DAF 账户的行为，和从账户进行慈善支出不必同时进行。这意味着一方面在紧急事件发生时，捐赠人可以用账户中的余额快速进行响应和捐赠；另一方面，捐赠人如果没有考量清楚当下的捐赠方向，也可以有充分的思考和决策时间，并能够在决策之后持续捐赠。慈善捐赠和支出的时间差也使 DAF 账户成为一个慈善资金的“雨天基金”，在抗灾救援期间可以充分发挥其未雨绸缪的作用。

（二）DAF 助力捐赠人慈善事业的家族传承

在美国，尽管 DAF 受到一些质疑，但是这丝毫没有降低捐赠人选择 DAF 的热情。越来越多的高净值人士也开始使用 DAF 传递家族慈善事业。

1. DAF 鼓励家庭成员参与慈善事业

DAF 鼓励捐赠人联合家人共同参与慈善规划，这对孩子的成长有积极的影响，不仅可以鼓励孩子接触社会，培养助人品质，学会用行动承担公共责任，也有助于家庭成员的沟通，有利于家庭价值观的传递。根据富达慈善基金会的报道，八成以上的 DAF 捐赠人会与家人一起规划慈善。[②] 如此高比例的家庭慈善参与率与 DAF 对家庭提供的多样的便捷服务是分不开的。

---

① We Are All Disaster Philanthropists, http://disasterphilanthropy.org/blog/about-cdp/we-are-all-disaster-philanthropists/.

② Fidelity Charitable-giving-report-2016, https://www.fidelitycharitable.org/content/dam/fc-public/docs/insights/2016-giving-report.pdf.

首先，DAF 捐赠人享有账户命名权。在账户设立之初，捐赠人可以为自己的专属慈善账户冠以家人或家族名，这样会让参与其中的捐赠人更有荣誉感和使命感。尤其是，捐赠人还可以建立“纪念基金（Memorial Fund）”，以此纪念某个已经离世的亲人，继续其支持的慈善事业。富达慈善基金会就有这样的案例：Ellen Golub 在 2012 年患癌症去世，她的父亲为了继续女儿生前热衷的慈善事业，便以女儿的名字在富达慈善基金会建立了一个 DAF 纪念基金，这支基金每年会在女儿生日前夕进行慈善资助，目前已经支持许多医学研究、饥饿救助等领域的慈善组织。Ellen 的孩子现在也开始向该基金捐赠，外祖父希望他能将基金延续下去。①

其次，DAF 捐赠人享有账户共享管理权。许多 DAF 基金会提供一个账户多人共享（尤其是家庭成员的共享）的操作。第一账户持有人以外的他人可以用“附加账户持有人（Additional Account Holder）”或是建议人（Advisor）的身份加入账户的管理中，便于多方共同商议制定慈善决策。一方面，这可以避免个人做决策的局限性，扩大参与群体的范围；另一方面，通过家人共同参与慈善决策，有利于加强代际交流和传递家族价值观。

再次，前面也提到了 DAF 捐赠人享有指定账户继承权。DAF 允许捐赠人指定家庭成员作为慈善账户的继承人。当捐赠人离世，DAF 可以作为一项遗产存续下去。通过慈善账户的传承，后代可以清晰地看到家族的慈善轨迹，实现家族慈善的爱心永续。

最后，DAF 基金会还专门为父母提供方便孩子参与慈善捐赠的服务，富达慈善就特别设立了“捐赠礼物”项目（Gift4Giving），父母通过自己的 DAF 账户创建 50 美元到 5000 美元的“捐赠礼物”，由基金会转发邮件或短信给孩子，孩子接收到礼物后可以像使用电子购物券一样进行慈善“消费”。②

2. 家族利用 DAF 慈善传承的实例

由于 DAF 良好的家庭慈善参与体验，美国许多富裕家庭都会选择设立 DAF 账户进行慈善捐赠。本章引言中提到的扎克伯格夫妇就主要采用了 DAF 进行慈善捐赠，他们早在 2012 年及 2013 年就捐赠了价值约 5 亿美元和 10 亿

① Joy of Giving，https：//www.fidelitycharitable.org/articles/joy-of-giving.html.

② Gift4Giving，https：//www.fidelitycharitable.org/giving-account/gift4giving.html.

美元的股票给硅谷社区基金会下的 DAF 账户。2015 年底，为纪念第一个孩子的出生，扎克伯格夫妇更是发表声明，计划捐出脸书 99%的股份用作慈善，他们通过成立一家特殊的有限责任公司 *[①] 陈-扎克伯格倡议（Chan Zuckerberg Initiative，CZI）来实现目标。这样做的好处一方面可以避免股权分散，一方面也可以灵活选择符合目标的各种工具。例如在慈善支出方面，该机构就采用三种不同的方式：设立于硅谷社区基金会的同名 DAF 账户（CZI DAF）、家族基金会以及一家专门做政策宣传的机构。值得注意的是，CZI 披露的 2018 年初至今的 919 笔慈善支出中，通过 DAF 进行的支出就占 823 笔，而采用家族基金会方式的支出仅有 68 笔。[②] 可见，DAF 目前仍是扎克伯格夫妇重要的慈善捐赠方式。

DAF 不仅可以为家庭提供便利的联合捐赠，也可以让一个家族的多代人会共同参与慈善事业。阿克伦社区基金会（Akron Community Foundation）就有家族三代人借助 DAF 进行慈善传承的例子。[③]

维纳格（Venarge）夫妇凭借努力工作取得成功，他们平时也会积极慷慨的回馈社区。他们想将这种努力拼搏的家族价值观和乐于付出的精神延续下去。1999 年，维纳格夫妇找到一个解决方案，就在阿克伦社区基金会以他们名字设立了家族 DAF，旨在帮助社区弱势群体，建立并传递这种回馈社会的优秀家族传统。通过十几年的努力，这支家族基金帮助了当地许多女性和儿童，现在维纳格夫妇的儿女和孙女也都参与进来了。

社区基金会定期预约维纳格家族成员时间，将他们邀请至会议室。基金会事先做足功课，在维纳格家族关注的慈善领域筛选十个优秀慈善机构或项目，并做好尽职调查。家族成员在充分获取项目信息的情况下，讨论慈善选择并参与投票。维纳格夫妇的六个孙女也会参与讨论决策，他们通过给墙上的不同项目贴纸的有趣方式进行投票。维纳格夫妇很高兴看到助人的价值观在所爱的人

---

① Limited Liability Company 中文直译是有限责任公司，但其并非完全对应我国的有限责任公司，其在美国是一种较为特殊的公司形式。

② Chan Zuckerberg Initiative，https：//chanzuckerberg. com/grants-ventures/grants/（截至 2020 年 5 月 22 日数据）。

③ Family fund empowers three generations of giving：https，//www. akroncf. org/ContactUs/NewsEvents/ViewArticle/tabid/96/ArticleId/1405/Family-fund-empowers-three-generations-of-giving. aspx.

中继续传递。他们说这种捐赠方式让他们感到快乐，基金会负责运营家族DAF基金，家庭成员只需要专注于慈善事业，完全不用像运营家族基金会那样操心烦琐的行政事务。而且，即使他们去世之后，子孙后代也能以他们的名义继续捐赠，从而将家族慈善事业一直传承下去。

不同于社区型DAF基金会对家庭捐赠人社区实际参与的重视，全国型DAF基金会一般会提供给家庭成员便捷的网上操作选项，嘉信慈善基金会（Schwab Charitable）的一家四代人共同参与慈善捐赠使用的就是这样的方式。

美国加州的伊丽莎白（Elizabeth）夫妇热衷慈善，他们希望能持续地做慈善捐赠，特别是帮助贫困的孩子。他们在嘉信慈善基金会设立了自己的DAF账户，伊丽莎白和家人共同决定如何使用慈善资金。为了培养孩子的捐赠习惯，当他们上高中的时候，伊丽莎白开始从自己的DAF账户中定期划分出2000美元的捐款，让孩子决定怎么使用这笔善款。这些操作都是在网上进行的，便捷高效的方式也得到了孩子的积极响应，现在孙辈也加入了他们的捐赠活动。伊丽莎白表示，四代人共同参与家庭基金的管理，对家庭而言是一件十分有意义的事。[①] 可见，无论是通过线下还是线上的方式，DAF都可以帮助捐赠人实现家庭共同参与慈善捐赠的意愿。

此外，一些家族基金会也将DAF作为家族慈善事业传承的“预备班”。在孩子接手家族基金会前，父母通过建立了一个DAF账户培养后代的公益慈善理念与能力。[②] 通常，父母会请孩子帮忙分配一些慈善捐赠，但不允许他们随意挑选被资助的慈善机构。他们会要求孩子在DAF的服务下做好尽职调查，不仅考虑慈善机构的使命，还要考虑它是如何运作和花钱的。这样可以帮助孩子形成策略性的慈善习惯，有利于未来继承家族的慈善事业。

在美国，越来越多的捐赠案例都表明DAF是一种有效连接数代人的家族慈善传承方式。家族成员不仅可以通过慈善账户共同参与捐赠活动，也可以使后代了解前辈们的慈善历史、增强家族认同感和凝聚力。甚至有些DAF开始只是个人使用的慈善账户，在设立人去世后，后代为了表达纪念或致敬，仍会

① Four generations of giving, https://www.schwabcharitable.org/public/charitable/maximize_your_impact/donor_stories.

② The Growth of “Side-Car” DAF Accounts, https://www.wealthmanagement.com/philanthropy/growth-side-car-daf-accounts.

以他们的名义继续帮助慈善机构，这就在事实上达成了家族慈善事业的传承。

（三）“善上加善”，如何用 DAF 做影响力投资

作为一种捐赠载体，DAF 不仅能够帮助捐赠人进行长期的、有策略地慈善捐赠，它还能为影响力投资开辟出一条新的融资渠道，实现捐赠人的“善上加善”。它既像一列“动车组”，将更多的资源运送到各个影响力投资“车站”；又像一个杠杆支点，为影响力投资对象的长期发展撬动更多的金融资产。

1. DAF 与影响力投资是一对双向选择

前文提到，庞大的慈善资产规模也为 DAF 招致了非议。尽管历年的 DAF 年报都明确指出，DAF 基金会的慈善支出比例逐年递增。但是针对 DAF“多进少出”的指责却一直不绝于耳。不仅如此，DAF 捐赠人也有着十分强烈且多元化的慈善需求。

因此，如何最大限度地释放 DAF 账户所持资产的慈善潜能，便成为 DAF 不得不面对的一个难题。许多金融顾问和慈善顾问撰文指出：影响力投资这种有回报的“善”，将是 DAF 抵制非议、满足客户需求、“善上加善”的一条出路。

不只是 DAF 选择了影响力投资，DAF 与影响力投资可以说是一对双向选择，DAF 做影响力投资具有显著的优势。

DAF 能够为影响力投资注入更多的耐心资本。影响力投资项目常常不具备短时间内回馈投资者的能力，前期资本缺口大、风险高，并不受资本市场的青睐。而 DAF 账户资产有明确的慈善属性，又相对较长的存续期，是一种耐心资本，自然对影响力投资青眼有加。

DAF 能够作为早期影响力投资，为被投项目撬动更多金融资产，产生杠杆效应。尽管 DAF 所持有的慈善资产规模庞大，但是相比于金融市场的资产规模，仍然是“小巫见大巫”。如果社会企业、新型环保企业等影响力投资对象能够在 DAF 前期投资的供养下逐步获得自主发展的能力，那么接下来便有望到资本市场上争取更多的金融资本。

DAF 基金会所提供的慈善顾问及投资顾问服务，能够帮助捐赠人有策略地做出影响力投资决策。一方面，影响力投资涵盖了环保、平等、饥饿、教

育、医疗等众多领域，在财务回报与影响力方面亦各有差别；另一方面，在选择具体的影响力投资项目时，又牵涉投资的必要性问题，即如果捐赠人不注资，该影响力投资项目还有没有可能从政府、企业、私人投资者、私人基金会等其他资本持有者那里获得资金？捐赠人使用 DAF 为该影响力投资项目注资是否必要？再考虑到影响力投资所涉及的法律法规，如何选出既符合自己价值观、又有投资必要性的影响力投资项目，往往非捐赠人一人之力可为，慈善顾问的角色不可或缺。

2. DAF 如何做影响力投资

DAF 与影响力投资相结合，尤其在 DAF 的保值增值（Growing）环节，选择影响力投资选项，是一种善上加善。DAF 与影响力投资是一对双向选择。一方面，近年来，DAF 庞大的慈善资产规模招致了非议，被指责为“囤积财富”。因此，在善款未被捐出之前，就通过影响力投资，最大限度地挖掘善款的公益价值，将是 DAF 抵制非议的一条出路；另一方面，如上所说，影响力投资项目常常不具备短时间内回馈投资者的能力，并不受资本市场的青睐。事实上，近年来，美国 DAF 基金会更加注重捐赠人的多样化慈善需求，一方面，DAF 基金会提供一些评测过的影响力投资选项，捐赠人只需根据个人所关心的议题与风险—收益偏好，自行选配投资组合；另一方面，针对大额账户，DAF 基金会还会提供定制化服务，捐赠人可以在慈善顾问的帮助下，自主推荐影响力投资选项。

用 DAF 做影响力投资，要在 DAF 基金会的投资制度框架之下完成。鉴于 DAF 模式仍在发展之中，相关的法律法规尚不完善，在实际操作过程中，用 DAF 做影响力投资，可能会受到诸多限制，需要灵活变通和专业指导。以美国的情况为例，在 DAF 的增值保值环节，由于每个 DAF 账户对单个企业的持股比例受到限制，DAF 在影响力投资于单个社会企业或环保企业时，往往采用贷款、可撤回捐赠等非股权形式。[①]

DAF 最早的影响力投资实践就是投资于公开市场交易的影响力投资产品和社会责任投资产品。比如，富达慈善基金会为客户提供了 4 个影响力投资选

① David A. Levitt, *Impact Investing and Donor-Advised Funds: Guidance for the Savvy Donor* (Advisor Perspectives), https://www.advisorperspectives.com/articles/2017/01/30/impact-investing-and-donor-advised-funds-guidance-for-the-savvy-donor.

项，皆为交易型开放式指数基金（见表4），2018年，它又扩张了对这些影响力投资的注资规模（8.56亿美元），较2017年增幅高达110%。①

表4　富达慈善基金会的可持续与影响力投资选项②

选项	影响力	资产类别	财务回报（到最近一年YTD的累计收益率）
Sustainable U. S. Index	投资于符合ESG原则的企业	权益	17.76%
Sustainable U. S. Index Access Pool	偏好长期投资于保护环境、服务社区、劳工标准高、生产高质量安全产品、管理典范的企业	权益	17.87%
Sustainablet International Index	投资于产生积极ESG影响的企业	权益	12.88%
Environmental Impact Access	无化石燃料策略，投资于全球范围内致力于解决能源、水源、浪费、可持续食品与农业市场的创新型企业	权益	19.90%

为了满足客户的影响力投资需求，DAF基金会还跟PRIME Coalition、Social Finance、Root Capital等第三方影响力投资机构合作，为捐赠人提供这些第三方影响力投资机构的影响力投资产品。③ 这类投资活动往往在私募市场中完成。以Social Finance为例，它是一家全国性非营利影响力投资机构。2017年，来自4家DAF基金会的16位个人投资者，通过其DAF账户，与Social Finance合作完成了一项“为成功买单”（Pay for Success）的影响力投资项目。这些来自DAF账户的慈善资产，经由Social Finance，为犹太职业服务（Jewish Vocational Services）机构提供支持。后者专门为波士顿地区的2000多名成年人提供英语职业培训和求职援助，并帮助合法移民和难民获得高薪工作和深造

① Abby Schultz, *Fidelity Charitable Expands Impact Investing Options* (Barron's), https://www.barrons.com/articles/fidelity-charitable-expands-impact-investing-options-1528843707.

② Sustainable and Impact Investing, Fidelity Charitable Foundation, https://www.fidelitycharitable.org/giving-account/investment-options/impact-investing-pool.html.

③ Ryan Macpherson, Sarah Kearney, Emma Kulow, *How to Use Donor-Advised Funds to Make Impact Investments* (*Stanford Social Innovation Review*), https://ssir.org/articles/entry/how_to_use_donor_advised_funds_to_make_impact_investments#.

机会。所谓“为成功买单”是指，在该项目达成一定的社会影响力指标之后，政府就会为其买单，回馈前期的投资者。项目结束后，Social Finance 和 16 个 DAF 账户共收到一笔高达 1200 万美元的转账支付。[①]

从 DAF 的这些既有影响力投资实践中可以看出：无论在公开市场还是私募市场，DAF 做影响力投资都具备一定的可行性。再考虑到 DAF 基金会庞大的慈善资产规模、专业的慈善顾问与金融顾问团队、DAF 客户强烈而多元的慈善需求，DAF 在影响力投资方面潜力很大。

四　DAF 中国化的前景与机遇

（一）DAF 为什么能在美国成功

1. 大众的捐赠文化

（1）个人捐赠比例高

DAF 是服务于个人捐赠人的工具，而美国是一个个人捐赠普遍的地方，这就给了 DAF 成长的土壤。2020 年，美国总捐赠额达到 4714.4 亿美元，其中个人捐赠额为 3241 亿美元，占比 69%，回溯之前的数据，也同样的比例或更高，远远超过企业或基金会的数额[②]。

这些个人捐赠不仅来自高净值人群，其中中产和低收入群体的捐赠也并不少。说一个 2007 年的数据来感受下不同家庭收入的捐赠情况。当时把美国的家庭收入分为五个等级，其中低收入家庭捐出了 4.3%的收入，接下来的三个中间收入家庭分别捐出了 2.5%、2.7%和 2.0%，最富有家庭捐出的是 2.1%的收入。[③]

① *Is Impact Investing the Next Big Thing for Donor-Advised Funds?*（*Inside Philanthropy*），https：//www.insidephilanthropy.com/home/2018/4/2/is-impact-investing-the-next-big-thing-for-donor-advised-fund.

② Giving USA 2021 Report.

③ 任孟山：《体验美国的捐赠文化》，《华夏时报》2013 年，https：//www.chinatimes.net.cn//article/34578.html。

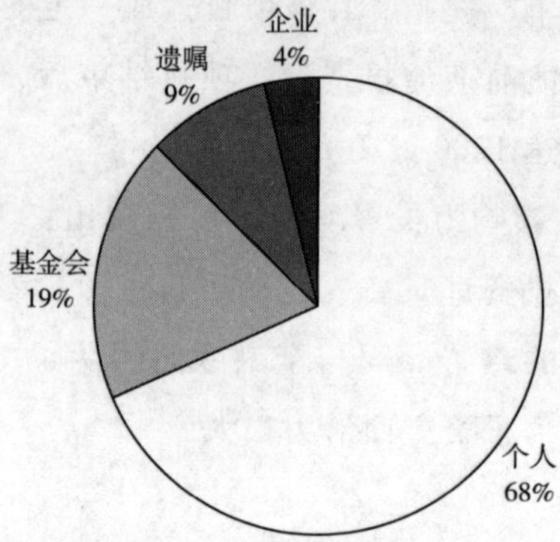

图 4　2020 年美国捐赠占比

回到国内，2019 年全年捐赠达 1509 亿元，其中主要是来自企业的捐赠，企业捐赠达 931.47 亿元，占捐赠总量的 61.71%；个人捐赠达 398.45 亿元，占比为 26.4%。①

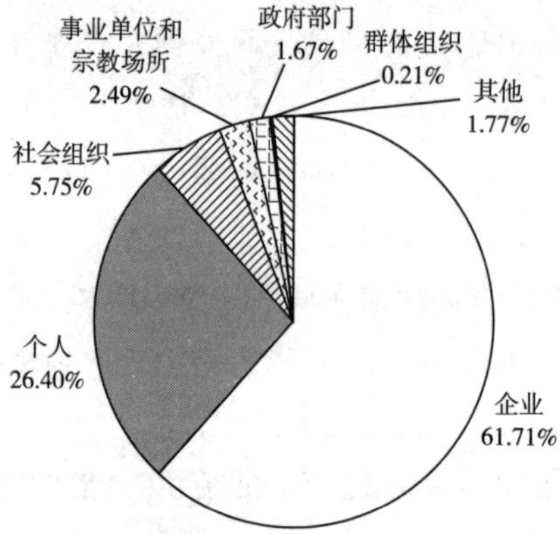

图 5　2019 年中国捐赠占比②

对比上述数据，可以看出中美之间个人捐赠的普及率还存在一定差距，而

① 公益时报：《中慈联发布〈2019 年度中国慈善捐助报告〉我国慈善捐赠的主要来源依然是企业》，http://www.gongyishibao.com/html/yanjiubaogao/2020/09/15648.html。

② 公益时报：《中慈联发布〈2019 年度中国慈善捐助报告〉我国慈善捐赠的主要来源依然是企业》，http://www.gongyishibao.com/html/yanjiubaogao/2020/09/15648.html。

DAF 的拥趸又和个人捐赠息息相关。当然，个人捐赠率的上升也不是一蹴而就的，美国的捐赠现状离不开其特殊的历史文化和经济发展阶段。

基督教的文化背景。美国作为移民国家，从立国开始就从欧洲移民那里传承了基督教精神。基督教贯穿了美国整个社会的发展，也潜移默化地对美国国民性的形成产生深远影响。而基督教有鼓励捐赠的传统，也鼓励个人发挥自己的力量促进社会的进步。所以，富有至卡内基，平凡到百姓，都希望奉献自己的财富以达到助人助社会的目的。

资中筠在《20 世纪的美国》一书中也提道：资本家“自愿”把一部分财产归还给社会的原因很多，绝不能简单地以“沽名钓誉”或争取免税来解释……更深层的还要从基督教文明的价值观中去探寻。①

经济发展和财富积累阶段不同。历史数据表明，经济大力发展带来财富积累的同时，也促进了捐赠的繁荣。美国慈善发展的两次高潮分别是 19 世纪末 20 世纪初和 20 世纪 80 年代，这也是经济大力发展的时候。

19 世纪末被称为“镀金时代”，当时的社会财富大大增加，工业巨头们在各行业开始形成垄断。到 1890 年，美国前 1%的家庭手握着美国国民财富的半数以上。日益惊人的财富积累成为慈善发展的强劲源泉，巨型慈善基金会如雨后春笋般出现，慈善捐赠数额爆发增长。②

20 世纪 80 年代，里根经济学的成功带来经济持续增长，慈善捐赠额也随之上升。美国全国性 DAF 发展也是在这段时间前后。后来，信息产业的发展催生了一批新贵家族，他们也纷纷投入慈善，而这批互联网新贵也有一些选择了 DAF 工具，比如扎克伯格、马斯克。

而国内的经济发展从改革开放开始，还不到 50 年，大众的财富正在积累中。虽然经济发展阶段较美国晚，不过中国的个人捐赠也初现端倪。其中早一批富裕起来的企业家已经投身慈善：曹德旺先生 2009 年就提出股权捐赠事宜并于 2011 年成立河仁基金会。而个人捐赠近几年也曾快速增长态势。

---

① 资中筠：《20 世纪的美国（修订版）》，商务印书馆，2018。

② 陶冶、陈斌：《美国慈善事业发展的历史、原因及启示》，《中国劳动关系学院学报》2016 年第 4 期，第 76~82 页。

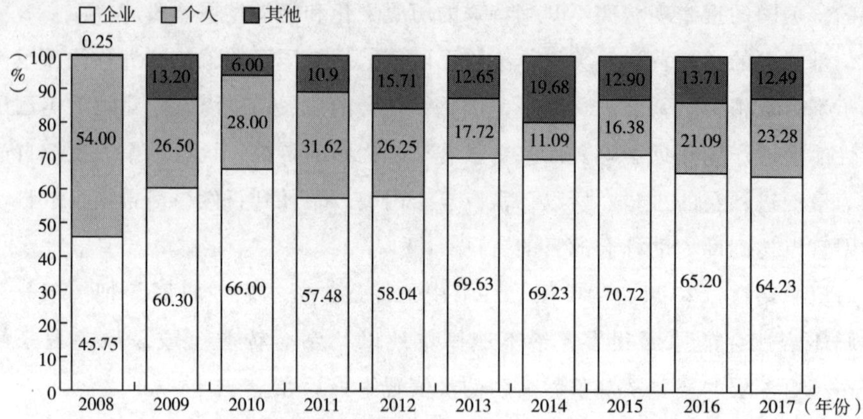

图 6　2008-2017 年中国不同捐赠主体捐赠额占比

资料来源：《2017 年度中国慈善捐助报告》。

（2）理性的慈善决策

美国的个人捐赠者同样注重长期和科学的捐赠，这一点可以从早期私人基金会的捐赠理念来窥探一二。《20 世纪的美国》一书中就指出，20 世纪初美国盛行的私人基金会存在一些特点，包括：在用钱的理念上从长远着想，重治本而不是单纯的济贫；科学地、有组织地分配捐赠，而不是即兴的，凭个人一时发善心；在运作上，它与现代企业有类似的机制，有一套制度和法规，聘请专业人才管理，会长略相当于企业的总裁，有较大的决策权。① 这些多少能体现美国个人对慈善决策的重视。DAF 的特点是：先捐赠，然后慢慢决策如何合理捐赠，这是一个理性的过程。因此，DAF 所倡导的慈善理念也契合美国整体的慈善环境。

观察国内的捐赠理念，情感性、短期捐赠可能更多，这会带来慈善行业一时的火热，同时又很脆弱，对于公益的负面信息反应弹性高。所以长期可持续的发展还是需要冷静和深思熟虑后的决定。国内倡导和发展 DAF，也可以注重理性捐赠，而培养捐赠人的公益认知、推广慈善教育是构建理性捐赠的重要基础。

① 资中筠：《20 世纪的美国（修订版）》，商务印书馆，2018。

2. 慈善组织对捐赠人的重视

美国的公共慈善组织在申请免税资质时需要通过公众资助率的测试，即该组织的资金有一部分须来自公众直接或间接地捐款或者政府的拨款，一般是1/3以上。[①] 这个规定一定程度上影响了慈善组织对于公众筹款和捐赠人的重视，希望满足捐赠人需求、维持与捐赠人联系。这就是DAF能出现并且发展起来的根基，纵观DAF的发展历史，都离不开对捐赠人的关注。

DAF的兴起是重视捐赠人的结果，也是捐赠人慈善需求促进慈善组织工具创新的体现。第一个DAF设立于纽约社区信托基金会，捐赠者表达了有别于传统慈善工具的捐赠需求，基金会为了适应捐赠人的意愿而诞生了DAF。DAF的模式，不仅在于保留捐赠人的建议权，而且结合了私人基金会（包括慈善信托）和慈善机构一次性直接捐赠的优点，让捐赠人享受更多的税收优惠、更低的设立和管理成本的同时，增加更多的慈善参与和便捷的操作体验，这是之前慈善市场所缺少的捐赠工具，也是以服务捐赠人为导向的机构所愿意接受的。

随着DAF的发展，慈善组织也不断关注提升捐赠人的参与体验。

第一，账户系统，便捷且透明。一些全国性的基金发起机构提供线上账户系统，捐赠人可以快速开户，富达基金会官网显示5分钟即可开通专属自己的DAF账户。而且，捐赠人可以全程线上捐赠、投资和支出捐赠资产，打造自己的慈善账户。2020年富达慈善基金就有94%的捐赠是通过在线的建议达成的。[②]

第二，捐赠过程，强调更多地参与和互动。捐赠人可以在DAF账户中挑选符合自己慈善使命的慈善项目，并按照自己的规划来逐步支出。而慈善项目的来源，首先慈善组织会提供合规的公益机构名单，如果捐赠人有自己偏好的未在名单之内的机构，发起机构会进行尽职调查和资质核实，行使对这些捐赠提议的支持或否决权。这样，捐赠人可以在一个账户持续做不同领域的捐赠，用一个账户实现自己的慈善目标。85%富达捐赠人会资助6个及以上慈善组织。

---

① 褚蓥：《美国公共慈善组织法律规则》，知识产权出版社，2015。

② 2021 *Giving Report*（富达慈善基金2021年报）。

第三，捐赠服务，引入家庭慈善和慈善顾问的服务。很多 DAF 基金会为捐赠人提供慈善顾问的服务，比如富达引入 EIG，以此满足定制化的需求，也让捐赠人的慈善更有策略。一些 DAF 账户更是成为家庭共同参与的桥梁，许多 DAF 慈善基金会提供"一个账户多人共享（尤其是家庭成员的共享）"的操作。第一账户持有人以外的他人可以用"附加账户持有人（Additional Account Holder）"或是"账户的建议人（Advisor）"的身份加入账户的管理中，便于多方共同商议制定决策。一方面，这可以避免个人做决策的局限性，扩大参与群体的范围；另一方面，慈善捐赠意识可以通过亲属关系和社交圈得到传播和普及。对附加账户持有人的指定，可以允许一人或多人，对象也可以是慈善顾问或财富顾问，这也是多样选择的体现。①

回到国内，国内公益组织的发展目前缺少对捐赠人的关注，缺少对捐赠人想法的重视。在免税资质申请时，也只是关注基金会在做什么，这一点并非指出免税资质申请存在问题，而是从这个评选标准可以看出中国公益行业最看重的是什么。

3. 鲇鱼效应——金融背景的基金会

DAF 虽然始于社区基金会，但真正兴盛于全国并快速发展，很大程度依赖金融机构的基金会的推动。金融机构能够推动 DAF 发展也有一定的历史背景。

（1）法律的慈善认可

金融机构引入 DAF 源于其法律赋予的慈善免税地位。1987 年，国家基金会公司在与美国国会的案件中获得胜诉，自此法律认定保有建议权的捐赠人建议基金并不违背美国公益慈善事业精神，因此享有同等的税收优惠资格，而管理捐赠人账户的组织只要确保捐赠资产用于公益慈善事业且符合 501（c）等公益慈善组织认定要求，同样也可以享受税收抵扣或减免的优惠政策。② 在后续的《税收改革法案》中也提到了捐赠人建议基金和赞助型组织，这个对于实践的指导意义是，商业金融背景的机构可以通过建立一种被称为"赞助型

---

① 舜益咨询：《捐赠人建议基金——我的慈善我做主》，https：//mp. weixin. qq. com/s/usYGtsMwn4Ce_ foJdLrYLw。

② 卢永彬、李文迪：《社会交换理论视角下美国捐赠人建议基金发展优势分析》，《社会政策研究》2020 年第 3 期，第 64~76 页。

组织”的公益慈善机构来设立 DAF。

在这些法律政策利好的刺激下，美国一些大型商业金融公司于 20 世纪 90 年代起开始下设专门的公共慈善机构发起成立捐赠人建议基金，1991 年美国富达集团发起成立了首个商业型捐赠人建议基金。自此，捐赠人建议基金得到了迅猛的发展。

（2）金融机构基金会的需求

根据 U S Trust 数据表明，美国 91%的高净值客户会做慈善捐赠[①]。而金融机构的目标客户大多也是这类高净值群体，为了给这个群体提供增值服务以挽留或者吸引更多客户，设立慈善部门或机构也成了金融机构常用的手段。

另外，金融机构同样希望通过管理慈善资产来增加其管理规模。在富达 DAF 账户上的钱，没有被支出之前，都会用于投资富达的基金来增值保值。虽然这部分规模占富达投资的比例很小，但算上引流至财富领域的资金，就不可忽视了。

（3）DAF 模式与金融机构的契合

金融机构采纳 DAF 的模式来发展慈善，也是因为两者在一定程度上很类似。

账户系统的相通。DAF 的定义就指出它是一个独立的账户，这个慈善账户类似金融机构的个人理财账户，金融机构既有打造账户系统的基础，也有能力将慈善账户与理财账户相互打通，这样客户可以一体化投资理财、慈善捐赠、税收减免和项目支出。

投资和资产处理能力。慈善捐赠中有很多是非现金资产，利用金融机构在资产管理、保值增值、估价拍卖、转投资、债券化等方面的专业优势，可以更有效地为捐赠人提供服务。比如，处理非流动性资产，如股权或加密货币，金融机构可以合理和快速地估值和销售，然后转成慈善资产并实现增值保值，而资产持有者直接坐享税收优惠。

（4）金融机构基金会的优势和能力

最后，也很重要的是，金融机构有客户、有资金、有营销团队来推广自己

---

① How Fidelity and its donor-advised fund are shaking up charitable giving for the better，https：//slate.com/business/2018/05/fidelitys-donor-advised-fund-is-shaking-up-charitable-giving.html.

的 DAF 模式和基金会。

客户基础。富达投资是美国最大的资产管理公司之一，目前管理着 10.4 万亿美元资产，有 3500 万个客户①，这些客户都可以成为设立 DAF 的潜在客户。

资金实力。这个资金实力体现在可以开发 DAF 账户系统、搭建资助白名单、出资做市场宣传和 DAF 传播等，DAF 模式当时在美国就属于创新产品，资金是创新产品前期开拓所不可缺少的。

顾问和营销团队。金融机构几乎都有财富顾问和销售团队来直接面向客户，富达基金会就是瞄向财富顾问来向客户引荐 DAF 的捐赠理念。数据表明，客户对谈论慈善的顾问的满意度普遍高于不谈论慈善的顾问。

美国金融机构对慈善的需求源于金融行业的发展阶段，美国从 20 世纪初就已经成为世界第一大经济体，金融行业蓬勃发展，纽约渐渐成为世界金融中心。金融的不断发展，最终衍生出围绕客户打造一系列财富管理内容和增值服务。反观中国，金融真正发展不过近二三十年，对于客户的服务内容上也还处于摸索阶段。

4. 慈善的基础设施

(1) 以法治慈善

美国慈善发展离不开慈善文化的影响，更离不开法律的不断规范和引导。国内提到美国的慈善行业，常常会提到其完善的法律体系。完善的慈善法律体系，是保障个人和机构参与和运行的基础。回顾上述提到 DAF 的繁荣兴盛，也提到法律的认可是 DAF 发展的关键前提。

而其中税法是最重要的调控捐赠行为的手段，捐赠人建议基金能够发展，离不开它拥有美国法律框架下准许的最大限度的税收优惠。

第一，关于个人所得税抵减。捐赠人在捐赠到 DAF 时可享受即时的税收抵减，抵减限额根据捐赠资产不同可占捐赠人调整后总收入的 30%~50%，这与公共慈善组织的税收优惠一样，而私人基金会的抵减限额为捐赠人调整后总收入的 20%~30%。

第二，关于不同资产捐赠的减免税政策，也是偏向 DAF 的。美国的捐赠

① 富达投资官网，About Fidelity-Our Company。

资产既可以选择现金及等价物，也可以捐赠非现金资产。数据显示，2020 年富达慈善基金 2/3 的捐赠都是非现金资产①，从对非现金资产的捐赠税收政策就体现了法律的支持态度。比如，面向捐赠人建议基金的捐赠资产如非上市股票可享受公平市场价值抵减，而私人基金会只享受成本基准的抵减。

除了税法，还有一些其他规定对于 DAF 发展也有帮助。比如，慈善支出比例中，对于 DAF 没有年度支出要求。这给予捐赠人充分的缓冲时间，既得到及时的捐赠满足，又可以审慎思考后续如何有效地实现捐赠理想，间接形成了理性支出的习惯。同时，也能缓解经济波动对捐赠人的慈善支出。

国内其实一直在致力于慈善法律的完善和税收优惠的制定。2016 年出台的《慈善法》是我国第一部慈善法，也系统地确立了慈善的现代规范。除此之外，《个人所得税法》也对捐赠额税前抵扣做了规定，还有 2020 年发布的《关于公益性捐赠税前扣除有关事项的公告》，这些都对慈善市场起了规范作用。不过有些还是原则性的条款，到具体执行时还需要更落地的配套。比如，非现金形态捐赠的税收优惠制度，国内虽然目前大多还是现金捐赠，2019 年就有约 70%的捐赠是现金，但从中国财富人群的观察中能感受到中高净值人群对于非现金资产的捐赠需求也很迫切，不过基于慈善机构处理非现金资产的能力和税收优惠执行的不完善还是让捐赠人望而却步。

（2）项目数据的支持：第三方项目数据库的完善

DAF 的一个特点是捐赠人可以在自己的账户内直接寻找捐赠的慈善项目。看美国的几家 DAF 基金会，会发现他们除了自己构建项目数据库，也会与权威的第三方项目评估机构合作，如 guidestar，后者通过链接或插件的方式为捐赠人提供搜索渠道，捐赠人可以利用关键词、慈善领域或地区来筛选自己心仪的慈善机构②。这就为想做 DAF 的基金会提供了很大的便利。

国内基金会一直对捐赠项目库存在需求，但首先国内还没有发展出类似 guidestar 这种标准的第三方数据库来为市场服务，其次是目前基金会或者慈善组织的项目数据格式并不统一，不能直接互相导入和使用，所以几乎各个基金会只能自己建立项目库。这些就为初进入这个行业的慈善组织或金融商业机构

① 2021 *Giving Report*（富达慈善基金 2021 年报）。

② 舜益咨询：《捐赠人建议基金——我的慈善我做主》，https://mp.weixin.qq.com/s/usYGtsMwn4Ce_foJdLrYLw。

营造了进入和发展壁垒。

（3）第三部门在社会中的调节作用

综观美国的建国史，从殖民者进入美洲新大陆开始，美国先是成立慈善和志愿团体来满足社会、教育等领域需求，然后才建立政府，第三部门对社会的调节作用先于政府。所以，美国一直有“大社会、小政府”的社会传统。美国人没有事事指望政府的习惯，也会捐赠给专业的社会组织用于解决社会问题。

这和国内差别比较大，国内政府对慈善组织的强干预和对社会问题的高度关注，也就导致了人们对政府处理社会问题的依赖。即使是捐赠，捐赠给有政府背景的基金会的金额也是远远高于其他组织。

（二）DAF 中国化路径探索

1. DAF 在国内的发展历程

2016 年，舜益咨询因其服务捐赠人慈善顾问定位，开始在国内系统的介绍和倡导美国的前沿捐赠工具，对美国的 DAF 模式做了大量研究和推广工作。舜益咨询和国内的基金会合作交流，定期举办关于 DAF 的工作坊和研讨会，探讨与探索中国的 DAF 模式本地化。这些年 DAF 模式也引起了国内学者，研究机构及国内基金会的关注和实践。中国的 DAF 模式的实践始于 2017 年，且随之越来越受到关注，公益及金融机构已经开始关注和探索 DAF 这种新型慈善路径。DAF 在国内发展很快，并且有很多中国本土化的创新和特点，据公开资料不完全统计，已有以下机构开始在国内践行 DAF 模式。

表 5　DAF 在中国的发展历程

时间	事件	机构类别	实现形式
2017 年 4 月	北京市永源公益基金会宣布成立两支永续传承 DAF，这是国内 DAF 的首次尝试	公益慈善	专项基金
2017 年 6 月	深圳慈善会宣布成立冠名的捐赠人建议基金，随后设立“中国捐赠者服务基金网”	公益慈善	专项基金
2017 年 11 月	明湾资产通过中国证券基金业备案设立私募的公益金融类捐赠人建议基金	金融	私募基金

续表

时间	事件	机构类别	实现形式
2018 年 1 月	北京圣商慈善基金会宣布启动捐赠人建议服务基金系统	公益慈善	专项基金
2018 年 1 月	上海市慈善基金会设立大爱福（DAF）专项基金	公益慈善	专项基金
2018 年 9 月	深圳市递爱福公益基金会正式宣布成立，这是国内第一家纯粹以运营 DAF 为主的基金会	公益慈善	非公募基金会
2018 年 10 月	山东大学教育基金会设立国内教育基金会中的第一个 DAF“梦竹爱心基金”	公益慈善	专项基金
2018 年	上海联劝公益基金会设立了三个团体或个人发起的 DAF 专项基金	公益慈善	专项基金
2019 年 3 月	深圳市慈善会和建设银行合作的“善行公益”DAF 捐赠人建议基金平台启动	公益慈善+金融	专项基金
2019 年 5 月	灵山慈善基金会和金百临慈善基金会共同发起“邻家公益计划”	公益慈善	专项基金
2020 年 2 月	万向信托金融科技团队自主研发 DAF 智慧系统，助力慈善组织开展抗击疫情的工作	金融	慈善信托
2020 年 4 月	北京益行者公益基金会设立了 10 个抗击疫情 DAF 项目	公益慈善	专项基金

从 2017 年永源基金会设立国内第一支 DAF，到现在三年多的时间内，已经有十多家机构参与 DAF 的落地实践，其中大多还是公益慈善机构，包括公募、非公募基金会，慈善会，企业基金会及教育基金会多种类型。同时，也有嗅觉灵敏的金融机构结合自身业务特点积极参与其中，比如万向信托就很好地结合了慈善信托业务来落地 DAF 模式。

从实现形式角度看，目前公益慈善领域多数的 DAF 是以专项基金的形式实现的。这也不难理解，国内专项基金从架构上看也是基金会下设的子基金，与 DAF 的模式比较相似。但传统的专项基金和 DAF 模式也是有区别的。首先，二者的法规起源演变的不同，专项基金的模式最早可以追溯到 1999 年 9 月，民政部印发《社会团体设立专项基金管理机构暂行规定》，首次对“社会团体专项基金”做出官方定义。2004 年 3 月出台的《基金会管理条例》没有对“专项基金”做进一步解释。2012 年 7 月，民政部印发《关于规范基金会行为的若干规定（试行）》，指出“基金会应当建立健全内部制度，将所有分支机构、代表机构、专项基金以及各项业务活动纳入统一管理”。直至 2015 年 12 月，民政部印发

《关于进一步加强基金会专项基金管理工作的通知》，指出专项基金暴露出的问题，对其管理做出了明确的规范，并在 2016 年 5 月发布的《基金会管理条例（修订草案征求意见稿）》中加入了专项基金管理的条款［5］。美国的 DAF，不同于中国以法规为起源的专项基金，有一个以市场实践为基础的起源，最后才被美国国税局和美国政府所纳入法律法规的范畴。另外，二者的成立初衷不同，在《慈善法》颁布前，公募资质作为稀缺资源只有部分基金会可以获得。对民非等公益组织而言，如果有公开募捐的需要，那么“挂靠”在一个公募基金会下是一个通常可行的办法。“挂靠”的方式是成立专项基金，在公募基金会的管理下，间接拥有了公募资格，同时保有相当程度的自主权。在有数据可查的年份中，以 2012 年为例，捐赠收入最高的 20 家全国性公募基金会中，有 16 家设有专项基金，数目共计 289 个。2012 年，中国红十字基金会拥有专项基金 45 个，共筹款 1.19 亿元，占红会筹款总额的 90%以上。美国 DAF 的成立初衷并非是协助公益机构公开募捐，更多是为了协助捐赠人将一笔资产便捷地回馈社会，产生长期有效的公益影响力。捐赠人设立 DAF 子基金账户也不一定要通过基金会才能达成。二者最重要的不同在于：传统专项基金以公益项目操作型为主，往往将募集的资金用于自己的项目；而 DAF 摆脱了专项基金的这种“公益闭环”，它扮演的角色是纯粹的资方，资助领域不设限，实施慈善款物募用分离的模式。不过，在中国的法律背景下，专项基金是最容易落地 DAF 模式的实现形式。值得注意的是，DAF 规模化、产品化的特点也对中国以专项基金运营 DAF 模式的基金会的管理能力提出了很多挑战，还有很长的路要走。

2. 国内基金会的实践案例

在国内实践过程中，DAF 模式随着运营机构的特点不同呈现特色各异。

（1）国内自发出现的具有中国传统特色的 DAF 模式——“邻家公益计划”

“邻家公益计划”是无锡灵山慈善基金会和无锡金百临慈善基金会联合发起的公益计划。邻家计划取名“邻家”是希望每一个加入计划的“独立公益基金”能够关注身边需要帮助的人和事，关心与之相关的群体和领域，并以基金为平台，凝聚家庭成员、亲友和社会各界的力量，推动美好改变。邻家计划从国人注重家族荣耀及传承的传统出发，以家族名义成立基金，形成建议捐赠。邻家计划主要包括三个模块：邻家公益基金、邻家公益社群及邻家公益项目。截至 2021 年 3 月，灵山基金会、金百临基金会共同发起的具备 DAF 模式的邻家计划，用 2 年的时间，拥有了 349 支基金，项目 189 个，累计基金总额约 3400 万元，项目筹款总额约 1000 万元。①

（2）纯粹运营 DAF 模式的公益基金会——深圳市递爱福公益基金会

深圳市递爱福公益基金会是由深圳国际公益学院、北京中伦公益基金会、中顺易金融服务有限公司联合发起，获得了深圳市民政局颁发的基金会法人登记证书，是中国首家正式批准成立的捐赠者建议基金会。作为中国首家纯粹采用 DAF 模式运作的基金会，递爱福基金会重视捐赠人通过慈善账户顾问对慈善财产使用的建议权，在符合基金会章程及内部相关指引的前提下，递爱福基金会将充分尊重慈善账户顾问就合适的投资方案、向合格受赠组织的捐助提出的建议，做出最终的投资决定或捐助决定。截至 2019 年底，递爱福基金会已基本完成 DAF 账户服务系统四期开发，并通过该系统接收捐赠约 190 万元，对外捐助约 160 万元，共入库 7 间合格受赠组织，拥有超 30 名在库专业人员。②

（3）以社群发起为主的 DAF 模式——联劝公益 DAF

上海联劝公益基金会是上海第一家民间发起的资助型基金会，联劝公益关注如何让公众与公益产生共鸣与连接，从而更积极持续地参与公益。联劝公益 DAF 的特点是以社群发起为主，截至 2021 年 10 月，39 个 DAF 账户当中，有 21 个来自社群发起，社群发起分了几类，第一类是女性社群；第二类是学校家委会，特别是国际学校的家委会的家长；第三类是一些兴趣的俱乐部，比如说滑雪俱乐部、高尔夫俱乐部。这种个人捐赠人聚集在一起，将捐款捐入同一个公益基金，并共同决定捐款用途的形式就是“捐赠圈”，联劝公益会协助他们建立委员会，帮助他们探讨民主议事，让他们和议题有链接，进而追求慈善影响力。③

由上可以看出，DAF 不是一种固定不变的单一模式。如灵山慈善基金会把 DAF 模式用于中国人的家族传承，具有中国底层哲学特点；深圳市递爱福公益基金会因为其发起人是专业律师背景，所以其有非常完备的架构和体系，并且始终在行业中促进 DAF 的发展和合作；上海联劝公益基金会在践行 DAF

① 邻家公益计划公众号，https：//mp. weixin. qq. com/s/jMMI73TrU1o8-0Q30ZeovA。

② 参见递爱福公益基金会官网，https：//www. daf-charity. org. cn/。

③ 参见联劝公益官网，https：//www. lianquan. org. cn/donorAdvisedFund. jsp。

模式中借鉴社群慈善的理念，做了捐赠圈与 DAF 的结合，让捐赠人与慈善基金会与资助机构共赢共创。还有很多国内慈善基金会在借助 DAF 理念优化并升级原有的专项基金和冠名基金。另外还有国内的基金会在做 DAF 的探索，并寻求个人慈善账号的建立。DAF 模式国内的实现路径十分灵活，不同的机构完全可以结合自身的特点和资源，创新实践。但无论以何种形式实现，DAF 最终落脚点要回到其慈善理念内核：尊重捐赠人，以捐赠人的意愿为核心的理念。

（三）DAF 在中国发展的前景与展望

1. 前景：DAF 模式改善中国公益生态的切入点

近年来，在公益主题的公共讨论中，人们逐渐认识到了公益生态的重要性，开始反思中国公益生态所面临的问题，并探索解决之道。对于中国的公益基金会而言，要从上游筹集善款，向下游做好慈善项目，或者资助运作型的慈善机构，都离不开一个健康的、可持续的公益生态。作为个人、家族和企业捐赠工具的捐赠者建议基金（DAF）模式，也许可以成为推动中国公益基金会发展、改善中国公益生态的一个切入点。

（1）DAF 模式有助于打开捐赠的水泵

在美国，DAF 首先是一种个人捐赠工具，不过，近年来，由企业在 DAF 基金会设立的企业 DAF 账户，也成为做企业社会责任（CSR）的新宠。[①] 在过去的十年里，美国的 DAF 账户数量翻了两番，无论是慈善捐赠、还是资助支出（granting），都保持了显著而持续的增长。[②] 尤其自 COVID-19 危机爆发以来，作为个人、家族和企业慈善钱包的 DAF，在失业率创历史新高、个人收入锐减的背景下，充当了解燃眉之急“雨天基金”，为需求迫切的人道主义援助机构及时输送善款，[③] 甚至顾及了人道主义援助领域以外的慈善需求。

---

① *The* 2020 *DAF Report*（*National Philanthropic Trust*），https：//www.nptrust.org/reports/daf-report/.

② *The Decade in Donor-Advised Funds*（*Accounting Today*），https：//www.accountingtoday.com/opinion/the-decade-in-donor-advised-funds.

③ *Survey*：*Covid-19 Sparks Surge in Giving From Community Foundation Donor-Advised Funds*（*Community Foundation Public Awareness Initiative*），https：//www.commfoundations.com/blog/donoradvisedfundcovid.

究其原因，作为一种资助模式，DAF 凭借其专业的捐赠人服务、及时的税务优惠，刺激了慈善捐赠的热情，帮助捐赠人将善心落实为善行；由于 DAF 的慈善捐赠与资助支出之间存在时间差，DAF 基金会有时间来引导捐赠人制定长期的慈善策略，捐赠人也有时间在专业慈善顾问的支持下践行策略慈善。中国对捐赠人意愿的重视，基金会捐赠人服务能力的增加，将为慈善行业注入新的慈善资本，打开捐赠的水泵源头，未来可期。

（2）DAF 模式有助于募用分离，稳定善款来源

DAF 专注于资助者的角色，与慈善机构分工明确、募用分离；从捐赠者那里筹集了大量的、长期的慈善资产，可以为慈善机构提供稳定的善款来源。2015 年 10 月 15 日，民政部下发《关于鼓励实施慈善款物募用分离，充分发挥不同类型慈善组织积极作用的指导意见》，提出着力推进实施慈善款物募用分离，让慈善资源通过慈善组织间的合理分工、有效协作，惠及更多需要帮扶的城乡居民，鼓励资助型组织和服务型组织实施募用分离。① 但是，以目前的实际情况而言，中国的资助型基金会不到 1%，99%的公益基金会都是筹款自用，② 基层一线的慈善机构得不到有效资助，募用分离的情况仍然不容乐观。若公益基金会明确自身作为资助者的定位，与慈善机构开展深入、长期、稳定的合作，为捐赠人推荐慈善机构，也许是连接捐赠人与慈善机构、打通慈善资源输送渠道、解决公益资源配置低效问题的一个办法。从美国国家公益信托（NPT）2021 年发布的《捐赠人建议基金 COVID 相关捐赠的调查》中，我们可以看到，COVID-19 危机爆发以来，DAF 账户成了人们支持抗疫的慈善钱包，DAF 账户资金及时、有效地发挥了作用。DAF 的“雨天基金”作用首先体现在，即便个人收入因金融危机和新冠疫情而锐减，在社会危机之时，输入到慈善机构的善款依旧源源不断。其次，“雨天基金”还体现在，在危机之中，除了那些迫在眉睫的紧急需求外，日常慈善领域也能继续得到资助。2020 年上半年，除了针对文化艺术领域的捐款额有所降低之外，DAF 针对其他所有领域的捐款额都有所增加，其中得到捐款最多的仍旧是教育领域，而增长幅度最大的则是人道主义援助领域。上述数据表明，即使在全球大流行病期间，

① 《关于鼓励实施慈善款物募用分离　充分发挥不同类型慈善组织积极作用的指导意见》，http：//www.mca.gov.cn/article/yw/shflhcssy/fgwj/201605/20160500000448.shtml。

② 徐永光：《行业成长和机构做大同等重要！》，https：//ishare.ifeng.com/c/s/7xZwboL8dyd。

DAF 仍旧一如既往地支持在 COVID-19 前就支持的慈善事业，同时积极地应对 COVID-19 带给社区健康幸福的不利影响。① 作为“雨天基金”的 DAF，为各个领域的慈善机构提供了长期、稳定的善款来源。

（3）DAF 模式促进公益破圈

DAF 有望带给中国公益生态的第三个改变，就是实现公益破圈。在美国，金融背景的 DAF 基金会蒸蒸日上，凭借其便利的账户体系、专业的财务与慈善顾问服务能力，一跃成为美国公益届的新秀。②

美国近 20 年最成功的破圈案例，就是富达慈善基金会。富达基金会成立于 1991 年，作为一家金融机构背景的慈善基金会，在近十几年中年复合增长率超过 20%，2015 年更是超越美国老牌慈善机构联合之路，成为全美公众募款能力最强的基金会。作为一家资助型基金会，富达基金会成功的秘诀就是 DAF 模式。同样地，DAF 模式之所以今天如此成功，也仰赖于富达基金会的破圈。DAF 模式，早在富达成立 60 年前就已出现，但一直在公益领域默默无闻，直到金融大鳄富达集团的跨界介入。对此，有媒体评论说：“公益慈善行业第一次有了自己的商业销售团队。”富达借助其庞大的客户基础、领先的 IT 基础设施和商业推广优势，使 DAF 这一模式和富达慈善基金会影响力倍增。③金融与公益的破圈合作，并非金融背景 DAF 基金会的专利。非金融背景的 DAF 社区基金会，在接受多样化资产捐赠、保值增值、客户财务与慈善规划等方面，也会与金融机构开展合作，寻求专业支持。借鉴 DAF 模式中的公益破圈，尤其是公益基金会与金融行业、提高专业慈善顾问服务的第三方中介机构的合作，也是让公益生态更成熟的方式。一方面，金融机构具备专业的资产管理能力，公益基金会可以向金融机构外包资产管理业务。对于金融机构而言，承包资产管理业务，可以增加自身的资产管理规模。另一方面，金融机构如果增加慈善顾问业务，既帮助了公益基金会引流，也满足了金融机构高净值客户的慈善需求，有利于增加客户黏性。在公益与金融破圈合作方面，DAF

① *Donor-Advised Fund COVID Grantmaking Survey*（NPT），https：//www. nptrust. org/reports/daf-covid-survey/.

② 舜益咨询：《金融背景的 DAF 基金会——美国公益界的新秀》，https：//mp. weixin. qq. com/s/09_ ciJme7Osu3z3H5dzJLQ。

③ 舜益咨询：《反思公益破圈 ——让捐赠人乘风破浪》，https：//mp. weixin. qq. com/s/zvvPC8MbEJae56LYVBpNwg。

与慈善信托，各有特点，并不是相互取代。但是，从美国经验来看，DAF 近年来发展势头更加强劲，相比于慈善信托，DAF 的行政成本较低，捐赠人的选择自由度与灵活度也更大。最后，在捐赠人服务方面，公益基金会也可以从金融机构那里得到启发和助力。金融机构便利的账户系统、以客户为中心的服务理念、庞大的数据库资源与技术平台，都值得公益基金会借鉴或租用。为了做好捐赠人服务，公益基金会也需要与第三方慈善顾问机构合作，共同引导捐赠人将慈善想法与热情付诸实践。

（4）DAF 模式有助于家族传承

目前，中国正进入财富代际传承的密集期，越来越多财富群体开始关注到家族慈善事业的重要性，公益慈善参与热情持续升温。借助 DAF 模式，以捐赠人服务为导向，结合慈善顾问提供专业化的慈善服务，可以有效地提升慈善家族的捐赠体验。

首先，DAF 的专业分工和募用分离有利于家族便捷管理慈善事业。DAF 对慈善家族而言可以算作一个“虚拟基金会”，家族成员只需要专注于慈善事业本身，而不必处理基金会的烦琐事务，“虚拟基金会”背后的管理机构在听取家族的慈善意愿和建议后，帮忙处理好杂务和把控法律要求。同样，募用分离也使得专业的人做专业的事，有效提升善款使用效率。

其次，DAF 通过慈善顾问为家族提供专业的咨询服务。慈善顾问定制化地帮助家族发掘潜在的慈善需求，设计合理的慈善计划，评估捐赠的影响力，从而调动家族成员持续的、策略的参与慈善事业，有理由相信慈善顾问会在未来在家族慈善事业的发展过程中占据一个相当重要的角色。此外，DAF 接受多种类型的慈善资产也极大地方便了家族慈善事业的开启，一些 DAF 也允许捐赠人对慈善资产提出保值增值的建议权，这也有利于为家族慈善事业提供持续的资金支持。

最后，DAF 模式中提倡智慧捐赠，为捐赠人提供便捷高效的服务。财富家族能够通过 DAF 这种便捷的载体让慈善事业得以持续传承，也会为国内家族慈善事业打开新的契机。

希望工程创始人、南都公益基金会名誉理事长徐永光老师说：“公益生态圈，指公益活动和公益事业发展中的各利益相关者，互为依存，相互支持，互利合作，实现共有资源有效配置和行业可持续发展的价值平台。”公益行业的利益相关者，不仅指公益组织和从业者，还包括作为社会公众、社区和企业，尤其是提供会计、财务、法律等专业服务与技术支持的中介机构，此外，公益学术研究的组织与从业者乃至政府等，都算是公益行业的利益相关方。公益基金会之于公益生态，就像树木之于森林生态系统。树木的繁盛，既依赖于良好的生态系统，反过来，也有利于生态系统的健康与可持续发展。面对个人、家族和企业等潜在的捐赠者，公益基金会要做好捐赠人服务，提供专业的慈善服务，尽可能地为公益事业争取资源。公益的目的，在于解决社会问题，推动社会的健康全面发展，公益基金会最终要面对致力于特定社会问题的慈善项目或慈善机构，向它们输送慈善资源。因此，为上游捐赠者做好服务，为下游慈善机构输送慈善资源，并打通上游捐赠人与下游受助慈善机构之间的联系，就是公益基金会在公益生态系统中所发挥的作用。

DAF 模式凭借其在捐赠人服务、策略慈善理念、跨界合作、盘活公益生态供应链的优势，有望成为推动中国公益基金会发展的有利工具。不过，即便是在美国，DAF 也正处于探索、争议、变化之中。在中国落地 DAF，既要学习美国 DAF 的发展经验，也要认识到美国 DAF 发展的局限性，更要结合我们自身的社会文化环境与法律制度背景。DAF 有助于挖掘个人捐赠潜力，注重募用分离的专业化分工，实现家族传承的慈善工具功能等，为中国基金会的发展与变革提供了新思路。在中国落地 DAF 模式，不失为改善中国公益生态的一个切入点。

2. 展望：DAF 模式助力“共同富裕”及“第三次分配”

2021 年 8 月 17 日，中央财经委员会第十次会议研究了扎实促进共同富裕问题，提出要在高质量发展中促进共同富裕，“构建初次分配、再分配、三次分配协调配套的基础性制度安排”。著名经济学家、北京大学教授厉以宁解释，个人出于自愿，在习惯与道德的影响下把可支配收入的一部分或大部分捐赠出去，可称为“第三次分配”。这并非第三次分配首次出现在中央文件中，但是第三次分配首次被纳入收入分配基本制度。

徐永光老师认为，“第三次分配的财富来源，不应该局限于高收入阶层，而应该是一次普遍的公众参与行动。未来将有更多企业家捐资成立慈善基金会，助力共同富裕”。从政策趋势看，未来公益政策基础设施会进一步铺路。中央明确提出“在高质量发展中促进共同富裕”，“构建初次分配、再分配、三次分配协调配套的基础性制度安排”的要求。民政部也明确提出将完善税收优惠和扶持政策，探索建立慈善行为的记录和激励机制，让一个人一生都有一个慈善账户。同时，大力发展互联网慈善，做到“随时随地可慈善”。通过这些激励政策和措施，进一步拓宽居民收入、社会财富向慈善事业涌流的渠道。

从捐赠数据上来看，我国捐赠总额占 GDP 比重相较美国等发达经济体仍然偏低，而在有限的捐赠总额中个人捐赠占比只有 20%～30%，这导致我们的个人捐赠者渗透率——也就是捐赠人数占总人口数比重只有 7%，远远低于其他国家，比如美国为 45%、英国为 52%，甚至同为人口大国的印度为 20%。从这个角度看捐赠人仍然是一个少数群体，公众参与及破圈的潜力巨大。从 99 公益日的捐赠增速看，公众捐赠的潜力巨大。而从疫情期间国内社会人士的捐赠及慈善志愿服务踊跃来看，公众乐意参与公益慈善事业但平时缺乏渠道。公众慈善捐赠及参与的宝藏还亟待进一步发掘。

从人口结构趋势看，未来老龄化社会公益支出会明显增加。美国统计局统计数据显示，随着年龄增长，公益支出占消费的比例增加。而中国即将进入老龄化社会，对公共慈善事业的发展利好。

从 DAF 在美国的发展历史来看，其诞生于捐赠人的需求，因金融机构敏锐地觉察到慈善对于客户与自身的价值而取得了发展机会，并通过商业力量推动了整个市场的发展。在这个过程中，实践的发展也不断推动法规和政策的演进，进一步规范和促进了市场的发展。中美国情虽然不同，但捐赠人的需求，市场的推动力量，以及社会的发展历程总有相通之处。DAF 模式是一条基金会行业值得探索的路径，通过 DAF 模式中促进行业内专业分工，延伸出来的专业的慈善、法律、财务、善财教育等服务，对于管理着捐赠人的财产的慈善基金会，为捐赠人的善款提供资助建议甚至资助实践，责任巨大，动力也更大。透过专业服务扩大筹款的规模，透过捐赠白名单、数据库、评估体系等方式开展有效资助，为一个共同的目标——以公益慈善的力量推动解决社会问题。在不断完善慈善行业的基础设施的过程，培育中国公益生态的健康土壤。

中国本土化 DAF 慈善模式是公益慈善行业的发展趋势之一。在强调“共同富裕”“第三次分配”的新时代更显重要且大有可为。如何让 DAF 慈善模式在中国落地生根、开花结果，让长期、理性、策略性捐赠文化在国内生长，进而推动整个公益慈善行业的发展，需要公益慈善行业同仁共同努力。

参考文献

褚蓥：《美国公共慈善组织法律规则》，知识产权出版社，2015。

公益时报：《中慈联发布〈2019 年度中国慈善捐助报告〉我国慈善捐赠的主要来源依然是企业》，http：//www. gongyishibao. com/html/yanjiubaogao/2020/09/15648. html。

环球新闻：《莱昂纳多卷入洗钱案 或为全球史上最大规模》：http：//world. huanqiu. com/article/2016-08/9336237. html。

邻家公益计划公众号：https：//mp. weixin. qq. com/s/jMMI73TrU1o8-0Q30ZeovA。

卢永彬、李文迪：《社会交换理论视角下美国捐赠人建议基金发展优势分析》，《社会政策研究》2020 年第 3 期，第 64~76 页。

民政部：《关于鼓励实施慈善款物募用分离　充分发挥不同类型慈善组织积极作用的指导意见》，http：//www. mca. gov. cn/article/yw/shflhcssy/fgwj/201605/20160500000448. shtml。

任孟山：《体验美国的捐赠文化》，《华夏时报》，2013，https：//www. chinatimes. net. cn//article/34578. html。

舜益咨询：《反思公益破圈 ——让捐赠人乘风破浪》，https：//mp. weixin. qq. com/s/zvvPC8MbEJae56LYVBpNwg。

舜益咨询：《金融背景的 DAF 基金会——美国公益界的新秀》，https：//mp. weixin. qq. com/s/09_ ciJme7Osu3z3H5dzJLQ。

舜益咨询：《捐赠人建议基金——我的慈善我做主》，https：//mp. weixin. qq. com/s/usYGtsMwn4Ce_ foJdLrYLw。

舜益咨询：《浅谈专项基金与捐赠人建议基金模式的比较》，https：//mp. weixin. qq. com/s/gp6G9Kjgju9zUGAjPq3myw。

陶冶、陈斌：《美国慈善事业发展的历史、原因及启示》，《中国劳动关系学院学报》2016 年第 4 期，第 76~82 页。

徐永光：《行业成长和机构做大同等重要!》，https：//ishare. ifeng. com/c/s/7xZ-wboL8dyd。

资中筠：《20 世纪的美国（修订版）》，商务印书馆，2018。

周建工：《周建工：企业最终都是社会企业》，第一财经，https：//www. yicai. com/news/5381976. html。

邹研冰：《捐赠人建议基金，“善”金融的新玩法》，《公益时报》，http：//www. gongyishibao. com/html/shehuichuangxin/13524. html。

2018 Giving Report: https: //www. fidelitycharitable. org/insights/2018 - giving - report. html.

2010 Donor - Advised Fund Report: http: //www. centerforgiving. org/Portals/0/2010_ DAF_ Report. pdf.

Abby Schultz, *Fidelity Charitable Expands Impact Investing Options* (*Barron's*), *https: //www. barrons. com/articles/fidelity - charitable - expands - impact - investing - options -1528843707.*

A Guide to Working with Philanthropic Advisors, https: //static1. squarespace. com/static/5a78e75bcf81e03e104449e5/t/5c142cb240ec9a2e7d75a418/1544826038174/Philanthropic - Advisor - Guide. pdf.

Are Donor - Advised Funds Good for Nonprofits? (Stanford Social Innovation Review), https: //ssir. org/articles/entry/are_ donor_ advised_ funds_ good_ for_ nonprofits#.

Billionaires funding a Goldman philanthropy charity unmasked by IRS snafu: https: //www. ocregister. com/2018/03/14/billionaires - funding - a - goldman - philanthropy - charity - unmasked-by-irs-snafu/.

Community Foundation Presidents Oppose DAF Forced - Payout Proposal, Dawn S. Markowitz, http: //www. wealthmanagement. com/philanthropy/community - foundation - presidents-oppose-daf-forced-payout-proposal.

Coronavirus Response Fund: https: //www. siliconvalleycf. org/coronavirus-fund.

Donor - Advised Fund COVID Grantmaking Survey (NPT), https: //www. nptrust. org/reports/daf-covid-survey/.

David A. Levitt, *Impact Investing and Donor-Advised Funds: Guidance for the Savvy Donor* (Advisor Perspectives), https: //www. advisorperspectives. com/articles/2017/01/30/impact-investing-and-donor-advised-funds-guidance-for-the-savvy-donor.

Donor Advised Funds, Council on Foundations, https: //www. cof. org/public - policy/donor-advised-funds.

Donor-Advised Funds Let Wall Street Steer Charitable Donations, Alan Cantor, https: //www. philanthropy. com/article/Donor-Advised-Funds-Let-Wall/152337.

Donor-Advised Funds Reshape the Philanthropy Landscape (*The Chronicle of Philanthropy*, 2016), p. 26.

External Resources For Responding To COVID - 19: https: //www. cof. org/news/external-resources-responding-covid-19.

Family fund empowers three generations of giving: https: //www. akroncf. org/ContactUs/NewsEvents/ViewArticle/tabid/96/ArticleId/1405/Family-fund-empowers-three-generations-of-giving. aspx.

Fidelity Charitable - giving - report - 2016: https: //www. fidelitycharitable. org/content/

dam/fc-public/docs/insights/2016-giving-report. pdf.

Florino, Joanne, *Giving Made Easy*: https: //www. philanthropyroundtable. org/philanthropy-magazine/article/spring-2015-giving-made-easy.

Four generations of giving: https: //www. schwabcharitable. org/public/charitable/maximize_ your_ impact/donor_ stories.

Gift4Giving: https: //www. fidelitycharitable. org/giving-account/gift4giving. html.

Giving USA 2010 Report: https: //www. americansforthearts. org/sites/default/files/GivingUSA_ 2010_ ExecSummary. pdf.

Giving USA 2021 Report: https: //www. americansforthearts. org/sites/default/files/GivingUSA_ 2021_ ExecSummary. pdf.

Giving Vehicle Comparison: https: //www. nptrust. org/donor-advised-funds/daf-vs-foundation/#daf-advantages-and-limitations.

How Fidelity and its donor-advised fund are shaking up charitable giving for the better: https: //slate. com/business/2018/05/fidelitys-donor-advised-fund-is-shaking-up-charitable-giving. html.

How to help: Novel coronavirus (2019-nCoV): https: //www. fidelitycharitable. org/guidance/disaster-relief/how-to-help-novel-coronavirus. html.

Help those impacted by recent natural disasters. : https: //mkt. schwabcharitable. org/2019-Natural-Disasters_ Latest. html.

Helping our communities affected by COVID-19: https: //siliconvalleycf. org/blog/announcements/helping-our-communities-affected-covid-19.

Influence Watch: Goldman Sachs Philanthropy Fund, https: //www. influencewatch. org/non-profit/goldman-sachs-philanthropy-fund/.

James Andreoni, Ray Madoff, *Calculating DAF Payout and What we learn when we do it correctly* (National Bureau of Economic Research, 2020), https: //www. nber. org/system/files/working_ papers/w27888/w27888. pdf.

JFN announces the Creation of the First Israeli Donor Advised Fund (eJewish Philanthropy), https: //ejewishphilanthropy. com/jfn-announces-the-creation-of-the-first-israeli-donor-advised-fund/Support medical needs: https: //www. fidelitycharitable. org/guidance/disaster-relief/how-to-help-novel-coronavirus/supporting-medical-needs. html.

Joy of Giving: https: //www. fidelitycharitable. org/articles/joy-of-giving. html.

Is Impact Investing the Next Big Thing for Donor-Advised Funds? (*Inside Philanthropy*), https: //www. insidephilanthropy. com/home/2018/4/2/is-impact-investing-the-next-big-thing-for-donor-advised-fund.

Mark Zuckerberg's $2. 5 Billion Foundation: https: //www. insidephilanthropy. com/home/2014/7/25/mark-zuckerbergs-25-billion-foundation. html.

Michael J. Hussey, *Avoiding Misuse of Donor Advised Funds*, Widener University.

National Foundation, Inc. v. The United States of America: https://www.pgdc.com/pgdc/story/national-foundation-inc-v-united-states-america.

National Philanthropic Trust, *The* 2019 *DAF Report*: https://www.nptrust.org/reports/daf-report/.

New Coalition of Philanthropists, Major Foundations Launches on Giving Tuesday to Increase Funding to America's Charities During Pandemic and Beyond (Initiative to Accelerate Chatitable Giving), https://acceleratecharitablegiving.org/new-coalition-of-philanthropists-major-foundations-launches-on-giving-tuesday-to-increase-funding-to-americas-charities-during-pandemic-and-beyond/.

Pension Protection Act Of 2006: https://www.congress.gov/109/plaws/publ280/PLAW-109publ280.pdf.

Protect vulnerable populations: https://www.fidelitycharitable.org/guidance/disaster-relief/how-to-help-novel-coronavirus/protect-vulnerable-populations.html.

Ryan Macpherson, Sarah Kearney, Emma Kulow, *How to Use Donor-Advised Funds to Make Impact Investments* (*Stanford Social Innovation Review*), https://ssir.org/articles/entry/how_to_use_donor_advised_funds_to_make_impact_investments#*Sustainable and Impact Investing*, Fidelity Charitable Foundation.

https://www.fidelitycharitable.org/giving-account/investment-options/impact-investing-pool.html.

Survey: *Covid-19 Sparks Surge in Giving From Community Foundation Donor-Advised Funds* (*Community Foundation Public Awareness Initiative*), https://www.commfoundations.com/blog/donoradvisedfundcovid.

SVCF Coronavirus Response: https://www.siliconvalleycf.org/coronavirus-response.

Taxes on Foundation Failure to Distribute Income, Internal Revenue Service, https://www.irs.gov/irm/part7/irm_07-027-016.

The 2020 *DAF Report* (*National Philanthropic Trust*), https://www.nptrust.org/reports/daf-report/.

The Decade in Donor-Advised Funds (*Accounting Today*), https://www.accountingtoday.com/opinion/the-decade-in-donor-advised-funds.

The Chronicle of Philanthropy, *The* 2017 *Philanthropy* 400: https://www.philanthropy.com/interactives/philanthropy-400#id=table_2017.

The Economist, *A philanthropic boom*: "*donor-advised funds*": http://www.economist.com/news/finance-and-economics/21719494-rise-dafs-may-be-much-about-tax-charity-philanthropic-boom? fsrc=scn/tw/te/bl/ed/.

The four phases of disaster relief: https://www.fidelitycharitable.org/guidance/disaster-relief/four-phases-of-disaster-relief. html.

The Growth of "Side - Car" DAF Accounts：https：//www. wealthmanagement. com/philanthropy/growth-side-car-daf-accounts.

The Indiana University Lilly Family School of Philanthropy, *The* 2018 *Study of High Net-Worth Philanthropy*：https：//ustrustaem. fs. ml. com/content/dam/ust/articles/pdf/2018 - HNW-Philanthropy-Study-Full-Report. pdf.

Una Osili, et al., *Nonprofits and Donor-Advised Funds*：*Perceptions and Potential Impacts*,（Indiana University Lily Family School of Philanthropy）, https：//scholarworks. iupui. edu/handle/1805/24001.

We Are All Disaster Philanthropists：http：//disasterphilanthropy. org/blog/about - cdp/we-are-all-disaster-philanthropists/.

第九章 中华善财传承文化源流及其当代意义

贺少雅 何斯琴 简燕平 等*

绪 论

中华慈善文化形成于中国社会独特的历史发展过程中，既有厚重的历史底蕴，也充分吸收了现代社会的养分。“中国传统文化其实是一种宣扬性善的文化”①，例如，孔子宣扬“仁者爱人”“己所不欲，勿施于人”的仁爱精神，孟子提出“恻隐、羞恶、辞让、是非”四个善端，道家宣扬“损有余，补不足”“知足常乐”，墨家提倡“兼爱”“非攻”“爱无差等”“远施周遍”。东汉以后传入中土的佛教主张“慈悲为怀”“普度众生”。其后，儒释道三家思想在慈善观念上逐渐融合，“三教合一”的慈善观念奠定了中华慈善文化的底色。

近代以来，伴随着西风东渐，传统慈善吸收西方现代公益思想，开始了朝向现代慈善公益的转型并持续至今。1949 年以后，中国慈善公益事业曾经过一段时期的短暂波折。改革开放以来的 40 多年间，慈善公益事业随着中国经济实力的不断增强和社会保障等制度的不断完善得到了蓬勃发展。2016 年 3 月 16 日，第十二届全国人民代表大会第四次会议通过了《中华人民共和国慈

* 课题负责人：贺少雅，北京师范大学社会学院讲师；课题组成员：何斯琴、简燕平、王宇琛、林加、李嫣然、邵凤丽。

① 周秋光：《中华慈善文化及其传承与创新》，《史学月刊》2020 年第 8 期。

善法》（以下简称《慈善法》）。《慈善法》是我国慈善领域的基础性、综合性法律，它明确了慈善活动的范围与定义，规范了慈善组织的资格与行为，回应了社会普遍关注的慈善募捐和慈善捐赠的重大问题，进一步明确了慈善信托制度，提出了政府促进慈善事业的措施，确立了政府监管、社会监督和行业自律三位一体的综合监管体系。①《慈善法》的出台对于我国慈善公益事业的发展和慈善文化的现代传承具有重要意义，“中国的慈善事业已进入了理性思考和深化实践的新时期”②。但是立足当下，我们会发现，当前的慈善公益事业发展在一定程度上仍受到部分历史问题的制约③，也注意到基层慈善公益事业来自传统的现代更新④。这提示我们应该回溯过往，加深理解传统慈善文化的脉络，以更好地服务于当下和未来。

中华慈善文化源远流长、底蕴丰厚。学界关于中华慈善文化的研究已涵盖了慈善文化的内涵、源流、历史变迁、现代转型、当代传承与构建反思等，而且立足于近代慈善事业转型和当下慈善公益事业建设方面的研究偏多。⑤但正如周秋光先生所言，现有研究“缺乏对慈善文化历史纵向的追溯。真正从历史学的视角，以中国慈善事业兴起发展为基础，对其积淀而成的从传统到现代的慈善文化进行梳理、审视、立论的文章较少”⑥，笔者对此表示认同。慈善史的研究，周秋光、曾桂林《中国慈善简史》以史为线对中国慈善事业进行了系统阐述，该书使得中国慈善史研究大有改观。⑦此后又有梁其姿《施善与教化——明清的慈善组织》对明末以前的慈善、明末清初慈善组织的型期和制度化以及慈善机构的“官僚化”、清乾隆中期以来慈善机构的“儒生化”、

① 《首部慈善法今起实施》，《河南日报》2016 年 9 月 1 日，第 16 版。

② 常荣军：《在传承、融合和创新中走向未来——基于中国宋庆龄基金会实践看我国公益慈善事业的改革与发展》，转引自郑功成等《当代中国慈善事业》，人民出版社，2010，第 30 页。

③ 朱正平：《我国公益慈善事业发展的困境与出路》，《中州学刊》2013 年第 11 期。

④ 详见本报告第三、第四章关于乡村慈善公益事业的案例分析。

⑤ 例如，郑功成等《当代中国慈善事业》，人民出版社，2010；施从美、江亚洲《从传统道德到公共生活：现代社会治理语境中的公益慈善》，《社会科学战线》2019 年第 5 期；周秋光、李华文《中国慈善的传统与现代转型》，《思想战线》2020 年第 2 期；甘满堂、余炳勇《吸引乡贤参与乡村振兴的可行性路径探索——基于传统公共文化空间与乡村公益事业发展的视角》，《治理现代化研究》2021 年第 2 期；等等。

⑥ 周秋光：《中华慈善文化及其传承与创新》，《史学月刊》2020 年第 8 期。

⑦ 周秋光、曾桂林：《中国慈善简史》，人民出版社，2006。

嘉庆以来慈善组织与小社区的发展等进行了全面介绍。[①] 这一研究的影响也甚为广泛。具体而言，目前慈善文化史的研究已涉及传统慈善的文化根源，官方的慈善实践，以家族为主体的慈善事业研究，文人士绅群体的慈善实践，以商人、商帮、商号为主体的慈善事业研究，慈善组织机构和互助传统等方面。具体而言，朱友渔、周秋光、曾桂林、王卫平等聚焦于儒释道伦理以及早期历史中的慈善救助现象，探求传统慈善事业的思想和历史根源，并对官方慈善、家族慈善、士绅慈善等均有所涉及。[②] 在一些区域性慈善史研究中，研究者多以历史为纵线，兼及政府—民间，可管中窥豹。[③] 王日根、郑庆杰等对江苏、安徽、福建等地宗族慈善事业源流及其现代转型展开探讨。其中，以北宋范仲淹创制的“义庄”的研究最为抢眼。[④] 美国学者韩德玲等对文人士绅阶层的慈善观念和善行义举有比较深入的研究。[⑤] 林春虹、林丽榕等针对江苏、福建等地的商人群体慈善行为进行研究。[⑥] 梁其姿、陈宝良、夫马进等对古代善会善堂

---

① 梁其姿：《施善与教化——明清的慈善组织》，北京师范大学出版社，2013。

② 朱友渔：《中国慈善事业的精神——一项关于互助的研究》，商务印书馆，2016；周秋光等：《中国慈善简史》，人民出版社，2006；周秋光：《中国近代慈善事业研究》，天津古籍出版社，2013；王卫平：《中国慈善史纲》，中国劳动社会保障出版社，2011；王卫平：《中国古代传统社会保障与慈善事业》，群言出版社，2005；蒙长江：《中国传统慈善文化的历史沿革及现实挑战》，《西南民族大学学报》（人文社科版）2005 年第 1 期；余日昌：《中华传统慈善的历史渊源》，《江苏省社会主义学院学报》2012 年第 3 期；朱贻庭、段江波：《善心、善举、善功三者统一——论中国传统慈善伦理文化》，《上海师范大学学报》（哲学社会科学版）2014 年第 1 期；胡芮：《中国传统慈善伦理双重道德意涵及其近代嬗变》，《东南大学学报》（哲学社会科学版）2015 年第 6 期；等等。

③ 例如，周秋光：《湖南慈善史》，湖南人民出版社，2010；王卫平：《清代江南地区慈善事业系谱研究》，中国社会科学出版社，2017；王林：《山东慈善史》，山东人民出版社，2018；张如安：《鄞县慈善史》，浙江古籍出版社，2013；等等。

④ 郑庆杰、许龙飞：《农村现代化进程中的宗族变迁与慈善复兴——以江西省白鹭村为例》，2015；王日根：《略论传统慈善的赈恤、劝惩与社会保障功能——以清朝后期福建乡规民约为例》，《辽宁大学学报》（哲学社会学版）2021 年第 6 期；等等。

⑤ 韩德玲：《行善的艺术——晚明中国的慈善事业》，曹晔译，江苏人民出版社，2021；等等。

⑥ 林春虹：《闽商与中国现代慈善的文化转型》，《南阳师范学院学报》2012 年第 10 期；林丽榕：《闽商慈善行为研究毕素华》，硕士学位论文，福建师范大学，2017；毕素华：《义、利与爱：企业家慈善行为的伦理考察》，《南京社会科学》2009 年第 1 期；罗彦慧：《中华老字号“白敬宇”的爱国和慈善传统考述》，《回族研究》2020 年第 3 期；等等。

以及民间互助传统持续展开深入探讨。① 此外，香港游子安、日本酒井忠夫等学者对于古代劝善观念和善书的研究极大拓展了慈善史研究的广度和深度。②

基于上述梳理，我们发现目前关于中国慈善公益的文化源流及其当代传承的研究已经积累了相当丰富的研究成果，但也存在一定的不足，比如对于善财文化传承思想源流的长时段研究还不足，对于中下层群众自发传承的善念善行逻辑挖掘不够等。

然而，中华慈善传统源远流长，慈善公益事业内容博大，仅从实践主体的角度来说，就包括了官方慈善、宗教慈善、家族慈善、商业慈善、文人士绅慈善以及个体慈善等，本研究不可能一一涉及，故而在此先做一简单设定。本研究所关注的慈善主要是普通民众的自发慈善，尤其是乡村自发的慈善，这就意味着官方慈善、一般所理解的佛教道教等列入正统行列的宗教慈善以及文人士绅慈善不在讨论之列，也不去讨论落实到乡村的官方慈善公益事业。所关心的问题是：民间自发的慈善观念是如何形成的？这一观念是如何打通官方—民间纵向传播，以及如何实现横向传播的？民间自发传承的善行义举经过百余年的现代转型，在当前的表现如何？在近年来国家大力实施慈善公益和社会保障事业中的大背景下，传统慈善文化具有哪些优秀资源可以被汲取并加以创新转化？为此，本报告拟按照以下逻辑展开论述：从“慈善”作为中国传统核心价值观的角度入手，首先叙述中国古代慈善观念的思想构成，然后从慈善实践主体出发，看官方、士绅群体、民间如何互动并共同善心、善举、善功三者合一的慈善文化③，然后立足于当下的善财传承实践，讨论善财传统的历史传承和现代演变。报告认为，尽管中国传统慈善存在诸多不尽如人意之处，诸如制度不良造成的贪污浪费、偏重于救济少公益性等，但是中国古代的政府救济与

① 梁其姿：《施善与教化——明清的慈善组织》，北京师范大学出版社，2013；陈宝良：《中国的社与会（增订本）》，中国人民大学出版社，2011；夫马进：《中国善会善堂史研究》，伍跃、杨文信、张学锋译，商务印书馆，2005；等等。

② 游子安：《劝化金箴——清代善书研究》，天津人民出版社，1999；游子安：《善与人同：明清以来的慈善与教化》，中华书局，2005；包筠雅：《功过格：明清社会的道德秩序》，杜正贞、张林译，浙江人民出版社，1999；酒井忠夫：《中国善书研究》，刘岳兵等译，江苏人民出版社，2010；等等。

③ 段江波：《善心、善举、善功三者统一——论中国传统慈善伦理文化》，《上海师范大学学报》（哲学社会科学版）2014 年第 1 期。

民间自发慈善在较长的时间内形成互补之势，保持了社会的相对稳定。[①] 也即民间自发的慈善伦理和善行义举不容忽视。

同时，本报告也对相关核心概念做出如下阐释。

一是“慈善”。先说“善”字，东汉许慎《说文解字》曰：“吉也，此与义、美同意”[②]；“义”字，徐铉注曰：“此与善同意”[③]；而“美”字：“美与善同意。”[④] 段玉裁注：“按羊，祥也，故此三字从羊。”盖“义”的繁体字“義”也从“羊”部。段注又有“六经皆劝善之书也。其词文，其旨远，非好学深思之士，鲜能默识而心知其意，实体而见诸行事”。[⑤] 而所谓“义者宜也”，义强调行为的合理、适当；吉与凶相对，指向祸福。从这一角度看，“善”偏重于强调一种需要身体力行的实践行为，或称善举，但也未忽视内化于心的宗教伦理观念，也即善心（念）。在中国的文化传统中，“善”被不同的文化群体分享着：政府的教化目标；精英知识分子安身立命的道德理想人格；士绅精英以礼化俗的担当；宗教里所宣扬的人格完善与修行方式；俗世民众基于现实生活的信仰诉求与期望。而对于“慈”字，许慎《说文解字》曰：“慈，爱也。从心、兹声。”更偏重于强调“在伦理道德的层面彪炳慈悲和慈爱之心”[⑥]。两字合一的年代，学界仍然存在争论，但笔者较认同的是约 3 世纪翻译的《大方便佛报恩经》中的“慈善”可能是最早的合成词例。[⑦] 明清以后，民间有组织的善举建成规模；民国初年，这些慈善组织在东北、华北等地发展起来，才产生了“慈善事业”的概念。同时，基督教、天主教等教会慈善组织和机构也敲开了中国大门，形成了多元化思想来源的中华慈善文化。[⑧]

对于慈善的定义和理解学界现在趋于统一，慈善事业的自愿捐赠、民间经营、社会救助等特性得到普遍认可，现代慈善事业也多被认为是社会保障体系

---

① 参见梁庚尧《南宋的农村经济》，新星出版社，2006。

② （汉）许慎撰、（宋）徐铉校订《说文解字》，江苏古籍出版社，2001，第 58 页上。

③ （汉）许慎撰、（宋）徐铉校订《说文解字》，江苏古籍出版社，2001，第 267 页上。

④ （汉）许慎撰、（宋）徐铉校订《说文解字》，江苏古籍出版社，2001，第 78 页下。

⑤ （清）段玉裁《说文解字注》，上海古籍出版社，1981，第 145 页下。

⑥ 杨团：《公司慈善文化与政策培育》，《湖南社会科学》2006 年第 2 期，第 82 页。

⑦ 王文涛：《“慈善”语源考》，《中国人民大学学报》2014 年第 1 期。

⑧ 杨团：《公司慈善文化与政策培育》，《湖南社会科学》2006 年第 2 期，第 82 页。

的有机组成部分。[①] 对于慈善主体，更多的研究者认可社会大众是慈善捐赠主体。周秋光认为，发展民间的慈善事业，需要人人参与。[②] 郑功成也认为，慈善事业需要富人起主导作用，又不能只有富人参与，需要与之相协调的氛围。王振耀将农民群体纳入捐赠主体中。[③] 许琳对志愿性慈善的阐述，认为“广大青年志愿者奉献的是他们的精力、时间和劳务……同样是慈善事业中最宝贵的爱心善念的表达，是我们这个社会中弥足珍贵的慈善资源”[④]。

二是“善财”。善财，顾名思义是用于善的事业的财富。随着近年来中国经济的发展，拥有较多财富的家族日益增多，出现了借鉴中西方传统的善财传承规划理论和实践，诸如各种善财基金会、善财传承规划师等。财富的管理与传承不仅事关个体的发展，也成为与国家、社会发展密切相关的课题。为此，以傅昌波等为代表的学者纷纷呼吁善财传承的理论研究和实践引导，推动新时代家族善财传承，让财富人群认识到公益慈善对于财富传承和社会发展的重要作用。但就笔者看来，“善财”应有狭义和广义之分，狭义即如傅昌波教授所倡导的物质性的财富，广义的善财应不限于物质性，也包括精神层面的财富，也即善心、善举均属于一种财富，善心是精神财富，善举是社会行动财富。善财也不只是家族善财，也有个人的，还有群体性的。善心通过善举和善财传承体现出来，又影响到善行和善财传承。

鉴于关于善财传承的理论建构尚属初步阶段，笔者亦限于才疏学浅、研究时间较短，尚不能很好地将两个概念的边界明确区分开来。为更好地与已有研究对接，本报告使用狭义的“善财传承”概念，并仍较多使用慈善、慈善文化、慈善观念、慈善传统等概念展开论述。

一　中华善财传承的文化源流

善财传承是慈善思想的外化实践，也是慈善文化的重要组成部分。我国

① 范宝俊：《慈善公益事业是中国特色社会保障体系的有机组成部分》，《中国社会保障》2003 年第 1 期。

② 周秋光：《关于慈善事业的几个问题》，《求索》1999 年第 5 期。

③ 王振耀：《中国慈善事业发展需要广泛的社会行动》，《慈善家》2007 年第 4 期。

④ 许琳：《论中国当代慈善事业参与主体》，《西北大学学报》（哲学社会科学版）2000 年第 8 期。

慈善历史久远，慈善思想源远流长。先秦时期诸子百家已对慈善有过精辟阐述，汉魏时期佛教、道教等经典典籍当中亦有大量关于慈善的论述。儒家之“仁爱”“民本”思想、墨家之“兼爱”“非攻”、佛教之“慈悲”“因果”论、道教之“善恶报应”观等，虽表述角度不尽相同，但其义理相近相通，无不是从人性本“善”的立场出发，预设了人及其构成的社会群体天然具有扶贫济困、乐善好施的道德准则和慈善理念，个体通过后天也可以习得善念善举。近代著名慈善家熊希龄曾言道：“孔教言仁，又约博施济众；耶教言博爱，又曰爱人如己；佛教言慈悲，又曰普度众生”，“无论为何教何学，无不以人道为重”。[①] 儒释道三教广博的仁爱思想、民本思想、善恶报应观和慈悲观等共同成为中华慈善的思想渊源。在这条主线的贯穿下，我国古代慈善思想表现出了相当的稳定性。这也是中华慈善延续上千年生生不息、薪火相传的原因所在。[②]

（一）“三教合一”的传统慈善观

俗话说“善有善报，恶有恶报”“诸恶莫作，众善奉行”“举头三尺有神明”“善恶到头终有报”，这些朴素的言语根植于中国文化中的德报、感应、阴骘之说传统，尤其受到佛教因果报应思想的形塑。清初朱彝尊也明白指出“释氏有因果之说，道家亦有感应之篇。然福善祸淫之原，《易》《书》《诗》著之详矣”[③]。清光绪年间张丙炎在《重刊〈感应篇〉序》中也说道：“儒道之言感应，犹释之言因果也，感即因，应即果。故以善感者得福果，以不善感者得苦果。”[④] 这种“善恶有报”的观念之中隐含着一个报应机制，它内化为一种无所不在的道德性仲裁力量，时刻监察着人们的一举一动，甚至是心灵深处最细微的动机，使得人将行为观念的善恶与吉凶祸福对应起来，成为行善举、杜恶行的一种强大的道德约束。

---

① 周秋光：《熊希龄集》（下册），湖南出版社，1996，第 1389 页。

② 吕洪业：《中国古代慈善简史》，中国社会出版社，2014。

③ 朱彝尊：《曝书亭集》卷三五《感应篇集注序》，商务印书馆四库全书工作委员会编《文津阁四库全书》第 438～441 册，商务印书馆，2005。

④ 张丙炎：《重刊〈感应篇〉序》，《感应篇汇编》，据光绪二十二年（1896）本重刊，台南：扎根教育持续会，1992。转引自游子安《劝化金箴：清代善书研究》，天津人民出版社，1999，第 3 页。

关于这种“善恶有报”的观念，一些学者进行过深入分析。韦政通将“报”的概念分为五种：报恩、报仇、还报、果报及业报。① 文崇一将“报”分为理性及非理性二种，前者即中国人“以德报德”或“以德报怨”早期报的行为，后者所谓的“报应”或“因果报应”，也就是受到佛教传入后所受影响者，② 并阐明了佛教思想传入对儒家思想的改造以及二者的融合。杨联陞认为，中国人“报”的观念来自儒家学说、游侠传说、道教承负观念及佛家业报轮回理论。③ 这些分析都强调了超自然的报应是中国文化深植的传统，佛教观念丰富了原有观念的内容。而三教之所以可以合一，仍然源于在“感应”与“报应”的观念上有其相通之处。

先秦有俗谚“祸福随善恶”，而且善恶祸福总是与家族盛衰和承继联系在一起，这种“福—善”“祸—淫”分别对应的观念深入民间。例如，《周易·坤卦》亦云：“积善之家，必有余庆；积不善之家，必有余殃。”④《孟子·梁惠王下》中有“苟为善，后世子孙必有王者矣”⑤。还出现了“阴骘”之说。《尚书·洪范》云：“惟天阴骘下民。”“阴骘”本为默定之意，至汉代时则衍生出阴德报应的观念。而作为一种默默行善的德行，“善”与家族子孙的祸福相连。《淮南子·人间训》中云“夫有阴德者必有阳报，有阴行者必有昭名”⑥。《汉书·邴吉传》则言“有阴德者，必享其乐，以及子孙”⑦。

而所以至此，在某种程度上与人性所固有的趋福避祸观念有关。《左传》有云：“国之大事，在祭与戎。”祭祀的前提是预设了时人的一种世界观，即相信另一个不可把握的鬼神世界的存在，因而为了消灾解厄、求得现世的福报便只有祭祀与祈求。《论衡·祀义》有言：“世信祭祀，以为祭祀者必有福，

① 韦政通：《报的概念古今谈》，收入《中国人的世间游戏》，台北：张老师文化事业公司，1995，第9页。

② 文崇一：《报的迭替流变》，收入《中国人的世间游戏》，台北：张老师文化事业公司，1995，第15页。

③ 〔美〕杨联陞：《报——中国社会关系的一个基础》，香港中文大学出版社，1978，第49页。

④ 《十三经注疏》整理委员会整理《十三经注疏·周易正义》，北京大学出版社，1999。

⑤ 《十三经注疏》整理委员会整理《十三经注疏·孟子注疏》，北京大学出版社，1999。

⑥ 《淮南子译注》，赵宗乙译注，黑龙江人民出版社，2002，第942页。

⑦ （汉）班固撰、（唐）颜师古注《汉书》，中华书局，2005，第2353页。

不祭祀者必有祸。"[①] 从文献记载来看，周人相信存在一个具有意志的主宰"天"，其被赋予判断善恶之权力，并根据统治者的德行给予赏罚。"天命有德"，"惟德是辅"，那么为王者须"明德""崇德""敬德""用德"——惟有统治者的德行才能带来福报。因此"天道福善祸淫，降灾于夏，以彰厥罪"[②]"惟上帝不常，作善降之百祥，作不善降之百殃。"[③] 但是"天"的赏罚对象大多限于统治者。

至《墨子》，原只限于统治者之赏善罚恶扩及庶民的行为。所谓"爱人利人者天必福之，恶人贼人者天必祸之，日杀不辜者得不祥焉"[④]，"当若天降寒热不节，雪霜雨露不时，五谷不熟，六畜不遂，疾灾戾疫，飘风苦雨，荐臻而至者，此天之降罚也，则以罚下之人不尚同乎天者也"[⑤]。同时《墨子》特别强调"鬼"之存在及其被赋予的监视及赏罚能力，云"鬼神之罚不可为富贵、众强、勇力、强武、坚兵力甲，鬼神之罚必胜之……鬼神之所赏，无小必赏之；鬼神之所罚，无大必罚之"[⑥]。

汉魏六朝时，汉儒吸收阴阳五行系统之感应功能，使感应之说盛行于世，天之赏善罚恶意志也得到更进一步强调。《说苑·杂言》云："凡人为善者，天报之以福；为不善者，天报以祸。"[⑦] 陆贾《新语·术事》则言："怀德者应以福，挟恶者报以凶。德薄者位危，去道者身亡。"[⑧]《淮南子·览冥训》亦认为："上天之诛也，虽在圹虚幽闲，辽远隐匿，重袭石室，界障险阻，其无所逃之亦明矣。"[⑨] 天人感应之说，不仅匡正规范为政者之德行，也使得士庶人等无处遁逃。

---

① （汉）王充：《论衡》，上海古籍出版社，1990，第387页上。

② 《十三经注疏》整理委员会整理《十三经注疏·尚书正义》，北京大学出版社，1999。

③ 《十三经注疏》整理委员会整理《十三经注疏·尚书正义》，北京大学出版社，1999。

④ （清）孙诒让注《墨子间诂》，据世界书局《诸子集成》本影印，上海书店出版社，1986，第12~13页。

⑤ （清）孙诒让注《墨子间诂》，据世界书局《诸子集成》本影印，上海书店出版社，1986，第49页。

⑥ （清）孙诒让注《墨子间诂》，据世界书局《诸子集成》本影印，上海书店出版社，1986，第153页。

⑦ （汉）刘向撰、向宗鲁校正《说苑校正》，中华书局，1987，第422页。

⑧ （汉）陆贾撰、王利器校释《新语校注释》，中华书局，1986，第43页。

⑨ 赵宗乙译注《淮南子译注》，黑龙江人民出版社，2002，第286页。

这一时期的道教则更加具体地建构出一套监察人类行为善恶的司功过的神祇系统，包括三尸、城隍、灶神、三官等。[①] 晋葛洪《抱朴子》对此有系统阐述："天地有司过之神，随人所犯轻重，以夺其算，算减则贫耗疾病，屡逢忧患，算尽则死。……大者夺纪，纪者三百日也；小者夺算，算者三日也。"而"欲求仙者，要当以忠孝和顺仁信为本。若德行不修，而但务方术，皆不得长生也。……人欲地仙者，当立三百善，欲天仙者，立千二百善，若有千一百九十九善，而忽复中行一恶，则尽失前善，乃当复更起善数耳"[②]。《抱朴子》对善恶进行量化计算的方法及善行积累的观念几乎完全被宋明时流行的善书《太上感应篇》引述，并作为主旨。

同时，汉代的民间道教经典《太平经》则继承《周易》"余殃"说，创造了"承负"论，强调恶赏罚在家族命运中的延续。《太平经》载：

> 凡人之行，或有力行善，反常得恶，或有力行恶，反得善，因自言为贤者非也。力行善反得恶者，是承负先人之过，流灾前后积来害此人也。其行恶反得善者，是先人深有积畜大功，来流及此人也。[③]
>
> 承者为前，负者为后。承者，乃谓先人本承天心而行，小小失之，不自知，用日积久，相聚为多，今后生人反无辜蒙其过谪，连传被其灾，故前为承，后为负也。负者，流灾亦不由一人之治，比连不平，前后更相负，故名为负。负者，乃先人负于后生也。[④]

此时道教的修行还强调积善作用，慢慢转化为道教体系中的"功德观"，藉积功德可以长寿、治病、除灾、解厄、庇荫子孙最终得道成仙。这一观念在明代著名善书《了凡四训》中也得到了发扬和传衍[⑤]。

佛教的传入，为善恶报应提供了另外一种理论基础。佛家的"轮回""业

① 大量道经在魏晋南北朝出现，葛洪《抱朴子》一方面记录了当时一些道书的宗教伦理观点；一方面也对道教伦理做了系统的阐发，劝善书《感应篇》的基本骨架乃至许多话都可以在《抱朴子》所引道经中找到。陶弘景《真诰》也有些这方面的思想。

② （晋）葛洪撰：《抱朴子》，上海书店出版社，1986，第20页下。

③ 《太平经》，上海古籍出版社，1993，第13页。

④ 《太平经》，上海古籍出版社，1993。

⑤ 详见下文中"善书"部分的论述。

力”“缘起”之说，认为世间一切事物和现象都互为因果，互为条件，没有任何事物可以独立存在，所有事物都处在生灭变化之中，人生是一种互为因果的循环过程。[①]“业”是造成因果的动因，心所想者为“意业”，将所想发诸口则为“语业”，付诸行动者则为“身业”；过去者称为“宿业”，现在者即为“现业”。善恶之行为，为人生苦乐之因，称为“业因”；众生按照自己的业因善恶以得到相应的报应，成为“业果”或“业报”。这种报应是必然的，是一种不导致报应决不灭的神力。如《涅槃经》卷三十七言：“知从善因生于善果，知从恶因生于恶果。观果报已，远离恶因。”“善恶之报，如影随形，三世因果循环不失。”[②] 东晋时逐渐融入中土的佛教因果论有了较为本土化的解说，如慧远《三报论》中有：

> 经说业有三报：一曰现报，二曰生报，三曰后报。现报者，善恶始于此身，而此身受。生报者，来生受。后报者，或经二生三生百生千生，然后乃受，受之无主，必由于心，心无定司，感事而应，应有迟速，故报有先后。先后虽异，咸随所遇而为对，对有强弱，故轻重不同。斯乃自然之赏罚，三报之大略。[③]

在上述解说中，慧远自觉到佛教的“三报”之说与中国固有传统的共通之处。“三报”之说构建了轮回流转不灭的报应机制，善恶报应之力在无限上溯与延续的时空中具有了不灭的神力与必然性。再加上佛家所建构的一套狰狞的地狱图景，让原本即确信鬼神世界存在的中国对善恶报应赏罚之说越发笃信。

由此可见，儒释道三教在“感应”与“报应”的观念上有其相通之处，佛氏因果之说与儒道感应之理亦并行不悖。一方面，中国原有之报应观念，在不同观念信仰的作用下不断被扩充修复，用来解决人生的诸多困境，以到达各种人生所企求之境。佛教的业报之说在中土的环境之中，也有原个体生命转化为在家族中转移的“因果报应论”。另一方面，先秦“儒家将宗教性的天命，

---

① 方立天：《中国佛教与传统文化》，上海人民出版社，1988。
② 《涅盘经》，（北梁）昙元谶译，林世田等点校，宗教文化出版社，2001。
③ 《弘明集》卷六，据宋碛砂本影印，上海古籍出版社，1991，第35页。

转化为道德性的天命"[①]，或说在很大程度上，善恶行为内在的标准是传统社会中的伦理道德。如《抱朴子》以及后世功过格所展示的那样，善恶报应可以量化，善恶可以转化为功过，最终换算成祸福。这一兼具道德与宗教色彩的"善恶有报"观念极大提升了善行的实践性，成为普罗大众通过修行以行善举的内在道德激励，也使得传衍"善恶有报"观念的善书在晚明大量流行。

然而这种祸福与行为善恶、上天赏罚的关系论也并非无所质疑。如西汉司马迁在《史记·伯夷列传》中的一段颇为愤慨的质问："或曰：'天道无亲，常与善人。'若伯夷、叔齐，可谓善人者，非耶？积仁洁行如此而饿死！且七十子之徒，仲尼独荐颜回为好学。然回也屡空，糟糠不厌，而卒早夭。天之报施善人，其何如哉？盗跖日杀不辜，肝人之肉，暴戾恣睢，聚党数千人横行天下，竟以寿终。是尊何德哉？……余甚惑焉！倘所谓天道，是邪非邪？"东汉王充也撰文《论衡·幸偶》专门驳斥上天赏善罚恶之说："凡人操行，有贤有愚，及遭祸福，有幸有不幸；举事有是有非，及触赏罚，有偶有不偶。并时遭兵，隐者不中。同日被霜，蔽者不伤。中伤未必恶，隐蔽未必善。隐蔽幸，中伤不幸。俱欲纳忠，或赏或罚；并欲有益，或信或疑。赏而信者未必真，罚而疑者未必伪。赏信者偶，罚疑不偶也。"[②] 在这里，他否认"善恶报应"的必然性，认为人的祸福仅和幸与不幸有关，并不关乎个人行为之善恶及上天之赏罚。他还以《福虚篇》《祸虚篇》批驳当时流行的行善得福、天罚有过之论。他还提出性命两分之说，认为"性自有善恶，命自有吉凶"，更进一步将善恶报应否定："传曰：'说命有三，一曰正命，二曰随命，三曰遭命。'正命，谓本禀之自得吉也。性然骨善，故不假操行以求福而吉自至，故曰正命。随命者，勠力操行而吉福至，纵情施欲而凶祸到，故曰随命。遭命者，行善得恶，非所冀望，逢遭於外而得凶祸，故曰遭命。凡人受命，在父母施气之时，已得吉凶矣。夫性与命异，或性善而命凶，或性恶而命吉。操行善恶者，性也；祸福吉凶者，命也。或行善而得祸，是性善而命凶；或行恶而得福，是性恶而命吉也。性自有善恶，命自有吉凶。使命吉之人，虽不行善，未必无福；凶命之

① 徐复观：《中国人性论史》，上海三联书店，2001，第13~29页。

② （汉）王充：《论衡》，上海古籍出版社，1990，第13页上。

人，虽勉操行，未必无祸。”①

综上，中华传统慈善观念将行善与个体欲望，诸如长生、求子、求财、得官等，以及人生祸福、家族兴衰等俗世愿望密切结合，并以时人根深蒂固的“天”“鬼”“神”等外力存在的思维加以约束，由此保证了慈善观念由心而发，而非自上而下的外在劝善所能催生。当然，这并非表明劝善教化系统的无足轻重。

（二）古代的劝善教化系统

上文从儒释道三教所倡导的宗教和伦理观念入手，指出根植于民众观念层次的慈善观念的稳定性和内生性，本节则从外在条件来探讨民众的慈善观念转化为善行的其他层面。

1. 官方的劝善教化传统与慈善事业

一般认为，中国传统慈善偏重于社会救济方面。据史书记载，早在上古时期，我国就已有了以社会救助事务为主的公共职能。周代以后，政府的社会救助职能趋于制度化，政府的社会保障职能初露端倪，但显然单靠政府根本无法满足社会救助需求。所以，战国以至秦汉时期游侠甚多，他们行侠仗义、杀富济贫、乐善好施。司马迁《史记·游侠列传》中多有记载，他说道：“今游侠，其行虽不轨于正义，然其言必信，其行必果，已诺必诚，不爱其躯，赴士之厄困。”秦汉时期还出了民间自助组织的雏形——“单”，其组织成员来自下层民众，他们共同筹集资金实现互助。魏晋南北朝时期佛教畅行，宗教慈善取得长足发展。不仅寺院僧尼有免除对国家役调的特权，民间慈善也出现质的飞跃。最著名的就是由南齐文惠太子萧长懋和竟陵王萧子良创设的六疾馆。《南齐书》中言：“太子与竟陵王子良俱好释氏，立六疾馆以养穷民。”六疾馆主要是免费救助患病的贫民，为他们提供必要的医疗救治。六疾馆被认为是中国最早的私人慈善机构。至隋唐时期，政府慈善政策律令制定上取得进展。比如，其赋税制度规定对老人、鳏寡孤独、残疾、妇女等施行减免，还颁行“三疾令”即“残疾、废疾、笃疾”按等级不同来减免赋税、酌定宽免刑罚程度。同时在社会救助机构的建设上也更加完善，其中最为著名的是在全国范围

① （汉）王充《论衡》，上海古籍出版社，1990，第15页下。

内设置了悲田养病坊，或称悲田院。隋朝时期，佛教寺院已建有疠人坊、安乐坊、养病坊、安济坊等，用以收治患病穷人。但是很多养病坊的组织运作方式还较为简单，仅为看病施药之所。而唐代悲田养病坊则成为比较完备的组织结构。据《旧唐书》《唐会要》记载，唐初很多寺院就设有悲田养病坊为贫困患者治病施药，也收容鳏寡孤独者。值得指出的是，悲田养病坊初为宗教设施，后为政府所吸纳，彰显出宗教慈善机构与政府保障功能的综合功能。

宋代理学昌盛，理学家通过对先秦儒家仁政的再阐释，提出“以爱己之心爱人，视人犹己，视人父母兄弟犹己父母兄弟，以博施济众为己任”的泛爱思想，倡导国家行仁政，就包括救济和收养鳏寡孤独和贫穷之人。这直接促成了两宋时期社会慈善的发展。政府不仅建立起较为完备的政府救助体系，而且还积极调动社会资源参与慈善，建立起一个自上而下、多元参与的社会救助网络。这里包括政府专门设置的救助机构，如宋代的户部右职掌中有“以义仓赈济之法救饥馑、恤艰难”的专门机构。政府还救助实施纳入官员升贬的标准体系，以调动体制内外资源，并建立了严格的奖惩体系，对慈善机构严加监管。政府还适当释放民间活力，鼓励各地可以根据实际情况自行设立慈善机构，出现的救助机构有居养院、慈幼局、安济坊、漏泽园等十余种。尤其是南宋中后期，官办慈善因国力衰微而逐步萎缩，民间慈善救济反而得到蓬勃发展，出力阶层一方面是富裕阶层的积极加入，包括宋代乡居的士人、退居官员、乡绅等，这些地方精英分子既拥有一定的财富，又希望从民间救助活动中获得社会声望，以巩固自身的精英身份。此外，北宋初年以后，政府还出台了收养赤贫者的“居养法”、赈养乞丐的“惠养乞丐法”、救助流民的“灾伤流移法”等，对慈善进行制度化和规范化建设。①

以上所述偏重于官方所从事的慈善救济事业，但不容忽视的另一方面便是中国的官方政教传统。正所谓“在上为政教，在下为风俗”，重视政治教化的传统至明代成化正德年间形成了集合乡约、乡老人、乡社、保甲、社仓和社学等相结合的地方教化系统。社为土神，《礼记·郊特牲》曰：“社祭土而主阴气也。”②《风俗通义》引《孝经》曰：“社者，土地之主。土地广博，不可遍

① 吕洪业：《中国古代慈善简史》，中国社会出版社，2014。

② 王文锦译解《礼记译解》（上），中华书局，2001，第342页。

敬，故封土以为社而祀之，报功也。”① 早在先秦时期民间就有封土为社进行祭祀之俗，并于中唐以后形成了以佛教信仰为基础的民间结社的社邑。明代以后正式作为制度予以承认，朝廷有意识地利用土地神等民间信仰对民众进行教化，以存在于传统的自然村落社会及其社会的构成关系为基础来推进乡村社会的治理。乡绅耆老、士人和各种能人，成为城乡社会的支配阶层和推进力量，他们为缓和基层社会与朝廷之间的矛盾而积极奔走，宣讲各类敕撰训诫书，促进家训族规和乡约的一体化，比如万历年间叶治泰等编《群篆芳规》一书中就记载了不少宗族将《吕氏乡约》《郑氏规范》与“圣祖教民谕”等结合在一起的教化实例。② 明太祖朱元璋颁布的《教民榜文》中规定老人还有劝善的责任：“老人里甲，不但与民果决是非，务要劝民为善。”若本乡孝子贤孙、义夫节妇，或者可以称道的善事，乡里老人有责任“以其所善实迹，一闻朝廷，一申上司转闻于朝”。每乡每里各置木铎一个，由老人或残疾人，或由小儿牵引的瞽（盲人），持木铎巡行本里，“俱令直言叫唤，使众闻知，劝其为善，毋犯刑宪”。每月巡行宣讲六次，叫唤的内容是所谓的“洪武六谕”：“孝顺父母，尊敬长上，和睦乡里，教训子孙，各安生理，毋作非为。”每月朔望日，乡里的老幼集中于社庙内进行训谕，在社学内熟读朗诵六训的注解等；还有的每乡放置的善恶簿来劝善惩恶。这即是将明太祖的圣谕贯彻至乡里的制度和组织机制。③

而这种训诫具体如何实现的呢？明冯梦龙所著《石点头・乞丐妇重配鸾俦》对胥老摇铎宣讲《圣谕六言》进行了较为详细的描述。④ 该话本先述淮安府盐城县编芦席的匠人周六，因胥老人做媒，将女儿嫁与渔民刘五的儿子。事后刘五反悔，又来找胥老人商议退婚：

> 那老人正在村中，沿门摇铎说道：“孝顺父母，尊敬长上……”还不

① （汉）应劭著，王利器校注《风俗通义校注》，中华书局，1981，第 354 页。

② 酒井忠夫：《中国善书研究》（增补版）上卷，刘岳兵、何英莺译，江苏人民出版社，2010，第 22～85 页。

③ 转引自萧放《“老人”与基层社会治理——从〈教民榜文〉看明太祖基层社会治理方略》，《社会治理》2015 年第 3 期。

④ （明）天然凝叟《石点头》，《古本小说集成》编委会编，据明崇祯金阊叶敬池刊本影印，上海古籍出版社，1994，第 384～386 页。

曾念到第三第四句，被刘五一扯，说道："胥阿公，一向久违失望，今日有多少米了?"胥老人把袖子一提说："尽在其中，尚不满一升之数。"刘五道："一升米值不得好黄钱十五文，看天色晚了，到我船上去吃杯淡酒何如?"胥老人道："通得通得。"说犹未了，只见前边一伙人鸦飞鹊乱的看相打，走近仔细一看，却是周六卖芦席与人，有做豆腐后生说了淡话，几乎不成，为此两相口角，遂至拳手相交。旁边一个老儿解劝，就是后生之父。胥老人从中挨身强劝，把竹片横一横，对那老者说："你平昔不曾教导令郎，所以令郎无端尚气，这是你老人家不是。"又对那后生说："周六就住在射阳湖变，与这北神堰原是乡党一杀，又不是他州外府来历不明之人，可以吃得亏的。况且他卖芦席，你是做豆腐，各人做自家生理，何苦掉嘴弄舌，以至相争，便是'非为'勾当，不可不可。"那周六与后生听罢，两家撒手。胥老人就摇起铎来高声念道："和睦乡里，教训子孙。各安生理，毋作非为。"①

从中可以看到，圣谕六言为代表的官方劝诫如何通过底层老百姓能够接受的方式得以渗透，并发挥劝善作用。

在清代还出现了由乡绅、士人及工商富裕阶层组成的民间宣讲共同体，促进了政府教化的民间化。② 明代出现的大量劝善教化书，如《照鉴录》《祖训录》《孝慈录》《臣戒录》《精诚录》等训诫书以及清代的《劝善要言》、"圣谕十六条"、《宣讲拾遗》、《宣讲集要》等在强大的政治力量作用和官僚儒生的协助下向广大民间推行。③ 明清以后，随着中西文化交流，基督教、天主教对慈善发展的推动作用日渐显现，晚清时期组织化的慈善机构和运营模式开始传入国内，推动了古代慈善的现代转型。

2. 衔接官方与民间的文人士绅阶层

关于文人士绅阶层在中国传统社会中的结构性作用，张仲礼先生在其专著《中国绅士》中进行了深入的阐述，他通过参阅大量的方志、士绅人物传记等

① （明）天然凝叟《古本小说集成·石点头》，《古本小说集成》编委会编，据明崇祯金阊叶敬池刊本影印，上海古籍出版社，1994，第384~386页。

② 〔日〕酒井忠夫：《中国善书研究》，江苏人民出版社，2009，第524页。

③ 〔日〕酒井忠夫：《中国善书研究》，江苏人民出版社，2009，第493页。

历史资料的爬梳，阐述了19世纪中国绅士的特征和职能，展现了其在近代社会中的流动、转型和消亡的过程。在全书最后一章，作者表明了自己的观点，他认为中国绅士在本地区发挥了重要的社会“联结”机制作用。一方面，官府要与绅士合作，官府的政令下达需要经过绅士的宣解，实现在地化，民众才会接受。另一方面，绅士也是本地利益的代言人，他们既要维护自己的利益，也能够将基层人民的利益诉求向上传达。其作为官民“中介”起到了承上启下的作用。①

以明代为例，明代的教化政策主要是通过自上而下的行政力量以及民间士绅。在黄佐的《泰泉乡礼》中，“乡约”集合了地方上有威望的人物，“在士大夫，表率宗族乡人，申明四礼而力行之，以赞成有司教化。其本原有三：一曰立教，二曰明伦，三曰敬身”。“凡约正、约副正本如士大夫立教、明伦、敬身，以为乡人取法。”《乡礼》还对礼仪建设，乡校、乡社的管理以及赈灾等做了详细说明，比如“凡大荒之年，倘人众谷尽，约正等当念人命关天，不宜坐视，与同约众公共措置，差人四散收籴米豆归本社内，或依原价出粜，或照前法赈给”。②

明代阳明心学倡导救助天下之人为己任的泛爱思想。王阳明言：“良心之在人心，无间于圣愚，天下古今之所同也”，“视民之饥溺犹己之饥溺，而一夫不获若己推而纳诸沟中者”，进而“视天下之人，无内外远近，凡有血气，皆其昆弟赤子之亲，莫不欲安全而教养之，以遂其万物一体之念”。这影响到有明一代文人志士“以天下为己任”、救天下时弊的宏远思想及其社会救助实践。韩德玲在《行善的一书》一书中对晚明江南地区祁彪佳、杨东明、高攀龙、陈龙正等地方精英分子传播积善观念、创办善会，她提到善会“是允许富人和有共命之人同样在地方上发挥影响力。他们的慈善活动既揭示了在他们中间存在着紧张和冲突，也提供了一个协商的渠道。这给受人瞩目的、为国家所接纳的、由地方地区中的各色支持者发起的善会，表

① 张仲礼：《中国绅士——关于其在19世纪中国社会中作用的研究》，上海社会科学院出版社，1991。

② （明）黄佐《泰泉乡礼》，收入《景印文渊阁四库全书》（经部136·礼类），第142册，台北：台湾商务印书馆，影印本，1986。

达出了一种地方自豪感”①。

在民间还有一种积善的方式与儒生有直接关系，即功过格。酒井忠夫在《功过格研究》一文中指出，在善书中，“功过格所占的地位高，数量也大”。“所谓功过格，一般是指将中国的民族道德区别为善（功）与恶（过），具体地分类记述，并以数量计算善恶行为的书籍。”② 功过格是一种在十六、十七世纪十分流行的善书。功过格早期只在一些文人中流行，后来为普通民众所接受。它包括了儒家的忠孝节义和阴骘观念、佛家的因果报应和道家的积善消恶说，其基本思想，就是以劝善戒恶、因果报应和阴骘观念为中心。美国学者包筠雅（Cynthia J. Brokaw）在功过格研究专书中通过探寻明清之际的功过格历史来研究当时思想氛围的主要变化以及理学意识形态与社会变迁之间的关系。他认为，“没有哪类文献能比功过格更敏锐或更丰富地反映出那个时代社会与道德的无序”，其反映了精英阶层对时代变化所做反应的本质内容。③ 比如现存最早的《太微仙君功过格》中就对行善之举有所规定“贩济鳏寡孤独穷民百钱为一功，贯钱为十功”，“葬无主之骨一人为五十功，施地与无土之家葬一人为三十功”，“兴诸善事利益一人为一功”，另外，“穷民不济为一过”。④ 功过格对善恶的量化使奉行者的操作简便易行。在功过格的内容之后都会附有操作的具体方法，《太微仙君功过格》的操作方法如下：

> 凡受持之道，常于寝室床首置笔砚簿籍，先书月份，次书日数，于日下开功过两行，至临卧之时，记终日所为善恶。照此功过格内名色数目，有善则功下注，有恶则过下注之，不得明功隐过。至月终计功过之总数，功过相比，或以过除功，或以功折过，折除之外者明见功过之数。当书总

① 韩德玲：《行善的艺术——晚明中国的慈善事业》，曹晔译，江苏人民出版社，2021，第181页。

② 酒井忠夫：《功过格的研究》，收入刘俊文主编《日本学者研究中国史论著选译第七卷·思想宗教》，许洋主等译，中华书局，1993，第497页。

③ 包筠雅（C. J. Brokaw）：《功过格：明清社会的道德秩序》，杜正贞、张林译，赵世瑜校，浙江人民出版社，1999，第1页。

④ 袁啸波编《民间劝善书》，上海古籍出版社，1995，第173~177页。

记讫，再书后月，至一年则大比，自知罪福，不必问乎休咎。①

而在清代乾隆年以后，还广泛存在惜字会、清节堂等善会，梁其姿的研究指出，这两种慈善组织最初为大儒所创，主要目的是满足儒生阶层的精神信仰需要，兼顾清贫儒生的利益，并宣扬了儒生阶层的价值观。而儒生阶层的价值观体现着明显的融合上下层文化的特征，因此，她提出乾隆以后慈善组织出现儒生化的观点。②

这种地方精英知识分子参与劝善教化的传统一直延续至今。在河南周口时庄村，村党支部书记时兴荣为全国劳动模范、河南省人大代表，多年来，他带领村两委高扬家国情怀和集体主义精神，2015 年率先在村里建起淮阳区第一所村级党校，借用地方民间文艺传统将党的十八大、十九大精神编成顺口溜，开展“重大节日挂国旗”“张贴新春联争挂主席像”等活动，使村民的政治觉悟、思想想道德素质和文化素质得到提升。2020 年，时庄村出土了夏代早期也是目前我国发现年代最早的粮食集中存储的“城邑”遗址。村民们不仅自发配合文物挖掘工作，并将实施整村搬迁。甘肃兰州上庄村的丁述学心系家乡的建设和发展，他和村党支部、村委会搞规划、跑项目、拉投资，先后为村里争取了“村内农产品交易所”“十字路环境整治”“大泉和小泉修复工程”“大泉坡住户通路”“排洪渠修建”等众多利民惠民工程。1998 年争取资金 50 万元策划修建了上庄小学教学楼。2014 年协调修建乡道兴黄公路，成立“兴黄公路建设协调委员会”，号召 6 个村子捐款 30 万元，并为孤寡老人送去生活用品，修建新房；资助品学兼优的贫困学子，减轻家庭的经济负担；排除重重困难，妥善安置村里几位无人照料的严重精神病患者；弘扬家风撰写家谱家训，教育族人爱国爱家。他所做的努力深得父老乡亲的好评，也受到县、市相关部门的积极肯定。近年有的地区成立本地乡贤会，以组织化的形式推动乡贤集体返乡，有的是政府主导型。政府牵头成立乡贤会，建立乡贤联络网、出台引导性政策，并持续催生“新乡贤”。有的则是民间自发型，他们通常以挖掘

---

① 《太徽仙君功过格》，收入《道藏》第三册，洞真部戒律类雨十一，文物出版社、上海书店、天津古籍出版社，1988，第 449 页。

② 梁其姿：《施善与教化——明清时期的慈善组织》第五章相关论述，北京师范大学出版社，2013。

村史、人生仪礼、节日庆典等文化活动为契机，以教师、医生、文化工作者为骨干，以亲情和乡愁为核心纽带，形成在外游子与在地村民的共同组织。这两类乡贤会的长处已初步显现，有效避免了个体乡贤返乡后劲不足的问题；有利于村两委组织领导，统一行动、协调作战。

3. 善书宝卷：民间行善思想的传承载体

无论是官方劝善教化的下行还是民间自发的积德行善观念的传播，均离不开一定的物质载体和传播路径。关于善书宝卷，学界多认为两者不是同一事物，但宝卷和善书在发展过程中相互交融，以致二者边界模糊。酒井忠夫认为，宝卷和善书有共同的社会意义，宝卷包含了与善书中相同的庶民文化的重要因素。但一般的善书是通过民众公共社会流传的，而宝卷则是以下层民众社会或者异端的社会阶层为背景而流传的。他注意到了宝卷与秘密宗教之间的关系。车锡伦先生认为善书是用说唱形式进行的民间宣讲，是“用俚语歌词讲唱一些传说故事、时事传闻、表彰民众认为的美德、善行”①。刘守华认为善书是宝卷的支流，“单纯宣讲枯燥的圣谕难以吸引民众，于是宣讲圣谕条文就和讲说宝卷故事结合起来，形成一种强劲的民俗文化活动，其世俗娱乐性大大增强”。② 王家瑞认为宝卷与善书的形式相近，“艺术上善书曲艺是源于宝卷的”③。不论其争论如何，两者均具有一定的道德劝善作用，将官方倡导的儒家伦理与民众自身朴素的道德追求相互融合起来，民众实现自我治理的一种方式。

（1）善书的传布与民众的行善观念

陈宝良在《中国的社与会》④ 一书中曾将明清以来的善堂善会活动视为一种经济互助，归入“经济型社”一类中进行考察，对善堂善会的发展以及主要类别进行了叙述，并且认为这些善堂善会归根结底“均起源于儒佛道三教关于善恶的观念”，指出明代以来的善书的普遍流行，儒佛道三教趋于合流，使善的观念更是深入人心。⑤ 所有善会均依靠通俗的教化或救困扶危的实行以

① 车锡伦：《中国宝卷研究》，广西师范大学出版社，2009，第 558~559 页。

② 刘守华：《从宝卷到善书——湖北汉川善书的特质与魅力》，《文化遗产》2007 年第 1 期。

③ 王家瑞：《汉川善书》，“汉川文史资料丛书” 第 21 辑，2005。

④ 陈宝良：《中国的社与会》，台北：南天书局，1998。

⑤ 陈宝良：《中国的社与会》，台北：南天书局，1998，第 223 页。

达到劝善的目的。[①] 善书作为一类特定文献出现于宋代，“是为劝善惩恶而记录民众道德及有关事例、说话，在民间流通的通俗读物”，“是一种不论贵贱贫富，儒、佛、道三教共通又混合了民间信仰的规劝人们实践道德的书”。[②] 善书作为规劝人们“诸恶莫作，众善奉行”的通俗读物广为流传在明清时期达到鼎盛，清末民初又大举流传于坊间乡里。比如，被称为近代“善书三圣经”的《太上感应篇》《文昌帝君阴骘文》《关圣帝君觉世真经》以及《了凡四训》《训俗遗规》《几希录》等。这些训诫书多以儒家伦理思想为中心，适当吸收佛教因果报应思想，并杂以普通民众能够接受的形式，发挥着教化劝善的作用。

民间自发流通的善书在伦理方面的强化通过韵散结合、通俗易懂的方式得以实现。比如《关圣帝君觉世真经》中有“奉祖先，孝双亲”“别夫妇，教子孙”之论，强调家庭伦理的重要性。《太上感应篇》中对政治伦理有所强调，如“守王法，重师尊”，不得“虐下取功，谄上希旨”“赏及非义，刑及无辜”。还涉及社会伦理层面，比如《太上感应篇》强调“宜悯人之凶，乐人之善，济人之急，救人之危。见人之得，如己之得；见人之失，如己之失。不彰人短，不衒己长”。《文昌帝君阴骘文》中教人“勿坏人名利，勿破人婚姻”；“斗秤须要公平，不可轻出重入”；“勿登山而网禽鸟，勿临水而毒鱼虾”；“修数百年崎岖之路，造千万人来往之桥”。当然，作为明清时期“三教合一”的产物，善书里有大量佛教思想的影子。比如，《太上感应篇》中强调“祸福无门，惟人自召，善恶之报，如影随形”；《关圣帝君觉世真经》有“创修庙宇，印造经文”的提倡。

再以流传最广的善书《了凡四训》为例。该书本是晚明士人袁黄撰写的训子言，是作者对自身奉行功过格的记述，后世将其命名为《了凡四训》，作为善书进行流通。在《立命篇》中，作者提出“命由我作，福自己求”，旨在强调命运可以通过行善积德来改变。袁黄自述童年丧父，母亲命其弃举业学医，以养生济人。起初，袁黄是个相信进退有命、迟速有时之人。孔先生为其

---

① 陈宝良：《中国的社与会》，台北：南天书局，1998，第 228 页。

② 酒井忠夫：《中国善书の研究》，东京：弘文堂，1960，国书刊行会 1977 年重刊，第 1、437 页。转引自游子安《劝化金箴：清代善书研究》，天津人民出版社，1999，第 9 页。

起数，算定一生功名富贵，袁黄便转念读书，安于其命，不作妄想。直到一日，在棲霞山中访云谷禅师后，袁黄改变了自己的一些看法，才重新面对自己的生死祸福。袁黄的思想转变与修行是建立在他对一系列的概念的特定理解之上的，包括“命”“福”“我”。正是在这些特定的理解之上，他建立了自己对于“善”以及“行善”的精神图景与行为体统。袁黄在《积善之方》中，将善行归为十类：第一，与人为善。第二，爱敬存心。第三，成人之美。第四，劝人为善。第五，救人危急。第六，兴建大利。第七，舍财作福。第八，护持正法。第九，敬重尊长。第十，爱惜物命。这十类与前面分析的经典善书体系中的各种善行大致相同，都是从个体出发的各种关系的体现。

在该书中，袁黄在云谷的引导下，从“我”出发，自省不得科第、不应生子的诸多原因。

> 云谷曰：“汝自揣应得科第否？应生子否？”
>
> 余追省良久，曰：“不应也。科第中人，有福相，余福薄，又不能积功累行，以基厚福；兼不耐烦剧，不能容人；时或以才智盖人，直心直行，轻言妄谈。凡此皆薄福之相也，岂宜科第哉。地之秽者多生物，水之清者常无鱼；余好洁，宜无子者一；和气能育万物，余善怒，宜无子者二；爱为生生之本，忍为不育之根；余矜惜名节，常不能舍己救人，宜无子者三；多言耗气，宜无子者四；喜饮铄精，宜无子者五；好彻夜长坐，而不知葆元毓神，宜无子者六。其余过恶尚多，不能悉数。”

顿悟后，在佛前改过发愿，奉持功过格：

> 置空格一册，名曰《治心篇》。晨起坐堂，家人携付门役，置案上，所行善恶纤悉必记；夜则设桌于庭，效赵阅道焚香告帝。

而且，他的主张和做法还得到了朋友的认同。例如，嘉善同善会的主持者陈龙正记述了袁黄与他父亲的交往：

> 先公治句时，袁了凡职方以书贻曰：我辈平日辛勤刻苦，为子孙创业

者，死来皆用不着，所可待以瞑目，而释然无憾，唯此修德行义之事而已。大抵生来之福有限，积来之福无穷，如命中有福十分，今日受用一分，前面止有九分，又受一分，前面止有八分。随受随销，此众人听命于天者也。吾辈当深绎积善余庆之说，实为趋吉避凶之事，审审修持，孳孳方便，则受福一分，便可积福十分矣。先公称服而身体之，莅民治事，廉明平恕，远近称慕。殆亦听言取友之助焉。[①]

善书既是信仰活动的宣传品，也是民间娱乐说唱文学体裁。其对于家庭、社会、政治、宗教伦理的传播，有着强烈的教化功能，是平民实现自我教化的一种途径。中国民众深深信奉的“善有善报、恶有恶报”的观念，反映的也正是这种思想认识。善恶皆有报，“报”是民众最为看重的，为了得到好“报”，人们会有意识地采取善的行为，现实的功利需求是民众自觉向善意识的内驱力。[②]

（2）宝卷的劝善功能

宝卷是一种在宗教（主要是佛教和明清各民间教派）和民间信仰活动中，按照一定的仪轨演唱的说唱文本。[③] 唐段安节《乐府杂录·文叙子》中记载“长庆中，俗讲僧文叙，善吟经，其声宛畅，感动里人”，说明受到佛教影响，中晚唐时代，就出现了有“白”有“唱”的宝卷。宝卷主要产生于宋元时期。民间宝卷，主要是以演唱故事的方式，宣扬因果，劝导向善。按照著名宝卷研究学者车锡伦献上的说法，民间宝卷主要有：神道故事、妇女修行故事、民间传说故事、俗文学传统故事、时事故事等。[④] 流传最广的是同民众生活密切相关的神灵的故事宝卷，比如《目连宝卷》《财神宝卷》《灶王宝卷》《土地宝卷》等。妇女修行宝卷大多讲述女性通过磨难获得善终的结局，比如《香山宝卷》中妙善公主的修行。明正德至清康熙的200年间，民间宗教宝卷有200余种，清咸丰以后，宝卷大量印制，主要是宣扬因果报应的修行故事宝卷、祖

① 陈龙正：《几亭全书》卷二十一《政书家载》上之《治句遗踣》，《四库禁毁书丛刊》集部第十二，北京出版社，1998，第133页。

② 孙英芳：《论中国民间宝卷中的道德规劝》，《内蒙古师范大学学报》（哲学社会科学版）2016年第7期。

③ 车锡伦：《中国宝卷研究》，广西师范大学出版社，2009，第1页。

④ 车锡伦：《中国宝卷研究》，广西师范大学出版社，2009。

师传记、劝世文之类的宝卷。

宝卷讲唱无论是偏重宗教性的还是文学性的均呈现出鲜明的教化功能。清代中期以后，宝卷宗教性逐步减弱，文艺性突出，劝善思想和孝道观念浸润其中，更加贴近百姓生活。

宝卷的道德规劝通俗易懂、直截了当，有的直接出现在开篇和结尾。比如河西宝卷《精忠宝卷》开篇就对建功立业的忠臣进行讴歌赞扬，对祸国殃民的奸臣进行揭露批判，其言道："精忠宝卷才展开，诸位大众听心怀。自古朝中有忠奸，万事都被奸臣坏。忠臣鲜血洒疆场，奸臣进谗乱使害。奸臣专权害忠良，忠臣常遭恶人灾。保国忠良人人敬，卖国奸贼臭万代。是非到头有公论，不信且听精忠卷。"有的宝卷于篇首直接劝人行孝，如河西宝卷《手巾宝卷》："手巾宝卷是古今，辈辈相传劝众生。善男信女听一遍，改过戒恶做好人。"河西宝卷《花灯宝卷》说："人生在世做好事，莫要无故害好人。你做恶事天知晓，难躲阴间十阎君。你做好事积阴功，广种福田得儿孙。"《佛说至孝成仙宝卷》卷首直言："人生莫重敦伦，敦伦莫先于尽孝。盖父母之恩，昊天罔极，擢发难数，即竭力尽心，难报于万一。深体其情，须当及早尽孝，惜乎父母日老一日矣。若孝心不笃，稍有迟误，既亲殁之后，即哭泣至哀，晨昏设荐，有何益哉！"[①]《祭财神宝卷》的结卷偈有"听此卷情义重须把善行，孝双亲尽忠又天下扬名。可莫要做恶事留下骂名，人在世要如那雁过留声。抄完了这本卷因果报应，劝善男和信女不要胡行。听了宝卷换心田改邪归正，行功德积儿孙万古留名"。宝卷的语言明白晓畅，富于音韵节奏，可说可唱，非常易于普通民众的接受。

此外，还有很多的道德规劝蕴含在宝卷讲唱的故事之中，通过故事的讲述，让听者明白为人处世的道理，达到潜移默化的教化之功。以最具典型性的《目连救母出离地狱升天宝卷》为例，该宝卷讲述的是目连僧为报答母亲养育之恩，历经千辛万苦地狱救母的故事，这种惊天地泣鬼神之纯孝足以感动世人。宝卷最后普劝后人要学习目连尊者孝敬父母、寻问明师、念佛持斋、生死永息、坚心修道，以报答父母养育之恩。而且还劝人要抄写宝卷留给后世

① 尚丽新、车锡伦：《北方民间宝卷研究》，商务印书馆，2015，第 501 页。

“若人写一本 留传后世 持诵过去 九祖照依目连 一子出家 九祖尽生天”。①

在甘肃张掖岷县、江苏靖江等地，至今人们仍然在讲唱宝卷。2020年，甘肃张掖任积泉先生集合多位作家根据新冠肺炎疫情以来产生的感人事迹编纂了《战瘟神宝卷》，讲述了援鄂医生高文亮一家五口及其同学彭亮（武汉医生）、同事甘静静（护士）和社区工作者刘海霞等在抗击2020年新冠肺炎疫情过程中发生的悲欢离合的故事，歌颂了中国人民在党的领导下众志成城、万众一心共同抗疫并取得举世瞩目的成就。该宝卷秉承河西宝卷韵散结合、念唱一体的说唱艺术传统，用通俗易懂的语言和生动感人的故事情节以达到渲染情感、强化故事感染力的效果。②

本章从积德行善观念形成的文化内因出发梳理了儒释道三教合流的过程，并从官方的劝善教化制度、文本和慈善事业，文人士绅等地方精英群体在慈善观念传播和善行、善财传承等的联结作用，以及善书宝卷的善观念传播作用三个方面阐述了中国传统慈善文化的体系构成，认为慈善观念的教化、运行和外化为善举是一个不可分割的整体，这一系统直至近代以前一直保持相对稳定。近代以来，尤其是1949年以后，这一传统发生了变化，植根于儒家伦理为中心的价值体系遭到肢解，西方宗教慈善也遭到一定程度的污名化，这对于当前的伦理重建以及慈善公益发展至今仍有一定影响。

二　家族慈善的历史实践及其现代转化

家族是中国传统社会构成的基本单位，其主要是依照父系血缘关系来界定的一种群体。作为一种社会组织，家族始自商周时代宗族制与分封制的结合。秦汉至隋唐时期，世家大族一直具有显赫地位。随着经济发展和科举制的实行，宋代以降，庶族上升，到了明清时期，民间绅士和平民成为家族的主体。家族组织遵守儒家伦常，通过制定祖训、族规、族约，达到孝亲、忠君、睦族

① 转引自车锡伦《最早以“宝卷”命名的宝卷——谈〈目连救母出离地狱生天宝卷〉》，《宁夏师范学院学报》2007年第2期。

② 曹斌：《甘州区图书馆南华书院〈战瘟神宝卷〉首发式》，https://www.thepaper.cn/newsDetail_forward_10485520。

的目的。进入现代社会以来，家族组织和家族制度受到很大的冲击，20 世纪八九十年代以来，家族组织又有所恢复和发展。

作为重要的社会组织单位，家族承担着经济、组织、认同和文化传承功能。家族无论规模大小，都会专门留出面积不等的公田，用于家族内的祭祀、助学、救济等公共事务，有的家族还可以将经济盈余溢出，用于修桥铺路、扶危济困、兴办教育、修祠建庙等社会公益事业，这就大大延展了家族善财的范围。随着家族善财传承的惯性持续几代人甚至更长时间，不仅成就良好的家风，也成为社会的良风美俗和优良传统。

（一）家族慈善制度的创立与发展

关于家族慈善制度的创立与发展，学界往往会回溯至北宋范仲淹创制义庄之举。1049 年，范仲淹出任杭州，他考虑到范氏宗族中尚有不少饥寒的族众，于是“置上田十顷于里中，以岁给宗族”，使“虽至贫者，不复有寒馁之忧”。[①] 他以俸禄之余购买良田，捐为范氏宗族公产，称其为“义田”，又设立管理机构，称为“义庄”。与之相配套的还有建义宅、设义学、续修家谱、制订义庄规矩等，形成一个较为完善的家族慈善制度体系。对于范仲淹的这一系列家族慈善实践，学界多数从其扶危济困的角度肯定其慈善功能，也有的学界也注意到范仲淹之所以这样做，更多的是为了子孙后代长保富贵。[②]

范仲淹所创义庄的确为保障族人的经济基础和相对稳定的生活、为其教育、做官等提供了重要保障。这一制度得到了当时乃至后世的广泛认同，据李文治、江太新先生的粗略统计，明代 276 年间，各地族田义庄资料约有 200 宗，远远超过宋元两代的总和（400 年间约 70 宗）。[③] 至清代，义庄设置也非常普遍。有学者统计，至清代末年，仅苏州府的义庄数即达 200 余个。[④] 这些家族依托义田等家族公共财产，出资建立了很多渡口、桥梁、公路、善堂、医院、收容安置所等，惠及社区和社会。

家族的慈善传统直至 1949 年前后土地改革以前仍然保持相对稳定。土地

---

① 范仲淹：《范文正公集》卷十三，康熙岁寒堂家刻本。

② 王善军：《范氏义庄与宋代范氏家族的发展》，《中国农史》2004 年第 2 期。

③ 李文治、江太新：《中国宗法宗族制和族田义庄》，社会科学文献出版社，2000，第 74 页。

④ 范金民：《清代苏州宗族义田的发展》，《中国史研究》1995 年第 3 期。

改革以后，家族族产被纳入国家和集体所有，家族失去了共同的公有经济基础，家族慈善在经济层面也随之趋向瓦解。但这并不代表家族内的互助往来的中断。有研究表明，即使在20世纪50年代以后的集体化时期，具有血缘关系的家庭之间仍然有婚丧礼俗往来以及生产生活互助等。20世纪80年代，随着生产队的解体，家庭联产承包责任制的实行，在村集体和家庭之外的家族传统也随之复兴。在公共服务并不完善的乡村，主要基于血缘关系而形成的家族之间互动再次增强，家族内的互助传统和慈善传统也得以恢复。

在当代，所谓家族慈善是“指家族将其私有资源捐赠用于公共目的，以家族、家族成员或家族企业字号命名慈善机构或慈善项目，且家族成员深度参与慈善事务的行为”①。这一概括符合当代慈善事业发展现状，比如曹德旺及其妻陈凤英捐赠所持家族企业福耀玻璃的3亿股股权，并以曹德旺之父曹河仁之名命名“河仁慈善基金会”，其后用家族企业名号捐助100亿元筹建了福耀科技大学，这就是典型的家族慈善行为。就目前来看，家族慈善的形式主要有：家族大额捐赠、家族慈善基金会、家族慈善信托、家族慈善专项基金、家族捐赠者建议基金等，其中家族慈善基金会和家族慈善信托是开展家族慈善比较正式的形式。② 而在很多乡村地区，家族慈善与现代公益精神相结合成为地域性的慈善活动。

（二）江南家族慈善传统的创新传承——以浙江为例

以浙江为代表的江南地区是家族传统相对完善和传承较为稳定的区域。课题组通过对浙江金华浦江郑氏家族和绍兴诸暨从家族慈善转向现代关爱基金的调查中，发现家族慈善传统具有与现代社会相适应的内在特质，并可以适应时代需要与现代公益和志愿精神相结合，满足现代基层社会治理的需要。

1. 浦江郑氏家族的孝义家风与养老公益

（1）孝义传家的郑氏家族

郑氏家族居于浙江浦江县郑宅镇，距今900多年前的北宋元符二年（1099），

① 《傅昌波教授谈大力发展家族慈善助力实现共同富裕》，《慈善公益报》，https://www.csgyb.com.cn/news/yaowen/20211126/31594.html。

② 《傅昌波教授谈大力发展家族慈善助力实现共同富裕》，《慈善公益报》，https://www.csgyb.com.cn/news/yaowen/20211126/31594.html。

祖居河南荥阳的郑淮与两兄弟来到金华（古称婺州）香岩溪畔定居，后世代繁衍。南宋建炎年间，郑淮之孙郑绮始倡同居共食，此后家族内不断出现的有识之士，对家族文化的构建产生了深刻影响。与家族交往密切的众多文人贤士也合力推动着家族文化的发展，造就了以九世同居著称于世的“郑义门”。

郑氏家族素以孝义治家。同居始祖便为家族孝义精神之践行者。始祖郑绮，字宗文，号冲素处士。自幼善读书，通《春秋》《谷梁》等，以“纯孝”儒生载入《宋史》，其孝行故事在民间广为流传。其中一则故事讲道，郑绮的父亲郑照因得罪世家大族而遭难，绮为救父，上血书乞求代父受刑，郡守有感于此，查明缘由为其父昭雪。另一则故事讲郑绮的母亲因病久卧在床，绮诚心侍奉，从不懈怠。郑绮孝顺长辈，兼具一身义气，他善待族人，遇族人生活艰难定慷慨相助。他一生勤耕苦读，却未曾进入仕途，始终践行着儒家所倡导的耕读传家、孝义治家的精神，成为郑氏家庭同居共爨的行为标准和精神模范。其后代子孙主动践行儒家礼仪，并得到吴莱、宋濂、方孝孺等元明大儒的支持，得以名满天下。元武宗至大二年（1309），浦江郑氏第一次以家族的名义受到朝廷表彰，被旌为“孝义门”，部使者余阙还为其题写了“东浙第一家”牌匾。在宋濂的大力支持下，家族内不断修订的《郑氏规范》将不成文的家族伦理上升为具有法力效能的行为规范，为郑氏家族争得了舆论支持，促使其走上辉煌。明洪武二十三年（1390），朱元璋又亲书“孝义家”三大字以赐。家族中还有传说被朱元璋提为“江南第一家”，从此“江南第一家”成了郑氏家族的代称。①

郑义门重视“义”精神。这里的“义”，就郑义门的历史来讲，有四层含义。第一层“义”是家族九世同居，在中国古代，家族因孝义聚合累世同居共财，同爨合食，崇义重礼，被朝廷奉为社会楷模，称“义门”。郑氏家族同居共爨九世，人数最众时号称“食指三千”，明代中期家族被迫分家，但有一支仍同居至清乾隆年间，称“小同居”。

---

① “江南第一家”说法出自浦江郑义门的家传著作《圣恩录》。这本书未公开出版，题名作者为明嘉靖年间的郑氏后人郑崇岳，1994年浦江郑义门文史研究会据民国壬戌年（1922）重刊本翻印。据该书记述，明洪武十八年，时任郑氏家长郑濂以粮长的身份被召入京，朱元璋在与之讨论治家之方时口头表扬“你家九世同居，孝义名冠天下，可谓江南第一家矣”。但是，《圣恩录》史录部分很多都是用口语形式记录的郑氏门人经历，其信史程度令人质疑。

第二层“义”是兄弟义气。这里有一则发生在同居五世祖郑德珪、郑德璋两兄弟之间的兄代弟死的大义传说广为人知。据《宋史》载，“（郑绮）四世孙德珪、德璋，孝友天至，昼则联几案，夜则同衾寝。德璋素刚直，与物多迕，宋亡，仇家遂陷以死罪，当会逮扬州。德珪哀弟之见诬，乃阳谓曰：‘彼欲害吾也，何预尔事？我往则奸状白，尔去得不死乎！’即治行。德璋追至诸暨道中，兄弟相持顿足哭，争欲就死。德珪默计沮其行，遂给以无往，夜将半，从间道逸去。德璋复追至广陵，德珪已毙于狱。德璋闻之，恸绝者数四，负骨归葬。庐墓再期，每一悲号，乌鸟皆翔集不食。德珪之子文嗣，幼病偻，德璋鞠之如己子”①。《宋史》文字简约，难以言尽其中之义。这种不足某种程度上为传说所补。资料记载，郑德璋勇武过人，好打抱不平，朝廷授其处州青田县尉，但是他辞而不就。当时乡绅卢氏鱼肉百姓，德璋不胜愤慨，于是在卢氏诞辰时以螃蟹讥诫之。卢氏怀恨在心，暗中勾结官府，诬陷德璋并构成重罪，才有了上述兄代弟死的义举。后来德璋弃武从文，创建东明精舍，广揽天下英才，教导子弟，使得家族中人才济济，家门昌盛。

第三层“义”是与现代公益精神相通。早在北宋靖康年间（1126~1127），因为天灾人祸，流离失所的饥民甚众。族人称，始迁祖郑淮便卖田千余亩救济贫民，导致家道中落，后来人们称其所居之地为“仁义里”。元代至元年间（1335~1340），民多饥乏，同居五世祖郑德璋开仓与乡里共食，全活甚众。元末同居七世祖郑钦主持家政时，创设各种慈善设施，以济贫困。设有公墓，“乡邻死亡委无子孙者，与给棺椟埋之；其鳏寡孤独，果无自存者，时赒给之”②；设立“药市一区，收贮药材。邻族疾病，其症彰彰可验，如疟痢痈疖之类，施药与之。更须诊察寒热虚实，不可慢易。此外不可妄与，恐致误人”③，设立东明书院，不仅有本族子弟就读，附近宗族子弟也可就读；并且为把仁义之举落到实处，“令监视置《推仁簿》，逐项书之，岁终于家长前会算。其或沽名失实及执吝不肯支者，天必绝之。此吾拳拳真切之言，不可不谨，不可不慎”④。郑氏家族重视乐善好施、仗义疏财、舍生取义的家族门风，代代相传。

① 《宋史》卷四百五十六，列传第二百一十五“孝义”条。

② 《郑氏规范》第92条。

③ 《郑氏规范》第98条。

④ 《郑氏规范》第101条。

在郑义门的郑氏宗祠内还供奉有一个家族独有的土地神，该神由人转化，为救郑氏有功的王勤。据说王勤是浦江深溪人，受业于宋濂，与郑氏族人郑济交好。郑济被朝廷征召后，也把王勤推荐给朝廷入仕为官。元末，群雄风起，一些武装被打散后投到郑义门，郑义门收缴了他们的兵器，部分改作农具，部分收藏起来。不料被一个叫陈子土的无赖告发，朝廷立即派人来搜查。郑氏家长在得到信息后，情急之中找王氏商量。郑王两家关系密切，王氏家长听说后将郑氏所藏兵器藏于自家书房。于是，官府到郑义门上搜查无果。无赖陈子土不甘心，带领官府人员在王家搜到武器。为保住郑氏，王家家长一口咬定兵器为自家所藏，在朝为官的王勤因此被杀。郑义门为感念王勤庇护之恩，奉王勤为本家土地，并建土地堂，供奉王勤牌位，把每年农历六月初六定为祭祀日，据说1949年以前都有祭祀，现已无。① 这种郑氏家族“义”精神的口头叙事强化了后人对于家族孝义传统的认同和自觉传承。

第四层“义”为忠义救主。当地广为流传着郑洽（郑氏八世祖）护主的传说，“主”指的是明初建文帝。相传朱元璋驾崩，燕王朱棣发起靖难之役，建文帝寡不敌众，仓皇出逃。随其出亡的就有时人朝廷命官的义门后人郑洽。建文帝随郑洽逃至“江南第一家”，后又被护卫至他处。至今，“江南第一家”还留有建文帝隐匿的枯井“建文井”，以及供建文帝藏身的小阁楼“老佛社”等，作为郑氏义举的实证。郑义门也为避不测，在郑氏宗谱中除去了郑洽之名。郑氏原以八世义字二十六兄弟分号，凡在宗祠祭祖时敲钟26下，再行祭礼，后因第二十六少弟隐其名，改敲二十五下。然而，郑氏后裔心有不甘，故在敲25下后，复敲半下，以示郑洽随帝出奔之意，这个传统延续至今。②

（2）郑氏家族慈善传统的当代传承

九世同居的郑氏家族通过口头叙事、古籍记载和文物古迹等将“孝义”作为凝聚家族精神的核心，这种精神传统也体现在家族设义冢、义学和药市的

① 讲述者：郑定汉，“江南第一家”文史研究会副会长。讲述时间：2016年12月8日下午。讲述地点：金华浦江郑氏宗祠。又见文捷、郑余欢编著《白麟溪的传说》，江南第一家文史研究会，2008，第123～126页。

② 戚永晔：《浦江“江南第一家”：韩国、福建郑氏认祖归宗》，《文化交流》2010年第5期。又见文捷、郑余欢编著《白麟溪的传说》，江南第一家文史研究会，2008，第177～183页。

日常生活实践中。至今，这里的富裕户仍有主动资助贫困户的义举。近年来，外来打工人员大量流入，而当地人却从未将其当外人看，而是给予文明的礼遇。据郑秋义讲，郑宅镇的外姓人与本地人相处得都非常好，他生活的村一户姓马，一户姓张，村人对这两家都非常客气。① 在白麟溪旁边做生意的人，位置最好的都是外地人，很尊重他们。②

而在家族慈善传统的现代传承转化中发挥核心作用的要数“江南第一家”文史研究会。20 世纪 80 年代以后，随着浦江地方经济的迅速发展，郑氏家族族人对于祖先留下的文化遗产也越发重视，而且由于政府征地改造和旅游开发，家族和政府之间曾一度关系紧张。1993 年，一群热衷于家族文化保护和意图维护自身利益的地方知识分子自发组建了郑氏义门文史研究会，后改称“江南第一家”文史研究会，又称“江南第一家”义门郑氏宗亲会。研究会带有研究性和公益性，既为政府提供郑氏家族研究资料，也负责完成宗族祭祀、续修家谱等事情。2000 年，“江南第一家”文史研究会在国家民政部门登记注册成立，这个研究会的活动和性质与郑氏义门文史研究会基本统一，故而二者合一。社团具有会员大会、理事会、常务理事会等，负责人产生和罢免均有严格的程序，2016 年经大会评选，完成了领导换届。2007 年，义门郑氏宗亲会成立，与文史研究会的会员有很多交叉覆盖，基本上属于一套人马、两个牌子。宗亲会虽未通过民政部注册，却在活动上得到政府默许。这类社团组织属于“利用传统组织资源的当代社会组织”，其组织者是有威望的且具有志愿服务意识的家族能人群体，组织的管理制度、组织中的个体自由度等都是现代社团的属性，且家族组织积极与国家话语相靠拢，获得政治合法性和话语支持，也对优秀文化的传播和社会稳定起到积极作用。③

在文史研究会中，1995 年当选的常务副会长郑定汉老人起着核心作用。他积极筹划，拓展研究会日常工作。在家族内，每年农历二月初八同居世祖诞辰之日，研究会组织族人在郑氏宗祠举行隆重的祭祖仪式，教育子孙恪守祖

① 被访谈人：郑秋义，“江南第一家”文史研究会秘书长。访谈人：贺少雅，北京师范大学社会学院博士生。访谈时间：2016 年 12 月 8 日中午。访谈地点：金华浦江郑氏宗祠。

② 被访谈人：郑定汉，“江南第一家”文史研究会副会长。访谈人：贺少雅，北京师范大学社会学院博士生。访谈时间：2016 年 12 月 8 日中午。访谈地点：金华浦江郑义门。

③ 高丙中、夏循祥：《作为当代社团的家族组织——公民社会的视角》，《北京大学学报》（哲学社会科学版）2012 年第 4 期。

训，传承孝义。2012 年、2013 年，还曾经搞过两次重阳节老人聚餐，组织给老年人剪指甲、洗头。在家族外，联合郑宅镇团委组织中小学生开展了孝义传递活动。比如，组织中小学生周末时为老年人洗头、洗脚、做家务，重阳节为老年人举行节日庆典，引导孩子实践尊老敬老的文化传统；并积极重修宋濂墓，组织学生清明节扫墓。宋濂墓于“文革”时期被毁，墓址难寻。2010 年，经文史研究会核心成员的集体努力，得以找到，并于 2016 年筹资重修。此后，每年正月初一、清明节、十月十三、冬至，郑氏义门文史研究会十来位老人都要集体为宋濂先生扫墓。还组织学生清明节到宋濂墓园扫墓，教育学生学习宋濂刻苦好学的精神，弘扬尊师重教的优良传统。这些积极努力在全镇产生了极大反响，人们自发传承家族孝义文化，孝义事迹层出不穷。[①]

在家族中，个人自发做公益的以郑定根、郑定果兄弟为代表。郑定根兄弟二人、姐妹三个，以纯孝扬名于当地，侍奉父母尽心尽力。不仅如此，他们还以家人之力合办了同心堂。同心堂原为郑氏家族古代聚餐之地，现已无旧址，现在的同心堂则是借用了旧名。发起人和主办者郑定根，原在国外做生意，后生意破产，回国以后下决心要做慈善。2016 年以雨花斋之名做起了社区爱心食堂，凡是附近的老人、清洁工、打工者均可到里面免费就餐，里面做事的基本都是本地义工。后因雨花斋具有一定宗教色彩，改名同心堂，经营模式未变。其资金主要来自郑姓族人企业家赞助，每年花费近百万，也有一些本地人捐出田地，或自产的粮食和蔬菜。2018 年，郑氏家族始祖 900 年生辰大祭，举办了隆重的庆典活动。活动中，由同心堂出资给家族 70 岁以上老人特别安排了五六十桌的聚餐。同心堂服务人员统一着装，前有同心堂标记，后书弘扬传统文化，镇中心小学的孩子们组成志愿者服务队，在同心堂组织的聚餐上服务。

（三）诸暨家族慈善与现代公益的创新结合

诸暨位于浙江省中北部，曾是越国故都，至今已有两千多年的历史，具有深厚的文化积淀和历史传承。诸暨历史上殷富家族甚多，如吴越王钱镠家族有一支在此，又有宋以后南迁家族世居于此，民间素有“耕读传家”“孝义传

---

① 郑定汉口述，吴文娟整理《传承和发扬郑氏文化是我最开心的事》，载《浙江档案》2016 年 7 月。

家”之风。如今民殷商富、产业繁荣，县域经济综合竞争力居全国综合实力百强县市前列。

作为“枫桥经验”的发源地和全国十个、浙江唯一的文化实践“先行试验区”，诸暨市近年来利用全国文明城市创建优势和文化建设基础优势，积极探索推进新时代文明实践工作，不断满足人民群众多样化、多层次、多方面的精神文化需求，2021 年 8 月成功入选浙江省高质量发展共同富裕示范区“打造精神文明建设高地”领域试点。当地充分利用了本地家族慈善传统，探索出村级关爱基金和爱心食堂的创新做法。

“关爱基金”是为了保障文明实践工作低成本可持续的一种探索，其与市级文明实践基金一起构成诸暨开展新时代文明实践“手里的一把米”，也即资金来源和制度支撑。在市级层面，市级文明实践基金由农商银行认捐 5000 万元，以留本取息模式运行，每年产生 220 万元利息，重点用于礼遇好人、褒奖志愿、资助创新项目、扶持村级关爱基金等活动。在村级层面，采取多元化建设、规范化管理、常态化使用的模式设立关爱基金，用群众力量满足群众需求。至 2021 年 9 月，诸暨市 476 个行政村已经全面建立关爱基金，基金总规模达 1 亿多元。

村级关爱基金的资金建设、管理和使用以村落为单位、依托村内的乡风文明理事会来运行。在基金建设方面，实行多元化建设，即采取党员干部带头捐、乡贤企业爱心捐、村民群众互助捐、移风易俗公益捐的方式，提高社会筹资的积极性和可持续性，确保“源头有活水”，不断做大基金“蓄水池”。在牌头镇一位有 66 年党龄的老党员，虽家境普通，但在得知村里捐款后，决定将退休后打工的积蓄及退休款 10 万元全部捐出。他 94 岁高龄的嫂子在得知老家要成立村级关爱基金后，也捐款 5 万元，她还亲手制作了党旗、党徽等手工艺品一并赠送给村文化礼堂，随信一同寄到了村里。2021 年初山下湖镇枫江村 60 多位理事会成员向村关爱基金捐款近 40 万元。2020 年 7 月底，岭北镇金湾村开通了在线“云捐款”渠道。这个在线“云捐款”除了指定专用微信账号收款，还实现了线上线下双公开、双透明，避免人群的大规模聚集，也让村民捐得放心。两天时间，村关爱基金收到了 148 名村民的 19 万余元爱心款。移风易俗公益捐是诸暨提出的“一加一减”扬新风的重要创举。“减”的是红白事中可以缩减的资金，“加”则是节约的钱款的出口，即移风易俗农户参与关爱基金捐款。例如，同山镇边村下边村边伟忠的母亲去世后，原计划要办25桌酒席，后村干部上门做工作后缩减至8桌，每桌的规格也降到600元左右。酒席上不用高档烟，酒用本地同山烧。最后家人还从节省下来的钱里拿出了1000元，捐给村级关爱基金。截至2021年9月，诸暨全市476个行政村都设立了关爱基金，基金总额达1.41亿元，已使用基金6600余万元，惠及群众12.9万余人次。其中，移风易俗公益捐达290万元，共有2670余对新人参与。在基金管理方面，实行规范化管理，即资金由乡风文明理事会集体研究、民主决策，制定管理章程、建立收支台账，使用情况定期在村民微信群、村务公开栏、村民代表大会公布，确保村级关爱基金阳光运行。在五泄镇十四都村，根据章程，关心关爱协会制定了透明的财务管理程序，不仅捐款人有权监督捐款的使用情况，党员、村干部、村民也成为资金收支的监管员。在基金使用方面，实行常态化使用，即落实“四重一好”关爱体系，做到重大变故志愿有慰问、基金有帮扶，重点对象志愿有结对、基金有关爱，重要项目志愿有服务、基金有补助，重要节日礼堂有活动、基金有保障，好人好事村社有夸奖、基金有礼遇。

这样的行动落实到一个个村庄，切实盘活了乡村资金、人员、人情等资源，村民以善心、爱心、互帮互助为光荣，树立起新时代乡村新风尚。以璜山镇徐家坞村为例，2021年以来，7村内积极提倡党员干部带头捐，8名党员捐款共计15430元，乡贤企业爱心捐款捐物共计243000元，村民互帮互助以户为单位捐，捐款率达95%，金额47900元，村移风易俗公益捐款金额达13200元，村里本着捐之于民、用之于民的原则，爱心基金发放于村内贫困孤寡老人、重大疾病、突发事件、弱势群体、考上重点大学、当兵、村内见义勇为以及好人好事等对象，今年以来阳光关爱基金发放得益53人，基金发放共计4.7万元。

爱心食堂也是诸暨市在推进乡风文明建设过程中的亮点。数据显示，截至2020年底，诸暨市60周岁以上老年人超28万，占全市总人口的26.6%。老年人口近五年平均增长率为4.7%，预计到2030年，全市60周岁以上老年人将达到峰值，占总人口比例33%左右。2021年，诸暨市民政局联合市委宣传部在原本助餐配餐基础上打造了“爱心食堂”，积极探索“政府补一点、个人掏一点、基金捐一点”的运营模式，由点到面推广“爱心食堂”建设。比如在璜山镇徐家坞村，村里依托关爱基金开办了爱心食堂。爱心食堂每餐的标准是一荤两素，餐费在关爱基金出资贴补的同时实行阶梯优惠价。对距离较远或行动不便的村民，爱心食堂还安排村干部送饭。在人员方面，与其他村不同，徐家坞村爱心食堂的大厨都是村里的爱心志愿者，不收任何工资。爱心食堂一共招募了 60 名大厨，每天安排两名大厨轮岗，还有义务工作的管理人员和监督人员。爱心食堂开办后，很多热心人士捐资捐物，骆勇兴捐 1000 元，徐昂杰捐 2 袋米和 1 箱油，徐校明捐 100 斤米，杨彩凤捐 250 斤米和三箱油、老酒、酱油……80 余岁老人吕夏香和 96 岁老人徐鑫根各捐了 10 斤油。这些热心人士的踊跃捐助，极大地助力了爱心食堂的长期稳定发展。

2021 年 10 月 22 日，绍兴市召开“爱心食堂”建设工作推进会，要求在因村制宜，携手社会力量、统筹推进。并强调聚焦多元化，将“爱心食堂”与新时代文明实践活动有机结合起来，利用餐前饭后组织开展各类公益活动。把关爱基金作为“爱心食堂”持续运行的重要保障，吸引更多爱心志愿服务队伍，加快建立食品安全、消防安全、卫生、财务、档案管理等规章制度，确保爱心食堂可持续。诸暨市的爱心食堂建设目标提出，力争在 2021 年 50 个试点村（社区）的基础上，通过 3 年努力，到 2023 年“爱心食堂”助餐配送餐覆盖全市 60%以上的村（社区）。

从以上的案例中，我们看到民间家族慈善与现代意义上的家族慈善有所不同，其并非某一个家族出力捐献，而是将家族慈善与村落互助结合起来。其善财也非仅限于财产，而是“有钱出钱、有力出力、有物出物”的朴素的互助传统，“财”还包括了物质、公益时间和公益心等，这种在民间仍然相对稳定存在的善财传统体现出其与现代社会实现衔接的价值意义以及实现创新性转化的可能性。类似于浦江郑氏的同心堂养老和诸暨的关爱基金、爱心食堂的探索，符合当前国家推进乡村振兴和共同富裕的总体战略，得到政府的引导和支持，有效弥补了城乡公共服务的短板，满足了人民群众尤其是基层弱势群体的基本需求。

三　善商的历史实践与现代发展

伴随着改革开放以来中国经济的高速发展，企业家慈善逐渐成为整个社会慈善事业的重要组成部分。近年来，不少学者倡导“善商”这一概念，很快引起社会关注，“善商”这一概念与传统的“儒商”相比更具现代性。[①] 所谓善商，不同的学者有不同的理解。傅昌波认为，善商可以理解为善的商，也可以理解为善加商。他倡导遵循“无公益不商业、无价值不创业、无效率不慈善”原则，探索实践多种形式的慈善或商业，推动社会持续发展，提升社会价值。[②] 这种理论探讨和实践提倡是对某一个时期社会片面奉行经济发展主义所带来的商业负面印象的一种反驳。在善商概念基础上，近几年又有了“善商时代”的说法。“善商时代”一词也并非空穴来风。《2014 年度中国慈善捐助报告》显示，2014 年我国境内接收国内外社会捐款捐物总额为 1042.26 亿元，时隔 4 年捐赠量再破千亿元大关，占全年 GDP 的 0.16%，比上年小幅增长 5.3%，逼近 2008 年的捐赠峰值。同年 4 月，马云和蔡崇信捐赠阿里巴巴 2%的股权，按其时股价计算，捐赠金额达 245 亿元，成为我国有史以来最大单笔捐赠。[③] 2019 年数据显示，我国慈善捐赠的主要来源依然是企业，企业全年捐赠款物 931.47 亿元，同比增长 4.56%，占捐赠总量的 61.71%。房地产、金融、食品、科技、能源等行业的企业捐赠较多，显示了我国经济结构和慈善捐赠的密切关系。[④] 至 2020 年仍是如此，企业和个人仍然是我国慈善捐赠的主要力量，分别贡献了 1218.11 亿元、524.15 亿元，二者年度增幅各为 30.77%和 31.55%，合计占捐赠总额的 83.52%。[⑤] 这些数据表明对于善商群体的关注和引导应该成为慈善研究不可忽视的方面。

（一）善商：儒商传统的现代转化

若逆推“善商”概念，会发现中国的商业慈善传统由来已久。在以儒家伦理为主导的中国传统社会，家国情怀、重义轻利、贵和观念等也浸润到商业

① 赵晓：《中国需要“善商”》，《中外管理》2015 年 10 月；以及《善商：推动中国经济的力量》，《中外管理》2015 年 11 月；等等。

② 参见傅昌波教授在“2021 年中国校园社会创新者峰会”上的讲话。

③ 《中国慈善捐助报告发布 2014 年捐赠总额再破千亿》，新浪公益，http：//gongyi.sina.com.cn/gyzx/qt/2015-09-21/doc-ifxhzevf0893639.shtml。

④ 《2019 年度中国慈善捐助报告发布》，腾讯网，https：//xw.qq.com/cmsid/20201012A03SUE00。

⑤ 《〈2020 年度中国慈善捐赠报告〉发布 去年我国接受境内外慈善捐赠超 2000 亿元》，光明网，https：//view.inews.qq.com/a/20211129A037SW00。

领域。孔子云："不义而富且贵，于我如浮云。"这无形中为商人提出了一个经商的道德伦理和社会伦理，其秉承的不是单纯追逐经济利益，而是达致经济和社会利益的双赢。所以，"儒商"后来成为商业领域所珍视的一种称号，商界也好将仗义疏财、救世济民的范蠡奉为商圣，历代均涌现出大量重义轻利的儒商。

以广东白纶生为例。白纶生（1823～1893），原名京，字纶生，号进贤，广州市海珠区新滘镇龙潭村人，在家排行老二，故后人称他为白老二。白纶生母早逝，父娶继母，但继母待他非常刻薄。15岁时，纶生到广州谋生，因无钱付渡船费，被船家斥骂，同船一卖葵衣老伯替他付船费，方得成行。他始终对老伯的恩情牢记在心。后纶生开始在广州堂舅父开设的洋行当杂工。他诚实聪明，勤奋好学，很快就对洋行业务颇为熟悉。后白氏发家，曾千方百计寻访卖葵衣老伯，终无结果，引为憾事。自此，他热心善事，在广州创办爱育善堂，并每年拨款资助广州城西的方便医院和四庙善堂；平时对贫苦者施粥、施棉衣、施棉被、施棺木等，从不间断，其后人遵其遗训，各种善行一直施行至1938年日本侵入广州才停止。

同治十二年（1873），家乡龙潭村西的西滘地区，有陈、卢、吴等姓数十人承租富家土地，因灾交不够租，更无钱交"保护费"，被恶霸迫迁并纵火焚烧屋舍。乡人走投无路求助纶生，纶生即无偿捐赠土地及搭建屋舍所需以及一应生活用品等，并将该地命名为西滘村。西滘人感其大恩，于光绪十九年建"报恩祠"以祀纶生。白纶生不但乐善好施，也热心于教育事业，在他的资助下，当时家乡儿童均免费入学。光绪十六年（1890）湖南省发生大水灾，农田失收，造成大灾荒，白纶生捐赠一笔可观的赈灾款，灾民感其恩，逢人便颂其善举。事为当时两广总督部堂李某上报清廷，皇帝于光绪十七年赐以"乐善好施"四字，令两广总督于白纶生老家龙潭村建立一座四柱五楼三门式石牌坊，以示表彰。

中国古代社会类似于白纶生这样的儒商不可计数，他们扶危济困、修桥铺路，弥补了政府公共事业的不足，弘扬了崇义扬善的中华优秀文化传统。与中国同属儒家文化圈的日本、韩国、新加坡、马来西亚等，也受到这一传统的影响。20世纪六七十年代，日本、韩国、新加坡和中国香港的经济腾飞在一定程度上说明儒家文化助力现代经济社会发展的作用。当代中国的海尔公司、四川海底捞餐饮股份有限公司、青岛大洲运动用品有限公司等通过传统孝善文化构建现代企业文化精神，推动了企业经济发展。①

进入现代社会，企业是一种重要的现代经济活动组织，一般论者均注意到现代企业精神与中国传统文化之间存在某些异质性区别，包括义利观、儒家文化的贵和精神与企业的竞争精神、儒家文化中的德治与企业组织的法治等②，因此二者的融合如何可能值得探讨。

已有研究表明，在古代社会，儒家孝道作为一种独特的代际契约履约机制，可以在一定程度上克服代际契约中的证实和承诺问题，以一种增加储蓄的方式有效促进经济增长。③ 在现代企业伦理和发展中，儒家文化诸如以人为本的“仁”学理念，重“和为贵”和平衡义利关系，以及讲诚信、用户至上等理念发挥着积极作用。④ 忠孝两全、人本主义、义重于利、天人合一、推己及人、和而不同、取法中庸等构成了中国式现代企业组织的儒孝文化价值观。⑤

（二）善商参与社会治理的实践探索——以江苏秀强公司为例

随着国家对现代公益的提倡，企业的慈善捐赠成为越来越引人注目的一股力量。有的企业出于自身发展需要，将自身文化建设与慈善事业结合起来，利己利人，取得了良好的社会影响力。本报告所论的江苏秀强玻璃工艺股份有限公司（以下简称“秀强公司”）就是典型的一例。作为影响一方的大型企业，秀强公司不仅积极探索着中华传统孝善文化与社会主义文化、现代企业精神的融合，还主动承担社会责任，参与基层社会治理。秀强公司的企业建设说明，以孝善文化为代表的中华优秀传统文化是现代企业进行文化建设和企业精神建构的重要资源，也是企业参与社会治理的有力推手，二者可以通过有效的途径实现深度融合。

秀强公司位于江苏省宿迁市，宿迁地处文化交汇之所，北望齐鲁、南接江

① 霍煜梅：《基于孝悌思想的企业文化建设浅探》，《北京邮电大学学报》（社会科学版）2014年第1期。

② 刘晋军：《儒家孝文化与现代企业组织关系探析》，《西北师大学报》（社会科学版）2011年第2期。

③ 李金波、聂辉华：《儒家孝道、经济增长与文明分岔》，《中国社会科学》2011年第6期。

④ 魏英敏：《儒家文化与中日企业伦理》，《企业文明》1998年第5期。

⑤ 刘晋军：《儒孝文化视野下的中国式企业社会责任研究》，《甘肃社会科学》2011年第2期。

淮，既有北方儒文化的浸染，又受到南方楚文化的影响，世代传承着孝善之风。以孝闻名的孙鹏，为重病的祖母侍候汤药两个多月，未曾解衣而眠，祖父和父亲相继去世后，他守孝三年，母亲去世后，他仍如前般继续守孝。他还养育了孝顺的子女，一家人备受尊敬。① 受此影响，生长于宿迁的企业家也多具侠义孝善之气，他们自觉将孝善文化作为和谐企业建设的助推力量，为社会带来积极影响，体现出“忠肝义胆、侠骨柔肠、不畏强暴、敢试敢创”的宿迁文化精神②，营造出忠孝向善的良好社会风尚。

秀强公司创办人卢秀强曾荣获“全国劳动模范”“道德模范”“中国好人”“全国五一劳动奖章获得者”等称号。该公司创建于 2001 年，2011 年在深圳证券交易所创业板成功上市，是宿迁第一家在深交所创业板上市的民营企业、中国最大的加工玻璃制造商之一，被评定为“国家级高新技术企业”“江苏省百强民营科技企业”。公司现有秀强智能、秀强教育和秀强文旅三大事业板块，员工 3000 余人，年销售收入近 20 亿元，实现利润总额 1 亿元，且每年仍保持着较大幅度持续增长，平均每年缴纳财政税收 6800 多万元，解决当地就业 3000 余人。③

公司自 2008 年开始创新企业管理方法，逐渐构建出具有宿迁地域文化影响的融合社会主义先进文化、中华优秀传统文化和现代企业精神的企业文化，在企业管理和社会治理上做出了有益的探索。

在孝善文化建构中，秀强公司董事长兼总经理卢秀强起到了重要引领作用。卢秀强对孝善文化具有强烈认同，他高度重视传统经典学习，将《孝经》《弟子规》《论语》《道德经》《大学》等作为案头常备书，而且事必躬亲，带头尊亲孝老、关爱员工。每年母亲节，公司邀请员工家人到企业参观时，卢秀强都会带头给母亲洗脚，以表孝心。他主张将孝善文化作为企业文化的核心，结合企业生产实际、员工素质提升等进行现代化改造，要求各级领导要通过不断学习，加深对孝善文化的理解，且必须以身作则，从孝心、孝行上带头践行孝善文化。同时公司注重

① （清）高延第等纂《中国地方志集成·江苏府县志辑 58·光绪盱眙县志稿民国宿迁县志》，江苏古籍出版社，1991，第 538 页。

② 杨崇祥：《项羽精神与宿迁地域文化研究》，《江南论坛》2014 年第 4 期，第 51 页。

③ 秀强公司编《德润济天下幸福暖人间——江苏秀强玻璃工艺股份有限公司践行中华优秀传统文化构建幸福文明企业札记》，内部资料。

加强党建，强调党员示范作用。

在公司多年的管理实践中，孝善文化的融入也一定程度上提升了企业的管理。2005 年，公司开始推行国际通行的企业 5S 管理制度，在推行过程中，发现中国传统文化的部分内容与 5S 管理有相通之处，若将二者有机结合，将有助于提升企业管理的文化意蕴和员工素养。公司一方面通过儒家文化经典和自己整理的《秀强文化语录》等培育员工的家国观念，引导其服务社会、奉献国家。另一方面计划培养 300 名具有家庭教育指导、心理行为训练和社会工作经验及个人专长的专业讲师团，服务于幸福家庭建设和幸福发展计划。

在公司之外，企业主动将对于中华优秀传统文化的弘扬推广到社会上。秀强公司出资创办优质特色的幸福学校，将感恩、仁爱、乐观、奉献等精神贯穿到儿童教育中，让孩子们从小学习礼仪规范，培养人与自然相互依存、和谐相处的人生观、生存观。还在当地黄河小学、宿豫区初级实验学校、蔡集小学等推广《弟子规》教育，向社会推广传统文化中的精髓要义。同时，主动出资进行社区服务和乡村帮扶建设，打造幸福社区。2016 年在关庙镇水汉村投资兴建乡村文化大院，定期开展中华优秀传统文化活动；帮助周石庄村开办企业，引导农民共同致富；与大兴镇德高村结对帮扶，共建宿豫区乡贤协会；帮助农园陆河社区乡村振兴；帮助何塘小区建设幸福社区，举办讲座和修建书院，投入设备和人力进行社区服务。秀强公司还投资 2000 万元，在宿迁市兴建了华夏孝善博物馆，免费向公众开放，弘扬和传播中华优秀传统文化、革命红色文化和社会主义先进文化。在项王故里景区西楚大街建设“幸福一条街”，践行“文化走廊，幸福街道”的理念。积极开展面向社会的孝善文化主题公益培训。开办了公益性“秀强秀珍道德讲堂”，该讲堂由公司董事长卢秀强和夫人陆秀珍个人出资，经常邀请地方文化名人学者、地方道德模范、感动中国好人等现场授课，致力于传播中华优秀传统文化、传递社会正能量，成为当地知名的孝善文化与社会主义核心价值观宣传基地。公司自 2008 年起率先在宿迁企业界做以孝亲为主题的企业文化。采购了大量传统文化经典《弟子规》的书籍和影视资料，先后出版了《国学启蒙》系列图书，印制传统文化经典《弟子规》以及结合公司管理思想的《弟子规图说》；将公司模范人物事迹收集整理出版《瓜豆集》；每月出一期《秀强玻璃》报，刊登弘扬优秀传统文化知识、信息和事迹，这些书籍不仅用于公司内部文化宣传，也面向社会进行传播，起到了很好的社会影响。由此可见，以秀强公司为代表的善商，包括个人、企业，在促进社会公平、弥补政府公共服务不足等方面的作用已不容忽视。

《慈善法》提出切实保障自然人、法人和其他组织以捐赠财产或者提供服务等方式自愿开展的公益活动。在党的十九大报告中，习近平总书记提出，要完善社会救助、社会福利、慈善事业、优抚安置等制度，健全农村留守儿童和妇女、老年人关爱服务体系，要发展残疾人事业，加强残疾康复服务，要坚决打赢脱贫攻坚战。这都为善商传统在当代社会和未来发展奠定了政策基调、指明了方向、坚定了信心。

四　善会与善行：基层社会的行善逻辑

中国本土慈善传统除了官方慈善、文人士绅慈善、家族慈善、商业慈善、以外，还有普遍存在于底层普通百姓的积德行善传统和自发的互助传统。其背后是浸润着以儒家伦理为主导的三教合一的民众朴素的行善观念。这一观念虽经历史的跌宕而较稳定传承，构成中国基层社会稳定秩序的重要思想支撑。本章从民众自发组织的善会入手来讨论如何促进基层社会的善财传承。

（一）善会与善行——以京西妙峰山香会为例

“三教合一”思想的民间积德行善思想在自上而下的劝善教化以及民间自发形成的宝卷善书等文本载体的播布下，形成了内化于中国老百姓心中的伦理底色，激发了他们的善行和善信。夫马进的《中国善堂善会史研究》① 对中国明清以来直至民国的善会善堂的历史、演变进行了深入的研究，他考察了放生社、掩骸会、一命浮图会、救生船、恤嫠会、育婴堂和普济堂等善会的组织形式和运营方式，认为从整体上看，它们各自承担着“善举体系”的一个部分。这些善会有着明显的明末结社的意味，且是都市型的组织。② 梁其姿《施善与

① 夫马进：《中国善堂善会史研究》，伍跃、杨文信、张学锋译，商务印书馆，2005。

② 夫马进：《中国善堂善会史研究》，伍跃、杨文信、张学锋译，商务印书馆，2005，第78～175页。

教化：明清的慈善组织》① 对自古以来的“贫穷”观念进行了梳理，并且认为明清时代的慈善济贫不是基于经济理性的社会政策，而是为了维护一些社会文化上的价值，越后期的善堂的文化意义越明显，如清节堂、惜字会等较晚出现的善堂最能表现出中国传统行善的特色。作者在这些考察当中尤其指出了嘉道以后的慈善组织所反映的“儒生化”，而这种“儒生化”包含着从上而下和由下而上两方面的影响，既有着一些正统儒家思想的因素，也渗入了不少一般百姓所接受的通俗信仰的观念。这两位学者的考察对于考察京西妙峰山香会的善财行为具有启发意义。

1. 妙峰山庙会简介

妙峰山位于北京市西郊门头沟区，为西山北麓主峰，明代以来，因山顶“碧霞元君祠”远近闻名，更以每年农历四月初一到十五的娘娘顶庙会香火盛闻天下。清中期以后，妙峰山作为碧霞元君信仰圣地的地位逐渐上升，并在晚清成为京津乃至华北地区碧霞元君信仰中心，获“金顶”称号。庙会是信众朝圣祭祀碧霞元君的主要活动。庙会上，以信仰为依托的民间香会组织，在“金顶”妙峰山老娘娘的名义下，或为香客提供义务服务，或为寺庙贡献器物，或进行酬神表演，表达着自己的信仰，构筑了妙峰山独特的民俗文化空间。1925 年顾颉刚先生等开启“妙峰山进香调查”，对妙峰山碧霞元君信仰及香会组织进行研究，被公认为开了我国民俗学田野调查的先河，从此妙峰山成为中国民俗学田野调查的圣地。由于历史原因，妙峰山庙会一度中断。20 世纪 80 年代，在旅游开发的热潮下，妙峰山庙会又得以重新举办。传统的妙峰山庙会，香客是妙峰山庙会的主体，他们是庙会的参与者、香会的组织者。

妙峰山的香会分为文会和武会。文会是妙峰山香会组织的重要分类之一，秉着为“老娘娘”服务的宗旨，自发组织，义务服务，分文不取，奉善修好，广结善缘，又被称为“善会”，如修道老会、提灯老会、缝绽老会、开山老会等。顾颉刚在《妙峰山》中提到的金顶妙峰山义合膏药老会碑记，“每岁收租施舍万应膏药，并顶上香金四千，非敢曰于物有济，亦好善乐施之则也”，积德行善的这些文会的根本宗旨。文会又有行香与坐棚之分。坐棚是妙峰山香道沿途标志性建筑，供奉娘娘神位，被称为“设娘娘驾”；同时施粥舍茶、馒

① 梁其姿：《施善与教化——明清时期的慈善组织》，北京师范大学出版社，2013。

头、窝头等，为香客及香会提供免费服务。在妙峰山庙会恢复之时，妙峰山管委会在山上搭建了专门的茶棚、粥棚以及供鲜花会和馒头会的活动场所。有学者研究发现，妙峰山香会整体面临着经费困难、组织困难、传承困难等，但一些香会仍然坚持庙会期间不辞辛劳地上山义务表演或舍粥、舍馒头、舍茶。

2. 妙峰山的馒头会和茶会

舍馒头、舍粥、舍茶是妙峰山庙会必不可少的三样。馒头会是坐棚中开支较大的一种，一般都是富商大贾才舍得起。有些茶棚也舍馒头，但并不冠以馒头会之名。《京都香会话春秋》一书中共提到两个馒头老会，分别为同心乐善馒头清茶老会和北安河天津信意馒头老会（又叫京津公议馒头老会）。妙峰山现有四块馒头会的碑，分别为：清宣统二年（1910）二月立的天津信意馒首会碑，碑刻原在北安河后街；丰台区分钟寺村的共心向善馒头圣会碑；前门銮庆胡同 19 号的厚德积善馒头会碑，立碑者为高氏；浙江台州市路桥区全清镇新东村的同心向善馒头圣会碑，立碑者为梅氏。后三块碑都立于 2004 年。这些原为文会在妙峰山上山途中的行善所为，恢复之后，妙峰山旧道渐次废弃，原来香道上舍茶的茶棚也渐次废弃。现在这些文会多位于妙峰山顶，有基本固定的场所。据 2005 年的香会登记情况①，庙会共有三档馒头圣会，分别为：以祁会敏为会首、成立于 1986 年的同心向善馒头圣会，以杨国辉为会首、成立于 1986 年的共心向善馒头圣会，以高志勇、高志怀、高志瑞为会首、成立于 1992 年的厚德积善馒头圣会。其中，以魏德胜为会首、成立于 1993 年的众心向善结缘老会也舍馒头。一些以个人名义舍馒头的香会并没有登记在册。2008 年第十六届妙峰山传统春季庙会的坐棚中，仅有一档馒头会，即厚德积善、同心向善馒头圣会。

2021 年，课题组在实地调查中发现，比较有影响的一处舍馒头香会位于惠济祠下方的空地东侧平房内，门口悬挂着“北京浙江台州商人 朝金顶妙峰山 同心向善 馒头圣会”的黄字红底横幅。浙江台州人为梅氏，在北京经营着好几家公司，现为浙江台州商会常务副会长。梅氏的台州老乡，因为妙峰山香火的灵验也纷纷加入，不断壮大，梅氏及台州商人打出了自己的标识：同心向

---

① 贺学军：《香会登记情况的调查报告》，见《关于妙峰山庙会的民众、信仰组织（香会）及其活动的基础研究（2004—2005）》资料汇编。

善馒头圣会。负责舍馒头的志愿者们在门前向香客们舍馒头，他们在舍馒头时会告诉香客要“双手接福”。香客们会领到两个馒头和一包榨菜，馒头上印有红色福字，寓意“带福还家”。据介绍，馒头圣会每天舍多少斤馒头、多少包榨菜预先均有安排，其中庙会开幕当天（四月初一）和娘娘生日（四月初八）以及双休日的馒头供应量比平时多。根据调查组的初步测算，自 2015 年，每年大约舍 4 万斤馒头、3 万包榨菜，但 2021 年较 2015 年馒头总量有所增加，榨菜总量有所减少。这些馒头钱都是浙商老板一个人公益捐献，一直持续整个庙会 15 天时间。馒头会有十几人，已经坚守 20 年，成员均是纯公益的志愿者，有些志愿者已是六七十岁的老人。

此外，庙会还提供酸梅汤和茶。作为文会组织的重要组成，茶棚在朝顶香会之中占有相当的比重。清人震钧《天咫偶闻》记载：“妙峰山岁以四月朔开山至二十八日封山，好事者联朋结党，沿路支棚结彩，盛供张之具谓之茶棚，以待行人少息。”① 让廉《京都风俗志》载：“由德胜门外迤西，松林闸东，搭盖茶棚，以达山上，曲折百余里，沿途茶棚，凡十数处，其棚内供奉神像、悬挂旗幡、花红绫彩，外列旗棍旄钺。昼则施茶，夜则施粥，以备往来香客之饮。灯烛香火，日夜不休。助善人等于焚香献供之时，或八人、或六人、四人，皆手提长绳大锣，约重数十斤，以小棒击之，其言如钟，声闻远近，在神前起站跪拜，便捷自若，其式同仪，其言同节，亦彼之小技也。至于施粥茶之际，数人同声高唱：‘虔诚太们，落座喝粥。’等辞，与钟磬之声远闻数里。以令香客之所憩息。而香客多有裹粮登山，不但粥茶憩息得所，及遇风雨，亦资休避。”2021 年舍茶的文会有“亲朋同乐 清茶老会”“群贤结善 茶叶圣会”“亲友同乐 清茶圣会”“一心向善 清茶圣会”“马官营茶会”等多个茶会，主要分布在惠济祠东边的平房区，均在每年庙会期间守驾半月。其中，“亲朋同乐 清茶老会”已有百余年历史，现拥有会员十余人。“群贤结善 茶叶圣会”于 2014 年成立，有几十名会员。“亲友同乐 清茶圣会”于 2012 年成立，也有十余名会员。② 但也有一些无固定组织的会众，他们自筹钱款向香客免费提供茶水。

---

① 震钧：《天咫偶闻》，北京古籍出版社，1982，第 204 页。

② 茶会相关信息源自：妙峰山风景名胜区：《妙峰山传统民俗庙会——文会篇!》，https://mp.weixin.qq.com/s/x_SfI9NfGu6OOobIRsGEwA，2018 年 5 月 25 日。

除了馒头以外，庙会还设有舍粥处。由妙峰山管理处负责，所舍的粥是绿豆粥，由大米、小米、绿豆组成，小米喻金，大米喻银，圣母娘娘庙里的山泉为圣水，由此被誉为“吉祥粥”。① 做粥的豆子和大米由香客提供，妙峰山管理处在庙会期间熬粥、舍粥，供香会、香客食用。② 每碗粥还会配一根咸菜，提供一次性纸碗和竹筷。工作人员有的来自门头沟妙峰山学习雷锋服务队志愿者。③

庙会期间，除了粥、茶、馒头这些常规的食物之外，还有三个舍青菜、苹果、缘豆的文会。其中“童子合缘 青菜圣会”每年只有四月初一庙会开始当天和四月初八上山舍黄瓜、西红柿等，该会会员有 2 人，成立于 2014 年，每年四月初一、初八、十五这三天到妙峰山朝顶走会。成立于 2014 年的“合缘义善 献贡圣会”现拥有会员十几人，每年庙会守驾半月，舍贡果（苹果）4 万多斤，但 2021 年未见到该会。而“众心向善 结缘老会”（2021 年所见为“群贤助善 结缘圣会”）是有会员 20 人的百年老会，每年四月初八舍缘豆 1000 斤、烧饼 1000 个。④ 有学者研究，20 世纪 90 年代，庙会上还有各种舍面茶、姜汤、盐等的文会，大家互相攀比竞赛，既是向碧霞元君老娘娘祈福，也有香会之间好财买脸的心理起作用。90 年代以后，随着国家食品安全管理加强，食物的选择被纳入妙峰山管委会统一管理中，有的由管委会直接提供，有的同管委会商量决定。⑤

在妙峰山香会善举中，我们可以感受到民间信仰对于普通百姓慈善行为的一种内在激励机制，发自内心的信仰让他们不远万里上山朝拜、行善积德。所以，只有一种宗教或者教化观念真正渗透到百姓日常生活以及信仰体系中，才能成为其自发行善的内在需求。

---

① 刘畅：《妙峰山文会的吃食》，《民间文化论坛》2015 年第 4 期。

② 妙峰山风景名胜区：《妙峰山传统民俗庙会——文会篇！》，https：//mp.weixin.qq.com/s/x_SfI9NfGu6OOobIRsGEwA，2018 年 5 月 25 日。

③ 这是该服务队常态化志愿项目——文明旅游我先行之妙峰山景区庙会特别志愿。此信息来源于微信群“妙峰山庙会信息群”。除帮助舍粥外，该服务队志愿者还会打扫景区环境卫生、清洗蔬菜。

④ 该段关于文会的具体信息源自：妙峰山风景名胜区《妙峰山传统民俗庙会——文会篇！》，https：//mp.weixin.qq.com/s/x_SfI9NfGu6OOobIRsGEwA，2018 年 5 月 25 日。

⑤ 刘畅：《妙峰山文会的吃食》，《民间文化论坛》2015 年第 4 期。

（二）村落互助传统与现代公益的衔接——以晋南36岁同龄人的善举为例

中国传统社会存在着具有一定慈善性的“社”组织，又称“社邑”“义邑”等，是一种由社会成员自发形成的互助性民间组织。社邑多以地缘为基础结成，在民间救灾、婚丧互助、生活救助等方面具有积极作用。[①] 围绕着“社”的信仰，社员之间实现互助，并会延伸至社员之外，具有向机构慈善发展的内在传统。秦汉时期民间已出现结社行为，隋唐时期有了长足发展，人们通过结社在生老病死、婚丧嫁娶等方面都能够得到社员的帮助。

费孝通先生曾指出，中国传统社会主要是乡土性的，乡民在一个相对封闭的熟人社会中依靠礼俗传统、习俗惯制、乡规民约等实现自我约束和管理，并在生产生活中自发形成互助机制，如婚丧仪式和建房乔迁中的互助以及共同应对灾难等。这种村落互助既要人情往来，也包括经济互助，如很多婚丧礼仪互助的钱会在民间广泛存在，[②] 在一定程度上能够帮助普通民众顺利度过生产生活危机，并形成基于互助的组织连接和共同体意识。互助传统在中国大地普通传承，其与现代公益精神具有相通之处，在本书第四章所提到的浙江诸暨村级关爱基金中已有体现，在本节中笔者主要就以晋南赵康镇为代表的北方地区村落互助传统与善财传承进行考察，探讨其向现代公益转化的可能性。

1. 互助传统的形成原因

笔者研究发现，近 20 年来，在晋南地区普遍存在 36 岁同龄人集体过生日，支持村落举办庙会、给老年人和儿童以及需要帮扶的群众进行捐款捐物的活动。当地很多村落年初庙会都会打出“某某村 36 岁同龄人祈福迎祥活动”字样。赵康镇赵雄村 36 岁同龄人集体过生日从 20 世纪 90 年代末至今已有近 20 年历史，其行此善举具有特定的历史原因。

（1）村落移民史与互助组织传统

赵康镇赵雄村位于山西临汾汾河湾平原。山西自古东倚太行，西靠吕梁，南有黄河阻隔，北有险关屏障，虽历为北方少数民族与汉民族征战之地，亦为

① 吕洪业：《中国古代慈善简史》，中国社会出版社，2014。

② 费孝通：《江村经济》，戴可景译，江苏人民出版社，1986，第 188~191 页。

天然避难之所。在山西的移民史上，不仅有著名的明初大槐树移出民历史，也接纳了大量的移入民。其移入民人口结构主要有逃荒民、经商民和寻亲民等，赵雄镇的村落变迁史也与移民密不可分，属于混杂型移民村落。[①]

赵雄村明代以来有赵姓、马姓、白姓、李姓四大主姓，但清光绪丁戊奇荒（1877—1878）之后，晋南人口锐减，大量土地抛荒。为迅速恢复生产，时任山西巡抚的曾国荃发出号令，招揽临近河南、山东、河北等地人群来此垦荒居住。后民国年间，因灾荒、战乱，各省客民纷纷涌入山西，形成山西移民的繁荣期。[②] 赵雄村的人口结构在此期间也发生了一定的变化。主要表现为：外来人口的大量流入，这壮大了村庄的规模，但也引发了本地人和外地人（当地称“外路人”）的冲突。据当地人讲述，过去外地人都是“一担两筐”，一个筐里挑孩子，一个筐里挑着行李卷，一路逃荒到这里。到了晋南以后，能否留下来并没有那么简单，往往有一技之长的比较好留下。一位当地人讲道：

> 我是河北大名府人，就是河北、山东、河南交界的地方。光绪二十三年，我们那里闹小刀会。我爷爷在当地是个大夫，家里有房子，也有点钱。小刀会说的是要杀富济贫，所以没办法，我们一家人就逃吧！我们是一路向西，跑到赵雄。到了这里以后，当时村里都是保长，人家就来问了。问我父亲，你会什么。我父亲说，我会漏粉条。村长一听，说，也是门技术，我们这里还没有会漏粉条的，那就留下来吧！但是，不是所有人都能留下，比如如果人家一问，说你会什么。你说只会种地，那人家就不愿意留你了。[③]

外地人在融入移入地的过程中，主动借助民俗作为交流互动工具。当地人说，“外路（地）人特别重视入乡随俗、特别笼络人”[④]，他们在村里的红白喜事、修桥铺路等公共事务上不怕出力。同时，外地人常通过认干亲、招赘

① 段友文：《黄河中下游家族村落民俗与社会现代化》，中华书局，2007，第 346 页。

② 安介生：《山西移民史》，山西人民出版社，1999，第 392~401 页。

③ 被访谈人：赵田，K 镇南村人；访谈人：贺少雅，北京师范大学社会学院讲师；访谈时间：2021 年 3 月 28 日；访谈地点：K 镇南村。

④ 被访谈人：白振义，K 镇南村人；访谈人：贺少雅，北京师范大学社会学院讲师；访谈时间：2021 年 3 月 28 日；访谈地点：K 镇南村。

亲、结拜等方式主动融入当地文化圈，直到拥有了村里的土地，才算站住脚。[①] 结拜即年龄相仿，或者同龄人结成拟亲属关系，其“挪用儒家普遍性的价值支点‘义’并将其转换为特殊主义的‘义气’，以模拟兄弟之间的‘义气’代替朋友之‘信’，从而提供了一条横向的社会关系建构路径”[②]。结拜之后，同辈群体之间的日常往来和礼俗互动较一般村民来说要更为密切。遇有各自家庭中的婚丧嫁娶、盖房上梁、逢年过节等重要活动以及农业生产互助，走动得也更为频繁。这令互助传统在这一带乡村尤为凸显。

（2）赵氏孤儿传说及其忠义精神的传承

在赵雄村及其所属的晋南一代，世代流传着晋国大夫赵盾家族的赵氏孤儿传说。传说讲的是，赵盾忠诚勤谨，辅助国君主持政事。赵氏家族地位显赫，世代忠良，岂料晋景公时受到奸臣屠岸贾陷害，赵氏家族满门遭难。时赵盾之子赵朔之妻庄姬已怀身孕，产一子名赵武。屠岸贾搜杀赵武，围绕搜孤与保孤，忠臣义士程婴、公孙杵臼、韩厥与奸臣屠岸贾之间演绎了一场惊天地泣鬼神的生死对决。为了保护赵氏孤儿，公孙杵臼被杀，程婴以己之子换回赵武，并带其藏匿山中。十五年之后，韩厥奏请晋景公召回赵武，杀屠岸贾，赵氏复兴。赵氏孤儿传说所承载的忠义精神宋代以后经朝廷造神运动的影响演化出真实可感的物质载体，即各种祠庙。例如据清道光《太平县志》载，北宋元丰年间，皇帝“命使者访其（程婴、公孙杵臼）茔墓，而得之于绛，宜即建祠，疏封侯爵，威灵如在，永食厥土。程婴宜特封成信侯，公孙杵臼宜特封忠智侯”[③]。明清时期又建有三公祠、祚德三侯庙、荀大夫祠、赵大夫祠等。至今K镇一带尚存赵盾墓、赵大夫庙、“晋上大夫赵宣子故里”碑、程婴墓、公孙杵臼墓址、“晋大夫义成侯韩厥故里”碑、赵氏祠堂遗址、埋葬赵氏族人的9座坟冢等文物古迹。

在民间，围绕着赵大夫祠庙形成了规模盛大的庙会。据村民讲述，始建于战国时期赵大夫庙，历经两千多年，多次重修扩建，宋元祐年间占地面积已达

① 段友文：《黄河中下游家族村落民俗与社会现代化》，中华书局，2007，第350页。

② 李恭忠：《结义：近代中国的“社会”想象》，《南京大学学报（哲学·人文科学·社会科学）》2017年第6期。

③ （清）李炳彦、梁栖鸾纂修：《太平县志》，道光五年（1825）刻本，载《中国地方志集成·山西府县志辑》第52册，凤凰出版社，2005，第491页。

36 亩。北宋初年，逢赵大夫忌日（二月十五）已形成古会，时在二月十三至十七日。清代中期，K 镇一带村落密集，人口繁盛，其中南村赵氏族人倡议，联合临近的西村、包村、北村重建赵大夫庙，四村轮流坐庄，每年合力举办赵大夫庙会。所需资财来自 40 亩庙产地租，庙产由南村投入 20 亩，其他 3 村投入 20 亩。庙会规模在民国年间影响甚大，庙期前后达一个月之久，是临汾一带开春后的第一大庙会。可惜抗战时期，庙毁于战火之中，只存地基，庙会活动亦逐渐断绝。

但是，赵氏孤儿传说及其忠义精神已深植于民众心中。1996 年，作为传统赵大夫庙会举办者之一，赵雄村以辣椒节名义于原赵大夫庙会的日期——农历二月十五逢会。2006 年，作为传统赵大夫庙会举办者之一的东汾阳村也开始逢会，名曰“寻根祭祖大会”，会期在二月十二或十三。这一做法迅速在包括西汾阳村、东汾阳村在内的附近乡镇蔓延开来。现今在赵康镇所属的襄汾县、临近的运城市新绛县、绛县、河津、闻喜等地已普遍存在。

（3）“社”信仰

关于社的起源，学界有树木（丛林）崇拜说、土地（神）崇拜说、聚落标志说、作为原始性社会集团集会场所之圣所说等。[①] 历史过程中的“社”“随着时代的演进，兼具了祭祀神明名号、祭祀空间、祭祀礼仪和祭祀聚落（社区），甚至于各种不同人群组织等多种内涵”[②]。现在一般倾向于“社”指的是“地祇”，即土地神，社祭是对土地的崇拜。社在中国古代国家制度和民间社会中长期共存，一直延续至今。社祭与节日相融合，集中表现为社日。由此产生了一系列围绕社神祭祀的习俗活动，比如南朝梁宗懔《荆楚岁时记》记载了当时的社日场景“四邻并结综会社，牲醪。为屋于树下，先祭神，然后食其胙”[③]。唐宋时期，民间结社现象普遍，社日成为村社的狂欢日。这一天，村社内女子“今朝社日停针线，起向朱樱树下行”（唐张籍《杂歌谣词·

① 参见〔日〕守屋美都雄《中国古代的家族与国家》第八章“社的研究”，钱杭、杨晓芬译，上海古籍出版社，2010，第 191~226 页。

② 黄瑜：《“社祭”传统与“萨玛”坛祠——都柳江流域的村寨空间、生计变迁与国家制度》，《清华大学学报》（哲学社会科学版）2021 年第 4 期。

③ （南朝梁）宗懔撰、（隋）杜公瞻注、姜彦稚辑校《荆楚岁时记》，中华书局，2018，第 28 页。

吴楚歌》），伴着“坎坎迎神鼓，儿童喜欲颠”（宋陆游《社日》），大家备祭品、杀社猪、祭社神、敲社鼓、饮社酒、共享胙肉和社饭，直到“桑柘影斜春社散，家家扶得醉人归”（唐王驾《社日》），俨然一幅公平、共享、尽情娱乐、共同狂欢的村落共同体景象。在赵雄村，旧有百谷神庙，也即祭祀土地的社庙。社庙前有大槐树一株，过去人们常于春秋祭祀百谷神庙，并于过年时举行社火热闹祭祀社神，以表春祈秋报之意。但后来神庙被毁，于是村中央的千年古槐成为村民集体记忆和群体情感的载体。过年时会有村民前来挂红祭祀，他们也会将槐树的生长性征与村庄兴衰联系起来，认为凡是大槐树生长得好的时候，村民家业兴旺，村庄和谐稳定，反之则一团糟。

2. 36 岁同龄人的善财实践

在赵雄村庙会恢复过程中，36 岁同龄人集体捐资为村民请戏的做法令人耳目一新。此事缘起于 20 世纪 90 年代初。20 世纪 90 年代以来，赵雄村村民较早开始探索辣椒产业和外出打工，离乡之后，青年人常通过同乡、同学关系获得社会资源，包括找工作、求学等。同时，作为刚刚从乡村走向城市的一代或者是游走于城乡之间的人群，他们当中很多人刚刚在城市落脚或仍然在奔往城市化的路上，他们从心理上仍然与家乡有着深刻的联系，庙会就像一个家乡的代称，他们需要这样一个场域来寄托乡愁、巩固与家人与家乡的关系，实现身份和价值的再确认，并获取更多社会资源，比如村民所看重的“脸面”。所以，祈福迎祥仪式满足了 36 岁同龄群体的内心需求。所以，当村委会向他们表明合作意向的时候，双方一拍即合。一开始，36 岁同龄人主要是集资请剧团唱戏，现在他们还向村里留守老人们捐助米、面、油等实用生活用品，为村小学捐助桌椅、图书、教具，并协助村集体铺桥筑路、改善人居环境。每年在文化大舞台上，还会上演对 36 岁群体的集体表彰大会、好媳妇、好婆婆评选表彰大会等，文化大舞台已成为乡村传承和传播新时代乡风文明的集散地。

以 2021 年赵雄村“过三十六”为例。由于受新冠肺炎疫情影响，2020 年村里没有举办大型活动，所以该年度的“过三十六”活动规模较往常更大一些。二月初十，村里便邀请河津市蒲剧团奉上精彩大戏。二月十五，在村中心的文化舞台上举行了隆重的“南村 2020 届 2021 届 36 岁同龄人祈福迎祥活动”开幕式。开幕式上，首先由 5 辆电子炮鸣放了长达 5 分钟密集的鞭炮、喷放出炫彩的烟花，然后特邀曾在国内大型演出中多次获奖的绛州鼓乐团奉上了一个小时的精彩演出，本村的省级非遗花腔鼓也在人群中亮相。村党支部副书记担当主持，代表村委和全体村民向36岁同龄人群体表示感谢和祝福，邀请一位“天官”携一位“仙女”为36岁同龄人代表们披红挂花。36岁群体披红后向全体村民散发喜糖。最后，36岁同龄群体走到村舞台外面的一棵千年古槐前举行了庄重的祭拜祈福仪式。他们集体披上带有祝福语的绶带、在祭桌前跪拜，祭拜后一同在古槐前系上祈求吉祥的红布条，并分食祭品。至此，仪式活动结束。舞台上，精彩大戏继续上演；广场外，来自四邻八乡的商户们自发成集，吃喝玩乐、日常用品一应俱全，巷道里人头攒动、热闹非凡。

据了解，2021年赵雄村36岁同龄人群体共计51人（包括2020年32人，2021年19人），共捐资15万余元。捐资款项除用于剧团演出、开幕式鼓乐表演，还给村口安装了LED村牌、庙会期间装点广场的照明灯笼、几十盏路灯，给村里60岁以上老年人发放食用油、鸡蛋、面粉等，赢得了全体村民的一致赞誉。

36岁同龄群体的奉献缓解了村落集体经济不足的窘境。村集体经济破零一直是制约K镇乡村发展的难题，导致村落公共事业无法开展，公共产品供给严重不足。在这种情况下，集体捐资不仅活跃了村民的文化生活、促进了文化传承，弥补了基层社会保障事业的不足，还在一定程度上助力了乡村经济发展。“过三十六”礼俗和庙会的复兴给普通村民带来了丰富的文化生活和一定的物质实惠。K镇和全国大部分农村一样，常住村民为老年人。以南村为例，全村户籍人口2000余人，常年在村的1000多人，60岁以上老年人有400多。一年一度的庙会对他们而言，是莫大的福利。

但是，“过三十六”的善财传承实践也存在着不尽如人意之处。在临汾、运城等广大晋南地区，“过三十六”礼俗多数与庙会结合举办，也有的单独举办；有的捐资回馈乡里，有的也还限于群体内部共享；参与活动的群体也是按年轮值，尚未形成固定的组织形式。而且，当年共同举办活动的36岁同龄人，在活动结束之后，相互之间的互动也会慢慢减少，缺乏形成固定组织力量的机制和内在动力，是典型的初级群体。再加上，年轻人绝大部分生活重心正慢慢向城镇转移，对于村庄公共事务的关心程度并未因一次活动而加强或者固化，且他们与村委的合作具有一定的分界。36岁群体主要是出资人，在活动具体策划上，结合自身意愿与村两委进行沟通。村两委主要负责庙会的秩序维持、安全维护、剧团的吃住水电等后勤保障工作。因为36岁群体缺乏办会经验，不了解作为庙会主要参与者的老年人群体需求，且很多人不在村庄居住，整个活动还主要由经验丰富的村委会成员来主导，涉及与上级县政府、镇政府领导接洽的工作自然为村委会之责。而且，36岁同龄人的集体捐资的确对村庄公益事业和公共事务有所助益，但这种村民的自发组织和奉献也是有边界的，比如他们有时宁肯去修庙而不太可能会帮助改善村委办公环境，有时也无力或者不能去插手需要巨大资金投入的公共事业项目，像改善村民用水状况、协助安装村庄下水道管线等。而这些恰恰才是事关百姓日常生活和村庄发展的重要事务。因而，这些松散的同辈群体作为一个稳固传承的群体及其善财传承的拓展度、延续性如何均尚待考察。

（三）村落灾害救助机制与礼俗互助——以浙江平卿村为例

灾难救济是民间结社的重要社会功能。灾害可分为自然灾害和人为灾害。在此，我们也将带有灾害性事件纳入进来。我们发现，在面对危害村落整体利益的灾害和灾难时，村民往往将村落整体利益置于优先地位，自发组织起来度过危机。

以地处浙江丽水市松阳县山区的平卿村为例。该村始建于元末明初，地处松阳县与遂昌县交界带，历来被称为“僻处深山”之村。该村距其行政隶属的松阳县城约40千米，与镇政府所在地相隔约25千米，与毗邻的遂昌县城最近距离约13千米，村子常年湿润多雨，年均降水量1400毫米，森林覆盖率达86%，现有山林面积2790亩，其中生态公益林1900亩左右，耕地面积480余亩。山间动植物种类丰富，诸如柳杉、松柏、毛竹、杨梅等木本植物以及淡竹叶、鱼腥草、覆盆子、艾草等多种中草药，野猪、兔子、蛇等出没山间。历史上这里发生灾荒的年份不多，但因地处山巅，水源涵养不足，且高海拔条件下的气候多变，曾多次遭受旱灾、冰雪灾害、强风雷击等。

其中，位于山巅的平卿村受害最大的是干旱。松阳县山区水源不足，干旱时有发生，山民无奈常求助于神灵，举行祈雨仪式。祈雨是由村内具有号召力的人物发起，由道士为核心导引，全村男丁集体上阵的行为。据《松阳县志》载，当地称“讨雨”“抽龙”，“约期会集乡村丁壮，各执器械，每村备带龙，以粗毛竹一对为旋叉，所经村庄或神庙，道士缘叉而上，称翻龙旋，锣声喧天，呼天号吁祷雨，阵势浩浩”①。平卿村至迟到20世纪80年代，还曾举行

① 松阳县志编纂委员会编《松阳县志》，浙江人民出版社，1999，第544页。

祈雨仪式。所祈之神位于平卿村和周围七个村庄（俗称“七社八坛”[①]）共用的神性空间，即位于大岭根的东北殿。东北殿有两层，主祀胡公大帝，并供奉观音、韦陀、陈十四娘娘、关帝以及“七社八坛”放置于其中的各路仙圣，为七社八坛各村社庙的总庙。遇到天旱求雨，“七社八坛”的人们到里面抬仙圣，过年舞龙也都要先到东北殿祭祀之后，方可出龙。某年，平卿村的仙圣抬到村里之后没有再抬回去，恰东北殿于此时被毁，于是村民后来就直接从本村社庙里抬仙圣求雨。高丙中提出，传说和仪式活动是农民在用他们熟知的知识体系来应对突发事件，这是中国农民传递信息的有效方式，也是他们迎接心理冲击的方式[②]。祈雨通过身体实践，发挥社会动员力量，在某种程度上舒缓心理压力，汇聚人心。又如，2007 年底，村里遭遇长达一个多月的冰灾，在外居住的村民自发组织起来，回家清扫路面，清理倒掉的树木，齐心协力度过危机。此外还有火灾，村里多土木建筑，一旦发生火灾，村民不论平时是否有宿怨，都会义无反顾救灾。

中国传统乡村是一个熟人社会，自发形成并传承着生产和生活互助传统。笔者称为“组织性的互助传统”，组织性是趋向正式组织的一种状态，或者说具有自发的组织性以及向正式组织转化的可能。李向振通过对民间礼俗“喝满月酒”的研究中具体分析了礼俗对于村落社会关系再生产和村落共同体建构的意义。[③] 笔者所负责的国家重点课题“人生礼俗的当代重建与传承研究”发表了一系列研究成果[④]，关注到乡村礼俗传统在人际关系调整和村落认同的重要作用。这种礼俗互助本身就含有经济因素，也很容易趋向于组织性，如很多婚丧礼仪互助的钱会在民间广泛存在[⑤]。

在平卿村，礼俗互助传统至今传承。但婚丧互助又有所不同。婚礼一般是

---

① 所谓八坛，指的是平卿村、大岭根、孟坑、坳后、李山头、大岭里、西坑和塔岭八个村庄，“七社”是八个村庄里面的七处社庙，分别是平卿村八保新兴社、大岭根八保义兴社、孟坑八保兴福社、坳后八保平安社、大岭里八保重兴社、李山头八保旺兴社等。

② 徐锦江：《流言导读》，上海文化出版社，2004，第 109 页。

③ 李向振：《民间礼俗仪式中的人情再生产——以京郊姚村“喝满月酒”为例》，《民族艺术》2020 年第 1 期。

④ 例如，萧放《人情与中国日常礼俗文化》，《北京师范大学学报》（社会科学版）2016 年第 3 期，龙晓添《丧礼知识传统与当代民俗实践》，《中央民族大学学报》2015 年第 5 期，邵凤丽《礼生与祭礼知识传承》，《文化遗产》2015 年第 5 期，等。

⑤ 费孝通：《江村经济》，戴可景译，江苏人民出版社，1986，第 188~191 页。

宗族内各房分支之间互助明显，其次是姻亲和朋友。与婚礼较多宗族内互助相比，丧葬互助往往常跨越宗族界限。据平卿村民介绍，逢丧葬礼，全体村民只要需要必到，哪怕平时有积怨的也要参加。这一互助传统的形成既是长久的文化积淀，也受制于山村的生活条件。过去整个丧葬礼，从灵堂布置到逝者安葬，前后要六七天，包括两天的法事，人们要忙于报丧、守灵、吊唁、刨坟、入殓、抬棺等一系列仪式环节，以及砍柴烧饭、缝孝衣等，所需人力多。现在随着火葬的推行，仪式简化，所需人力减少，丧葬仪式中的互助传统也存在淡化趋势。

这些村民互助的传统看似与慈善无关，仅是“有钱出钱，有力出力”的自发行动，但恰恰是这种事关村民生死存亡的特殊事件构成村民之间互动交流以及形成内聚力的重要联结机制。社会学者田毅鹏提出，东亚乡村社会基础需要“四个基础”，分别是连接性基础、关系性基础、村落共同体基础和文化规范基础，其中村民在礼俗互助、灾害救济中的所铸就的就是一种关系性基础①，对于衡量村落治理效果至关重要。

五　结语：善财传承的当代意义与发展方向

本书前面四章系统梳理了中国古代包含善财传承在内的慈善文化传承的文化源流，尤其是其着眼于民间社会的善文化流布与善财传承实践进行了较全面展现，从中可以看到当代的善财传承是传统慈善与现代公益两种文化脉络的结合，其在当代社会实现仍然蕴含发展转化的内在动力、体现出多样性路径，展现了善财传承的现代价值和未来发展方向。

就此，本报告认为传承善财文化具有以下重要意义：

（一）有利于完善第三次分配制度促进社会公平

党的十九届四中全会的决议里提道：“重视发挥第三次分配作用，发展慈

① 田毅鹏教授在北京师范大学中国社会管理研究院/社会学院主办的第十一届社会治理论坛上的发言《乡村治理有效的社会基础——以东亚村落社会为中心》，未刊稿，2021年12月18日。

善等社会公益事业。”这应该是在党的文件中首次明确以第三次分配为收入分配制度体系的重要组成，确立慈善等公益事业在我国经济和社会发展中的重要地位。所谓“第三次分配”最早是由经济学家厉以宁提出的。1991 年，他在《论共同富裕的经济发展道路》一文中首次提出“影响收入分配的三种力量”，指出道德力量是超出市场机制与政府调节的力量之外的第三种可以影响收入分配的力量。[①] 1994 年他在《股份制与市场经济》一书中对这一概念又做了进一步阐释。按照厉以宁的解释，社会分配可以分成三个层次：第一层次是以竞争为动力的分配，即根据能力大小决定收入多寡；第二层次是以公平为原则的分配，即通过社会保障、社会福利进行再分配；第三层次是以道德为动力的分配，即有钱人自愿把钱分给穷人，也就是慈善事业。所以，“慈善是从慈爱和善意的道德层面出发，通过实际的自愿捐赠等行为和举动，对社会的物质财富进行第三次分配”[②]。1999 年他在《超越市场与超越政府：论道德力量在经济中的作用》讨论了道德力量在经济中的作用。他认为第三次分配，是跨越市场调节与政府调节的第三种调节，其在调节社会经济生活中的作用会越来越突出。[③] 2015 年厉以宁教授发表《当前中国经济发展需要注意的几个问题》一文，再次提出“重视‘第三种调节’——文化调节”[④]。他指出人类在市场调节和政府调节出现之前主要靠道德力量进行调节，有了市场调节和政府调节后，道德调节也在发挥作用。他强调要重视第三种调节，这对今后社会经济发展很有好处。

而对于“第三次分配”的提法，郑功成教授有不一样的看法，他提出，当代社会不能简单地将慈善事业视为第三次分配，而是“一种建立在各方自愿、互利基础之上的混合型分配方式”，或说“在第三次分配基础之上能够融入各种公共资源、社会资源的混合型分配方式”[⑤]。研究者均认同慈善事业属于收入分配领域的一种特殊的分配机制。

不论学理上的争论如何，从政策角度来看，国家已经将社会保障、公共福

---

① 厉以宁：《论共同富裕的经济发展道路》，《北京大学学报》（哲学社会科学版）1991 年第 5 期。

② 周秋光：《中国近代慈善事业研究》，天津古籍出版社，2013，第 38 页。

③ 厉以宁：《超越市场与超越政府——论道德力量在经济中的作用》，经济科学出版社，1999。

④ 厉以宁：《当前中国经济发展需要注意的几个问题》，《中国流通经济》2015 年第 9 期。

⑤ 郑功成等：《当代中国慈善事业》，人民出版社，2010，第 2~3 页。

利提到经济社会发展的重要层面。2021年5月20日，中共中央、国务院发布《关于支持浙江高质量发展建设共同富裕示范区的意见》，专门提到要“探索各类新型捐赠方式，鼓励设立慈善信托”等。2021年8月17日召开的中央财经委员会第十次会议，提出要坚持以人民为中心的发展思想，在高质量发展中促进共同富裕，正确处理效率和公平的关系，构建初次分配、再分配、三次分配协调配套的基础性制度安排，加大税收、社保、转移支付等调节力度并提高精准性，扩大中等收入群体比重，增加低收入群体收入，合理调节高收入，取缔非法收入，形成中间大、两头小的橄榄型分配结构，促进社会公平正义，促进人的全面发展，使全体人民朝着共同富裕的目标扎实迈进。

（二）有利于推动完善公共服务体系

从本报告所分析的具体案例中，我们可以看到浦江郑氏家族将家族慈善扩及社会公益养老，诸暨将家族原有的共财管理传统转化为现代关爱基金，助学、助老、帮扶，弘扬新时代文明实践正能量。这些自发的努力在很大程度上弥补了乡村公共服务体系的不足。而且，也可以看到，在建设新时代文明实践中，接续古代劝善教化传统的努力。诚如古代的善书宝卷一样，现代的道德教化和美善观念如何传播？毋庸置疑，媒体尤其是新媒体的作用至关重要。比如，课题组就了解到，诸暨在全市范围内开展移风易俗理论宣讲过程中，坚持线上线下联动的方式，通过“暨阳微时论”三分钟快讲、“1963法润”直播、“金句接力”云端速递等平台，开展“板凳课堂”“80、90年轻干部回乡上一课”等面对面宣讲，让移风易俗的理论深入人心。在讲述方式上，岭北村的“板凳课堂”是用地方方言讲解移风易俗理论政策，这样更能方便百姓接受、理解。这其中有很多都是在传播传承社会主义核心价值观中“诚信”“友善”，好人好事、善行义举，这种正能量的传播也给公共文化服务增色添彩。

（三）有利于推动实现乡村振兴助力共同富裕

诚如本报告开头所言，课题组关心的更多是基层的自发的慈善公益行动，尤其是广大乡村的内生的慈善观念和善行义举。党的十九大报告明确提出实施乡村振兴战略，“按照产业兴旺、生态宜居、乡风文明、治理有效、生活富裕的总要求，建立健全城乡融合发展体制机制和政策体系，加快推进农业农村现代化”。习近平总书记进一步提出“五个振兴”的科学论断，即乡村产业振兴、乡村人才振兴、乡村文化振兴、乡村生态振兴、乡村组织振兴。其中文化振兴是乡村振兴的“灵魂”，要弘扬主旋律和社会正气，培育文明乡风、良好家风、淳朴民风。深入挖掘中国传统慈善文化，传承和弘扬善行义举正是题中之义。当前，我们也看到各地都在纷纷培育“中国好人”以及各种地方好人、表彰好人好事，弘扬孝德敬老之风，传承社会救助之义，这是呼应国家多年来自上而下推动的乡风文明建设，也是乡村发展过程中的内需。

（四）有利于推动创造人类文明新形态

习近平总书记在庆祝中国共产党成立一百周年大会上的讲话中指出，中国特色社会主义是党和人民历经千辛万苦、付出巨大代价取得的根本成就，是实现中华民族伟大复兴的正确道路。我们坚持和发展中国特色社会主义，推动物质文明、政治文明、精神文明、社会文明、生态文明协调发展，创造了中国式现代化新道路，创造了人类文明新形态。这里在人类文明新形态是贯穿古今、并收中外的文化融合体，其中中华善财传承、慈善文化也是其中的一支鲜葩。有研究表明，中国传统慈善事业在中国社会正逐渐被公众认可和接受；救助社会弱势群体是全社会共同的责任已基本达成社会共识；社会成员参与慈善捐助成为他们表达爱心的积极实践；社会公众更多地参与单位和工会组织的捐赠活动，已成为中国慈善公益事业的一大特色。[①] 这些实践是古代传统慈善与现代公益文化的融合，也将继续丰富人类文明新形态的内容和意蕴。

因而，应立足当下基层社会治理困境和问题，继续深入挖掘和传承中国传统慈善文化，汲取古代劝善教化传统体系的智慧，诸如建立和完善官方—民间联结机制，将政府的教化观念准确下达到基层，并与基层自发传承的积德行善观念相衔接，激发乡村自发实现互助、救济的内生动力。

---

① 许琳、张晖：《关于中国公民慈善意识的调查》，《南京社会科学》2004 年第 5 期。

参考文献

（汉）班固撰、（唐）颜师古注《汉书》，中华书局，2005，第 2353 页。

（汉）刘向撰、向宗鲁校正《说苑校正》，中华书局，1987，第 422 页。

（汉）陆贾撰、王利器校释《新语校注释》，中华书局，1986，第 43 页。

（汉）王充：《论衡》，上海古籍出版社，1990，第 13 页上。

（汉）王充：《论衡》，上海古籍出版社，1990，第 15 页下。

（汉）许慎撰、（宋）徐铉校订《说文解字》，江苏古籍出版社，2001，第 267 页上。

（汉）应劭著，王利器校注《风俗通义校注》，中华书局，1981，第 354 页。

（晋）葛洪撰：《抱朴子》，上海书店出版社，1986，第 20 页下。

（明）天然凝叟：《石点头》，《古本小说集成》编委会编，据明崇祯金阊叶敬池刊本影印，上海古籍出版社，1994，第 384~386 页。

（明）黄佐：《泰泉乡礼》，收入《景印文渊阁四库全书》（经部 136 · 礼类），第 142 册，台北：台湾商务印书馆，影印本，1986。

（明）天然凝叟：《古本小说集成 · 石点头》，《古本小说集成》编委会编，据明崇祯金阊叶敬池刊本影印，上海古籍出版社，1994，第 384~386 页。

（南朝梁）宗懔撰、（隋）杜公瞻注、姜彦稚辑校《荆楚岁时记》，中华书局，2018，第 28 页。

（清）段玉裁《说文解字注》，上海古籍出版社，1981，第 145 页下。

（清）高延第等纂《中国地方志集成 · 江苏府县志辑 58 · 光绪盱眙县志稿民国宿迁县志》，江苏古籍出版社，1991，第 538 页。

（清）李炳彦、梁栖鸾纂修《太平县志》，道光五年（1825）刻本，载《中国地方志集成 · 山西府县志辑》第 52 册，凤凰出版社，2005，第 491 页。

（清）孙诒让注《墨子间诂》，据世界书局《诸子集成》本影印，上海书店出版社，1986，第 12~13 页。

《〈2020 年度中国慈善捐赠报告〉发布去年我国接受境内外慈善捐赠超 2000 亿元》，光明网，https：//view. inews. qq. com/a/20211129A037SW00。

《2019 年度中国慈善捐助报告发布》，腾讯网，https://xw. qq. com/cmsid/20201012A03SUE00。

《傅昌波教授谈大力发展家族慈善助力实现共同富裕》，《慈善公益报》，https：//www. csgyb. com. cn/news/yaowen/20211126/31594. html。

《傅昌波教授谈大力发展家族慈善助力实现共同富裕》，《慈善公益报》2012 年 11 月 26 日，https：//baijiahao. baidu. com/s？ id = 1717504887021850869&wfr = spider&for = pc，下载时间：2021 年 12 月 19 日。

《弘明集》卷六，据宋碛砂本影印，上海古籍出版社，1991，第 35 页。

《淮南子译注》，赵宗乙译注，黑龙江人民出版社，2002，第 942 页。

《涅盘经》，（北梁）昙元谶译，林世田等点校，宗教文化出版社，2001。

《十三经注疏》整理委员会整理《十三经注疏·孟子注疏》，北京大学出版社，1999。

《十三经注疏》整理委员会整理《十三经注疏·周易正义》，北京大学出版社，1999。

《十三经注疏》整理委员会整理《十三经注疏·尚书正义》，北京大学出版社，1999。

《首部慈善法今起实施》，《河南日报》2016年9月1日，第16版。

《宋史》卷四百五十六，列传第二百一十五“孝义”条。

《太徽仙君功过格》，收入《道藏》第三册，洞真部戒律类雨十一，文物出版社、上海书店、天津古籍出版社，1988，第449页。

《太平经》，上海古籍出版社，1993，第13页。

《郑氏规范》第101条。

《中国慈善捐助报告发布2014年捐赠总额再破千亿》，新浪公益，http://gongyi.sina.com.cn/gyzx/qt/2015-09-21/doc-ifxhzevf0893639.shtml。

安介生：《山西移民史》，山西人民出版社，1999，第392~401页。

包筠雅（C. J. Brokaw）：《功过格：明清社会的道德秩序》，杜正贞、张林译，赵世瑜校，浙江人民出版社，1999，第1页。

包筠雅：《功过格：明清社会的道德秩序》，杜正贞、张林译，浙江人民出版社，1999。

毕素华：《义、利与爱：企业家慈善行为的伦理考察》，《南京社会科学》2009年第1期。

曹斌：《甘州区图书馆南华书院〈战瘟神宝卷〉首发式》，https://www.thepaper.cn/newsDetail_forward_10485520。

常荣军：《在传承、融合和创新中走向未来——基于中国宋庆龄基金会实践看我国公益慈善事业的改革与发展》，转引自郑功成等《当代中国慈善事业》，人民出版社，2010，第30页。

车锡伦：《中国宝卷研究》，广西师范大学出版社，2009。

陈宝良：《中国的社与会》，台北：南天书局，1998。

陈宝良《中国的社与会（增订本）》，中国人民大学出版社，2011。

陈龙正：《几亭全书》卷二十一《政书家载》上之《治句遗踖》，《四库禁毁书丛刊》集部第十二，北京出版社，1998，第133页。

段江波：《善心、善举、善功三者统一——论中国传统慈善伦理文化》，《上海师范大学学报》（哲学社会科学版）2014年第1期。

段友文：《黄河中下游家族村落民俗与社会现代化》，中华书局，2007，第346页。

范宝俊：《慈善公益事业是中国特色社会保障体系的有机组成部分》，《中国社会保障》2003年第1期。

范金民：《清代苏州宗族义田的发展》，《中国史研究》1995 年第 3 期。

范仲淹：《范文正公集》卷十三，康熙岁寒堂家刻本。

方立天：《中国佛教与传统文化》，上海人民出版社，1988。

费孝通：《江村经济》，戴可景译，江苏人民出版社，1986，第 188~191 页。

夫马进：《中国善堂善会史研究》，伍跃、杨文信、张学锋译，商务印书馆，2005。

傅昌波：在“2021 年中国校园社会创新者峰会”上的讲话。

甘满堂、余炳勇：《吸引乡贤参与乡村振兴的可行性路径探索——基于传统公共文化空间与乡村公益事业发展的视角》，《治理现代化研究》2021 年第 2 期。

高丙中、夏循祥：《作为当代社团的家族组织——公民社会的视角》，《北京大学学报》（哲学社会科学版）2012 年第 4 期。

韩德玲：《行善的艺术——晚明中国的慈善事业》，曹晔译，江苏人民出版社，2021，第 181 页。

贺学军：《香会登记情况的调查报告》，见《关于妙峰山庙会的民众、信仰组织（香会）及其活动的基础研究（2004—2005）》资料汇编。

胡芮：《中国传统慈善伦理双重道德意涵及其近代嬗变》，《东南大学学报》（哲学社会科学版）2015 年第 6 期。

黄瑜：《“社祭”传统与“萨玛”坛祠——都柳江流域的村寨空间、生计变迁与国家制度》，《清华大学学报》（哲学社会科学版）2021 年第 4 期。

霍煜梅：《基于孝悌思想的企业文化建设浅探》，《北京邮电大学学报》（社会科学版）2014 年第 1 期。

酒井忠夫：《功过格的研究》，收入刘俊文主编《日本学者研究中国史论著选译第七卷 · 思想宗教》，许洋主等译，中华书局，1993，第 497 页。

酒井忠夫：《中国善书研究》，刘岳兵等译，江苏人民出版社，2010。

李恭忠：《结义：近代中国的“社会”想象》，《南京大学学报》（哲学 · 人文科学 · 社会科学）2017 年第 6 期。

李金波、聂辉华：《儒家孝道、经济增长与文明分岔》，《中国社会科学》2011 年第 6 期。

李文治、江太新：《中国宗法宗族制和族田义庄》，社会科学文献出版社，2000，第 74 页。

李向振：《民间礼俗仪式中的人情再生产——以京郊姚村“喝满月酒”为例》，《民族艺术》2020 年第 1 期。

厉以宁：《超越市场与超越政府——论道德力量在经济中的作用》，经济科学出版社，1999。

厉以宁：《当前中国经济发展需要注意的几个问题》，《中国流通经济》2015 年第 9 期。

厉以宁：《论共同富裕的经济发展道路》，《北京大学学报》（哲学社会科学版）

1991 年第 5 期。

梁庚尧：《南宋的农村经济》，新星出版社，2006。

梁其姿：《施善与教化——明清的慈善组织》，北京师范大学出版社，2013。

林春虹：《闽商与中国现代慈善的文化转型》，《南阳师范学院学报》2012 年第 10 期。

林丽榕：《闽商慈善行为研究毕素华》，硕士学位论文，福建师范大学，2017。

刘畅：《妙峰山文会的吃食》，《民间文化论坛》2015 年第 4 期。

刘晋军：《儒家孝文化与现代企业组织关系探析》，《西北师大学报》（社会科学版）2011 年第 2 期。

刘守华：《从宝卷到善书——湖北汉川善书的特质与魅力》，《文化遗产》2007 年第 1 期。

龙晓添《丧礼知识传统与当代民俗实践》，《中央民族大学学报》2015 年第 5 期。

罗彦慧：《中华老字号“白敬宇”的爱国和慈善传统考述》，《回族研究》2020 年第 3 期。

吕洪业：《中国古代慈善简史》，中国社会出版社，2014。

蒙长江：《中国传统慈善文化的历史沿革及现实挑战》，《西南民族大学学报》（人文社科版）2005 年第 1 期。

妙峰山风景名胜区：《妙峰山传统民俗庙会——文会篇!》，https：//mp. weixin. qq. com/s/x_SfI9NfGu6OOobIRsGEwA，2018 年 5 月 25 日。

戚永晔：《浦江“江南第一家”：韩国、福建郑氏认祖归宗》，《文化交流》2010 年第 5 期。

尚丽新、车锡伦：《北方民间宝卷研究》，商务印书馆，2015，第 501 页。

邵凤丽：《礼生与祭礼知识传承》，《文化遗产》2015 年第 5 期。

施从美、江亚洲：《从传统道德到公共生活：现代社会治理语境中的公益慈善》，《社会科学战线》2019 年第 5 期。

守屋美都雄：《中国古代的家族与国家》第八章“社的研究”，钱杭、杨晓芬译，上海古籍出版社，2010，第 191～226 页。

松阳县志编纂委员会编《松阳县志》，浙江人民出版社，1999，第 544 页。

孙英芳：《论中国民间宝卷中的道德规劝》，《内蒙古师范大学学报》（哲学社会科学版）2016 年第 7 期。

田毅鹏：《乡村治理有效的社会基础——以东亚村落社会为中心》，未刊稿，2021 年 12 月 18 日。

王家瑞：《汉川善书》，“汉川文史资料丛书”第 21 辑，2005。

王林：《山东慈善史》，山东人民出版社，2018。

王日根：《略论传统慈善的赈恤、劝惩与社会保障功能——以清朝后期福建乡规民约为例》，《辽宁大学学报》（哲学社会学版）2021 年第 6 期。

王善军：《范氏义庄与宋代范氏家族的发展》，《中国农史》2004 年第 2 期。

王卫平：《清代江南地区慈善事业系谱研究》，中国社会科学出版社，2017。

王卫平：《中国慈善史纲》，中国劳动社会保障出版社，2011。

王卫平：《中国古代传统社会保障与慈善事业》，群言出版社，2005。

王文锦译解《礼记译解》（上），中华书局，2001，第 342 页。

王文涛：《“慈善”语源考》，《中国人民大学学报》2014 年第 1 期。

王振耀：《中国慈善事业发展需要广泛的社会行动》，《慈善家》2007 年 4 月。

韦政通：《报的概念古今谈》，收入《中国人的世间游戏》，台北：张老师文化事业公司，1995，第 9 页。

魏英敏：《儒家文化与中日企业伦理》，《企业文明》1998 年第 5 期。

文崇一：《报的迭替流变》，收入《中国人的世间游戏》，台北：张老师文化事业公司，1995，第 15 页。

文捷、郑余欢编著《白麟溪的传说》，江南第一家文史研究会，2008，第 177~183 页。

萧放：《人情与中国日常礼俗文化》，《北京师范大学学报》（社会科学版）2016 年第 3 期。

秀强公司编《德润济天下幸福暖人间——江苏秀强玻璃工艺股份有限公司践行中华优秀传统文化构建幸福文明企业札记》，内部资料。

徐复观：《中国人性论史》，上海三联书店，2001，第 13~29 页。

徐锦江：《流言导读》，上海文化出版社，2004，第 109 页。

许琳、张晖：《关于中国公民慈善意识的调查》，《南京社会科学》2004 年第 5 期。

许琳：《论中国当代慈善事业参与主体》，《西北大学学报》（哲学社会科学版）2000 年 8 月。

杨崇祥：《项羽精神与宿迁地域文化研究》，《江南论坛》2014 年第 4 期，第 51 页。

杨联陞：《报——中国社会关系的一个基础》，香港：香港中文大学出版社，1978，第 49 页。

杨团：《公司慈善文化与政策培育》，《湖南社会科学》2006 年第 2 期，第 82 页。

游子安：《劝化金箴——清代善书研究》，天津人民出版社，1999。

游子安：《善与人同：明清以来的慈善与教化》，中华书局，2005。

余日昌：《中华传统慈善的历史渊源》，《江苏省社会主义学院学报》2012 年第 3 期。

袁啸波编《民间劝善书》，上海古籍出版社，1995，第 173~177 页。

张丙炎：《重刊〈感应篇〉序》，《感应篇汇编》，据光绪二十二年（1896）本重刊，台南：扎根教育持续会，1992。转引自游子安《劝化金箴：清代善书研究》，天津人民出版社，1999，第 3 页。

张如安：《鄞县慈善史》，浙江古籍出版社，2013。

张仲礼：《中国绅士——关于其在 19 世纪中国社会中作用的研究》，上海社会科学院出版社，1991。

赵晓：《中国需要“善商”》，《中外管理》2015 年 10 月；以及《善商：推动中国经济的力量》，《中外管理》2015 年 11 月。

赵宗乙译注《淮南子译注》，黑龙江人民出版社，2002，第 286 页。

震钧：《天咫偶闻》，北京古籍出版社，1982，第 204 页。

郑崇岳：《圣恩录》，未公开出版，1994 年浦江郑义门文史研究会据民国壬戌年（1922）重刊本翻印。

郑定汉口述，吴文娟整理《传承和发扬郑氏文化是我最开心的事》，载《浙江档案》2016 年 7 月。

郑功成等：《当代中国慈善事业》，人民出版社，2010。

郑庆杰、许龙飞：《农村现代化进程中的宗族变迁与慈善复兴——以江西省白鹭村为例》，2015。

周秋光、曾桂林：《中国慈善简史》，人民出版社，2006。

周秋光、李华文：《中国慈善的传统与现代转型》，《思想战线》2020 年第 2 期。

周秋光：《关于慈善事业的几个问题》，《求索》1999 年第 5 期。

周秋光：《湖南慈善史》，湖南人民出版社，2010。

周秋光：《熊希龄集》（下册），湖南出版社，1996，第 1389 页。

周秋光：《中国近代慈善事业研究》，天津古籍出版社，2013。

周秋光：《中华慈善文化及其传承与创新》，《史学月刊》2020 年第 8 期。

周秋光等：《中国慈善简史》，人民出版社，2006。

朱贻庭、段江波：《善心、善举、善功三者统一——论中国传统慈善伦理文化》，《上海师范大学学报》（哲学社会科学版）2014 年第 1 期。

朱彝尊：《曝书亭集》卷三五《感应篇集注序》，商务印书馆四库全书工作委员会编《文津阁四库全书》第 438-441 册，商务印书馆，2005。

朱友渔：《中国慈善事业的精神——一项关于互助的研究》，商务印书馆，2016。

朱正平：《我国公益慈善事业发展的困境与出路》，《中州学刊》2013 年第 11 期。

车锡伦：《最早以“宝卷”命名的宝卷——谈〈目连救母出离地狱生天宝卷〉》，《宁夏师范学院学报》2007 年第 2 期。

萧放：《“老人”与基层社会治理——从〈教民榜文〉看明太祖基层社会治理方略》，《社会治理》2015 年第 3 期。

第十章 “家国同构”视角下的近代闽商慈善研究

车凤 陈思 简燕平 曹颖新*

前 言

慈善是“民族的”，不同民族的慈善是不同的。慈善又是“历史的”，同一民族的不同时期的慈善也是不同的。中国近代慈善事业研究一直是经济学、社会学、历史学等学科关注的重点，之所以被关注，是因为慈善事业在中国自古有之，慈善行为在各个历史时期都能找到踪迹，它是观察各个时期经济状况、社会建构、社会价值导向等各个面向的重要角度，也是在历史纵向和文化横向的比较中一个管中窥豹的重要载体。

20 世纪 80 年代初，中国近代慈善事业史的学术研究随着近代史研究的发展重新起步，学者们的学术探索主要着眼于教会慈善、晚清义赈、红十字会的发展、抗战期间的慈善救济等。对于中国近代慈善人物的研究，主要集中在经元善、张謇、熊希龄等。从区域慈善史研究的研究范畴来看，东南地区尤其近代闽商慈善事业的研究相对较为薄弱。

在古代，闽商是海上丝绸之路的拓荒者之一，到了近代，闽商群体的兴盛也为近代慈善机构募捐提供了重要的善源，使慈善救济的内容、范围因之而扩充。在当代，闽商的慈善捐助在各地企业家中尤为突出，除了曹德旺、陈一丹

* 课题负责人：车凤，北京师范大学文化创新与传播研究院教师、博士；课题组成员：陈思、简燕平、曹颖新。

等被公众所熟知，胡润百富董事长兼首席调研官胡润对闽商的普遍慷慨也充分肯定。胡润研究院近 18 年来连续发布胡润慈善榜，闽商在其中几乎都排在前两名，而在胡润百富榜上，闽商只排前五。这说明，闽商整体上参与慈善的力度更大。

因此，对近代闽商的慈善行为和理念的研究不仅对于中国近代慈善史的丰富有着非同寻常的意义，对于中华慈善文化的当代传承也具有极大的启发意义。目前，针对如陈嘉庚等少数近代知名企业家的个人研究是相对深入的，但还有大量做出杰出慈善贡献的近代闽商在系统化研究方面相对缺失。因此，进一步进行拓展研究的空间较大，系统性的回溯和挖掘也非常有必要。

从历史上看，脱胎于士绅群体、崛起于一战前后的中国最早一批近代企业家们有着怎样的社会责任？支撑其担当社会责任的“义利”观念又是怎样的，与今天有何不同？本研究选择胡文虎、林瑞岗林瑞佑兄弟、晋江安海通天巷的近代慈善群体为研究个案，以故地寻访、系列访谈、资料补充等形式，分别从历史学与社会学、公益慈善发展的不同视野，通过寻访后代及相关人士，梳理近代百年（1840—1949）士绅、实业家、华侨的案例回顾，展现近代中国慈善的特点和观念变迁，揭示其独特性与复杂成因，并结合当下进行思考，以期获得一些对当代中国慈善、统战、社会教育等领域有益的借鉴。

一 研究背景、目标和意义

（一）研究背景：第三次分配与共同富裕

慈善是使人成其为人、使社会成其为社会的崇高事业（康晓光语）。在国家第三次分配和共同富裕目标之下，慈善文化和慈善研究理应得到更多的研究和普及。中国企业家需要中华文化视角下慈善文明的精神回溯，并在中国商业文明近代史上找到慈善人物的感召和鼓舞。中国社会当下的慈善事业需要立足国情和符合中华文化基因的政策引领，近代善商的做法会提供相关的启示和路径。

党的十九届四中全会通过的《中共中央关于坚持和完善中国特色社会主

义制度、推进国家治理体系和治理能力现代化若干重大问题的决定》指出，“重视发挥第三次分配作用，发展慈善等社会公益事业”。党中央第一次明确第三次分配是收入分配制度体系的重要组成部分，确立慈善公益事业在社会主义经济和社会发展中的重要地位，继 2016 年《慈善法》颁布后进一步释放出新时代党和国家对大力发展公益慈善事业及开创中国特色公益慈善道路、走向共同富裕的战略指引。

随后，党的十九届五中全会又把共同富裕作为 2035 年基本实现现代化的远景目标之一。中央财经委员会第十次会议再次强调共同富裕是社会主义的本质要求，也是中国式现代化的重要特征，提出了完善按劳分配为主体的分配机制，建立了从初次分配、再分配到三次分配协调配套的基础性制度安排。

（二）研究目标：通过近代闽商慈善研究返本开新，连接历史与当下

就慈善事业与慈善文化的关系而言，两者相辅相成。慈善事业在表，慈善文化在里。慈善事业通过慈善文化形成传统，又对慈善事业的发展运行产生作用和影响。正如意大利历史学家、哲学家克罗齐所说，“一切真历史都是当代史”。我们的研究目标，也在于在历史的追溯中，积累和沉淀慈善文化，连接历史与当下。本项目以人物研究为切入点，“识慈善之人、探慈善之路、寻慈善之心”，明确中国近代典型闽商的家国情怀和慈善动因，探寻他们的慈善模式和公信力保障、管理方式等，返本开新，以此深入剖析中国近代慈善模式的变迁及其背后的慈善理念如何发挥作用，给中国当代慈善政策制订、发布提供相关参考依据和借鉴。

1. 慎终追远，民德归厚

慈善文化和心理都是历史的积淀。中华优秀传统文化总体而言是一种宣扬性善的文化，倡导“积善之家，必有余庆；积不善之家，必有余殃”。它与宣扬人性本恶的西方文化不同。西方文化认为人人皆有原罪，必须皈依上帝才能有爱。这意味着人的爱不是来自人自身，而是来自外在的宗教精神，行善是为了减轻罪过。而中国文化则认为“天命之谓性，率性之谓道”，良知良能与生俱来，好的环境和引导就是要让人从自然人变为理想人。历史上占主流地位的儒学又被称为仁学，仁爱精神是其核心所在，正所谓“仁者，爱人”，所以积德行善、乐善好施自古以来是中华文化的传统。

历史上中国传统慈善文化曾一度断层达30余年，当代中国慈善文化是很缺乏优秀传统慈善文化滋养的。整个社会一度出现的慈善乱象和公信力的缺失，亦可看作这种断层造成的结果之一。因此研究中国人自己的慈善历史，对曾经为国为民做出突出贡献、体现了深沉的家国情怀、曾经为社会塑造了良善之风的慈善人物进行更多的关注、研究，才能让学界乃至广泛的社会大众缅怀先贤、心怀敬畏，达到曾子所言的“慎终追远，民德归厚矣”的教化效果。

2. 企业家慈善需要健康有力的价值引领

在党和国家的高度重视下，近些年来我国现代慈善事业取得了前所未有的快速发展，但由于起步晚、底子薄、规模小等原因，目前企业家的慈善捐赠与社会财富量级不相匹配，亟待进一步提高。慈善事业是以自愿为基础的，如何提高财富高净值的企业家群体参与慈善活动的意愿，关键仍在于价值引领。

中国企业家的精神不仅体现在对产权、利益和创新的追求，也包含了企业家的社会责任、文化传承等非利润动机。根据国际标准化组织（ISO 26000）有关社会责任的定义，企业需要考虑利益相关方的期望，通过透明和合乎道德的行为，对社会与环境承担责任。伴随今天我国现代企业的成长，其社会责任日益受到学界乃至大众的关注。未来十年中国的百亿级企业要晋级千亿级档位，首先企业家需要实现进化，完善自我、追求无我；其次要深刻认知全球大势和国内局势，紧密连接可持续发展目标和国家公共议题，通过价值投资、美好企业、战略慈善实现家族善财传承。

习近平总书记曾经多次提及近代实业家和慈善家张謇，在与企业家座谈时，他称赞张謇是爱国企业家的典范，在江苏考察期间，专程前往南通博物苑，参观张謇生平介绍展陈，再次称赞他是民营企业家的先贤和楷模。当张謇的慈善事业和爱国情怀重新进入中国人的视野，他的精神和事迹对当代企业家有方方面面的启示和感召。

3. 慈善文化与社会主义核心价值观的内在一致性

归根结底，慈善观念之核心是以人为本的价值观，包括基于爱心和尊重的人文关怀、利他主义、社会责任感、正确财富观、志愿精神等观念的集成。慈善文化是一种特殊的思想体系和教育资源，其核心价值观是利他主义，其理念是平等互助、善与人同、志愿服务、友好关爱。一般说来，利他行为的“要件”有四：其一，以造福他人为目的；其二，自己不求回报；其三，自己要蒙受一定的损失；其四，出于自愿。因此它必然成为社会文化的重要组成部分，直接影响全民的道德素养和精神追求，与社会主义核心价值观有着根本的逻辑一致性。

中国特色社会主义的新时代是民生建设的新时代。党的十九大报告中提出了“弱有所扶”，将其作为一个重要的民生建设目标。慈善事业是推动这一目标实现的重要力量。习近平总书记曾深刻指出：“大力发展慈善事业，是调动社会资源解决困难群众生产生活问题的一条重要途径，对于协调各方面的利益关系，促进城乡之间、地区之间、民族之间的和谐发展，促进人与人之间的和谐相处，推动先富帮未富、最终实现共同富裕，具有重大的意义和作用。”

习近平总书记在《在慈善中积累道德》一文中曾这样阐述慈善与道德的关系：“在中华民族的传统文化中，历来尊崇厚仁贵和，敦亲重义，并将乐善好施、扶贫济困奉为美德。季羡林老先生曾提出：‘慈善是道德的积累。’树立慈善意识、参与慈善事业、发展慈善事业，是一种具有广泛群众性的道德实践。无论是个人还是组织，无论是贫穷还是富裕，不管在什么条件下，不管做了多少，只要关心、支持慈善事业，积极参与慈善活动，就开始了道德积累。”作为一种群众性的道德实践活动，慈善事业不仅仅限于物质层面和行动层面的扶贫济困，更在于在全社会倡导和弘扬一种良好的道德风尚，让全体人民明辨是非美丑善恶。因此，大力发展新时代慈善事业，动员社会力量积极参与慈善活动，倡导全体社会成员关爱他人、帮助弱者的慈善行为，不仅是传承中华民族传统美德的重要体现，而且也是弘扬社会主义核心价值观的重要体现。

（三）研究意义：以家国同构价值体系凸显中国慈善的独特性

1. 家国同构价值体系的理论来源

从古代中国到近代中国，漫长的历史进程中始终以“家国同构”作为政治基础和伦理标准。“家国同构”建立在血亲宗法关系的基础上，是家庭、家族和国家在组织结构方面的共同性，既是一种社会结构也是一种文化形态。如《礼记·大学》有云：“古之欲明明德于天下者，先治其国；欲治其国者，先齐其家；欲齐其家者，先修其身。”亦如孟子在《离娄章句上》所言：“天下之本在国，国之本在家，家之本在身。”

追根溯源，经济基础决定上层建筑，家国同构的社会结构和文化心理源于中国传统社会的生产形式和经济制度。由于自然气候、地理位置等因素的影响，华夏民族自产生之初就奠定了农耕文明的基调。为了能够在恶劣的自然环境中自我保存、延续种族，原始社会的个体选择了群居为主要生存模式，最早形成的社会组织就是以家族为核心的原始部落。随着部落的不断壮大，便出现了各种规范来协调和制约人与人之间的关系。随着力量强大者和首领的亲近血缘者逐渐在部落中占据优势地位，便自然形成了阶级分化。由此，作为统治阶级维系权力的工具，国家也随之出现，部落首领由此成为国家君主。儒家“家国同构”思想体系的基础，便是由血缘关系到君权统治的宗法制度和嫡长子继承制。

随着儒家思想成为社会的主流，人们逐渐将忠与孝同时视为伦理行为的标准，将家庭关系作为国家关系的基础，将对家庭成员的要求延伸到国家范围，成为对民众和百姓的要求。《论语·学而》中，“弟子入则孝，出则悌，谨而信，泛爱众，而亲仁，行有余力，则以学文”成为一个人行为和人格进阶的典范，全社会将在家孝顺父母、兄友弟恭与在社会上遵守法令、帮助他人视为君子的德性。这种由亲近的血缘关系推及对民众的友爱的行为规范本质上都体现了“家国同构”的政治伦理理想，也逐渐成为一代代中国人的精神追求与道德自觉。于是，修齐治平就是从生民个体身心起步，扩展到家庭，渐进而至邻里、社群、地区与邦国，再到天下，由近至远，日省日新，止于至善。每一个向往君子人格、追求立功立德立言的中国人都必然以此作为安身立命之根本所在。

2. 找到慈善理念的中国传承，树立中国慈善的文化自信

自愿捐献只能建立在捐赠者对所在国家、地区、民族文化认同的基础之上。中国慈善文化源远流长，近代以来，虽然中华传统伦理观受到若干次剧烈冲击，在企业家等群体参与慈善事业的过程中，人们仍会显而易见地发现他们内在的儒家伦理价值观。

中国是世界上最早倡行、发展慈善的国家之一。如果说美国的慈善文化植根于资本主义私有制下追求个人自由至上的精神基础，欧洲的慈善文化建立在深厚的宗教传统与公民自治的精神基础之上，那么中华慈善文化只能植根于中国的土壤。

每一种观念都有其思想文化渊源，事实表明，中国慈善之根正是深扎于中国传统文化土壤中。追溯起来，起于先秦诸子百家之说。孔孟的“仁者爱人”“性善论”“君子莫大乎与人为善”，老子的“天道无常，常与善人”，墨子的“兼相爱，交相利”，管子（仲）的“九惠之教”等主张，都是中国传统慈善的思想渊源和重要组成部分。其中，最重要的是孔孟为代表的儒家思想。儒家以仁为内核、由仁趋善，倡导仁爱、民本、大同等，是中国传统慈善最重要的思想来源（周秋光语）。

二　近代闽商慈善的个案与范例

整体而言，中国近代慈善与古代相比有了很多新的慈善思想和理念的更迭。传统意义的慈善主要是救济灾害和贫困，救助社会弱势群体，救急不救穷。而 1840 年之后西方社会的慈善福利观和公益理念通过教会组织、西学报刊、民间商贸往来见闻等途径传入中国，不仅救助贫困和弱势，还发展社会公共事业，改良社会环境，移风易俗，提高民众受教育程度和文明健康水平，受益的人群更加广泛。

从慈善事业的内容来讲，出现了很多新的形式，如以工代赈、兴办医院、育婴堂、孤儿院、敬老院、盲聋哑学校等特种教育公教、公养、公恤机构。从慈善救助的主体来讲，近代中国社会动荡，传统的慈善组织机构和事业已经式微，各种灾害又比以往的时代频繁和严重，政府本身已经弱势，无力担当救助重任，而经过清末的地方自治运动，民间社会得到了一定程度的培育，资本主义发展使得一批工商业者聚集了财富，为民间慈善的发展准备了物质条件。

随着近代中国民族救亡思潮的兴起，大众的民族意识渐被唤醒，慈善事业与民族救亡常常结合出现，带动了广大民众的积极参与，一大批绅商纷纷捐钱捐物，成为慈善家，担负了近代慈善救助的重任。由此，也出现了慈善家的群体。在这种普遍情况下，闽商中的慈善群体又有自己的独特成因和慈善贡献。

（一）近代闽商慈善的整体概述（闽商的特质与文化心理积淀）

在明代中期，即使在海禁最严厉的嘉靖年间，闽南依然是“番船连翩径至，近地装卸货物皆有所倚也”[①]。可见其官方和民间航运贸易之发达。到了清中叶，随着早已有之的外夷侵扰，海上商业变数极大、风险陡增，虽然为商业经营增加了不确定性，但是也提高了商人多方筹措的运营能力，也培育出海商以资本思维维持家族永续发展的意识，很多以家族为主体的商业巨擘在东南沿海涌现出来，最具代表性的是祖籍福建的伍秉鉴家族。随着清末洋务运动兴起，为传统商业注入了工业元素，资本积累迅速加快；官督商办企业在地方的兴办带动了各地工商业的发展，也培植了一大批地方性商人和跨地域的大商人，这些人具有的商业资本和官场人际，使其经营大规模慈善事业成为可能和必然。福建是洋务运动的扛鼎之作，福建水师和福州船政局的兴办地，由此，更是提高了福建在近代中国的地位，催生了大批闽籍商人、企业家和慈善家。闽南安海的善商群体正是在这种历史背景和地缘因素下出现的。

（二）胡文虎的慈善贡献

在中国古代及近代，慈善文化更多体现为类似于费孝通在《乡土中国》中所提及的“差序格局”。差序格局以儒家思想为根基，以“仁爱”为核心，将自身定位为中心，在实践过程中遵循血缘姻亲和宗法秩序，依据人所属群体的关系远近来编织慈善网络。探究胡文虎在东南亚华侨世界的慈善事业的巨大成就从何而来，就形成了国家意识向族群意识溯源的过程。胡文虎的家庭以及他的童年经历潜移默化地奠定了他的慈善思想，而胡文虎企业的发展壮大又得以有效支撑了他的慈善实践方式，并为海外华人提供了从族群意识演进形成家国同构价值体系演进的丰沃土壤。

1. 从“药业大王”到“报业巨子”

胡文虎是客家人，祖籍福建龙岩永定县下洋镇中川村。胡文虎的父亲胡子钦在当地行医，威望颇高。1861 年，正值太平天国运动末期，国内风雨飘摇，

---

① 《明世宗实录》卷 4，台湾“中央研究院”历史语言所《明实录》校勘本，1962，第 131 页。转引自徐文彬《晚清闽南慈善家的兴起：以林瑞岗为中心》，《安徽史学》2019 年第 2 期。

动荡不安，胡子钦离开故乡下南洋，侨居缅甸仰光，在广东街644号开设了永安堂中药铺，并在这里结婚生子。胡子钦不仅医术精湛，而且医德高尚，在当地为贫苦民众施药济贫，受到了当地人特别是华人华侨的广泛赞誉。

1882年1月16日，胡子钦的二子胡文虎出生，文虎上有一兄文龙，早年夭折，下有一弟名文豹。在胡文虎10岁时，胡子钦将他送回中国，让他在故乡读私塾。自此，胡文虎有持续4年的时间接受中国传统文化教育、客家文化教育。这段时期的教育经历，使胡文虎涵养了爱国、爱乡的情感，形成了“忠、孝、仁、义”的儒家文化价值观。后胡文虎返回缅甸，跟随父亲行医，打理药铺生意。1908年，胡子钦去世。因胡子钦在多年行医过程中，始终施药济贫，周济贫苦百姓，利润微薄，因而家中没有什么积蓄。胡文虎为了安葬父亲，曾将妻子的首饰拿去典当筹款。由此可见，之后25岁的胡文虎子承父业，执掌永安堂中药铺，几乎是白手起家。

在事业上，胡文虎胡文豹兄弟二人团结一心，各展所长，配合默契。胡文虎因在家乡接受过传统教育，中文基础较好，主要负责往来大陆、香港等地开展业务；胡文豹则负责仰光店面的日常事务，兢兢业业。在兄弟二人的努力下，永安堂中药铺的生意日渐兴隆。胡文虎的头脑灵活，性格外向，有探索精神，且吃苦耐劳。他在周游祖国大陆、日本、泰国等地的过程中，深入思考，钻研药业发展规律，寻求永安堂发展壮大的道路。后胡文虎赴香港，寻访并聘请中西医、药剂师多人，结合父亲的草药配方，通过科学方法，吸取中国传统炼制丹、膏、丸、散的优点，经过反复试验，终于发明制造出“虎标”牌“万金油”。该药既可内服，解暑提神，又能外用，止痛止痒，不仅便于携带，而且服用方便、价格便宜、见效迅速，没有毒副作用。此后，胡文虎再接再厉，继续研制出丹、膏、丸、散等成药百种，后经精心筛选、淘汰，制成“头痛粉”“八卦丹”“止痛散”“清快水”等多种“虎标”牌良药。这些药品不仅物美价廉，而且功效显著，在中国、缅甸、马来西亚、印尼、印度等地广受欢迎。

胡文虎十分重视广告的投放，投入巨资推广品牌，逐渐让万金油等药品的知名度广为人知。随着药品的市场规模不断扩大，胡文虎很快成为世界知名的华商顶级富豪。彼时有经济学家估算，万金油在全球的销量高达两百多亿瓶，全世界有半数以上的人使用过虎标良药。胡文虎因此被誉为“万金油大王”。

1923 年，胡文虎出于拓展业务的考虑，把永安堂的总部迁至新加坡，并在新加坡新建药厂，扩大生产规模，胡文豹则继续负责仰光的事务。随着市场的快速扩张，永安堂先后在新加坡、马来西亚、我国香港等地开设分部。经过 9 年的快速发展，1932 年，胡文虎将永安堂总部设在香港，并将业务扩展到祖国东南沿海及西南内地，相继在广州、汕头、厦门、福州、桂林、上海、重庆、天津、梧州、贵阳、昆明、澳门、台湾等地建设药厂和分部。在海外，永安堂在暹罗（今泰国）的曼谷，荷属东印度（今印度尼西亚）的吧城、泗水、棉兰等地设立分部。

永安堂的快速发展及“万金油”等虎标良药的热销，给胡文虎带来了巨额财富。有了坚实的基础后，胡文虎又广泛致力于投资传媒等其他生意，自 1913 年开始，他先后与人合办了《仰中光日报》《晨报》等报刊，在厦门、福州、上海、香港、新加坡等地区和城市及泰国、马来西亚、缅甸、印度等国，胡文虎独资创办了《星光日报》《星洲日报》《星华日报》《星中晚报》《星岛日报》《星岛晚报》《星岛周报》《星槟日报》《星仰日报》《星巴日报》《星闽日报》《星暹日报》《星沪日报》《虎报》等，多以星字冠头，形成了他的“星系报业”王国。他把星系报业定位为：“不以营利为目的，专以服务为前提，宣传抗日救国，树民众之信念。”由于主张开明办报，新闻自由，同时由于在海外少受各方势力掣肘，报纸的声誉日隆，逐渐发展成传播中华民族传统文化、鼓舞海外华侨爱国热情，振奋民族精神和激发抗日精神的重要传媒阵地。在世界报业史上，星系报业因为发展最迅速、规模最庞大而创造了奇迹，成为华侨界独树一帜的报业王国，在舆论上具有极大影响。胡文虎以商业立场办报，并勇于承担社会责任为民众作喉舌，成就了他毕生的重要事业。由此，他实现了从“药业大王”到“报业巨子”的传奇飞跃。

星系报业在宣传虎标良药方面起了特殊的作用，使万金油深入人心，家喻户晓，世人皆知；而万金油的兴旺，又为办报提供了雄厚的资金。胡文虎拥有巨额财富后，主要从两个方向继续扩展：一是继续促进永安堂各地分行的发展；二是致力于办好星系报业，增办英文版报刊。同时，胡文虎还投资房地产业，开设银行、保险公司等。胡文虎在当时的亚洲极富传奇色彩，与他曾经购买飞机给客户送报纸有关，这种行为同时也对他的事业起到了巨大的宣传作用。20 世纪 30 年代中后期，胡文虎成为东南亚华侨首富，其商业版图涵盖了制药、报纸、银行、保险等多种行业，形成了雄踞东亚、东南亚的巨型财团。他的财富在鼎盛时期一度超过上亿美元。也正是在如此雄厚的财富支撑下，胡文虎所热衷的慈善事业才能得以持续性地蓬勃发展，在华人世界产生了深远而广泛的影响。

2. 慈善公益事业所涉领域

胡文虎白手起家，缔造并发展了涵盖制药、报纸、银行、保险等多种行业的企业王国。同时，他长期、持续地对慈善公益事业大量投入，所涉领域极其广泛。秉持一贯的“人为本，财为用”人生信条，胡文虎坦陈自己对政治没有兴趣，而是热衷于文化、教育、体育、医药等利国利民的慈善领域。胡文虎说：“我（之财富）是取诸社会，用诸社会。”“自我得之，自我散之，以天下之财，供天下之用。”可以说，胡文虎的一生，“殆为公益而生，胡氏之事业，亦即公众之事业；其设学校，建医院，办报馆，组社团，提倡体育，赞助抗建，惠群利众，救灾恤贫，何一不以公众之福利为依归”。

（1）教育事业

在胡文虎的慈善公益事业当中，他对教育事业的投入占了较大比例。在祖国内地，胡文虎先后捐助过上海大厦大学、上海两江女子体育专科学校、厦门大学、厦门中学、厦门大同中学、厦门中华中学、厦门群惠中学、福建学院、广州中山大学、广州岭南大学、广州仲凯农工学校、汕头市立第一中学、汕头市立女子中学、汕头私立回澜中学、海口海琼中学、下洋侨育中学、双十中学、中华中学、群惠中学等院校。以下洋侨育中学为例：这所学校建立的时代背景是 1939 年日本侵略者向南方大举进犯，当时中国的社会经济发展和教育均遭到广泛而严重的破坏和停滞，大量青年无学可上。这种情况下，胡文虎为永安捐资 20 万元创办了侨育中学。学校建立后，如期开学，胡文虎聘请多位著名知识分子赴该校任教，并多方联络各界爱国人士，在他们的帮助和支持下广泛开展抗日救国宣传。侨育中学在抗日战争的烽火岁月中教书育人，为祖国培育了大批有理想、有信念的爱国青年，并发展成为抗日战争时期颇具影响的学校。

胡文虎重视基础教育，以“普及教育，扫除文盲”为职志，因此针对国内小学的捐建有着更加宏大和长远的规划。1935 年，胡文虎宣布捐款 350 万港币，计划 10 年内在全国各县办一所小学，共计建立超过千所，以扫除文盲，普及基础教育。在两年左右的时间里，胡文虎在全国已花费150万元，捐建落成了300所小学。抗日战争全面爆发后，捐建小学计划被迫中止，胡文虎将剩余的200万港元建校款存入香港中国银行，并指定其用途为“战后建校”，后又将该笔款项购买了“抗日救国公债”，希望借此保值，以期抗日战争胜利后继续兴建小学。但购买“抗日救国公债”却成为计划流产的重要原因，因战后中国陷入恶性通货膨胀，币值大贬，200万元公债成为一堆废纸，因此建千所小学的计划没有能够付诸实施。

胡文虎本着“畛域不分，一视同仁”，也在海外大力支持教育事业，对华文学校“凡有请求，辄不悛拒”，都会根据实际情况划拨款项，予以支持。胡文虎早期的兴学举措主要集中在新加坡。从1928年开始，胡文虎先后捐资支持新加坡南洋华侨中学、南洋女校、养正学校、崇正学校、南华女校、静方女校、美以美会女校、圣约瑟实业学校。捐赠方式有赞助办校经费，也有直接捐赠物资。1935年，胡文虎独自出资创立了当时南洋唯一设备完善的义务学校——新加坡民众义务学校，该校规模较大，吸纳了众多华侨贫寒子弟1600余名，分为上午、下午、夜校、女子部等。1938年春，胡文虎出资支持创办新加坡中正中学，并出任该校董事长，该校的创办，大大促进了新加坡的中国传统文化教育。此外，胡文虎还资助了马六甲的培风学校、北马槟榔屿的钟灵中学，以及霹雳、麻坡等地的学校。

（2）医疗卫生

胡文虎的父亲是中医，长期行医助人，胡文虎本人也是因发明“虎标良药”而致富，所以创建医院，造福患者，捐赠医药也是胡文虎非常重视的慈善内容。在国内，胡文虎先后捐资兴建了12所医院，有南京中央医院、福州福建省立医院、厦门中山医院、汕头医院、广州广东军医院等。其中，胡文虎于1931年独资捐献国币37.5万元建成南京中央医院，规模最大，知名度也最高。该院主体结构的4层大楼今天仍在南京中山东路屹立。此外，胡文虎在国内外独资创办或捐助的麻风医院、接生院（妇产医院）等专科医院及综合性医院也有多所。

和前文所述的大规模兴建小学类似，胡文虎对于祖国基层医疗体系亦有宏大的计划。抗日战争期间，胡文虎给重庆国民政府致函，表示他决定在抗日战争胜利后在全国修建县级医院100所。国民政府有关工作人员以当时的购买力计算，各县根据人口规模大小，建一所综合性医院需花费5万至10万元不等，百所医院需款项约1000万元。工作人员将此数额告知胡文虎，胡文虎当即给当时的中央银行、中国银行、交通银行、农民银行各汇款250万元，共计1000万元，并指定在抗战胜利后兴建县级医院所用。但同样是由于抗战后国民党统治区的通货膨胀，这1000万元一再贬值，导致捐建计划流产。

此外，胡文虎也在海外慷慨捐助医疗机构。由于胡文虎的巨大贡献，英方于1950年授予他“圣约翰救伤队爵士”勋位。香港大学于1951年设立“胡文虎妇产科病系奖学金”。

（3）体育

胡文虎对广泛开展体育运动的重要性有着深刻的认识，他曾出任香港中华体育会名誉会长，长期致力于宣传普及体育运动，资助体育项目和赛事的开展，为国家民族的体育事业发展尽心尽力。胡文虎经常亲临观看羽毛球比赛、篮球比赛、武术竞赛，并赠与运动员奖杯、银盾等，表示对体育事业的支持与鼓励。胡文虎于20世纪二三十年代在新加坡组织“新加坡中华体育会”与“星州华侨体育总会”等机构，虽最终未能成功，但也初步积累了他促进体育事业的实践经验。在新加坡，但凡有祖国的体育代表团来参加比赛，胡文虎都尽其所能，协调联络，提供帮助，给予周到的服务。1928年，上海暨南大学与复旦大学两支足球队赴新加坡参赛，胡文虎不仅设宴招待球队及工作人员，还提供他的私人别墅给球队住宿。

在20世纪上半叶，鉴于祖国体育事业长期落后，为雪“东亚病夫”之耻，胡文虎以多种奖励方式激发运动员为国争光的热情。他曾特拨60万元费用给旗下报业的足球队——“星岛足球队”，让他们远征世界赛场，为华人争光。胡文虎曾多次支持体育竞赛，捐建体育场所，为推动当时国内体育事业的发展贡献力量。在赞助体育团体的建设和活动之外，他还独资修建福州体育场、海南岛海口白沙游泳场等体育设施，赞助了1935年在上海举办的第六届全国运动大会，并亲率华侨运动员回国参赛。

（4）基础设施与福利机构等

胡文虎对祖国怀有深厚的情感，他与广大海外华侨一直长期关心祖国的基础设施建设与发展，在祖国各地建设养老院和孤儿院多所。此外，还捐建了上海儿童教养所、广州儿童新村等，用于收容流浪儿童。

20世纪30年代初，胡文虎为兴办福州自来水公司投资港币20万元，为建设闽西公路出资8万元。1933年，当时主政福建的蒋光鼐组织“福建省建设委员会”，以推进地方建设。委员会聘请胡文虎为委员，胡文虎在基础设施、医药卫生等方面给委员会提供了很多真知灼见，为促进福建发展，推动福建省建设计划的实施，胡文虎还在他旗下最有影响力的《星州日报》设立专刊“新福建”。

1946年，胡文虎在新加坡针对慈善事业的开展筹备成立“福建经济建设服务有限公司”。他初步规划公司总资本为国币300亿元，计划在国内募股100亿元，在东南亚各国另外募股200亿元，自己率先承担了10亿元。这是胡文虎在抗日战争胜利后为建设家乡做出的一大重要举措，他担任该公司的筹备委员会主任，涉及该公司的经营范围为金融、工业、交通、矿产、土特产等。但是，也是由于当时国内内战的原因，该投资没有得到重视，整个投资建设计划最终搁浅，以失败告终。

1949年新中国成立后，胡文虎又积极联络国内相关部门开创慈善事业。他曾两次致函叶剑英，希望能为贫困同胞捐救济米2万斤，后来又认购公债2万份，捐赠港币13万元，为广州儿童教养院修建了一座礼堂。

（5）抗战中的救死扶伤

1931年，“九·一八”事变爆发后，中华儿女的爱国热情被前所未有地激发出来，海外华侨也纷纷出钱出力，从各方面支援祖国。胡文虎为支援东北抗日义勇军，先期捐献了2.5万元。1932年初，“一·二八”淞沪抗战打响，海外华侨深受国民革命军十九路军浴血奋战的鼓舞，胡文虎为给前线抗日勇士救伤，拨款给中国红十字会国币1万元。不久之后，又汇给十九路军总司令蔡廷锴1万元，同时捐赠大量药品，其中也包含万金油等“虎标良药”。1937年，卢沟桥事变爆发，全国抗日战争的序幕拉开，整个中国战场的物资都极度缺乏。在给抗日前线捐赠大量药品和物资的同时，胡文虎还斥资组建了华侨救护队，奔赴国内战场救死扶伤。为支援宋庆龄、何香凝组织的抗日救护队，胡文虎紧急调动香港永安堂储存的一批价值8000多元的急救绷带驰援上海，此后又捐多辆急救用车给福建省政府和中国红十字总会。在抗日战争期间，胡文虎为祖国捐献了高达3亿件药物，义捐、认购的“抗日救国公债”超过300万元，此外还投入大量资金慰劳伤病、保育儿童等。

（6）胡文虎基金会

胡文虎一生财富究竟多少，难以估量；他一生的慈善捐献有多少，同样无法估计。胡文虎1954年去世时只给子女留下了26万元的现金，其余的大部分现金都捐献给了慈善事业，特别是为中国慈善公益事业做出了巨大贡献。胡文虎去世之后，他的企业由女儿胡仙继承。在浮沉的商海和变动的世事中，企业后期因经营不顺，逐渐走下坡路。后胡仙几近淡出商界，但她继承父志，把精力投诸慈善事业。1972年，为更好地继承和发展胡文虎的慈善事业，胡仙女士在香港创立了胡文虎基金会。1983年，"胡文虎基金会"拨款478万对胡文虎故乡的龙岩下洋镇中川村的虎豹别墅进行修缮。1994年，胡文虎基金会将虎豹别墅捐给永定县政府，辟为"胡文虎纪念馆"之用，时任国务院总理李鹏为纪念馆题写了馆名，著名历史学家吴泽为别墅题写了"爱国侨领，汉史留芳"，纪念馆被定为省级"爱国主义教育基地"。胡文虎基金会还将位于广州的胡氏家族的房产赠送给当地政府，辟为"广州市少年儿童图书馆"。

胡文虎基金会秉承了胡文虎热心教育事业等传统，为福建、江苏、广东等省的30余所高校、中学捐建教学楼，为各地26所小学捐建52幢教学楼。以胡文虎基金会于1998年在永定城区捐建的胡文虎小学为例，这也是国内唯一以胡文虎名字命名的区直属学校。胡文虎小学校如其名，弘扬胡文虎爱国精神，传承胡文虎爱国情怀，秉承校训"正德厚生"，践行"求至六年，铺就人生底色"理念，汲取博大精深的"红土文化""儒家文化""客家文化""行知文化"。多年来，胡文虎小学获得诸多荣誉，是"全国图书馆工作先进集体""全国流动人口子女农村留守儿童示范家长学校""福建省知识产权普及教育试点校""福建省第二批教学研究基地学校""龙岩市文明学校""龙岩市特色示范学校"。在学校的办学实践中，胡文虎小学以"求至"为魂，构建特色项目，形成了具有个性、富有内涵的"求至"教育新体系。

3. 致力于慈善公益事业的心理动因

胡文虎子承父业是在1908年，经过多年的发展壮大，整合之前业务的虎豹兄弟有限公司创办于1932年9月。胡文虎的慈善思想当时已经成熟，并明确写入公司章程："胡氏运用他的权势，在不受控制下，在恰当的时候，以适当的方式，根据恰当的比例，随意而谨慎地拨出不超过50%的每年公司盈利，于胡氏认为应该救助后，以公司或胡氏名义，同样谨慎地资助或捐献给本地、外地或其他慈善机构或确实的志在慈善或公益之事。”

在那个动荡时代，一家海外华侨创办的企业能够将每年盈利所得的一部分支出给慈善事业，并明确写入公司章程，是非常罕见的，这充分反映了胡文虎的义利观。胡文虎对祖国慈善事业的付出不为政治因素所左右，他曾公开表示：“本人除热忱爱护国家，希望祖国富强、华侨地位提高外，对于政党政治，素不参与，凡能掌握政权，增进人民幸福者，俱为本人所愿竭诚拥护。”从胡文虎一生的捐资比例来看，中国最高，占比约为 50%，其次是新加坡约 20%，马来西亚约 20%。其余东南亚国家约占 10%。而胡文虎在海外捐赠的目标也主要集中在华人华侨群体。

（1）从儒家文化到佛教信仰的思想启蒙

身为华人，中国传统文化对胡文虎的思想起到了决定性的影响。在少年时，胡子钦经常给儿子们讲述家国故土苦难的历史，对中国历史上的英雄人物称赞不已。多年以后，胡文虎还清晰地记得父亲给自己讲过林则徐的故事。这些教育，对胡文虎价值观的形成起到了潜移默化的作用。1892 年，胡子钦将胡文虎送回家乡，学习中国传统文化。在 4 年的时光里，胡文虎在私塾里学习了《四书》《五经》等传统教材，儒家文化的“忠、孝、仁、义”教育在他心灵中留下了深刻的烙印。此外，胡文虎在家乡的 4 年中，对《西游记》《水浒传》《三国演义》等中国古典文学尤为喜爱，其中蕴含的英雄主义思想，比如宋江“于家大孝，为人仗义疏财”等侠义故事给了他深刻的影响。儒家孔孟思想的熏陶和中国古典文学当中的价值观，都对胡文虎的思想起到了启蒙的作用。

儒家文化在中国发展传衍数千年，影响极为深远，胡文虎虽身处海外，但因华人的家世，自然深受儒家文化的教化。胡文虎一生行事有着明显的传统文化烙印。他对“忠”的理解，体现在他对祖国的赤子之心，但凡国家有需要，他都尽己所能，慷慨捐赠。他对“孝”的理解，一方面体现在他对父母事业的继承与发扬光大，一方面体现在他对父母的价值观的传承与遵循上，也体现在尊老爱老的具体举措上，他曾说：“推一己事亲之心，及于社会，多年来与各地捐建养老院，及当年资送年老贫侨回国，及施赠施棺赠药等。”在 20 世纪二三十年代，胡文虎为“不幸而物故天涯，殡殓无资者，亦拨资施济之”“所斥资遣老侨义金，凡叻币 13500 余元。”到 20 世纪 30 年代末期，胡文虎给孤寡老人捐献了3627具棺椁，计费34700余元。胡文虎“仁”精神的理解与实践，则体现在各类善举，他尽力助建医院、接生院，资助各地救伤队、红十字会等，是出于他对孟子的“恻隐之心，人皆有之”的理解。仁爱之心之行为由己及彼，“老吾老，以及人之老；幼吾幼，以及人之幼”。胡文虎对“义”的理解，也体现在他的行动与言论上，胡文虎认为自己天生就负有对社会和民众的责任，在慈善事业上当仁不让，不甘人后，“对社会扶助教育文化事业，对国家之输财助饷，力所能及，无不尽力赴之”。“远侨南邦，报国之心，未敢后人。”

胡文虎终身致力于慈善事业，儒家文化与佛教信仰都起到了重要的作用。胡文虎儒佛并重，一生恪守儒家的价值观，行事也遵循佛教信仰的善恶观。胡文虎生长于“佛国”缅甸，加之他的父母生前笃信佛法，佛教思想对他也有较深的影响。胡文虎虽受佛教思想熏陶，但佛教对他的影响则更多体现在价值观上而不是宇宙观上。胡文虎曾对虚云大师坦白地讲，自己平日并无礼佛的习惯，与佛之缘，是因父母信佛的关系。胡文虎对于佛教信仰也有一些自己的看法，他曾说：人们之所以陷入迷信，是因为有过度的欲望而求于神。胡文虎对佛教有自己的看法，但对佛教思想仍有一定程度的吸收，他曾谈论自己对佛教因果报应的敬畏之心，坦陈：“余夫信佛，当依父意而崇佛，对佛学虽研究不深，但因果报应之说则深信不疑。”“窃念先父生前笃信佛，故鄙人一体先君慈悲救世之旨，以为立志基础，一本忠孝仁义，以为行事方针。”

儒家文化在发展过程中博采众长，也深受佛教思想的影响。胡文虎曾赞扬佛教思想与儒家文化的融合：“佛教为吾人祖宗二千余年来所崇拜，其惩恶劝善、牺牲救世的精神，与中国固有道德忠孝仁爱信义和平有相吻合之处，所以佛教输入中国，与儒教互相融合，而不致冲突，吾人虽多崇拜儒教，但同时受佛教之影响者亦甚深。佛教之舍身救世的精神，就是牺牲自己个人的幸福，为社会人群服务的最高道德。如能得此教义普及世界，则现在社会上一切损人利己的欺诈盗窃、贪污、甚至杀人越货的现象，自可避免，我认为佛家所说‘我不入地狱，谁入地狱’的精神，为人类服务精神的最高表现，实值得吾人提倡。”由此可见，舍身救世、慈悲为怀等佛教核心思想对胡文虎从事慈善公益事业的影响甚深。

（2）从悬壶济世到义利兼顾的观念构成

从古代到近现代，中国人惯于将行医雅称为“悬壶”，评价那些妙手仁心、品德高尚的中医行医善举，最高的美誉就是“悬壶济世”。这一成语中的“壶”字通“药葫芦”的“葫”，典故源于《后汉书·方术列传·费长房》以及东晋医药学家、化学家葛洪所著的《神仙传》的有关记载，此外还有一些古史笔记当中都有提及。这些富有神话传奇色彩的民间传说在华人世界中流传甚广，被广为传颂。因此中医门前悬挂药葫芦为幌子的民间风俗，表达了中医“悬壶济世”的美好愿望。

“家无百亩良田不行医”是中医流传久远的一句行话，“百亩良田”，是形容医者的家境殷实，衣食无忧，无须靠医治患者赚钱。此言道出了中医所倡导的一种基本价值观，就是：医者仁心，救死扶伤，不贪图钱财。行医在传统道德观念里，不被视为典型的养家糊口职业，更不被视为发财的途径，而是以救人性命，为人解除痛苦，甚至在必要的时候，即使救人会给自己造成损失，也在所不惜。这样一来，学医的初心就集中在济世救人，赚钱则次之。为了养家糊口去行医，在行业中属于下乘。但同时，在中国古代的公序良俗原则当中，医患之间要形成一种良心的交换，医者以济世救人为原则，应体恤和关心穷苦人，医治他们的病痛应当不以营利为目的。同时世俗也要求患者：只要有些许能力，也应该凭良心付出，以使医者的事业永续，更多造福世间。这就形成了华人世界里的一种现象：凡是悬壶济世、乐善好施、关心贫苦的中医，不但不会亏损，反而门庭若市，经营良好，形成了良性循环。

胡子钦在福建老家和缅甸仰光开设药铺的过程中，始终接触底层民众较多，因此胡文虎从少年时代起多与社会底层接触，从小就目睹自己家底并不殷实的父亲坚持施药施诊、济世救人。父母是孩子的第一位人生导师，家庭教育及幼年的经历使胡文虎对劳苦大众有深厚的感情及恻悯之心，成年以后子承父业，也自然而然地把父亲悬壶济世的善行继承下去，在事业拓展规模，大获成功后，更是致力于将悬壶济世的善行发扬光大。

有人认为胡文虎以行善之名，来打广告之实，比如胡文虎捐款给学校或慈善建筑物，要求把自己的名字或企业产品的名称铭刻在大门上。如在捐建的院校中，依胡文虎之意，多建有诸如“虎豹堂”、“虎豹楼”、“虎豹图书馆”、“虎豹体育馆”、“文虎科学馆”以及“虎豹亭”之类纪念性建筑物。胡文虎是商人，他认为："会赚钱，只是一半功夫；会赚又会用，才是大本事。"胡文虎向来善于运用各种宣传手段，他所捐献的学校、医院等，同时起到了给"永安堂"和虎标万金油打广告的作用。但客观来说，此举不仅无可厚非，而且不失为是一种正确的商业策略，也是正当的商业行为。义利兼顾是企业发展的必由之路，慈善和家族企业发展与传承本身就应该相辅相成、互相促进的。此举不仅没有负面作用，反而有效提高了企业的知名度，而知名度的提高使企业继续发展壮大，得以继续回馈社会。

（3）从客家精神到家国同构的族群认同

胡文虎虽然在缅甸仰光出生，但是从小受到客家观念意识极浓厚的家庭教育，又在返乡的四年当中对客家人的传统与伦理有了更加深刻的体会。他曾说："我客家人士，既因故土硗壤养成勤劳善思，英迈创业精神……""客家精神就是刻苦耐劳，刚强弘毅、刻苦创业，团结奋斗"。他对客家文化的认识随着岁月的流逝而逐渐加深，对客家人身份的自豪感随着年龄的增长而增长。

胡文虎出身于福建龙岩客家人，客家先民大多是居住在河南、山西一带的古汉人，他们因战乱和天灾的侵袭，被迫衣冠南渡，辗转多次向福建、广东等方向迁徙，仍坚定保持着自己文化与血脉的传承，是一个极富有传奇色彩的群体。《胡文虎宗族世系源流考略》记载了胡文虎的先辈们三十几代人的迁徙过程，胡氏宗族从中原到江西庐陵、宁都，又到福建长汀、上杭、永定，在太平天国末年又有一支迁徙到海外的缅甸、新加坡等地。虽然几经迁徙，但他们和所有客家人一样，随着岁月的变迁，客家人在恶劣的环境下生存，把他乡变故乡，一方面执着地坚守着中原文化的古老精神内核；一方面又造就了独树一帜的客家文化精神特质。这种特质在社会动荡和自然选择中愈加强化，也形成了中国文化传统的一个重要组成部分。

中原大地是中华文明的发祥地，这里孕育滋养了客家先民。衣冠南渡的客家人，祖先多为书香门第，官宦、仕人之家，文化素养较高。所以客家人特别看重读书人，重视教育的传统非常牢固。迁徙八闽、岭南等地之后，客家人因生活所迫，必须开荒拓垦，从事农业，同时又保持着读书治学的传统，以农耕求生存，奠定穿衣吃饭的基础，以读书谋取迁升之路，求发展就成了客家人生活的两大核心。于是"耕读传家"体现了物质生活和精神追求的统一，成为客家人所奉行的生活准则。

胡文虎就秉承了客家人重视子女教育的传统，并且能够做到推己及人，为中国思谋普及教育这一要务。1935 年，胡文虎的女儿胡仙到了读书上学的年纪，胡文虎由此感叹祖国还有很多贫苦人家的小孩没有书读。当时的情况也确实如此，旧中国的文化教育事业之落后，城市和农村基础教育普及程度之低，都严重阻碍了近代中国的社会经济发展。胡文虎在赴日本、欧美等发达国家的过程中，对这些国家对教育之重视、学校教育质量之高、科技与人文人才之层出不穷深为感慨。对于中国教育的落后，对于大力发展教育事业、培养人才的紧迫性有了清醒的认识。胡文虎意识到，教育是否兴旺发达，对国家的发展至关重要，只有从基础上提高国民的文化，才能让国家摆脱愚昧落后的状态，走向富强。自此，重教兴学，特别是大力普及义务教育，就成为胡文虎资助慈善事业的重点目标。

第一家“永安堂”分行于 1921 年在香港开设。同年，胡文虎与客家人领袖共同筹建了香港崇正总会，并捐资 2 万元，用于机构办公地点的建设。自此之后，他长期支持香港崇正总会，尽心尽力，建言献策，参与管理和决策。1928 年，胡文虎当选为会长，并被推选为永远名誉会长。

“永安堂”于 1923 年在新加坡设立分行，胡文虎又参与支持南洋客属总会的筹建。新加坡客属总会于 1929 年成立，推选胡文虎为会长。20 世纪 30 年代中期及以后，新加坡客属总会逐渐成为团结客家人的主要组织，与全球 100 多个国家和地区的客家团体保持联络。在此期间，胡文虎逐渐成为新马华侨社会的领袖，承担起加强各地侨胞之间联络、协作、团结、互助、文化传承等事务的重要责任。

海外客家人的族群观念与家国同构的爱国观念有着本质的同一性。20 世纪上半叶，海外客家华人经历了从一种相对简单的、出于本能的族群认同到相对宏阔的中华民族国家认同的思想演变过程。进入 20 世纪 20 年代以后，一方面由于战乱；一方面由于近代工业社会以来的交通相对发达，从大陆迁徙到东南亚定居的华人越来越多。在与当地人相处的过程中，在祖国故土遭受灾难的特殊情境下，华侨力量被广泛地团结起来，并且越来越强化，形成牢不可破的华侨势力。近代亚洲华侨因为距离祖国大陆较近、有文化和经济优势，所以他们相对于欧美华侨更常以强势的态度致力于追求民族和国家的认同感。

胡文虎的家国同构的观念曾体现在一件很有象征意味的事情上：当胡文虎

意识到海外华人群体在抵制歧视上必须有所作为，要“为国家争回些体面”的时候，他向华人免费开放了自己在新加坡等地斥巨资建造的虎豹别墅、万金油花园，供华人参观和游玩。把自己的家给华人共享，无论是从形式上还是从心理上，都在契合一种朴素的家国同构意识：我的家就是你的家，只因我们都是华人，都来自一个国家。

在家国同构的思想体系下，胡文虎能够以民族、国家利益为出发点来施行善举，他出资援助华侨难民回国安居。他认为，中国人在国外因生活贫困而流落街头，甚至以乞讨为生，不仅贻笑外人，而且有辱国体。出于“人道计，为国体计”胡文虎认为既然有这个能力，就有责任帮助贫困的侨胞回国安居。同时，他也对国民政府在这类事务上的缺失提出了批评：“彼外人之流落异地者，其政府必设法遣之回国，独吾国则付之缺如，诚为憾事。”胡文虎对祖国体育事业的支持也充分彰显了他的拳拳赤子之心。胡文虎说：“体育可以挽救萎靡意志，锻炼国民体格，发扬民族精神体育是强国之道。”

胡文虎心系祖国的前途命运，始终关注着祖国的发展，并显示出越来越强的国家民族意识。星系报业中的各类报纸所发表的文章经常宣扬三民主义，宣扬实业救国，提倡支持国货，支持发展中国的民族企业，也经常宣传发动华侨回国投资，支持祖国建设。“九·一八”事变爆发后，以胡文虎为代表的海外华人团体在民族国家危机来临之际，进一步从较强的客家族群认同上升为民族国家意识。胡文虎旗下报业发表大量文章，积极宣扬抗日救国，在舆论战线所呈现出来的祖国人民高涨的抗战热情感召下，海外华侨也积极投身抗战，为祖国提供一切必要的支持，做出了彪炳史册的贡献。

（三）林瑞岗、林瑞佑兄弟的慈善贡献

在清末安海善商群体中，林瑞岗和林瑞佑弟兄二人较为知名。他们的善行善举不仅在当地流传，更是传播到福建以外。同时，随着时间的流逝，他们的慈善事业不仅没有消散，还被其后人和家乡人不断追述，成为晋江的一张历史名片。兄弟二人引起世人关注和崇敬主要有两个因素，一是诚信经商而致富；二是不遗余力致力慈善。其中，弟林瑞岗在上海发展良好，成为粮业巨贾之后，顺应发展需要，捐官从四品，并在丁戊奇荒中捐资额度大、发起义赈屡建其功，因此在当年更加知名。而其兄林瑞佑早年在厦门打拼，奠定了林家后来

发展的基业，在林瑞岗转战上海之后，林瑞佑坐镇厦门，其管理的振隆号米行，发展成连锁经营的著名商号，为日后兴办慈善奠定了资金基础；瑞佑虽为兄长，却晚于弟瑞岗去世，在弟弟身后，他延续了兄弟二人创下的慈善基业。因此，谈及林氏慈善，必须二人并提方见全貌。

1. 林氏兄弟的出身与财富积累过程

（1）林氏兄弟的出身

林氏兄弟家族源属于晋江安海林氏，二人之父林纯玉是贫苦的小商贩，中年丧妻。林瑞佑，乳名助官，据《陈江林氏族谱》中的“助官公生平行实纪录”记载：“当夫少壮时，家贫亲老，子若弟犹在稚龄，菽水之供，一身任之，虽经营况瘁，百凡艰辛，亦必期有以养亲顺亲焉。父逋巨姓之债，几为所窘，公不忍父之忧困，遂割爱而卖子以偿。中年遭纯玉公病，奉侍汤药，必致其诚，及卒，殡殓葬祭，亦尽其礼。噫！公之孝于亲如此，其即子路为亲负米，董永卖身葬父之意也乎。故天之报施不爽。”（《陈江林氏族谱》，手抄本，第 68 页。）林瑞岗，乳名崑官，关于他的少年时代，据“崑官公生平行实功名”记载：“公六岁失恃，从父谋生于厦门，少时颇窘。”（《陈江林氏族谱》，手抄本，第 71 页。）此种家境中，兄弟俩一个无力进学，一个读书有限，先天不具备读书入仕这条最优路径的条件。不但如此，从瑞佑这段史料可以看出，林家父子三人身背重债，正是处于“贫穷陷阱”之中，不要说没有经营生意的启动资金，以此摆脱贫困，就连抵偿债务的资金也无，竟然需要卖子以偿。当时的清政府，已经处在内忧外困的前夕，无论是中央还是地方，缺乏足够的税收和调度能力来实施善政，如林瑞岗当时这样的家庭状况，已是越加普遍。

即使如此，兄弟二人依然守正蓄力，多方自谋出路。“未几公往厦十余年，始而受佣于人，继而经营生意，行囊稍充，家计暂立。”（《陈江林氏族谱》，第 68 页。）

（2）林氏兄弟的财富积累过程

父子三人选择了去厦门谋生。初期依靠熟人关系在码头出卖体力赚钱，后来在粮行商号做伙计，逐渐升任掌柜经理人。林瑞岗秉持让利诚信的商业理念，赢得更多同行的信任，积累初期财富后，创设自己的粮行“振隆”号。几年之内，因其辛苦劳作、经营有方，林家商号发展壮大，便由林瑞佑在厦门经营。瑞佑有一子名嵩华者，后过继给瑞岗，当时，瑞佑“诸子成长，阁奎辈精会计，偕叔经营外地。”（《陈江林氏族谱》，第68页。）“嗣瑞岗、瑞佑昆仲均习计然，而瑞岗尤善经营谟操，奇赢多得，当远涉中外，往返瀛海于吴淞巨镇，魁然成巨贾。”（《纯玉林公继配诰赠淑人懿俭张太淑人合葬墓志铭》，《陈江林氏族谱》，第43页。）瑞岗去上海开拓业务，创建了“振隆春”号粮行，后凭借早年与小刀会首领交情，在洋人与急需粮草的小刀会中间运筹帷幄，既赚取了洋人的钱财，又帮助了小刀会的朋友，同时进一步积累了资本，在十里洋行中间赢得了声名。

从林瑞岗的案例来看，林家米粮贸易往来于吕宋、厦门和上海、天津之间，货物原产地、周转批发地和最终贩售地之间的贸易非常繁荣，此种情况归因于近代南北运输的打通，也源于当时兴起的银行金融业。这些条件，也使得社会民间资本得以积累并快速流转，为商人、民间组织在慈善事业中成为中坚力量提供了前提。

2. 林氏兄弟主要慈善事迹

（1）林氏兄弟的慈善机缘

林氏兄弟成为富商之后，瑞岗结识胡雪岩、郑观应、冯桂芬等，受这些人影响和劝说，于同治七年（1868）捐了同知衔，走了一条商而优则仕的道路。自古以来，商、官、绅三者交往密切，但是三者身份有别，中间有着不可跨越的身份壁垒。而到了晚清时期，三者身份往往集于一身，这也反映了晚清权力下移、地方自治空间扩大等新情况，社会民间组织力量得以发展，这也使得由官府主导而社会协力办理慈善的近现代慈善模式在中国建立发展。

林瑞岗多年经商，积累大量人脉，商界如胡雪岩、葛绳孝等买办商人（胡雪岩依靠的政治人物是左宗棠，葛绳孝依靠的是曾国藩，二人因曾左不睦而甚为疏离，但是林瑞岗与二人均因发起义赈而深入交往，并未因政治利益和私人恩怨分别对待），政界如左宗棠等实权派人物（左宗棠于1863年任闽浙总督并于1866年创办福州船政局时，瑞岗正是在上海与胡雪岩相熟之时）。在财力和人脉具备的时候，他认为参与慈善、主持善举的时机已经成熟。同时，他在华洋杂处的上海又目睹了各类慈善机构和慈善模式，感于应由华人更多参与慈善才合情合理。所以，在遇到“丁戊奇荒”这样急需公益慈善力量施以援手的时候，以此为契机，他不但直接捐资捐物，积极响应清政府的官赈，同时，他还积极发起了民间义赈。据《上海经募直豫秦晋赈捐征信录》记载：

“林瑞岗、葛绳孝、沈善经、郑观应、顾寿松、周昌龄、王承基、徐润、褚成宪、方德骥、屠成杰、张斯臧、李麒策、钱征、曹思绅、王尧阶、经元善等经募”，共向胡雪岩等人募集规银 86814 两，而瑞岗和其兄瑞佑也亲自捐银。

事实上，在沪 20 年中，林瑞岗与林瑞佑书信往来，二人多次表达心系家乡之情。于是，在其 45 岁之时瑞岗离沪返乡。在上海参与慈善活动后，林瑞岗具备了现成的资金、人脉和成熟的经验，这使他更顺理成章地考虑在家乡经营慈善事业。他回归乡里后，得知龚丕清、史昌德等当地乡贤在街坊邻里劝行善事，更有同乡贤士倪人俊早在道光二十四年创设的育婴堂作为标杆，兄弟二人深感“德不孤必有邻”，于是致力于兴办善局，以此为中心施行慈善义举。而善款正是来自兄弟二人多年经营积累的钱财，以及各处粮行、油行、当铺等商号继续运转所营利润。兄弟二人幼年贫苦，曾受人点滴接济，而滴水之恩涌泉相报的感恩之情，正是其晚年回馈乡梓的动因之一。

与林氏兄弟同时代的安海精英中，乐善好施、传播慈善、回馈乡里等行为和意识比较普遍，形成了一个安海慈善现象，如前文提到的倪人俊和其女倪端仪，倾其全力经营安海育婴堂；又如，与林家宅邸大巷相邻的通天巷，更是孕育出很多知名慈善家。这种同气相求的感染效应，也是林氏兄弟发起慈善事业的重要原因。

（2）林氏的慈善模式和慈善管理机制

林氏兄弟的善行善举主要依托于以下几方面。

一是经营以慈善活动为业的实体组织。林瑞岗第一次经营善局，是在上海重振果育堂。他利用个人影响力，组织胡雪岩、郑观应、葛绳孝、陈笙郊等人，寻找合适的处所以办理慈善，后众人锁定了果育堂。这所善堂是道光年间由江驾鹏、费培镇、欧锡麟等人租县城内庄家桥民房创办的义塾，当初主要功能是吸收贫民子弟入学，取自《易经》中“山下出泉，蒙，君子以果行育德”教义而命名为果育堂。咸丰八年（1858），该善堂迁至袁公祠旁空地，增设施棺、掩埋、赡老、施药、消防等慈善项目，可惜后来衰败。借此契机，正好可以利用起来，成为一所常年运转、发挥更多功能的善堂。借助果育堂，林瑞岗在华北义赈中，多方筹集善款，所购物资，帮助直隶、陕西、山西、河南等地抗灾纾困、救济流民，使灾民不致因哀生怨，形成不稳定的对抗力量。当时，东南地区的善堂善会组织，充分汇集了民间慈善力量，缓解了灾难对整个社会造成的巨大冲击，对防止由灾害引起灾变，发挥了重要作用。

也是在这个意义上，发起义赈、捐资助赈的善行受到官府重视，光绪三年，刑部尚书皂保启奏光绪帝，准请赐给林氏昆仲“乐善好施”字样，依例在原籍建造牌坊。这一嘉奖使林氏兄弟更受鼓舞，于是，兴建善局以施行善举成为值得复制的做法。考诸史料，林家慈善的经营方式和经营理念主要移植自上海的慈善模式。在沪多年的林瑞岗，见识了江浙一带尤其是上海的新型慈善，其特点是：其一，由民间自行组织劝赈、自行募集经费，并自行向灾民直接散发救灾物资；其二，借助《申报》等媒体在内的公共空间来传达灾情，发起筹募资金的组织行动，把钱款去向、赈济效果回馈给公众；其三，由善堂善会承担大而全的慈善活动，由林瑞岗及其侄子林嵩华共同振兴的上海果育堂，是集合临时接济、施医授药、修桥修路、养老育孤等职能的综合善堂，借助善堂，在上海这种大都市里，实现了基于乡村社会生发的“鳏寡孤独废疾者皆有所养”的上古理想。

以上这三个特点也正是果育堂显示出的优势经验，所以，林瑞岗回乡后创建的明善堂，结合安海地区风俗，复制了果育堂经验。第一，兄弟二人在安海林厝附近购置13家商铺，同时自己又创办了裕元号当铺、德芳号油行，将白银五千元储存在明善堂中，以备不时之需。第二，据《明善堂碑记》记载，二人又借助影响力，请进士林梁材、乡绅陈梦元、王国治等人士多人多方筹资，泉南一地，无有不响应者。第三，明善堂处于安海一地，包揽了施粥舍衣舍药义葬等传统慈善项目，还适应闽地地方特色，发挥了宗族法堂的作用，邀请远近乡绅，公断纠纷，承担了一些平息事端、解除诉讼的职能。明善堂创办后，使得安海“阖镇贫乏之家，孤寡有月资，疾病有医药，死亡有棺沟，行李困乏资助，济急扶危”，收到了良好的效果。

二是修桥铺路、修缮寺庙。林氏兄弟留存至今的慈善业绩，当属遍及安海甚至远及金门的桥梁。主要捐资或劝捐修缮的桥梁道路有：安海东桥、安海东村吕陂桥、安平桥、金门石桥、皇恩东桥、坂美桥；曾埭上林古陵等。主要修建的寺庙是安海龙山寺，这座寺院在当地香火很盛，占地面积大，是当地信众礼佛的重要公共场所，在明清经过历次修缮，是台湾五座龙山寺的祖庙。

三是倡办育婴堂，发展养教结合模式。听说陈江乡建立育婴堂，兄弟二人于光绪二年（1876），捐银1500元。光绪八年（1882），林瑞岗又为泉州东部的惠安、崇武乡倡建育婴堂，捐银600元。此时闽南的育婴堂，不仅负责抚养弃婴或孤儿，还开展教育，使儿童接受基本的生存技能教育，使其将来能独立走向社会。有些孩子在具备了珠算、记账等能力后，就在安海一带众商铺中作为学徒伙计，参与商业经营，成为能够独立生活的社会人。

3. 林氏兄弟的慈善行为动机

结合林氏兄弟善行善举，以及书信往来和时人评价，可以发掘出他们的慈善动机。如上文所说，林瑞岗曾捐官从四品，其兄林瑞佑也因“捐需助赈，例授国学生旋加贡，以子阁奎同知赏戴蓝翎，特赠四品封诰，原配王氏例封恭人”。（《陈江林氏族谱》，第68页。）二人通过捐资助赈，以平民商人出身，获得下至台湾兵备道刘璈、上至光绪皇帝的官方嘉赏，实属备极尊荣；在二人事业所及之地，无论是家乡福建，还是江南核心之地上海，还是权力核心京畿直隶等地，他们通过经营慈善，织就了人际关系网络，形成了道德号召力。因这两点，他们完成了由传统商人向儒商的转变，以商人追求资本的思维为出发点，道德资本也是一种回报进而再投资的资本。

道德投资是一个个人、团体甚至国家，因舍己利人的行动，传递友善、撒播善念，从而收获合作的过程，实际上是某个实体凝聚软实力的过程。从世俗层面来看，林氏兄弟的慈善行为，是有以捐资助款来换取社会尊重的心理因素、以有形成本进行道德投资的浅层动机，然而，这并不能完全解释林家慈善与同时期一般捐资助款行为的区别。

之所以说林氏兄弟的慈善行为并不局限于积累道德资本这一浅层动机，是因为这一动机实际上仍然停留在奖赏机制的逻辑中，这种动机驱使的慈行善举恐怕不能持久。而反观林氏兄弟，二人动辄捐资几千银元，而且但凡目力所及，逢难必捐，逢善必行，持续二人一生。另外，他们是在多方参与义赈后，声名不胫而走，官府的嘉奖实属不期而至的结果。由林家资助的育婴堂，全然是一种非功利、无回报的善堂。所以，林氏兄弟的慈善行为，必然有更高级别的深层动机。

（1）儒家财富观的驱使

林氏兄弟祖上由宋高宗时迁入闽地，其历代祖辈中以何为业，均已不详。兄弟二人均上过几年私塾，读过三百千千的蒙学读物。从族谱的记载来看，二人在算数上较常人有优势。从对几处屋所的命名来看，林瑞岗应是有基本的文字学养。据史料记载，在为家乡善堂命名时，瑞岗取一“明”字，正与“大学之道，在明明德”之理相通——若欲得之，必先明之；若行善举，须先知善。在为重新修复的祖厝花园命名时，瑞岗为其取名“衔远别墅”，衔者，蕴藏也，意寓林家后人志存高远。

从后人对他们的评价来看，二人均合乎儒家道德观中的评价。兄“助官名瑞佑，字前贤，号理堂，纯玉公之长子。生平忠厚，仁慈及物，孝亲而友弟，信友而睦宗，施恩不务虚名，作善求实行，处贫不论，居富不骄。其为人之诚笃，远近咸称为忠厚长者焉”。尤其在其发迹之后，仍保持仁厚诚笃的底色。“得创业垂统，营华屋，造丕基，而家道大丰足矣。然公不以富而骄奢，仍勤而朴素，惟行义举，不惜重资，造桥修路，倡新龙山禅寺，重建西迁祠堂，恤孤怜寡，济困扶危，种种善行，难以枚举。”后来，因“捐需助赈，例授国学生，旋加贡，以子阁奎同治赏戴蓝翎，特赐四品封诰”，得到朝廷嘉奖，可谓名正言顺。另据史料及林家后人述说，他们有一得力助手，名为叶纶，是刚入厦门之时招募的伙计。在兄弟二人赚得第一笔银子之时，交给叶纶存入银行，正值叶纶之兄遭到欺骗后入狱，叶纶为救其兄，卷款回乡，却救兄未成、又遭毒打，后林氏兄弟不计前嫌，仍让叶纶继续供职，主雇关系良好依旧，二人对待叶纶之举，可谓以德报怨。另外，兄弟二人在修复祖厝之后，继而重新整理祖坟，借此时机，他们兑现了父亲的遗愿，把父母先人各处孤冢合并为一，完成这一重大事项，是对先人的告慰。此行此举，对于兄弟二人也是一种慰藉，这种心理，从合坟后林氏兄弟特请进士林梁才撰写墓志铭就可以看出来。

以上种种行迹，说明林氏兄弟深受儒家思想熏陶影响，从而形成了儒家式的价值观和财富观。关于他们的财富观，在林梁才为记其事、为诵其人而撰写的墓志铭中就有所体现：“淑人有德，抱孙若儿，儿又有孙，实德之诒。子孙食德，财由德基，惟德有财，匪聚而施。施财值德，食报攸宜，寝昌寝炽，盱此铭辞。”虽然该墓志铭是颂扬二人祖母以及父母的，但是其主旨正显现了林瑞岗林瑞佑的财富观。“惟德有财，匪聚而施”，正是兄弟二人财富观的写照，即自己并不是资财的最终承载者和消受者，而是资财的枢纽，因德而产生的财，暂时汇聚在自己这里，最终还是要通过合适的时机施散给众人。而捐资助赈、经营善堂等慈善方式，正是合适的财富使用方式和施散渠道。由此可见，儒家的财富观是林氏兄弟开展儒家式慈善的前提。

（2）儒家积善成德、立德不朽理念的驱使

儒家重德轻财的财富观，又与儒家重义轻利的价值观具有内在一致性。商人的天职是在不同价值的交换中谋求其产生的利润，追求瞬时性是由其本质决定的。可以说，逐利的天然本性与儒家重义轻利的观念本来是有冲突的，但是，积累到一定财富规模的商人，必定面临对即时利益与永恒价值取舍的思考。受过儒家教化的人，因为有了对永恒价值的理解，至少在内心建立起一个比较的维度，即能够清醒地分辨有价之财与无价之义，有了这一高下境界的认知，其实是能把逐利需求拉回到理性轨道上的。这正是产生儒商的文化基础。安海一地会出现林瑞佑、林瑞岗这样的儒商，与当地的儒商传统有直接关系。安海“民业儒商，又经二朱先生过化，是以科第之盛宋元于今，商则襟带江湖，足迹遍天下”，二朱即朱松、朱熹父子。在南宋建设安平桥之后，设立了安海镇，朱松被派到这里做镇监，同时把教化带到这个闽南偏远之地，他用义重于利的儒家思想教育当地人，对当地形成儒商传统影响较大。

儒家思想中不仅具有对待财富的理性态度，还有积善成德、立德不朽的观念，在这种观念指引下，要想实现立德的需求，很容易就找到施行慈善这一实现途径。施行慈善最需要的就是资财，对于商人来说，资金正是自己最不缺乏的资源，把有限价值的载体——资财，通过慈善的方式，转化为无限价值的载体——德行，就是商人追求不朽的独特方式。正因如此，儒商很容易发展为善商。

孟子说：“苟为善，后世子孙必有王者矣。”孟子说的王者，并不是狭隘的某一政权之王，或是金钱财富、声望权势的主宰者，而是超越时代的精神王者，是创造价值观念的开创者。当然，现实世界中，真正达到这一层面的人物极其罕见，在儒家的精神谱系中，只有尧、舜、禹、周公、孔子这些人可以称为王者，面对这些先贤，活在当下的人，很难超越这种意义上的王者，但是，仁、义等儒家核心价值观，让每一个有超越性追求的个人，都可以有所依托，可以借此超越沉重的肉身。同时，每个个体的追求，在肉身的血脉传承中，又凝结成代代相传的精神，这种精神积淀聚合之后，又可以滋养出某个具有王者气象的个人，他必定是集德、功、言于一身的灯塔式的人物。在这个意义上，为善是实现内在超越的重要途径。

（3）儒家家国同构传统肇始的慈善动因

晋江自古以来就是侨乡，其地居民，无论是经商还是外出做工，都必经海道出行。较近的目的地，上至江浙、蓬莱，下至潮汕；较远的目的地，就要远涉重洋，东至澎湖、台湾等，南下吕宋等菲律宾诸岛、印尼诸岛、越南、马来亚等异国他乡。在跨洋谋生中，泛海本就不易，旅居他乡，更是巨大的挑战。在长期应对不确定因素、规避风险的经验中，为了报团取暖，闽地沿海居民形成了更深切的族群认同。宋代以后进入福建的客家人，作为移民，因为要保持其宗族信息的完整可靠性，保证其中原身份的纯正性，多数家族都注重记述宗族信息，通过修订家谱、族谱，使宗族信息确切无误地传给后人。客家人初期由赣入闽时，主要居于闽北、闽西，随着南迁进入闽南、岭南，除了通过语言和衣食方式等保持中原身份的纯粹外，还在以大家族形成的村落中心修建祖祠，以祠堂为核心展开村镇的社会生活。闽南原住民与客家人逐渐融合，中原文化与海客文化也逐渐融汇，两种文化因不同的缘起而有相同的重视族群认同的习惯，因此，到了明清时代，闽南人对家族传承的执着，有着其他地区无可比拟的程度。

明代后期，正值荷兰人纵横印度洋至南太平洋的时代，明朝军队无法驱逐荷兰人，居于闽、粤的华人，只能在明朝廷、倭寇、荷兰人和葡萄牙人各方势力的竞逐中，赚得一份生计（机），其中，带领荷兰人占据中国台湾南部的李旦和他的从属泉州人郑芝龙，就是典型的间于齐楚、身份复杂的人。郑氏父子依靠海上军事实力，多年雄踞台湾海峡，势力遍及南洋，对闽台的影响力一直延续到清代前期。与郑氏政权同到台湾的，还有以儒家为代表的汉文化。台湾人接受汉文化后，又通过认祖归宗、与内地加强交往等行为反哺大陆的汉文化，强化着彼此的血缘认同和文化认同。由清初华人大量移居台湾，至清末，大量的海商在海峡两岸贸易交往，其主流价值观都是诚信经营、善行天下，都重视同姓、同宗、同族等亲缘关系，在亲缘关系的号召下，发展社会组织，如同乡会、同业商会，由此在商业环境中，通过老乡彼此帮扶，构筑商业人脉网络。这种老乡帮扶，就是儒家慈善理念的一种实现渠道。

回到林氏兄弟，瑞岗在上海经商事业的发展，依赖的正是上海的安海同乡。另外，于光绪三年（1877）发起“劝赈京畿”的刑部主事黄贻楫，正是林氏的安海同乡，应黄贻楫之号召，林瑞岗“捐银一千两，会事毕，转充资善堂工程经费”。林与黄大幅度参与应对丁戊奇荒的慈善活动，不仅是对赈灾纾难责无旁贷的同知共感，也是作为同乡在公益行为中的彼此相助。

另外值得注意的一点是，近代商人慈善的行为，明显地出现了跨地域性，这也是通过近代邮船铁路等技术发展实现的。比如林氏兄弟不仅在闽南一地开展慈善活动，他们的慈善施与对象，还涉及了华北地区，而其慈善方式，也突破了传统的由政府主导的方式，从政府发放实物的赈济形式，变成通过票号异地兑现等金融方式，使善款迅速调度到受灾地区。在全国大范围的赈灾活动中，信息、资源快速流动，一次赈灾等于是一次充分的社会动员机会。在近代，每一次这样的社会动员中，国族意识都被建构、被强化，国族是比家族更高的想象共同体。虽然起源于欧洲的民族国家观念被中国人接受，是一个长时间的过程，但是从一家一姓到一族一国，儒家的家国同构理念，在国族认同和“国家”快速建构的过程中，发挥了重要作用。以共同的民族国家名义动员下，慈善活动有了更充分的理由。

由以上可以看出，儒家思想为近代善商提供了两种价值资源，一个是儒家思想探索出的一条特殊的超越性路径——内在超越（其实这是儒家与道家、佛家融汇而成的一条路径），这是中华文化为人类思想贡献的一个独特思考；另一种资源则是以家国同构传统为肇因形成的有效社会动员能力。

（4）闽南地区的社会文化心理积淀

闽南地区的文化特质十分多元复合，总体上是以家国同构的社会想象为根基、妈祖信仰组织为纽带，并且海峡两岸的慈善心理源头十分相似。如果说三不朽追求是文教之士的主要价值诉求，那么基于各种神道教门的民间信仰则是普罗大众的精神寄托。在闽南一带的民间信仰中，信众较多、比较有影响力的民间信仰当属妈祖信仰为最。妈祖信仰正是起源于泉州，宋代女子林默娘的形象，发展为海员与渔夫的保护神。17 世纪后期，闽、粤之人逐渐移居台湾，到了 18 世纪，闽南人从迁居台湾的先驱成为主力群体，妈祖信仰在台湾落地生根。清代的吴子光认为，在台湾，“独天妃庙，无市肆无之，几合闽、粤为一家焉”，妈祖庙遍及城乡，成为联结两岸的信仰纽带。有了共同信仰的联结，外来人与本地人展开贸易活动就具备了信任基础。林氏兄弟开创基业的米粮贸易，其货品来源主要是江浙和吕宋，而从吕宋进口的粮食，正是经过台湾商埠中转而运到厦门、泉州的。

台湾在清朝的行政统辖中，虽然屡次升格，其与内地的同质性也随之增强，但是，毕竟有一海峡之隔，其少数民族文化与各种外来势力留下的政治文化遗产，都是阻隔海峡两岸深入融合的实际障碍。而妈祖信仰，却是在神教信仰的层面，起到了两岸民众黏合剂的作用。妈祖信众的修行聚会之所，是遍及台湾、澎湖、金门、厦门的妈祖庙，妈祖庙既然是信仰落实到行动的现实场所，也就承担了布施、赈济等慈善会所的功能。很多地区都以妈祖庙为中心形成自然村镇，如清雍正五年（1727），“析台湾县设澎湖厅，治妈宫”，据清代行政治理惯例推测，所谓“治”妈宫，即朝廷设立澎湖厅治理原有的妈宫地区，这个妈宫地区，正是以妈祖庙为核心形成的自然村镇社区。也即先有因妈祖信仰聚合而成的自治社区，后有中央政府的派出机构进驻社区，施行行政治理。在这个过程中，妈祖庙从信仰场所演变成村社治理场所，又承担了官府施政的空间功能。

据《澎湖厅志》记载，时值光绪七年（1881），台湾澎湖等地遭受较大水灾，致使流民遍地，饥民陡增，“轮船管驾都司卫梁梓芳至台湾，面陈台湾道张梦元，准以轮船渡载饥民赴台觅食，前后载往者数千计。八月，新任通判鲍复康至……抚慰饥民，命绅耆查明户口，分别极、次、孤、贫，各造清册，于妈宫澳设筹济公所……新任道刘璈至台湾，复发米四千万石……刘璈又筹款五千金，提税（釐）项下三千金，采买薯丝五千余担。台湾镇道以下，合捐二千金……兴泉永道孙，亦设法购运薯丝七百包。于是安海绅士林瑞岗捐薯丝六万斤，厦门绅士捐四万斤……厦门行商金广隆等及安海职员林嵩华，共捐薯丝一千二百九十三袋”。文中提到的“妈宫澳”，正是澎湖厅的区域中心与行政核心。在共同的妈祖信仰之下，闽、澎、台三地之人构成了一个价值共同体。在此共同体之中，政令得以顺畅下行，施与慈善的一方，其主动性能够被顺利地调动起来，善行善举因此达到了较好的效果。文中提到的刘璈，为感谢兴泉永道所辖之地的士绅，用赠送匾额的形式进行表彰，其中就包括捐赠了六万斤薯丝的林瑞岗。刘璈所赠牌匾题为“行道有福”，直接把“施善”与“行道”等同起来，这也是当时把慈善与儒家价值追求联结起来的一种体现。

（5）佛教布施利生观念促成的慈善动机

古代社会中，家庭中的男性是家族形象在社会上公开形象的代表，而女性实际掌管着家庭的内政，这种社会分工延续久远，是维系社会稳固的重要机制。对于家庭资产的使用和分配，包括母亲、妻子在内的“家妇”都有充分的参与权。对于大家族来说，较多的资产使得资产配置更为复杂，更加考验妇女的智慧，也更能体现家妇对财富的态度。把家庭资产通过善行善举施诸于社会，不仅是家庭中男性的决定，很多时候是女主人意志的体现。

关于林瑞佑的夫人，《陈江林氏族谱》中有所记载：“原配王氏，例封恭人，系南邑山前乡王开芳公之次女，当微时指腹为婚，二十一岁归公……曲体翁姑欢心其执妇道，孝事不衰，秉性贤淑，持斋奉佛，济僧布施。遇贫穷多方提携，恤孤寡不吝厚资。训儿有方，抚侄若子，男婚女嫁，办理有条，直使公享安闲之福，免内顾之忧。人称女中丈夫，良不诬也。”从中可以看出，王氏是有佛教信仰的。她的慈善行为很多，其施善对象不仅是缺乏钱财的“贫穷”和“孤寡”，还包括僧人。由此看出，佛教的布施利生观念，也是促成林氏家庭不断施行善举的动机之一。

（四）泉州安海通天巷的近代闽商慈善

1. 晋江安海通天巷简介

晋江安海属于闽南民系，闽南人以闽南语为母语为特征，主要分布在福建省东南部的厦门市、泉州市、漳州市、龙岩市、三明市的大田县、尤溪县、福建中部莆田市、仙游县等。闽南文化是中华传统文化的重要组成部分，在闽南文化中，中华文化的包容性、统一性、家族本位、崇儒重德和乡土情谊等典型特征都有体现，同时又具有自身典型的特色。闽南文化吸纳了长江以南的百越文化、南洋文化和西方文化融合交织而成的独特文化精神特质，屹立于世界文明之林。

安海位于泉州市东南沿海、晋江市西南部，与金门岛隔海相望，是泉州、厦门之间的重要交通枢纽。安海镇始建制于南宋建炎四年庚戌（1130），距今近 900 年历史。安海的名胜古迹众多，“千手观音龙山寺，安平长桥卧海湾”，中原文化、海洋文化、宗教文化、商业文化在这里完美融合。安海是“闽学开宗”之地，自古以来文脉相承，历代文人荟萃，学风鼎盛，薪传不息。宋代著名理学家朱松、朱熹、朱在三代人在安海倡学兴教，开堂授课，使得安海文风更盛。泉州文庙的明伦堂曾有一联曰：“圣域津梁，理学渊源开石井；海滨邹鲁，诗书弦诵遍桐城”，说的就是“二朱过化”的这段历史。此外，因郑成功也曾在安海留下足迹，又有“朱文郑武”之谓。

“通天巷”是古镇安海的三十六条古巷之一，因比一般巷子长出许多而被命名为通天巷。它北起馆口巷（现已并入成功西路），南达石狮巷，自北而南贯穿大半个老镇区，它的终点直达宋代始建、长达2255米并且号称“天下无桥长此桥”的安平桥畔。通天巷的两侧有龚厝埕、尿盆巷、泉州伯巷、吕厝崎、露阳巷等支巷，而支巷又与其他小巷互通，整体上的建筑风格处处可见出砖入石、塌寿大门以及燕尾屋脊等闽南建筑元素。巷中千百年来走出了许多文士名儒、侨商巨贾以及慈善大家。

安海民间向来有慈善传统。2021年7月25日，安海的安平桥作为“泉州：宋元中国的世界海洋商贸中心”遗产点进入联合国教科文组织世界遗产名录，作为世界上迄今的第一长石桥，安平桥的建造就是由南宋儒商黄护捐建的。事实上，黄护倾其资产创造了安海文明史上的三个第一：不仅主持捐建了安平桥，还创造了闽南第一座妈祖神庙“天妃宫”，此外还捐地建了石井镇廨，即安海历史上第一个“镇政府”办公署，其后来与誉称闽南文化摇篮的石井书院与朱文公祠融为一体。

据《安海志》记载，南宋时期，安海渡口与对岸南安水头镇之间，有一道五里宽的海湾相隔，往来百姓只能乘木舟搭渡。台风天时，潮水汹涌，时有险情。已届知天命的黄护，与安海龙山寺和尚释祖派和释智渊交往甚密，恰好这两位法师是出名的造桥专家，对于造桥，大家不谋而合。公元1138年，黄护捐出一千万文铜钱，开启了造桥大幕。可惜，由于工程巨大，千难万险，黄护终积劳成疾，58岁就病逝了。而其子黄逸承父遗志，在当时泉州太守赵令衿的支持下，最终于公元1152年将桥建成。

时至近代，以陈清机为代表的华人华侨身在异乡，不忘故土。他们实业救国，回乡建立了“闽南民办汽车路股份有限公司”“泉州电灯电力股份公司”等企业；他们造桥铺路，铺设了泉安公路、灵水至石狮及青阳至石狮等8条公路；他们倡教兴学，先后创办了养正、灵水、可慕、培基、启惠等小学和养正中学、安海侨中、灵水中学等学校；他们投身基础建设，捐资创建了安海医院；他们热心公益，创立了飨保堂、育婴堂、明善堂、明诚堂、长庆社、福寿社、有怀堂、仁德堂、普济社、好善堂、民众医院等慈善机构。

2. 倪人俊家族与安海育婴堂

中国近代历史上，由于重男轻女的观念深入人心，很多地区遗弃和弃养女婴现象十分严重。到了清代前期，闽南泉州一带这种现象尤甚。清道光二十四年（1844），仅安海近郊的弃婴有据可查者就有453人。

通天巷的慈善家倪人俊生于道光年间，字子范。道光二十四年（1844），作为秀才的倪人俊在赶往省城参加科举考试，半路上他看到沿途不止一个被遗弃的女婴，不免生起恻隐之心。虽然经过了多年的苦读，他也很希望能够考取功名，但是良知驱使他半路改弦易辙，毅然放弃自己的功名前途，仁以为己任，去承担另一种使命。他毅然决然返回故乡，把随身所带的赶考盘缠全部拿出，开始着手设立安海育婴堂，专门收养女婴。随着时间的推移，育婴堂在安海的名气越来越大，收养的女婴也越来越多。由于日常开支的加剧，育婴堂的运转面临着极大的考验。后来，难以维系之下，倪人俊开始变卖家产支撑育婴堂的日常支出。见此情形，倪夫人也感到了巨大的压力和对丈夫的担忧，但倪人俊却非常坚定地要把育婴堂办下去。

安海育婴堂之设，为当时闽南仅有的女婴救助慈善机构。据《安海志》记载：当时“凡晋、南附近有抱女婴至堂者，一概收容，雇乳母哺育。有人抱作苗媳（即童养媳）或养女者，须托本街店保，方许抱去，不取分文酬谢”。为了办好这一慈善事业，育婴堂设立董事会，推举倪人俊为首任董事长，掌管堂务，建立收容、领出、保育、财务等制度。这些管理制度沿用至今，堂中还保存数百本清册，记载100多年来所收养的2万名婴儿的有关资料。

如果想把育婴堂办下去，就必须想办法筹措资金。走投无路的倪人俊想到了华侨群体，他克服艰难险阻远渡重洋，前往新加坡、菲律宾等地筹募款项，发动那里的华侨帮助家乡的婴儿们。可以想象的是，100多年前的内忧外患之下，海上的旅途必定是充满险恶和不测的，除了自然威力带来的风大浪高，更会大概率遇到海上劫掠的海盗，来往的旅人为此付出生命的事时有发生。一次次死里逃生的海外募捐，让倪人俊饱受艰险和磨难。由于长期的积劳成疾，他最终没能撑过人生种种的磨砺，生命定格在第47个年头。然而，九死而不悔的倪人俊，即使在临终时依然惦记着育婴堂，他把两个儿子叫到床头，留下最后的遗言依然是：“济世利人，办好育婴堂。”

倪人俊之子倪孙廉继承父志，从光绪十七年（1891）接任第三届董事长起，数十年如一日，以堂为家，努力工作，严格执行财务制度，深得侨界信任。育婴堂由于抗战期间侨汇中断，加上抗战胜利后物价飞涨，办堂经费十分缺乏，百年慈善事业大有停业之虞，幸得旅菲、旅港乡亲及时募集巨款，于1948年6月由倪一农（倪孙廉之侄）回乡主持扩建堂址、革新堂务、改组董事会等事宜，才使该堂扭转困难局面。据该堂统计，从1844年至1949年，共收养女婴21504人，平均每年达204人。

慈善传家，代代相承。育婴堂之后，倪家的后人又对安海医院的建设付出了极大的心血。清光绪十九年（1893），倪人俊的孙女倪端仪出生。虽身为女性，因为生长在新旧过渡的时代，深受家风的她自小就有扶危济困的情怀。倪端仪身上体现的是传统与变革的融合，她既是个“放脚”的女子，又积极接受新式教育思想。16岁时她嫁给了印尼华侨蔡永禄，婚后不久就考入厦门励业女子中学，毕业后留校任职。

1926年，倪端仪到了印尼三宝垄与丈夫团聚，热爱教育事业的她依然选择在当地做了一名教师。得益于十几年的教师生涯，她的眼界渐渐开阔，加之来自社会底层的深切体验，1930年她毅然归国，弃教从商，在福建厦门创办垦牧牛奶场，22年间辗转厦门、香港、上海与印尼拓展自己的事业，也开始投身慈善。抗战期间，倪端仪在香港发起倡议，组织起安海华民慈善公会，自己带头慷慨解囊，捐集巨资筹办安海“福群堂”，以此扶贫赈灾、救助危难。

中华人民共和国成立后，倪端仪继续她力所能及的慈善之举。她以母亲的特有方式带动儿子一起为祖国贡献力量。1951年，在倪端仪的勉励下，她旅居香港的次子蔡尔强与欧阳朝宗等人捐资合建安海养正中学东座教室一排。1952年，倪端仪从印尼回国，到安海定居，又动员长子蔡润汀扩建养正中学，捐建了养正中学图书馆。

在泉州地区，安海医院是华侨捐资创办最早而且规模较大的综合性医院之一。正是在倪端仪的首倡下，安海镇政府划出寨埔为安海医院院址。自1953年开始，倪端仪开始倾力投入安海医院的创建中。当时，首先需要将寨埔的坟墓迁移，随后倪端仪购置了附近寨后、牛墟埔、山脊崎等多块农地充实范围，并圈定院界。她慷慨拿出全部积蓄，带头迁走自家祖坟，又给迁葬户发放迁葬费用。此外，据现有契纸的不完全统计，为购置农地和赔偿业户种子肥料，按照第一套人民币计算，倪端仪总共捐赠了至少1700万元（折合第二套人民币1700元）。

1954年，在倪端仪62岁时，安海医院终于得以破土动工。从规划设计、督建把关到手续对接，倪端仪事事亲力亲为。建院期间，资金紧张，倪端仪自叹“愁叹终宵泪欲倾”，在拿出所有积蓄后，她又变卖了自己的金银首饰，甚至选择向银行贷款。花甲之年的她更是远涉重洋，到海外向华侨和乡亲募捐。回顾这段时光，后来的她挥笔写道：“为公负债未尝愚，卖屋偿还尚可图。寄语旁人休取笑，医庐千载我须臾。”

3年之后的1957年，安海医院的第一幢医疗大楼终于如期竣工，并于当年6月对外接诊。面对初具规模的医院，倪端仪感叹道：“我历风霜何足道，民欣续命有良汤。”面对这一巨大的工程，她从不居功自傲，而是说：“医庐筑就功谁最，无数工人汗血成。”随后的二三十年中，为配备医院设备和谋求更高发展，倪端仪先后五次奔赴香港地区和海外各埠，先后募捐近100万元。1982年，年届九旬的她不顾年老体弱，专程由福州返回安海，参加扩建安海医院“四化楼”的奠基典礼。1985年12月18日，倪端仪安详离世，享年92岁。

倪端仪的爱国善举感染了社会各界，她曾历任福建省人大代表、省政协委员、省侨联委员及晋江县侨联顾问等职。1957年还受邀到北京参加国庆庆祝活动，登上了天安门观礼台。担任安海侨联第二至第六届常委期间，她更是为安海侨联早期的建设鞠躬尽瘁，出钱出力，贡献良多。

2019年，为了丰富安海侨史馆的馆藏物品，安海侨联工作人员一行专程赴香港征集藏品，倪端仪的孙子蔡迺捷先生得知后，主动捐赠了祖父母蔡永禄、倪端仪的合影照片及两幅近现代书法家、教育家、诗人柯伯行的墨宝（其中有倪端仪之子蔡尔强在出国谋生前拜别母亲所作的乐府诗）。

几代以来，倪氏家族的慈善家风从未中断，不仅有倪人俊、倪孙濂、倪一农祖孙三代接力运营育婴堂，更有在厦门经商的倪麒麟、印尼归侨倪端仪、倪济川等人续写的倪氏家风和慈善传奇。可以说，倪氏家族正是安海古镇慈善之风的代表之一，也影响了后世安海人的慈善信念。

3. 龚丕清家族与明善堂、明诚堂、养正学堂

通天巷中的龚丕清家族也是安海古镇值得尊敬的书香门第和慈善世家。龚

有超（1846—1910），号丕清，字有超，又名修敬，为清末秀才。

据《有超伯墓志铭》记载，光绪戊寅即1878年，32岁的龚有超“集诸善友劝捐创建明善堂俾阁”，对四邻的孤独鳏寡按月接济，以解燃眉之急。虽然资财有限，他们的善念传播极大影响了乡邻，住在通天巷隔壁大巷的林瑞岗、林瑞佑兄弟在他们的感召下进一步发展壮大了明善堂，不仅为贫困乡邻按时发放救济金，还施棺送药，年关临近时还送钱送米甚至送“火笼”（取暖器具）让孤老过年。

清末光绪二十四年（1898），龚有超秉承儒家读书人的家国情怀，以自家住宅为堂址创建了明诚堂，普及善书劝世，广行善事济贫。在他的感召下，又有史昌德、陈宗虞、许国栋和颜寿仁等同乡文人纷纷在家中开馆讲学，内容多为善书，以劝人行善，敬老尊贤，孝顺长辈为宗旨。

清政府末期对维新派改良思想做出了一定让步，表现之一便是废科举、兴办新式学堂。时至清代光绪三十三年（1907），龚有超又和本地乡贤商人蔡绍训（字德远）、高维崧等一起发起创办养正学堂（今养正小学）并担任第一任堂长，这是闽南最早建立的新式小学堂之一，可以说为安海现代教育奠定了基础。养正中心小学最初的校址设在石井书院。后来，在抗日战争期间，养正中心小学成立了抗敌救国后援会和“养小歌咏团”，学校师生积极组织起抗日救国宣传队，大家走到街头巷尾张贴标语，开展了很多抗日宣传活动。师生们还成立了“晋江安海养正小学抗日剧团”，通过表演话剧、歌剧的形式奉献自己的爱国力量。

1928年2月23日，因培养人才的需要，养正初级中学诞生。由于没有条件新建校舍，养正中学创立后暂寄寓于养正小学校园内。作为安海当时的“最高学府”，这也是当时晋江在县城泉州之外唯一的一所中学。养正中学创办初期，设备简陋，条件艰苦，四年之中五次更换校长，龚丕清旅居越南的儿子龚作梁捐资600元，建起一座教室以供养正中学之用，并把这座教室以父之名命名为“修敬堂”。抗战胜利后，劫后余生的养正中心小学和养正中学，依然不忘初心，始终保持着爱国主义精神与不畏艰难的决心，以德养正，兴教育人。

1910年，龚丕清去世，泉州西街旧馆驿进士、龚丕清的宗侄龚显鹤为他撰写了《有超伯墓志铭》，评价龚丕清“功德开我泉郡未有之善举”。在龚丕清嘉德懿行的影响下，当时安海陆陆续续又出现了“福寿社”“长庆社”“有怀堂”“仁德堂”等民间慈善组织，仁爱的雨露润泽了更多的弱势群体。

龚丕清的子孙后人有着急公好义的家族传承。他们心怀大爱，心怀天下，在家国情怀的感召下，遇到祖国危难险急时，更是每每伸出双手扶危济困。1948 年，养正中学拓展到寨埔新办了一所高中，龚丕清的孙子龚纯礼积极参与捐建教室“港友堂”，以行动继承了祖父捐资办学的美好风尚。

1937 年抗日战争全面爆发后，中国各大沿海口岸逐渐被日寇占领。由此，国际援华物资进入国内的路径被截断，导致国内抗战物资奇缺。当时，旅居越南的龚纯礼恰好担任了越南中华总商会主席的职务。国难当头之时，他利用自己的特殊身份，积极斡旋于法国驻河内大使馆，克服种种困难，终于开通了中国和越南的第二国际通道。如此，囤积于越南海防市的大量物资终于能够经此通道输送到国内，为祖国抗战前线提供了大量不可或缺的物质支持。

4. 许诗文家族与西隅教育事业

古往今来，慈善助学之风在安海从未间断。安海是福建教育强镇，更是慈善大镇，晋江慈善总会 20 多亿元捐款中，安海是镇级捐款额度最多的。安海慈善协会曾在短短一个月时间募集善款 1.88 亿元，创下全国镇级慈善基金第一的奇迹。这种助学传统，在通天巷的许氏家族的身上表现得淋漓尽致，也呈现了近代闽商对教育倾注爱心的一个典型缩影。

通天巷顶的红砖大厝是许诗文先生的故居。许家祖籍原在晋江石龟许厝，后到安海定居。由于安海与厦门距离不远，海陆交通便捷，鸦片战争后就成为水陆客货运转中心，自然吸引了很多华侨的到来。因此，安海为华侨传递银信的侨批业务非常兴盛，许诗文的晋利号就曾经参与过鸿安信局的侨批业务。

西隅小学是闽南最早的商立学堂，始建于清光绪三十四年（1908）。作为当时安海的知名人士，许诗文邀请到安海的屠宰同业公会以及乡贤黄世福、黄世钦、黄世庆、黄世春、陈金佑、黄芹泽、高日励、林维周、黄世添、黄禹门等共同筹建了西隅小学的前身——“安海商立西隅学堂”。更难得的是，学校对家庭经济困难的学生免除了所有学费。

许诗文的次子名许书亮，字胸雪，出生于光绪廿九年（1903），曾就读于上海政法大学。民国十五年（1926），安海溪安汽车有限公司成立，民国十六年（1927），许书亮接下溪安公司经理一职。同年，他也继任了西隅小学校长一职。彼时，学校的学生共有 40 多人，教师有 12 人，每年的办学经费大概 4000 银圆。为了减轻学校的开支，许书亮在担任校长的 15 年时间里从未领取过薪酬。为了扩大安海年轻女子接受中学教育的机会，民国二十年（1931），许书亮不畏当时重男轻女的民风，为缓解女学生小学毕业后的升学难问题，许书亮又办起了西隅女子中学，并聘请了许多思想进步的爱国青年担任学校教师。

西隅女子中学的创立，使很多安海女青年改变了命运，越来越多的女性走进社会，承担起一份社会责任，也开创了自己新的人生。西隅小学的校友、福建省政协原副主席许集美为许书亮的著作《我的回忆》曾经撰写序言。他这样写道："在民风闭塞、重男轻女的年代，（许书亮）先生敢于冲破传统的束缚，为妇女办了好事。"

民国二十一年（1932），闽南地区开展民选区长的选举活动，许书亮众望所归，被推举为晋江县第二区区长。上任 9 个月来，许书亮以清廉自持，不但不领取薪俸，反倒贴 8000 元。有感于战乱连绵、官场腐败、时局动荡、民不聊生的社会局面，许书亮慨叹仅凭自身之力无力改变，失望辞职而去。时任福建省主席陈诚有意让他出任晋江县长，但许书亮已看破官场，坚拒不从。

民国三十年（1941），许书亮辞去西隅校长之职，决心投身商海。他预见到抗战胜利后的建设需求，航运事业必定兴盛，便斥资巨款购入船舶，从事航运经营。战后，航运事业果如其料，其公司业务蒸蒸日上，许书亮的事业至此一路发达。民国三十二年（1943），安海商会换届，许书亮被推举为安海商会会长。民国三十七年（1948），许书亮定居香港，仍兼任广州船务行经理。

中华人民共和国成立初期，许书亮承担了中央政府的运盐任务，他调遣船队冲破国民党的海上封锁，也因此受到了时任广东省军管会主任叶剑英的嘉奖。

许书亮身居海外，心系桑梓，爱国爱乡。他对于家乡经济建设和教育事业也非常关注。1982 年，西隅小学建校 75 周年之际，许书亮向海外的西隅校友发出倡议，华侨纷纷响应，捐资兴建起西隅小学教学楼和苗苗幼儿园。许书亮对家乡无私无我的奉献精神，得到了乡亲和政府的高度肯定与赞扬。

1992 年，旅居香港 40 多年的许书亮已值耄耋之年，却再续"西隅缘"，仍率先捐资港币 25 万元，并发动海内外校友捐资兴建新校舍，积极改善西隅小学的办学条件。许书亮先生的高风义举影响了他的整个家族，他在回忆录里这样写道：“我一生涉足多种职业，今日想来，皆觉往事如烟。唯有西隅小学，仍然耿耿于怀。然我已年老力衰，难以再为母校尽绵薄之力了。1992 年，幼子显龙在商务繁忙中赶赴安海，商筹新建西隅小学教学楼之事，儿辈亦热心教育事业，使我无限欣慰，愿‘敬教勤学’之风在我家代代相传……”

2000 年 4 月，许书亮先生在香港逝世，享年 97 岁。许书亮之子许起予、许显龙秉承了父亲的善举和教育情怀，每年春节都会为西隅小学的教师送慰问金，每逢学校有重大建设时，他们也都慷慨解囊。许诗文的三子许书楮更是曾亲任西隅小学校董会的董事长一职。如今，许书楮的子孙事业有成，始终也不忘传承其祖辈尊师重教的家风。2018 年适逢西隅小学 110 周年校庆，许诗文的孙子许显普、许嘉笃携许氏家族的第四代子孙许伟达、许良铀等合捐人民币 20 万元，为西隅小学的发展继续贡献力量。回顾百年沧桑，许氏一族的四代人薪火相传，在 110 多年的时间里接力创建和捐助西隅小学，这份“西隅不了情”可谓流芳百年。

三 近代闽商慈善的突出特点与当下启示

（一）近代闽商慈善的突出特点

闽南文化是在历史中长期融合而形成的多元互补的文化，其中包括闽越本土文化、中原汉文化，也包含南洋文化、阿拉伯文化等海外文化，具有很强的兼容性和开放性。由于历史和地理的原因，闽南人普遍有着极高的创业和经商天赋，在“家国同构”的价值体系影响下更是儒商遍地。朱熹曾夸赞泉州“满街都是圣人”，也正是源于当时儒学教化的兴盛。中原文化的南移使闽南文化充满了浓厚的儒家文化特质。经历了社会变迁和自我扬弃后，又接受了百越人主张实效、敬重鬼神等习俗。

近代以来，国运衰微，内外交困，国民经济面临崩溃。闽商通过慈善的方式继承着修齐治平的人格理想，追求义利统一，传承家风，报效乡梓，回馈国家，也形成了大量的华侨群体，加之多元信仰的加持，以善为宝，因此对中国近代慈善做出了杰出贡献。

1. 士绅慈善向企业家慈善的过渡

近代闽商慈善事业是中国近代慈善的一个缩影。近代中国历史上，闽商在慈善领域做出了自己重要而独到的贡献，涌现了一大批慷慨之士，为中国近代的救亡图存和社会建设贡献了巨大力量。随着社会经济结构和改变，私人慈善的主体开始由以往的士绅向商人转变。

近代闽商主导倡办了大量的慈善机构。把这一特点放在慈善形态变迁历史中去看，就能映照出晚清时期慈善的特殊性。在传统中国社会，商人往往被视作逐利阶层，其财富缺乏流动转移的渠道，要想保证其资产的恒定和安全，往往转移到不动产当中；在政治集团形成竞争的情况下，商人的财富往往寻求权力的出口，而权力又借助资财购买军队武器等资源以加强竞争，竞争激化就会导致战争，这样一来，社会财富在战争中就被消耗殆尽，社会又被重新洗牌，等于富商巨贾的资产仍然不能合法合理地有效传续，更谈不上基业长青，吕不韦和沈万三就是社会洗牌典型的牺牲品。在这种循环论的历史观念下，社会无法建立商业价值可以长远存续的预期，商人和资产拥有者在追求财富传承时也比较受挫，重本抑末的主流价值观使商人阶层无法成为被社会普遍认可的精英。慈善是一种公益性质的事业，公众普遍认为其倡导者和主办者应是政府，或是有官方背景的士绅阶层，商人阶层办慈善则会被质疑其动机。

到了晚清时期，社会结构发生了深刻变化，政治权力开出了资本议价的空间，商人阶层有了上升通道，商业价值也开始被普遍认可。最早的通商口岸广州、厦门、福州、宁波、上海所在的沿海地区，较早地接受了世界通行的商业制度，理解了商业逻辑。所以，这些地区的商人地位也较早地获得了提升，商人参与慈善的热情非常高。这一点上，闽东和闽南的善商可谓开风气之先。

2. 家族传承与同气相求

中国人历来重视家族传承，事实上，家族的传承的真正核心不仅看有多少物质财富可以传承下来，更重要的是要看有多少精神财富能够传承给子孙后代。最理想的模式，是将物质财富和精神财富融合在一起。

比如中国传统的义庄制度，便是家族财富传承与慈善义举相结合的重要制度。这一制度的特点是，有余力施惠他人的世家大族，以家族为本位设立义田和义产，这部分财产的经营权虽来自捐赠者，但是一旦捐出，则再没有权利进行干预，其经营权和使用权则让渡给专门的管理者，其上所产之产品由家族中较弱势的成员受用。其资产权利的分割实际上可以不断激活资产的使用价值，这就使家族财富通过慈善的形式得以延续。这种制度非常适合权益依托于土地的农耕社会，从而使家族物质财富和精神财富越数代而不朽的追求得以实现。

泉州作为东南沿海最具闽南特色的城市，曾是10～14世纪繁荣的亚洲海洋贸易网络东端的商贸中心，宋元中国杰出的对外经济与文化交流窗口。人们的慈善理念是一代代传承的，善在家族和家风中是核心所在。千百年来，“善”已经是闽南人文基因的重要组成部分。

闽南文化强调“厚德求诚”，闽南人在传承中华文化精髓中，要求祖孙后辈要慎终追远、立德修诚，追忆和传承祖宗先贤留下的优秀文化。闽南人“重乡崇祖”的心理意识非常深刻，早已渗透在日常生活的方方面面。千百年来，人们在门楣上刻着姓氏郡望（如颍川、西河、陇西、太原），借以表达对先贤的景仰和家族的源远流长。在闽南，祠堂的名称和标记通常被称为“堂号”，然而这一标记不仅会被写在祠堂里，还会体现在店铺、书斋、族谱以及厅堂等处，甚至还会被人们写在米斗、口袋、钱袋、灯笼等生活器具上，借以标明姓氏及族别。

在这种文化的深刻影响熏陶下，突出的闽商慈善常常在族群和乡邻中影响极大，比如陈嘉庚先生倾财兴学，功垂竹帛，受其影响的人不仅有其胞弟陈敬贤，还有其女婿李光前，还有族亲陈文确、陈六使兄弟等。

除了家族的家风传承和慈善传承，闽南地区的整个区域化慈善氛围是很多有识之士、包括士绅、商人和普通民众的互相感染而形成的。典型如安海古镇，甚至仅仅在一条通天巷就涌现出众多的善商和慈善大家，充分体现了孔子所言的“德不孤，必有邻”，邻里之间的守望相助形成了地区的慈善传统，进而又推广到“四海之内皆兄弟”的泛爱众层面。

正所谓“同声相应，同气相求”，闽商群体总体上是很有群体意识的，很容易抱团形成组织化。闽南人的商业生态由于面向大海的特殊环境，注定与中原地区不同，其海上商业和交换集市十分兴旺。在远离中央政府的背景下，雄厚的商业资金就会借着发达的民间意识，组建强势的组织，因此商帮和同乡会、行业协会等就比较发达。财力雄厚的闽商也十分愿意在组织当中弘扬自己的德行，树立自己的威信。

近代闽南慈善一个突出特点也在于慈善生态的建立，不管是在本土还是海外华侨圈，商业向善成为大家的共识，为国家和民族排忧解难、募集抗战和赈灾款项也成为常态。

综上所述，近代闽商慈善的一个共性也在于：在以时间为线索纵向的家族传承中，通过教育和熏陶以及制度安排（如胡文虎基金会）进行慈善的代际传承；另一方面，在以空间为线索的同时代地域性传播中，形成慈善的氛围和风气，由邻里、同乡共同推动区域性慈善的范围和影响。

3. 中西合璧，兼济天下

中国古代慈善是诞生于农业文明中的慈善。近代慈善则与世界范围的工业化、商业化和城市化进程紧密相关，其基本特征为“专业化”“组织化”。由于华侨群体的形成、国际贸易和交流的相对繁荣，近代闽商的慈善事业，由中华慈善文化要素和西方慈善文化要素交融构成，其中，关于慈善基础理念（人性论、本体论、价值观等），除了传教士带来的有限影响，几乎全部来自本土，而关于慈善的基本策略和慈善模式，受到了西方慈善管理和实践模式的较大影响。也就是说，近代闽商慈善事业的“体”主要来自中国文化，其“用”的部分则从西方借鉴了许多。

如果说古代的慈善行动局限于紧迫的、刚性的生存性需求如接济灾民、舍药施粥等“养济型”方式，近代慈善则逐渐更多从“授人以鱼”转向“授人以渔”，即向多样性的“教养型”过渡，比如陈嘉庚、胡文虎、许诗文等都将大量的财富和精力倾注在教育上。

传统的慈善精神和救济方式在近代有了不同承接方式，与较晚出现的西方慈善信托模式不谋而合，从这个意义上讲，近代闽商慈善是中西合璧的。有很多人的慈善事业都是通过慈善信托和慈善基金会实现的，很多善商如胡文虎、陈嘉庚，都有自己家族的慈善基金会，在这一点上，也为中国近现代慈善开出一片新天地。

近代的中国社会发生了深刻变化，现代性价值观影响到社会方方面面，其中，个人的价值逐步跃升是一个重要方面。个人实现价值的体认方式开始多元化，个人也不再依附于土地来自我成全，个人财富和社会财富的流动性也随之增加，人对不朽的追求有了更多实现的可能。以此观念审视古代义庄制度，其权利让渡与权利分割的方式，在当时即显示出现代意义。这种方式，与西方的信托制度具有一致的精神内核，它们都相信信念、信义的力量，并且把所拥有的财富，以法律方式托付给第三方管理，等于二者都以财富的公众化为目的，以法律手段使权益各方达成一致。信托制度包含很多种类，其中，与中国义庄高度相似的是慈善信托，因为它的核心目的就是施惠于更多人、实现最大限度的公平。

可以说，西方近现代的公平追求，与中国传统的不朽追求，一个是要由普惠众人实现个人在空间上的超越，一个是要由精神传承实现个人在时间上的超越，二者对超越性的追求是一致的。具有内在超越精神的儒家慈善观是一种具有内生驱动力的善念，这种善念具有延续性和稳固性，只要儒家文化认同依然存续，这种善念就不会终断。因此，在当代，不断培植儒家文化认同，并探寻传统慈善理念与现代慈善理念和制度的结合之处，是发展慈善事业的必要举措。

综观胡文虎与林瑞岗、林瑞佑弟兄以及通天巷的善商群体，无论官、商、绅、民，各个群体，他们共同追求的是更快达到施善效果；无论何种阶级，何地之民，只要需要，都是慈善施与的对象。慈善理念是能够超越地域和族群阻隔的。“善”本来就是可以超越空间和时间限制的信念，也是人们赖以构建价值共同体的资源。善念的传承，显示了人类对超越性的追求，从古代到近代，慈善理念没有变，只不过在近代，慈善活动具有了鲜明的时代特征。

正所谓达则兼济天下，闽商的慈善从区域性扩展到全国，又因为华侨的群体而扩展到世界范围，充分体现了中国人亲亲、仁民、爱物的高级精神境界。

（二）近代闽商慈善的当下启示

1. 媒体对慈善事业的赋能

不管是林氏兄弟在慈善事业中对于《申报》等大众媒体的使用，还是胡文虎利用自身报业平台对于慈善事业的助力，或者是公众耳熟能详的陈嘉庚慈善历程和慈善贡献，我们不难发现：百年之前，近代闽商就积极运用媒体资源，对于自己的善业善举进行赋能。一方面，通过媒体的作用扩大慈善募捐或是救助的影响力，带动更多的社会力量广泛参与进来；另一方面，也在媒体平台上将善款的使用和救济的进度公布于众，极大提升了慈善行为的透明度，树立了慈善主体的公信力。

时至今日，随着互联网技术的飞速进步，慈善报道和推广的全媒体时代已经到来。民政管理部门、慈善组织、互联网募捐信息平台、爱心企业、广大公众正在合力开启中国特色慈善事业的新时代。媒体作为慈善事业的中坚力量，具有强大的社会号召、群体动员、资源整合能力。相对于一些社会机构来说，媒体权威性、公正性更强，在慈善资源的分配上更加公平规范，在公众中有着强大的品牌识别度和影响力。从这个意义上说，媒体不仅是慈善公益报道的发现者、挖掘者，更是慈善事业的践行者、引领者。

随着人人慈善、随手慈善、指尖慈善变得更加普及、更加便捷，也产生了制度规范不严、信息公开不足、社会信任危机等问题。对此，舆论监督是媒体的一个重要功能，慈善事业是一种自发零散的民间行为，这就需要媒体积极发挥监督作用，确保慈善事业的健康有序发展。媒体对慈善公益组织捐款使用、项目运作、组织管理等方面的报道，可以提高社会对慈善事业的关注，也有利于提升透明度。媒体在对慈善公益组织进行监督时，还需要媒体人具备专业知识，这样才能引导公众进行理性判断。

总体而言，媒体对慈善具有不可替代的监督作用。主要监督方式有：其一，客观报道。媒体的公开跟踪报道，可使公众了解慈善组织在财务管理制度、慈善资金募集和使用中是否透明规范。其二，问题曝光。媒体对损害慈善事业的行为如贪污、浪费、挪用等问题的公开曝光，可以对行业起到相当程度的震慑作用。其三，内部送阅。媒体对一些不宜公开批评、披露的问题，可采用内参、送阅件、情况反映等送阅形式，向慈善机构的上级部门或有关领导反映，以引起领导重视，采取措施解决，从而起到监督和促进慈善治理，依法施善，遵章运作。

2. 家族善财传承何以延续

任何一个家族企业得以长青，绝不是单一要素所决定的，家族价值的内涵，其实包括了人力资本、文化资本、社会资本和金融资本多个方面的积累和作用，企业文化和家族文化原本就有很多重合的部分。本研究中所涉及的近代闽商，大都涉及善财传承和家风传承的问题。不管是胡文虎及其女儿胡仙、通天巷里的倪人俊、倪端仪，还是许诗文家族，乃至受国人敬仰的闽商慈善代表人物陈嘉庚，他们的善财传承和家族的财富创造及使用方式都十分引人深思、值得广为传播。

以陈嘉庚家族为例，陈嘉庚最器重的后人是他的女婿、著名爱国侨领李光前。李光前被称为“东南亚橡胶大王”，来自陈嘉庚的深刻影响成就了他教育家和慈善家的身份。被国内外公认“最美大学”之一的厦门大学的建筑中，有很多是由李光前本人及其后人捐建的，作为厦门大学的标志性建筑，建南大礼堂楼群便是李光前所捐。对李光前而言，陈嘉庚对他既有知遇之恩、翁婿之情，也有朋友之谊，同时，也正是因为陈嘉庚的缘故，李光前与厦门大学结下不解之缘。

薪火相传、生生不息，更难能可贵的是，陈嘉庚的外孙，也就是李光前家族二代、三代至今仍为兴学及公益事业在奔波之中。厦大校园的嘉庚楼群，是厦门大学迈入21世纪的标志性工程，其中的“成枫楼”是由新加坡华侨吴定基、李织霞夫妇捐资528万元兴建的，“成枫”二字源于李织霞父亲“新加坡报王”李成枫的名字，他的另一个身份是李光前的族亲。

回到当下视野，闽商慈善的代表曹德旺不仅自己做慈善，也发动儿子和家族其他成员一起做慈善。由此可见，曹德旺做公益慈善，与他创造财富、拥有财富，以及传承财富的理念息息相关，他是把做公益慈善和做企业生意都当作一个事业来做，而且都是关乎家族企业文化的传承，关乎社会责任的传承。

《大学》有言：仁者以财发身，不仁者以身发财。中国古人自古追求义利兼顾，在善财传承方面具有悠久的文化传承。财富观的不同，必定造成家文化的差异，只有当社会高净值人群建立了某种程度的利他型财富安排，才能建立基业长青的家族财富传承。从生物种群的演化来看，只有一定程度的利他精神才能成就种群的延续。因此只有建立赋能家族后代的传承观，家族的文化传承和财富传承才可以合二为一、相互促进。

3. 以慈善事业凝聚家国认同

习近平总书记曾经在《文化是灵魂》一文指出：“一定的社会的文化环境，对生活其中的人们产生着同化作用，进而化作维系社会、民族的生生不息的巨大力量。”某种意义上讲，“慈善”是一个“系统”，“民族国家慈善”更是一个开放的、复杂的、巨型的系统。慈善文化、慈善事业都有其自身某种稳定的结构和社会功能，而且与外部环境处于紧密的互动之中。把慈善置于历史之中、置于民族国家之内、置于全球格局之中来考察时，慈善事业无疑是凝聚国家认同的一个重要路径。遵循人类命运共同体理念，延续中华民族的慈善传统，凝聚新的共识，以慈善为载体和导向，就会在世界华人世界尽可能地形成合力。

慈善是社会主义道德的组成部分，培育和践行社会主义核心价值观，就是要弘扬慈善精神，传承和发扬中华民族乐善好施的传统美德。闽商的慈善观念中受到传统中国“家国同构价值体系”的影响是深远和根本性的。“孔曰成仁，孟曰取义。”闽南人重“义气”。“义”者，宜也，行正确之事。闽南人尚义任侠，富有激情。南宋诗人刘克庄诗云：“闽人务本亦知书，若不耕樵便业儒。惟有桐城南廓外，朝为原宪暮陶朱。”古人对于义利之辩争论探讨了上千年，闽商在某种意义上达成了义利统一，因此继承了“儒商”衣钵。闽南商人以既务实求利又回报乡梓和奉献国家为目标，使义利达成一致。

历史和现实的种种实践表明：慈善事业与中国共产党全心全意为人民服务的宗旨具有相同的内涵价值，推广和弘扬慈善文化是弘扬社会主义核心价值观的题中应有之义，而近代闽商慈善是以家国同构价值体系为特色的中国慈善精神的典型代表，因此对于中华优秀传统文化的传承和树立慈善领域的文化自信具有重要意义和价值。

慈善事业不仅是提升国家文化软实力的重要载体，而且是完善国家治理体系的重要环节。近几年里，我国慈善组织蓬勃发展、慈善活动形式多样、慈善募捐创新开展，新时代慈善事业大格局以“政府推动、民间运作、社会参与、各方协作”为特征，慈善事业在政治、经济、社会、文化、生态等领域发挥越来越重要的作用和影响。在全社会广泛普及慈善文化，营造出人人都可做慈善的浓厚氛围，就能让慈善意识深入人心。如此，慈善才能真正成为人们的一种普遍生活方式，慈善事业才能实现健康快速发展。

4. 以慈善为纽带推动侨务工作

对于近代闽商慈善群体的充分肯定和充分回顾、研究也必然对侨务工作起到积极推动作用，与华侨家族的慈善传承紧密关联。海外华人对中国的捐赠直接受到我国慈善传统的影响，他们的捐赠大多出于情感而非功利，以信仰和家庭为基础。相比之下，年轻一代移民的慈善观念受西方慈善观影响较深，对我国的公益慈善组织、捐赠途径和平台了解不多。可以说，中国慈善捐赠的政策框架和环境还不完善，造成了海外华人对祖国和家乡捐赠的制约和障碍。

华侨慈善的发展主要源于两种力量：一是海外华人社团的推力，二是侨乡地方政府的拉力。华人在海外的结社，原本是为了在移居地的扎根和发展，但同时自然也有加强移民团结和凝聚的功能。海外移民的家乡认同常常是通过在社团中共同向家乡的捐赠来实现的。胡文虎、陈嘉庚等近代闽商积极在海外建立华人社团组织，在民族危难、救亡图存之时广泛号召海外华人群体，聚沙成塔，回馈祖国，为抗战胜利和新中国的早期建设做出了巨大成就。

习近平总书记曾经评价华侨一个最重要的特点就是爱国和爱乡。他说：“中国的改革开放，中国的发展建设跟我们有这么一大批心系桑梓、心系祖国的华侨是分不开的。新时期打好‘侨牌’，要深入调研、摸清情况，调动广大华侨的积极性，引进先进技术和高水平产业，扬长避短、久久为功，团结广大海外华侨共同实现中国梦。”

的确，国家侨务政策的制定对于调动华侨群体的积极性具有重要的作用。如果侨务政策对于海外华人的捐赠能积极鼓励，同时侨乡地方政府给予有力的引导，地方侨务干部借助“乡亲”与“乡情”的动员以及政策资源及社会关系网络，就能恢复和重建与海外乡亲之间的联系与互动，推动移民慈善的发生和延续。

2018 年，陈嘉庚的 50 多位后裔从世界各地聚集到厦门，参加集美大学 100 周年校庆活动并且谒祖省亲。他们纷纷表示在成长过程中受到嘉庚精神深刻的影响和感召，对于故土有着深深的热爱，会在力所能及的范围内继续支持祖国建设，同时也表达了希望能够看到更多对于陈嘉庚的历史研究。

虽然华人移民的慈善观念和选择必然会受到居住国公益慈善观念的影响，但根植于华人内心的文化传统和乡邦精神同样会发挥作用。由此，国家在制定侨务政策时应当充分考虑到对于华侨慈善的吸引和鼓励，各地侨乡政府对历史上做出贡献的华侨群体也应有充分的肯定、纪念以及对于其后代的关注，借助海外华人对家乡的深厚情感和文化认同，主动恢复和重建与海外华侨群体的联系与互动。政府的这种积极态度，必然会让华侨华人的二代、三代在有能力的情况下愿意持续地开展捐赠。

四 结语

近代慈善研究既关乎历史又关乎当下，对于中国的道德文化建设、国民文化自信的建立、共同富裕伟大目标的达成及社会治理、统一战线等方面的工作有着多元的意义和作用。当然，慈善研究的视角和着眼点是多元而丰富的，本研究总体而言一方面是从伦理学和中国哲学的视角研究近代闽商慈善行为的德性基础，即“家国同构的价值体系”，把慈善行为视为一种道德践履活动；另一方面是从历史学和社会学的视角研究慈善行为的社会属性与社会价值，回顾近代闽商慈善活动的背景、范围、方式等。

前事不忘，后事之师；慎终追远，民德归厚。2019 年 7 月，中国社会科学院研究员杨团发表主题演讲时提出，要注重公益慈善的理论建构，产生原创概念，做慈善研究要超越慈善，研究和慈善密切相关的政治、法律、人文等领域，发现原理、构建体系、机制，分辨出中国、亚洲与西方不同的基因、基体和基质，从而实现东西方文明在各自基体上的交流和对话。

在共同富裕目标的引领之下，慈善文化理应成为全社会的一种价值导向，成为更多公民的价值共识。中国人的传统慈善文化基因，加之近代士绅、善商、华侨等群体的共同努力，共同塑造了中国特色的慈善心理和慈善范式。全社会理应把弘扬慈善文化作为学校教育和社会教育的重要内容之一，结合学校教育的相关内容和形式，让越来越多的人把慈心善行落实到日常生活当中，使之成为公民的一种爱心表达、一种社会责任、一种生活方式。

附　对中国光彩事业促进会的几点建议

“中国光彩事业促进会”是主要由民营经济代表人士和港澳台侨工商界人士组成的民间社会团体，贯彻自觉自愿、互惠互利、义利兼顾的原则，以实现和推动各民族的共同繁荣和各地区人民的共同富裕为宗旨。

本课题组在近代闽商慈善研究和对当下社会现状和国家大政方针的分析把握之下，拟对中国光彩事业促进会提出以下几点建议。

第一，以讲好中国慈善故事作为抓手，加强企业家的思想引导。

慈善文化是整个社会道德文化建设的重要方面，也是慈善事业健康快速发展的价值根基。若想让慈善文化理念融入当下中国社会的价值引领，慈善文化的传播不仅在于理念，更在于人物和故事。早在 2002 年 8 月 23 日，时任福建省省长习近平在福建省慈善总会第一次代表大会上就指出，发展慈善事业，要

“传播慈善文化”。谈到如何厚植慈善文化的问题，习近平指出：不仅要注重弘扬慈善精神，也要积极宣传慈善典型。

听故事是人的天性，人物故事本身就具有极强的可传播性。本研究追溯近代闽商慈善的典型人物和典型事迹，也正是希望提炼出他们身上以中华慈善传统、家国同构价值体系为根基的慈善精神，希望这种回顾能够呈现并传播，为当下企业家慈善和全民慈善的理念引导起到一些作用。

建议光彩事业切实发挥作为民营经济人士自我学习、自我教育、自我提高的平台功能，以讲好中国慈善故事作为创新理想信念教育的有效形式，引导广大民营经济人士在光彩事业实践中不断升级对慈善事业的认知，改变将慈善作为“道德投资”的功利心态，在人格和思想层面有所改变和升华。同时，也可以增进对中国共产党和中国特色社会主义的政治认同、思想认同、理论认同、情感认同。

另外，也希望光彩促进会能够发挥自身凝聚力和号召力，资助和推动依托于中国历史的慈善人物研究，树立企业家的中国慈善榜样，与学术理论界共同建立慈善方面的中华文化自信。

第二，加大服务支持，提升企业家慈善事业的专业性。

伴随改革开放以来经济和财富的不断积累，以及国际家族财富管理观念的渗透，相关法律制度的健全，各类金融机构、专业机构纷纷参与其中，信托、遗嘱、保险、家族基金、私人银行等服务工具和方式不断丰富。信托作为国际家族财富管理的基础制度性安排和综合性服务整合平台，功能优势开始显现。每年递增的数据也表明，慈善信托具有更加广阔的发展前景。

建议光彩会依托自身平台优势，调研了解企业真实需求与顾虑，联合民政局、专业机构、研究机构和社会组织等加大慈善信托专业化方面的培训和扶持，帮助民营企业家基金会做好自身建设，引进外界专家资源召开专题培训，进行政策解读、实务培训等，以《慈善法》为依托开展慈善信托试点，通过“基金会+慈善信托”的方式培育大型家族基金会等。

相信通过对企业家慈善行为和意愿的专业化引领，光彩会也能在某种程度上反推政策创新，逐步解决现有政策障碍，推动更完善、更有效的实施措施出台，推动慈善信托的相关政策法规逐步完善，机制体制不断优化。

第三，推动企业家家风建设与善财传承的结合。

光彩事业是先富帮后富的崇高事业，以“义利兼顾、以义为先”为核心理念，既是经济工作，也是政治工作。如果能将企业家的家庭幸福与财富传承以及慈善事业综合考量，便能找到从小家到大家和国家的共同价值追求。

近年来党中央高度重视家风建设，同时国内家族财富管理市场需求也加速显现，光彩会在推动民营企业家重视家风传承和树立正确的财富观上也完全可以有自己的作为。

积善之家，必有余庆。慈善具有提升家族凝聚力、隔离财富风险、建立家族文化等优势，越来越多的企业家逐步认知到这种优势。他们不仅希望把企业做强做大，还希望做出更多有益于社会的事，既能履行社会责任，又能完成家族的财富传承与文化传承。因此，越来越多的人开始重视慈善在家族传承中的意义。

光彩会引导企业从“优术”到“向道”的过程中，应当充分考虑到慈善行为和选择对于企业家家庭和子女的影响，同时让企业家明白：是否重视商业向善已经不仅是与业务相连的公益价值、“好企业”的评价标准，而且是企业在战略层面需要高度重视的关键环节，是未来企业会否面临淘汰的分界线，是家族传承能否顺利的关键因素。

健坤慈善基金会在企业家家风传承方面做了有益的尝试和探索，在 5 年时间内讲完成 100 位企业家《我的爸爸妈妈》系列丛书。比如重庆女企业家协会也曾在 2019 年开展“好家风、中国梦”主题演讲比赛，引发女性企业家在家文化和企业文化结合方面的思考。从光彩会的工作出发，也可以有计划有组织地开展类似的活动，帮助企业家创设更多的机会开展家风方面的梳理和回顾和交流，并且以座谈会和沙龙、出版等形式引起广泛重视。

参考文献

陈冬挺：《乐善好施——安平林氏兄弟》，海峡出版社，2016。

傅昌波、魏璞祯：《开启促进共同富裕的善财传承新时代》，北京时代华文书局，2021。

高小枚：《论习近平的新时代慈善事业观》，《贵州师范大学学报》（社会科学版）2021 年第 3 期。

古惠文：《胡文虎的慈善公益思想研究》，《北华大学学报》（社会科学版）2015 年第 10 期。

郭梁、冯祥:《爱国华侨胡文虎》,《福建论坛》1983 年第 4 期。

胡懿:《1941 年万金油大王胡文虎的重庆之行》,《世纪》2020 年第 5 期。

韩俊魁:《本土传统慈善文化的价值与反思——以汕头存心善堂为例》,《文化纵横》2020 年第 8 期。

寄丹:《报业豪门——胡文虎、胡仙传》,广州出版社,1995。

劲草:《胡文虎热心体育事业》,《龙岩师专学报》1987 年第 4 期。

姜义华:《“家国同构”是中华文明长期延续的根柢》,《历史评论》2020 年第 3 期。

蒋冬英、朱维乔、阙本旭:《胡文虎在香港创办星系报纸概述》,《兰台世界》2017 年第 4 期。

蒋勇军、周秋光:《论胡文虎与民国慈善公益事业》,《贵州社会科学》2014 年第 10 期。

《陈江林氏族谱》,手抄本《澎湖厅志》。

康晓光、冯利:《中国第三部门观察报告(2020)》,社会科学文献出版社,2020。

康吉父:《胡文虎传》,文艺书屋(香港),1984。

李迅:《“万金油大王”胡文虎与上海》,《联合时报》2017 年第 12 期。

李逢蕊:《胡文虎评传》,华东师范大学出版社,1992。

刘九勇:《儒家家国观的三个层次》,《哲学研究》2021 年第 6 期。

林春虹:《闽商与福建慈善事业的近现代转型》,《公益时报》2016 年 5 月 31 日。

彭小兵:《公益慈善事业管理》,电子工业出版社,2018。

吴尔芬等:《商业巨子胡文虎》,当代中国出版社,2005。

吴志源:《闽南最早商立小学安海西隅小学 110 年的如歌岁月》,《晋江经济报》2018 年 11 月 2 日。

王树彬、蒋国华:《胡文虎及其家族》,厦门大学出版社,1993。

王树彬:《胡文虎与永定的教育事业》,《龙岩师专学报》1988 年第 9 期。

向常水:《论胡文虎的慈善公益活动及其思想》,《史学月刊》2015 年第 7 期。

徐文彬:《晚清闽南慈善家的兴起:以林瑞岗为中心》,《安徽史学》2019 年第 2 期。

徐雪野:《“家国异构”与“家国同构”——中西家国观的追溯与重构》,《理论月刊》2020 年第 5 期。

许倬云:《万古江河——中国历史文化的转折与开展》,上海文艺出版社,2006。

杨君杨、瑞虹:《海外客家华人的思想演变:从族群认同到民族国家意识——以爱国华侨胡文虎为例》,《江西青年职业学院学报》2008 年第 6 期。

阴长燕:《胡文虎捐建小学百所管理委员会公函》,《龙岩师专学报》1985 年第 12 期。

张子瑜:《通天巷:千年古镇的本色与风骨》,《晋江乡迅》2021 年第 8 期。

张进美：《中国式慈善研究：基于城市居民慈善捐款行为的调查》，中国社会科学出版社，2015。

张永和：《胡文虎》，鹭江出版社，1989。

张侃：《从社会资本到族群意识：以胡文虎与客家运动为例》，《福建论坛》2004 年第 1 期。

（清）吴子光：《台俗（节录）》。

郑宏泰、高皓：《为善者王——慈善信托历史源流与制度分析》，2019。

〔印度〕阿比吉特·班纳吉、〔法〕埃斯特·迪弗洛：《贫穷的本质：我们为什么摆脱不了贫穷》，中信出版社，2018。

后　记

本书是“上海研究院现代慈善研究中心现代慈善前沿丛书”（简称“现代慈善前沿丛书”）的第四本，该丛书还包括 2018 年出版的《新时代慈善十大热点》，2019 年的《新中国 70 年 · 现代慈善新征程》，2020 年的《2020 · 慈善公益与脱贫》。呈现在读者面前的《共同富裕与慈善公益》本应于 2021 年出版，但由于疫情的原因延迟至今，向读者致歉。

前三本的“后记”都是由时任上海研究院现代慈善研究中心（简称“慈善研究中心”）副主任兼秘书长、上海市慈善基金会副理事长谢玲丽女士撰写，她工作非常认真负责，十分了解情况。但上两个月由于上海市慈善基金会换届，谢理事长职务发生变动后就主动提出辞去我们慈善研究中心的职务，虽然我一再邀请谢理事长继续撰写本书“后记”（因为在过去的一年里本书的组织工作都是在她指导下进行的），但她非常谦虚，坚持婉拒，本书后记只好由我操刀。慈善研究中心常务副主任施德容先生也是由于职务发生变动提出辞呈。

其实，我也快“到站”了。从 2017 年 3 月 3 日在上海驻京办事处召开第一次慈善研究中心主任办公会议结识施德容和谢玲丽两位至今五年多了；从 2017 年 5 月 2 日在上海召开首次专家委员会确定第一本选题和 5 月 3 日举办慈善研究中心成立仪式至今也五年多了。五年来，施德容和谢玲丽两位领导作为“义工”把上海市慈善基金会很多好的工作作风带到慈善研究中心，为慈善研究中心的发展做出了贡献，我作为中国社科院派出的“义工”从他们二位身上学到很多东西。

五年来，慈善研究中心组织编著的“现代慈善前沿丛书”出版了四本，组织翻译的“国外慈善名著译丛”从上百种国外慈善公益方面的学术专著中经精选10种左右，首译三种已于2020年完稿并交由出版社，由于程序方面的原因至今未能面世，它们分别是：《创造慈善资本市场：审慎进化》（*The creation of philanthropy capital markets*：*deliberate evolution*）、《政策赞助人：慈善事业、教育改革和影响力政治》（*Policy Patrons*：*Philanthropy*，*Education Reform*，*and the Politics of Influence*）、《自助神话：慈善事业为何不能缓解贫困》（*The Self-Help Myth*：*How Philanthropy Fails to Alleviate Poverty*）。此外，每年召开一次小型学术座谈会和一次年度学术成果发布暨学术研讨会。

中国社会科学院上海市人民政府上海研究院（简称“上海研究院”）现代慈善研究中心由中国社科院和上海市慈善基金会联合创办，联合创始人为王伟光、冯国勤、董云虎等领导同志。上海市慈善基金会钟燕群理事长、上海研究院院长李培林先生，第一副院长李友梅女士、常务副院长赵克斌先生、前常务副院长文学国先生（现任慈善研究中心副主任）和专家委员会的各位专家学者等都十分支持慈善研究中心的工作。慈善研究中心两位副秘书长陈晨先生和徐静女士做了大量具体工作。对上述各位领导五年来付出的辛苦和巨大支持表示衷心感谢。

此外，还要感谢本丛书的作者和每年参加发布会的专家学者，感谢北京师范大学傅昌波教授及其领导的学术团队对本书选题和写作的大力支持。

本人的学术研究主要集中在福利制度和社会保障等领域，对慈善公益的研究是门外汉。这五年来在慈善研究中心的工作经历使我对慈善公益研究有了接触，也有了一些浅显的心得体会，很想以后能写点东西，以回馈中国社科院委派我担任这个“义工”的信任！

中国社会科学院上海市人民政府上海研究院
现代慈善研究中心主任郑秉文
2022年五一国际劳动节

图书在版编目（CIP）数据

共同富裕与慈善公益 / 郑秉文，施德容，傅昌波主编. --北京：社会科学文献出版社，2022.12
（上海研究院现代慈善研究中心现代慈善前沿丛书）
ISBN 978-7-5228-0584-9

Ⅰ.①共… Ⅱ.①郑… ②施… ③傅… Ⅲ.①共同富裕-研究-中国②慈善事业-研究-中国 Ⅳ.①F124.7②D632.1

中国版本图书馆 CIP 数据核字（2022）第 154791 号

·上海研究院现代慈善研究中心现代慈善前沿丛书·
共同富裕与慈善公益

主　　编 / 郑秉文　施德容　傅昌波

出 版 人 / 王利民
责任编辑 / 杨　雪
责任印制 / 王京美

出　　版 / 社会科学文献出版社 · 人文分社（010）59367215
地址：北京市北三环中路甲 29 号院华龙大厦　邮编：100029
网址：www.ssap.com.cn
发　　行 / 社会科学文献出版社（010）59367028
印　　装 / 三河市东方印刷有限公司

规　　格 / 开 本：787mm × 1092mm　1/16
印 张：36.25　字 数：609 千字
版　　次 / 2022 年 12 月第 1 版　2022 年 12 月第 1 次印刷
书　　号 / ISBN 978-7-5228-0584-9
定　　价 / 298.00 元

读者服务电话：4008918866

版权所有 翻印必究